中国银行法学研究会年度论文集

## 第九辑

主　　编　王卫国

编委会成员　王卫国　刘少军　潘修平

中国政法大学出版社

2018·北京

**图书在版编目（ＣＩＰ）数据**

金融法学家. 第9辑/王卫国主编.—北京：中国政法大学出版社，2018.9
ISBN 978-7-5620-8558-4

Ⅰ.①金… Ⅱ.①王… Ⅲ.①金融法－法学－文集 Ⅳ.①D912.280.1-53

中国版本图书馆CIP数据核字(2018)第215558号

-------------------------------------------------------------------------

| | |
|---|---|
| 出 版 者 | 中国政法大学出版社 |
| 地　　址 | 北京市海淀区西土城路 25 号 |
| 邮寄地址 | 北京 100088 信箱 8034 分箱　邮编 100088 |
| 网　　址 | http://www.cuplpress.com（网络实名：中国政法大学出版社） |
| 电　　话 | 010-58908524(编辑部) 58908334(邮购部) |
| 承　　印 | 北京九州迅驰传媒文化有限公司 |
| 开　　本 | 720mm×960mm　　1/16 |
| 印　　张 | 39 |
| 字　　数 | 740 千字 |
| 版　　次 | 2018 年 9 月第 1 版 |
| 印　　次 | 2018 年 9 月第 1 次印刷 |
| 定　　价 | 120.00 元 |

## 序 言

2017 年 11 月 11 日,由中国银行法学研究会主办、辽宁大学承办的"金融安全的法治保障——中国银行法学研究会 2017 年年会"在沈阳辽宁大厦召开。本次年会由来自中国法学会、中国人民银行、中国银监会、最高人民法院、最高人民检察院,各商业银行、政策性银行、资产管理公司、信托公司等机构的领导和工作者,全国各高等院校和科研机构的专家学者 230 余人参会。

2017 年是我国金融监管体制和金融服务方向深化改革的重要一年,7 月 14 至 15 日,第五次全国金融工作会议在北京召开,习近平出席会议并发表重要讲话。会议明确了金融工作的四个原则,即回归本源、服务实体经济,优化结构、坚持重点,强化监管、防范和化解风险,以及市场在金融资源配置中的决定性作用。决定设立国务院金融稳定监管委员会,加强监管协调。会议首次确认将"机构监管"变为"功能监管、行为监管"的监管改革方面。会议将防范和化解系统性金融风险提升到特殊重要的位置,着力防范化解重点领域风险,着力完善金融安全防线和风险应急处置机制。这些决定是指导我们进行金融法研究的重要依据,也是我们研究会进行研究工作的重要指导方向。

2017 年 10 月 18 日至 24 日,党的第十九次全国代表大会在北京召开,习近平代表第十八届中央委员会向党的十九大作报告。党的十九大对金融工作也给予了较大的关注,在十九大报告中提出:要深化金融体制改革,增强金融服务实体经济能力,提高直接融资比重,促进多层次资本市场健康发展。健全货币政策和宏观审慎政策双支柱调控框架,深化利率和汇率市场化改革。健全金融监管体系,守住不发生系统性金融风险底线。这些内容是对全国第五次金融工作会议内容的进一步深化和总结,是修改和完善我国现行《证券法》《商业银行法》《信托法》《保险法》《中国人民银行法》,制定"期货法""支付结算法"等金融法学研究任务的指导性方针,是我国金融立法与司法工作的重要依据。

2017 年围绕着这些主题,本着服务于国家金融法治建设和金融业务活动的宗旨,我会组织开展了一系列的会议和研究活动,各专业委员会也都开展了专门问题的研讨，如金融科技与金融法完善研究、网络金融进一步规范和完善研究、不良资产处置与法律完善研究、数字货币与法定货币规范研究、金融机构危机处置与破产规范研究、资产管理与信托规范研究、农村农业金融法律问题研究等。这些专题学术研究活动取得了许多有较高质量的研究成果。同时，我们还参加了相关立法和修法问题的研究、征求意见和相关学术活动，向国家有关部门提出了我们的建设性主张，受到了相关领导的重视。

在本届年会期间，与会代表围绕"金融安全与法治保障"这一主题，分四个具体领域开展了详细深入的研讨。在"金融稳定发展的法治战略"和"数字货币及监管的法律问题"论坛中，专家学者针对健全金融法治、金融稳定发展、金融稳定委员会的职能、法定数字货币的发行、区块链技术的应用、数字货币发行的监管、互联网金融监管的完善等进行广泛而深入的讨论。在"金融科技与监管科技的法律问题"和"互联网金融的法律问题"论坛中，专家学者们围绕着智能投资顾问的风险与监管、金融与监管科技应用、金融数据标准化、个人信息保护立法等问题进行了广泛的研究。在"金融风险的预防与处置"和"民间金融与农村金融的法律问题"论坛中，专家学者们围绕着民营银行的股东风险、商业银行生前遗嘱、金融机构自救工具、民间金融的范式、民间金融和影子银行的监管等问题充分发表了意见。在"金融私法"和"金融消费者的法律保护"论坛中，专家学者们围绕着信托业的立法、结构化信托的法律关系、第三方债务催收、移动支付、个人信息保护、投资者的适当性等法律问题进行深入的探讨。并且，在上述研究和讨论的基础上，形成了许多法治完善的建议。

本届年会共收到论文 90 余篇。这些论文主要涉及金融法理论、金融科技、网络金融、金融业务、金融监管和金融诉讼六个主要方面。年会结束后，研究会学术委员会组织在京专家学者对论文进行了评选，经匿名投票并按照得票数量分段，共评出一等奖论文 2 篇，二等奖论文 6 篇，三等奖论文 20 篇，共编入论文 30 篇。现将这些论文进行编辑整理，作为《金融法学家》第 9 辑出版。这些成果是过去一年我们研究会金融法理论和实务研究的代表，希望它的出版能更有益于进行充分的学术交流。

中国银行法学研究会会长　王卫国
2017 年 7 月 6 日

## 第三篇 金融科技法律问题研究

## 第四篇 网络金融法律问题研究

## 第五篇 金融业务法律问题研究

## 第六篇　金融诉讼法律问题研究

# 2017~2018 年金融法研究综述

中国银行法学研究会学术委员会*

2017～2018 年度，在理论界与实务界的共同努力之下，我国金融法的研究取得了丰硕的成果。为了使这些成果得到更为广泛地传播和了解，我们尽可能对这一年来具有代表性的研究成果进行系统性的整理和综述，希望能够让大家了解本年度金融法研究的总体概况。但囿于我们的收集手段和认识水平的局限性，对于某些重要的研究成果可能未能找到，对于已经收集的成果在理解与介绍上可能也有不足之处。对此，希望各位专家学者能够予以谅解，也请各位读者能够及时地给予批评和指正。

**一、主要研究成果**

（一）总论部分

【教材类研究成果】

1.《经济法学（第二版）》（徐孟洲主编，北京师范大学出版社 2018 年版）

2.《金融法教程（第四版）》（刘志云、朱崇实主编，法律出版社 2017 年版）

3.《金融法学》（魏敬淼著，中国政法大学出版社 2017 年版）

【专著类研究成果】

1.《金融新发展的法治之维》（季立刚主编，法律出版社 2017 年 11 月版）

2.《法边际均衡论——经济法哲学（修订版）》（刘少军著，中国政法大学出版社 2017 年版）

3.《法治经济的理论探索与市场实践》（吴弘著，法律出版社 2017 年版）

4.《当代金融法研究（2017 年卷)》（吴弘、陈清主编，法律出版社 2017 年版）

5.《金融法律评论（第 8 卷)》（吴弘主编，中国法制出版社 2017 年版）

---

* 本综述由刘少军教授组织中国政法大学和北京邮电大学研究生王鹏、吴呈聪、叶子函、陈硕、黄筝、赵宇婷、杨蕴琦、乔木、高雅、徐国庆、朱姣、张紫涵、宫天怡、杨昆等共同完成。

6.《经济法论坛（第18卷）》（李昌麒、岳彩申著，法律出版社2017年版）

7.《经济法论坛（第19卷）》（盛学军、岳彩申著，法律出版社2017年版）

8.《金融公平的法律实现》（冯果、袁康著，社会科学文献出版社2017年版）

9.《金融法苑2018（总第96辑）》（洪艳蓉主编，中国金融出版社2018年版）

10.《金融法苑2017（总第95辑）》（洪艳蓉主编，中国金融出版社2017年版）

【论文类研究成果】

1.《金融性财产冻结的权益冲突与分配研究》（刘少军，载《中国政法大学学报》2017年第3期）

2.《诚信价值观融入信用立法研究》（吴弘著，载《东方法学》2018年第1期）

3.《论金融法与供给侧结构性改革》（徐孟洲著，载《经济法研究》2017年第1期）

4.《关于构建经济法学话语体系的若干思考》（冯果著，载《财经法学》2017年第6期）

5.《监管沙盒的国际探索进展与中国引进优化研究》（黄震、张夏明著，载《金融监管研究》2018年第4期）

6.《地方金融监管的法理问题》（黄震著，载《中国金融》2018年第3期）

7.《金融消费者权益保护，法制先行》（黄震、马天轶著，载《金融博览（财富）》2018年第3期）

8.《我国金融机构客户身份识别制度的困境及其破解》（黎四奇著，载《法商研究》2017年第5期）

9.《我国监管沙盒的法律制度构建研究》（李有星、柯达著，载《金融监管研究》2017年第10期）

10.《论自贸区金融创新立法的完善》（刘志云、史欣媛著，载《厦门大学学报（哲学社会科学版）》2017年第5期）

11.《供给侧改革背景下的经济法：挑战与回应》（刘志云、刘盛著，载《政法论丛》2017年第4期）

12.《逆全球化背景下的国际金融治理体系和国际经济秩序新近演化——以二十国集团和"一带一路"为代表的新制度主义》（沈伟著，载《当代法学》2018年第1期）

13.《自贸区金融创新：实践、障碍及前景——以上海自贸区金融创新立法

为切入点》（沈伟著，载《厦门大学学报（哲学社会科学版）》2017 年第 5 期）

14.《金融自由化的逻辑和金融"边缘"变革的局限性——以三个金融试验区为样本》（沈伟著，载《东方法学》2017 年第 5 期）

15.《论金融法的市场适应性》（蓝寿荣著，载《政法论丛》2017 年第 5 期）

16.《金融高杠杆业务模式、潜在风险与去杠杆路径研究》（崔宇清著，载《金融监管研究》2017 年第 7 期）

17.《Fintech 监管的制度创新与改革》（李仁真、申晨著，载《湖北社会科学》2017 年第 6 期）

18.《监管沙盒对金融监管的突破——兼谈其潜在的局限性》（郭丹、黎晓道著，载《哈尔滨商业大学学报（社会科学版）》2018 年第 1 期）

19.《金融服务者责任体系的构建——以金融创新为背景》（郭丹著，载《知与行》2017 年第 5 期）

20.《国际金融危机后十年监管变革考》（宋晓燕著，载《东方法学》2018 年第 1 期）

21.《中国金融稳定性监管变革的法律框架》（许多奇、埃米利奥·阿福古利亚斯著，载《法学论坛》2017 年第 5 期）

22.《完善金稳会治理机制以有效防控系统性金融风险研究》（王刚、颜苏、王洋著，载《经济纵横》2018 年第 1 期）

23.《防范系统性金融风险的重要基础》（颜苏、王刚著，载《金融博览》2018 年第 6 期）

24.《后危机时代美国 SIFIs 反垄断规制分析与启示》（阳建勋著，载《金融法苑》2017 年第 1 期）

25.《分业与混业的历史选择——美国百年混业经营准入制度的嬗变与借鉴》（杨海瑶著，载《沈阳师范大学学报（社会科学版）》2017 年第 4 期）

26.《"金融消费者"概念检讨——基于理论与实践的双重坐标》（姚佳著，载《法学》2017 年第 10 期）

27.《国际"穿透式"监管理论的发展和实践对我国的启示》（辛积金著，载《西部金融》2018 年第 2 期）

（二）银行法部分

【教材类研究成果】

【专著类研究成果】

1.《跨国银行破产》（罗斯·玛利亚·拉斯特拉著，苏洁澈等译，中国社会科学出版社 2017 年版）

2.《村镇银行法律制度研究》（王利军著，中国检察出版社 2017 年版）

**【论文类研究成果】**

1.《商业银行股东加重责任及其制度建构》（杨松、宋怡林著，载《中国社会科学》2017 年第 11 期）

2.《村镇银行的发展路径与法制创新——评〈村镇银行法律制度研究〉》（强力著，载《河北金融》2018 年第 5 期）

3.《论公共资源救助危机银行的限度》（伏军著，载《南海法学》2017 年第 4 期）

4.《商业银行个人数据应用的法律分析》（李爱君著，载《中国银行业》2018 年第 5 期）

5.《资管新规下银行风险资产的识别与化解》（肖山著，载《银行家》2018 年第 5 期）

6.《促进银行业服务实体经济 为金融风险筑牢"防火墙"》（杨佩著，载《协商论坛》2018 年第 3 期）

7.《破产法视角下的商业银行债转股问题——兼与王欣新教授商榷》（韩长印著，载《法学》2017 年第 11 期）

8.《美国〈农业信贷法〉：法典述评与立法启示》（王煜宇著，载《西南政法大学学报》2017 年第 4 期）

9.《金融监管法制的货币维度——由"宝万之争""北八道"杠杆资金运作引发的思考》（许凌艳著，载《晋中学院学报》2018 年第 2 期）

10.《中央银行窗口指导的法律类型与法制发展》（闫海著，载《武汉金融》2017 年第 10 期）

11.《论我国货币政策决策体制的法治化——基于建构原则的检省与重构》（闫海著，载《甘肃社会科学》2017 年第 5 期）

12.《电子票据法律问题研究》（卢家瑜著，载《金融纵横》2018 年第 1 期）

（三）信托法部分

**【教材类研究成果】**

**【专著类研究成果】**

1.《中国家族信托：原理与实务》（潘修平、侯太领著，知识产权出版社 2017 年版）

**【论文类研究成果】**

1.《开展股权信托投资 助推供给侧结构性改革》（汤淑梅著，载《清华金融评论》2017 年第 7 期）

2. 《双合作社模式下农地信托法律关系主体研究》（马静、李蕊著，载《科教文汇（上旬刊）》2017 年第 8 期）

3. 《京津冀农业产业协同发展信托机制的法律构造》（李蕊著，载《中国政法大学学报》2018 年第 1 期）

4. 《信托法适用视角下的委托理财纠纷审理探究》（李晓龙、赵宜楷著，载《天津法学》2018 年第 1 期）

5. 《慈善信托监察人：法制发展、法律定位与规范重构》（闫海著，载《学术探索》2018 年第 5 期）

**（四）证券法部分**

【教材类研究成果】

1. 《高等学校法学系列教材：证券法教程（第二版)》（吴弘主编，北京大学出版社 2017 年版）

【专著类研究成果】

1. 《资本之道 企业上市规划与战略》（邢会强编著，中国法制出版社 2017 年版）

【论文类研究成果】

1. 《美国股市"减持"规则的沿革和政策考量》（郭雳著，载《证券法苑》2017 年第 3 期）

2. 《IPO 中各中介机构的职责分配探析——从欣泰电气案议起》（郭雳、李逸斯著，载《证券法苑》2017 年第 5 期）

3. 《我国"期货法"制定中的主要问题研究》（刘少军著，载《南昌大学学报（人文社会科学版)》2017 年第 6 期）

4. 《不良资产投资基金的法律构架及问题与对策》（强力、任海燕著，载《法律适用》2017 年第 13 期）

5. 《论债券限制性条款及其对债券持有人利益之保护》（冯果、阎维博著，载《现代法学》2017 年第 4 期）

6. 《上市公司协议收购信息披露制度的不足与完善》（李有星、柯达著，载《法律适用》2017 年第 17 期）

7. 《论证券市场中介机构"看门人"角色的理性归位》（刘志云、史欣媛著，载《现代法学》2017 年第 4 期）

8. 《"区块链+证券"的理想、现实与监管对策研究》（万国华、孙婷著，载《上海金融》2017 年第 6 期）

9. 《证券市场内幕交易认定的前沿探索》（万国华、谭辉著，载《金融与经济》2017 年第 9 期）

10. 《"一国两制"背景下的香港与内地证券监管合作体制：历史演变与前景展望》（黄辉著，载《比较法研究》2017 第 5 期）

11. 《强化监管背景下的中国证券市场禁入制度研究：基于实证与比较的视角》（黄辉、李海龙著，载《比较法研究》2018 年第 1 期）

12. 《我国证券监管独立性的检讨与制度完善》（洪艳蓉著，载《法律适用》2018 年第 3 期）

13. 《证券监管的独立性与监管治理研究》（洪艳蓉著，载《金融监管研究》2017 年第 12 期）

14. 《信贷资产证券化法理基础与法律控制——以不良资产处置为视角》（李文莉、魏晟著，载《法律适用》2017 年第 13 期）

15. 《违规股份增持行为的法律进路——基于〈证券法〉漏洞的考量》（伍坚、孙洪泮著，载《上海金融》2017 年第 11 期）

16. 《新三板市场的法律适用与"新三板监管法"的制定》（邢会强著，载《现代法学》2018 年第 1 期）

17. 《金融法上信息披露制度的缺陷及其改革——行为经济学视角的反思》（邢会强著，载《证券市场导报》2018 年第 3 期）

18. 《"大证券观"下的互联网金融风险防范与监管》（邢会强著，载《证券法苑》2017 年第 5 期）

19. 《维护证券交易秩序请勿"抢帽子"》（肖飒著，载《大众理财顾问》2018 年第 3 期）

（五）保险法部分

【教材类研究成果】

【专著类研究成果】

1. 《最高人民法院商事审判指导丛书：保险案件审判指导 .5（增订版）》（最高人民法院民事审判第二庭编，杜万华主编，法律出版社 2018 年版）

【论文类研究成果】

1. 《保险消费者权益保护法律问题研究》（马莉著，载《晋中学院学报》2017 年第 6 期）

（六）互联网金融

【教材类研究成果】

1. 《互联网金融的法律与政策》（邢会强主编，中国人民大学出版社 2017 年版）

【专著类研究成果】

1. 《互联网金融法律与风险控制（第二版）》（黄震、邓建鹏著，机械工业

出版社 2017 年版)

2.《互联网金融实践的法律分析》(彭冰著,北京大学出版社 2017 年版)

3.《国际数据保护规则要览》(李爱君、苏桂梅主编,法律出版社 2018 年版)

4.《中国大数据法治发展报告》(李爱君著,法律出版社 2018 年版)

5.《金融创新法律评论(2017 年第 2 辑)(总第 3 辑)》(李爱君主编,法律出版社 2017 年版)

6.《中国互联网企业诉讼报告(2006～2016)》(杨东、许坚主编,法律出版社 2018 年版)

7.《大数据区块链金融:贵阳的实践与思考》(王玉祥、杨东、刘文献主编,中信出版社 2018 年版)

8.《链金有法:区块链商业实践与法律指南》(杨东著,北京航空航天大学出版社 2017 年版)

9.《互联网金融之监理机制》(王志诚著,新学林出版股份有限公司 2017 版)

10.《〈网络借贷信息中介机构业务活动管理暂行办法〉释义与适用指南》(吴韬、郭华、李永壮等著,法律出版社 2017 版)

11.《互联网金融法律评论(2017 年第 3 辑)(总第 10 辑)》(许多奇主编,法律出版社 2017 年版)

12.《互联网金融法律评论(2017 年第 2 辑)(总第 9 辑)》(许多奇主编,法律出版社 2017 年版)

【论文类研究成果】

1.《用金融科技为中国银行业战略转型注入新动力》(黄毅著,载《中国银行业》2018 年第 2 期)

2.《"双轻"时代的数字供应链金融》(胡跃飞著,载《中国金融》2017 年第 13 期)

3.《法定数字货币的法理与权义分配研究》(刘少军著,载《中国政法大学学报》2018 年第 3 期)

4.《大数据在金融领域运用的立法思考》(吴弘著,载《清华金融评论》2017 年第 8 期)

5.《金融科技监管的路径转换与中国选择》(杨松、张永亮著,载《社会科学文摘》2017 年第 11 期)

6.《我国股权众筹平台尽职调查义务之设定》(杨松、王志皓著,载《武汉金融》2017 年第 11 期)

7. 《互联网创新发展中的经济法治研究》（杨松、郭金良著，载《江海学刊》2017 年第 4 期）

8. 《技法融合：应用区块链实现金融精准扶贫的法治进路》（冯果著，载《上海政法学院学报（法治论丛）》2018 年第 2 期）

9. 《论大数据征信时代下"技法结合"的个人信息保护》（冯果、吴双著，载《科技与法律》2017 年第 4 期）

10. 《"互联网 +"时代的会计监管制度的思考——从会计变革到会计监管的转变》（胡光志、胡显莉著，载《政法论丛》2017 年第 6 期）

11. 《数字货币交易市场亟待监管介入》（黄震著，载《中国党政干部论坛》2017 年第 7 期）

12. 《互联网金融监管的未来趋势》（黄震著，载《人民论坛》2017 年第 23 期）

13. 《金融科技在中国演进路线与前景展望》（黄震著，载《金融经济》2018 年第 1 期）

14. 《我国第三方支付客户沉淀资金治理改良方略》（黎四奇著，载《政法论丛》2018 年第 1 期）

15. 《金融科技的去中心化和中心化的金融监管——金融创新的规制逻辑及分析维度》（沈伟著，载《现代法学》2018 年第 3 期）

16. 《数据权利属性与法律特征》（李爱君著，载《东方法学》2018 年第 3 期）

17. 《监管科技：金融科技的监管挑战与维度建构》（杨东著，载《中国社会科学》2018 年第 5 期）

18. 《信联与社会信用治理》（杨东著，载《金融博览》2018 年第 5 期）

19. 《互联网金融安全：现金贷和网络小贷的整治》（杨东著，载《中国信息安全》2018 年第 3 期）

20. 《虚拟货币立法：日本经验与对中国的启示》（杨东著，载《证券市场导报》2018 年第 2 期）

21. 《美国 ICO 的监管逻辑》（杨东著，载《金融博览》2017 年第 9 期）

22. 《基于最大诚信原则的我国互联网保险法律风险问题研究》（崔宇清、赵明著，载《金融理论与实践》2017 年第 6 期）

23. 《现金贷的法律风险与监管思考》（邓建鹏著，载《南昌大学学报（人文社会科学版）》2018 年第 1 期）

24. 《ICO 的风险与监管路径》（邓建鹏著，载《中国金融》2017 年第 18 期）

25.《探寻数字资产监管之路——基于国外经验教训的思索》（邓建鹏著，载《银行家》2017 年第 9 期）

26.《P2P 网贷平台异化经营的法律规制》（丁国峰著，载《上海财经大学学报》2017 年第 4 期）

27.《投资性众筹的法律风险及其监管逻辑》（李文莉、宋华健著，载《法律适用》2018 年第 5 期）

28.《股权众筹监管的法律定位与实现路径》（李文莉、杨宁著，载《交大法学》2017 年第 4 期）

29.《智能投顾的法律风险及监管建议》（李文莉、杨玥捷著，载《法学》2017 年第 8 期）

30.《金融业的科技进化》（万建华著，载《清华金融评论》2017 年第 8 期）

31.《校园网贷法律规制的路径选择》（王怀勇、邓若翰著，载《西南政法大学学报》2017 年第 6 期）

32.《互联网金融消费者教育制度研究》（王怀勇、邓若翰著，载《南方金融》2017 年第 11 期）

33.《论互联网金融的软法之治》（王怀勇、钟颖著，载《现代法学》2017 年第 6 期）

34.《破局与重构：校园贷协同规制新路探寻》（王兰、李天鹏著，载《银行家》2018 年第 3 期）

35.《互联网金融产品知识产权保护措施》（王扬著，载《金融经济》2018 年第 4 期）

36.《互联网征信中个人信息法律保护——以芝麻信用为例》（吴凤君、陈昕瑶著，载《西南金融》2017 年第 9 期）

37.《权益类众筹的法律规制》（邢会强著，载《法律适用》2018 年第 5 期）

38.《P2P 网络借贷规制的证券法方案》（邢会强著，载《上海大学学报（社会科学版）》2018 年第 3 期）

39.《互联网金融信息披露监管制度的构建》（熊进光、邱灵敏著，载《甘肃社会科学》2018 年第 2 期）

40.《运动式监管向信息监管转化研究——基于对互联网金融风险专项整治行动的审视与展望》（许多奇、唐士亚著，载《证券法苑》2017 年第 4 期）

41.《金融科技的"破坏性创新"本质与监管科技新思路》（许多奇著，载《东方法学》2018 年第 2 期）

42. 《个人数据跨境流动规制的国际格局及中国应对》（许多奇著，载《法学论坛》2018 年第 3 期）

43. 《网络治理中的法律规制路径——以习近平互联网法治思想为基点》（叶晓丹、周文康著，载《东北农业大学学报（社会科学版）》2018 年第 1 期）

44. 《美国数字货币监管考量及对我国的启示》（张继红、牛佩佩著，载《金融法苑》2018 年第 1 期）

45. 《信任、共识与去中心化——区块链的运行机制及其监管逻辑》（赵磊著，载《银行家》2018 年第 5 期）

46. 《众筹平台的选择：集资门户还是经纪自营商?》（Shekhar Darke、毛玮瑶、何颖著，载《金融法苑》2017 年第 1 期）

47. 《数字普惠金融发展实证分析及路径选择》（牛素中著，载《河北金融》2018 年第 4 期）

48. 《网络监控法之现代化与中国进路》（王新雷、王玥著，载《西安交通大学学报（社会科学版）》2017 年第 2 期）

49. 《别了，丛林法则的"互金时代"》（肖飒著，载《大众理财顾问》2018 年第 5 期）

50. 《云计算服务提供者侵权责任类型化》（谢兰芳、付强著，载《河南财经政法大学学报》2018 年第 2 期）

（七）其他部分

【教材类研究成果】

【专著类研究成果】

1. 《中国民间金融的规范化发展（2016）》（高晋康、唐清利主编，法律出版社 2017 年版）

2. 《民间借贷与非法集资风险防范的法律机制研究》（岳彩申著，经济科学出版社 2018 年版）

3. 《2016 年民间金融法治发展报告》（岳彩申主编，法律出版社 2017 年版）

4. 《最高人民法院商事审判指导丛书：企业改制、破产与重整案件审判指导.6（增订版）》（最高人民法院民事审判第二庭编，杜万华主编，法律出版社 2018 年版）

5. 《国际化背景下中国衍生品市场法律问题研究》（唐波著，法律出版社 2017 年版）

6. 《金融担保创新的法律规制研究》（高圣平著，法律出版社 2017 年版）

7. 《中国场外交易市场规则汇编（中国 OTC 市场理论与实务）》（万国华、孙婷、卫志鹏编著，清华大学出版社 2018 年版）

8.《中国场外交易市场法律制度原论》（万国华、杨海静著，清华大学出版社 2017 年版）

9.《国际投资法：实践与评析》（张庆麟主编，武汉大学出版社 2017 年版）

10.《市场主体信用制度的法学思考：社会法、消费者权益保护法视角》（方乐华著，法律出版社 2017 年版）

11.《国际金融中心法制环境研究》（周仲飞著，经济科学出版社 2017 年版）

12.《资本之翼：企业资本市场操作指引》（邢会强编著，中国法制出版社 2017 年版）

【论文类研究成果】

1.《"国际法治"重构背景下的主权财富基金实践——兼论我国主权财富基金的定位与完善》（郭霁、李逸斯著，载《江汉论坛》2017 年第 12 期）

2.《论司法的价值与案件审理的范围和原则》（刘少军著，载《晋阳学刊》2018 年第 1 期）

3.《民间借贷风险治理的转型及法律机制的创新》（岳彩申著，载《政法论丛》2018 年第 1 期）

4.《自贸区金融创新：实践、障碍及前景——以上海自贸区金融创新立法为切入点》（沈伟著，载《厦门大学学报（哲学社会科学版）》2017 年第 5 期）

5.《金融创新视角下的商铺租赁权担保：体系定位与法律效力》（高圣平著，载《山东大学学报（哲学社会科学版)》2017 年第 6 期）

6.《废止商品房预售制度之初探——以商品房融资的替代与创新为路径》（万国华、谭辉著，载《天津商业大学学报》2017 年第 5 期）

7.《论国际投资协定中东道国规制权的实践及中国立场》（张庆麟著，载《政法论丛》2017 年第 6 期）

8.《论资产管理合同纠纷的案件特征、裁判思路与规范路径》（崔宇清著，载《北京仲裁》2017 年第 2 期）

9.《国家主权境外投资政治风险与中国应对》（都伟、李仁真著，载《河南社会科学》2017 年第 11 期）

10.《论我国信用违约互换（CDS）风险的法律防范——基于信息披露规则完善的视角》（常健、罗伟恒著，载《上海财经大学学报》2017 年第 3 期）

11.《社会效益债券：政府购买社会服务的法律制度创新》（李蕊著，载《江西社会科学》2018 年第 1 期）

12.《民间金融的规制佯谬及其化解》（王兰著，载《社会科学文摘社会科学文摘》2017 年第 7 期）

13. 《民间金融规制的路径选择——域外经验与启示》（王兰著，载《银行家》2017 年第 8 期）

14. 《辽宁自贸区融资租赁创新发展思考》（王勇著，载《辽宁经济》2017 年第 8 期）

15. 《上海自贸区对标金融开放高标准进阶研究》（李晓露、伍坚著，载《海南金融》2018 年第 1 期）

16. 《绿色金融债券：国际经验、发展现状及对策建议》（闫海、孟琦著，载《武汉金融》2018 年第 5 期）

17. 《个人信用权益保护的司法困境及其解决之道——以个人信用权益纠纷的司法案例（2009～2017）为研究对象》（张继红著，载《法学论坛》2018 年第 3 期）

18. 《论金融机构董事之民事责任》（张继红著，载《中国政法大学学报》2018 年第 3 期）

19. 《全区地方法人金融机构理财业务情况调研报告》（师立强著，载《北方金融》2017 年第 10 期）

20. 《内蒙古地方法人金融机构"降成本"情况调查报告》（师立强著，载《北方金融》2017 年第 9 期）

21. 《对外债权宏观审慎管理研究》（仇成民、彭英、刘亚南著，载《中国外汇》2017 年第 19 期）

22. 《英美金融监管机构加强社交媒体金融广告营销管理的经验与启示》（吴道义、罗实、殷文哲、徐文德著，载《海南金融》2018 年第 3 期）

23. 《美国消费者金融保护局"催化剂"项目主要内容及其启示》（吴道义、罗实、徐文德著，载《海南金融》2017 年第 11 期）

24. 《论金融检察的社会功能重构》（吴美满、庄明源著，载《现代法治研究》2017 年第 4 期）

## 二、主要学术观点

### （一）金融法总论部分

【教材类主要观点】

1. 《普通高等教育法学规划教材：金融法教程（第四版）》

《金融法教程（第四版）》根据国内外金融市场以及金融法律制度的巨大变化，对比第三版进行了较大篇幅的改版工作。本书全面阐释金融机构、金融监管等金融法领域的基础知识，并对金融法的基本内容进行了提炼和归纳，对相关法律问题加以评述分析，有利于读者掌握金融法的全貌和未来发展态势。全书只有两章是在第三版基础上修订，其他章节都是重新写作。本版在内容上除观点、制度、数据的更新，在表达形式上同样变化卓著，主要体现在以下方面：①改变传统的单一文字表述方式，使用图片、表格、模型、二维码等创新形式，提高整部教材的可读性与趣味性；②增加典型案例，既有拟制教学案例，也有缩编真实案例，尝试采用案例教学方法；③增加互联网金融监管与法律制度革新内容；④最大限度减少直接法条引用，对旧法进行全面梳理替换；⑤根据教学要求，为提高广大选用本教材的教师授课便利性，配备电子教学课件。本教材对关涉金融法领域的基本概念、范畴进行深入阐发，对各项基本制度介绍详尽。

2.《金融法学》

该书注重原理与实践的结合，法律规范与金融业务的结合，以及民法、商法、经济法、行政法、刑法等知识的结合，按照金融体系的不同门类，介绍了中央银行法律制度、商业银行法律制度、票据法律制度、证券法律制度、信托法律制度、保险法律制度等内容，构筑了完整、科学的金融法律体系，综合阐述了货币融通过程中的法律问题，力图做到科学性、实用性和相对稳定性的统一。

其目的一方面在于总结中国的既有立法实践，发掘中国社会实践对金融法的需求内容，并推动国家把经过市场经济验证行之有效的习惯和制度上升为金融法规范；另一方面则是要充分借鉴外国的市场经济法制建设成功经验，利用其他国家比较成熟的现代金融法制度促进我国市场经济体系的尽快完成。

【专著类主要观点】

1.《金融新发展的法治之维》

该书认为，金融活动是市场经济的重要组成部分。改革开放三十多年的实践表明：金融业的改革、创新、发展，与我国国民经济的整体发展、市场活力的培育以及广大人民群众的就业、投资、财富积累等各个方面息息相关。但由于金融业多有负债经营的特点，如果自律不足、监管不力，极易发生风险。这种风险具有系统性、传染性，甚至会引起世界经济、政治的动荡，1997 年亚太金融危机、2008 年以来的国际金融危机都是例证。在我国经济发展进入新常态、我国经济与国际经济联系更加紧密、金融业双向开放的背景下，新时期又为中国金融发展提出了许多与时俱进的问题，具有理论性和现实性。该书在金融法治新理论、金融监管新视角、国际化金融法治新应对、金融法治实务新解读等方面提出了建设性的意见。

2.《法边际均衡论—经济法哲学（修订版）》

该书共分为九章，第一章阐述法边际均衡论导论，第二章至第九章分别从法本质、法目标、法原则、法主体、法客体、法行为、法责任、法程序等方面论述其相关边际均衡论。该书认为在经济法学研究中，其一，我们必须明确它的本质价值追求是整体经济利益；其二，必须明确经济法学的基本原则；其三，必须明确经济法学的主体规范体系，作为一个基本的法学体系经济法学必须有自己特殊的主体；其四，必须明确经济法学的客体规范体系；其五，必须明确经济法学的行为规范体系；其六，必须明确经济法学的责任规范体系；其七，必须明确经济法学的程序规范体系。按照法学研究的规则，任何法学体系的独立或相对独立都不是任意的，它必须满足基本的独立性条件。

该版中，虽然法学原则是价值目标的子目标，但它应该成为完整系统法学体系的要素。因此，在这版中增加了"法原则边际均衡论"一章。此外，还增加了一些对传统学派的具体评价，在语言表达上进行了一些完善，并完善了原来注释中缺少的一些内容。

3. 《法治经济的理论探索与市场实践》

该书认为，法治经济是规范化、程序性、公平竞争、平等保护、平衡各方权益的经济，法治经济也是完善监管、防范风险、保障安全、促进市场健康发展的经济。研究市场监管法的理论与实践问题，特别是为金融市场发展提供经济法学理论支持，成为作者的研究重点。本书梳理了市场监管法律制度的理论，对市场监管法的理论基础、制度结构以及监管体制、监管内容、监管方式、对监管者的监管等作了全面阐述，界定了市场监管法在经济法体系中的重要地位，初步形成了市场监管法的理论体系。针对市场实践中的法律问题的热点与难点，作者进行调研剖析、深入研究，提出理论解析的思路与解决问题的方案。例如，作者围绕上海国际金融中心的建设，从经济法的视角，对该国际金融中心的立法、司法、执法环节，与信用、监管、法律服务等金融生态作了长期跟踪研究，就促进金融创新、机构发展、人才集聚、司法保障、纠纷解决等提出一系列措施建议也被决策部门和金融市场采纳，直接为法治经济发展贡献自身的力量。

4. 《当代金融法研究（2017 年卷）》

该书作为上海法学会金融法研究会的研究成果，及时反映了金融市场对法治的急迫需求及法学界、法律界的积极回应，集中展示了研究会的学术活动情况及理论成果；大力宣扬了金融中心创新发展中的新经验与新业绩，准确传播了国家金融法治建设的新政策与新成就；追踪关注了金融立法、监管、司法遇到的问题与挑战，分享研读了国内外专家学者最新学术成果的观点与学说。《当代金融法研究（2017 年卷）》既收录了学者们对金融法理念更新、金融消费者概念解析等学术思考，也收录了专家们对大数据金融、中央对手方清算等新事物的制度设计。此外，本卷论文还涉及证券法修订、期货法制定、国际金融中心法制环境等热门话题，以及股指期货违法违规、场外市场监管、资产证券化合规等执法问题。

5. 《金融法律评论（第 8 卷）》

《金融法律评论（第 8 卷）》秉持聚焦现实、理论联系实际的特色，围绕金融市场新鲜事件前沿议题，探讨金融法治建设的重大问题，包括金融法理论与制度创新、人民币国际化法律问题、金融监管新问题、证券市场法制、保险法实践、信托法理论研究、金融司法、金融法制年度报告等。金融创新实践继续给法制提出新课题、新挑战，被本卷收录的有学者就金融科技、程序化交易、不良资产结构化转让等进行法理分析；本卷继续讨论的人民币国际化法律问题，以及保险新产品的新规则，信托制度演化的新归纳，也都体现着创新的指导思想。系列法治年度报告继续展示金融市场改革发展与制度创新的业绩。本卷的证券法栏目重点关注执法问题，学者们分别剖析了内幕交易、操纵市场案例的深层次问题，解析了投资者保护政策的有效性，为有针对性的完善立法、执法提供了可靠的依据。

6. 《经济法论坛（第 18 卷）》

本书由"基础理论""制度研究""农村法治""法学教育""会议综述"等专题组成。在文章选择方面，始终秉持学术性、实践性、开放性的宗旨，坚持"百花齐放，百家争鸣"的方针，在"基础理论"板块，围绕"政府与市场关系的法律调整"这一命题，运用经济法学理论和制度规定，深入探析了"林张之争"中政府与市场的博弈；在"制度研究"板块，涉及公司注册资本认缴制改革、区域性股权市场法治化治理、转基因食品安全风险信息交流法律机制、互联网不正当竞争、行政垄断诉讼、金融风险、利率监管、民生财政、地方人大预算审查监督、环境审计问责等方面；"农村法治"板块主要涉及农民专业合作社存货质押融资法律风险及规避策略、村集体土地增值利益分享改革的路径；"法学教育"板块涉及卓越法律人才培养中的硬件、师资与课程设置以及基于大数据平台的《工程建设法规》一体化教学模式改革；"会议综述"收录了"金融体制改革与《商业银行法》的修订"研讨会的主要内容和观点。

7. 《经济法论坛（第 19 卷）》

《经济法论坛（第 19 卷）》内容充实、学术性和实践性强，许多文章都是针对重大理论和实践问题的优秀作品。在"基础理论"专题，围绕"政府决策立法的模式""经济法权利的生成"展开论述；在"制度研究"专题，涉及国有企业并购的公司治理、国企承担债务、分享经济规制、互联网新型不正当竞争、银行业垄断规制、互联网下数字化产品增值税征管、社会科学科研经费管理等方面；"农村法治"专题主要涉及收回国有土地使用权性质、农村耕地撂荒问题的法律规制；"法学教育"专题涉及法学类人文社科研究基地法治人才培养的需求错位与机制创新、创新型法律人才培养模式的反思与完善；"会议综述"专题收录了"金融服务能力提升与法律治理"研讨会的主要内容和观点。

### 8.《金融公平的法律实现》

该书认为，金融并不只意味着对利益的追逐，还应具备对社会公平的观照。理想的金融体系，应当既能从经济功能层面实现资金效用最大化，又能从社会功能角度促进财富公平分配和社会整体福利最大化。许多金融理论家都认为，金融学是一门仅依赖于可视事实的客观科学，它不做任何关于伦理价值的判断。在这种逻辑假设下，金融理论的数理模型遮蔽了金融的价值取向，金融机构与现代科技的全面融合遮蔽了技术主体的德行，金融工具的工程化遮蔽了金融的道德风险。于是，金钱主宰了一切，良心发生了霉变，公平遭遇了亵渎。2008 年全球金融危机之后，关于"金融的本质是什么"的反思与讨论再度兴起。人们重新深刻认识到，金融不应成为富人的专利和穷人的痛苦，金融法不应成为"劫贫济富"的工具和"恃强凌弱"的帮凶，对财富的追逐并不是金融的全部，承担社会责任和回应民生诉求应当成为金融法的正当价值追求。在此背景下，金融与民生的关系开始受到学界关注，金融社会属性的强调、金融公平理念的提倡、法律赋权与法律赋能理念的引入正在重塑金融法的思想谱系与知识传统。

### 9.《金融法苑 2018（总第 96 辑）》

该书共分四个专栏，设有"专论"、"证券法制"、"金融创新法制"和"金融科技法制"四个专栏，共有 12 篇文章，反映金融法理论、热点事件、立法与实务等研究成果和动态。主要内容为：非银行机构支付结算与清算业务风险研究；名股实债司法裁判实务的总结与反思；主动沽空行为的合法性及其监管建议；保荐人先行赔付制度的解读与反思；论虚假陈述行政处罚中责任人身份重合问题；绿色债券中"环境效益目标"的制度构建研究；法律规避视角下消费信托的产生与合规性研究；网络互助计划在中国：发展概观与性质厘定；美国数字货币监管考量及对我国的启示；共享单车押金及预付资金监管规则的反思与重构；互联网票据理财的法律实质及其合法性问题等。

### 10.《金融法苑 2017（总第 95 辑）》

本书是由北京大学金融法研究中心主编，本书共分"专论"、"热点观察"、"证券法制"、"互联网金融与法律"和"海外传真"五个专栏，共有 17 篇文章，集中反映金融法理论、热点事件、立法与实务等新研究成果和动态。内容包括：中国式资产证券化的市场繁荣与理性思考；未来收益证券化基础资产界定法律探析；定价视角下的中国专利证券化发展路径；美国资产支持证券储架发行制度的重大变革与借鉴；我国企业资产证券化信息披露制度建设的现状及完善建议；论管理人履职对资产证券化风险防范的作用——以南方水泥 ABS 项目为例；我国资产证券化业务税收政策漫谈；信用评级视角下我国不良资产证券化实践探析；

我国企业资产证券化市场的风险分析与信用评级关注等。

【论文类主要观点】

1. 金融法主体问题

根据金融法调整对象范围的要求，可将金融法的主体概括为金融消费主体、金融经营主体和金融管理主体三类[1]。

针对"金融消费者"这一概念，有学者指出，"金融消费者"概念随着金融领域产品和服务日益复杂化而被倡导和推崇，尤以学术界为甚，实务界也顺势紧随。以理论与实践双重坐标系检验，消费者法、金融业规范性文件、金融业发展与金融消费者概念创设等几者并不匹配。回归到解释论，金融领域消费者属于消费者的子概念，意欲另外创设一个特定的"金融消费者"概念似乎意义并不显著，忽视消费者法自身教义学体系，只会造成概念之间界限不清晰以及增加思维负担，对学术研究和制度发展无益。金融消费者在中国法体系内能且仅能被视为一种基于解释论而产生的笼统称谓[2]。

言及"金融消费者"的概念，目的是构建对"金融消费者"的保护。在讨论金融消费者保护的法制建设时，要始终把握金融消费者这个中心，同时亦要兼顾金融从业者的合法权益，保持权利义务的对等性。在金融创新不断涌现的时代，用户至上、权利本位的精神应该成为立法的指导思想，在法律滞后、法律漏洞依然存在的现实条件下，学者提出软法治理、柔性监管、动态合规的理念，金融监管者的主要任务是平衡金融从业者和金融消费者的权利与义务，一方面能保护金融消费者的合法权益，另一方面亦不会禁锢金融创新的发展，最终才能真正实现金融产业的健康可持续发展[3]。

金融服务者归属于"金融经营主体"，构建对于"金融消费者"的保护，可以从"金融经营主体"的法律责任角度进行制度设计。金融创新的加速，在带来金融商品和金融服务日新月异变化的同时，也将金融服务者和金融消费者之间的矛盾凸显出来，由于金融商品交易和服务过程中双方信息不对称造成的交易地位不对等，加之金融监管与规制的力度不够，导致金融纠纷时有发生。传统的金融法要求金融服务者承担的责任以公法上的责任为主，包括行政责任或者刑事责任，而金融服务者承担私法上的责任规定不够，长期处于被漠视状态。然而，对于金融消费者而言，其在金融商品交易过程中所受到的损失亟须得到救济，因此，金融服务者民事责任的承担会发挥直接的补偿作用。金融服务者民事责任的承担能给予金融消费者最便捷的救济，这也是行政责任与刑事责任无法取代的功

〔1〕 徐孟洲：《论金融法与供给侧结构性改革》，载《经济法研究》2017 年第 1 期。

〔2〕 姚佳：《"金融消费者"概念检讨——基于理论与实践的双重坐标》，载《法学》2017 年第 10 期。

〔3〕 黄震、马天轶：《金融消费者权益保护，法制先行》，载《金融博览（财富）》2018 年第 3 期。

能。从保护金融消费者的立法目的出发，对金融服务者从事金融商品交易过程中的违反义务的行为，应当采取私法上的责任与公法上的责任并重的立法思想，扭转重行政重刑事制裁而轻民事救济的局面，加强民事责任体系的完备，与行政和刑事责任并行，真正维护金融消费者的合法权益。[1]

2. 金融性财产问题

当代经济被称为金融经济，它是以流动性和效率性为核心的经济，财产权利中的行为性权利在某种意义上比归属性权利更重要，是保障财产价值增加或损失减少的核心权利。但是，在我国目前财产冻结的法规中，并没有区分金融性财产和消费性财产，将财产的价值性权利与行为性权利一并冻结。虽然在近期的规定中对此有所考虑，但还没有将其作为原理性问题进行统一规定。这不仅侵犯了当事人的财产权益，同时给其带来了潜在的财产损失，甚至出现了导致许多企业破产、引发群体性事件等不良社会效果的现象。因此，在当代社会必须充分认识到财产的行为性权利，在行政机关、监管机关、司法机关和财产权利人之间合理分配冻结权益，以实现社会综合效果的最优化。[2]

3. 金融监管问题

为应对 2008 年国际金融危机，美国、英国、欧盟以及国际金融监管标准制定组织都推出了相应的金融监管改革方案。当时出台的各项举措重在加强金融安全和稳定，并以此支撑全球经济增长。十年间各国以及国际金融监管改革在反思和探索中取得了更进一步发展。这些监管变革呈现出三个明显的特征：在历史的各个阶段，监管变革都是市场主体利益诉求的博弈和权衡；市场本身就是推动监管发展和变革的连续自变量，金融创新永远产生对监管创新的内在需求；在国际层面，主导国际监管标准的制定已成为维护金融竞争力的强劲手段。[3]

从监管形式的角度看，为促进金融市场的繁荣与稳定，英美等金融发达国家以及 FSB 等国际金融组织积极开展 Fintech 监管的创新探索，形成了监管沙箱、淡中心化监管、风险评估的分析框架等制度成果，从不同侧面揭示了 Fintech 监管制度的发展方向。[4] 在这些制度成果中，监管沙盒是监管科技的产物，兼顾时间和空间的维度提出新监管思路，在"变"中寻求金融创新与金融安全的平衡。有学者对国际监管科技发展现状进行了探索，观察国际监管沙盒实践的新进展与存在问题，思考监管沙盒在国内实施的合理性与逻辑，总结源自西方的监管沙盒与中国的改革试点制度在运行逻辑和理念上的一致性，以及监管沙盒监管与

---

[1] 郭丹：《金融服务者责任体系的构建——以金融创新为背景》，载《知与行》2017 年第 5 期。
[2] 刘少军：《金融性财产冻结的权益冲突与分配研究》，载《中国政法大学学报》2017 年第 3 期。
[3] 辛积金：《国际"穿透式"监管理论的发展和实践对我国的启示》，载《西部金融》2018 年第 2 期。
[4] 李仁真、申晨：《Fintech 监管的制度创新与改革》，载《湖北社会科学》2017 年第 6 期。

创新协调共进的实质。最后基于中国实际情况，提出我国引入监管沙盒需进行法律授权，可采用"中央—地方"双授权的模式，以正规金融机构和准金融机构为测试对象，"软硬结合"实施消费者保护，增强监管科技的运用，在改革试点的基础上对监管沙盒进行改造升级的优化路径。[1] 也有学者指出，监管沙盒是一种可兼顾金融创新发展与金融风险防范的监管模式，其本质为前准入监管、差异化监管和临时性监管，并提供了金融监管机构与金融创新主体的互动机制，有助于推动金融科技和金融创新的健康有序发展。学者在对监管沙盒的本质特征进行厘清的基础上，对我国引入监管沙盒的必要性与具体的法律制度构建进行深入分析。研究表明，我国可以考虑引入监管沙盒制度，增进金融监管机构与金融创新主体之间的良性互动，减少金融创新的监管成本。结合我国实际，应允许正规金融机构与"准金融机构"申请监管沙盒测试，并明确中央金融监管部门与省级地方金融管理部门作为监管沙盒的实施主体。在监管沙盒的具体实施过程中，应强调底线监管思维，并采取消费者测试库与风险补偿等消费者保护措施。[2]监管沙盒具有制度优越性，但是其也存在局限性。有学者指出，监管沙盒对传统金融监管的最大突破，在于创设了全新的监管空间，体现了监管沙盒对效率的高度追求。在全新的监管空间里，监管沙盒能够调整和放宽现行监管规则，突破了传统金融监管的诸多掣肘，其监管内容也得以涵盖准入监管、运营监管以及退出监管的全部环节，并提升了监管者与被监管者之间的关系。但全新的监管空间也为监管沙盒带来了潜在的局限性，需要现行金融监管制度的支撑。[3]

近年来，我国金融业高速发展，跨行业、跨市场的交叉性金融产品爆发式增长，使得信贷市场、债券市场、股票市场之间的风险传递增加，凸显出现有金融监管体系与金融发展的不适应性。通过"穿透式"监管，消除监管真空、监管重叠和监管套利，有效防范和化解系统性金融风险已成各方共识，但在具体执行中还存在一些困难和问题。有学者对国际主要经济体"穿透式"监管理论的发展与实践进行了梳理，并对我国"穿透式"监管体系提出了建议。[4]

**4. 自贸区的金融法问题**

自贸区建设的重要使命是金融创新。学界关于自贸区的研究集中于政策维度和比较方法。政策维度的研究目的是检视自贸区政策的实现度，从而肯定自贸区

〔1〕 黄震、张夏明：《监管沙盒的国际探索进展与中国引进优化研究》，载《金融监管研究》2018 年第 4期。

〔2〕 李有星、柯达：《我国监管沙盒的法律制度构建研究》，载《金融监管研究》2017 年第 10 期。

〔3〕 郭丹、黎晓道：《监管沙盒对金融监管的突破——兼谈其潜在的局限性》，载《哈尔滨商业大学学报（社会科学版）》2018 年第 1 期。

〔4〕 辛积金：《国际"穿透式"监管理论的发展和实践对我国的启示》，载《西部金融》2018 年第 2 期。

的设计功能和应然理性。比较视野的研究方法意在分析自贸区的现实功能和全球化视野中的规则制定逻辑，从而确立自贸区的正面作用和改革意义。有学者采取宏大的叙事语境，将自贸区和其他两个同时期设立的试验区放在金融改革的框架中，以便审视自贸区和其他金融试验区在推进金融自由化方面的内在逻辑。以此为起点，认为地方性试验在金融自由化改革的框架中已经难以起到有效的"涓滴"效应，"边缘"变革的局部性改革范式也无法解决整体性的金融抑制市场及与之呼应的金融监管框架难题。实现包括自贸区在内的三个金融试验区的金融改革目标需要"核心"变革，真正触及抑制型金融市场的抑制维度，从而实现金融自由化和自贸区终极改革的目标。[1]

从中央到地方出台的有关自贸区金融创新的法律法规在立法内容上既具有共性又不乏个性，并且革新了监管理念和监管方式，对我国自贸区金融创新的稳步发展发挥了有目共睹的积极作用。但相关法律法规亦存在诸多困境与弊端，主要表现为：严苛的市场准入制度抑制自贸区金融创新的活力，金融业务创新立法的滞后满足不了自贸区金融创新实践所需，以及不健全的风险防范机制难以有效规制自贸区金融创新风险。未来我国自贸区金融创新立法，应朝着制定相对宽松的自贸区金融创新市场准入制度、完善金融业务创新规则以及建立健全自贸区金融创新宏观微观审慎监管体系等三个路径推进。[2] 上海自贸区在金融创新方面的立法实践表明，其相关举措推动了上海国际金融中心的发展进程，引领着中国金融体系的深刻变革，彰显了自贸区金融创新的广阔前景。然而，上海自贸区金融改革的渐进性以及金融"收""放"立法与政策的不匹配，使得改革在金融自由化和金融风险（纠纷）识别上面临着阻碍。自贸区的金融创新立法，应当进一步巩固和推进金融自由化进程，加强金融风险（纠纷）的防控与化解，适当了解和吸纳中国其他金融改革试验区的有益经验，从而实现中国金融改革试验区的良性互动。[3]

5. 供给侧结构性改革背景下的金融法问题

供给侧结构性改革是我国经济发展新常态下宏观经济管理确立的战略部署，供给侧结构性改革的最终目的和"三去一降一补"五大任务都涉及金融改革，都与我国金融法关系相当密切。

---

〔1〕 沈伟：《金融自由化的逻辑和金融"边缘"变革的局限性——以三个金融试验区为样本》，载《东方法学》2017 年第 5 期。

〔2〕 刘志云、史欣媛：《论自贸区金融创新立法的完善》，载《厦门大学学报（哲学社会科学版）》2017 年第 5 期。

〔3〕 沈伟：《自贸区金融创新：实践、障碍及前景——以上海自贸区金融创新立法为切入点》，载《厦门大学学报（哲学社会科学版）》2017 年第 5 期。

有学者主要从金融法与供给侧结构性改革相互关系的视角，研究供给侧结构性改革的内涵、目的、主攻方向、根本途径和主要任务；研究供给侧结构性改革如何推动金融法理论创新，通过分析认为，我国金融法理论应当以供给侧结构性改革理论为指导，供给侧结构性改革最终目的论是我国金融法理念的基础，金融法理论在供给侧结构性改革实践中得到了不断创新和发展；学者还分别研究了金融法如何规制金融为实体经济服务，金融市场规制法怎样保障有效金融供给，金融调控法如何促进供给侧结构性改革等问题，通过分析认为，金融法能够为推动和保障供给侧结构性改革发挥自身的独特作用。[1]

随着我国经济从粗放型向集约型、从简单分工向复杂分工的转变，传统凯恩斯式的需求侧短期干预已经无法使我国迅速摆脱国内外经济增长双重疲软的境况，在短期内实现经济的 V 字型反弹。我国经济发展模式亟需从需求侧拉动的"单腿支撑"向供给侧为主，适度扩大需求侧的"双腿走路"迈进。当前中央对供给侧改革的多项部署，对缘于市场与政府双重失灵之校正和寻求政府与市场博弈均衡解的经济法而言无疑是一个重大的挑战。需要经济法主体制度通过制度性变革来推动政府简政放权、转变职能，明确社会中间层主体的独立性，完善产权、社会分配等制度来保证市场主体的权益。需要经济法宏观调控制度从具体的财政法、金融法、产业政策法和发展规划法出发，推动稳定的宏观经济环境之形成。需要经济法市场规制制度通过完善产品质量与食品安全、消费者权益保护和市场竞争法律体系来建构宽松的投资经营环境，保障市场在资源配置中的基础性地位。[2]

"去杠杆"是供给侧结构性改革的一项重要内容。伴随着社会资金"脱实向虚"、资产泡沫过度膨胀等突出问题，金融领域的"去杠杆"成为了供给侧改革"去杠杆"的主要着力点。当前的金融高杠杆属于宏观的系统杠杆，表现为金融体系资产负债表的快速膨胀，实质上是货币信用机制的再造。有学者首先就此轮金融高杠杆的发展成因在业务模式及内在动因上进行了微观解析，再就金融高杠杆与金融体系脆弱性的逻辑关系进行分析，最后对金融"去杠杆"的现有路径与未来的政策框架进行归纳和展望。学者的研究表明：金融高杠杆主要源于同业资金流转链条，依靠同业存单、同业理财、银行委外与表外业务的比较优势，形成了资金空转的套利机制；金融杠杆的快速上升潜藏着系统性风险，导致广义货币增速被低估，同时会引发交易性资产价格波动。逐步出台的金融"去杠杆"监管政策，短期内强化了监管，去杠杆初见成效；但长期看，未来应该着力于制

---

〔1〕 徐孟洲：《论金融法与供给侧结构性改革》，载《经济法研究》2017 年第 1 期。

〔2〕 刘志云、刘盛：《供给侧改革背景下的经济法：挑战与回应》，载《政法论丛》2017 年第 4 期。

度化监管长效机制的建设。下一步，应持续地改革和完善适应现代金融市场发展的金融监管框架，实现金融监管的统一协调与金融风险的全覆盖。[1]

（二）银行法部分

**【专著类主要观点】**

1.《跨国银行破产》

2007 年以来的金融危机使得金融机构破产与重整问题成为全球关注的课题。作为金融体系的重要组成部分，有效的银行破产制度是国家金融体系稳定的重要保障。而对跨国银行的有效处置则为有效处置银行破产的重要环节，也成为解决全球性金融危机的关键。当前国内并没有专门的关于跨国银行破产的专著，而国际上则仅有一本关于跨国银行破产的专著：即本书。该书出版于 2011 年，所探讨的问题都为当前国际上最前沿的课题，代表了当前国际上研究跨国银行破产的最新成果。

2.《村镇银行法律制度研究》

本书共分六个部分，第一部分是村镇银行基础理论研究。此部分分析了村镇银行的概念、特征和法律性质，比较了与其他金融机构的异同。从权利、经济、文化三个方面论证了村镇银行存在的理论基础。第二部分是村镇银行市场准入法律制度。从村镇银行主发起人现行法律规定出发，分析了其利弊优势，提出了引入民间资本，实现股权多元化的变革模式。第三部分是国外农村金融法律制度及对我国的启示。首先对法国、美国、日本等发达国家和孟加拉国、印度等发展中国家的与村镇银行相关的农村金融法律制度进行了论述。其次对各国的发展模式进行了简要分析，并对其成功经验和失败原因进行了深入探讨。第四部分是村镇银行担保法律制度。从现有的担保法律制度分析了村镇银行的法律原理，从传统文化、经济基础、社会现实出发，阐述了村镇银行担保的现实基础。第五部分是村镇银行运营法律制度。分析了村镇银行信用风险的特点、原因，提出了加强村镇银行信用风险防范法律制度的措施。第六部分是村镇银行监管法律制度。分析了村镇银行监管的概念、必要性、目标、原则，比较了与其他国家监管的不同，阐述了对我国村镇银行监管法律制度的启示与借鉴，分析了我国村镇银行监管法律制度存在的问题，提出了完善我国村镇银行监管法律制度的解决对策。

**【论文类主要观点】**

1.《商业银行股东加重责任及其制度建构》

金融实践中民营银行股东自担银行剩余风险，是商业银行股东加重责任的休

---

〔1〕　崔宇清：《金融高杠杆业务模式、潜在风险与去杠杆路径研究》，载于《金融监管研究》2017 年第 7 期。

现。商业银行股东加重责任，是商业银行股东超越传统有限责任边界而承担的法律义务，但并不意味着无限责任，而是银行公司股东有限责任的特例，是对商行为主体加重义务的特定化。赋予商业银行股东加重责任，是银行公司克服固有道德风险、实现自我救助的内在要求，也是维护国家金融安全的一项制度保障。现有立法对银行股东加重责任的规定效力层级较低，可在商业银行法、公司法修改中予以关注，实现金融类公司特别法对一般公司法基本制度的补充和修正。商业银行股东加重责任制度的总体构造思路，可遵循条件、实施和后果的基本构造，重点规定主体制度、义务内容、监管与司法审查等制度内容。

2. 《村镇银行的发展路径与法制创新——评〈村镇银行法律制度研究〉》

村镇银行作为新型农村金融机构的重要类型之一，自 2007 年初试点以来，现已发展到 1600 余家，在扶助三农方面取得了重大成就，也引起了国内外学者的密切关注。从已有的相关文献看，对村镇银行的研究已日益受到理论界的重视，有关研究成果不断涌现，当然现有研究还存在一些不足，如：研究缺乏对现象背后深层原因的分析、缺乏定量分析、对国际经验的比较研究还不够深入等。且学者多是从金融学、经济学等视角进行研究，从法学角度对村镇银行法律制度研究的著作不多。在此背景下，河北经贸大学法学院王利军教授等人撰写的《村镇银行法律制度研究》一书中由中国检察出版社于 2017 年 12 月出版。该书是作者主持的河北省社科基金项目的最终成果，可称得上第一本研究村镇银行法律制度的专著。

3. 《论公共资源救助危机银行的限度》

利用公共政策资金进行救助，是针对危机银行的一种特殊的处置方式。2008年金融危机中，欧美等发达国家和地区在应对银行业危机时大规模使用了这一处置方式。危机过后，政府运用公共资源救助银行是否应有必要的限度？这些问题成为全球金融监管中的前沿问题，也成为我国构建银行处置制度中的一个核心问题。公共资源的救助，指在处置银行或系统重要性的金融机构中，为避免银行或金融机构倒闭而产生系统性威胁或系统性风险，从而动用公共资源对失败银行、金融机构进行救助的情形，是为了实现处置目标而利用公共资源的行为。它与央行、财政或其他政府部门基于其他目的而向银行等金融机构提供的贷款支持、担保以及注资是截然分开的。

4. 《商业银行个人数据应用的法律分析》

商业银行与个人数据天然有着不可分割的关系。从应用层面看，商业银行资产业务的风控主要是对债务人的信用评估，主要是对个人财务数据和过往信用数据的分析；商业银行理财业务需要对金融消费者的风险承受能力进行评估，会对消费者的财务、投资经验等数据进行评估。两项业务不仅沉淀了海量个人数据，也是未来个人数据分析和应用的业务基础。除了资产与负债业务沉淀海量个人数据外，中间业务也沉淀着海量个人数据。在 DT（Data technology）时代，商业银行个人大数据应用是其核心竞争力，同时也正在成为商业银行经营中断的风险点。近期，银行业数据应用风险事件造成的服务异常、业务中断、资金损失、客户数据泄露等事件时有发生，已引发各界关注，数据风险态势一旦失控、恶化，就可能引发系统性、区域性风险。因此，商业银行在大数据分析和应用中应增强风险意识，集中力量做好个人数据安全保护，是营造安全、稳健、高效金融服务基础环境，提高商业银行核心竞争力的重中之重。

5.《资管新规下银行风险资产的识别与化解》

资管新规落地，银行业新一轮转型和洗牌的大幕即将开启。资管业务项下的不良资产怎么处理、怎么化解，事关我国整个金融体系的系统性风险安全。长期实践过程中，传统信贷业务在出现风险后，形成了风险识别、分类、计提拨备、化解的健全流程，整个生态系统形成了一个完善的循环体系。而银行资管业务主要是银行发起，利用理财资金、同业资金等资金，借助券商、信托、基金等通道机构向融资人提供融资服务，有以下两种常见模式：一是银证信托贷款模式（只嵌套一个资管计划），包括后来的银证信托贷款模式（嵌套一个资管计划后，通过信托公司把资金放给融资方）。二是实务中买入返售业务模式（现已被监管禁止），该模式主要是通过银信合作将信贷或类信贷资产以回购形式转为风险权重较低的同业资产。

我们可以看到，当前强监管的主要政策精神是要挤出虚增"泡沫"，终结资管规模无序扩张的状态，促进金融业务回归本源。但"退潮"过程中暴露出来的风险怎么有序化解，是一件迫在眉睫的事情。需要从理论和实务上找到更多、更好的解决办法，促进资管业务不断完善自身的生态循环体系，走上持续健康发展之路。

6.《破产法视角下的商业银行债转股问题——兼与王欣新教授商榷》

破产重整实务中商业银行普通债权债转股的做法虽然比较普遍，但在理论上却遭受了一些学者的强烈反对。基于"债转股"作为债务人陷入破产违约后所衍生的"救济性请求权"之"代物清偿"属性，以及破产程序作为概括强制执行程序的性质，加上债权债务关系的平等性特征，债转股中的银行债权并非不受破产重整这一概括清偿程序限制的权利，商业银行的债转股无需经过银行债权人个别的单独同意，银行债权是否进行债转股同样应当遵守破产程序中的多数决规则。在重整程序转入破产清算程序后，已经转换为股权的债权可以恢复其债权的原有性质而不致沦为劣后的股权顺位。

王欣新教授原本并不彻底否认重整程序中债转股的积极意义，并曾明确认同债转股的优越性，即"通过债转股，企业资产负债率降低，利息费用支出减少，将短期贷款变化为长期投资，降低资产压力。"但其更新后的观点偏偏将商业银行排除在债转股之外，这一点令人费解。对破产法的学理理解尽管不会直接决定法官对破产个案的裁判行为，但其对法官裁判思维和裁判态度的影响不可小觑。因为法官在审判中面临的不仅仅是处理个案中当事人的诉求问题，还要处理好诸如"怎样评价历史？怎样规范现在？怎样示范以后？"的更深层次的问题。

7. 《美国〈农业信贷法〉：法典述评与立法启示》

与中国农村金融"政策推进、行政主导"的改革模式相比，美国《农业信贷法》浓缩了100年来美国人应对"农村金融"这一世界难题的实践理性、法律智慧与立法技术。作为美国农村金融发展的"顶层设计"，美国《农业信贷法》以统一立法的联邦法典模式，通过"立法拟制"，创设农村金融机构，加强农村金融监管，化解农村金融风险，稳定农村金融市场，保护农民借款人权利，确立以调解为主的农村金融纠纷解决机制，最终将纷繁脆弱的农村金融关系调整成为符合立法目标要求的主体明确、运营高效、市场完备、监管科学、执法有力、司法有效的系统独立的农村金融法律关系体系，堪称"科学立法"的典范。深化我国农村金融体制改革，必须"站在巨人肩上"，树立法治意识，完善顶层设计，加快推进农村金融立法，贯彻"目的明确、程序科学""一以贯之、循序渐进"，"制度协调、形式理性"的科学立法总思路。

8. 《金融监管法制的货币维度——由"宝万之争""北八道"杠杆资金运作引发的思考》

在金融监管中，增大的金融机构杠杆和创造类货币化的金融工具都会导致货币的扩张。在一个完整的经济体里，货币的有效供应至少可以从两方面进行。其一，金融机构的杠杆效应能够增加货币有效供应的能力，有着重要的货币影响。在增加货币有效供应的第二个方法之中，金融监管扮演了一个很重要的角色，即赋予金融工具以"货币"的经济特征。2015 年发生的"宝万之争"中"宝能系"高举杠杆企业收购万科和 2018 年 3 月中国证监会通报的北八道（厦门）物流集团有限公司运用杠杆资金巨额操纵股票的案例，其示范意义不容忽视。如何在货币政策和宏观审慎政策"双支柱"调控框架下加强金融监管法制的货币维度，正在成为我国金融法的重要研究方向之一。

9. 《中央银行窗口指导的法律类型与法制发展》

作为现代宏观调控手段之一的货币政策，是一种以间接调控为主的综合性经济政策措施的总称。随着利率市场化、金融自由化，具有普遍强制性的利率管制、信用管制等货币政策工具正逐渐退出我国舞台，即使具有相对性的存款准备金的法律地位亦逐步下降。相反，中央银行窗口指导将成为我国货币政策手段运用机制化的重要内容之一。推进中国人民银行窗口指导的法制发展应致力以下方面：①增强货币政策的权威性；②明确窗口指导的法律定位；③强化金融机构社会责任；④建议以货币政策透明化为基础的窗口指导。

10.《论我国货币政策决策体制的法治化——基于建构原则的检省与重构》

货币政策决策体制的法治建构是推进宏观调控目标制定和政策手段运用机制化的关键。独立决策、集体决策、科学决策、民主决策是货币政策决策体制的法治建构原则。独立决策是对货币政策决策外部影响的限制性原则，集体决策是对货币政策决策的内部机构、方式的程序性原则，科学决策和民主决策是相互制约的货币政策决策的价值性原则。1995 年制定、2003 年修改的《中国人民银行法》虽然确立行长负责制，但同时亦规定货币政策委员会，立法犹疑于首长型或委员会型的货币政策决策体制的选择，存在较多权力黑箱。我国应当按照独立决策、集体决策、科学决策、民主决策四项法治建构原则，尊重既有宪制安排，通过《中国人民银行法》修改，以货币政策委员会为中心，推进我国货币政策决策体制法治化。

11.《电子票据法律问题研究》

2016 年 9 月，人民银行总行下发了《关于规范和促进电子商业汇票业务发展的通知》（银发〔2016〕224 号，以下简称"224 号文"），扩大了票据转贴现市场参与者的范围、取消了电票贴现贸易背景审查，并规定一定金额以上强制使用电票。相关规定体现了央行鼓励电票发展的决心，然而《票据法》《票据管理实施办法》等现行法律法规均以传统纸质票据为核心，各类票据行为都需要以纸质原件进行，而电子票据依托的是电子数据信息交换和记录，其票据行为的合法性和有效性均不能从现行法律法规中得到完全体现，相关法律关系亟需明确。本文拟从电子票据与传统票据的区别、电子票据领域相关主体法律地位以及各类法律关系等维度进行分析，以期明确相关法律问题，保障电子票据在法治环境下健康发展。

（三）信托法部分

【专著类主要观点】

1.《中国家族信托：原理与实务》

本书在对家族信托制度进行专门研究的基础之上，对国外家族信托制度进行了归纳与总结，分析了我国家族信托发展的现状及存在的问题，对各种类型的家族信托进行了专题研究，从而提出了我国发展家族信托的建议与对策。全书从家族信托的法律关系这条主线入手，在介绍了资金、不动产、股权等一系列家族信托模式之后，对家族信托的管理、风控、清算、税收、监管等相关问题开展了法律层面的剖析，为我国家族信托的发展和规制创造了可供参考的理论和实践指引。本书也可以作为法学界和金融学界研究家族信托的参考资料，还可以作为高等学校法学或金融学专业的教学用书，填补本学科领域内研究空白，视角新颖独特。

**【论文类主要观点】**

1. 房地产投资信托基金发展现状研究

房地产投资信托基金（REITs）作为一种融资方式将房地产市场与资本市场有机结合，在国外很好地推动了房地产业的健康发展。专业的地产开发商、运营商能够通过 REITs 快速收回现金流和开发利润，提高投资回报率，有利于轻资产化的扩张和专业运营，同时长期稳健投资者获得了高流动性、低风险和高收益率且与其他资产相关性低的物业投资渠道。但是我国房地产业起步较晚，金融体系也不完善，不能直接套用。本文分析了 REITs 如何在国内现行法律制度与金融环境下顺利、健康地运行。同时，我国应尽早推出房地产投资信托基金，推进我国商业地产的去库存化，推进我国商业地产供给侧改革。受到时间和能力各方面因素的制约，很多问题还需要进一步继续研究。

2. 慈善信托问题

（1）慈善信托监察人

慈善信托是发展慈善事业的最佳途径，这已被英美国家及日本、韩国等所证明。委托人为了特定的慈善目的，将财产转移给受托人管理及处分，而相关的受益人利益能否得以实现，关键就在于受托人是否能够真正地履行对慈善信托的忠实、勤勉义务，从而促进信托财产的保值、增值。而要使受托人能够正确地履行受托的义务，我国应从法律制度的设计上构建对受托人合理的监督制度。在慈善信托中设立并完善监察人制度，使监察人全程地对受托人处理慈善信托事务进行监督，督促受托人正确地履行受托义务，从而促进我国慈善信托业的发展。

（2）慈善信托受益权

作为从英美法系移植而来的慈善信托制度，在我国的适用过程中暴露出诸多问题。通过对慈善信托受益权在我国的保障现状进行深入分析，系统总结了当前存在的受益权立法模糊、信托受托人信义义务缺失、信托监察人的立法制度不够完善、缺乏多元化监督等方面的突出缺陷和问题。应当完善我国慈善信托受益权保障机制，促使慈善信托受托人更有效管理信托财产，使慈善信托建立更完善的内部监督以及外部监督，更使慈善信托受益人明确认识信托受益权各种救济途径，从而有效维护慈善信托受益权。

（3）慈善信托受托人义务研究

受托人在慈善信托法律关系中处于中心地位：受托人对受托义务的履行程度直接关系到委托人信托目的实现和受益人权利的保障；也关乎慈善事业的健康发

展和国家、社会公共利益的实现。在整个慈善信托制度设计上，不管是从委托人与受托人之间的法律关系，还是受托人对信托财产进行管理和处分而产生的权利义务关系，都体现了受托人的核心地位。因此，强化和完善慈善信托受托人义务十分必要。

（4）慈善信托税收优惠制度研究

为促进我国慈善事业的发展，借鉴了其他国家慈善税收优惠法律制度的规定。应当确立科学的慈善税收优惠法律制度的指导思想，建立慈善所得税和慈善商品税为主的慈善税收优惠制度结构体系；正确厘定慈善税收优惠的基本原则，使慈善税收优惠立法在利益平衡和结构均衡原则的指导下建立起能够促进现代慈善事业发展的具体制度；完善现行慈善税收优惠配套的法律制度，使慈善组织不因性质差异无法获得慈善税收优惠公平待遇，扩大慈善组织免税的范围，完善捐赠人享受税收优惠的结转扣除制度和评估制度，以使捐赠人获得优惠更加方便、可靠。

3. 农地信托问题

不容置疑，当下掣肘我国农村社会改革和城乡一体化发展的要旨性问题在于农村要素市场扭曲。突出表象在于两个维度：一是作为农民最大财富的农地资源利用效率低下，二是作为农村经济血液的资金资源供给严重不足。

发端于 2013 年的农地信托实践探索的着力点正在于"农业供给侧"，是基于"三权分置"农村土地制度改革语境的一种新型农地流转融资方式。换言之，它顺应农地产权多元化发展趋势，借助信托权能分离机制，在不改变农地集体所有和家庭承包经营体制的逻辑前提下，以农地经营权为信托财产，以信托公司为受托人，由受托人在不改变农业用途的背景下结合资金信托业务的开展将农地流转给规模经营者，收益归土地承包经营权人所有。相较于转让、入股、抵押等传统农地流转融资方式，农地信托的内生优势和实然价值在于：其一，用市场的方式为盘活农村土地资源，提高农业要素效率探索出新的径路，借助信托机制纾解家庭承包经营体制下农地细碎之困境，将分散的农地归集由信托公司流转给农业规模经营者，破解农业要素配置难题。其二，以信托制度耦合城乡要素资源，求解农地融资困局。通过资金信托计划融入城市资金而后将其注入农地经营，推动城市"反哺"农村。实现了农地金融化，有效回应农业规模经营融资之诉求。但是作为制度创新，实定立法对其尽付阙如，农地信托在主体资格、信托登记和监管体制等领域面临诸多障碍。

有学者强调农地信托将农村土地承包权、经营权、收益权分离，实现土地经营权、劳动力等要素资源的资本化、流动化与优化配置，成为"新一轮土改"的创新标志。有学者认为农地信托是在坚持集体所有权和土地承包权不变前提下的一种土地经营权流转的创新方式，应遵循土地承包经营权流转的原则和一般规律。有学者研究我国农地信托在信托财产、信托主体等方面特质并提出完善建议。有学者研判农地信托实践模式，并展望未来农地信托立法。厘清农地法律关系构造，进而明确各方主体资格及权利义务，基于既有实践研判其面临的法律障碍并结合域外制度经验尝试提出克服路径，对于我国农地信托实践的进一步推进以及相关立法完善和制度发展无疑具有现实意义。

### 4. 股权信托投资问题

作为横跨货币市场、资本市场和实业投资领域的信托公司，应在改革中发挥信托制度优势，在资产管理和财富管理过程中积极开展股权信托投资，在实现自身业务转型的同时，助推供给侧结构性改革。根据《信托公司管理办法》，信托公司管理运用或处分信托财产时，可以依照信托文件的约定，采取投资、出售等方式进行。以股权投资方式运用管理信托财产也是监管部门一直以来所倡导的。为进一步规范信托公司私人股权投资信托业务的经营行为，中国银监会于 2008年 6 月发布《信托公司私人股权投资信托业务操作指引》（银监发［2008］45号），规定符合条件的信托公司可以从事私人股权投资信托业务，即将信托计划项下资金投资于未上市企业股权、上市公司限售流通股或中国银监会批准可以投资的其他股权的信托业务。2014 年 4 月中国银监会办公厅发布的《关于信托公司风险监管的指导意见》（银监办发［2014］99 号）更是明确提出要"大力发展真正的股权投资，支持符合条件的信托公司设立直接投资专业子公司"。在监管部门的引导和指导下，一些信托公司积极探索股权信托投资业务。从实践中看，信托公司开展股权信托投资业务主要有以下模式：其一，信托资金直接投资于未上市公司股权。其二，信托资金参与有限合伙企业投资。其三，信托资金投资于上市公司限售流通股。其四，开展投贷联动业务。为了完善现存问题，应该从以下三个方面进行完善：完善现有法律法规和监管政策；建立有利于开展股权信托投资的体制机制；加强宣传和投资者教育，营造鼓励股权类业务发展的社会环境。

### 5. 金融信托"刚性兑付"风险问题

我国金融信托兑付风险频发已经再次为信托业的发展敲响了警钟，信托"刚性兑付"的时代已经终结，信托兑付机制的完善必须要依靠信托受托人在法律框架下积极、高效地履行信义义务，如此才能保证信托业在复杂多变的金融市场争得一席之地。避免兑付风险的发生以及完善法律制度，使得投资人能够通过法律途径得到救济就成为摆在法学人和实践者面前的一个重要课题。同时，信托兑付也唯有摆脱了"刚性"的要求，建立符合利益风险平衡理论的运行机制，提高投资者风险识别能力，转变信托业监管的模式，建立信托业监管体系，实现法律标准统一化的规则，才能更好地参与市场竞争，真正与国际信托业接轨。

（四）证券法部分

【教材类主要观点】

1. 《高等学校法学系列教材：证券法教程（第二版）》

作者力图准确、及时反映最新的法律法规、实践经验和学术成果，努力做到理论与实践相结合、系统性与实用性相结合，用较小的篇幅、较简练的语言，阐明证券市场法制的基本原理和操作规范。同时，本书以证券立法的内容为主轴线，同时将涉外证券法律规范、投资者保护等问题单独列章撰写，还在有关章节中专门讨论了证券私募、场外交易、融资融券、期货期权、民事责任等证券市场热点法律问题，在教材体系规范性与知识体系创新性相统一方面做了新的尝试。

【专著类主要观点】

1. 《资本之道 企业上市规划与战略》

本书主要讲述上市的基本知识和方法，分析了企业上市规划和战略过程中遇到的问题，揭示了资本运作的规律。全书总共为十九章，通过什么是创业板、主板、中小板上市；企业为什么要上市；明确上市的"弊端"；什么样的企业才能到创业板上市，什么样的企业才能到中小板上市等主要章节来阐述企业上市的战略计划。

【论文类主要观点】

1. "期货法"的制定相关问题

有学者认为"期货法"的调整范围，应为所有利用合约期限进行风险分配的交易行为，核心为保证金合约交易行为、期权合约交易行为和其他套利合约的交易行为。除此之外，针对期货经营机构，应只设置业务准入标准和混业经营的业务与机构隔离标准，不应该设置机构准入标准和机构禁入标准；应该允许有客观需要的期货交易场所存在，将所有可能产生系统性风险的期货交易场所纳入规范和监管，促进我国多层次期货市场体系的建立；明确期货保证金的性质是一种新的法律关系，同时设立专业的期货监管机构来监督这些整体经济利益规范的执行。[1]

2. 不良资产投资基金的法律构架问题

有学者认为，不良资产投资基金是解决资产管理行业资金能力不足的重要途径，也是构建牌照资源共享的重要路径。目前我国不良资产投资基金的组织形式有公司制、契约制以及合伙制三种类型。与其他的私募投资基金的运作机制类

---

[1] 刘少军：《我国"期货法"制定中的主要问题研究》，载《南昌大学学报（人文社会科学版）》2017年第6期。

似，不良资产投资基金同样存在募、投、管、退的基本生命周期。但目前关于不良资产收购与处置的法律支持不够，所以我国急需通过提升立法理念、制定《金融资产管理公司法》、加强对不良资产处置的法律制度保障来完善不良资产投资基金制度。[1]

### 3. 债券持有人利益保护问题

有学者认为公司债券的债券限制性条款是通过债券发行契约等合同机制事先约定了对公司特定行为的限制，以确保发行人的财务状况，实现发行公司股东和债权人之间的利益平衡并约束债券违约风险的一种手段。根据股东与债券持有人利益冲突的具体方式，限制性条款可以分为四类：支出限制条款、融资限制条款、投资和资产转让限制类条款和事件类条款。为了实现债券限制条款的保护功能，当务之急应当是加强对条款设置的规范化引导，提供标准化模板，缓解债券合同定型化特点下意思自治的局限。[2]

### 4. 协议收购信息披露制度问题

有学者认为，既可保障中小投资者知情权、又可保证收购效率的上市公司协议收购制度，应将信息披露置于核心地位。现行信息披露制度定位不当、体系不顺，存在体系化亟待完备、协议收购特殊性尚未体现、事前和事后动态信息披露缺乏等诸多不足。应从《证券法》与《上市公司收购管理办法》的条文衔接、协议谈判到协议履行的动态信息披露机制、自愿披露与强制披露的结合三个方面优化协议收购信息披露法律体系，在披露主体、披露条件、披露期限等方面实现信息披露制度专门化，并完善协议收购信息披露民事责任制度。[3]

### 5. 证券市场中介机构角色定位问题

有学者认为，在我国股票发行注册制改革的历史机遇下，证券市场中介机构在保护投资者利益方面的作用更加凸显。但在实践中，"委托—代理"关系畸形、声誉约束机制失灵和违法违规成本低廉等三方面原因导致证券市场中介机构 IPO 违法违规行为频发，并进一步形成证券市场中介机构回归"看门人"角色本位的桎梏。从制度根源上，应改变既有的发行人委任模式，重构以证监会为委任人的"委托—代理"关系。同时从营造自由竞争的市场环境和加大力度方便投资者查询声誉信息两方面推进，建立市场化的声誉约束机制。此外，还应完善责任

---

〔1〕 强力、任海燕：《不良资产投资基金的法律构架及问题与对策》，载《法律适用》2017 年第 13 期。

〔2〕 冯果、阎维博：《论债券限制性条款及其对债券持有人利益之保护》，载《现代法学》2017 年第 4 期。

〔3〕 李有星、柯达：《上市公司协议收购信息披露制度的不足与完善》，载《法律适用》2017 年第 17 期。

约束机制，建立民事责任、行政责任、刑事责任三者形成良好衔接的责任格局。[1]

**6. 区块链监管问题**

有学者认为，区块链在理论上具有颠覆和革新传统证券市场发行、交易、结算与清算等环节的可能，但目前区块链的研究和应用尚不成熟，"区块链＋证券"交易面临着交易频次慢、法律监管难的现实挑战。我国证券监管机构应当鼓励金融科技创新，在现有的法律法规框架内，建立基于区块链技术的加密证券交易试点系统，同时吸取 P 2P 行业的监管教训，打击以区块链为名的非法证券活动，防范和控制金融风险。[2]

**7. 证券市场内幕交易的认定问题**

有学者认为，证券市场内幕交易行为的存在会影响金融稳定与安全，内幕交易的认定是对其进行规制的重要内容。内幕交易的主体认定应以特定身份为原则，不再以非法手段为要件，并增加豁免情形，主观方面可借鉴折中知悉标准，客观方面应不以发生实际结果为要件，信息敏感期间的形成节点则应适当提前，希冀内幕交易认定更具可操作性和合理性，以期对规避内幕交易和证券市场稳定发展有所裨益。[3]

**8. 中国证券市场禁入制度问题**

有学者认为，我国市场禁入法律制度历经 20 年的发展渐趋完备，但仍存在法律性质界定不明、行为约束司法缺失、制度设计粗糙等严重问题。美国市场禁入制度历经嬗变，呈现出实施依据法定化、作出主体多元化、判定标准简约化的特征。就其性质而言，市场禁入并非传统的惩罚性手段，也非单纯的补偿性手段，而是二者兼有的中间形态。就程序选择而言，在美国，对于如何选择司法审判与行政审裁方式作出市场禁入并无明晰标准，而且，它们自身也都存在亟待革除的弊病。我国应借鉴美国的有益经验，在市场禁入性质界定，强化对行政权的司法约束，构架体系化的法律制度等方面继续向前推进。[4]

**9. 证券监管独立性问题**

有学者认为，证券市场的监督以独立性为基础，证券监管独立包括独立的监管机构、独立的行业立规权利、独立的行业监督权和独立的预算安排。为完善我

---

〔1〕 刘志云、史欣媛：《论证券市场中介机构"看门人"角色的理性归位》，载《现代法学》2017年第4期。

〔2〕 万国华、孙婷：《"区块链＋证券"的理想、现实与监管对策研究》，载《上海金融》2017年第6期。

〔3〕 万国华、谭辉：《证券市场内幕交易认定的前沿探索》，载《金融与经济》2017年第9期。

〔4〕 黄辉、李海龙：《强化监管背景下的中国证券市场禁入制度研究：基于实证与比较的视角》，载《比较法研究》2018年第1期。

国的证券监管机制，需要在未来构建具有独立性和问责性的制度，方可促进我国证券市场的健康发展。[1] 金融监管治理直接关系到金融监管有效性的实现，其中的一个基本原则和核心要求就是监管独立性。当前，我国证券监管独立性与监管治理在监管目标统筹协调、监管规则制定和透明度、监管资源和权力配给、监管问责和治理机制等方面仍有待进一步完善。[2]

10. 信贷资产证券化问题

有学者认为目前我国所采取的信托模式暴露出我国现行法律和监管的原因导致信托财产没有强制性转移规定、信托财产转移的欺诈转让风险、信贷资产所有权转让和贷款服务机构控制等问题。鉴此，建议通过对信托法加以修改来保障信托财产所有权转移，避免欺诈转让认定；通过对信贷资产转让严格规定和监管，对贷款服务机构和受托机构之间的服务合同出台相应指引来完善真实出售规则；通过专门立法和功能监管，制定统一的监管理念，从而形成合法合规、风险可控的信贷资产证券化业务模式，实现对信贷资产乃至不良资产证券化的法律控制。[3]

11. 股份违规增持的问题

有学者认为，有效规制违规股份增持行为，关键在于明确行为成因和定性。通过内幕交易与违规股份增持行为进行比较，将其认定为内幕交易或类推适用内幕交易并不适当，应认定违规股份增持行为为一般违规或违法行为。为完善违规股份增持的法律制度，我们需要增强对大股东违规增持行为行政处罚的操作性和针对性并健全事前防范体系。[4]

12. 新三板监管法的制定问题

有学者认为，我国现行《证券法》遵循了"主板逻辑"和"公开发行逻辑"，而新三板市场不是主板，它具有特殊性。因此，新三板市场难以适用《证券法》，甚至一旦适用了《证券法》的某些条款，可能会阻碍新三板市场的正常发展。所以我国应该通过修改《证券法》以及制定一部单行的证券法特别法——《全国股转系统监督管理法》，为新三板市场的相关制度运行提供法律依据。从长远看，我国《证券法》应以"多层次资本市场逻辑"和"交易逻辑"取代"主板逻辑"和"公开发行逻辑"，以实现逻辑的转换。[5]

---

〔1〕 洪艳蓉：《我国证券监管独立性的检讨与制度完善》，载《法律适用》2018 年第 3 期。

〔2〕 洪艳蓉：《证券监管的独立性与监管治理研究》，载《金融监管研究》2017 年第 12 期。

〔3〕 李文莉、魏晟：《信贷资产证券化法理基础与法律控制——以不良资产处置为视角》，载《法律适用》2017 年第 13 期。

〔4〕 伍坚、孙洪洋：《违规股份增持行为的法律进路——基于〈证券法〉漏洞的考量》，载《上海金融》2017 年第 11 期。

〔5〕 邢会强：《新三板市场的法律适用与"新三板监管法"的制定》，载《现代法学》2018 年第 1 期。

（五）保险法部分

【专著类主要观点】

1.《最高人民法院商事审判指导丛书：保险案件审判指导.5（增订版）》

本书在吸纳各级法院审判经验和研究成果的基础上，结合商事审判基本理论和最高人民法院公报案例、指导案例，依据全新的法律、法规、司法解释与政策，分门别类，全面系统地总结了保险案件审判实践中的裁判理念和法律适用问题。力求涵盖保险领域常见的疑难、新型问题以及应对策略，突出实用性、指导性、权威性，为读者办理保险相关法律事务提供参考与借鉴。本书特点如下：首先是丰富案例，本次修订再版，补充了 2014 年至 2017 年上半年，最高人民法院新公布的有关保险方面的全部指导案例和公报案例，极大地丰富和完善了本书的案例资源。其次是完善内容，针对 2014 年以来保险方面法律法规的变动以及保险法律实务的发展，补充和更新了实务中的新问题、新观点，使本书的内容更加全面。再次是更新规定，本书搜集了保险领域 2014 年至今出台的相关法律、法规、司法解释、规范性文件及各地新颁布的有关地方性法规和文件，修改和补充到相应内容中；在本书的附录部分全面收录了最高人民法院颁布的保险法司法解释以及各省、直辖市高级人民法院的有关司法文件，供读者查阅。最后是查漏补缺，本书第一版中，有作者、读者和编辑发现了部分问题，经过仔细核对与认真研究，对全书进行了系统的梳理，本着有错必究的原则，对发现的问题进行了改正，重新统一了全书的标题级和体例，对表述不够准确或清晰的地方进行了修改和润色。

2.《科技发展视角下英、日、韩、中人寿保险业发展研究》

纵观人寿保险业的发展历史，无一不体现着科学技术在其悠久的发展过程中的巨大作用。无论是早期天文学家哈雷研制出第一张生命表并被应用于人寿保险，还是近期互联网的发展带来了人寿保险领域承保方式的改变，无一不体现着这一巨大作用，可以这样说，科学技术的发展丰富了人们对风险的认识，拓宽了风险管理方法，极大地促进了人寿保险业的发展。本书是从科学技术的发展影响人寿保险业的发展这一视角，对世界历史上人寿保险行业历史发展悠久的英国人寿保险演化过程进行梳理。同时，在亚洲范围内，选取具有代表性的日本、韩国与中国的人寿保险业逐一进行分析，在分析比较过程中，无论是对历史的回顾还是对现状的描述，也都体现了一国科学技术发展对当地人寿保险业的巨大影响。

3.《让保险走进农民》

农业保险是农业现代化的"助推器"，是广大农民农业收入的"稳定器"，运用农业保险服务农民、惠及农民，是当前"三农"工作的重要内容和重要的农村政策。本书着眼于加快推进农业供给侧结构性改革的内在要求，着眼于农业现代化发展的需要，着眼于农民的现实需求，既通俗易懂地讲述了农业保险的一般原理和基本知识，又提供了数十个可参照的实际案例；既介绍了世界的先进经验，又对我国的有效做法进行了总结；既有理论的探寻，又有政策的建议。思路清晰、内容丰富、材料翔实、事例具体，构成了该书鲜明的特点。

4. 《中国养老保险发展评价及现实挑战》

随着城乡居民养老保险的建立，城乡统筹养老保险体系初步形成，以"扩面"为主要任务的养老保险改革阶段性目标基本实现，养老保险的发展目标正在由"广覆盖、保基本"向"全面覆盖、保障充分"的目标转变。本书在回顾中国养老保险改革历程及现状的基础上，从覆盖面、恰当性与可持续性三个方面对养老保险的发展进行评价，分析了当前中国养老保险改革面临的主要问题与挑战，提出了养老保险发展的总体目标、战略步骤和重点举措，为中国建立、建设可持续发展的养老保障体系提供理论依据与决策参考。

5. 《从保险大国迈向保险强国 上海国际保险中心风险防控体系建设研究》

随着上海国际保险中心建设的深入推进，上海保监局一直高度重视上海国际保险中心的风险防范工作，本着守土有责、守土尽责的态度，在推进保险业开放创新、服务国家战略的进程中，始终坚持底线思维，持续推动建设多位一体的风险防控体系。与此同时，保险要素和保险交易的集聚，也带来了保险业风险的集中，风险的类型和分布更加复杂，风险的传导和蔓延更加迅速。特别是随着国际保险交易与服务的频繁，保险风险从个体走向群体，从境内走向境外，从传统走向新型，系统性区域性风险也随之增加，对风险管理提出了更高要求。本书在上海国际保险中心建设和风险防控创新实践的基础上，立足历史和现实、理论和实践、国际和国内进行思考，既有国际保险中心面临风险的理论分析，又有风险防控的国际经验借鉴，既有上海国际保险中心风险防控的实践总结，又有对未来风险防控体系构建的理论探索。

【论文类主要观点】

1. 《保险消费者权益保护法律问题研究》

新时代背景下，保险因其风险转移、分散和分配的经济功能及其构筑的社会功能而日益受到社会关注与接纳，使保险产品与服务得到极大发展。然而，实践中保险纠纷与投诉数量日益增多，现有的保险消费者权益保护存在应对困局。作者从内外部保护机制视角出发，分析现有保护体系中存在的问题，并提出相应合理化建议，以完善保险行业市场运作机制，合理保护保险消费者合法权益。

2. 《保险法因果关系判定的规则体系》

保险法因果关系的判断只涉及责任成立的问题，而同责任范围并无关联。在因果关系能够确定的情形下，应当在类型化基础上适用不同的因果关系判定规则。前后相继型因果关系是英美法中适用效力标准的主力近因规则的前提。同时作用型因果关系中，进一步区分同时独立作用型和同时协同作用型两种型态，前者宜以充分条件为判定规则，后者应以条件说判定因果关系，但由于条件说无法在积极意义上肯定保险责任的成立，故需结合其他责任判断要件判定保险人是否应承担保险责任。介入其他因素型因果关系中，应考察介入原因力得否中断先前因果关系发展型态。在因果关系不明的情形下，应考察当事人对因果关系不明的可归责性，在此基础上借举证责任解决保险责任承担问题。若双方对于因果关系不明均不具归责性，法院可根据具体案情判决保险人按照相应比例赔付。保险人责任承担的判断以保险法因果关系的判断为基础，但仍须结合其他因素认定。

3.《我国〈保险法〉说明义务的规则完善》

保险法领域自成一个世界，其保险契约晦涩难懂、布满荆棘，尤其对于消费者投保人而言更为严重。保险法条文乃为平衡双方当事人之缔约能力，即规定保险人尽说明义务以调整双方当事人之关系。但我国有关保险人说明义务的规定，条文粗糙、模糊，实际效果较差，造成消费者利益受损事件频发，故应加以研究与修缮，以期促进保险业健康发展。

4.《我国保险法告知义务"全有全无模式"之批判与制度改革选择》

作者从法史学和保险学的角度分析，发现了我国保险法违反告知义务制度效果上所采取的"全有全无模式"属于早期保险经营技术与保险法理论落后的产物，该模式忽视了危险评估与保险费间渐进式的计算方式，使投保方承担了不合理的不利后果，为保险人不当获利留下了空间，其负面效果日渐凸显。虽然晚近以来该模式经历了主客观两方面的局部修正以平衡保险合同各方当事人的利益，但在效果上仍无法同对价平衡原则相契合，难以从根本上改变"全有全无模式"的固有缺陷。在未来的改革上，《保险法》应当弃用"全有全无模式"，改而采用与对价平衡原则更为契合的"对应调整模式"。

5.《人寿保险合同中故意犯罪条款之检讨》

人寿保险合同中故意犯罪条款的理论基础十分薄弱，其"威慑效应、鼓励效应"亦被夸大。保险法上，由于被保险人故意制造保险事故的认定采取"损害结果对象说"，被保险人"故意犯罪"不应等同于"故意制造保险事故"。根据被保险人犯罪时的主观心理状态的差异，"故意犯罪"可区分为三种情形。当被保险人构成故意制造保险事故时，适用《保险法》第27条第2款之规定，免除保险人保险给付的责任。当被保险人对犯罪行为有主观上的"故意"，对死亡结果亦有所预见，但对死亡结果为抗拒时，不属于"故意制造保险事故"之情形，应认定为（重大）过失行为，符合风险的偶发性原则。从创设人寿保险制度的目的和功能出发，在考量现代保险法理及立法变革的趋势上，应当在人寿保险合同中排除故意犯罪条款的适用。

6. 《论人寿保险死亡保险金"去遗产化"——兼评〈保险法〉第 42 条第 1 款》

在《最高人民法院关于适用〈中华人民共和国保险法〉若干问题的解释（三）》（以下简称"《司法解释（三）》"）第 9 条出台之后，保险金遗产化还是非遗产化的立法选择争议再一次被推上热潮。所谓遗产化选择是指：在受益人缺失时，保险事故发生之后，将保险金当作被保险人遗产处理，而非遗产化则是依然按照受益人受领保险金的方式处理。我国一直以来所确立的都是遗产化的立法路径，但是此立法选择下的实施成效却往往与被保险人真意相违，保险的功能效用也难以实现。本文作者以保险制度为根基，在探求被保险人内心真意的基础上，权衡受益人与债权人之利益保护，论证"去遗产化"处理为死亡保险金立法路径之最佳选择，并对《保险法》第 42 条提出修改意见，以期推进我国保险法受益人制度之完善。

7. 《人身保险合同犹豫期条款分析——以〈保险法修改草案〉为视角的分析》

我国《保险法修改草案》在引入保险消费者概念基础上，增加了关于犹豫期条款之规定，明确赋予投保人在犹豫期内无损失解除保险合同的权利，这无疑更有利于实现对投保人的利益保护。但是就《保险法修改草案》对犹豫期条款的规定看，对于犹豫期之称谓、该条款的性质、投保人解除权的行使等尚有待推敲与明确。此外，犹豫期内发生保险事故保险人是否承担赔付责任，犹豫期内解除保险合同是否收取工本费，以及保险人对该条款是否应当进行提示与说明等问题也有待分析研究。

8. 《保险法对价平衡原则论》

与保险学中的收支相等原则进行对比，对价平衡原则虽表现出一定程度的差异性，但两者存在相互转化的关系；同民法中的公平原则相比，对价平衡原则还应注重实现危险共同体这一团体的利益，因此，对于当事人的信息披露义务作出不同于一般合同中的要求。自功能论角度而言，对价平衡原则为保险法中当事人诚信义务的强调提供了理论基础，是保险合同解释应遵循的原则，决定了承保危险区分的正当性与必要性，维系着危险共同体的存续。自具体的法律规则层面而言，从投保时的如实告知义务，到保险合同存续期间的安全维持义务和危险显著增加时的通知义务及危险减少时的保险费返还义务，再到保险合同解除时对于保险人解除权在因果关系层面的限定，均体现了对价平衡原则。

9. 《利他型人寿保险中投保人与受益人的对价关系》

我国的保险法理论与实务往往误读人寿保险金不属于被保险人遗产之法律规

定，认为其专属于受益人，其他任何人均无权介入该保险金的处理。然而，在投保人与受益人非为同一人的利他型人寿保险契约中，受益人的保险金请求权虽然为其直接取得的权利，但该直接取得性并不能否定受益人与投保人之间的具体法律关系。依照民法利他型契约理论，一方面，受益人得直接向保险人请求保险金给付的权利源自保险契约，即投保人与保险人之间的补偿关系；另一方面，受益人能否最终取得保险金，还取决于投保人与受益人之间的对价关系是否存在。该对价关系与补偿关系相互独立，其法律性质为投保人对受益人的单方赠与行为。投保人及其财产关系人之间的利害关系调整应以该单方赠与行为为标准进行。投保人的债权人可依据民法有关债权人撤销权的规定撤销该赠与；受益人为共同继承人时，其他继承人可依照继承法的规定对保险金主张一定的权利。

10. 《长期照护保险立法探析》

我国已经进入老龄化社会，老龄人口中部分失能失智的老人需要长期照护。传统社会中，长期照护责任与风险全部由当事人家庭承担。随着我国老龄化、少子化情势加剧，对于少子家庭、独子家庭，甚至个别"丁克"家庭，老人失能失智后，将面临巨大灾难。德国、日本在其健康保险（医保）法制基础上，建构了独立的社会保险第五险，即长期照护保险法律制度。该制度以分担当事人及其家庭风险为背景，将个人风险转换为社会保险。我国目前的养老服务体系虽然存在一定的社会福利性，但从根本上说仍属于私法层面的服务与被服务关系，照护老人的支出大部分由当事人及其家庭支出。建构长期照护保险法制，建立长期照护保险经办机构制度、将长期照护服务机构一并纳入法制体系，是该类社会问题解决的必由之路。

11. 《当前保险纠纷案件若干疑难法律问题研究》

近年来，随着保险业内部结构和外部环境的变化，保险合同纠纷案件持续高位运行，新类型纠纷也不断涌现。然而，由于法律固有的滞后性以及裁判中不同价值取向选择的差异性，导致司法适用上出现诸多困惑，类案不同判现象时有发生。本文以江苏保险案件审理实践为基础，针对保险合同纠纷所涉之格式条款的解释与效力、保险合同的解除、机动车交通事故责任保险等亟待解决的问题进行梳理研究，作者提出破解当前保险法难题的具体意见，以期为相关司法实务提供借鉴。

（六）互联网金融部分

【教材类主要观点】

1. 《互联网金融的法律与政策》

本书主要介绍在我国当前的法律与政策环境下，哪些互联网金融业务是合法的，哪些是非法的，并对未来的法治环境走向做出展望。主要内容包括互联网金融概说、P2P 网贷、众筹、第三方支付、互联网保险、互联网证券、互联网理财等的法律与政策。全书分为九个章节，包括：互联网金融概说、P2P 网贷、捐赠型众筹、预售式众筹、股权众筹、第三方支付、互联网保险、互联网证券、互联网理财。

**【专著类主要观点】**

1. 《互联网金融法律与风险控制（第二版）》

本书是互联网金融法律与风险控制领域的标准性著作，对互联网金融监管、互联网金融消费者保护、互联网金融立法、互联网金融的法律风险、互联网金融的法律法规等主题进行了全面而详细的阐述，是政府、金融机构、投资者、金融行业从业者必备的工具书。本书集工具性和应用性两大特色于一体，对互联网金融投资者风险控制和权益保护、网络借贷业的法律风险控制、众筹的法律风险控制、"宝宝类"互联网直销基金的法律风险控制、网络虚拟货币的法律风险控制、互联网保险的法律风险控制、第三方支付的法律风险控制、可信电子数据证据的保存方式等进行了详细的讲解，为投资者和从业者预见风险、识别风险、防范风险、控制风险，以及事后的法律解决办法提供了详尽的建议和对策，还提供了若干真实的案例，具有很强的实用性和可操作性。本书汇集了百余部与互联网金融密切相关的法律、法规、司法解释、全国或地方政策等规范性文件和行业自律章程，力争为所有读者遇到的与互联网金融相关的法律问题提供依据和参考。

2. 《互联网金融实践的法律分析》

《互联网金融实践的法律分析》主要对互联网金融实践中的一些案例和商业模式进行法律分析，包括互联网支付、互联网上的金融产品销售和通过互联网的融资等多种模式，主要特点是针对具体的案例和商业模式进行分析，不拘泥于抽象的理论。全书共分为三部分，第一部分为支付；第二部分为互联网上的金融产品销售；第三部分为互联网直接融资。具体内容包括：二维码支付能够走多远；微信红包的法律问题；由娱乐宝看投连险产品监管；陆金所富盈产品合法合理性分析；房产众筹商业模式及法律问题初探等。

3. 《国际数据保护规则要览》

本书的出版基于中国政法大学互联网金融法律研究院、大数据与法制研究中心开展的针对七个主要国家和地区近期比较具有权威的数据保护立法的法律文件的翻译与研究工作，包括有德国《联邦数据保护法》、韩国《个人信息保护法》、新加坡《个人数据保护法》、加拿大《个人信息保护法案》、法国《数字共和国法案》、英国 2017 年《数据保护法案（草案）》以及欧盟《一般数据保护条例》。这些研究成果被汇编至本书，对于研究国际数据治理规则，进而深入对数据法学的研究具有重要价值。

4. 《中国大数据法治发展报告》

本报告是以"法治"为核心来对我国大数据发展的状况进行研究，目的一是通过《中国大数据法治发展报告（2017）》来了解我国目前大数据发展中的实践及实践中存在哪些法律问题，为今后的法律研究提供参考；二是通过本报告对关于大数据应用的国内国外的相关法律制度进行梳理；三是对大数据司法实践中的十大案例的分析与评述；四是以先人亚里士多德对法治定义："已成立的法律获得普通的服从，而大家所服从的法律又应该本身是制定的良好的法律"的两个方面进行调研与研究。首先，通过调查问卷进行调研在没有专门对大数据应用进行规范、缺少完善法律制度的情况下，是否普遍地服从现有已成立的法律制度。其次，提出建立、改善、完善符合大数据应用特征的、科学的、现代化的法律制度。报告分为九大部分：其一，大数据法治理论研究评述；其二，大数据法治研究机构综述；其三，大数据立法评述；其四，大数据监管现状；其五，大数据司法实践现状；其六，企业大数据应用的法治现状；其七，公民保护个人数据法治意识；其八，中国大数据法治存在的问题；其九，新时代大数据法治十大贡献评选。通过这九个方面，我们对大数据法治的理论研究、立法、监管、司法实践，以及通过访谈和调查问卷形式得到的公民和经营主体的法治意识现状，进行了数据分析和理论研究。

5. 《金融创新法律评论（2017 年第 2 辑）（总第 3 辑）》

《金融创新法律评论》由中国政法大学互联网金融法律研究院、金融创新与互联网金融法制研究中心创办，致力于对金融创新的法学理论与法律问题进行探讨与研究。以法律制度的研究与完善来防范金融创新过程中伴随的风险为着眼点，以保证我国金融稳定、长期、健康发展为目的，以促进我国金融创新法治化为宗旨，搭建一个集中国政法大学与社会各界的法学、金融学、经济学等专家、学者探讨和研究问题的平台。望关注金融创新法治化的专家与学者给予支持和关爱，让此平台成为我国金融创新过程中金融法学理论与制度完善的智库平台，为我国金融创新在法治化的轨道上稳定、健康、持续地发展贡献智慧和力量。

6. 《中国互联网企业诉讼报告（2006 ~ 2016）》

《中国互联网企业诉讼报告（2006 ~ 2016）》综合反映了当前中国互联网领域存在的不正当竞争、网络侵权等纠纷类型，采用实证研究、类型化的方法，根据争议类型对当前互联网领域的诉讼进行梳理，将中国互联网领域的诉讼分为互联网不正当竞争案件、互联网人格权侵权案件、互联网著作权侵权案件、互联网商标侵权案件、网络反垄断案件五类，并分别进行论述。基于网络虚拟世界立法滞后、缓慢的现实困境，对涉及互联网企业的诉讼案件进行法律类型化的全面研究和深入分析，梳理评析国内的具体典型案例，比较美国等国外案例判决与立法模式,对互联网领域争议的解决具有重要参考和收藏价值。通过互联网行业典型诉讼的研究,不仅能为将来解决类似争议提供借鉴,而且为互联网行业提供警示,进而预防问题的发生,对于降低互联网行业当前存在问题所带来的负面影响具有重要意义。

7. 《大数据区块链金融:贵阳的实践与思考》

《大数据区块链金融》一书从理论支撑、政策支持、学术研究、区块链联盟组织、区块链金融产业基金、场景应用、区块链金融风险防控、区块链金融实践的法律风险等层面展开论述,旨在将贵阳探索区块链金融发展从无到有、从概念到落地、从起源到未来的践行经验凝练起来,汇集成"贵阳模式"的发展指南,成为全国各地发展区块链技术的案头指导范本,让更多的人看到并能借鉴贵阳打造区块链生态金融这一城市样本的发展模式。

8. 《链金有法:区块链商业实践与法律指南》

本书的出版填补了我国区块链商业实践领域法律方面的空白,从法律角度剖析问题,不拘泥于理论,而是将区块链与法律实际相结合,更加贴近实际应用,对政府相关部门、协会、从业者等,具有极大的参考价值和指导意义。本书分别从区块链的发展历程、与金融科技及数字货币的关系、各项技术与实际应用等方面进行了详细阐述。同时,针对人们的疑问和需求,在风险管控、应对策略以及相关的法律风险方面提出了建设性意见。

9. 《互联网金融之监理机制》

本书首先介绍互联网金融之概念及发展背景,并简述互联网金融各种模式之架构。其次,除分析互联网金融之影响及存在风险,并指出监理机制之发展趋势外,尚介绍第三方支付、P2P 网络信贷、群众募资等三种重要互联网金融的运作模式,分别比较分析英国、美国及我国之监管规范,并提出本书之观点。

10. 《〈网络借贷信息中介机构业务活动管理暂行办法〉释义与适用指南》

本书依据《网络借贷信息中介机构业务活动管理暂行办法》颁布的背景、内容及其备案登记、资金存管指引和信息披露指引,结合《关于促进互联网金融健康发展的指导意见》《P2P 网络借贷风险专项整治工作实施方案》的精神,并追寻内容先后变化的原因、考虑监管解决的问题、关注实施过程中亟待解决的事项以及介绍域外的相关规定,对该办法条文的宗旨、基本含义和适用注意问题作出了制度安排上的说明、理论上的解答和发展方向上的解释,是一部对该办法全面理解、深刻认识和细致诠释的具有理论解说功能和实践指导价值的指南性专著。

11. 《互联网金融法律评论(2017 年第 3 辑)(总第 10 辑)》

《互联网金融法律评论》已出版至第 10 辑。金融服务以及各种衍生产品在深度嵌入人们日常生活的过程中也增大了社会的流动性、不确定性以及风险性。因此，互联网金融不能简单地被理解为电子信息技术加自由竞争，还应该把金融与公权力的微妙关系以及适当监管的必要性纳入视野之中。对于金融而言，最基本的监管就是法治，互联网金融尤其需要拥抱法治。没有法治，通过电子信息技术而降低的融资成本就有可能因其他类型的交易成本增高而被抵销。《互联网金融法律评论》以及相关研究的宗旨，就是要防止微观合理性与宏观不稳定性之间形成短路联接现象，为互联网金融各种经济发展提供必要而充分的制度保障。

【论文类主要观点】

1. 大数据时代的个人保护立法问题

数据是对事实、活动的数字化记录，具有独立性、形式多样性，数据是无体的。大数据是以容量大、类型多、存取速度快、应用价值高为主要特征的数据集合和经过对海量数据的处理技术，该处理技术包括收集、汇编与整合、挖掘与分析、使用，而生成的有价值的数据。

大数据在金融领域的运用，不仅有利于提升社会信用基础、降低金融交易的违约率，维护金融资产安全性；也有利于完善金融监管手段、加强对金融风险的监测、预防，提高金融消费者识别能力；还有利于繁荣经济。在法律层面，大数据在金融领域的运用导致出现了新的主体、生成了新的权利义务、形成了新的法律关系，亟需我们以新的法治思维，积极解决新的问题。在大数据时代中，数据是载体，信息才是内容。大数据及其信息的法律属性是什么，哪些权利需要受到保护，才是法学界应当关心的重中之重。

大数据征信时代下个人信息保护的困境主要可以归结于两个层面的原因：监管技术匮乏和法律制度空白。我国的个人金融信用征信活动起步较晚，目前尚无较为完整、完善的法律法规对个人金融信用征信体系及其运作模式、当事人的权益保护等诸多问题进行系统性规定。而法制是大数据金融有序发展的基础，是金融全球化的客观需要，是金融安全运行的现实保障。数据权利具有独特属性，既不同于民法之于物权的规定，也不同于反不正当竞争法关于商业秘密之保护，因此，必须突破传统监管框架。首先，在技术层面，采用新兴技术理念，建立大数据网络"星形拓扑结构"监管模式，加强中心节点管理，实现大数据网络与外界空间的"绝缘化"；其次，立法层面应当全面加强大数据征信隐私保护立法，设计个人信息采集负面清单，规范大数据征信程序，确立大数据征信信息采集的知情同意原则，确立个人信用信息的"专权专授专用"原则，并创设个人信息保护权——"被遗忘权"，即个体自己控制哪些个人信息可以被用做形成对该个体进行评价的权利。

未来的征信立法要秉持"技术"与"立法"相辅相成的观点，运用创新的监管理念和先进的科学技术，强化大数据时代人们个人信息的安全性保障。

2. 金融科技的中国化监管道路

金融科技是英、美在 20 世纪 90 年代就提出来的概念，主要是指金融机构运用互联网信息技术来优化流程、减低成本和提高效率，如银行用电脑处理金融数据，用网络传输信息资料，用软件改进工作流程，用数据分析商业模式。我国虽起步较晚，但正处于金融科技发展的第二阶段，这些极具"破坏性"和"替代性"的新技术重新定义了金融世界，使金融消费模式发生了重大改变，给金融体系带来了结构性影响。

学术界和实务界都密切关注这一变化，新型金融科技企业利用互联网、大数据、云计算、区块链等新兴技术为消费者提供金融服务，"技术化"是其区别于传统金融机构的显著特征，也因为如此，其服务效率明显高于和优于传统金融机构。然而，技术的参与令潜藏的风险更加分散，也更具系统性和传染性，增加了监管空白和监管套利的可能性，给金融监管和宏观经济带来挑战。

市场调节是一双"看不见的手"，政府和违法经济主体的关系，更像是博弈。信息不对称、代理人问题、道德风险等均会导致监管失灵。当前的金融监管模式仍为静态监管，此种规制方式需事先制订行为规则，要求监管对象遵从这些规则。当金融机构违法时，监管者就会发出监管指令，轻则警告，重则罚款。此种模式看似理想，但事实并非如此。金融市场高度动态、易变和自我调整的特性使得事先制订的规则可能滞后于社会的发展，甚至同经济秩序发展方向呈反作用。因此，过于确定化的监管目标已经不能适应现代金融监管的发展，有学者认为我们要充分认识到金融市场是一个复杂的、多层次的、不断演变的市场。以此为视角，监管者们应该时刻关注市场的变化，拥抱金融科技，用技术武装监管基础设施，监管思维须从"命令－控制型监管"转向"调适性监管"，应将监管的重点置于调适性监管，同时，应根据企业的风险水平实施多方法、分层式监管。

另外，有学者建议应当将规则监管和原则监管并重，后者可以鼓励企业积极创新。原则监管的重心在于从宏观层面把握监管的基本原则和理念，尽最大可能地为企业营造创新环境、搭建平台，做好后勤保障，不太注重具体的微观层面的监管规则和程序，令监管对象在监管框架内享有更多的自由空间。再次，应当加强国际沟通与合作，比如"沙盒监管"、"创新加速器"等，吸纳国际上金融科技监管的优秀政策，灵活适用于本国环境。

总结要点即是转变监管思路；创新监管模式；学习将监管科学技术运用到金融科技合规中去，从而构建起一个以风险技术分析为基础的更为合理的监管框架。

### 3. 互联网金融领域的监管问题

互联网科技是在计算机技术的基础上发展起来的信息技术，并结合人类实践形成系统化、科学化的知识体系，以帮助人类不断地认识世界、改造世界。互联网金融是随着新一轮信息通讯技术革命和产业革命推动而产生的与传统金融产业相结合的一个新兴领域。从 2013 年被称为互联网金融元年开始，我国互联网金融如雨后春笋般蓬勃发展。

但在互联网金融异军突起的同时，也要清醒地看到存在的问题，尤其是隐藏在繁荣发展态势背后的风险更是不容忽视。有效的监管政策处理是推动互联网金融和国家产业升级的助推器；可是一旦监管失控或处理不到位，互联网金融也可能会引发系统性的金融风险。加强互联网金融监管创新，是促进互联网金融健康发展的内在要求。

有学者认为，互联网技术由外及内地冲击传统金融服务业，致使传统的硬法规制路径遭遇及时性、适度性和有效性等多重质疑。因此，互联网金融实践亟需一种与创新和发展相适应的法律治理模式予以回应。采用"软法先行，在合适时机转化为硬法"的治理路径，以一种软硬兼施、刚柔并济的混合法机制治理互联网金融市场。也有学者认为，信息披露是市场经济公开性、透明化的要求，是公众知情权的体现。公开应该指向投资者使其获得了解事实真相，而不仅仅向政府或者交易机构提交报告书。信息披露制度是金融市场有效运行的基石，是投资者正确决策的依据。因此保护金融消费者利益、促进互联网金融企业创新发展、维护互联网金融市场秩序都需监管机构化解互联网金融信息不对称和完善信息披露制度。还有学者认为，我国金融监管创新的探索应该吸取中华民族传统智慧，坚持基层探路与顶层设计相结合，让监管跟上经济社会变化的节奏，实现市场、监管和社会的多元互动、良性促进。只有把美式的以行政监护为主、市场监管为辅，和英式的以社会创新为基础、政府监护为辅的经验吸收进来，才能实现中西结合，形成互联网金融监管的中国模式。

总之，互联网金融的发展，仍然是机遇和挑战并存。互联网金融作为新兴事物是大势所趋。我国应紧握时代脉搏，把握国际互联网金融监管走向，防止监管套利和监管空白，构建适应我国国情的监管制度。

### 4. ICO 的在我国的监管问题

所谓"ICO"，英文详称"Initial Coin Offering"，意即首次代币公开销售，也有人称其为"Initial Crypto Token Offering"，意为初始加密代币发行。参与发起ICO 的区块链创业项目，不以股票或债券为融资工具，而是由发起人直接发行自己的初始数字代币，用以交换投资人手中的比特币（BTC）和以太币（ETH）等主流数字资产。有的 ICO 项目可在短短数天甚至一两个小时内，即完成融资预期目标。

这些初始发行的数字代币，大多在项目融资完成后，即可在一些数字资产交易平台交易。因此，与股权投资需要漫长时间方可退出相比，ICO 具有极高的流动性、变现能力强、融资流程非常简单、当前不需要任何监管机构审批即可向公众募资、基本未设定投资者门槛、融资范围全球化等特点。与几乎所有的传统融资方式相比，ICO 更利于高效快速地解决区块链初创企业的融资难题。

ICO 模式是区块链业态下的重要创新，是未来金融发展一个的重要风向，但必须清醒地认识到 ICO 存在一定风险，数字货币极大的币值波动、市场操控、内幕交易等都给金融消费者利益和 ICO 市场的整体稳定蒙上了阴影，甚至一部分 ICO 中存在诈骗和传销的情况。首先，ICO 多为初创项目，此类项目风险极大；其次，由于事先监管的空白，导致欺诈风险增高；最后，因为与传统融资模式不同，所以可以轻易避开法律监管，并且面临跨国违法的难题。对此，中国政府和学界必须积极研究应对政策。

英国和美国作为全世界金融业发展的大国，我们应以这些国家为风向标。有学者认为，我们不能照搬国外政策，而是要提出有中国特色的制度，对于 ICO 的监管仍应当如此。应该继续积极引入区块链、智能合约、云计算、大数据、人工智能、物联网等前沿信息技术，继续平衡创新、金融稳定和金融消费者保护，在保证风险可控的前提下，最大限度鼓励有益于国家、市场、市场参与者的融资方式的创新。目前 ICO 等金融科技监管问题的核心就是数据监管，要使监管者实现数据触达。为之要加强技术治理，在监管中引入科技手段，利用大数据、云计算、区块链、人工智能等各种手段加强技术监管，从而本质上加强对互联网金融风险的监管与治理。

还有作者建议，监管机构应将监管重心前移至初始数字代币发行环节，侧重事前监管，要求项目发起人对所发起的项目必须做充分的信息披露与风险提示。其次，应确定监管的主要"抓手"。当前 ICO 项目主要集中在各类 ICO 众筹平台上发布。因此，建议监管者对 ICO 众筹平台提出相应的制度要求，比如 ICO 众筹平台拟定一个项目上线的标准，并依此事前对拟上线项目做形式上甚至部分实质上的审核。最后，还应当对数字代币交易平台进行监管，避免出现代币炒作。从而促进整个区块链技术的健康发展。

5. 数字货币交易及监管问题

数字货币是一个庞大的货币体系，它是指以电磁符号形式存在于电子设备中的货币，在目前的货币体系中，它既可以是法定货币的转化形式，也可以是约定货币的转化形式。国际货币基金组织（IMF）在报告中指出，价值的数字表示被统称为广义上的数字货币（Digital Currency），其中，不由政府发行且拥有自己的计价单位的数字货币被称为虚拟货币。

在当前全球金融科技创新加速的背景下，特别是在国内"互联网＋"浪潮带动下，在区块链基础上创生的比特币等"虚拟货币"，催生了打着"数字货币""数字资产"旗号的另类理财市场。随着2016年数字货币被列为央行研究课题，国际国内汇率问题备受关注，比特币也被投机爆炒，部分国产虚拟货币也跟着火热起来。

比特币作为一种所谓的"虚拟货币"进入中国以后，被一些投资人视为"数字资产"进行狂热投资，然而目前国产虚拟货币产业却处于一个无人监管的"灰色地带"，也为数字货币和数字资产行业的发展埋下了隐患。一方面，虚拟货币发行和交易规则不透明，极易引发犯罪；另一方面，众多投机者带着热钱涌入，由于缺乏监管和政策，使得"数字货币"沦为炒作工具，并在地下市场盛行。

有学者认为，中国人民银行可以考虑借鉴英国"沙盒机制"，以保护消费者利益为前提，在有限范围内尝试正式允许特定机构交易数字资产，探索数字资产（如比特币）的支付功能，探索数字资产的市场应用前景。在确保消费者利益保护和风险控制的前提下，一定范围内赋予数字资产交易平台临时性牌照，鼓励相关企业创新。

还有学者认为，不能完全禁止数字货币交易。因为虚拟货币具有独特的优势和便利性，有助于清算结算成本的降低，其价值受到一些重要国际组织和许多国家的认可，党的十九大报告提出，要着力加快建设科技创新和现代金融协同发展的产业体系。金融科技作为科技与金融的结合，是一个不能放弃的领域，应当鼓励、引导虚拟货币和其他类型的金融科技创新合规探索发展，而不能采取粗暴的完全禁止政策。

还有学者认为，应当严格依照法律规定，清理虚假宣传；打击传销、非法集资等犯罪行为；建立账户管理实名制和资金托管办法；引入节点管理和接口管理；构建行业自律机制；在发生纠纷时，应实施举证责任倒置。

6. P2P网贷的法律风险和规制问题

P2P网络信贷是由小额信贷和网络技术融合发展而来，是近十年来国外基于互联网技术的新型贷款模式，其最初始的模式是借款人和放款人通过网络借贷平台进行无抵押、无担保的小额信用贷款，网贷平台在此过程中扮演着"信息中介"的角色。

P2P网贷是在中小企业资金流动需求旺、银行贷款门槛高，同时在小微企业信用增长的情况下诞生的，其在互联网媒介及平台的支持之下比传统贷款方式更方便、快捷。但是随着消费需求的爆发式增长，我国目前将P2P网络借贷划归为银行监管机构管辖，这主要体现于银监会等四部门于 2016 年 8 月颁布的《网络借贷信息中介机构业务活动管理暂行办法》（银监会令［2016］1 号，以下简称《网贷办法》）这一部门规章之中。

在国内的金融实践活动中，收益权转让的模式被广泛应用。P2P 平台将资金需求方提供出的"资产"筛选、分割、组合后，通过互联网向理财客户销售，从中收取信息、法律等服务的费用。有学者认为，P2P 借贷是去中介化的，银监会无法对其进行微观审慎监管。P2P 借贷是直接融资，银行监管机构擅长监管的是间接融资，两者存在错配，因此，应成立专门的行为监管局进行监管。证券监管机构对 P2P 网络借贷在监管理念和方式上应进行创新，比如准确识别和界定证券发行人；科学界定平台角色与责任等。还有学者认为，应该明确监管主体和职责；健全市场准入与退出的法律制度；完善信息披露；制定第三方资金存管方式。

**7. 权益类众筹（股权众筹）的法律规制**

众筹（Crowdfunding），是指通常通过互联网平台向一大批支持者（即"公众"）募集资金以支持某一项目的活动。被支持的项目可以是非盈利活动或慈善活动（如为某一社会公益组织募集捐款或为一个正在冉冉升起的艺术家捐款），可以是政治活动（如支持某一候选人或政党），也可以是商业性的活动（如发明或销售一项新产品）或者是为初创企业提供融资。众筹活动通常涉及三方面的当事人：①发起人或发行人，即需要资金、发起项目，以获得资金的个人或组织；②公众或支持者，即支持这一项目并提供资金的不特定社会群体，通常是收入相对较低的"网民"；③众筹平台，通常是一个网站，通过这个网站，发起人和公众撮合在一起。

众筹的兴起来源于互联网，加之网上支付功能和第三方平台的兴起，共同促成了众筹的繁荣局面。我国对权益类众筹的法律规制不甚明晰，当权益类众筹的发行人是公司的时候（即股权类众筹），则受《证券法》的规制。我国有没有必要促进权益类众筹的发展，关键是看权益类众筹对发行人、投资者以及社会的作用及其利弊关系。公开发行最大的优势在于其对人数没有限制，这点正好契合股权众筹之"众"特征，符合互联网发展的趋势。但股权众筹发行主体中小企业和公募必须经过注册或审核的特点，决定了传统公开发行的定位并不利于股权众筹的发展，即股权众筹对传统公开发行监管也提出了挑战。

我国传统上对股权众筹的监管分为两方面，即众筹平台监管和众筹行为监管。有学者认为应该通过《证券法》的修改，肯定权益类众筹行为的合法性。也有学者认为，可以通过以下三点完善《证券法》之规定，包括：①基本原则：适度披露与投资者适当性相结合原则；②路径选择：私募股权众筹与小额公开股权众筹双重定位；③监管框架：发行人、众筹平台、投资者"三位一体"监管框架。

（七）其他部分

【专著类主要观点】

1. 《中国民间金融的规范化发展（2016）》

《中国民间金融的规范化发展（2016）》主要围绕国际国内的金融创新，内容涵盖互联网金融监管体制、P2P 网贷平台的法律风险及防范、校园网贷的规范治理、村镇银行市场准入法律制度之检讨与重构等法律问题。较为系统、有效地介绍和阐释了我国金融法前沿相关问题，通过案例分析的角度围绕着我国金融法前沿的热点问题展开讨论，全面地归纳和整合了相关问题的理论研究成果。

2. 《民间借贷与非法集资风险防范的法律机制研究》

该书分六章二十四节，其主要内容涵盖了民间借贷与非法集资的风险类型、成因与影响；民间资本的引导法律机制；民间借贷与非法集资典型行为的监管；非法民间借贷与非法集资的刑法治理；民间借贷与非法集资的危机应对机制；民间借贷与非法集资风险防范机制的立法考察与建议等。对于民间借贷与非法集资行为作出了定性，以民间借贷真实纠纷案件为切入点，分析案件中的法律关系及争议焦点，梳理法官的判决要旨，并通过分析经济法及刑法法条及其法理，对于民间借贷与非法集资风险的定义、分类作出了清晰的梳理。并在第六章对于民间借贷与非法集资风险防范机制的立法重点进行了阐明，提出了进一步构建民间借贷与非法集资风险防范法律机制的整体思路。

3. 《2016 年民间金融法治发展报告》

《民间金融法治发展报告》集中梳理了 2016 年我国有关民间金融研究的学术文献、学术活动、各级政府颁布的规范性文件，并选取了十个为社会关注的典型案例，该书第一章主要从数据采集及统计分析角度出发，对民间金融法治理论研究进行了概述；第二章至第十四章分别围绕民间借贷法律问题、私募法律问题、股权投资法律问题、信托和互联网法律问题、域外的相关法律制度等展开了论述。在本书的结尾，作者梳理了自"万宝之争"至"民营银行加速扩容"等十个民间金融的案例。并对中国当前的金融法治发展格局进行了反思和展望。

4. 《最高人民法院商事审判指导丛书：企业改制、破产与重整案件审判指导 6（增订版）》

该书为最高人民法院商事审判指导丛书中的一本，该书中所涉及的问题为司法实践中的新型、疑难问题，经过作者的反复筛选、归纳、凝练而成。本书中摘取了大量的最高人民法院发布的指导案例、公报案例及最高人民法院民二庭终审的案例，在书中的每一标题下又细分为审判专论、指导案例、公报案例、请示与答复、司法解释、审判政策与精神等多个栏目，系统地对所涉问题进行了深入解答，其中审判专论部分囊括了知名学者、立法者、法官等对待问题的观点，以及最高人民法院审判专家对重要法律文件的理解与适用，具有极强的权威性。

5. 《国际化背景下中国衍生品市场法律问题研究》

全书从第一章衍生品市场国际化的困境与机遇——从货币国际化与外汇衍生品的联系谈起，通过阐释新兴市场经济体衍生品市场与货币国际化的定义，探讨人民币衍生品的发展困境对人民币国际化的影响。第二章主要对衍生品市场监管模式与监管力配置展开研究，通过与国外衍生品市场监管模式实践过程的比较，得出了对于我国衍生品市场监管模式的启示。该书第三章与第四章围绕国际化背景下中央对手方法律制度的检讨与修正以及衍生品国际化视野下的中央对手清算机制建设展开了详实的研究，归纳与总结了两种制度的发展历程与发展特点。第五章与第六章针对宏观层面的衍生品交易所以及微观层面衍生品市场微观结构进行了国际法意义上的研究。第七章至第八章主要是通过借鉴日本、美国、英国、印度等国家的制度建设经验，围绕我国的金融衍生品市场危机处置制度及商品期货交易制度的发展前景进行了论证。

6. 《金融担保创新的法律规制研究》

本书内容分为八章，每章的结尾都会对章节探讨的内容进行小结，文章主要是从金融创新的视角出发，分析我国当前经济发展的进程就必须了解金融的法律边界，金融是现代经济发展的核心，金融担保创新伴随着实体经济的发展。在政策层面，国家鼓励银行业金融机构在有效防范风险的基础上，推动动产、知识产权、股权、林权、保函、出口退税池等质押贷款业务，发展保理、福费廷、票据贴现、供应链融资等金融产品。这些金融担保创新不可避免地碰到了制度供给不足的问题。《金融担保创新的法律规制研究》的研究基于金融创新实践，针对目前的主要创新品种进行类型化的研究，突破了目前现有的理论框架，为《物权法》、《担保法》相关规则的理解适用提供理论支撑，为信贷融资实践和司法实践提供解释论上的依据，同时为中国民法典物权法编相关制度的修改与完善提出建议。

7. 《中国场外交易市场规则汇编（中国 OTC 市场理论与实务）》

本书根据我国场外市场交易的特征和监管方式的差异，将全书分为"市场准入"、"交易制度"、"市场退出"、"公司治理"、"信息披露"和"监管制度"六编。每一编的内容根据法规效力和业务规则细化的程度又分为"法规规章总则"、"相关业务规定"和"具体业务指引"三章。书中收录了全国中小企业股份转让系统、天津股权交易所、上海股权托管交易中心等多层次金融机构的市场规则。搭建起全方位、多层次的规则体系。

8. 《中国场外交易市场法律制度原论》

该书以我国场外交易市场的历史沿革和发展现状为背景，依照场外交易市场准入、交易、退出的基本运行逻辑，详细阐释了当前各场外交易市场的运行过程中的各项制度，全书共八章，系统地提出了符合场外交易市场特色的从准入、交易到退出的一系列制度构建思想。并对场外交易市场的监管、信息披露、公司治理和纠纷解决机制等基础性制度提出了创新性的改革思路。

9. 《国际投资法：实践与评析》

本书对靠前投资法领域中的东道国规制、竞争中立政策、加拿大相关投资政策与法律及中国的"外国投资法（草案）"中的控制标准进行了研究并加以评析，阐明了国际投资协定中规定规制的目的，站在中国的立场角度阐述了国际投资协定中的竞争中立等政策的立法背景及发展前景。

10. 《市场主体信用制度的法学思考：社会法、消费者权益保护法视角》

该书以消费者益保护为主线，系统研究了各种交易方式、交易环境在信用制度上的演变、特征，从实物交易、货币交易到信用交易再到电子交易，分析了我国当前各类交易模式所包含的法律关系，尤其突出了对于中国电子交易的信用模式、中国当前对征信制度的关注，并对我国今后的社会信用体系总体构想进行了深入的思考。

11. 《国际金融中心法制环境研究》

《国际金融中心法制环境研究》从历史和现实两个维度，梳理出上海建设国际金融中心面临的十一大主要法律问题。历史证明，促进国际金融中心形成与发展的法律不在于一味地宽松与严格，而在于适应性。在金融立法属于中央事权的背景下，将中央立法中涉及金融机构准入和金融业务准入的事项交由上海人大和上海政府制定相关实施办法，能很好地解决法律的适应性问题。相对于金融监管体制而言，金融监管治理对于金融稳定和国际金融中心的发展更为重要，国家层面对金融监管治理法律保障制度缺漏的完善显得尤为迫切。上海国际金融中心建设的目标之一是到 2020 年"基本建成与我国人民币国际地位相适应的国际金融中心"，这就要求我们建立基于货币稳定的宏观审慎监管制度，涵盖跨行业、跨周期和跨国境资本流动三个方面。长期以来，我国监管机构和立法对机构准入和产品准入采取了严格监管政策，在很大程度上影响了作为有全球影响力的国际金融中心所必备的金融机构总部数量和金融产品数量。为此，有必要降低金融机构和金融业务准入门槛，并允许在上海注册的金融机构从事综合经营，这就需要尽快制定金融控股公司法和针对系统重要性金融机构的认定、监管和跨境有序处置的法律制度。缺乏保障金融市场基础设施的法律规则，是上海国际金融中心金融市场基础设施不发达的一个原因。明确交易、结算、清算过程中参与者的权利义务，建立金融市场基础设施的恢复与处置计划有助于提高金融市场基础设施的稳定性和有效性。

12.《资本之翼：企业资本市场操作指引》

本书从体例上共分十六编，围绕企业在资本市场中直接面临的多类法律问题进行了论证，如本书第十一编将"中信集团整体改制""熔盛重工收购全柴动力"等五个案例作为切入点，详尽地分析了在中国境内重组与并购过程中，企业可能面临的行业监管及可能适用的法律规定。又如本书第十四编"私有化与退市"中，通过分析阿里巴巴的私有化与退市和再上市进程，为企业可能面临的发展选择做出了展望。本书旨在帮助当前体制下的企业更好地利用好资本市场，优化金融资源配置。

【论文类主要观点】

1. 民间金融规制问题

民间金融软硬法规制伴谬的化解逻辑的局促，以及在自发层面所发生的混合型规制改进成效的乏力，与其说是在软硬法规制模式上的试错无果，毋宁说是缺乏对硬法规制与软法规制如何形成公私部门合意的重视，以及在这种合意寻求过程中对政府层级结构过度迷信的驱魅。沿此进路，硬法协同软法规制背后的政府与社会之间合意，就是衍生出更多元化协同方案的基础。此时，无论采用单方付费（如政府购买/付费民间金融登记服务），还是国家公共产品优化（如法院提供强有力的合同执行机制），均是国家与社会力量彼此容许乃至共建的合作规制过程。

对于已然非常强大的正式规制体制而言，首先是要解决其规制成本的问题，而融合私人维度和加强与非正式规制之间的协同整合，将带来一种执法资源上的补充，并借助私人参与维度下的行业内部成员监督、声誉惩戒等机制，以及行会章程、自律公约等软法规范而获得更低成本且更高效率的规制效果。换言之，融合非正规规制力量的协同规制模式，才能利用非正规组织业已形成的关系网络和治理规范，达到降低正式规制的成本耗费，并优化其规制的结构和实效性。此外，利率和资本亦是关乎民间金融的未来走向。整体来看，应在尊重供求定律的基础上，挖掘事前的软法激励功能，也就是通过债权登记、证据固定、资金监管、征信识别等，架设 NPO 等非营利组织，从而吸引更多的资本投放到民间金融的供给侧，也只有这样才是压低民间融资极易畸高的利率水平的标本并治方法。

2. 民间借贷风险治理转型问题

民间借贷历久弥新，所谓"新"在于其风险的演化正日益消解着传统非正式执行机制的功能，凸显出金融抑制条件下传统法律制度的失灵。从宏观角度来看，经济波动的压力对民间借贷风险的影响或许更为直接，但法治是市场有效运行的基础性条件，是经济长期增长的基本要素。与地方政府积极致力于民间借贷管理创新、服务创新和人民法院出台司法解释相比，防范民间借贷风险的基础性制度更加不可或缺，是治理民间借贷风险的根本保障。随着民间借贷的社会和经济环境发生显著变化，传统的熟人社会逐步被契约社会所替代，民间借贷的规制与风险防范迫切需要从依赖非正式执行机制转为依赖正式法律机制，完成民间借贷治理的转型。从这个意义上讲，制定存款类放贷人条例及其相关配套规定可以增加民间借贷的制度供给，一定程度上突破民间借贷发展的制度困境，为防范和化解民间借贷风险提供有力的制度保障，但治理民间借贷风险仅仅依靠这一制度还远远不够，需要引入金融深化理论、信息不对称理论、激励性规制理论，结合主体制度完善、刑法治理改进、监管体制改革、备案制度统一、民间资本引导机制等制度，构建新型有效的风险防范制度，才能形成治理民间借贷风险的长效机制。

**3. 自贸区金融问题**

中国金融体系需要更加市场化的改革方向，构建更加开放和规范的市场、透明的治理体系和坚实的银行系统。中国必须有深入、多元和监管良好的资本市场，并对外国投资者自由开放。资本市场还必须有可信、透明的治理结构，以及决策者可以证明治理结构取得金融管理和改革成功的良好记录，同时还需要强大、稳定的金融系统和坚实的经济前景。如果中国的金融市场在很大程度上仍然是抑制性且与国际标准不相一致的，人民币就无法成为真正意义上的国际贸易结算、投资和储备货币。中国宏观经济治理和监管制度的深度变革，将会影响中国经济增长的未来轨迹。上海自贸区等三个金融试验区全面改革实现之时，就是金融市场构建完成之际。

金融开放在整个金融发展中占据着核心地位，随着全球经济和治理格局的变化，以上海自贸区为代表的中国自贸区战略，从对标国际到自主设计，将会是自贸区建设的新情况。上海自贸区作为中国对全球开放的标杆，要不断扩大金融开放和完善金融监管制度配套机制，注意金融开放的轻重缓急，不能一味套用其他先进贸易区的规则，做好国内、国际通用规则相衔接，既要金融开放又要法律制度，二者不可偏废，将更多可复制、可推广、可操作性的经验应用到中国金融开放领域，促进整个金融业健康、稳定、快速发展。

辽宁自贸区各片区挂牌以来，各片区复制推广已建四大自贸区（上海、天津、广东、福建）的经验，纷纷出台了融资租赁创新政策，值得肯定。但同时，辽宁自贸区融资租赁仍有在宏观及具体制度层面需要进一步明确的问题。问题的明确将有利于辽宁自贸区融资租赁的创新发展，有利于充分发挥资金优势，助力自贸区发展。

**4. 地方法人金融机构问题**

近期，人民银行呼和浩特中心支行对全区具备发行理财产品资格的 8 家地方法人金融机构开展了调研。调研结果显示，法人机构理财规模在 2015 年和 2016年的快速发展后，2017 年以来，规模扩张速度有所放缓，募资规模较上年呈现收缩趋势，表外理财业务、表内业务募资规模呈现双降态势。

为进一步降低实体经济融资成本，建议采取以下措施：一是继续充分发挥我区市场利率自律机制的自律和协调作用，合理确定存款利率水平，将存款利率上浮比例控制在合理区间内，从负债端抑制金融机构负债成本的不合理上升。完善贷款利率定价机制，自觉引导融资成本下行，切实降低企业融资成本。二是鼓励地方法人金融机构发行同业存单、大额存单，增强主动负债能力，增加低成本的线上融资比重，降低负债成本。同时，大力发展核心存款，优化核心存款负债结构，从而进一步降低实体经济融资成本。三是发挥 SLF 利率走廊上限作用，适时适量向地方法人金融机构注入流动性，确保金融机构负债成本稳定。四是督促金融机构优化费用资源配置机制，建立收入与支出挂钩机制，提升精细化管理水平，分类控制费用支出。同时，处置闲置固定资产，减少折旧和摊销费用，从而降低经营成本，清理规范中间业务环节，规范收费项目，减少不必要的收费。

**5. 金融检察问题**

首先，金融检察应当指明价值。不同的社会需求、不同的政治力量，可能会催生出不同的价值体系，但归根结底，并不能摆脱民族精神的烙印，从古至今，尤其在近百年，我国的法律制度发生了根本性的变革，但是，仍可体现出根植于民族精神最深层次的特质，以爱国主义为核心的团结统一、爱好和平、勤劳勇敢、自强不息的伟大民族精神。金融领域波谲云诡，易受外来新思潮的影响，但是，金融检察应拨开迷雾，将法律观念与民族精神相结合，为文化的正确塑造指明方向。对价值的选择并不是企图对一切价值予以剪裁，而是选择一些对社会的生存和发展都比较重要的价值予以衡量和确认。而在价值的背后其实是利益之争议和选择。这些价值选择所肯定的行为模式符合多数人的利益，这些都将吸引更多的人建立起新的更主动的认同感，增强了凝聚。

其次，金融检察应当培育信仰。当下，各种价值理念的冲击，使得民众难以克服诱惑，金融检察应当借由个案的惩处，旗帜鲜明地传达基本的价值观，促使个体内在德性的形成和民族精神的发育，民族精神是内化于民众身上的文化心理结构，具有更深层次的民族精神，有助于形成良好的道德素养和法律意识，规范行为的选择。《人民检察院组织法》中明文规定："人民检察院通过检察活动，教育公民忠于祖国，自觉地遵守宪法和法律，积极同违法行为作斗争。"如近年来实体经济经营困难，公众普遍认为将资金投向实体经济收益慢、风险大，投入银行利息低、贬值率高，加上相关部门对民间资本投资缺乏有效引导，为"高息、高回报、低风险"为诱饵的非法集资提供了机会。受害群众为了追求高额利息，逐利投机，盲目投资，以致被谎言和假象迷惑欺骗，上当受骗。大部分群众，特别是中老年人，缺乏必要的金融及法律知识，不能正确辨别合法与非法的界限，风险意识淡薄。检察机关在办理这类案件时，并非孤立地局限于处理案件本身，而是借助现代信息科技等多种宣传手段，将检察机关立足于法律、惩治犯罪、监督纠正其他机关权力行使的正能量传播开来，以案释法，培植民众正确的法律信仰，并帮助其树立正确的投资观、理财观。

最后，金融检察应当营造氛围。注重宣传金融检察成效，金融检察工作如果不及时向公众展示，将会沦为自说自演的"独角戏"，不利于提升社会治理的实效，必须要利用电视、广播、报纸、微信等媒体介质，以座谈会、宣传片、白皮书等方式，覆盖城乡，针对重点群体，大力宣传国家有关防范和处理金融案件的各项政策、法规，既可以通过剖析、曝光典型案例，多方位、多角度、多层次宣讲违法犯罪行为的表现形式、特点及危害，还可以正面宣传企业诚信的事例，传播正能量，以正反两面来增强企业和群众的法律意识、风险意识和自我保护意识，营造规范、有序的金融市场交易秩序和诚信金融生态。

**6. 英美金融监管机构加强社交媒体金融广告营销管理**

第一，健全金融机构社交媒体广告营销的内部管理机制。可以借鉴 FCA 和 FFIEC 做法，要求金融机构建立社交媒体管理机制。一是建立综合性的广告营销制度和社交媒体管理制度，规范总部、分支机构和员工个人使用社交媒体的行为；二是制定完善的社交媒体广告发布流程，对广告内容至少进行业务审核、合规审核和消费者保护审核；三是制定员工培训计划，培训内容应包含《广告法》、《互联网广告管理暂行办法》、《金融消费者权益保护实施办法》等法律法规；四是监测和评估社交媒体广告效果，以及员工使用社交媒体的行为；五是完整归档社交媒体广告情况，并定期进行审计。

第二，制定社交媒体金融广告的合规标准。金融管理部门可联合工商管理部门共同制定金融行业的社交媒体广告合规标准。对于认定标准，可以借鉴 FCA 做法实行"单独合规"，即每张图片、文字、链接都作为单独的广告考量。金融机构虽然没有制作内容，但转发消费者评论的也可根据实际判定为广告；对显著性标准，可以规定广告和风险提示的字体不小于正文字体，信息流广告可以通过边框涂色与非广告内容区分；对风险披露标准，不同类别的金融产品实行不同的风险提示内容，同时借鉴英美做法，实行触发式披露；对适当性标准，可建立金融产品负面清单，禁止复杂金融产品通过社交媒体发布广告或定向推送给不适合的客户群体。

　　第三，加强对社交媒体金融软广告的规范引导。金融管理部门可以结合金融行业和社交媒体的特点，通过制定指导意见的形式加强对金融"软文"的规范。要求在内容上减少煽动性的语言、禁止伪装第三方、要符合主流价值观等，在形式上可以要求在标题下方用不小于正文字体的文字标注"广告"、金融机构名称和来源公众号，使消费者能够辨识其广告性质。

　　7. 国家主权境外投资政治风险问题

　　有学者认为该问题主要可以分为以下三个层面。政府层面：主权性政治风险应当以主权应对，在应对中国对外投资主权性政治风险方面，中国政府责无旁贷，应当从不同角度承担起应对中国企业境外投资政治性风险的责任。企业层面：中国境外投资的主体是中国的企业，境外投资过程中主权性政治风险的防控主体也是企业，企业应当在境外投资过程中强化风险识别意识，增强风险控制和管理的手段。民间组织层面：主权性政治风险除了国家层面的主权应对和企业层面的执行应对，中国政府更应该发挥民间组织的力量消解和应对境外投资风险。

# 第一篇

## 金融法的理论问题研究

# 论大银行金融体制

王卫国[*]

摘要：我国现行的金融体制，是以银行业为主导、以大银行为主力和以审慎监管为主控的金融体制。我国不妨将它称作"大银行金融"体制。这一体制是在 20 世纪 90 年代我国金融体制改革中产生的。它的形成带有一定的历史轨迹，也含有内在的制度逻辑和文化逻辑。我国是一个在忧患中崛起的大国，具有举国同心聚力开拓的民族共识。我国是一个依靠自力更生通过工业化走向现代化的大国，具有依靠勤奋劳动创造财富的民族传统。我国的经济制度和发展目标，决定了我国的金融必须坚持服务实体经济、服务民生和服务国家战略的基本定位。因此，我国的金融体制改革从一开始就呈现出与 20 世纪 70 年代以来的全球金融自由化潮流的诸多不适应。面对这种不适应，我国学术界一直存在着推行金融自由化改革和融入全球化潮流的强烈呼声。这些呼声对金融市场化改革起到了一定的推动作用，也对现行金融体制提出了一些质疑：一是发展资本市场的主张对银行业主导地位的质疑，二是自由竞争和私有化的主张对大银行主力地位的冲击，三是开放市场和放松管制的主张对合规监管主控地位的质疑。这些质疑所引发的理论思考，归根结底是一个民族国家在历史发展中的制度选择问题。本文试图从历史和宏观的视野出发，通过对国际金融变迁的经验观察和对我国金融体制的现实分析，就我国是否应该坚持大银行金融体制这一重大命题发表些许浅见，以就教于大方。

关键词：银行地位综述；我国银行地位；金融体制自信

## 一、银行在现代金融体系中的地位

### （一）信用经济对银行的需求

在西方经济史上，银行发源于古代社会的货币兑换业。在农业社会，囿于自然经济下的传统观念，货币常常被视为罪恶之源。"在《规约》、《古兰经》以至

---

* 王卫国，中国法学会银行法学研究会会长，中国政法大学教授。

《就业、利息和货币通论》中到处可以找到大量关于实行金融抑制的教条。"[1]
尽管如此，对于现代经济，"货币和法律（商法）实际上是'古代世界'的两大
经济遗产。"[2] 在近代，工商业的发展促进了银行业的兴盛。18 世纪末至 19 世
纪初，现代银行在西方各国普遍建立，其主要职能是经营货币资本，发行信用流
通工具，充当企业之间的信用中介和支付中介。货币市场作为资本形成和资本积
累的关键力量，在近代工业革命中发挥了重要的作用。[3] 工业革命促进了货币
的资本化，货币资本化又催生了信用经济。[4] 信用经济的概念是由德国的旧历
史学派经济学家布鲁诺·希尔布兰德最早提出的。希尔布兰德根据交易方式的不
同，把社会经济发展划分为三个阶段，即以物物交换方式为主的自然经济阶段、
以货币为交换媒介的货币经济阶段和以信用交易为主导的信用经济阶段。

　　20 世纪 70 年代以后，以美元与黄金脱钩为标志，人类社会告别了实物货币，
进入信用货币时代。这一历史性变化，看似为布雷顿森林体系解体的结果，[5]
实则与信用经济的兴起有内在联系。在当今世界，信用交易量几十倍地大于商品
交易量；信用资金供求决定着资金价格和利率；信用资金流通则决定着生产、分
配、消费、储蓄、投资等生产和再生产环节。在信用交易中，不仅包括了商品赊
购赊销和银行吸收存款并发放贷款，而且包括了事实上几乎所有的金融业务，即
通过金融机构和金融市场直接进行的交易，如债券、股票的发行和认购，各种保
险、信托、租赁等。甚至可用于融资担保的不动产、有形动产和知识财产，也被

---

〔1〕 [美] 爱德华·肖：《经济发展中的金融深化》，三联书店 1988 年版，第 85 页。

〔2〕 [英] 约翰·希克斯：《经济史理论》，商务印书馆 1999 年版，第 65 页。

〔3〕 参见 [美] 查尔斯·金德尔伯格：《西欧金融史》，徐子健、何建雄、朱忠译，中国金融出版社 2007
　　年版；徐滨：《英国工业革命中的资本投资和社会机制》，天津社会科学出版社 2011 年版；舒晓峋：
　　《试论银行在英国工业革命中的作用》，载《湛江师范学院学报（哲学社会科学版）》1996 年第 1
　　期；杨大勇：《英国工业革命融资及对中国经济建设的启示》，载《西安交通大学学报（社会科学
　　版）》2016 年第 4 期。

〔4〕 参见孙礼照：《货币银行学》，清华大学出版社 1991 年版，第 50 页。

〔5〕 布雷顿森林货币体系是指二战后西方主要国家代表签订的《布雷顿森林协定》所建立的以美元为中
　　心的国际货币体系。布雷顿森林体系以黄金为基础，以美元作为最主要的国际储备货币，美元直接
　　与黄金挂钩，各国货币与美元挂钩，并可按 35 美元一盎司的官价向美国兑换黄金。在此体系下，美
　　元可兑换黄金和各国实行可调整的钉住汇率制，构成此体系的两大支柱；国际货币基金组织则是维
　　持此体系正常运转的中心机构。这一体系的建立，曾经造就国际贸易空前发展和全球经济日益相互
　　依存的格局。但它存在着自身无法克服的缺陷：它以一国货币（美元）作为主要储备资产，具有内
　　在的不稳定性。美国的长期贸易逆差造成各国大量的美元储备，将会引发美元危机，而美国如果保
　　持国际收支平衡，则会减少各国美元储备，导致国际清偿能力不足。这是一个不可克服的矛盾。从
　　20 世纪 50 年代后期开始，随着美国的国际收支趋向恶化，出现了全球性"美元过剩"，各国纷纷抛
　　出美元兑换黄金，美国黄金大量外流。到了 1971 年，美国政府因无法应付这种局面，被迫宣布放弃
　　美元按固定官价兑换黄金的"金本位制"，引起各国纷纷转而实行浮动汇率制，由此导致布雷顿森
　　林体系解体。

纳入金融交易的范畴。信用经济导致对货币的需求无节制扩张，导致货币供应脱离贵金属定价和储量的约束，同时也导致了"交易未来"，即追求未来财富增值的资本市场和衍生金融市场的急剧膨胀。大量货币在繁荣时期进入这些市场，形成巨量的资产泡沫，而一旦风险暴露，则资金退出、资产贬值、信用溃败、危机到来。

金融是现代经济的核心。"什么是金融？'金'指资金，'融'指融通，'金融'是社会资金融通的总称。资金主要以货币的形式存在，而银行则是资金融通的主渠道。"[1] 金融是一个体系化和秩序化的经济系统。金融体系作为资金流动工具、市场参与者和交易方式等各金融要素构成的综合体，是经济体内部及相互之间资金流动的基本框架，而银行提供的货币供应体系和支付清算体系则是经济体的供血系统和循环系统。信用经济的出现不可能改变金融的基本原理，也不可以违背金融的基本规律。正如马克思指出的："人们在货币经济和信用经济这两个范畴上强调的并且作为特征提出的，不是经济，即生产过程本身，而是不同生产当事人或生产者之间的同经济相适应的交易方式"[2] 当今世界，由于信息和高科技产业的突飞猛进，信用证券化和金融工程化已经使资本跨国流动达到空前的规模和速度。金融交易空前活跃，数以百亿、千亿美元计的资金交易可瞬间完成。金融交易正在演变成为一种脱离实物经济的虚拟的网上资本交易。目前全球日平均金融资产交易量是实物交易量的 50 倍，只有 2% 的金融交易具有实物经济支撑，98% 的金融交易与实物经济脱离。根据统计数据测算，全球股市市值约 25万多亿美元，而金融衍生商品的价值则高达 100 多万亿元，是全球 GDP 的三倍多[3] 一次次全球金融危机的经验证明，信用过度扩张的金融不可能是健康的金融，也不可能是持续繁荣的金融。

世间万物，相克相生。信用经济脱胎于货币经济，却离不开货币经济。雄鹰在蓝天自由翱翔，但终究要回到自己的巢穴。货币经济就是信用经济的巢穴。没有银行对货币的发行、流通、支付和结算，没有银行体系对金融市场风险的发现、应对和补救，信用经济就是无巢之寒鸦，无根之飘萍。目前，发达国家的金融体系主要有两种类型，一是以英美为代表的市场主导型金融体系，二是以法德

---

〔1〕 易纲、吴有昌：《货币银行学》，格致出版社、上海人民出版社 1999 年版，第 1 页。

〔2〕 卡尔·马克思：《资本论（第 2 卷）》，人民出版社 1975 年版，第 133 页。

〔3〕 数据来源：中国会计网，http：//www. canet. com. cn/law/sjfg/200807/27 – 57846. html；
经济学家网，http：//www. jjxj. com. cn/articles/4701. html；
公文易网，http：//www. govyi. com/paper/n3/j/200602/45309. shtml；
价值中国网，http：//www. chinavalue. net/Article/Archive/2006/3/29/25152. html；
百度财经网，http：//finance. baidu. com/n/finance/stock/gmxt/jbfx/2008 – 02 – 03/10331253931. html；
最后访问时间：2017 年 10 月。

日为代表的银行主导型金融体系。无论在哪一种金融体系中,银行的作用都是不可或缺和不可小视的。迄今为止还没有一个国家敢于轻视银行在金融体系中的重要地位,更不敢对银行的安全和健康运行有丝毫的马虎。在 2008~2009 年全球金融危机后,各发达经济体和国际组织将维护银行系统的安全与合规作为金融制度改革的首要政策目标,纷纷出台强化银行业合规监管、风险防范和困境处置的新法规,便是明证。

(二) 金融脱媒对银行的冲击

美国在工业化初期实行的是以银行为主导和分业经营的金融体制。1929 年以后的经济大萧条期间,美国出台利率管制的《Q 条例》,对商业银行的定期存款实行限定最高利率的管制,加上 1933 年《银行法》(即《格拉斯 – 斯蒂格尔法案》)禁止向活期存款发放利息,导致银行利润下降和市场萎缩。以资本市场为中心的新金融商品的开发和需求创造,更使得银行的媒介作用逐渐趋弱,由此导致美国在 20 世纪 60 年代出现"金融脱媒"现象。所谓金融脱媒,是指资金需求方抛开金融中介直接在货币市场发行短期债务工具。在这种情况下,企业需要资金,更多的不是向商业银行借款,而是直接在市场发行债券、股票或者短期商业票据,[1] 即由间接融资转向直接融资。"在发达国家金融业的发展史上,由于直接融资的发展和金融管制的放松,间接融资比重不断下降,直接融资比重则直线上升,融资结构越来越多的是从银行的融资走向资本市场,走向债券市场的融资,使银行的信用媒介作用受到了空前的挑战。"[2] 1980 年以后,美国陆续颁布《存款机构放松管制和货币控制法》等法律,取消《Q 条例》,实行利率市场化改革,扩大存款机构的业务范围,强化美联储在经济管理中的重要地位,试图阻止金融脱媒,但为时已晚。20 世纪 80 年代至 90 年代,随着金融自由化改革的深入,代表分业经营制度的 1933 年《银行法》被彻底废除,在"效率与竞争"的监管理念下,美国逐渐放松对金融市场的监管,资本市场和衍生金融市场迅速发展,出现了虚拟经济脱离实体经济过度繁荣的局面。高杠杆的金融模式在带来丰厚利润的同时,为日后的金融危机埋下了伏笔。

在金融脱媒的背景下,银行的传统业务受到了严重的影响,业务量减少和息差收入下滑,给银行的持续经营能力带来严峻考验。很多银行经受不住残酷的挑战,纷纷走向破产的结局。"据统计,1943 年到 1985 年期间,美国倒闭的银行只有 11 家,而 1985 年以后,银行倒闭的数量呈直线上升,仅 1985 年当年倒闭的银行数量就已经超过三位数,达到 100 多家,1987 年有 200 多家,1989 年达

---

〔1〕 参见唐旭:《金融脱媒与商业银行经营》,载《中国金融》2006 年 14 期。
〔2〕 朱民等:《改变未来的金融危机》,中国金融出版社 2009 年版,第 193 页。

到 290 家之多。除此之外，存在经营方面问题的银行更是比比皆是。金融脱媒背景下依靠存贷差已经不可能维系银行的持续经营，一些商业银行通过业务创新以及业务拓展，增加了非利息收入，而且这一部分收入还在总的收入中所占的比重越来越大，从而弥补了由息差收窄导致的严重问题。"[1] 自 20 世纪 80 年代以来，美国商业银行中间业务收入的增长速度平均约为 50%，远远超过了资产的 10% 的增长速度。[2] 在其他发达国家，商业银行以中间业务收入为代表的非利息收入占银行全部收入的比重也逐年上升，一般最低达到银行业务总收入的 25% 以上，大银行甚至超过 50%。[3] 与此同时，商业银行开始同时大规模开展投资银行业务，将资金投向利润更高、回报更快的虚拟经济，由此开启了美国产业空心化的进程。

银行经营重心向中间业务转移，意味着银行通过存贷款业务向经济体提供间接融资的能力减弱。目前，G20 国家通过资本市场的直接融资的比重大多集中在 65～75% 的区间内，美国显著高于其他国家，超过 80%。[4] 经济体对资本市场的依赖度提高，意味着金融危机的爆发点已经由银行业转向了资本市场。20 世纪 90 年代以来的几次国际金融危机证明了这一点。

（三）金融创新对银行的挑战

20 世纪 60 年代以来的金融史，是一部以金融创新为主旋律的变革进程。在这一进程中，通过金融制度、金融产品、交易方式和金融组织的创新，培育了新型的金融产业和金融市场，既为经济发展增添了新的活力，也给经济安全带来了新的挑战。"从 20 世纪 80 年代开始到现在，金融创新与金融风险加剧一直是国际金融市场最为鲜明的发展特征。20 世纪 90 年代以来，全球几乎每一场金融风暴都与金融创新有关。金融创新对金融风险推波助澜的作用令人谈虎色变。金融创新可以规避金融风险，金融创新也会带来新的金融风险。"[5]

以美国为代表的现代金融市场的特点是通过源源不断的金融创新扩大金融交

〔1〕 王小燕：《基于国际比较的中国金融脱媒问题研究》，东北财经大学 2014 年硕士学位论文，第 21 页。

〔2〕 白晓彤：《国外商业银行中间业务发展概况》，载《农村金融研究》2009 年 8 月刊，第 14～15 页。

〔3〕 例如，1992～1993 年瑞士银行中间业务盈利占其总利润的 60%～70%；从 20 世纪 80 年代初到 90 年代初，英国银行以中间业务收入为代表的非利息收入占其全部收入的比重从 28.5% 上升到 41% 以上，其中巴克莱银行中间业务的盈利可抵补业务总支出的 70% 以上；德国商业银行在 1992 年通过中间业务就获利 340 亿马克，占总盈利的 65%。参见刘俊：《我国商业银行中间业务：现状、问题及发展策略》，西南财经大学 2001 年硕士学位论文，第 10 页。

〔4〕 祁斌、查向阳等：《直接融资和间接融资的国际比较》（完成于 2013 年 10 月），载资本市场研究网，http://www.bisf.cn/zbscyjw/zlk/201401/866287c08ce24bc09b6e623bc400c754.shtml#，最后访问时间：2017 年 10 月。

〔5〕 高山：《金融创新、金融风险与我国金融监管模式研究》，载《河南工程学院学报（社会科学版）》2009 年第 1 期。

易的总量。其结果是，形成了在原生金融市场之外，衍生金融市场强劲发展的格局。美国的原生金融市场包括货币市场、资本市场和外汇市场，它们是实体经济获得融资的主要来源。其中，货币市场被定义为1年以内的短期凭证交易，实际上主要是由银行向社会提供流动性资金，而以股票和债券为主要工具的资本市场则提供期限在1年以上的融资。资本市场以价值投资和成长投资为主导。当资产价值和财富预期被人为放大时，大量资金流向资本市场，在其繁荣表象之下往往暗藏着风险的积聚，由此导致两个方面的后果：

第一，虚拟金融资产脱离实物资产的膨胀。马克思认为，虚拟资本的价格具有脱离现实资本运动而独立上涨和下落的特殊运动形式，因而在通常情况下虚拟资本量的变化并不反映现实资本量的变化。[1] 随着虚拟金融资产的创造与实物资产的生产和流通相分离，虚拟金融资产急剧膨胀，从而在数量和规模上大大超过实物资产，形成"倒金字塔"结构。[2] "现代虚拟金融资产和实物资产的倒金字塔结构是现代经济金融体系不稳定的内在根源。金融工具或金融市场运作体制的不断创新、不断演化在促进金融发展的同时构建了这个巨大的倒金字塔。金融创新特别是金融衍生工具创新越发展，这个倒金字塔也就越庞大，金融体系也就越不稳定。在庞大的衍生市场面前，金融机构的脆弱性表露无遗，一旦某一部分出现问题，整个倒金字塔就会轰然倒塌。"[3]

第二，虚拟金融市场的扩张导致风险的积累。马克思认为，虚拟资本的市场价值部分地有投机的性质，因为它不是由现实的收入决定的，而是由预期得到的、预先计算的收入决定的。[4]事实证明，现代西方的资本市场、外汇市场和衍生金融市场充斥着买空卖空的投机交易。尤其是金融衍生品交易具有杠杆比例高、定价复杂和高风险性的特点，虽然在微观层面可以作为投资者规避和分散风险的工具，却在宏观层面存在着系统性风险的诱因。"由于金融衍生产品的内部机制存在不足，当金融衍生产品规模快速地膨胀之后，在缺乏对其有效的监管情

---

〔1〕 马克思：《资本论（第3卷）》，人民出版社2004年版，第549、553页。

〔2〕 经济"倒金字塔"是德国经济学家乔纳森·特南鲍姆最早提出的一个重要概念。特南鲍姆认为在现代市场经济条件下，任何一个国家或地区全部经济金融化的价值都可以构成倒置的金字塔结构，该结构分成四层。第一层为金字塔底部，是以实物形态存在的物质产品；其上是商品和真实的服务贸易；第三层是股票、债券、商品期货等；最上层是完全虚拟的金融衍生品。他强调以物质经济为主导的必要性，主张金融发展应该从属于实体经济发展，为实体经济发展服务。他认为，如果一个经济体的经济构成模式是金融资产总量远远超过实体经济总量的"倒金字塔"式结构，最终必将导致金融危机。见乔纳森·特南鲍姆：《世界金融与经济秩序的全面大危机：金融艾滋病》，载《经济学动态》1995年第11期。

〔3〕 高山：《金融创新、金融风险与我国金融监管模式研究》，载《河南工程学院学报（社会科学版）》2009年第1期。

〔4〕 马克思：《资本论（第3卷）》，人民出版社2004年版，第530页。

况下，金融风险的累积性效应就会迅速放大，其结果就会使得金融结构变得非常脆弱，并逐渐演变为金融危机。"[1] 金融危机一旦爆发，势必出现资产价格大幅下跌和债务违约大量发生，迫使银行收缩信贷，造成普遍的流动性短缺，进而导致消费抑制，生产和贸易下降，形成经济衰退。

东亚金融危机和美国次贷危机发生后，西方学术界聚焦金融创新对整个金融体系的负面影响进行了深入研究。形成的基本认识是，金融创新可能造成货币流通的不确定性、金融体系的脆弱性、金融危机的传染性和系统性风险。[2] 有学者分析指出，金融创新对货币稳定性的不利影响主要体现在降低了货币需求的稳定性，增强了货币供给的内生性以及削弱了货币政策的可控性。金融创新带来的金融脆弱性主要表现在金融创新的杠杆效应、复杂性、信息不透明和流动性的易变性等。金融创新威胁金融安全的另一个方面，是放大了金融危机的传染性。由于这种传染性，始于一个地区、经济体或行业的危机可能传导至与其相关的其他地区、经济体或行业。金融创新对金融安全的最大威胁，在于其可能危及整个金融体系的稳定性。因此，如何既利用金融创新重新配置金融资源，又有效防范金融风险，切实保障金融安全，已经成为一个紧迫的现实问题。[3]

## 二、银行在我国金融体系中的地位

### （一）具有中国特色的"大银行金融"体制

中国目前的金融业，属于以银行业为主体，证券业、保险业和信托业为补充的"大银行金融"。在我国的经济生活中，银行业金融机构既是金融资产的主要拥有者，也是社会融资的主要提供者，同时也是金融风险的主要承担者。

在中国历史上，货币借贷交易可追溯到周朝。唐宋时期已形成专门从事货币兑换和存贷款的银行业。清朝末年引入现代股份制银行体制，除外资银行外还有

---

〔1〕 高颀钰：《中美金融结构差异、金融系统风险与压力测试比较研究》，南开大学 2014 年博士学位论文，第 60 页。

〔2〕 参见〔英〕约翰·伊特韦尔、〔美〕艾斯·泰勒：《全球金融风险监管》，成家军等译，经济科学出版社 2001 年版；Carmen Reinhart and Kennerth S. Rogoff, *Is the 2007 Subprime Financial Crisis So Different? An International Historical Comparison*, 2008 Feb. Draft; FSA, *Financial Risk Outlook*, 2008; Nigel Jenkinson, Adrian Penalver and Nicholas Vause, *Financial Innovation: What Have We Learnt?* Reserve Bank of Australia, 2008 July; BIS, *Financial System: Shock Absorber or Amplifier?*, Working Paper No. 257, July 2008; Barry Eichengreen, Mathieson Donald and Others, *Hedge Funds and Financial Market Dynamics*, IMF Occasional Paper No. 166, 1998; Hyman P. Minsky, *The Financial Instability Hypothesis*, NBER Working Paper No. 74, 1992; Karen E. Dynan, Douglas W. Elmendorf and Daniel E. Sichel, "Can Financial Innovation Help to Explain the Reduced Volatility of Economic Activity?", *Finance and Economics Discussion Series* 054, Federal Reserve Board, 2005; Jermann Urban and Vincenzo Quadrini, *Financial Innovation and Macroeconomic Volatility*, available at http: //finance. wharton. upenn. edu/ ~ jermann fspaper - may8u. pdf, 2006.

〔3〕 何德旭、郑联盛：《从美国次贷危机看金融创新与金融安全》，载《国外社会科学》2008 年第 6 期。

本国官商设立的商业银行。民国时期银行业进一步发展，在 1928 年成立中央银行后，逐步形成了以"四行二局一库"为核心的银行体系。[1]

新中国成立之初，建立了中国人民银行体系，[2] 并在其领导下改组和新建了一批商业银行。实行计划经济以后，原有商业银行被撤并，人民银行成为唯一的国家金融机构。[3] 这一时期的人民银行功能单一，"主要承担居民储蓄，而储蓄转化为投资的功能并不依赖于银行金融中介的功能作用，而是大部分由国家财政预算与国家经济计划委员会通过计划的方式进行资金划拨。因此，银行的作用更多的是体现为社会经济体系的总出纳与结算机构。"[4] 严格地说，这个时期我国并没有金融体系和金融产业。

1978 年以后，我国开始逐步建立银行主导型的金融体系。1983 年 9 月国务院决定中国人民银行专门行使中央银行职能，将其商业性业务分离出来设立了中国工商银行，并形成了中国人民银行领导下的工商银行、农业银行、中国银行、建设银行四大国有银行的专业银行体系。此后，为适应建立市场经济体系的需要，我国逐步进行了专业银行的商业化改革。1995 年《商业银行法》颁布后，将原有的专业银行改组为商业银行，并组建了许多新的全国性商业银行、区域性商业银行，以及村镇银行、社区银行、贷款公司等具有银行性质的金融机构，形成了在中国人民银行和中国银行业监督管理委员会监督管理下，以全国性商业银行、区域性商业银行和社区银行，以及农村信用社和其他银行性金融机构为基本组成体系的新的商业银行体系。

在我国，银行是经营存款、放款、汇兑、储蓄等业务，充当信用中介的金融机构。[5] 我国现行法律规定，银行业金融机构是指在我国境内设立的商业银行、城市信用合作社、农村信用合作社等吸收公众存款的金融机构以及政策性银行。中国人民银行是我国的中央银行，在国务院领导下制定和执行货币政策，防范和化解金融风险，维护金融稳定。商业银行是指依法设立的吸收公众存款、发放贷款、办理结算等业务的企业法人。此外，在我国境内设立的金融资产管理公司、

---

〔1〕 "四行二局一库"包括中央银行、中国银行、交通银行、农民银行，中央信托局、邮政储金汇业局和中央合作金库。迄至 1946 年，全国 90% 的存款都集中在这个体系中。除此之外，还有一批民族资本兴办的小型私营银行和钱庄。

〔2〕 抗日战争和解放战争时期，中国共产党领导的各根据地陆续成立了许多银行，如晋察冀边区银行、北海银行、西北农民银行、华中银行、东北银行、华北银行等。1948 年 12 月 1 日，将华北银行、北海银行和西北农民银行合并，在石家庄成立中国人民银行，开始发行人民币。1949 年 2 月，中国人民银行迁入北平。

〔3〕 当时仅存的建设银行和中国银行分别为财政部和人民银行下属的职能部门。

〔4〕 高顼钰：《中美金融结构差异、金融系统风险与压力测试比较研究》，南开大学 2014 年博士学位论文，第 84 页。

〔5〕 刘鸿儒、张肖主编：《中国金融百科全书》，经济管理出版社 1991 年版，第 199 页。

信托投资公司、财务公司、金融租赁公司以及经银行业监督管理机构批准设立的准银行业金融机构，同样是接受银行业监督管理机构监管的金融机构。[1]

在我国，银行业历来是经济体的主要资金供应者。据统计，1978年我国社会融资规模存量1890亿元，金融资产总量为3417.5亿元，其中银行业对实体经济发放的贷款余额为1850亿元，占比97.9%，同期银行资产为3402.5亿元，占比99.6%。[2] 当时我国尚未建立资本市场，保险市场也很小，银行业的绝对优势显而易见。在此后的改革和发展中，我国的直接融资与间接融资的比例有了显著的变化。据统计，从1991年至2005年，国内非金融企业部门来自证券市场（股票和企业债券）的融资从783.5亿元增长到3,7271.3亿元，而来自银行贷款的融资则从2,1337.8亿元增长到26,1690.9亿元。[3] 短短14年间，我国的直接融资与间接融资的比例由1：27改变为1：7。

在我国的金融资产结构中，银行资产一直保持着明显的优势。时至今日，银行业在我国金融经济中的主导地位仍未改变。据统计，2017年8月，我国社会融资规模存量为167.99万亿元。其中，银行业对实体经济发放的人民币贷款余额为115.46万亿元，占同期社会融资规模存量的68.7%，加上外币贷款（折合人民币）、委托贷款、信托贷款和未贴现银行承兑汇票的余额，银行业对实体经济的融资余额的占比达85.6%。而同期的企业债券余额和非金融企业境内股票余额合计为24.39万亿元，仅占同期社会融资规模存量的14.4%。[4] 从金融资产情况看，据中国银监会统计，2017年8月，我国银行业金融机构总资产为243.1661万亿元，其中，大型商业银行占37.44%，股份制商业银行占18.08%，城市商业银行占12.23%，农村金融机构占13.09%，其他类金融机构占19.16%；同期的行业总负债为224.9101万亿元，其中，大型商业银行占37.44%，股份制商业银行占18.28%，城市商业银行占12.35%，农村金融机构占13.13%，其他类金融机构占18.79%。[5] 在我国的银行业金融机构中，商业银行是绝对主力，它们

〔1〕 参见《银行业监督管理法》第2条，《中国人民银行法》第2条，《商业银行法》第2条。
〔2〕 数据来源，谢平：《中国金融资产结构分析》，载《经济研究》1992年第11期。
〔3〕 数据来源，易纲、宋旺：《中国金融资产结构演进：1991~2007》，载《经济研究》2008年第8期。
〔4〕 数据来源，中国人民银行调查统计司：《社会融资规模存量统计表》，中国人民银行官网，http://www.pbc.gov.cn/diaochatongjisi/resource/cms/2017/10/20171020154649

21231.pdf.
〔5〕 中国银行业监督管理委员会：《银行业监管统计指标季度情况表（2017年）》，中国银监会官网：http://www.cbrc.gov.cn/chinese/home/docView/44E986F2C2344E508456A3D07BC885B6.html，最后访问时间：2017年10月。注：农村金融机构包括农村商业银行、农村合作银行、农村信用社和新型农村金融机构，其他类金融机构包括政策性银行及国家开发银行、民营银行、外资银行、非银行金融机构和邮政储蓄银行。

的资产和负债均占全行业总额的 3/4 以上。[1]

需要指出的是，"大银行金融"并不意味着排斥资本市场。相反地，银行业、证券业、保险业和信托业等金融服务业的协同发展才是我国金融经济发展的战略目标。应该看到，一个健康发展的资本市场，无论对实体经济还是金融经济来说，都具有不可忽视的贡献。股票、债权、基金等资本化融资工具在发展金融经济和支持实体经济中的作用都是不可忽视的。企业可以通过发行证券获得中长期投资，可以通过收购或转让证券来优化资产或流动性配置，还可以通过出质证券获得银行贷款。对企业来说，以股权方式融资有利于减少负债，降低破产风险。银行可以发行股票扩充资本金，也通过证券质押开展信贷和保障债权。开发银行还可以通过发行债券获得用于信贷或投资的资金。自 20 世纪 90 年代以来，我国的资本市场一直保持稳步发展的态势。我国的证券化率（证券市场总市值与 GDP 的比率）在 1991 年只有 0.53%，而当时的世界证券化率为 51.21%；1999 年我国《证券法》实施时，证券化率为 30.53%，世界证券化率为 117.26%；2015 年，我国的证券化率上升为 75.36%，世界证券化率为 97.89%。[2] 这说明，我国证券市场的规模和作用正在显著提升，与国际水平的差距正在迅速缩小。

（二）"大银行金融"与经济改革

在计划经济时期，企业的资金来源于财政拨款，而银行不过是财政的"出纳"。所以，在 1983 年以前，企业的资产负债率较低，大致在 30% 左右[3]"这种体制下，企业缺乏明确的责任和相应的压力，争项目，争资金，资金的使用效率很低。"[4] 为了改变这种状况，1984 年，政府出台"拨改贷"政策，将国有企业固定资金投资方式由财政拨款改为银行贷款。其结果是，投资项目没有资本金，负债率高，还债压力大。随后，政府迫于压力，出台税后还贷政策，实际上是政府间接承担偿债责任。即使如此，企业在效益差利润低的情况下，甚至连支付利息都困难。其后果是银行停止贷款，企业陷入流动性困境。

在 20 世纪 80 年代后期，推行以承包制为标志的企业扩大自主权改革，但银行仍停留于计划体制，缺乏市场化的资金配置体系。加上承包制下的企业短期行

---

[1] 截至 2017 年第二季度，我国商业银行（包括大型商业银行、股份制商业银行、城市商业银行和农村商业银行）的总资产为 190.2069 万亿元，行业占比 78.22%；总负债为 176.4993 万亿元，行业占比 78.48%。数据来源同上。

[2] 数据来源：《全球宏观经济数据》，载新浪财经网，http://finance.sina.com.cn/worldmac/indicator_CM.MKT.LCAP.GD.ZS.shtml，最后访问时间：2017 年 10 月。

[3] 周放生：《债务重组和国有企业改革》，载周放生主编：《国企债务重组》，北京大学出版社 2003 年版，第 1 页。

[4] 周放生：《债务重组和国有企业改革》，载周放生主编：《国企债务重组》，北京大学出版社 2003 年版，第 1 页。

为，形成企业之间大量债务拖欠的"三角债"局面。1990 年以后，国务院动用各种行政手段，由财政和银行投入大量清欠启动资金（仅 1991 年就投入 330.5 亿元），希望依次解开债务链。这种有组织的集中的行政清债政策在短期内收到了一定的效果（1991 年投入 1 元资金清理了 4.1 元拖欠款），但是由于这种治标措施低估了债务关系的复杂性，无法阻止新的债务链的发生。[1]

随着企业债台高筑，人民银行于 1993 年停止"注资清欠"的做法。1994 年，国有企业的负债总额中 2/3 为银行债务。为了实现企业脱困，国家曾花费大量财政资源为企业输血，但效果并不理想。1994 年，中央政府推出国企"优化资本结构计划"，综合运用破产、兼并、财政注资、银行销债、将"拨改贷"还原为"贷改投"等方法，试图化解企业债务困境。在此后的十几年间，国务院通过一系列行政文件建立了"政策性破产"制度，大规模推行由行政主导的企业破产。这种破产制度的一个突出特点就是将安置破产企业职工放在优先地位，为此不惜以牺牲债权人的清偿利益为代价。据 1996 年的一次调查，"计划破产"的企业，负债率一般为 165% 左右，债权的名义清偿率平均为 9.2%，其中国有银行损失最大。[2]

1995 年颁布实施《商业银行法》，明确了银行防控贷款风险的制度以及维护资产安全的责任。在国企改革和金融改革的磨合期，大量背负旧体制包袱的企业，因缺乏竞争力和偿债力而陷入困境，而巨额的存量贷款则成为银行的不良资产。据统计，1995 年发放的各项贷款中，近 60% 是对国有企业的贷款；而国有工业企业的负债总额中，近 60% 是大型企业的负债。同年，国有商业银行的信贷资产中，不良债权的比重平均为 22.8%，远超《巴塞尔协议》规定的 8% 的风险红线，而实际情况比数字显示的要严重得多。[3] 不良资产的积淀给企业、银行和财政造成沉重负担，引发了企业与银行、地方政府与中央银行之间的风险博弈。许多企业在地方政府的支持下通过分立、破产等各种方式进行逃债，严重破坏了建立中的市场秩序。在 1997～1998 年的亚洲金融危机期间，我国银行不良资产的高峰比例高达 25% 以上，与身陷金融危机的泰国和韩国持平。[4] 在这期间，我国虽因国内金融市场相对封闭等原因幸免于难，仍不免经受了数年的经济

〔1〕 参见王卫国、查尔斯·布斯：《中国企业债务重组的替代方法研究》，载周放生主编：《国企债务重组》，北京大学出版社 2003 年版，第 12 页。

〔2〕 参见王卫国、查尔斯·布斯：《中国企业债务重组的替代方法研究》，载周放生主编：《国企债务重组》，北京大学出版社 2003 年版，第 15 页。

〔3〕 参见王卫国、查尔斯·布斯：《中国企业债务重组的替代方法研究》，载周放生主编：《国企债务重组》，北京大学出版社 2003 年版，第 9～11 页。

〔4〕 参见雷家骕主编：《中国金融安全——制度和操作层面的问题》，经济科学出版社 2000 年版，第 188 页。

低迷期。经济低迷的一个突出现象就是银行惜贷，而银行惜贷的一个重要原因则是改革以来形成的约占银行资产总额 20% 至 25% 的不良资产的拖累。为了解决银行不良资产问题，财政部在 1998 年发行 2600 亿元特别国债对四大商业银行注资填补坏账，于 1999 年出资 400 亿元成立的四家金融资产管理公司（AMC）承接四大国有商业银行剥离的不良资产。截至 2000 年底，四家 AMC 总共接收商业银行剥离的不良资产 13922 亿元，清算资金 13916 亿元。

在甩掉历史包袱的同时，我国商业银行开始进行再资本化。自 2003 年以来，中国工商银行、中国建设银行、中国银行、中国农业银行、招商银行、交通银行、上海浦东发展银行、中国民生银行、兴业银行、深圳发展银行、南京银行、宁波银行、中信银行、光大银行、北京银行、华夏银行等 16 家大型国有商业银行按照财务重组、建立现代公司治理结构、引进战略投资者、境内外发行上市的步骤，不断推进改革与上市工作。随着中国农业银行业 2011 年的 A + H 股上市，国有银行的上市进程告一段落。这一阶段的银行改革，大大增强了我国商业银行的实力。在产权明晰化、资本多元化、运作市场化和治理法治化的基础上建立的新型"大银行金融"体系，在随后的经济增长和应对国际金融危机的过程中发挥了中流砥柱的作用。

### 三、驱除金融自由化迷雾，保持金融体制的中国自信

#### （一）金融自由化的主要弊害

20 世纪 70 年代后的金融自由化潮流，将资本市场和虚拟经济的扩张推向了整个世界。金融自由化的理论基础是 20 世纪 70 年代在西方兴起的新自由主义思潮。[1] 长期以来，我国有一些经济学家对金融自由化理论深信不疑。"他们坚持认为，中国需要一场以金融自由化、放松金融管制为基本内容的金融革命。在他们看来，中国现在的主要问题还是流动性严重过剩，金融资源严重浪费，银行控制了过多资源，资金不能有效分配。他们预想，如果中国能放松金融管制，让金融资源得到充分利用，金融资源配置效率就会得到提高。"[2] 这些主张，曾或多或少地影响了我国的金融改革和金融决策，并且至今仍有一定的影响力。

金融自由化的基本立场是取消对金融机构的监管和反对干预金融市场。从 20 世纪 80 年代开始，美国接受了金融自由化的主张。格林斯潘领导下的美联储奉行金融自由政策，过分放任华尔街，强烈支持金融衍生品，强力推动美国国会废除罗斯福时代的金融管制法律。在金融自由化的大环境下，华尔街受高利润的

---

〔1〕 参见吉余峰：《论金融自由化的理论基础》，载《华东师范大学学报（哲学社会科学版）》2000 年第 4 期。

〔2〕 蔡强、杨惠昶：《马克思的信用扩张理论与当代金融自由化理论之比较》，载《当代经济研究》2008 年第 2 期。

引诱，无视风险的存在，一再加大财务杠杆率，金融衍生品越来越复杂，最终导致其价值基础无从判断。2005 年 5 月，社会舆论要求美联储干预次贷风险，但格林斯潘却认为政府监管不如市场自我监管有效，拒绝采取监管行动。监管的缺失是美国经济 2008 年次贷危机爆发的重要原因之一。2008 年 10 月 23 日，格林斯潘在美国国会就当时的金融危机作证，不得不承认他当初反对加强金融监管有"部分错误"，承认不受监管的自由市场"有缺陷"。

金融自由化的措施主要包括利率自由化、业务自由化（混业经营、产品创新）、机构准入自由化和资本流动自由化。而机构准入自由化和资本流动自由化又强力助推了金融的全球化。美国于 1974 年取消了对资本外流的限制，1984 年又向外国投资者无条件开放了国内政府债券市场。欧共体在 1985 年推出以《银行业协调第二指令》为代表的金融改革方案，允许任一成员国的金融机构凭本国颁发的营业执照在其他成员国设立分支机构并且其业务范围不受东道国限制，实际上是取消了各成员国的金融管制。在美国和欧盟的带动下，其他发达国家和一些拉美、亚洲的发展中国家纷纷加入金融自由化的全球大潮。直到 1994 年墨西哥金融危机、1997 年亚洲金融危机、1999 年巴西货币危机和 2001 年阿根廷经济危机后，人们才发现，金融自由化对发展中国家来说，无非是给外来资本发放不受限制和不受监管的通行证，从而使本国金融成为发达国家任意摆布的玩偶，使国民财富成为国际金融大鳄肆意屠宰的羔羊。[1]

金融，无论货币还是资本，原本是人类财富创造过程中的资源配置工具。金融自由化的谬误之处，一是本末倒置地将财富工具当作了财富源泉，二是违背了金融在配置资源的同时必须管理风险的规律。因此，不扎根实体经济沃土而过度追求枝繁叶茂的金融之树，难免在金融风险的侵蚀中枯败，最终在金融风暴的摧击中倒塌。经验证明，"金融自由化是一把双刃剑，一方面极大地推动了金融行业的发展和金融市场的繁荣，另一方面提高了金融行业的风险甚至引起金融危机。"[2] 在 20 世纪 90 年代，亚洲和拉美的发展中国家首当其冲，成为国际金融危机的受害者。进入 21 世纪，美国和欧洲也陷入了全球金融危机的泥潭。

（二）金融自由化危及银行业安全

金融监管制度是人类社会在总结金融危机的惨痛教训后创造的制度性防波堤和防火墙。"20 世纪 30 年代的银行危机导致了承认某种形式的监督和控制对于

---

〔1〕 关于盲目金融自由化对发展中国家的危害，参见辛柳：《金融抑制、金融自由化和我国金融体制改革的对策》，载《财经问题研究》2000 年第 3 期；陈姝：《金融自由化与我国金融体制改革对策》，载《科技成果纵横》2007 年第 6 期；姚雯：《金融自由化理论与现实的比较》，载《决策与信息》2005 年第 9 期；梁会丽：《金融自由化与中国金融体制改革》，载《经济师》2003 年第 4 期。

〔2〕 古小刚：《金融自由化：金融危机的法律解读》，载《经济法论丛》2010 年第 1 期。

保护国家经济免受金融动荡和个人储户免受损失的必要性。"[1] 在当时，许多国家制定了银行法并创立了新的官方机构来行使对银行的监管职能。它们采用了特殊的"准入制度"，以确保只有拥有充足资本和完善组织的机构才能进入市场，并要求持续遵守一套审慎规则，以确保银行活动以健全的方式进行。在比利时、德国和瑞士，立法创造了新的监管机构。在美国，1933 年《银行法》创立联邦存款保险公司，以之替代 1863 年成立的货币监理署（OCC）而成为新的监管机构。在其他国家，如意大利和荷兰，通过了特别的银行立法，但将监管职责留在中央银行。在英国，从 1935 年初开始，英格兰银行成为主要商业银行的非正式监管者（这项职能直到 1979 年才获得正式的立法确认）。[2]

　　美国在 20 世纪 70 年代陷入滞胀后，强调竞争和效率的新自由主义经济学逐渐兴起。高通胀和利率管制使美国的金融脱媒现象非常严重。大量资金逃离银行渠道寻求保值增值，存款的不断流失使银行业经营困难，银行转而从证券等非银行业务谋求利润。在金融自由化浪潮的冲击下，政府开始放松金融管制，鼓励金融创新，不同领域金融机构之间的业务渗透趋势日益显著，金融控股公司趁势而上，混业经营的格局形成。美国利率市场化从 1970 年开始，经 1980 年取消存款利率管制，到 1986 年左右完成。随后，银行盲目扩张负债规模，存款利率飙升，大类资金进入房地产、杠杆并购和非银领域，1987 年由房地产泡沫和高杠杆引发的储贷危机对美国的金融体系造成了很大冲击。银行出现倒闭潮。美国在 80 年代开始重视资本充足率监管，《巴塞尔协议》的签订标志着现代化商业银行以资本充足率监管为核心地位的确认。进入 20 世纪 90 年代，由于经济繁荣、信息技术浪潮、金融创新层出不穷、非银行金融机构快速发展蚕食信贷业务。1999 年出台的《金融服务现代化法案》标志着 1933 年《银行法》的金融分业体制结束和混业体制开始，同时由分业监管转变为伞式监管和功能监管相结合的监管模

---

[1]　Eva Hüpkes, "Insolvency – why a special regime for banks?", *Current Developments in Monetary and Financial Law*, Vol. 3, International Monetary Fund, Washington DC, 2003, available at http：//www. imf. org/external/np/leg/sem/2002/cdmfl/eng/hupkes. pdf.

[2]　See, Ibid. See also, Carl – Johan Lindgren, Tomás J. T. Baliño, Charles Enoch, Anne – Marie Gulde, Marc Quintyn, and Leslie Teo, "Financial Sector Crisis and Restructuring Lessons from Asia", *IMF Occasional Papers* 188, 30 (2000), available at http：//www. imf. org/external/pubs/ft/op/opFinsec/op188. pdf, 最后访问时间：2017 年 10 月。

式。[1] 放松监管以后，随着金融脱媒和资本市场的扩张，银行的发展空间缩小，抵御外来风险的能力削弱，开启了新一轮的风险积累。国际货币基金组织（IMF）1996 年的一项研究报告中指出，在 1980 年至 1996 年之间，近 3/4 的国际货币基金组织成员国遇到了"重大"的银行业问题。[2]

在金融自由化的背景下，由资本市场危机引发的进入金融机构困境事件，极易导致系统性风险，将脆弱的金融体系带入持续的整体性危机，并将危机传递到更加广泛的产业领域和主权疆域。在此次金融危机的爆发过程中，影响金融市场的破产事件频发，显现出金融风险在资本市场与银行业之间联动并且全方位外溢的趋势。2007 年 3 月，美国新世纪金融公司宣布濒临破产，引发了美股大跌。7 月，标普降低次级抵押贷款债券评级，引起全球金融市场大震荡。随后，贝尔斯登旗下的对冲基金濒临瓦解。8 月，美国住房抵押贷款投资公司申请破产保护，法国最大银行巴黎银行宣布卷入美国次级债，全球大部分股指下跌，其中美股跌至数月来的最低点，亚太股市遭遇 9·11 事件以来最严重下跌。10 月，美国破产协会公布 9 月申请破产的消费者人数同比增加了 23%，接近 6.9 万人。在美国次贷危机的冲击下，全球金融市场出现流动性冻结，9 月，英国北岩银行遭受大规模挤兑，短短几天被挤提 20 亿英镑，其股价下跌 35.4%。2008 年 2 月，德国宣布州立银行陷入次贷危机。3 月，美国投行贝尔斯登向摩根大通和纽约联储寻求紧急融资，市场对美国银行业健康程度的担忧加深。5 月，房利美宣布第一季度损失 21.9 亿美元，欧洲资产最大银行瑞士银行宣布第一季度出现 115.4 亿瑞郎（109.9 亿美元）亏损。9 月，美国第四大投资银行雷曼兄弟公司陷入严重财务危机并申请破产保护，全美最大的储蓄及贷款银行——总部位于西雅图的华盛顿互惠公司被美国联邦存款保险公司（FDIC）查封和接管，成为美国有史以来倒闭的最大规模银行，加上美国房地产抵押贷款巨头房利美和房地美被美国政府接管，当月 29 日美股急剧下挫，道琼斯指数创 1987 年环球股灾以来的最大跌幅。同月，德国抵押贷款巨头海波不动产控股银行濒临破产。10 月，冰岛因次贷危机宣布冻结外汇资产，并将三大银行国有化。如此等等，不一而足。据统计，在 2008 年至 2011 年的 4 年间，美国有 406 家银行破产，其中仅 2010 年就有 157 家

---

[1] 美国于 1999 年颁布《金融服务现代化法案》取消了混业禁令后，并没有进行监管合并，而是在原有功能监管基础上加以改进，由联邦储备理事会作为金融控股公司的"伞式监管人"，负责对金融控股公司的综合监管，同时，金融控股公司按其经营业务的种类接受不同行业主要功能监管人（联邦货币监理署、联邦存款保险公司、证券交易委员会等）的监管，形成了所谓伞式监管和功能监管相结合的监管模式。在这种体制下，伞式监管人与各功能监管人之间存在相互协调机制，联邦储备理事会通常负责控股公司层面的监管，只在必要时才能对银行、证券或保险子公司进行有限的监管。

[2] Carl - Johan Lindgren, Gillian Garcia and Matthew Seal, *Bank Soundness and Macroeconomic Policy*, International Monetary Fund 1996, Table 2.

银行关门歇业。[1]

2009 年 1 月 13 日至 14 日，世界银行和国际货币基金在华盛顿召开破产与债权人保护特别工作组会议，召集了全球 60 名专家重点讨论了破产程序中现代金融工具的处理问题和非银行金融机构破产问题。[2]这次会议的背景是破产制度在美国雷曼兄弟破产案所引发的全球性金融危机下所面临的挑战。据审理雷曼兄弟破产案的詹姆斯法官到会介绍，当时破产法庭收到的破产债权申报竟高达 7 万亿美元，其中大多数是金融衍生品违约产生的赔偿请求。会议指出："雷曼事件中，雷曼在一个周末的期间从一个应对重大难题以谋求重生的困境金融机构变为一个破产机构。值得关注的是，除了美国以外，去年许多发达经济体都存在着严重的流动性问题，这就要求各国政府（及其中央银行）进入金融市场，对极为重要的流动性问题采取预防措施并对金融市场提供其他支持。""这些事件是源于很多国家长期以来极为宽松的信贷政策（低成本且没有许多传统的限制条件）的沉淀，并为金融衍生工具，尤其是应用对冲'实际'风险的非传统模式的金融衍生品的巨大扩张所催生。这些金融衍生品的主要类型是信贷违约掉期（CDSs），其规模从交易的绝对数量到交易所包含的价值都是空前的，由此激发了空前的信用扩张。""市场也见证了对冲基金带来的极大增长，由于其自身对合伙人或参与人数量的限制，对冲基金在很大程度上仍然是不受管制的。因此可得的金融负债比在动荡时期产生了一个问题，那就是它同时创造了巨大的损失和利润。""一个具有乘数效应并允许巨大杠杆损失的波动的市场，对于要求稳健运行的资本具有直接的消极影响。流动性危机一旦爆发，即使该机构有足够的资产和良好的对冲地位，也没有现实的调整时间。随后发生的'挤兑'导致雷曼式的迅速崩溃。事发突然，令人措手不及。"[3]这些判断充分证明，金融自由化是产生这场全球金融危机的根本原因。

全球金融危机后，各发达经济体以监管失灵的惨痛教训为殷鉴，大力推行以强化监管和提高风险处置能力为主题的金融法改革。美国在 2010 年出台《多德－弗兰克法案》，将金融监管摆到了最为重要的位置，覆盖广度和监管力度史无前例，并力求适应全球化和产品复杂化的金融市场。该法案对作为银行监管当

---

[1] 参见《商业银行倒闭案例分析》，http://www.docin.com/p-556315623.html，最后访问时间：2017 年 10 月。

[2] 本文作者是应邀参加此次会议的唯一中国专家。

[3] 引自会后分发给专家组成员的英文会议纪要，纪要整理人是 James Farley 御用大律师。

局的联邦存款保险公司（FDIC）强化和改进监管提出了一系列的要求。[1] 同年，欧洲议会批准了欧盟金融监管体系改革法案，建立新的跨国监管机构，打破各成员国在金融监管领域的割据局面，实现了欧盟层面上的统一监管。2014 年，欧盟发布《银行恢复与处置指令》，为成员国处理银行困境制定了共同的法律框架。英国在金融危机后，出台了 2009 年《银行法》，明确了英格兰银行作为中央银行在金融稳定中的法定职责和核心地位，并赋予其保障金融稳定和处置困境银行的监管权力和政策工具。2014 年，英格兰银行发布《审慎监管局的银行监管方法》，建立了一套长效的银行破产风险识别标准，为监管者采取干预和处置措施提供依据。加拿大尽管在这次金融危机中幸免于难，仍不敢有丝毫懈怠。加拿大金融监督局（OSFI）于 2010 年对原有的 1999 年《监管框架》进行了更新升级。该《框架》阐述了 OSFI 用于评估金融机构安全稳健的原则、概念、核心程序，确定了应当实施及时矫正行动的事项和范围。

毋庸置疑，在现代金融体系中，银行仍然居于举足轻重的地位。银行在满足经常性融资需求和维持货币流动性方面的作用是其他融资方式和金融工具所不能替代的。虽然资本市场的兴起确实发挥了部分资金融通的功能，并在一定程度上冲击了银行在资金融资领域的重要性，而其他非银行金融机构如财务公司、投资公司等，也可能在资金周转、支付结算等一个或者几个领域内替代了银行的部分作用，但不可否认的是，只有银行才能全面履行资金融通的职能。当前银行在整个经济中的基础地位仍然牢固。

（三）大银行金融体制的优势和局限

我国"大银行金融"体制的形成，既是在改革中消化历史沉淀的产物，更是在发展中应对现实挑战的成果。与西方国家以德法为代表的银行主导型金融体制相比较，我国的金融体制有三个显著特点。一是采用分业经营、分业监管的模式，二是以国有资本为投资主力，三是实行强力监管。[2] 这种体制有以下三大优势：

第一，有较高的安全系数。中国的商业银行在遵守审慎原则和受到有效监管的情况下，具有较高的稳定性和较强的抗风险能力。中国的证券市场体量较小，对金融体系的影响有限，即使发生风险，也不足以对实体经济造成重大连锁反应

---

〔1〕 参见许李欣：《美国金融监管改革历程及其启示》，载《金融经济》2017 年第 16 期；宋丽智、胡宏兵：《美国〈多德—弗兰克法案〉解读——兼论对我国金融监管的借鉴与启示》，载《宏观经济研究》2011 年第 1 期；周卫江：《美国金融监管的历史性变革——评析〈多德—弗兰克法案〉》，载《金融论坛》2011 年第 3 期。

〔2〕 关于第三点，欧洲在 2009 年金融危机以后出现了强化监管的趋势。参见郭伟、刘扬：《后危机时代欧盟与法国金融监管的新变化及启示》，载《国际金融研究》2013 年第 12 期；王宇：《德国金融体系和监管体系：主要构成与基本特征》，载《金融纵横》2016 年第 2 期。

和严重负面后果。[1]

第二，有较强的整合能力。中国金融体系的运行服从于国家的宏观经济政策和重大经济决策，既有统筹支持国家发展战略和响应产业政策的能力，也有整体防范金融风险和应对突发事件的能力。这种以举国之力协同共进的格局，对中国的经济崛起发挥着重要的作用。

第三，有稳定的国内市场。中国的商业银行长期坚持服务实体经济、国家战略和人民生活的导向，具有较高的社会信任度和依存度。随着我国经济的发展，金融市场的货币总量、资产规模和业务规模均保持快速增长。近十年来，我国银行业存款余额的资产占比和贷款业务的收入占比都在国际上名列前茅，大多数机构持续盈利，信用风险指标也一直在安全范围内。

当然，"大银行金融"也存在着一定的局限性。

首先是银行与实体经济之间的风险连带关系。银行将信贷资源投向实体经济，在支持企业发展并由此获得存款和利润的同时，也承担着企业困境带来的风险。当经济出现整体下行或局部市场波动的时候，大量的企业债务违约就会转化为银行的不良资产增加和利润下降。例如，在近五年的经济增长下行期中，[2]受产能过剩、行业不景气等因素的影响，企业债务违约增加，我国商业银行的不良贷款率从 2011 年四季度的 1.0% 上升到 2016 年四季度的 1.74%，同期的资产利润率和资本利润率分别由 1.3% 和 20.4% 下降到 0.98 和 13.38%。[3] 当然，在银行的资金供应能力受企业违约的影响而削弱的情况下，也会反过来加剧企业的财务困境，形成恶性循环。此外，如果银行因为受政府的宏观调控而紧缩银根、提前收贷，也会造成或者加剧企业的困境，并最终由银行承受企业困境的后果。我国在 20 世纪 80 年代后期和 90 年代初期的几次信贷紧缩，与 20 世纪 90 年代后期的大规模企业破产和银行不良贷款之间，就存在一定的因果关系。

其次是对长期性融资的供给不足。长期以来我国的长期性融资主要依赖信贷市场。从 2004 年发布《国务院关于推进资本市场改革开放和稳定发展的若干意

---

[1] 中国大陆股市 2015 年发生股灾后，商业银行的信用风险指标、流动性指标和效益型指标都没有发生剧烈波动。由于银行保持着持续供给资金的能力，股灾后的中国经济整体运行平稳。参见中国银行业监督管理委员会：《2015 年商业银行主要监管指标情况表（季度）》，中国银监会官网，http：//www.cbrc.gov.cn/chinese/home/docView/F9ABBA7979E541568B624CBB3E565AE7.html，最后访问时间：2017 年 10 月。

[2] 我国的 GDP 增长率以 2011 年的 10.3% 为拐点进入下行期，近年来的数字为：2012 年 7.7%，2013 年 7.7%，2014 年 7.4%，2015 年 6.9%。

[3] 中国银行业监督管理委员会：《2011 年商业银行主要监管指标情况表（季度）》、《2016 年商业银行主要监管指标情况表（法人）》，中国银监会官网，http：//www.cbrc.gov.cn/chinese/home/docView/20110513802A974AF04EC97BFFECB584A566A800.html，http：//www.cbrc.gov.cn/chinese/home/docView/A676043248BD4BEC896B4DDDFFCDF6D7.html。最后访问时间：2017 年 10 月。

见》和 2007 年中共十六大把"优化资本市场结构，多渠道提高直接融资比重"[1]作为金融改革的目标以来，我国直接融资比例一直保持上升态势。但是，以银行为主的间接融资至今依然占据主导地位。近年来，有学者和业界人士呼吁近期内迅速提高直接融资比例。[2]但是，在 2016 年经济工作会议确定的"稳中求进"原则下，相比激进式金融改革而言，现行体制下"补短板"的路径更为妥当和可行。

在"大银行金融"体制下，银行提供长期信贷的能力受到行业规律的限制。由于银行业的信贷资金主要来自商业银行，而商业银行的信贷资金主要来自居民存款。由于存款可以随时支取，为避免"短存长贷"带来的流动性风险，商业银行倾向于将大部分资金用于短期贷款是可以理解的。而且，银行的审慎经营对于稳定市场信心也是至关重要的。另一方面，企业对间接融资依赖度过高，形成高负债经营，容易加大自身的破产风险，而企业的破产风险则最终会传递给银行。所以，解决现行金融体制下长期融资难的"短板"，需要从多方面入手。除了继续稳步发展多层次直接融资市场，还需要通过提高银行合规管理水平、发挥政策性金融和开发性金融的作用、发展资产交易市场、完善社会信用体系和强化困境企业拯救机制等多种措施，进一步提高间接融资市场满足中长期投资需求的能力。在这一过程中，金融工具的创新和金融科技的开发应用，以及通过完善法治、管控风险所提供的制度空间和安全保障，都是不可忽视的重要因素。

最后是对小微企业的支持不力。当前，我国众多小微企业创造了相当于国内生产总值的 60% 的最终产品和服务价值，贡献了 50% 的国家税收，完成了 65% 的发明专利和新产品开发，提供了 75% 以上的就业机会。但是，小微企业在资金筹集方面，却长期受到贷款门槛高、贷款额度低、融资成本高、审批周期长等"贷款难"现象的困扰。[3]据统计，我国的中小企业发展资金，65% 左右来源于自有资金，25% 左右来源银行贷款，10% 来源民间集资，有 2/3 的中小企业感到发展资金不足。[4]据报道，2011 年 9 月末全国小微企业贷款余额总量达到 14.8

〔1〕 这是中共十六大、十七大政治报告中的提法。中共十八大政治报告中只有"加快发展多层次资本市场"的提法，未提及直接融资比重，十八届三中全会决议中提出"健全多层次资本市场体系，推进股票发行注册制改革，多渠道推动股权融资，发展并规范债券市场，提高直接融资比重"。

〔2〕 参见曹远征：《中国金融在未来 5 年中将是从间接融资走向直接融资》，新浪财经，2016 年 1 月 9 日，http://finance.sina.com.cn/china/gncj/2016-01-09/doc-ifxnkkuy7789917.shtml；利明献：《5 年内间接融资和直接融资比例各占 50%》，新浪财经，2015 年 7 月 9 日，http://finance.sina.com.cn/hy/20150709/140822637929.shtml。

〔3〕 参见马胜祥：《论小微企业融资难的原因与出路》，载《农村金融研究》2012 年第 4 期；于洋：《中国小微企业融资问题研究》，吉林大学 2013 年博士学位论文；魏涛：《化解中小企业融资难问题三方联动机制研究》，载《学术论坛》2016 年第 1 期。

〔4〕 柏瑜：《小微企业贷款难的原因及对策分析》，载《商》2016 年第 32 期。

万亿元，占银行业金融机构全部贷款余额的 27.9%。[1] 据官方数据计算，2015 年全国银行业用于小微企业的贷款合计为 89.465 万亿元，占同期银行业金融机构全部人民币贷款余额的 25%，其中，商业银行提供的贷款合计 66.8279 万亿元，占同期商业银行全部贷款余额的 23%。[2] 显然，由于证券市场门槛较高，未来扩大小微企业融资来源的主要路径，还是发展多层次的间接融资市场，包括提升商业银行普惠金融服务能力、鼓励民营资本投资小额借贷机构和发展互联网金融。因此，小额借贷市场的风险管理和困境处置问题，需要在未来的金融法制建设中加以重点考虑。

**四、结语**

2017 年 7 月，习近平总书记在全国金融工作会议上强调，金融工作要紧紧围绕服务实体经济、防控金融风险、深化金融改革三项任务，创新和完善金融调控，健全现代金融企业制度，完善金融市场体系，推进构建现代金融监管框架，加快转变金融发展方式，健全金融法治，保障国家金融安全，促进经济和金融良性循环、健康发展。他还提出了金融工作的三项原则：其一，回归本源，服从服务于经济社会发展。其二，优化结构，完善金融市场、金融机构、金融产品体系。其三，强化监管，提高防范化解金融风险能力。同年 10 月，习近平总书记在中共十九大报告中进一步提出：深化金融体制改革，增强金融服务实体经济能力，提高直接融资比重，促进多层次资本市场健康发展。健全货币政策和宏观审慎政策双支柱调控框架，深化利率和汇率市场化改革。健全金融监管体系，守住不发生系统性金融风险的底线。这些重要论述，阐明了我国金融工作的未来方针，也指明了我国金融体制的未来方向。其核心精神就是，中国的金融要走好自己的路、办好自己的事。

我们要保持中国金融的社会主义性质，坚持金融服务实体经济的基本导向。我们在努力提高经济效益的同时，要跳出唯利是图的狭隘境界，避免片面追求自身利益最大化的偏颇思维，以服务精神、大局意识和社会责任塑造中国金融业的崭新品格。我们要扬制度之长，补结构之短，既要积极发展多层次资本市场，也要保持银行业的主导作用。我们要鼓励民间资本进入银行业和其他金融业，也要

---

[1] 《2012 年银行业小微企业贷款占比统计分析》，载中国产业调研网，2012 年 1 月 10 日，http：//www. cir. cn/ZiXun/2012 - 01/2012NianYinHangYeXiaoWeiQiYeDaiKuanZhanBiTongJiFenXi. html.

[2] 测算数据来源于中国银行业监督管理委员会：《银行业主要监管指标情况表（法人）（2015 年）》，《银行业金融机构用于小微企业的贷款情况表（法人）（2015 年）》，中国银监会官网，http：//www. cbrc. gov. cn/chinese/home/docView/F9ABBA7979E541568B624CBB3E565AE7. html，http：//www. cbrc. gov. cn/chinese/home/docView/3E1B32BC38D54BC2BD3BDCAA3AE798F1. html；中国人民银行：《2015 年统计数据：社会融资规模存量统计表》，http：//www. pbc. gov. cn/diaochatongjisi/116219/116319/2161324/2161336/index. html，最后访问时间：2017 年 10 月。

发挥国有资本和国有大银行的中坚作用。

我们要掌握金融经济的基本规律，坚持安全价值优先、风险防控为重的制度理念，努力完善金融监管体系，提高化解金融风险的能力。我们重视金融的效率，更注重金融的安全。我们绝不认可金融脱媒，也绝不放任金融投机。我们坚持市场化改革方向，但我们需要的是稳定有序、健康发展的市场。我们鼓励金融创新，同时要规范金融交易，严防金融风险。

我们要坚持金融法治的大国风范和民族自信。我们在保持对外开放，顺应经济全球化的潮流，积极融入国际金融体系的同时，始终保持自己的制度定力和治理能力。我们学习发达国家金融发展的经验，也要吸取它们金融危机的教训。我们不自负不封闭，但也绝不自卑和盲从。我们愿意学习别国的知识，也愿意贡献中国的意见。

总之，我们要以充分的信心，立足中国国情、凭借中国经验、运用中国智慧，建立起具有中国特色，能够有效提高国家核心竞争力、维护国家经济安全和促进社会经济发展的金融体制和金融事业。

# 定位对比与立法协调：基于信托业法与信托法的关系考察

席月民 *

摘要：《信托业法》的缺位是 2001 年《信托法》出台时采用"分别立法"模式的选择结果，以《信托公司管理办法》为代表的信托业法和以《信托法》为代表的信托法所构建的现行信托立法体系已难以适应信托的混业经营，从理论上澄清信托业法与信托法的功能定位并使之有机匹配，是科学重构我国信托业监管体制、实现监管改革与信托法治良性互动的重要基础。深入考察信托业法与信托法的关系，需要严格区分信托业法与信托法的本质特点，正视二者之间的共性与联系，进而为改革信托体制、减少监管冲突、实现立法协调提供充分的理论支持，在推动传统信托向互联网信托转型中实现信托治理的理论自洽、法律自洽与功能自洽。

关键词：互联网信托；信托业监管改革；信托业法；信托法；立法协调

## 一、引言

在信托业法与其他相关诸法的关系中，其与信托法的关系无疑是最重要也是最密切的。这里所言的"信托业法"和"信托法"，虽以其分别冠名的两部单行法律为代表，但事实上并不局限于此，二者泛指立法体系中所出现的分别调整信托监管关系和信托关系的法律规范系统。信托法调整的是信托关系，其不但规定了信托当事人及其权利义务，而且规定了信托的设立、变更和终止，另外还就信托法律关系的客体——信托财产作出了专门规定，因此其在调整信托关系、规范信托行为、保护信托当事人的合法权益以及促进信托事业的健康发展方面奠定了信托基础法之重要地位。信托业法则重点调整信托监管关系，相应的法律规定专门针对的是专营和兼营信托业务的商业信托机构以及信托监管行为。2001 年《信托法》颁行以来，我国金融信托率先跨入混业经营时代，虽然学界有关信托

---

\* 席月民（1969～），男，河南灵宝人，中国社会科学院法学研究所经济法室主任，副研究员，法学博士，硕士生导师。

法的研究成果很多，但针对《信托业法》的研究则仍处于起步阶段。[1] 由于《信托法》系采"分别立法"模式，《信托业法》迄今尚未出台，因此明确信托业法与信托法的联系与区别，对于我们正确认识二者各自的规定性、立法宗旨以及制度实现机制，科学定位二者的法律功能并减少其冲突以实现立法协调，尽快制定一部适合混业经营的《信托业法》，其实有着十分重要的意义。

**二、共性析出：信托业法与信托法的联系**

信托业法与信托法之间的联系，一方面源自二者在调整对象上天然的关联性，不能把信托机构的信托经营活动以及信托业监管机构的信托监管活动与信托基本原理割裂开来，不能把信托监管关系与信托关系完全对立起来；另一方面源自二者在法律规制对象上的交叉与重合，营业信托机构因为同时面临其双重法律约束，故而在法律适用方面必须确定何者优先适用的顺序。这种联系，主要从立法宗旨的同向性、规制对象的重合性、法律价值的兼容性、法律概念的互通性以及制度更新的联动性等方面体现出来。

（一）立法宗旨的同向性

立法宗旨是一部法律的灵魂，主要为立法活动指明方向并提供理论依据，其对于确定法律原则、设计法律条文、处理解决不同立法意见等具有重要的指导意义。在一部法律中，其立法宗旨通常会外化为立法目的，通过立法目的的简明表达揭橥该部法律的核心命意与基调品性，申说其法律精神与价值愿景。从一部法律的整体构造看，繁密的法律条文规则之间必须形成一个有机体系，其中法的目的条款具有极其重要的地位，这是因为，制定法的传统观念一般强调法律体系在逻辑上的严密性、完整性和自足性，其中法的目的条款构成了该法的宗旨密钥，它指明该法的立法价值取向，指导人们构建该法的基本框架和具体制度，进而影响和辐射全部法条，并指导着司法实践活动。当不同的法律规范之间发生冲突或有疑义时，目的解释方法的运用有着不可替代的作用。

《信托法》的出台，在其第 1 条立法目的中即开宗明义地点出了相应宗旨，

---

[1] 学界对信托法的研究成果很多，而且研究内容集中在信托法基本原理和基本制度方面，并且普遍认为信托法属于民商法范畴。相比之下，对信托业法的研究目前并不多，相关研究成果主要有李勇的《信托业监管法律问题研究》（中国财政经济出版社 2008 年版）及其前期论文。近年来笔者在这方面发表了数篇论文和文章，如《我国信托业监管改革的重要问题》（《上海财经大学学报》2011 年第 1 期）、《我国〈信托业法〉的制定》（《广东社会科学》2012 年第 5 期）、《〈信托业法〉：信托业乱象终结者》（《经济参考报》2014 年 6 月 10 日，第 8 版）等，出版了一部著作《中国信托业法研究》（中国社会科学出版社 2016 年版）。笔者认为，不能因为信托法属于民商法部门就得出信托业法也属于民商法的结论。信托业法既不是纯粹的私法，也不是纯粹的实体法，这与民商法部门的私法属性以及实体法属性表现出了明显的不同。更重要的是，信托业法的实现机制与信托法是完全不同的，前者的实现不是依靠信托当事人意思自治，而需要专门的执法机构负责其实施。

具体包括调整信托关系、规范信托行为、保护信托当事人的合法权益以及促进信托事业的健康发展。信托法的规范体系作为表意工具，搭建了信托的各项法律制度，如信托当事人制度、信托财产制度、信托设立制度、信托变更制度、信托终止制度、公益信托制度等，用专门制度调整信托关系，规范和保护信托当事人的信托行为及其合法权益，促进信托活动和信托事业的健康发展。从世界范围看，信托制度在财产管理、资金融通、投资理财和发展社会公益事业等方面具有突出功能，已被许多国家引入其法律体系之中。我国信托业的发展历史虽然较短，但也已积累出了诸多经验。实践证明，信托业是我国金融业的重要组成部分，其在弥补银行信用不足、动员社会闲散资金、拓宽社会投资渠道、完善金融服务体系、促进社会主义市场经济健康发展等方面发挥了积极作用。《信托公司管理办法》作为我国信托业法的主要组成部分，从一个部门规章的角度描述了信托业法的目的宗旨，即加强对信托公司的监督管理，规范信托公司的经营行为，促进信托业的健康发展。[1] 只不过信托业法的适用范围并不局限于信托公司，其把专营和兼营信托业务的金融机构统统纳入监管范围。相较于信托法，信托业法的立法宗旨包括调整信托关系和信托监管关系，规范信托机构的经营行为和信托监管机构的监管行为，防范和化解信托业风险，保护金融信托中委托人、受托人和受益人的合法权益，促进信托业的健康发展。

信托业法的立法宗旨与信托法的立法宗旨保持了紧密的同向性，这主要是因为信托业法把适用范围由信托法的"民事信托＋营业信托＋公益信托"限缩为"营业信托"，其立法进路更趋于推动受托人的专业化、营业化、金融化以及市场化，更加强调在信息不对称条件下对投身于信托市场的委托人以及受益人的倾斜保护，依赖外部监管和内部控制，将法律义理和规范内容严格定位于实现信托业的有效监管，使营业信托中的信托机构限量化，使其经营行为公平化、公开化、标准化，以此达到依法保护商业信托中委托人、受托人和受益人的合法权益，并藉由公正执法实现促进信托业健康发展的最终目的。不难看出，信托业法通过引入外部监管和内部控制，使信托法所调整的信托关系和信托活动在商业信托领域可以更好地发挥实际作用，使信托法的立法目的在商业信托领域更加具象化，最终建立和维护应有的信托市场秩序。

（二）规制对象的重合性

信托业法与信托法在规制对象方面的重合性，主要体现在二者的适用范围和适用事项上。我国《信托法》明确规定，"委托人、受托人、受益人在中华人民

---

[1]《信托公司管理办法》第 1 条。

共和国境内进行民事、营业、公益信托活动，适用本法。"[1] 这样规定，把信托法的主体适用范围明确限定在委托人、受托人和受益人这样的信托当事人范围内，而且把民事信托、营业信托和公益信托等信托活动纳入适用事项范围之内。该法同时规定，受托人采取信托机构形式从事信托活动，其组织和管理由国务院制定具体办法。[2] 实践中，国务院并未及时完成这项授权立法任务，未就信托机构的组织和管理出台任何行政法规，相反由中国银监会通过颁行《信托公司管理办法》简单替代了国务院在该领域的立法职能。正因为如此，科学定位《信托业法》便显得格外重要。《信托法》为《信托业法》提供了并行立法的连接点和具体根据，在规制对象上二者存在着一定的重合性。[3] 信托业法的适用范围和适用事项主要限于信托机构及其信托业务，而且对涉外信托而言，实行当事人意思自治。由此可以看出，信托业法把适用范围严格锁定在营业信托，更加突出了《信托业法》对信托业自身发展及其监管改革的特殊意义。

当然，信托法的重心在于构建信托基本制度，信托业法的重心则在于构建信托监管基本制度，虽然二者均适用于营业信托，但各自定位仍明显不同。对信托机构而言，不但其设立、变更和终止要适用信托业法的特别规定，而且其经营许可和经营规则也要适用信托业法的特别规定，信托业法为信托机构及其业务开展提供了适用于"经济人"的系列行为规则系统，这些内容正是信托法所缺乏的；信托法为信托机构的业务经营提出了最基本的义务要求，也给予了信托机构最基本的权利自由，从信托设立到信托变更和终止，信托机构都需要按照信托法的规定行使自己的权利并履行自己的义务，确保信托财产的独立性，确保所开展的信托业务及其创新符合信托法对信托的基本定义。

所以，作为信托市场重要主体的信托机构，既要受到信托业法的规制，也要受到信托法的规制。但凡《信托业法》有特别要求的，则需要首先适用《信托业法》；《信托业法》未规定的事项，则适用《信托法》；两部法律对同一事项的规定如若发生冲突，则应按照特别法优于一般法的原则来处理。就营业信托的法律规制而言，《信托业法》更多体现了对信托法既有制度的承继，并在法律义理的场景转换中实现了对《信托法》适用范围的严格限缩和权义责任的必要扩张。

（三）法律价值的兼容性

信托法和信托业法吸纳并彰显了一定的法律价值，成为信托领域特定法律价

---

[1] 《中华人民共和国信托法》第3条。

[2] 《中华人民共和国信托法》第4条。

[3] 虽然该法明确授权国务院制定有关信托机构的组织和管理办法，但至今为止，国务院并未据此出台相关行政法规，2007年的《信托公司管理办法》只属于部门规章。即便如此，《信托公司管理办法》显然属于信托业法的组成部分，是信托业法的法律渊源之一，该条表明了信托法和信托业法之间的密切关系，其联系的纽带就是信托机构及其信托活动。

值追求和表达的规范形式与记载保障工具。法律价值是基于主体对客体（自然物及社会）的价值需求而规定于法律中的，法律价值不同于法律的价值，后者是基于主体对法律本身的价值需求（权利需求、义务需求、责任需求）而产生于主体运用、遵守、履行法律规范的行为中。无论是信托法还是信托业法，其相应的法律价值均侧重于揭示法律自身所具有的价值因素，即作为法律在形式上应当具备哪些值得肯定的或"好"的品质以及法律效力如何，这不同于法律的实际功效，因此并非是指其在发挥社会作用过程中能够保护和增加哪些价值。

信托法的规范价值体系以个人财产自由为基础与核心，围绕着信托财产的独立性和安全性而展开，信托当事人之间权义结构安排虽维续自由与公平价值，及于信托设立、变更和终止时则更推效率价值和秩序价值，这些法律价值层级互补，相互交叠在一起。从信托制度发展史来看，隐含了个人对社会的抗争性，从而巧妙地规避社会加诸财产转移上的种种限制与负担，赋予个人以最大限度的财富支配自由。正是基于这种求之不得的自由价值，信托法才在财产法中占据一席之地。

信托业法在法律价值的追求上与信托法具有鲜明的兼容性，并呈现出成套具象的价值体系结构。从实证角度考察，法律价值表明了法律效力与法律功效的有机统一，法律价值的生成决定于法律效力，而法律价值的实现决定于法律功效。信托业法的价值体系结构，可以分解为目的价值、评价标准以及形式价值三大系统。其中，目的价值系统在整个信托业法的价值体系中占据突出地位，它是信托业法的社会作用所要达到的终极目的，反映着信托监管法律制度所追求的社会理想；评价标准系统是用来证成信托业法目的价值的准则，也是用以评价其形式价值的尺度；形式价值系统则是保障信托业法目的价值能够有效实现的必要条件，离开了形式价值的辅佐，信托业法目的价值能否实现就要完全由偶然性的因素来摆布。需要强调的是，法的目的价值、评价标准和形式价值之间是相互依存、不可分离的关系，失去任何一方，都会导致法律价值体系的瘫痪和死亡。信托业法要求信托机构的设立必须有安全保障设施，同时也要求信托财产必须保持严格的独立性，诸如此类的规定都彰显的是该法的安全价值。正所谓法律价值目标是多维而不是一维的，安全是法律的基本价值。对信托业法而言，自由、秩序、公平、效率也是其追求的重要目的价值，信托机构的准入退出、信托产品的开发设计、信托受益权的流通转让、信托合同的格式化调整、信托财产登记等各类制度对上述目的价值均有所寄托、主张和弘扬。可以说，自由、安全、秩序、公平和效率是信托法和信托业法共同追求的目的价值，二者在形式价值方面都更加强调法律规范本身的明确性、严谨性、实用性以及稳定性等，而且在法律价值的评价标准中，也都关注对信托当事人合法权益的保护以及对信托事业健康发展的保障。人类社会是以法律秩序为重要纽带而生存发展的。法律秩序为社会主体提供安全保障，为社会关系提供依循的界限和规则，使社会可以据以稳定、繁盛和持续发展。信托业法和信托法在法律价值方面的兼容性，促使信托制度在资产管理和投融资领域不断获得推演、发育和拓展，进而成就了现代市场经济社会中商业信托的发达状态。

（四）法律概念的互通性

现代法治无疑应归功于近代欧洲大陆的法律形式主义，这其中法律概念发挥着关键作用。法律中充满着概念，法律是概念筑起的大厦，法律概念是法律帝国的基石，信托业法和信托法也不例外。诸如信托、信托当事人（包含委托人、受托人和受益人）、信托财产、信托目的、信托合同、信托期限、信托受益权、信托报酬、信托机构等都是信托业法和信托法中反复使用的重要概念。每个法律概念都有其相对确定的意义中心，虽然这些概念被信托法和信托业法赋予了规范性内容，但由于其含义大多是一种人为的设定，并受制于汉语表意系统以及习惯，因而这种设定只要同时获得理论界与实务界的共同认可，其意义即会被相对固定下来。一般认为，法律概念有三大功能，即认识功能、表达功能以及改进法律、提高法律科学化程度的功能。在形式主义法学的理论体系中，每一法律概念都有其恒定意义并发挥着这三大功能，在信托法律体系中直接借用法律概念，认真寻找概念与问题之间的内在联系，是信托法和信托业法建构各自的理论体系、创新具体制度规则、完善法律实现机制时需要共同面对的重要问题。

关于信托法治的所有问题，几乎都可归结为围绕信托业法和信托法中的法律概念而进行的符合逻辑的价值分析。"信托"一词是贯穿于二者法律条文中最为核心的概念，除此之外，还有关于信托主体、信托行为、信托财产、信托合同等范畴的诸多法律概念。这些概念的互通，旨在妥当处理信托法律体系中不同立法的法规范，因而具有典型的建构性与体系性特征，是有效探究信托法和信托业法之客观意义的重要方法，也是完成信托立法建构与体系化的先决条件。法律概念分析的目的，是揭示并说明法律作为一类事物之独特性所在，借此深化人们对法律的理解。通常，这种分析需要借助对法律概念的有效解释才能完成。法律概念的互通有助于保障信托法制体系的有机统一，反之，无视现成概念而刻意于创造一些新概念则容易陷入概念论证和解释的怪圈。以慈善信托和公益信托为例，这两个概念分别出自我国《慈善法》和《信托法》，其含义在国外信托法教科书中并无区别，英文均为"charitable trust"，但我国《慈善法》在立法时把慈善信托解释为其属于公益信托，将二者作为种属关系处理，从而未能很好地把握和应用信托法律体系中法律概念的互通性特征，给当前信托理论和实践带来了不必要的困惑。哈特在其《法律概念》一书中就谈到了概念分析与理论疑难的关系。[1]
虽然法律概念是抽象的，但是无论怎样抽象，它都必须能够很好地解释法律实
践。因此，就法律概念而言，信托业法和信托法应尽力使用同一概念并作出同样
解释，尽量避免因不同解释所造成的逻辑混乱和价值紊乱。法律概念会因具体术
语的模糊性特征而影响其功能发挥，任何误解与偏见都会直接模糊我们对这些概
念的认知、使用和评价。正是因为法律概念的互通和借用，我们发现了信托法律
体系中不同概念所拥有的价值储藏及意义演进功能，一旦解释出现歧义，极有可
能会成为信托法治框架内不同规定的合法性与妥当性冲突之根源。

因而，法治的最根本问题，也就演变为对法律概念的解读问题。无论是信托
业法还是信托法，在借用对方的法律概念时，必须重视原始立法解释与司法解释
的实际应用，使具体概念的含义揭示和解读能够始终保持相互一致，一旦发生冲
突应服从立法解释。另外，在借鉴国外立法经验时，对国外相关信托法和信托业
法所创造的概念，在翻译或引入时也需要注意其使用的准确性，对其基本含义的
提炼和归纳需要与原意保持相互一致，避免发生"南橘北枳"现象。[2]

（五）制度更新的联动性

虽然截至目前，我国《信托法》并未做出任何修改，《信托业法》也仍处在
缺位状态，但这并不能否定信托业法与信托法之间在制度更新方面所具有的联动
性特征。这主要是因为，我国采取了《信托法》与《信托业法》"分别立法"模
式，这种制度更新方面的联动效应与信托本身的一脉沿承以及信托法治的逻辑自
洽有着直接关系，同时与国内信托法理论研究成果的立法技术回应密切联系在一
起。有学者指出，双重所有权的法系冲突问题悬而未决，受托人容易沦为委托人
的代理人，委托人和受益人容易出现对峙僵局，瑕疵承继制度矫枉过正，信托财
产公示制度有名无实，没有合理的市场退出机制。这些立法缺陷是我国信托业陷
入混沌状态的重要原因，也是信托制度在我国没有顺利实现本土化的突出表现。
有观点提出，应当将关于讨债信托与诉讼信托无效的规定从我国《信托法》中
删除。其基本理由是，该法关于讨债信托无效的规定的适用将致使已成为政策工
具的公司债信托与金融不良债权信托成为无效信托，故该规定在目前已成为"推

---

[1]　See H. L. A. Hart, *The Concept of Law*, Oxford University Press, 1961, pp. 1~5.

[2]　这里以美国信托法中的"blind trust"为例，其作为阻隔委托人与受托人信息交流的一种信托类型和
制度安排，主要用于防止公职人员利用公权力中饱私囊进而通过信托机制阻隔公私财产之间的利益
输送，受托人对作为委托人的公职人员所设立信托的个人财产享有完全的信托财产管理和处分权，
委托人和受益人无法了解信托财产的内容，也无权过问受托人管理、处分信托财产的方式。日本将
其译为"白纸委任信托"，我国很多学者将其直译为"盲目信托"，笔者认为日本的译法更为准确
些，更能揭示该类信托的核心含义，对于信托法和信托业法来说，如何正确翻译并使用这样的概念
便显得格外重要。

动公司债券发行"与"剥离国有商业银行金融不良债权"这两项我国现阶段的重要金融改革政策所要达到的目标的法律障碍，甚至关于该规定已成为后面一项政策目标实现的法律障碍，已有司法判例佐证；该法关于诉讼信托无效的规定完全没有必要存在于其中，因为在我国并不存在从国家有效规制金钱债权代替行使行为角度看需要该规定的法律背景与社会背景，况且将该规定保留在该法中对债权人明显不利。种种研究表明，信托产品创新与信托法治实践已经形成要求《信托法》做出修改并制定《信托业法》的倒逼机制，不断产生联动式制度更新的内在需求。

我国《信托业法》亟待出台，《信托法》也面临着系统修改，信托立法与制度更新的滞后不但造成对当前资产管理行业的无谓掣肘与背离，而且导致信托工具和信托产业的市场地位被不断侵蚀和动摇，信托市场屡屡出现与监管预期完全不同的无序乱局。现实生活中，法律的存立改废体现了法律制度修正更新的基本要求，进而保证了这些法律背后的具体法律精神和法律价值不被偏移或扭曲。信托法律制度的孕育常常层层嵌套在一起，需要信托法和信托业法的共同孵化，无论是作为工具的信托还是作为产业的信托，二者在制度层面均需要有所依归、有所互动，通过制度更新联动消解彼此之间的规则冲突，回归信托法治的形式理性和实质理性。信托制度更新的联动性是双向而不是单向的。从当前看，在"问题导向式"立法中，《信托法》的修改会有助于推动《信托业法》的出台，反过来，《信托业法》的出台也会有助于《信托法》的修改。经过立法传导机制，信托制度的联动更新会改善我国信托法律体系的生态结构，克服信托法律规则在稳定性与回应性之间的紧张关系，增强信托制度的本土适应力和国际竞争力。

**三、差别定位：信托业法与信托法的区别**

信托业法与信托法之间尽管存在着密切联系，但毕竟分别归于不同的法律部门，是两个相对独立的法域，并具有不同的质的规定性，因此厘定二者之间的区别，有利于更加深刻地认识信托业法的地位、特点、机制、功能和作用。信托业法不但规范信托机构的组织治理及其信托经营行为，而且规范信托业监管机构的地位、职责及其监管行为，在性质上应归于经济法部门。而信托法则旨在确定信托当事人的权利义务，规范信托行为，在性质上应归于民商法部门。信托业法的实现机制与信托法是不同的，信托法的实现主要依靠信托当事人意思自治，不需要专门的执法机构负责其实施，而信托业法则相反，其通过设立信托业监管机构并赋予其专门的执法处罚权，来专门负责信托业法的实施，全面监管信托市场情况。一旦发现违反信托业法的行为，信托业监管机构有权主动予以制止并进行相应处罚。二者的区别，可以从两个法律部门的发展历史、法益目标、价值取向、调整对象、调整方法、基本原则、基本理念、理论假设以及国际化程度等[1]角度进行分析,这里重点从信托业法的特征入手展开比较分析:

(一) 信托业法更加关注信托机构的内控性与合规性

信托业法和信托法在规制对象上具有一定的交叉和重合,即都针对信托机构作出了相应的规定。但与信托法相比,信托业法更加关注信托机构的内控性与合规性。这主要体现在:①信托机构的设立、变更和终止主要规定在信托业法中,信托业法不但调整信托机构的外部关系,而且调整信托机构的内部关系,着眼于完善信托机构的内部治理结构以及市场准入与退出标准,对信托机构的董事、监事以及高级管理人员、从业人员的任职资格作出必要限制,实施有效的机构监管与数量控制,而信托法只是强调信托机构的受托人地位及其权利义务,对信托机构的内部关系不作调整。信托业法对信托机构内部组织管理的关注,目的在于监督信托机构建立与实施内部控制体系,对经营风险进行事前防范、事中控制、事后监督和纠正的动态管理。②信托机构的经营规则主要规定在信托业法中,并构成信托业法的基本制度,如自主经营制度、净资本管理制度、内部控制制度、财务会计制度、现场检查制度、非现场检查制度、监管谈话制度、信息披露制度等,这些法律规则和制度是信托业监管机构实施功能监管时的判断依据,信托机构的经营行为必须符合规定要求,而信托法对信托机构的经营要求主要体现为受托人的义务,并不专门针对信托机构的经营行为作出特别规定。信托业法对信托机构组织性与合规性的关注,与其立法宗旨有着直接关系,虽然其与信托法在立法宗旨上表现出同向性的特征,但其重点仍在于加强对信托业的监督管理,通过规范信托业监督管理行为,达到防范和化解信托业风险的目的,进而保护商业信托中委托人、受托人和受益人的合法权益,促进信托业健康发展。

---

[1] 具体来说,从发展历史看,经济法产生于20世纪初,没有民商法的发展历史长;从法益保护和调整功能方面看,民商法注重私益保护,而经济法注重公益或社会整体利益的保护,属于公法与私法调整机制的耦合法;民商法保护的是存量利益,而经济法保护的是增量利益;从价值取向、调整宗旨和层次等方面看,民商法强调意思自治,而经济法在尊重意思自治的同时强调限制意思自治,民商法强调平等保护而经济法强调偏重保护,民商法侧重从微观保障自由交易、自由竞争以提高效率来促进人们的利益,而经济法则侧重于(并非全部)从宏观、利益协调方面减少社会经济震荡的破坏以提高效率从而促进人们的利益,民商法主要重视经济目标,而经济法不仅重视经济目标而且重视社会目标和生态目标;从基本原则看,民商法坚持平等、自愿、公平、诚实信用、公序良俗等原则,而经济法则坚持尊重市场客观规律、权责利效相统一原则;从理论假设上看,民商法所假设的市场整体源于古典经济学,而经济法所假设的市场整体源于现代经济学,民商法建基于政府外在于市场的假设,而经济法则建基于政府内在于市场的假设,民商法认为市场主体是平等、均质的"经济人",而经济法则认为市场主体是不平等、非均质、有个性的"经济人"兼"社会人";从国际化程度看,民商法的国际化程度远高于经济法,经济法的本土特色更为突出;从稳定性看,经济法更新速度快,没有民商法稳定;等等。这些区别以及具体分析方法同样可以应用于分析信托业法与信托法之间的区别。

（二）信托业法更加注重信托合同的格式性与标准性

信托业法和信托法对信托合同虽然都作出了规定，但相比之下，信托业法更加注重信托合同的格式性与标准性，强调对信托投资人的利益保护，而有关信托合同的必备条款、信托登记、无效信托合同等基本法律问题则由信托法进行规范。信托法为一般信托合同的形式、内容和效力提供了基本判断标准，对商业信托合同而言，信托业法的规定则更为具体、严格甚至苛刻，从而凸显了信托监管中的标准化要求和倾斜保护政策。这里所说的"格式性"，重点突出的是信托合同的表现形式，即格式合同或格式条款在信托机构的信托业务中被广泛应用；所谓"标准性"，则主要强调信托合同的必备内容需要完全符合信托业法的规定，而且这些内容具有法律强制力，是信托机构推出信托产品、作出合同安排时必须综合考量的合法性判断依据。由于信托机构开发的信托产品通常涉及众多投资者，比如集合资金信托计划等，为方便起见，信托机构通常会采用格式合同来完成信托计划的设立和文件签署。从信托合同的必备条款看，信托法和信托业法均将其规定为应当载明的事项，其中信托法只强调了五项内容，具体包括：①信托目的；②委托人、受托人的姓名或者名称、住所；③受益人或者受益人范围；④信托财产的范围、种类及状况；⑤受益人取得信托利益的形式、方法。[1] 而信托业法则将其作了进一步延伸，必载内容另增加了以下十二个项目：①信托当事人的权利义务；②信托财产管理中风险的揭示和承担；③信托财产的管理方式和受托人的经营权限；④信托利益的计算，向受益人交付信托利益的形式、方法；⑤信托公司报酬的计算及支付；⑥信托财产税费的承担和其他费用的核算；⑦信托期限和信托的终止；⑧信托终止时信托财产的归属；⑨信托事务的报告；⑩信托当事人的违约责任及纠纷解决方式；⑪新受托人的选任方式；⑫信托当事人认为需要载明的其他事项。[2] 可见，信托法赋予了信托当事人更多的合意空间和意志自由，而信托业法则利用监管机构的介入干预对信托合同的自由做出了必要限缩，其规定和要求不但明显高于信托法，而且明确形成了信托合同格式化趋势下的监管标准，一些在信托法中属于可以载明的选择性条款在信托业法中升级为必备条款，借以体现信托业法对委托人和受益人利益的倾斜性保护。另外，信托公司因处理信托事务而支出的费用、负担的债务，以信托财产承担，但应在信托合同中列明或明确告知受益人。[3] 信托业法的这种安排，表面上看打破了民商法中契约关系的平等性，但正是这种"打破"生动地反映了经济法自身的政府主导性及其对实质公平的追求，从而为监管机构依法适度干预信托机构的经

---

〔1〕《中华人民共和国信托法》第9条。
〔2〕 我国《信托公司管理办法》第32条。
〔3〕 我国《信托公司管理办法》第38条。

营行为提供了注脚。格式合同对交易效率的提升虽降低了谈判成本，节省了交易时间，但其对交易风险分配的提前完成，可能会造成信托利益分配的有失公平，因为信托市场无法排除信托机构可能利用其优越的经济地位在拟定格式合同时通过损害交易对手利益而谋取己利。正因为如此，为保护众多投资者利益，信托业法通常在肯认信托合同格式化的同时，往往更加强调信托合同的标准化，对合同内容与形式提出更严格的要求，甚至规定监管机构或信托业自律组织需向信托机构提供常规业务的信托合同示范文本，以确保信托当事人合法权益获得公平保护，同时实现市场交易的效率目标。

（三）信托业法更加重视信托信息的公开性与关联性

信息披露不仅服务于信托市场的监管需要，更重要的是，它可以有效解决信托市场的信息不对称问题。作为信托业法的一项重要制度，其要求信托机构在开展信托业务活动时要依照法律规定将其自身的财务状况、各类风险管理状况、公司治理、年度重大关联交易及重大事项等信息和资料向信托业监管机构报告，并向社会公开或公告，以便使投资者充分了解情况。深刻认识信息披露制度在信托法和信托业法中的差异，对科学构建以信用为核心的信托市场信用体系和信誉机制至关重要。

这种差异主要体现为三个"扩大"，从而使信用成为市场激励约束机制下资源配置的重要标准。一是披露受体范围的扩大。同为一项法定义务，信托法将信息披露的主体局限于信托当事人之间，强调由受托人对委托人和受益人提供信息，以此保障委托人和受益人的信托知情权。[1] 信托业法则使获取信息的人员范围超出了信托法上的委托人和受益人，那些潜在委托人或者社会公众以及信托业监管部门也可以获取和了解相关信息，在信息披露的受体范围上实现了从委托人与受益人向社会公众和监管部门的扩大。二是披露信息范围的扩大。信托法规定，受托人应当每年定期将信托财产的管理运用、处分及收支情况，报告委托人和受益人。受托人对委托人、受益人以及处理信托事务的情况和资料负有依法保密的义务。[2] 信托业法则把信托机构提供的信息范围进行了相应扩大，它并不局限于受托人对信托财产管理运用、处分及收支情况，所披露的信息已经涉及信托机构本身财务和经营情况以及信托产品投资行业的整体状况和未来风险等。三是披露意愿范围的扩大。信托法强调信息报告的义务性和强制性，信托业法则除

---

[1] 按照规定，委托人和受益人有权了解受托人对信托财产的管理运用、处分及收支情况，并有权要求受托人作出说明；委托人有权查阅、抄录或者复制与其信托财产有关的信托账目以及处理信托事务的其他文件。受托人必须保存处理信托事务的完整记录。具体内容参见《中华人民共和国信托法》第20、33条。

[2] 《中华人民共和国信托法》第33条。

了法律法规所要求的强制性信息披露外，还倡导信托机构自愿披露相关信息，细化或补充强制性披露内容，从而实行强制性和自愿性相结合的信息披露原则。这种变化，有助于使投资者在获得充分的信息揭示的基础上做出理性选择。

相比较而言，信托业法对受托人信息披露的质量要求更加注重信息的公开性与关联性[1] 上述"扩大"既是信托业法强化信息公开性的充分展示，也是增进信息关联性的积极表现。以信托公司开展的结构化信托业务为例[2]，该类业务要求信托公司严格遵循充分信息披露原则，在开展业务前应对信托投资者进行风险适应性评估，了解其风险偏好和承受能力，并对本金损失风险等各项投资风险予以充分揭示，对劣后受益人就强制平仓、本金发生重大损失等风险进行特别揭示。同时，信托公司还应就结构化信托产品的开发与所在地银行业监管机构建立沟通机制，并按季报送上季度开展的结构化信托产品情况报告，报告至少包括每个结构化信托产品的规模、分层设计情况、投资范围、投资策略和比例限制以及每个劣后受益人的名称及认购金额等[3] 对信托机构而言，信息披露的这些要求实践中进一步细化为信息的真实性、准确性和完整性，而且任何信息还需注意时效性，注意所需遵循的披露时间规则等，力求减少信托市场的信息不完全和不对称，实现信托市场的透明与规范。当然，信托市场信用激励约束机制的建立和完善，不能仅靠信托机构的自圆其说，还需依靠会计师事务所、律师事务所等第三方机构的评估与监督，只有这样才能以信息披露制度为基础，共同推动市场信用机制发挥出应有作用。尤其是进入互联网信托时代之后，信托市场的信息披露需要在信息共享的市场自治与主体自律之间求得共生与制衡。

（四）信托业法更加强调信托监管的有效性与创新性

信托业法与信托法的一个显著区别，就是其紧紧围绕信托监管问题，构建和

---

[1] 就信托公司来说，信息披露的现行政策法规依据主要有 2005 年《信托投资公司信息披露管理暂行办法》、2005 年《关于做好 2005 年度信托投资公司信息披露工作有关问题的通知》、2007 年《信托公司受托境外理财业务管理暂行办法》、2009 年《关于修订信托公司年报披露格式规范信息披露有关问题的通知》、2009 年《信托公司集合资金信托计划管理办法》、2009 年《信托公司证券投资信托业务操作指引》、2009 年《信托公司私人股权投资信托业务操作指引》、2010 年《信托公司净资本管理办法》等。参见中国信托业协会编著：《信托公司经营实务》，中国金融出版社 2012 年版，第 333～335 页。

[2] 所谓结构化信托业务，是指信托公司根据投资者不同的风险偏好对信托受益权进行分层配置，按照分层配置中的优先与劣后安排进行收益分配，使具有不同风险承担能力和意愿的投资者通过投资不同层级的受益权来获取不同的收益并承担相应风险的集合资金信托业务。在该业务中，投资者应是具有风险识别和承担能力的机构或个人，其中，享有优先受益权的信托产品投资者被称为优先受益人，享有劣后受益权的信托产品投资者则被称为劣后受益人。

[3] 2010 年 2 月 5 日发布的《中国银监会关于加强信托公司结构化信托业务监管有关问题的通知》（银监通〔2010〕2 号）。

完善信托机构有效监管体系。信托法多为任意性规范，赋予了委托人、受托人和受益人必要的法定权利，其所确立的信托设立制度、信托财产制度、受托人制度和受益人制度等为信托机构开展信托业务奠定了重要基础，推动了我国财产管理市场的规范化发展。现行《信托法》只针对公益信托确立了严格的外部监管规则，由公益事业管理机构和信托监察人同时行使外部监督权力；而对民事信托和营业信托来说，则只有来自委托人和受益人的内部监督，营业信托的外部监督规则明显留给了信托业法。信托业法的核心就是针对营业信托创设了独立的外部监督规则，而且中国银监会依法获得授权后，具体负责监管信托公司及其信托业务。多年来，中国银监会在金融监管实践中通过总结经验教训确立了四项监管理念，即管法人、管风险、管内控和提高透明度，从而把机构监管与风险监管有机结合，进而增强了对信托公司及其业务监管的针对性。对信托业法而言，法律规范多为强制性规范，其立法重心是确立信托监管体制，明确监管机构、监管职权、监管措施、监管手段、监管程序、监管责任等方面的规定，虽然也有权利和权力方面的内容，但更多的是信托业监管机构和信托机构的法定义务，具体涉及有效监管前提条件、市场准入监管要求、审慎监管标准和要求、持续监管手段、监管信息要求、对问题信托机构的处理等不同内容。

有效监管是信托业法的核心原则，信托业法不但需要为监管机构确立明确的责任和目标框架，而且要保证监管机构具有执法的独立性和自主性，给监管机构配备充足的人员、资金和技术等资源，确保其监管权力行使的法律效力，并对监管机构之间的信息交流和保密作出安排。在信托业监管制度体系中，市场准入监管是实现有效监管的首要环节，对信托机构实行牌照管理是市场准入监管中的基本要求，加强对信托机构股权转让的审查与严格牌照发放条件同等重要。审慎监管是对信托机构最低审慎标准的控制，是信托业监管的第二个重要环节，信托业法要对审慎监管中的净资本充足率、信用风险控制、市场风险控制、操作风险控制、流动性风险控制、声誉风险控制以及内部控制等规定具体监管标准，并要求所有信托机构认真遵守。持续监管是对信托机构日常业务的监管，主要通过现场检查和非现场检查来完成，信托业法需要确认信托机构根据统一的财务会计准则和做法保持完整的会计记录，确保监管信息的准确性、完整性和及时性，这是信托业监管中另一个重要环节。最后，对不能满足审慎要求或已威胁到投资者利益的信托机构采取纠正措施，对已不再具备继续生存能力的信托机构进行市场退出处理。当然，在所有救助办法都失败后，信托业法需要赋予监管机构必要权力以关闭或参与关闭有严重问题的信托机构，从而保护整个金融体系的稳健运行与自由公平竞争。

另外，信托业的监管与创新并非一对矛盾，而且监管本身也需要不断得到创新。信托业法需要对信托监管体制机制创新、理念创新、制度创新等作出鼓励性规定，依法促进和保护信托业务创新。只有坚持创新，才能激发信托业的市场活力，使信托业监管保持与时俱进，真正实现有效监管的根本性要求。

（五）信托业法更加突出信托市场的安全性与效率性

虽然信托业法和信托法的价值取向彼此兼容，并呈现出多元化、有序化、趋同化的显著特征，但细究起来，二者之间仍然存在着一些区别。不难发现，二者均容纳了大量市场机制与政府职能据以发挥作用的制度措施，由此造成信托业法和信托法在法律价值方面的共性多于区别。然而，基于市场与政府之间功能作用在二者中的此消彼长，其区别主要表现在法律价值的排序会基于各自的立法目的和宗旨不同而有所调整。信托业法着眼于信托市场及其监管，对安全价值与效率价值的追求要胜于信托法；信托法则着眼于信托行为和信托关系，对公平价值与秩序价值的追求要强于信托业法。这样的描述并不是绝对的，因为信托业法同样追求法律的公平和秩序价值，反过来讲，信托法也同样追求法律的安全与效率价值。这里重点探讨一下上述目的价值分别在信托业法和信托法中的排序。

法的目的价值构成了法律制度所追求的社会目的，反映着法律创制和实施的宗旨，它是关于社会关系的理想状态是什么的权威性蓝图，也是权利义务的分配格局应当怎样的权威性宣告。信托业法与信托法基于各自不同的目的，会生动反映二者在存在环境、建构理念、结构体系、实施机制以及发展演变方面所存在的差异，进而使其目的价值获得不同程度、不同次序的呈现。引入有序范畴，使我们可以很好地理解这里的目的价值。有序不但可以影响因果关系，也可以改变必然与偶然的关系，而且还可作用于现实和可能的关系。从有序性对因和果、必然和偶然、可能和现实的作用来看，有序性揭示了因果、必然和偶然、可能和现实范畴的历史性。我们需要注意的是，事物联系的有序性往往通过类似比例、排列、位置、次序、行为方式、结构等不同方式表现出来，随着联系的有序性由低级向高级发展，物质世界也由低级向高级发展。有序性在区别信托业法与信托法目的价值的差异性方面明显有着重要的工具意义。正是有序性使得信托业法和信托法的目的价值能够在法律价值体系中维护着各自的构成，使法律本身产生一定的抗干扰性，并显示出自身的独立性，以此维护法律本身的稳定性。有序性同样可以维护二者的整体性，之所以如此，就在于它把法律目的价值的各个部分联结了起来，并在联结的过程中创造了"新质"存在的运动形式，弥补了原来各种因素的缺陷，进而形成了一个在法律目的价值的相互关系中才能存在的"系统质"。

正是基于信托业法和信托法的目的价值均是多元的，如何认识其有序性即成为其中关键。我们不得不承认，任何法律制度的目的价值系统都不能不具有内在的统一性，这种统一性集中地体现在目的价值的有序性之上。换言之，信托业法和信托法的多元目的价值是按照一定的位阶排列组合在一起，当低位阶的价值与高位阶的价值发生冲突并不可得兼时，高位阶的价值就会被优先考虑。尽管这种位阶顺序具有一定的弹性，而且必须联系具体的条件和事实才能最后确定，然而，若没有此种有序性，诸多的目的价值之间就会经常发生无法控制的对立和冲突。

笔者认为，在信托业法的目的价值序列中，信托市场的安全性是信托业法首先追求的法律价值，即安全价值在信托业法的价值序列中居于第一层级，这显然不同于信托法。信托法对交易安全的关注只限于信托当事人自身，信托法上的合同安排也只是从效力判断上进行具体考量，因而信托法将其公平价值置于安全价值之前。而信托业法对交易安全的关注则从单个的信托当事人拓展至整个信托市场，信托市场的整体安全是其关注的核心焦点，这主要是因为金融开放和金融创新所带来的金融风险已经高度威胁到本国金融市场的安全，也同时影响到国际金融系统的安全。基于金融体系内在脆弱性理论[1]和金融体系的负外部性理论[2]，我们必须深刻认识金融开放和金融创新对金融安全所造成的不利影响，并对包含信托市场在内的金融市场进行特别保护，通过防范和化解金融风险来维护金融体系的稳定。

信托市场的效率性是信托业法追求的第二层级法律价值。该价值的体现完全依赖于法律经济学的分析工具。金融效率就是资金融通的效率，包括金融竞争效率和金融监管效率，是金融关系的主体为实现金融竞争的目标或在金融监管的目

---

[1]　所谓金融体系的内在脆弱性，系指由于内因和外因的作用，金融组织、金融市场和金融监管这三个金融子系统功能耦合的稳健性状态受到破坏，使金融体系丧失全部或部分功能的状态。金融脆弱性是金融业的本性，是由金融业高负债经营的行业特点所决定的。参见曾筱清：《金融全球化与金融监管立法研究》，北京大学出版社2005年版，第29页。

[2]　外部性（Externalities）是马歇尔在其1890年出版的《经济学原理》中提出的概念。外部性是指一个经济人的活动对其他经济人产生有利或者是有害的影响，而施加这种影响的经济人不能从其他单位获得收益或付出代价。外部性包括正外部效应（溢出效益）和负外部效应（溢出成本）。前者是指某个经济人的行为给其他经济人带来了福利，但其他经济人不必为此向带来福利的那个经济人支付任何费用，从而无偿地享受福利；后者是指某个经济人的行为给其他经济人带来了损害，但却不必为这种损害承担任何责任，可以不进行赔偿。例如，当某一银行机构经过研究开发出一种新型金融工具如大额可转让定期存单后，其他银行机构很快学着推出了这种新型金融工具，并从中受益，但它们不必向最先开发这种新型金融工具的银行机构支付任何报酬，这就是金融市场的正外部性；当问题银行出现挤兑并传染给健康银行，导致健康银行出现损失时，受害的健康银行不能通过市场交易向问题银行讨回损失，这就是金融市场的负外部性。无论哪种情况，均属于私人成本与社会成本不一致，并且这种不一致并没有明确的制度纠正，或者说市场机制本身无法纠正。外部性的出现会导致产品供给过多或者供给不足，结果便出现了市场失灵，即资源配置效率受损，难以实现帕累托优化配置。

标过程中，消耗经营成本或监管成本与金融效益的比较或评价。衡量金融效率高的标准就是以最低的金融成本实现金融资源的最佳配置。信托市场的效率性是信托业法同样关注的重要问题，这里的效率同样可以从竞争与监管两个视角进行观察和分析。无论是信托机构还是监管部门，在融通资金或监管资金的总量保持不变的情况下，其效率高低主要取决于各自所消耗的经营成本或监管成本的高低。这与信托法的效率价值存在着明显区别，信托法着眼于保护单个信托交易的效率，其效率高低与交易双方的谈判成本和履约成本直接挂钩。从法律价值的有序排列看，信托当事人所关注的效率，远不及公平、秩序和安全来得重要。信托业法比信托法更重视法律的效率价值，其主要原因在于信托市场的效率决定着信托市场在整个金融市场中的活跃度，决定着市场因素和政府因素在金融资源配置中的作用发挥。信托业法将规范重心放在政府身上，而信托法则把规范重心放在委托人、受托人和受益人身上。受市场因素的直接影响，信托法将秩序价值置于效率价值之前，以确保信托自由的完全实现。

无论是信托业法还是信托法，究竟是安全优先还是效率优先，学界一直存在着争议。笔者认为，二者均应把效率价值放到安全价值之后。目前，信托市场已经成为混业经营的金融市场，现行分业监管体制虽有利于提升效率价值，但却隐藏着重大的风险隐患。为了我国金融业的稳定发展，信托业法应把金融安全价值放在首位，并改革监管体制，强调"无盲区、无缝隙"的全面监管理念。对信托法来说，其同样应突出交易安全的重要性，缺乏安全保障的交易效率并非信托当事人的目的追求。

公平和秩序作为重要价值目标，同样进入信托业法和信托法的价值序列之中。只是二者的位置序列不同，即分别居于信托业法目的价值体系的第三层次和第四层次以及信托法的第一层次和第二层次。只有公平地处理和安排信托机构与委托人、受益人以及信托机构与信托业监管机构之间的权利义务和责任，才能充分调动各方市场主体的积极性，维持其对信托市场的信心。在此基础上，也才能建立和维护自由、公平的信托市场秩序。规范内容和机制设置的不同影响着信托当事人和监管机构的观念生成和行为选择，这是造成上述差异的主要原因。对信托法而言，公平优先，秩序次之，安全随后，兼顾效率。总之，与信托法相比，信托业法更加突出信托市场的安全性与效率性，信托法更关注信托交易的公平性和秩序性。

**四、立法协调：《信托业法》的制定与《信托法》的修改**

要建立完备的信托法律体系，立法协调是其中关键。信托业法与信托法既相联系又相区别，制定《信托业法》与修改《信托法》，准确科学的定位是对二者的立法质量与立法协调性的基本要求，这不但需要始终坚持立法中本土化的"问题导向"意识，而且需要坚持制度创新与实践检验的良性互动，把立法协调置于完备的信托法学理论体系支撑之上，重视理论研究成果与信托创新实践的逻辑证成，使信托立法更好地回应我国经济社会财富传承与管理的实际运作需求，持续激发信托制度尤其是营业信托制度在金融市场的旺盛生命力。

（一）"分而治之"与局部体系化

受日本立法例的影响，当年我国在制定《信托法》时，只是集中就信托的一般原理与共通性问题作出了规定，使其成为信托关系的基本法，在释放财产自由的立法取向中完成了信托法的局部体系化任务，而将当时尚未成功转型的信托业与营业信托留给了至今仍在孕育中的《信托业法》。作为信托法律体系的有机组成部分，《信托法》对个人和机构所享有的财产自由和财产权利的释放与《信托业法》所彰显的政府干预及其调节管理形成鲜明对比，这种立法中的"分而治之"，背后是民商法与经济法两大法律部门理论分野的支撑选择，无论是《信托法》的修改还是《信托业法》的制定，都需要继续完成我国信托立法实践已经确立并遗留续存的这种局部体系化目标，并通过增强立法的协调性克服"分别立法模式"下部门法学各自的局限性。

《信托业法》与《信托法》定位不同，立法功能自然也就不同。前文已述，信托法与信托业法分别归属于民商法部门与经济法部门。信托制度的植入，不仅突破了民商法既有财产制度的封闭体系，而且使财产权的行使和取得获得了前所未有的制度革新与市场寄托。经济法由于产生于民法存在局限性的地方，因此形成对民法局限性的克服和补充。对信托法而言，其崇尚信托自由和信托权利，但在信托日益营业化、市场化、金融化的大趋势下，却无法克服契约自由理念下规模信托所带来的"市场失灵"，而信托业法则通过政府介入把克服规模信托的"市场失灵"作为自己的理论基础，把政府监管权力及其监管行为系统纳入法律规制范围，把经济自由与经济集中、经济自由主义与国家干预主义的辩证统一作为自己的哲学基础，通过对社会本位与实质正义的追求，用经济法的调整手段实现了对信托民事立法不足的弥补和超越。

目前看来，我国信托业法亟待通过信托监管体制改革获得重新整合。2001年《信托法》颁行以来，我国除《证券投资基金法》及其附属规章对证券投资信托及其监管作出了明确规定外，其余的特别立法则采用的是部门规章以及规范性文件形式，距离《信托业法》的局部体系化目标尚存较大距离。其中，以2005年《信贷资产证券化试点管理办法》和2005年《金融机构信贷资产证券化试点监督管理办法》为主导的一系列规章与规范性文件，适用于银行信贷资产证券化信托；2014年《私募投资基金监督管理暂行办法》和2014年《证券公司及基金管理公司子公司资产证券化业务管理规定》等，适用于证券公司、基金管理公司子公司等相关主体为受托人的资产证券化信托；2009 年《信托公司集合资金信托计划管理办法》，适用于以信托公司为受托人的集合资金信托；2006 年《保险资金间接投资基础设施项目试点管理办法》，适用于受托人将委托人的保险资金作为信托财产投资于基础设施项目的信托。这些规定分别出自不同的金融监管机构，作为现行分业监管体制下部门立法的产物，由于相互之间缺乏统一性、系统性和协调性，从而造成实质相当但形式不同的营业信托实际享受的政策待遇不同，所受到的监管要求不同，最终无法摆脱一事一法、临时定制、监管标准不一的固有局限，更使营业信托产品的开发、销售和管理欠缺前瞻性与开放性，难以为营业信托提供适合混业经营的功能性监管保障。如何改革信托业监管体制，如何统合现有监管规则并实现信托业监管制度的局部体系化，已成为《信托业法》制定中需要规制的重点问题。

同时，《信托法》实施十余年来也已经暴露出不少问题，如与日本相比，我国《信托法》对受托人义务的规定未顾及营业经营之特性，显得过于严厉不说，而且还欠缺营业信托合并、改组方面的规则，这就要求《信托法》在修改时需要与时俱进，需要与《信托业法》的制定保持必要的协调，通过制度更新为营业信托创造出足够大的应用空间。又如公益信托问题，《慈善法》为了区别于《信托法》选择了慈善信托这一概念，并将慈善信托和公益信托作为种属关系进行立法处理，把信托公司和慈善组织列为受托人，《慈善法》对慈善信托监管的松绑动摇了《信托法》关于公益信托严格监管的根基，《信托法》应该如何修改公益信托监管规则，应否将其交付给《信托业法》以统一公益信托和慈善信托的监管标准，同样需要做出立法的协调。

信托业监管改革需要主动适应市场经济条件下金融和社会发展的现实需要，做到重大改革于法有据，而这一任务只能交由《信托业法》来完成，把对营业信托的统一监管确定为信托法律的特定领域进行立法统合，以确保有效监管的真正实现。目前的《信托公司管理办法》只是个部门规章，难以撼动当前的金融理财和资管市场的无序竞争和混业乱象。在这种情形下，对于信托业监管立法的形式选择而言，在《信托法》修改时直接增加信托业监管内容是一种方案，另行制定专门的《信托业法》也是一种方案。相比较而言，两者各有利弊，前者可以轻松实现立法上的"搭便车"，并有利于《信托法》的实施，但势必会打破既有的"分而治之"的立法格局，难以突出信托业法的重要地位，而后者虽更有利于突出信托业法的重要性和专业性，但纳入立法规划和立法审议周期会相对较长。笔者倾向于第二种方案[1]，这主要是因为二者的规范性质不同、调整方法不同、体系结构不同、法律责任不同，其制度逻辑分属于"市场自由与权利本位"的民法和"政府干预与社会本位"的经济法这两大部门法范畴，单一立法例的总体要求更高，难度也更大，在立法目的、立法原则、立法重心等方面不易做到有效协调。分别立法模式在我国已经延续多年，《银行业监督管理法》提供了很好的立法经验，放眼日本和我国台湾地区，该立法模式的实践效果均表现良好，所以目前没有必要作出改变。我国《证券法》、《保险法》和《证券投资基金法》虽都采用了单一立法例的统一立法模式，但该立法模式的立法成本较高，立法中的争议较多，在可操作性、条文数量控制、监管体制改革等方面不及二元立法例的分别立法模式更适合当前国情。何况，《证券投资基金法》本身就是《信托法》的特别法，对证券投资基金监管的单独立法轨迹更加强化了《信托业法》需要沿袭分别立法模式的现实选择。相对于《信托法》的修改而言，《信托业法》的制定显得更为迫切，信托业监管改革及其局部体系化的目标更为重要。有学者提出，《信托法》宜尽快从法律关系的性质着手而不是仅仅从主体着手来进行完善，以便使各个金融机构在混业趋势下找准自己的发展方向，监管机构亦能抓住风险源头，在保证市场公平的前提下，实现《信托法》对资产管理市场开放和发展的促进作用。这种观点一定程度上体现了与《信托业法》的协调性追求，因为《信托业法》应该规定信托业监管目标、基本原则，规定信托机构的设立、变更与终止，规定金融信托机构的业务种类、范围和经营规则，规定信托业的监督管理机构及其职权，规定行业自律组织的地位作用，规定法律责任等。营业信托的法律规范在我国已经日趋庞杂，现行《信托法》对营业信托的力不从心根源于信托立法上的"分而治之"，信托业法一直处于多部门分散立法状态，因此当务之急是适时转变观念，实施优化监管，并加快推进《信托业法》的出台。

（二）"问题清单"与协调导向性

《信托法》的修改与《信托业法》的制定面临诸多法律问题需要做出立法抉择和协调。在基础性的逻辑关系处理上，宜把《信托法》列为《信托业法》的立法根据，借以清晰勾勒出两部法律之间的关系，表明前者的规定对后者而言同

---

[1] 至于该法的名称是叫《信托业法》，还是叫《受托人法》，抑或是叫《信托业监督管理法》等，目前在学界尚有争议。相比较而言，前者和后者容易被误解为仅对信托公司适用，因此可能会受到其他金融机构的抵触，《受托人法》的名称稍显中性，可能易于被各方更快地接受。但事实上，《信托业法》或《信托业监督管理法》更为准确一些，更能体现有关信托业监管的经济法属性，而《受托人法》的民商法属性更为突出一些，给人以《信托法》子法的印象，似乎是对《信托法》第四章第二节"受托人"的立法解释。笔者赞同《信托业法》这一名称，其比《信托业监督管理法》更简洁一些，并能体现出公法与私法的融合性质。

样是适用的，前者属于一般法，后者属于营业信托领域的特别法。就《信托业法》的制定而言，立法除了需要做出上述安排外，还要对一些具体问题和制度做好协调和规则续造。这里试列出一些"问题清单"，为两部法律的协调提供相应参考。

第一，受托人资格与信托业务经营资格问题。信托机构的受托人资格是由《信托法》确认的，这种确认在一般法意义上为受托人的权利能力、行为能力以及责任能力提供了制度安排和分析工具，从而建构了以"信任保护"为主旨的信托主体制度。信托建立在委托人对受托人充分信任的基础之上，并使这种信任始终贯穿于信托活动的全过程。《信托法》并不关心信托机构的市场准入和市场退出问题，信托市场竞争是否充分并不是《信托法》所考虑的，相反却是《信托业法》应承担的重要任务。虽然这一问题与受托人资格有着一定联系，但更多内容却属于信托业务经营资格问题，即专营和兼营信托业务的牌照管理问题。在市场经济社会，信托制度内在的扩张力在自生自发秩序中容易导致过度的市场自由，反过来会对信托制度本身造成相当程度的冲击和破坏，而信托业务经营资格的审定则通过借助外部的政府监管，来克服金融市场自由竞争的悖论，从而在维护信托市场效率的同时，保证整个信托市场体系的稳定和安全。无论是专营信托机构，还是兼营信托机构，但凡从事信托业务，都必须符合《信托业法》所确立的法定准入标准，否则监管机构不应授予其信托经营牌照。这里的"标准"，主要应从信托机构的股权结构、董事和其他高级管理人员任职资格、经营计划、内部控制以及包括资本金在内的财务状况等方面作出限制性规定。此外，《信托业法》还应明确信托机构市场退出的条件、方式和程序，对已不再具备继续生存能力的信托机构做出市场退出处理。

第二，信托及其业务分类问题。归类研究是信托理论研究中的基本方法，信托立法无法回避具体分类问题，包括信托分类与信托业务分类。监管部门准确了解监管信息是审慎监管的重要保证，而监管信息的获得有赖于科学统一的信托分类和信托业务分类。信托机构所从事的金融信托业务分类目前没有权威的方法，监管机构、信托机构、社会中介机构以及行业自律组织各有其偏好和标准。其中，有按投资人数量不同，分为单一类和集合类；有按委托人交付信托财产的形态不同，分为资金信托、财产信托、财产权信托；有按受托人在运用信托财产时行使权利的不同，分为委托人指定类和受托人指定类；也有按信托财产投资运用的领域，分为房地产信托、证券投资信托、基础设施信托等；还有按信托财产运用的方式，分为股权信托、贷款信托、受益权购买加回购结构化信托等。这些分类方法各有其优缺点，无法相互取代。从实践看，信托业务分类需要有助于投资人及时做出理性判断，因而需要从信托产生的原始节点出发去高度概括和区分信托业务的金融本质，准确描述信托计划的基本收益风险特征，进而实现信托产品结构、监管和业务模式的标准化、规模化。对信托业监管而言，引入功能监管的主要意义在于构建以信托业务为标准来划分监管权力，进而代替以机构监管为标准的监管权力分配方式。在信托的基本分类已由《信托法》作出规定的基础上，《信托业法》需要科学续造信托业务分类，使监管规则在专营和兼营信托业务的信托机构之间形成一致性预期。

第三，信托合同及其格式化问题。营业信托作为商业信托，实践中总是以信托合同为载体，并表现为一组合约化联结，在市场充分博弈的基础上生成具体的契约关系和交易秩序。然而，《信托法》所确立的交易规则是以信托当事人为重心的，有关信托行为与信托财产的规定均与信托当事人的权利义务紧紧结合在一起，其对民事信托的规范是否能达到减低交易成本、增加缔约人有限理性和经济福利并维护市场交易秩序之目的，在现实交易中是存疑的。现代契约理论的核心是不完全契约理论，即由于个人的有限理性，外在环境的复杂性、不确定性，以及信息的不对称性和不完全性，契约当事人或契约的仲裁者无法证实或观察一切，造成契约条款是不完全的，这就需要设计不同的机制以对付契约条款的不完全性，并处理由于不确定事件所引发的有关契约条款的问题。[1] 换言之，无法仅靠《信托法》与《合同法》所确立的当事人意思自治，来保障信托市场各方当事人的交易预期。作为信托合同的模本机制和漏洞补充机制，《信托业法》是补充而不是代替信托各方的合约安排，这主要与《信托业法》以营业信托的监管行为为重心并突出强制性规范的制约作用有着直接关系，《信托业法》对营业信托受托人及其行为的监管制约可以有效弥补《信托法》中任意性规范的不足。因此，信托合同及其格式化问题无疑成为《信托业法》与《信托法》需要保持协调的重要领域，《信托法》应将重心放在信托合同的一般条款及其效力上，而格式合同则成为《信托业法》重点规范的对象。

第四，信托知情权与信息公开披露问题。前文已述，从《信托法》到《信托业法》，受托人的信息披露义务实现了"三个扩大"，即披露受体范围、披露信息范围和披露意愿范围的同时扩大。《信托法》只需要确认信托知情权，对信托信息的封闭性披露提出具体要求，但由于信托知情权完全局限于信托当事人及其信托合同所及之范围内，在满足委托人和受益人内部信息利用需求之后并未产生新的市场需求，故此公开披露在《信托法》中无从谈起。公开披露内生于信托市场的形成与发展，重在提高信托机构经营活动的市场透明度，让投资者方

---

[1] 〔美〕科斯、哈特、斯蒂格利茨等：《契约经济学》，李凤圣主译，经济科学出版社1999年版，"译者前言"第14页。需要说明的是，在我国"合同"一词是纯粹的法律用语，经济学中"契约"在英文中与合同一词同为"contract"，契约一词更多体现了自愿协作和自由合意的本质。

便、快捷地获取有关信托机构的公司治理、风险管理、资本规模、经营情况等重要信息，借此强化对信托机构的市场监督和市场约束，这从市场需求侧给《信托业法》提出了规则续造要求。在《信托业法》中，信息公开披露制度成为一项核心监管制度，该制度的建构和完善需要以投资者为导向，对信息披露的格式、内容、周期、载体等作出系统规定，要求信托机构及时、充分、真实、完整地披露相关信息，使各类"窖藏"的信息公之于众，从而建立和维系投资者信心，把倾斜保护营业信托的委托人和受益人利益放在突出位置，最终实现交易双方的利益平衡。

第五，信托经营及其网络转型问题。互联网信托是互联网金融发展中的一种新型业态，是信托机构综合运用互联网思维、互联网架构和互联网技术所推出的信托业务网络经营模式。这一模式实现了营业信托由线下交易迁移至线上交易的服务升级，推动了信托服务的网络转型，激发出了普惠金融的市场活力。《信托法》专注于信托行为的设立、变更与终止，缺乏对互联网信托与传统信托经营模式的具体界分，加快制定《信托业法》，既是适应信托由分业经营走入混业经营的需要，也是适应信托经营由传统模式向互联网信托模式转型的需要。[1] 互联网信托的出现，在很大程度上破解了信托产品流动难的问题，但也给《信托业法》的监管创新提出了更高要求。互联网信托监管目前仍处在政策推动层面，监管立法的跟进相对滞后。就互联网信托平台的人格界定而言，立法需要注意区分三种不同模式：第一种是"信托公司＋互联网"模式，该类模式的显著特点是信托公司设立平台，利用互联网创新信托业务，把线下交易迁至线上完成；第二种是"互联网企业＋信托"模式，该类模式中则是由互联网企业设立平台，利用信托方式拓宽其融资渠道，扩大其经营范围；第三种是"互联网企业＋信托公司"模式，该类模式中的互联网信托平台直接融合了双方各自优势，相互取长补短，实现了互利共赢。[2] 对其中的第二种模式，即互联网企业创新开展信托业务，《信托业法》应将其作为兼营信托业务的信托机构来对待，并实施与信托公司同样的金融许可证制度和有效监管。在这方面，传统的机构监管方法与合规性

---

〔1〕 对于 2016 年中国银监会推动制定《信托公司条例》问题，笔者认为，虽然其对信托公司监管的立法级次提升了一级，但该条例仍然沿袭过去的机构监管方法，仅在准入门槛、分支机构、受益权质押、受托责任等方面做文章是远远不够的，这样并未触及信托业监管体制和机制改革，未从根本上解决混业经营中的信托业监管权分配与整合问题，因此其积极意义是有限的，难以达到信托业监管改革的理想状态。在这一问题上，监管机构切忌抱残守缺，得过且过，相反需要正视现实，放眼世界，积极培育信托文化，广泛传播信托观念，仔细澄清认识误区，使各类信托机构更好地服务于境内外机构和个人，通过改革与法治的良性互动有效防范、控制和化解信托业风险，真正实现信托法治化的目标。

〔2〕 席月民：《互联网信托呼唤功能性监管呵护》，载《经济参考报》2015 年 11 月 4 日，第 6 版。

监管需要让位于功能监管方法和风险性监管，强化信托业务的实质特征，并采取一致监管理念，使监管法律规则覆盖互联网信托的各个领域，保证监管结果的客观性和公正性。

## 五、结语

新加坡 2005 年修改的《商业信托法》[1] 即属于信托业法方面的立法典型。新加坡的商业信托[2]就是本文所称的营业信托。商业信托的设计，让投资人透过认购商业信托单位（unit）而直接投资信托项下所管理的资产，且商业信托的信托单位与股票或其他有价证券相同，可在新加坡股票交易所（Singapore Stock Exchange，SGX）交易，因此变现性颇佳。商业信托最大的一个特色在于，只要董事会认为商业信托有能力清偿债务，就可以直接将现金盈利分配给信托单位所有权人，而无须会计上有盈余，因此特适合前期需要大量稳定资金的投资活动，例如航运或基础建设项目。[3] 在新加坡，商业信托的主要投资资产标的为建筑物、船舶、港口、电厂等基础建设及不动产，商业信托所分配的利益约为 8 ~ 10%，正因为稳定的获利使商业信托成为投资人最大的诱因，也成为商业信托蓬勃发展的主要推手。[4] 虽然该法的名称并未使用《信托业法》，但其内容却完全

---

〔1〕 该法具体内容可参见《商业信托法》（Business Trusts Act），新加坡法律在线，http：//statutes. agc. gov. sg/aol/search/display/view. w3p；age = 0；query = DocId% 3Aac191a7f – 6c43 – 4d4c – ba3f – 543 ef0aafdce% 20Depth% 3A0% 20Status% 3Ainforce；rec = 0；whole = yes，最后访问时间：2015 年 8 月 25 日。

〔2〕 Section 2 of Business Trust Act："business trust" means — (a) a trust that is established in respect of anyproperty and that has the following characteristics：(i) the purpose or effect, or purported purpose oreffect, of the trust is to enable the unitholders (whether by acquiring any right, interest, title or benefitin the property or any part of the property or otherwise) to participate in or receive profits, income orother payments or returns arising from the management of the property or management or operation ofa business；(ii) the unitholders of the trust do not have day – to – day control over the management of theproperty, whether or not they have the right to be consulted or to give directions in respect of suchmanagement；(iii) the property subject to the trust is managed as a whole by a trustee or by anotherperson on behalf of the trustee；(iv) the contributions of the unitholders and the profits or income fromwhich payments are to be made to them are pooled；and (v) either — (A) the units in the trust that areissued are exclusively or primarily non – redeemable；or (B) the trust invests only in real estate and realestate – related assets specified by the Authority in the Code on Collective Investment Schemes referredto in section 284 of the Securities and Futures Act (Cap. 289) and is listed on a securities exchange；or (b) a class or description of trust that is declared by the Authority, by notice published in the Gazette, tobe a business trust for the purposes of this Act, but does not include the types of trusts specifiedin the Schedule.

〔3〕 Shanker Iyer & Richard Ellard, *Business Trust—A New Business Structure*, Asia – Pacific TaxBulletin July/August 2006, p. 317；Jake Robson, *Singapore Business Trust*, Norton Rose Fulbright Publications, September 1, 2010.

〔4〕 Jonathan Kwok, *Growing Hunger for Business Trusts*, SG Forums, June 18, 2012, http：//sgforums. com/forums/2092/topics/454228, visited on June 23, 2015.

归属于信托业法。

英国、美国、日本以及我国台湾地区的信托法制都为我国《信托业法》的制定提供了有益的立法经验，而且已经实现混业经营的我国信托业也确实需要法律的重新界定和统一规范。从我国具体国情看，必须正确处理好信托业法与信托法的关系，使《信托法》的修改与亟待制定的《信托业法》保持协调，整合利用目前各类信托监管法规规章中的有益经验，对营业信托的内容加以增补和完善。随着金融性资产的不断增加，营业信托使现代信托法奠基于有偿性、营利性、契约性和财产性的观念之上。信托制度内在的扩张力导致过度的处分自由，对固有的制度造成相当程度的冲击和破坏。笔者认为，以审慎监管为基础的《信托业法》，应依照营业信托的特性不断扩充现有交易规则，改多头机构监管为统一功能监管，解决市场信息不对称问题，规范信息成本和交易成本，控制受托人的道德风险，尽量用强制性规定去补充和完善商业信托合同，必要时可以合理排除信托法的相关规定，激励与约束并重，以强化信托业的合规经营，维护市场公平竞争，切实保护投资人利益。

# 人民币国际化下货币政策经济法治改革

马爱平 *

摘要：人民币国际化战略的配套汇率市场化经济法治改革是我国现实问题与研究重点，本文在分析"可自由使用货币"中的"可以""自由""使用""货币"的法学内涵的基础上，"一带一路"与"人民币国际化"重大战略的关系与理论基础，提出"一带一路"背景下汇率市场化改革要实现汇率市场权责利效的统一，央行透明度和可问责并举，人民币国际化、市场化、法治化策略上，应确立人民币汇率等调控之负面清单；汇率调控权力肆意干扰之可问责及权责利效相统一机制；货币政策与竞争政策协调之动态化评估，全程化评估，体系化评估，金融消费者福利导向及金融机构竞争绩效评估，定性与定量相结合；创新普惠金融领域之更加多元、包容、便利、获得感和感受度之融资工具；区域货币要素与贸易、投资、金融政策协调，受竞争法规制，避免歧视、不当干预和不透明，优化货币机制、网络，货币要素供给侧与需求侧更加自由、更高水平、更加包容、更高效率平衡、协调。汇率制度上，汇率通过市场实现均衡，通过市场机制形成价格，打破人民币汇率波动空间限制，健全透明度机制，促进外汇市场主体多元化、竞争化发展，交易工具和产品品质更加丰富，外汇市场机制更加完善；货币政策上，坚持央行独立地位和央行权责利效相统一机制；资本流动上，实现简政放权，汇兑事前、事中管理转化为事后、负面清单管理，一般账户与资本账户完全自由。减少和有效利用汇率的政治工具性，健全人民币货币政策国际化、市场化和法治化机制，加强与世界各国的利益协调与合作，保持在利益争夺和妥协中的平衡和谐。

关键词：法治化；市场化；透明度；可问责；货币政策；可自由使用货币

人民币加入 SDR 货币篮子世界瞩目，2015 年 3 月，经国务院授权，国家发

---

* 马爱平，法学博士，副教授，北京大学法学院博士后，高级法律顾问。本文是笔者主持的社科基金后期优秀项目"供给侧改革下补贴政策之竞争法协调"之"汇率补贴"子课题部分成果。

改委、外交部、商务部共同发布《推动共建丝绸之路经济带和21世纪海上丝绸之路的愿景与行动》（以下简称《愿景与行动》）提出深化金融合作，推进亚洲货币稳定体系建设，扩大"一带一路"沿线国家双边本币互换、结算的范围和规模，推动亚洲债券市场的开放和发展，支持沿线国家政府和信用等级较高的企业以及金融机构在中国境内发行人民币债券，符合条件的中国境内金融机构和企业可以在境外发行人民币债券和外币债券。本文在分析货币的概念以及"可自由使用货币"中的"可以""自由""使用""货币"的法学内涵的基础上，分析人民币加入 SDR 货币篮子对人民币离岸市场和美元、欧元、日元、我国香港特别行政区港元的影响，提出"一带一路"背景下进一步改革措施。

## 一、人民币是可自由使用的货币

总部位于美国首都华盛顿的国际货币基金组织11月30日宣布人民币符合所有现有标准，自2016年10月1日起，人民币被认定为可自由使用货币，并将作为第五种货币，与美元、欧元、日元和英镑一起构成特别提款权货币篮子。[1]本文先就"可自由使用货币"从"可以""自由""使用""货币"角度进行法理分析。

### （一）"货币"的概念

关于货币的概念，经济定义典型是职能的，建立在货币四大基础职能的基础上：普遍接受的汇兑中介，支付工具，会计单位和价值储备。这些职能中，货币确定的职能是作为广泛接受的汇兑工具，这解释了历史中多样的货币特征：从古罗马付给士兵的海盐到几世纪以来的大量商品、珍贵金属和其他电子货币形式。现行技术和金融创新无疑将持续影响未来货币的概念的发展，所谓虚拟货币的新近发展，即典型的未规制的数码货币，是由开发者发行和控制，在特定虚拟社区的成员中接受和使用。比特货币、第二代虚拟货币机制、M－Pesa、支付宝是改变对货币传统理解的大量创新。货币的概念比现金的概念要宽，国家能够控制领域内的现金发行，但货币的创制并非国家的垄断。根据《布莱克法律词典》，货币指作为交换中介循环使用的物品（例如铸币、政府钞票或纸币）。经济学家对货币的概念的理解比法律人士要宽，然而，这与货币功能有关，法律人士对货币职能和货币形式的理解较为简单和原始，没有根据时代发展而更新。有迹象显示法律和经济不断汇合，货币价值是经济学家、律师和政策制定者的考虑因素。价格稳定导向的央行的货币政策行为，今日铭刻于法律框架，增加了国家在货币事务作用中的新方向。作者认为，法学意义上的货币是指国家（地区）或国际组

---

[1] Press Release No. 15/540: IMF's Executive Board Completes Review of SDR Basket, Includes Chinese Renminbi, http://www.imf.org/external/np/sec/pr/2015/pr15540.htm, 最后访问时间：2015 年 12 月 30 日。

织使用的承担货币四大基础职能，具有金属、纸质、电子等多种形式的货币财政和金融政策的法学工具和手段。在这一背景下，讨论人民币作为可自由使用货币的问题。

（二）"可以"的法学诠释

"可以"本源上来自国际法与国内法的确认。国家对国家现金的主权，是发行和规制货币的权利，传统上由国际公法确认。1929 年，永久的国际法院陈述普遍接受的原则，即国家被授权规制其自有的货币。自从 1929 年国家主权的概念发生变化，国家主权属于事实领域而非法律领域。主权作为稳定和不可干扰地在特定领域行使权力被视为事实情境，国际法从中引出国家权利义务的结果，尤其是没有遭受行使权力的其他国家的干扰的国家权利，没有遭受行使权力的其他国家的干扰的国家义务。

国家货币理论认为，发行货币的管辖权决定什么应当认为是货币和其名义价值。货币仅由国家法律确认。国家货币理论与社会货币理论相较，货币的特征来自商业生活的使用，社会实践中，普遍地不考虑国家的干预。另一表述来自安东尼奥，其主张货币制度理论，即货币不限于现金，包括去物质化的概念（精神货币），这建立在一小部分实际反映在纸币和铸币的基础上，与普遍地使用持有货币和支付的银行系统有关："确保货币购买能力稳定的独立央行和支付工具的稳健与使用和支持信用机制独立，破产和清算的立法框架，以及作为支付工具的精神货币可靠性。"货币社会理论为货币的法律研究提供了补充方式，只有我们有国家在货币创制中发挥特别重要作用的制度，通过货币政策进行货币供应控制，对银行和金融制度通过规定和监督进行一定程度的控制，监督支付制度，国家货币理论应广义地理解为公共法律框架，货币经济制度和央行运行。

货币主权有地域范围，现金法总是限于地域内，它只在地域内执行，地域性并不自动排除主权。

（三）"使用"的国家主权内涵

货币主权的定义没有明确地规定在联合国宪章中，或在国际货币基金协议或在其他国际法关键协议中确认或定义。有人认为，法律文献中，货币主权包括发行货币权，定义货币单位权力和复合单位的纸币、铸币，要求必须以接受为法定货币的此类纸币和铸币支付，去决定货币是否建立在金、银基础上，货币贬值或增值，施加汇兑控制，采取其他影响货币制度和关系的措施。

一方面，超级和不可减让的独立国家当局，另一方面，多样的主权权力能被不同层级的政府行使。在欧洲货币联盟，从国家转向超国家层次，是对主权权力或国家能力的行使，但不是货币主权本身。

在经济学文献中，荣膺诺贝尔桂冠的蒙代尔（Mundell），牢记货币职能，主张货币主权包括决定构成会计单位的权利，决定支付工具的权利，决定清算债务法定货币的权利，制造货币的权利。他主张，货币主权大多数重要内容是国家有权声称什么构成法定货币的权利。

笔者认为，货币主权包括：

第一，发行纸币和铸币的权力。发行现金的特权是货币主权的典型特征。这是典型的垄断权，由国家央行行使。国家现金既是国家标志也是国家身份的工具。现金，正如语言、旗帜，能促进不同民族一体和建立统一国家。事实上，1991 年苏维埃联盟解体，初生的共和国热衷于发行自己的货币和建立自己的央行，有其他发行货币的相关利益，例如，创制特权税收的可能。

第二，规制货币的权力（命令影响外部和内部货币方面的法律法规），银行系统（信用规定）和支付系统（清算和结算）。

第三，控制货币供应和利率（货币政策）的权力。政府将这一权力授予央行，市场导向的货币政策的标准工具（公开市场操作，折现政策和存款准备金要求）也提供央行处理银行问题一定的政策灵活度。

第四，控制决定汇兑机制的汇率（汇率政策）。形成汇率政策通常是政府责任，其实施经常授予央行。央行经常管理官方货币储备（金储备和外汇储备），这通常由政府所有。

第五，实施汇兑和资本控制的权力。这与贸易自由化的目标相反，它仍是货币主权的工具。

第六，监督货币财政政策制定、实施、控制的权力。这个权力可以基于国家同意，许可国际组织、国际协议与主权国家或地区共同行使。也是货币主权重要且不可分割的组成部分。

在挪威特定贷款案中，法院认为，国家立法与国际法的一致性问题是国际法问题。货币政策是否包括歧视外国国民（或有利于自己国民的权利）？这是一个难题，因为尽管法律上声称的权力与国际法原则相反，事实上，主权国家在领域内制定法律明示地或暗示地损害外国国民是正确的。当安全或政治考虑盛行时冻结资产令单边地强加是国家在领域内胁迫权力。其他主权国家单边决定的例子，经常公然违反其国际义务，包括货币资产没收（征收而没有赔偿），否决外部债务义务。Mann 认为货币政策需要由国家按照国际惯例法实施，国家有权正常地规制货币事项，不合理地或放任地行使此类裁量权违反外国人公平公正待遇的权利，或清晰地违反国际法会干预的行为的习惯性标准。

货币法必须符合国际公法。Mann 解释，货币法能够导致《国际法院规章》第 36（2）条含义内的国际法法律争议，此条如下：现行规章当事方可在任一时间宣称他们确认强制性地根据事实，没有专门协议，与接受同一义务的另一国家相关，在所有法律争议有关的管辖权包括：条约的解释，国际法的任何问题，任何事实的存在，如果确定，将构成对国际义务的违反，违反国际义务的赔偿的性质或程度。

（四）"自由"实质是货币主权的自愿或合意的限制

"可自由使用"实质是货币主权的自愿或合意的限制。限制的方式包括国际组织、多边或双边的国际条约、国内法，等等。对货币主权的"侵蚀"的表述是不准确的，人为强化了国际组织、国际条约等的强制性或约束性，忽视了国家（地区）同意的自愿性和退出、豁免等背离机制。

货币主权的限制与普遍国家主权的限制相关。尽管国家是保持国际联盟的主要参与者，但是今日的权力不再是国家的独断领域。离心和向心力使国家权力扩散，国际组织、多国公司、地区、本地社区和民主社会也行使权力。

国家不再垄断特定领域货币事务超越一切和独断的权力。国家持有不同类型的权力：政治权力、军事权力、经济权力，我们认识到一些国家依旧控制政治军事领域超越一切的管辖权，而在经济领域很少有国家能够主张货币为主权了。国家仍需符合其与贸易、投资、金融和其他有关的国际经济承诺。

国家货币是国家身份和民族的标识，然而，货币并非神圣不可侵犯，而货币主权却恰恰相反。其国家身份的标识近年丧失其光芒：飞机行业通常被视为国家公民的骄傲，私有化的出现和飞机行业的革命近年已经改变这一概念。

在地区水平上，对货币主权合意限制的清晰例子是1999年欧洲货币联盟的建立。其采取单一货币欧元，创设制定和实施欧盟货币政策的欧洲央行体系，规定为主权国家同意的最深远的对货币主权的限制。成员国参加欧洲货币体系即同意转让主权权利给欧盟。货币主权转让不意味着对国家主权的侵蚀，因为它是有限的、非排他地转让。欧元区成员保持其在没有其他已同意的合意限制的领域内的国家主权。参与欧洲货币联盟的成员国已放弃本国货币。与汇率政策有关的条约语言和欧元的外在方面明显缺少清晰性，不利于明晰货币主权许可与合作的界限。其他货币主权的特征（上文所体现）保存在欧洲货币联盟早年的国家层面，通过银行联盟，反映了进一步转让货币主权给欧洲央行，欧洲央行在银行监督中根据单一货币监督机制在参加的成员国中发挥关键作用。条约中没有规定谁许可撤回欧洲货币联盟。然而，总而言之，《里斯本协议》第50条预见了存在的欧盟的可能性。进一步可以主张有法律机制已存在于欧盟法，为了一个或多个成员方依据《欧盟运行条约》第352条离开欧元区。

在国际层面，国际货币基金协定的国际义务是对国家货币主权的合意的限制最相关的例子。这些限制在协议原始条款下比当前的平价机制更大。自从布雷顿森林机制的垮台（事实上），根据协定（法律上）第二修正案，国际货币基金成员方需再确认其与汇率政策行为有关的货币主权的一些特征。然而，国际货币基金的成员方必须仍符合《国际货币基金协定》第 4 条和第 8 条成员方义务。洛温费尔德（Andreas Lowenfeld）建议国际货币基金有条件地使用其资源改变本国国家裁量权和国际联盟的传统界限。洛温费尔德指出国际货币基金结构调整项目中大量的本地政策不断增长的指标：从国家财政、税收、利率、汇率到补贴、工薪政策、竞争法、公司治理、甚至是会计实践和法律改革。这些本地政策受制于谨慎性、协商和承诺。热衷获取或维持国际货币基金（条件性）的金融帮助可能导致合法的国家中的政治机制在没有全面分析潜在负面社会影响下设计经济改革项目。洛温费尔德建议，在一些案例中，国际组织和主权国家的管辖权壁垒已经被逾越或违反，因此需要对国际货币基金组织与需要金融帮助的国家间的关系进行新的理解。

**二、人民币国际化与"一带一路"战略的关系**

2014 年 11 月 15 日，习近平在澳大利亚举行的 G20 第九次峰会上，提出"一带一路"的总战略和"五通"任务[1]实施路径上，在"加强互联互通伙伴关系"东道主伙伴对话会上，习近平阐述"以建设融资平台为抓手，打破亚洲互联互通的瓶颈"。"一带一路"战略下，人民币国际化的原因与推动力的理论以及"一带一路"与人民币国际化战略之间的关系如何，研究不足。本文通过分析解决人民币国际化进程中"一带一路"的原因和动力理论不足，探讨"一带一路"与人民币国际化战略之间的相互促进关系。

在春秋战国时期，"货"和"币"是两个不同的概念，《易经》所谓"致天下之民，聚天下之货"，货包括货币商品，《周礼》中货字作金、玉。《管子》"以珠、玉为上币，以黄金为中币，以刀、石为下币"中，"币"就取得"货币"的含义，具有支付手段的意义。近代中外的一些学者，误解经常一起出现但含义不同的"皮、币"的含义，把外国历史套在中国历史上，说以牛皮为货币，这是不确的。[2]人民币国际化与"一带一路"是相互促进、相互联系的。后者是前者的战略性重要步骤，前者是后者的重要阶段成果和验证标准。根据国际经验，一国总体经济实力、国家总体风险书评、贸易发展水平、金融发展水平和经济发展水平等是决定该国货币能否成为区域重要货币的关键因素。[3]在贸易畅通方面，"一带一路"给人民币国际化带来了宝贵的发展机遇，拓宽了人民币结算和定价的范围和规模，规避了汇率风险，间接刺激了企业持有人民币。在资金

---

〔1〕 杨善民：《"一带一路"环球行动报告 2015》，社会科学文献出版社 2015 年版，第 8 页。

〔2〕 彭信威：《中国货币史》，上海人民出版社 2015 年，第 5~6 页。

〔3〕 中国人民大学国际货币研究所：《人民币国际化报告 2015："一带一路"建设中的货币战略》，中国人民大学出版社 2015 年版，第 201 页。

融通方面，我国的经济实力、经济发展和金融发展水平有利于"一带一路"战略的实施，我国成立的新型多边国际金融机构，能够更好地统筹国际金融资源，增加国际金融话语权，为"一带一路"提供金融支持，"一带一路"促进人民币更多地使用和沿线沿边地区资金融通及经济一体化，人民币币值稳定和缓慢升值预期有利于人民持有人民币。

（一）"一带一路"沿线周边人民币合作的理论

各个理论从不同的角度，包括政治和经济方面，讨论沿线周边合作的原因与推动力（Srisorn，2012），对我们分析沿线周边人民币合作有重要意义，但都存在不足，需要引入新的区域主义理论来解决。

1. 现实主义

现实主义（realism）理论经常用于解释国际货币体系的建立，关键假设是：国际政治是无政府状态，国家是理性、单一的成员，而国家的主要目的是寻求权利和安全。但假设忽略了集体组织的重要性，特别是在国际系统中获得所分配的权利（Pollack，2001）。在现实主义的基础上，pollack（2001）提出一个有争议的想法：苏联解体后，世界多极化被认为是刺激经济、政治一体化进一步发展的原因。满足安全需求和获得一体化收益是区域合作的主要原因。这一理论，使货币合作的成功与否，取决于这个合作区域是否存在一个具有统治地位的国家（Cohen，1993），而这个国家有义务通过维护短期稳定和长期增长，来维持货币体系的稳定（Keohane，2005）。该理论的不足在于缺少科学、全面的实证支持，安全需求不能解释区域间如此紧密、深层的货币合作，国家金融实力增强、贸易发展、区域共同发展需求都是货币合作的动因。没有平衡的权利义务配置、对话的民主机制、协调共同发展的合作关系，货币合作也难以长期进行下去，夸大了统治地位的大国的作用。Joseph Grieco（1997）当把 GDP 的相对份额作为衡量支配地位国家的标准时，货币合作的成功也非依赖一国主导，一国主导既非充分条件，也非必要条件。

2. 新功能主义

新功能主义（neofunctionalism）是一个比较突出的理论。Hass（1958）认为合作是由政治精英主导，以共同利益为目标的一种行为。这来源于法国政治家让·莫内（Jean Monnet）的"莫内方法"，强调合作应该从经济领域开始，在部门与部门之间缓慢发展，这是一个渐进的过程，其认为合作是不可避免的，更深层次的合作源于溢出效应。这一理论强调共同利益为目标是合理的，但将合作归于少数政治精英主导，只看到了表象，深层次的原因是沿线周边各国货币合作的深层次的需要，而少数精英提前发现这一需要而激发和推动。

### 3. 政府间自由主义

安德鲁·莫劳夫奇克（Andrew Moravscik，1998）从政治角度提出一种货币合作理论，称为政府间自由主义（liberal intergovernmentalism）。这一理论假设整个合作过程分为两个阶段，第一阶段是在本国利益集团的激励下，本国政策和舆论为合作做好铺垫。第二阶段则强调具体合作的各个利益集团的利益权衡。这一理论强调合作中的主要受益集团的重大影响力，这些影响力存在于从最初本国政策的制定，到最终的合作细则的确定。莫劳夫奇克强调，合作为整个合作联盟内的成员带来了信息的交流和交易成本的下降，但这并不意味着成员对整个联盟的忠诚度的提高，这遭到 Pollack（2001）的反对，他认为政府间自由合作理论，是基于国家或机构的理性选择，并且国家能代表大多数成员利益，使总体效用最大化，政府只有选择合作，这不会削弱忠诚度，反而增加了凝聚力。但这一理论前提是国家或机构的理性选择规则是在民主的前提下，国家能代表大多数成员的利益，而现实中很少规则是实质、真正的民主的，一般都只代表少数大国意志和利益，导致这一理论陷入空想。

### 4. 思想与精神理论

思想与精神理论很少被提及，提出权衡是否加入或者组建合作联盟时，重要的不在于合作所导致的经济收益和成本，而更多的在于政治家对理想政治追求的实现（Willett，2000）。即货币合作是少数政治家追求政治目标的手段，而非各国共同经济利益和目标的追求。这一理论十分荒谬，夸大了政治精英的理想和个人作用，把货币合作的动机和目的单一化、主观化，而货币合作是客观的、历史的、不可阻挡的现实潮流。

### 5. 新自由机构主义

根据新自由机构主义（neoliberal institutionalism），国际合作来自机构之间的合作，国家专注于获取绝对收益和合作前景。机构，特别是具有相同功能的机构，具有类似的理念和解决事件的方式。而共同的认知是这些类似机构促进国家间合作的主要原因，机构作为沟通桥梁，作为交换信息和意见的中介，能帮助解决冲突，个别国家放权给超国家的国际机构，减少具体事务的不确定性。Keohane（1988）认为机构有助于减少交易成本的不确定性和变化，交易成本高的时候则必须有新的机构，交易成本很少很小时，机构应该继续存在。这一理论虽然看到国际组织在货币合作中的作用，但夸大了这种作用，没有从国家角度客观地分析国家动机和共同目标在合作中的主要作用，国际组织本质也是国家之间合作和共同解决问题的机制，其中沿线周边的货币合作中的具体作用以及自身的数量和代表性都使本理论缺少实证基础。

### 6. 利益集团与国内政治

Eichengreen 和 Frieden（1994）讨论了货币一体化对欧盟政策持续的影响，以及政治制约因素对合作进程的影响。通常认为利益集团并没有在欧洲货币联盟的发展中起到重要作用。Milner（1997）提出，这会导致忽视国内政治的作用，一国的国际政治地位，会影响其国内经济和政治，例如，欧洲国家之间的合作，都受到国内政治的影响，正式的多元决策是同时发生的。这一理论看到货币合作背后的利益集团与国内政治，同样只看到一个原因，各国的合作必然是各国共同利益和目标驱动的，一国的利益集团与国内政治是偶然的、非必然的、主导的因素。

### 7. 最优货币区理论

最优货币区理论（theory of optimum currency area）提供衡量参加货币区的收益和成本的经济框架。有几个标准决定一个地区是否应该有单一货币，包括开放程度、冲击的性质、经济周期、国际要素的流动度、工资和价格的灵活性、财政转移支付，以及产品多元化等。在加入货币联盟时，如果成员国不满足最优货币区的标准，没有形成单一货币的趋势，就会造成严重后果。不同成员国有着不同的经济体，建立一个成功的货币联盟很有挑战性。实证研究表明，欧盟满足了这些标准，但有一些标准没有得到满足。Eichengreen（1991）分析了欧洲的劳动力流动性和所遭受的冲击的性质，并与美国和加拿大情形进行比较。但与美国相比，欧洲劳动力的流动性较低，实际汇率波动性较大。与北美的货币联盟相比，欧洲是更理想的最优货币区。[1] 这一理论为"一带一路"沿线周边货币合作提供收益和成本的理性、量化的经济指标，便于定量分析其动因与可行性，在实证上，例子匮乏，但毕竟满足了一些标准，还有待未来进一步实证，也为沿线周边实证观测提供了分析工具，也有利于分析"一带一路"沿线周边是否有单一货币的趋势。最优货币区理论的标准也需要根据实证结果进一步修正完善，充实实证案例，还需要结合定性分析工具，分析难以量化的标准。

以上任一理论都不足以单独解决货币合作动因问题。

### 8. 新区域主义

20 世纪 80 年代末 90 年代初的新区域主义或曰新地区主义（new regionalism）是新一轮区域合作浪潮的推动力，是由现象引发的理论变革。其是指从世界经济、国际政治、国际关系等角度对 20 世纪 90 年代以来出现的全球范围内经济、政治、安全、文化和环境等方面区域化的新动向、面临的新问题及可能的趋势的

---

〔1〕 潘英丽：《国际货币体系未来变革与人民币国际化（中卷）》，格致出版社、上海人民出版社 2014 年版，第 188 页。

理论解释，[1] 是各国为了实现各自的政治目标，积极调整对外贸易战略，面对有限的资源和生存空间和经济政治不平衡下的选择，其将研究领域拓展到广义的经济合作，根据新合作组织形式进行分析，不再局限于福利效应分析，从狭隘的国家利益分析发展到地区共同利益分析，从传统的经济利益发展到政治、安全、全球战略格局等非传统收益，从对称性分析发展到不具有同等谈判博弈能力假设前提下，更接近现实的非对称性分析。其研究视阈宽阔，涵盖了国际关系学、国际经济学、经济地理、区域规划等不同学科的概念框架。笔者支持新区域主义理论来阐释区域货币合作的动因。新区域主义新纳入非传统收益包括政策连贯性，提高政府信誉和要价能力，协调各国行动，改善成员国安全，降低国家谈判成本，获取政治利益，产生经济波动减弱效应，但存在量化困难。把非传统收益在定性分析的基础上，赋予权重和比例进行量化分析，有利于新区域主义的进一步科学、客观、理性地发展。

（二）人民币国际化促进"一带一路"建设

人民币"一带一路"实际上是人民币的周边化战略，是人民币在"一带一路"国家或地区行使货币职能，开展周边货币财政法律政策合作与协调，推进人民币的周边化灵活、便利安排与使用。人民币周边化借助地理、历史、文化合作优势，可以超越国际组织、国际协议进行更深更广的合作安排，弥补国际条约多边化协调利益范围广、冲突大带来的低效和进程迟缓、合作水平低等问题，随着人民币"一带一路"接受国增多，跨境贸易、投资额增多，离岸中心和互换合作协议增多，人民币"一带一路"将提高新兴市场货币话语权、国际地位和民主权益，通过合作积累抗衡美元等发达国家货币霸权，改变世界货币金融旧秩序，建设世界货币金融新秩序。"一带一路"国家的金融体制和开放程度水平低既是挑战又是机遇，为中国借"一带一路"战略推进人民币周边化、区域化的同时，为带动周边国家地区市场机制建设和金融体制改革提供了机遇。

1. 人民币国际化促进"五通"目标实现

"一带一路"的"五通"战略内涵包括贸易畅通和资金融通，而贸易畅通和资金融通是"五通"战略的关键和血脉。贸易畅通包括"一带一路"沿线和周边地区贸易合作，减少壁垒，使贸易更加自由、便利和贸易区的建设。资金融通包括人民币作为互换、结算货币的范围和规模的沿线周边化，沿线周边金融市场建设和金融机构筹建与合作，证券的沿线周边发行和沿线周边国家和地区的证券在我国发行，沿线周边国家主权、商业基金和社会资金参与共建"一带一路"。"一带一路"提供全球公共物品包括国际货币金融合作新理念和新模式，新的国

---

[1] 孟夏：《中国参与 APEC 合作问题研究》，南开大学出版社 2010 年版，第 74 页。

际货币的提供以及新的国际金融组织的建立。"一带一路"是包容性发展的重要经济实践，以经济走廊理论、经济带理论、21世纪国际合作理论等创新经济发展理论、区域合作理论、全球化理论，带给世界共商、共建、共享和包容发展的新理念与新模式。次贷危机导致其他国家损失高达4万亿美元，呼吁新的世界货币，为世界货币体系贡献更加稳定的锚货币和避风港。"一带一路"是人民币国际化的关键，是人民币地区化、周边化的先行实践，是完善和稳定世界货币体系，增加全球公共物品供给的国家实践，由中国提供结算货币、计价工具、资金技术等支持。"一带一路"作为重要的公共产品供应平台，其推进有利于发展中国家的新型国际金融组织建设。从规则、治理结构到业务标准都是发达国家设计的，发展中国家话语权较少，国际金融组织并不民主，不利于公平、合理的国际金融新秩序的形成，"一带一路"是我国参与全球金融治理的重要实践。

在流动性支持上，"一带一路"战略激发了国内贸易对人民币的需求，促进人民币国际化进程，为沿线周边国家贸易发展提供更多流动性，畅通"一带一路"贸易目标。人民币国际化必然要求更多沿线周边国家以人民币为结算计价货币，为"一带一路"战略提供结算计价工具，人民币国际化要求签订更多的货币互换协议，而"一带一路"沿线周边国家的双边货币合作是起点和重要组成。人民币国际化要求利率、汇率市场化，必然有利于"一带一路"沿线周边地区市场化的利率、汇率更加市场化的安排。人民币国际化会带来离岸金融市场和离岸中心建设的兴盛发展，这有利于"一带一路"沿线周边国家的离岸金融市场和离岸中心的建设，为后者提供典范和案例。在规避第三方计价货币风险上，由于计价货币选择受到货币供给波动、汇率波动、货币交易成本、利率收益等多种因素影响，其中最重要的影响因素就是使用这种货币的成本。而美元计价在次贷危机后面临很大的汇率波动风险，而以人民币计价，可以规避第三方汇率风险。实践证明，人民币作为计价货币的优势越来越明显，受到越来越多的国际认可。人民币币值稳定，享有良好国际声誉，其使用范围和规模的扩大就是其币值稳定的一个侧面反映。另外，中国的资产收益率保持在较高水平，持有人民币也可以有可观的资产增值，我国的经济实力为人民币提供信用保障。在金融支持上，"一带一路"建设涉及关系国计民生的重大项目，需要金融支持，人民币为"一带一路"夯实金融基础，形成基础设施建设的金融优势，通过成立新型多边金融机构筹集全球金融资源，通过贷款、直接投资、项目融资、人民币债券形式提供金融支持。人民币提供金融安全锚，是区域经济合作的重要一环。中国作为世界第二大经济体，贸易金融水平相对较高，风险较低，为"一带一路"国家提供全方位的金融安全锚和避险机制，为维护区域经济和金融安全稳定做出了重大贡献。这不仅降低了交易成本、维护地区利益、提供地区话语权，还对积累区域货币管理经验和加强区域监管合作有重要意义。

2. 促进沿线周边经济合作

截至 2014 年 6 月 15 日，向 WTO 申报的区域贸易协定已经达到 585 个，区域经济合作还涉及经济一体化、金融一体化、生产要素一体化、产品市场一体化、贸易一体化，等等，呈现不同方面、不同深度和不同层次的合作。贸易一体化是合作的基础和最低层次，经济一体化则体现更强的经济联系和合作深度。1961 年蒙代尔（Helliwell，1996）提出"最优货币区"理论。赫利韦尔发现，加拿大两省之间的贸易份额是加拿大同一个省同美国一个州贸易份额的 20 倍，这在很大程度上归功于加拿大国内贸易使用同种货币，但是对美贸易却要涉及两种货币。罗斯（2000）也发现，如果两个国家使用相同货币，其贸易份额是使用不同货币的两个国家间贸易份额的 3 倍。弗兰克尔和罗斯（2002）提出，"告示效应"可能是货币联盟对贸易影响的一个途径与原因。在这一点上，即使反对欧洲货币联盟的费尔德斯坦也承认，不同国家更多地使用同一种货币可以有效地降低区域内部的贸易成本。罗斯和恩格尔（2002）指出，货币联盟内的国家具有更小的实际汇率波动与更加一致的经济周期，其内部的经济一体化程度要明显高于其他国家。Adjaute 和 Danthine（2003）认为，货币的统一有利于提升区域内金融市场的稳定，促进区域内的金融市场一体化的程度。梅勒茨（Melitz，2004）指出，统一的货币使得区域内各国对于外生冲击表现出相似的反应以及经济同步变动。只有使用区域内部货币，才能促进区域经济政策协调、地域国际资本冲击（Goldberg and Tille，2008）。因此，"一带一路"沿线周边国家的货币应克服货币使用惯性，使人民币成为区域货币甚至国际货币而促进"一带一路"战略落实。

货币区的成本和收益随着环境的变化而不断变化（Michael Artis，2002）。区域货币使用的成本和收益也随着环境的变化而不断变化，美国次贷危机是发展区域货币现实需要的案例，有利于规避汇率风险，降低交易成本，实现区域贸易和经济目标。关于区域货币的使用对经济一体化的影响，有两种截然相反的观点。内生性假说（endogeneity hypothesis）认为，建立货币区可以促进区域内贸易，增大区域内贸易的比重，提升区域内国家的相互依存性。当需求冲击或政策冲击到来时，区域内各国的相互联系将使其经济周期趋同。专业化假说（specialization hypothesis）认为，货币区带来的区域内贸易发展会加剧区域内部的贸易分工、加快贸易转移，使各国充分发挥比较优势，提升专业化程度，从而使区域内国家更容易遭受非对称性冲击的影响，区域内各国经济周期的趋同性下降。内生性假说居于主流，原因可能是：区域内贸易分工主要存在于低技术含量产业，高技术产业仍然呈现分散化（Knarvik，2000），国家遭受非对称性冲击所受的影响与对称性冲击相比要更小，在国家层面上来说，影响是十分平滑的（Grauwe，

2000)。内生性假说提出在货币区建立后，最优货币区会产生自我强化的效应，贸易一体化和经济一体化相伴相随、同向发展（Frankel and Rose, 1998）。在此基础上，Boeri（2005）提出货币区的建立使要素流通更加便利，有利于形成统一的劳动力市场，促进经济周期的趋同，夏沃（Schiavo）（2008）发现货币一体化可以促进资本市场一体化，然后促进区域内各国产生相近的经济周期。本文支持"一带一路"会促进沿线周边国家的专业化分工、加快贸易转移、深化区域合作，使沿线周边国家发挥比较优势，提升专业化程度，区域内各国经济周期的趋同性下降。因为沿线周边国家低技术含量产业占很大比重，国家遭受非对称性冲击影响大，专业化假说更符合沿线周边产业实情。

（三）"一带一路"促进人民币国际化

决定主要货币地位的因素包括国家总体、金融发展、贸易发展和经济发展水平四个方面，这是"一带一路"促进人民币国际化的关键。东盟"10 + 3"框架下，日元是最频繁使用的货币，其比例接近50%，欧盟28国中，欧元是最频繁使用的货币，其比例接近50%。国家的总体经济实力和国家总体风险程度是决定一国货币能否成为区域内主要货币的重要因素[1]。"一带一路"在国家总体因素上，增加了我国总体经济实力，由于我国在沿线周边风险相对较低，能为信用货币提供信誉支持，能够抵御外汇市场波动对经济的影响，人民币在"一带一路"沿线周边扩张有国家经济实力和风险支撑，决定了人民币成为"一带一路"沿线周边的主要货币。"一带一路"促进沿线周边资本账户开放，便利金融交易结算和国际货币储备，推动区域的金融改革与发展。沿线周边资本账户的开放，将防止地区投资套利风险。在贸易发展水平上，国际货币的转换具有"滞后效应"，而贸易流量是国际货币转换最重要的影响因素，工业制成品贸易更是重中之重。沿线周边的贸易流量促进人民币转换为国际货币，工业制成品的沿线周边贸易更是有力的推动力量。沿线周边的经济发展水平因素相对于其他因素，影响较小。其包括直接的货币使用和间接的文化渗透。我国在沿线周边的经济发展水平相对较高，人均收入相对较高，我国居民相对更有金钱、时间和精力去国外旅游、消费，将人民币的使用范围扩大到沿线周边国家，提高了货币使用的频率。"一带一路"战略促进我国经济发展，使人民币更容易吸引更多非居民的消费和投资，有利于增强人们的使用和持有意愿，提高我国货币的使用程度。

"一带一路"带来人民币国际化新的历史机遇，增加人民币的使用范围和规模。习近平主席2013年秋在哈萨克斯坦演讲时指出，共同建设"丝绸之路经济

---

[1] 中国人民大学国际货币研究所：《人民币国际化报告2015："一带一路"建设中的货币战略》，中国人民大学出版社2015年版，第110页。

带", 需要加强资金融通。资金融通的核心就是广泛使用本币进行兑换和结算, 以降低流通成本, 提高地区的国际竞争力。而"一带一路"沿线国家多数为发展中国家, 货币可接受程度普遍不高, 人民币作为区域内币值最坚挺、使用最广泛的币种, 可以成为沿线国家贸易投资合作的首选。人民币国际化进程刚刚起步, 人民币的区域货币地位尚未巩固, 人民币国际化的未来发展潜力巨大。沿线周边国家成为区域货币合作和经济合作的首要选择, 可以在上海合作组织的框架下具体推进, 中亚地区受到俄罗斯的势力干预, 需要第三方, 即中国的介入, 为人民币在沿线周边的使用提供了契机, 但沿线周边地区的金融监管水平相对落后, 还需要合作来加强, 其有很大的提升空间。来自世界政治影响的挑战另一方面看是机遇, 俄罗斯、美国、日本在中亚地区的政治利益可以通过加强这一地区的经济和货币合作予以回应。"一带一路"必然扩大人民币的使用范围和规模, 从而推动人民币国际化的进程。理论分析和实证分析表明, 实施"一带一路"战略过程中, 为了预防和控制沿线周边的金融风险、降低沿线周边交易成本、提升沿线周边的整体竞争力、加快沿线周边的贸易和经济一体化进程, 必将提高人民币的贸易、投融资、金融交易和外汇储备等的使用范围和规模, 有利于人民币成为主要国际货币, 从而推动人民币国际化进程。

### 三、人民币加入 SDR 货币篮子的影响

（一）对人民币离岸市场的影响

对于人民币, 我们能挑出四种大陆和离岸市场之间的联系。其一, 可转让性是创造健康离岸货币市场的关键条件; 其二, 外部可支付性赋予离岸市场中的人民币一些（例如美国美元）主要发达货币的特征, 只要人民币保持在大陆以外, 外部可支付性即是指人民币可用于支付或转换成其他货币; 其三, 可投资性允许国际人民币投资者选择适当渠道的指定人民币资产; 其四, 完全可兑换性允许大陆银行和金融市场与海外完全一体, 人民币在外部与在大陆一样充分定价, 最终可只参照人民币。[1]

前两者（可转让性和外部可支付性）对于中国当局相对容易, 反向拍卖在主要银行之间已发展, 考虑到这些行动速度, 在中国银行和金融市场充分融入世界金融体系时, 普遍认为充分可汇兑性将 5 年之内实现。

完全可兑换性的前提是可理解的, 因为最后的监管性步骤是最终改变人民币的国际地位作用。可投资性是后阶段的人民币国际化, 其更加复杂, 尤其在小额债券市场和直接准入本地债券市场。离岸人民币市场强调可转让性, 市场建设需

---

[1] Robert Minikin Kelvin Lau, *The Offshore Renminbi: The Rise of the Chinese Currency and Its Global Future*, Solaris South Tower: John Wiley & Sons Singpore Pte. Ltd., 2013, pp. 26~31.

要进一步减少并消除可转让性的法律障碍，例如我国香港地区离岸中心不缺少基础设施和风险控制，只缺少人民币。

可投资性。未来 5 年内将有相当人民币可投资性提高的范围，而这之所以会发生基于两个方面原因：其一，国际投资者在中国资本市场的作用有很大的扩充空间。其二，人民币可以在离岸市场作为中介转让外汇风险，而不会改变资本流进出中国大陆的方式。[1]

国际投资者在中国资本市场有相当大的空间发挥更大的作用。"2012 年早期发行 QFIIz300 亿美国美元，只有 246 亿美国美元真实地使用，只有 13.7% 投入债券，本地资产和债券市场资本比主要发展中经济体正常水平低，甚至比亚洲发展中经济体读书更低。许多因素能促进本地资本市场对海外投资者开放，在此以上是起点。2012 年 4 月世界银行对中国人民银行投资银行间债券市场，更有利于中国当局吸引外资。"[2]

迅速资本账户自由化将看到在中国大陆以外交易人民币的市场在岸的与外部世界的中国金融联系的有力变化中迅速融入。然而，在严格控制的和完全自由的市场之间过渡是有风险的。这一时期可以描述为相扑摔跤比赛——力量作为早期负担释放，很难预见这些摔跤比赛的性质。相对稳定的汇率是几十年的产品甚至是几世纪全球市场发展的产品——例如主要外汇市场的英镑和美元之间。早期融入国际金融市场的货币以市场剧烈波动为特征，特别是使真实的美国美元利率很高。货币政策从超适应的政策的极端中撤退。[3] 中国当局应在开放资本账户后谨慎市场动荡。如果在开放资本账户后没有配套改革，市场失败和金融不稳定就会带来市场动荡风险。资本账户完全开放并不会在贸易领域显现出来，国际货币基金组织和世界银行都力主融入世界资本市场，但也建议谨慎。如果市场力量回应多样的监管制度环境的市场信号，就会产生市场失败风险。

离岸人民币的优势。可转让、可交易、可投资的国际化的人民币缺少可兑换的延伸阶段但仍提供许多发展新市场的机会。其仍让中国当局有能力推进国际化项目并维持对大陆外汇市场的紧密控制。其提供有吸引力的试验场给资本市场创新，同时避免主要资本市场失败给大陆带来的风险。其允许中国更大地精确校准资本账户自由化的灵活性，考虑到全球货币政策多样和更宽的市场，这些非常有价值。

---

[1] Id., p. 40.

[2] Robert Minikin Kelvin Lau, *The Offshore Renminbi: The Rise of the Chinese Currency and Its Global Future*, Solaris South Tower: John Wiley & Sons Singpore Pte. Ltd., 2013, p. 41.

[3] Id., pp. 46~47.

（二）对其他主要货币的影响

世界三大货币的趋势是：①美国美元世界影响的减弱（weakening）；②欧元的不确定性；③日元在全球舞台的结构性下降。这些结构性变化是全球宏观图景的较大演变的一部分，把发达市场（DM）的权重转移至新兴市场（EM）。[1] 基于与香港地区的紧密关系，港元的国际地位会相应增强。

外汇政策与出口政策密切联系，中国的出口政策实际上是维持系统稳定的政策。[2] 衰颓的人民币政策和有限的贸易灵活性是实现目标的工具。关于结构变化的驱动因素。"是什么使货币市场发生变化和改变货币的相对重要性？这归根于长期货币的定制和国家支付余额的变化。其一，估值。管理外汇市场的关键规则是如果货币不是由政策制定者公开操纵，它应转回到某些工具或公平价值中。一些经济学家将公平价值视为购买力平价（PPP），这由《经济学家》通过大机械指数公开。如果货币在持续期间内升值到特定点，东道国出口会丧失竞争性。Ceteris paribus 认为可持续的货币升值阻碍发展，更强劲的货币帮助限制国家通胀，缓慢发展和低通胀的前景的变化趋向于创造央行放松银根的投资者预期。预期的变化和实施上的发展通胀的多样性常常导致投资者削减以该货币指定资产的风险敞口，这反过来，将减弱货币需求和导致外汇贬值，最终使货币回归公平价值。货币经历持续贬值时方向则相反。有人认为，这些循环常常持续 5 至 7 年。实证证明，平均反流程也可能比其更快，尤其是当公平价值变得被极端高估或低估。结构变化在潜在通胀和利率下能够增减公平价值。有人倾向于，特定商品货币和新兴市场货币的更高的公平价值和美国美元的较低的公平价值。其二，支付余额。短中期的货币的需求是由支付余额帮助确定的。随着监管壁垒的减少和信息更加可得，投资者更愿意到海外寻求资本和转移风险，反过来增加的货币供求的复杂性。"[3]

1. 美国美元主导地位减弱

"美国至今是世界最大经济体，美国经济于 2009 年占世界经济 GDP 的 30%。美国美元，继续作为最可贸易货币在外汇市场上占所有 2010 年外汇交易的 45%，这是美元存储货币地位的来源的部分因素。美国是消费者大国，私人消费占 GDP 的 70%，当美国迅猛发展时，美国更多在海外花费和购买，这反映了美国经常账户的慢性赤字，过去 39 年中有 31 年如此。但这也是美元国际化的自然之路。经常账户赤字意味着，更多美元发至海外，支付来自美国的进口，离岸美元反过

〔1〕 Chi Lo, *The Renminbi Rises*: *Myths*, *Hypes and Realities of RMB Internationlization and Reforms in the Post - Crisis World*, Palgrave Macmillan, 2013, p. 1.

〔2〕 Id., pp. 2 ~ 4.

〔3〕 Id., pp. 2 ~ 4.

来，创制更深入多样的美元资本市场。和所有其他一样，慢性经常账户赤字是美元价值的缺陷。美国具有强烈的本地歧视，例如美国投资者强烈地强调以美国资产投资，近 20 年，多亏市场国际化，这一歧视有些减轻。美国人海外投资更多，这致使扩大的贸易赤字带来美元滞涨，使得美元在发展期间更弱，经济下滑时更强。美国的巨大债务加重了美元更长期间的弱势。因为需要低利率来保持债务不爆发，从而使经济脱离可持续发展轨道。低利率当然会加重美元负担，还会损害国际对美国可持续发展和美元在内的资产的信心。"

包括中国在内的新兴市场结构正在发生变化，这吸引了更多的投资者。国家增加收入和需求发展以便在众多新兴市场创造更多可持续的自然资源需求。国家的 TOT 是出口价格与进口价格的比率，这些变化有利于 TOT 积极地在出口国休克。提高其意味着出口价格比进口价格增长更快，有利于积极地发展力量。对于商品货币，贸易和投资流都支持提高其长期公平价值。许多投资者努力提高更多新兴市场风险敞口，通过销售美国美元来发展新兴市场货币需求，甚至许多央行试图增加其新兴市场货币风险敞口和减少在外汇储备中的美国美元资产股份，但是，是以非常慢的速度。国际货币基金的平均央行外汇储备数据显示，所谓的其他国家货币在外汇储备中的股份从 2007 年的 1.8% 提升到 2011 年的 5.1%。而美国美元在外汇储备中的股份从几乎从 90% 降至 60% 多。

从这些结构的变化中受益的主要将是新兴市场货币和商品货币。新兴市场的关键国家及新世界秩序冒着退低美国美元公平价值的风险，加强战略地转移美国美元货币的需求。这些新兴市场货币对美国美元的公平价值的影响是重大的，如商品和新兴市场货币同样占美国贸易权重篮子 51% 的比例。这并非说美国美元单方向的贬值趋势。基于其安全避税其地位，美元优势仍会是长期的，如其见证了 2008 年雷曼次贷危机和 2010 年欧债危机。

社科院亚太与全球战略院 6 月 24 日发布的《亚太地区发展报告（2014）》蓝皮书预计，2022 年，美国仍然是全球最大经济体，名义 GDP 约为 26.8 万亿美元，占全球 GDP 比重为 20.6%。从美国美元中多样化分离是现实趋势，这将侵蚀美国美元的主导世界地位。[1]

美国的汇率政策。美国贸易和外汇政策的经济复兴压力可能威胁人民币的基础稳定。美国外汇政策是本地政策逻辑的结果。在经济扩张和雇佣增加的既得利益要求的压力下，美国几届政府增加财政支出，这导致了赤字余额的扩大。为了解决赤字余额问题，美国政府没有采取措施抑制本地需求，但要求主要贸易伙伴

---

〔1〕 国际在线：《国际货币基金组织宣布人民币纳入特别提款权货币篮子》，http://www.chinabgao.com/ stat/stats/43358.html，最后访问时间：2015 年 12 月 1 日。

开放市场，扩大本地需求，增加汇率，声明美国货币来自不公平贸易，是非充分本地需求和低估贸易伙伴方货币的赤字余额。[1]

2. 欧元不确定性持续

从 1999 年加入欧盟后，欧元面临许多绊脚阻碍，包括没有充分执行机制的规则，尤其是 1997 年《稳定和发展法》准备建立一体化一种货币的欧洲，欧洲货币联盟（EMU）成员需要保持 3% GDP 的财政赤字和 60% 的债务对 GDP 比率，国家若打破这些规则，将会受到警告的禁令。近年来，从 2010 年后半年，边缘国家光天化日之下在欧债危机爆发后，使这两个数据多次超过法律要求，甚至核心国家德国，在 12 年中有 5 年使财政赤字超过 GDP 的 3%，但自从 1999 年以来，欧盟当局并没有采取行动。

欧元在其可持续性上从未获得过国际信心。诺贝尔桂冠者 Milton Friedman，曾说新欧元不会持续超过 10 年。欧债危机加重了欧元破灭的恐惧。

解决欧债危机需要进一步一体化、以更强大的能力监督成员国和执行经济稳定规则。困境是，很多欧盟国家不愿把主权交给超国家组织，那会侵蚀几个世纪以来的本国文化。欧盟在失败和进一步一体化之间会选择后者，这有利于欧元复兴。市场分析家认为，世界会在 5 年后以看美国的方式看欧盟，统一的基金市场会挑战美国国库基金市场的流动性，欧元会与美元一样分享世界存储货币地位，从 2012 年以来，美元财富基金市场资本化总量和汇票市场达到 10. 32 万亿美国美元，与欧盟政府基金市场总量相匹敌。如果欧元复兴，欧盟支付余额变化意味着至少在贸易权重基础上，欧元接近长期公平价值。欧元账户经常是平衡的，尽管许多边缘国家存在较大财政赤字。资本流可能挥发掉，但会支持欧元需求增加。短期看欧元地区发展不会导致银根紧缩的通胀。这一区分也不会导致欧元汇率提高。存储多样化是促进欧元需求的长期因素，因此在世界市场相对重要。当央行和主权财富基金多样化作为风险管理的美元部分，流动性需求会限制其进入非常大的市场。欧元周围有太多不确定性，与欧盟的协议合规履行较差，但结构性缺陷难以轻易解决。[2]

3. 日元、英镑与美元地位的对比变化的实体经济数据

"美国《华尔街日报》说，新的经济数据令中国更加接近日本世界第二大经济体的位置。英国广播公司 BBC 上午的报道说，中国经济目前估计已经超过了

---

[1] Eietsu Imamatsu, *The Internationalization of the Japanese Yen—Its Asian Strategy*, Li Xiao & Kamikawa Takao, *Cooperation between the Renminbi and the Yen*, Hong Kong: Enrich Professional Publishing, 2012, p. 57.

[2] Chi Lo, *The Renminbi Rises*: *Myths*, *Hypes and Realities of RMB Internationlization and Reforms in the Post - Crisis World*, Palgrave Macmillan, 2013, pp. 5 ~ 8.

日本，但一些分析师认为，由于中日货币汇率的波动，令这两个国家的地位难以比较。日本共同社今天 11 点发布的报道认为，中国第四季度的经济增长与上季度相比更猛，中国 GDP 在 2010 年可能'赶超'日本。"[1]

外贸结构的变化本身也帮助中国在世界阶梯的上升中以日本为代价。[2] 日本《外汇和外贸监管法》修改了原被视为阻碍与非居民之间的交易的规定。[3] 这一修改促进了日本海外投资和以非日元结算。与美国的本地投资偏颇减少相似，日本也面临本地投资偏颇的减少，日本投资者更多地投向外币指定的基金和投资信托。

自从 2008 年次贷危机中日元获取相对于大多数其他货币的优势地位后，其趋势可能发生变化，但只是渐变。美国利率会再度于次贷危机之后升高。日本在人口减少和老龄化及有限的资源下，没有强烈的理由期待 20 年后很大发展复兴引起的通胀和在日本利率的显著增加。日元经常账户平衡发生变化，这是由于日本日元的持续增长，劳动力的减少，全球市场竞争的增加和收入的减少。[4]

随着人民币加入 SDR 货币篮子，日元在国际市场的地位下降，这一趋势将会持续。国际货币基金组织数据显示，中国将于 2010 年超过日本在全球贸易合作方的重要性。人民币国际地位的上升并非以日元的结构性下降为代价，人民币国际化，日本是较大的受益国，也从世界受益中间接受益。中国改正了将贸易结算这个马车置于货币可兑换这匹马之前的做法。资本账户可兑换对中国创造新的出口和资本市场有利，这并非来自直接对日本出口和资本市场的分割或侵蚀。促进建立地区汇率合作机制对人民币和日元发行之间的干预是不可行的。[5] 日本和中国是东亚货币合作的主要国家，有地缘优势，良好的经济贸易投资往来基础和历史合作关系。日本人民虽然不偏向中国，但仅仅出于对日本经济政治感兴趣，搁置政治和历史障碍，促进中日货币合作有利于日本经济政治发展，促进中日货币合作在日本是有基础和实现条件的。

〔1〕 中国报告大厅：《2015 年我国占世界 GDP 比重数据分析》，http：//finance. ifeng. com/money/roll/20100121/1740142. shtml，最后访问时间：2015 年 6 月 24 日。

〔2〕 Chi Lo, *The Renminbi Rises: Myths, Hypes and Realities of RMB Internationlization and Reforms in the Post - Crisis World*, Palgrave Macmillan, 2013, pp. 11 ~ 12.

〔3〕 Eietsu Imamatsu, *The Internationalization of the Japanese Yen - Its Asian Strategy*, Li Xiao & Kamikawa Takao, *Cooperation between the Renminbi and the Yen*, Hong Kong: Enrich Professional Publishing, 2012, p. 57.

〔4〕 Chi Lo, *The Renminbi Rises: Myths, Hypes and Realities of RMB Internationlization and Reforms in the Post - Crisis World*, Palgrave Macmillan, 2013, pp. 9 ~ 10.

〔5〕 Ishida Ko, *The RMB and the East Asian Currency System*, Li Xiao & Kamikawa Takao, *Cooperation between the Renminbi and the Yen*, Hong Kong: Enrich Professional Publishing, 2012, pp. 216 ~ 219.

### 4. 我国香港特别行政区港元国际地位继续加强

随着人民币加入 SDR 货币篮子，香港地区港元国际地位会加强，与人民币的联系会加强。人民币加入 SDR 货币篮子，会对香港地区港元构成威胁吗？答案是否定的，这是因为，其一，人民币虽然在终端零售和旅游酒店业广泛使用，但不会动摇香港每日绝大多数交易中香港地区港元的地位，正如欧元在英国，欧元被有选择地接受，尤其是在旅游目的地。香港地区港元不会因为人民币而被边缘化，而是基于"一国两制"政策、我国《宪法》和《香港特别行政区基本法》更加稳定和强化。其二，人民币将会逐渐成为香港地区港元与美元的估值基准。虽然与其他国家相比较，内地与香港特别行政区之间的外汇变量和货币政策联系更加紧密。离岸人民币是对盯住的美国美元的可兑换的替换，而香港地区港元是美国美元与人民币之间完全可兑换、完全可支付的路径。[1] 如果人民币增值，就会有强大的资本流入香港。只有人民币完全可兑换、可支付，才能把香港地区港元机制从美元连接到人民币。人民币资本账户完全自由时，香港地区港元机制将连接人民币。

人民币成为第三大世界货币，被重新界定为 G4，不仅增加了中国的铸币税，大大减少了外汇风险，增加了人民币对世界经济的影响力、中国的实力和国际竞争力，将对人民币国际化的进程影响深远。

表述货币主权习惯性限制的精确内容的确定观点的产生是因为国际货币基金协议宪章创设的义务网络的影响。一人可能尝试地提及货币事务的合作义务，或许，禁止竞争性贬值或歧视性货币实践。[2]

在此种情况下，国家间的合作和约束他们的现存规则不能充分地防止金融危机。跨国货币市场的参与者也发挥作用，国际货币基金近来考虑危机预防和解决中的涉及私人部门的方式和工具。冻结令单边地施加或由联合国安委会实施禁令是最新的例子。[3]

这与公法对单边基础上再支付的干预义务有关。有许多不同的事实情形，这其中有一些重叠：债务人国家单边地宣称外国债权人的自己的支付义务的备忘录，国家禁止其国民向外国债权人支付，或以外币支付，国家实施外汇控制，国家法院禁止国际货币义务的再支付。国家征收金融义务但并不赔偿，国家发行特种货币的冻结货币义务，这种货币是以外国债权人所有的货币。[4]

---

〔1〕 Id., p. 198.

〔2〕 Mario Giovanoli, *International Monetary Law*, Oxford University Press, 2000, p. 114.

〔3〕 Id., pp. 117~118.

〔4〕 William Blair QC, *Interference of Public Law in the Performance of International Monetary Obligations*, Mario Giovanoli, *International Monetary Law*, Oxford University Press, 2000, p. 114.

"提升人民币在国际贸易和金融交易中的份额，一个必要条件是中国对外输出人民币。通常，可以采用两种方式输出本币：一是'贸易收支顺差＋资本账户逆差'方式，强调出口扩张下的贸易收益。典型代表是德国和日本；二是'经常账户逆差＋资本账户顺差'方式，强调资本流动带来的金融利益。典型代表是美国和英国。"[1] 人民币加入货币篮子，是我国资本账户开放的成果，将打破人民币国际化藩篱，改变美国单边化货币金融政策对世界金融秩序的干扰，增加我国铸币税，转移金融风险，提高了人民币在国际金融秩序的话语权和国际地位，大大提高人民币的国际竞争力，促进建设民主、公平、和谐的国际金融新秩序。

**四、配套货币政策经济法治改革**

人民币国际化需要配套货币政策国际化、市场化、法治化改革的支持与保障。与人民币国际化配套的经济法治改革包括央行独立性体制和货币汇率政策经济法治。

进一步改革需要强化市场主体和国家主体的权责利效机制，尤其是强化和完善市场主体的正当权利、利益、经济效率、效益和法定责任约束，以及明确和加强国家主体的职责责任，提高行政效率，减少国家主体的干预权力，软化干预的方式，减少干预的范围和降低干预的程度，实现汇率市场权责利效的统一，实现货币政策、外汇政策和资本政策的协调并进。央行公布的中期通胀目标增加了回应休克和持续通胀降低的灵活性，伴随着假定的重要福利利益，央行公开与具体利率变化有关的信息以减少债券市场的挥发性。有关于公开实证问题与是否最多的可信的央行能够过度公开，意味着使用透明度根据声誉和是否失去导致政治压力的短期目标，多样的央行经验看似预示着增加央行透明度导致问题转移货币政策从真实稳定到类规则的通胀疯狂行为的危害。实践中，央行透明度看似是好事情，当前通胀调整的形式提供了重要利益，大多数情形下，越透明越好。但透明度不应被视为是帮助央行的绝对好事，[2] 透明度虽然有利于增加信用和信任，有利于市场主体预期，有利于民主和监督，但透明度要求需要与保护商业秘密和个人隐私相协调，而商业秘密和个人隐私的边界并不清晰，模糊地带会发生利益冲突，而透明度要求会带来时间和人力的繁重负担和成本，会有信任危机风险和其他低成本可替代或辅助手段。尤其是，透明度表面上与可问责关系不大并且看似表面不合理，但其实，透明度建设是可问责的前提和基础，也是可问责的工具和保障，可问责是透明度的重要的监督环节，有利于提高透明度，防止违规和腐败行为。已有文献研究并解决了没有考虑央行独立性和透明度之间的关系或认为

---

[1] 陈雨露：《人民币国际化的未来》，载《中国经济报告》2013年第1期，第25页。

[2] 同上，第166页。

二者没有关系的问题。独立央行已获得制定法进一步建设独立和可问责的央行的支持，这是人民币加入 SDR 货币篮子的配套改革的目标和重要措施。

人民币被认定为可自由使用的货币，是自十八届三中全会决定实行汇率市场化以来，我国通过改革逐步实行汇率市场化的成果，也为我国从汇率水平市场化的短期目标过渡为汇率制度市场化的长期目标，进一步促进人民币国际化奠定了重要基础，2016 年 3 月 5 日在第十二届全国人民代表大会第四次会议上李克强总理宣布我国继续完善人民币汇率市场化形成机制，保持人民币汇率在合理均衡水平上基本稳定。我国已经完全实现资本的自由流动，货币政策独立性不断加强，货币政策的更加独立和资本账户的完全自由，需要协调下一步的汇率政策，这是我国人民币加入 SDR 货币篮子以后，必须的配套改革工作。汇率市场化形成机制需要进一步完善。国家对汇率的干预进一步减少，将更充分地发挥市场化的主导作用，加大汇率弹性，进一步扩大人民币汇率波动空间和透明度，促进外汇市场主体多元化、竞争化发展，交易工具和产品品质更加丰富，外汇市场机制更加完善。同时，进一步简政放权，将事前、事中管理转化为事后管理，将国家干预转变为国家主动干预和市场自治相结合，促进私人主体参与市场的机制平台和工具，下放干预的层级，减少干预的事项，减少对微观的干预，将权力限制在凝聚资金、人力，提供规则机制、防范和化解风险等界限的范围内，避免国家干预对市场信号的扭曲和成本耗费，汇率市场化即汇率通过市场实现均衡，通过市场机制形成价格。外国直接投资与海外直接投资为了实现监管目的，使用外汇控制作为便利的监管工具，[1] 配套改革须继续开展。缺少与本地金融部门和资本账户改革的协调，资本账户自由会带来市场扭曲和监管性规避，使资本流动与实际经济条件不符，从而导致资本流动的不稳定。资本账户自由化的改革前提包括：谨慎的财政货币政策，市场清算汇率，外汇储备的充分调整，稳健的金融体系，市场导向的激励制度以及改进对资本账户的监管性依赖，逐步实现资本账户自由化。资本交易仍被施加很多外汇控制，中国已经在资本账户自由化上取得很多成就，但仍需艰苦努力。监管性路径依赖，例如外国直接投资和海外直接投资经常被忽视。配套改革需要在外资政策、货币财政政策、外汇政策上简政放权。六个一致的央行透明度的观点阐述后，只有再保证和细节导向的观点，才有清晰的实证支持。[2]

在人民币国际化之配套市场化、法治化改革进路上，从自贸区试点到全国逐

〔1〕 Susanna S. S. Leung, *The Renminbi's Changing Status and the Chinese and Hong Kong Financial Systems*, Thomson Reuters, 2012, p. 108.

〔2〕 Paul Mizen, *Central Banking*, *Monetary Theory and Practice*：*Essays in Honour of Charles Goodhart*, Vol. I, Massachusetts：Edward Elgar, 2003, p. 166.

步展开，应确立外汇规制之负面清单；货币调控权力肆意之可问责及权责利效相统一机制；货币政策与竞争政策协调之动态化评估、全程化评估、体系化评估、金融消费者福利导向及金融机构竞争绩效评估，注重定性与定量相结合；创新普惠金融领域之更加多元、包容、便利、获得感和感受度之货币工具；区域货币要素与贸易、投资、金融政策协调，受竞争法规制，避免歧视、不当干预和不透明，优化货币机制、网络，货币要素供给侧与需求侧更加自由、更高水平、更加包容、更高效率平衡、协调。汇率制度上，汇率通过市场实现均衡，通过市场机制形成价格，打破人民币汇率波动空间限制，健全透明度机制，促进外汇市场主体多元化、竞争化发展，交易工具和产品品质更加丰富，外汇市场机制更加完善；货币政策上，坚持央行独立地位和央行权责利效相统一机制；资本流动上，实现简政放权，将对汇兑的事前、事中管理转化为事后、负面清单管理，一般账户与资本账户逐步完全自由。

总之，我国应减少和有效利用汇率的政治工具性，强化其对价格的客观反映，加强与世界各国的利益协调与合作，保持在利益争夺和妥协中的平衡和谐。

# 基层检察机关办理金融犯罪案件的调查研究*
## ——以义乌市检察院 328 个案例为样本**

李媛媛***

摘要：近年来金融犯罪在经济类犯罪中渐呈上升趋势，且凸显出分工专业化、手段智能化、组织团体化等特点。通过对 2009 年～2013 年五年期间义乌市院办理的金融犯罪案件基本情况、发案特点的深入分析，发现多种促使该类案件上升的因素和当前金融行业运行存在的诸多风险点，针对此种情况，提出切合司法实际的对策与建议，并就检察机关在治理金融犯罪过程中的职能定位进行进一步的探讨。

关键词：金融犯罪；基本特点；犯罪原因；风险点；对策建议

义乌是全球最大的小商品批发市场，近年来，随着金融行业的迅速发展，金融犯罪亦呈现出高发态势。作为一种专业性极强的高端犯罪，金融案件发生在市场经济的核心部位和动脉系统，不但严重侵蚀着作为市场经济基础的公平、公正、公开原则，而且严重危害着义乌国际贸易综合改革试点工作，具有较之一般犯罪更为深远的社会危害性，亟待综合治理。

### 一、近五年义乌市院办理的金融犯罪案件概况

所谓金融犯罪，是指违法从事金融活动或其相关活动，危害金融秩序或金融管理秩序，依法应受刑罚处罚的行为。[1] 在我国，金融犯罪罪名主要包括刑法分则第三章"破坏社会主义市场经济秩序罪"中第四节"破坏金融管理秩序罪"的 34 种罪名和第五节"金融诈骗罪"的 8 种罪名，以及全国人大常委会刑法修正案和刑法其他章节规定的涉及金融的罪名。

---

* 本文系浙江省法学会重点课题"农业供给侧结构性改革的金融制度支持研究"（2017NA05）分论的阶段性成果。
** 胡启忠：《金融犯罪定义辩论》，载《西南民族学院学报（哲学社会科学版）》1999 年第 1 期。
*** 李媛媛，女，辽宁大学法律与金融研究中心研究员，辽宁大学经济法专业博士研究生，浙江农林大学法政学院教师。感谢浙江省义乌市人民检察院政策研究室张晓东主任提供的数据和资料。

〔1〕 胡启忠：《金融犯罪定义辩论》，载《西南民族学院学报（哲学社会科学版）》1999 年第 1 期。

（一）金融犯罪案件的基本情况

第一，从办案数量来看，2009 年～2013 年 5 年期间义乌市金融案件发案数呈抛物线状：2009 年至 2012 年呈逐年递增态势，2012 年至 2013 年呈急剧减少态势。其中，2009 年 41 件 73 人，2010 年 56 件 62 人，2011 年 78 件 97 人，2012 年 109 件 224 人，2013 年 44 件 79 人（2009 年～2013 年义乌市院共办理金融犯罪案件 328 件，涉案人数 535 人）。

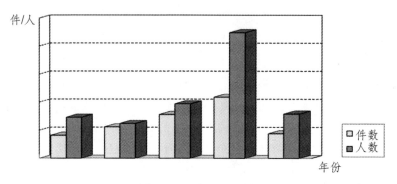

**图1　2009 年～2013 年金融犯罪案件数量变化图**

第二，从罪名分布来看，各类金融犯罪发案比例不均衡。其中，信用卡诈骗、保险诈骗、非法吸存三类金融犯罪案件数量最多，占金融犯罪案件总量的 92.4%，[1] 而尤以信用卡诈骗案为甚，占金融犯罪案件总量的 63.1%（共计 207 件），保险诈骗案 69 件，占金融犯罪案件总量的 21.0 %，非法吸收公众存款案 27 件，占金融犯罪案件总量的 8.2%。

---

〔1〕 需要指出的是，义乌市金融犯罪案件主要集中于信用卡诈骗型金融犯罪、保险诈骗型金融犯罪（机动车）、涉众型金融犯罪（包括非法吸存罪、集资诈骗罪）、骗取贷款型金融犯罪四类，本文的研究也主要是基于对这四类案件的探讨。另外，金融职务犯罪虽然所占比例较小，但由于其犯罪类型的特殊，本文亦对其进行探讨。

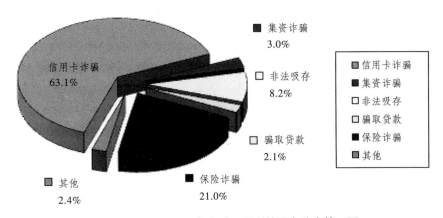

图2 2009年~2013年金融犯罪所涉罪名分布情况图

第三，从犯罪形式来看，共同犯罪案件数量比重较大。其中，2009年共同犯罪案件6件，占金融犯罪案件总量的14.6%；2010年共同犯罪案件10件，占金融犯罪案件总量的17.9%；2011年共同犯罪案件28件，占金融犯罪案件总量的35.9%；2012年共同犯罪案件51件，占金融犯罪案件总量的46.7%；2013年共同犯罪案件15件，占金融犯罪案件总量的34.1%。在具体案件中，尤以机动车保险诈骗案共同犯罪率最高，达87.5%。

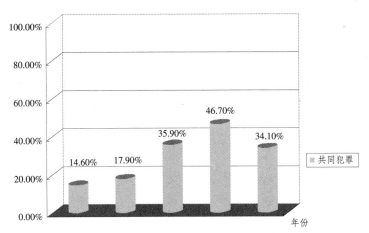

图3 2009年~2013年金融犯罪中共同犯罪比例图

第四，从文化程度来看，犯罪嫌疑人的文化水平总体偏低。其中，犯罪嫌疑人属文盲的37人，占6.2%；犯罪嫌疑人属小学文化程度的157人，占29.3%；犯罪嫌疑人属初中文化程度的218人，占40.7%；犯罪嫌疑人属高中文化程度的115人，占21.5%；犯罪嫌疑人属本科以上文化程度的有8人，占1.5%。

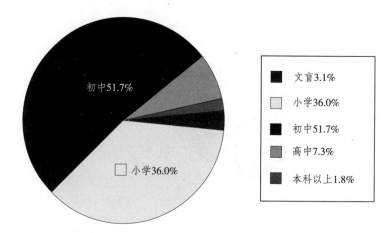

图4 2009 年~2013 年金融犯罪嫌疑人文化程序结构图

第五，从年龄结构来看，犯罪嫌疑人的年龄分布呈年轻化。其中，犯罪嫌疑人在 20～29 岁之间的有 223 人，占 41.7%；犯罪嫌疑人在 30～39 岁之间的有 185 人，占 34.6%；犯罪嫌疑人在 40～49 岁之间的有 106 人，占 19.8%；犯罪嫌疑人在其他年龄段的有 21 人，占 3.9%，金融犯罪的年轻化趋势十分明显。

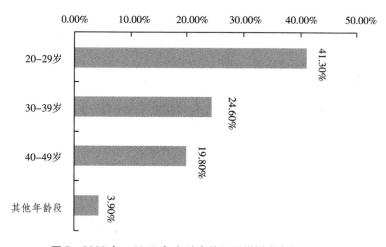

图5 2009 年~2013 年金融案件犯罪嫌疑人年龄结构图

（二）金融犯罪案件的基本特点

第一，涉案数额特别巨大，犯罪后果尤为严重。从我院近五年的统计数据来看，义乌市金融犯罪案件数量呈逐年上升（2009～2012）后又急剧下降（2012～

2013）的抛物线状。[1] 其中，有相当一部分金融犯罪案件的犯罪数额特别巨大，如集资诈骗案、非法吸存案和骗取贷款案。由于金融行业属典型的资金密集型产业，金融犯罪一旦得逞，常常会给受害人、受害单位乃至整个社会带来无法弥补的损失。如 2012 年我院办理的徐某非法吸收公众存款案，犯罪嫌疑人徐某以投资生意为由多次向李某等 20 余人借款，约定借款利息为 1.5～3 分/月，非法吸收公众存款共计人民币 5800 余万元。再如 2013 年我院办理的姿芳娜化妆品公司及其法定代表人骗取贷款案，浙江姿芳娜化妆品公司及其法定代表人俞某某，先后通过伪造购销合同、报关单等材料，虚构与 Sanwin Industries Ltd.、义乌永圣化妆品商行等交易事实，先后骗取建设银行、工商银行、兴业银行贷款共计人民币 3549 万元。

第二，犯罪罪名主要集中于信用卡诈骗罪，占金融犯罪总量的 61.3%，且信用卡套现的手段复杂多样。在数量庞大的信用卡犯罪中，以冒用型、伪造型和透支型为主，套现方式除一般性的恶意透支外，其他主要表现为：一是利用银行对 POS 机的设立和开通把关不严，申领 POS 机为自己或他人套现（收取手续费）；二是利用具有电子商务功能的购物网站"借鸡生蛋"，用信用卡在网站注册账户内充值后申请提现，或者是制造虚假交易躲避网站审查，从而实现非法套现目的；三是利用非法成立的专业金融服务公司套现，这类金融服务公司专为持卡人套现设立，甚至有些金融服务公司还提供信用卡还款垫付业务，从中赚取手续费。

第三，犯罪形式组织化程度高，形态复杂，内外勾结、上下联手的共同犯罪问题突出。这突出表现在机动车保险诈骗上，据统计，机动车保险诈骗在金融犯罪中的共同犯罪率最高，达到了 87.5%。其主要表现为保险公司内部员工同修理厂业务员内外勾结、联手实施保险诈骗。在义乌市院办理的数起机动车保险诈骗案中，均发现被告人与保险公司定损员之间存在不正当的利益关系：被告人通过日常吃、喝、送、请与保险公司定损员"打通关系"，在申请理赔时，定损员基本都会放任骗保行为。更有甚者，保险公司同修理厂签订"秘密协议"，约定修理厂为其拉一定额度保险，即可在理赔范围内多支付修理厂维修费。该协议打破了保险诈骗案"一方受损，多方得益"的思维定势，使得保险公司同骗保分子在一定情况下成为"利益共同体"。如 2011 年，修理厂老板樊某频繁指使员工实施骗保行为，就是受到某保险公司给予其 10% 返利的秘密协议诱惑。

---

〔1〕 主要原因是 2012 年义乌市开展了一场针对金融犯罪的专项治理行动，集中办理了一批金融犯罪案件，对游走于金融犯罪边缘的人起到了震慑作用，对金融机构及其监管机构起到了预警作用，再加之执法、司法机关的金融法制宣传的深入及广大民众的风险防范意识的增强，因而 2013 年义乌金融市场较为稳定，金融犯罪急剧减少。

第四，部分案件犯罪手段专业性强、技术性高，犯罪方向向上游延伸的趋向明显。这类案件主要涉及贷款、票据、保险、质押等专业知识，许多犯罪分子都曾是业内人士，他们运用金融专业知识实施高智商犯罪，且不局限于传统犯罪领域，甚至向窃取、非法提供、伪造、盗卖等上游犯罪方向延伸，极具欺骗性和隐蔽性。如2011年，被告人秦某安排其犯罪团伙成员分散到饭店、旅馆、超市工作，利用工作之便悄悄安装小型电子装置"撇渣器"窃取顾客信用卡信息。其犯罪链条为：制造伪造或窃取信用卡信息的机器→生产伪造的信用卡→将窃取的他人信用卡信息复制到伪造的信用卡上→出售或直接使用伪造的信用卡。在整个犯罪过程中，窃取受害人信息及制造、销售、盗刷环节都由专业犯罪组织承担，各环节既相互联系又相对独立，呈现出分工专业化、手段智能化、组织团体化的特点。

第五，涉众型金融犯罪案件数量大、取证难，维稳压力大。实践中，司法部门认定的涉众型金融犯罪案件数和犯罪数额远远低于实际数量，很多涉众型金融犯罪案件待公安机关根据群众举报立案时，企业资金链很可能已经断裂，部分借贷人甚至早已出逃国外。如义乌金乌集团董事长张某非法集资20亿，在被公安机关立案查处前就已出逃国外，由此造成非法集资款无法收回的后果。而且，涉众型金融犯罪较之一般犯罪更为复杂、涉案人数和事实更多、时间跨度长，需调取的证人证言及书证数目庞杂，再加之部分出借人出于种种原因不愿意公开参与融资的事实，因而调查取证相当困难。此外，此类案件的上访率高，主要是要求相关部门承担责任，甚至要求政府"买单"，受害群众一旦得不到赔偿，司法部门很难做到"案结事了"。

第六，网络金融犯罪、跨境金融犯罪等新动向不断出现。主要表现为：一是利用网络技术非法入侵他人网上银行信息系统或进行"网络钓鱼"。一些不法分子利用黑客软件、木马程序等技术手段，攻击他人的网上银行、证券信息系统，从而改变数据，盗取银行资金；另有一些不法分子利用网络发布虚假信息，建立虚假银行、网站，骗取用户账号、密码后实施盗窃，或是发送携带木马病毒的邮件，截取用户账号和密码，进而窃取他人资金。二是境外信用卡"盗刷"现象时有出现。与国内信用卡消费需输入密码所不同的是，国外信用卡消费只要有卡号和后三码或持卡人签名就可进行。国内很多人的个人信息保密意识不强，在国外ATM机取款或超市购物时，信用卡内的个人信息极易被不法分子盗取、使用。如2012年，受害人徐某因曾在菲律宾境内用信用卡订过酒店，导致个人信用卡信息外漏，在回国后的半年时间里，信用卡竟被跨国"盗刷"数次。

第七，金融机构工作人员职务犯罪时有发生，严重影响金融业务安全。一是发生在国有金融机构的贪污、受贿、挪用公款等职务犯罪。在义乌市院办理的3

起此类金融职务犯罪案件中，被告人身份都是管理信贷业务的客户经理，利用审批贷款的职务之便收取客户财物数额巨大，案件涉及中国银行、工商银行、农业银行等多家金融机构。如2012年下半年，义乌市奥尔卡斯光电科技公司老板傅某为感谢时任中国工商银行义乌分行营业部客户经理金某某在办理其公司评级授信等事项上的帮忙及为了获得进一步的"关照"，先后送给金某某现金4万余元人民币，金某某予以收受。二是部分金融工作人员利用职务之便或滥用职务实施的职务犯罪。如2010年至2011年，犯罪嫌疑人盛某某在担任义乌市农业银行文化市场支行行长期间，多次利用职务之便，为客户办理贷款审批手续过程中提供"便利"，先后多次收受他人财物共计人民币9万余元。

## 二、金融犯罪案件频发的原因及当前金融运行风险点

### （一）金融犯罪案件频发的原因

第一，市场经济体制下的巨额利益诱惑。市场经济的逐利思想对于促进经济发展有着不可替代的作用，但其消极方面也确实是滋生各类金融犯罪的温床。许多人往往出于贪婪的心理或自私的愿望，任由自己的畸形需求无节制地恶性循环，以致在外界为其提供一定的条件后，这种恶性心理便会转化为犯罪的最初内心驱动。目前义乌金融市场巨大，金融业繁荣，但各方面的体制机制还不成熟，不法分子可利用的制度性、执行性漏洞还很多。如银行信贷员禁不住利益诱惑，利用职务便利违规发放贷款等。可以说，利益诱惑是很多人犯罪的主要原因。

第二，部分受害人的逐利心理与投资能力不对称。转型期社会贫富差距分化严重，相当一部分人投资逐利心理较强，幻想"一夜暴富"，加之风险防范意识较弱，投资行为往往缺乏理性。尤其在涉众型金融犯罪中，受害人多为退休人员、下岗职工和普通农民等低收入群体，他们受自身条件所限，缺乏谋生技能又求富心切，在趋利投机心理的支配下，极易上当受骗。有的受害者虽然感觉一些民间融资反常，但在高利的诱惑下，仍心存侥幸。甚至有些人明知是投资陷阱，仍不惜试一试深浅，在获得早期丰厚的提成后，拉拢他人投资，最终害人害己。

第三，部分金融机构为追求利益最大化而放松警惕。随着金融行业发展形式的多样化，一些金融机构为追求快速发展，在监管机制上有所放松。以信用卡诈骗为例，其在很大程度上反映各大银行在信用卡领域的无序及监管体制弱化的状态。在目前商业银行竞争中，信用卡消费"扣率返点"收入已成为商业银行利润的重要渠道，由于商业银行的逐利性，各大银行必然竭力追求尽量多地发行信用卡，尽量多地装POS机，由此导致银行信用卡申请比较随意、POS机安装门槛越来越低和各方面资质审查流于形式的问题，为犯罪分子作案提供了机会。

第四，相关金融监管机构的监督管理不到位，且缺乏部门协作机制。以非法集资为例，非法集资管理部门银监局从人民银行分离后，因人员机构编制较少，

人力、物力、财力不足，而对企业、个人的非法集资活动缺乏监管；工商部门则主要侧重于企业注册等程序管理，也对企业的日常经营缺乏系统监督；公安机关鉴于办案压力，对企业实际经营状况更难掌握；新闻宣传部门对企业广告内容也缺乏实质性审查。由此导致非法集资的监管缺位，一些非法集资活动能够轻易获得资质，堂而皇之地大做广告，相应的执法和监管部门却无法有效阻止。

第五，法制宣传教育力度不够，犯罪预防效果不佳。从形式上讲，我国历来重视法制宣传教育和犯罪预防作用，但在实际工作中，仍然存在形式不新颖、内容不丰富、措施不得力、受众不广泛、教育不深刻等问题，对一些典型案例的宣传力度不够，对一些新兴金融犯罪手段缺乏必要的防范和警惕，使广大民众缺乏识别能力和"免疫力"，很容易受到犯罪嫌疑人的蛊惑。同时，未能通过法制宣传有效彰显司法的打击力和威慑力，未能对全体公民形成更加深刻的警示教育作用，更无法从根本上提升广大人民群众的法律意识、防范意识和维权意识。

（二）金融犯罪频发凸显的当前金融运行风险点

第一，涉众型金融犯罪频发，凸显民间融资渠道不畅、投资人投机心理较强、职能部门监管乏力、惩防对策单一等问题。①民间投资理财渠道不畅。一方面，随着市场经济的发展，许多人都拥有数额不菲的闲散资金，投资愿望越来越强烈，一般性银行储蓄、购买债券等理财项目根本无法满足他们的收益需求，但目前我国股票证券、银行理财、基金定投、商业保险等正规市场的理财产品还未完全普及，大量民间"游资"需要寻求新的出路。另一方面，很多社会公众的理财知识和法律知识有限，对投资的风险性把握不清，对理财项目缺乏理性认知，这就给不法分子以可乘之机。②职能部门管控乏力，配套机制不健全。涉众型金融犯罪环节多、过程长，涉及工商、税务、金融等诸多职能部门，由于相关部门在金融监管、企业注册监督等方面尚存漏洞，未能形成紧密协作关系，因此尽管一些犯罪活动在早期就有明显的反常迹象，但往往都由于没有及时做出反应而导致涉众型金融犯罪的查处不及时和预防不力。如涉众型金融犯罪中的巨额资金常常是通过银行走账方式进行交易，资金进出频繁且大额交易多，但并未引起银行重视，对应当确定为可疑交易的行为未及时审查；另外，涉众型金融犯罪多是通过民间借贷的形式实施，犯罪前期即使发生一定损失，一般也是表现为民间借贷纠纷，难以引起相关部门的重视。③打击滞后，惩治方式单一。由于涉众型金融犯罪手段较隐蔽，目前案件线索发现机制尚不健全，打击犯罪存在较大被动性，司法实践中对涉众型金融犯罪行为往往很难发现，加上一些社会公众对民间借贷的合法与非法界限认识不清，对非法民间借贷的危害性认识不足等问题，即使有熟人参与吸存，也不会主动报案，因而导致对此类犯罪的打击主要依靠案发后公安机关侦查和追究，方式过于单一。且因此类案件具有调查取证难度大、案件定性争议大、打击具有滞后性、挽回经济损失有限等因素，惩治力度大打折扣。④民间融资风险向银行转移趋势明显。从外部来看，近年来企业风险事件多与民间融资有关，其潜在风险已经向银行"转嫁"。如某银行贷款客户涉及民间融资，资金链断裂后，企业主被公安机关羁押，但有近70名该公司民间借贷的百姓聚集在银行门口，要求优先归还其借贷。从内部来看，银行自身存在贷款"三查"不严问题。如某农合机构通过强制休假、内部排查发现有员工利用职务从事民间融资，虽然审计后进行了开除处理，但对银行声誉已经造成了不良影响。

第二，骗取贷款型金融犯罪案件频发，反映部分银行对贷款申请人资质审查粗糙、贷后监管不力，"以贷养贷"、企业贷款互保现象突出，担保人"脱保"风险严峻等问题。①"操作性风险"损失大于市场风险。主要表现为贷前调查不细、贷时审查不严和贷后检查不力。部分银行的贷前调查缺乏全面、科学的调查论证，信贷员仅凭借贷款人口述或书面材料就草率做出决定，导致一些虚假不实的申请材料蒙混过关，造成客户引入不严和贷款投向不准的问题。如2011年犯罪嫌疑人胡某某使用骗领的营业执照和伪造的税务登记证轻易混过贷前调查，从工商银行、浦发银行等数家银行中骗取贷款共计人民币828万元。而且，众多信贷员都把精力放在客户的开发及其相应材料、吸存、收贷、收息和报表的准备上，无暇顾及贷后管理特别是对贷后款项用途的监管，只是以贷款人能否按期支付利息作为贷款正常与否的标准，导致贷后监管的"真空"状态。②"以贷养贷式"骗取贷款行为较普遍。部分贷款人在银行贷款到期后无力还款，又通过向其他银行或个人再次借款，甚至到同一家银行"续贷"的方式来填补到期银行欠款。这种"以贷养贷式"骗取贷款行为较为常见，约占75%。从表面上看，"以贷养贷"行为使银行收回欠款，扩大了信贷规模，但其实质是一种以合法形式掩盖不良贷款的虚假繁荣，延迟并累积了信贷风险的爆发时间和爆发力。如2013年吴某某骗取贷款案中，犯罪嫌疑人吴某某通过虚构交易分别向稠州商业银行、浦发银行等多家银行骗取贷款共计人民币450万元。为维续在不同银行的巨额贷款，吴某某以2处房产作抵押，交替到不同家银行贷款，甚至到同一家银行"续款"，以此填补到期的银行贷款空缺。[1] ③"互保式贷款"引发的连锁反应大。贷款企业一般商请其他企业作为自己的担保人，自身也常为其他企业提供担保，因而企业之间逐渐形成了"贷款互保链"。表面上看，互保链有助于督促贷款企业及时还款，然而，一旦互保链上任何一家企业出现资金运转问题，都

---

[1] 如2012年3月，吴某某从工商银行以经营性贷款的名义贷出80万元人民币，以此来归还先前从工商银行贷出的80万元到期贷款，其所需操作仅是将先前材料复制一遍，这是众多案例中最为典型的"以贷养贷"。

极可能引发连锁反应，导致其他企业面临资不抵债和破产的风险。如在2013年姿芳娜化妆品公司及其法人代表俞某某骗取贷款案中，案件涉及的企业大陈智渊针织、金剑袜业、姿芳娜公司、温蒂公司等都是互保链上的企业，它们互为担保人到银行贷款，后由于大陈智渊针织经营不善而导致破产，致使担保人金剑袜业的财产被冻结，其他企业也相继出现资不抵债问题。④贷款人虚构经营性合同导致担保人"脱保"风险突出。实践中一些没有明确经营事项却需贷款"救急"的中小型企业往往虚构购销合同申请贷款，其贷款用途因此也无法按照合同约定的事项进行（但根据《商业银行法》规定，企业贷款必须具备经营性合同和担保合同两大手续，贷款的使用也必须按照合同约定进行）。现实中，企业贷款担保人不但明知这一"潜规则"，还巧妙地利用其规避连带责任：担保企业一旦发现贷款企业没有偿还能力或资金运转出现问题，就会向公安机关报案，以"借款企业在未征得其书面同意私自变更借款用途"为由，要求免除连带责任。如上述提及的姿芳娜化妆品公司及其法人代表俞某某骗取贷款案的案发原因就是，姿芳娜化妆品公司的担保企业之一温蒂公司举报其私自改变贷款用途。

第三，信用卡诈骗型金融犯罪案件频发，反映出部分银行对信用卡申请人资质审查把关不严、信用卡使用监管不力、缺乏信用等级信息共享机制等问题。①发卡审核程序不严，持卡主体信息采集不全。部分银行片面追求发卡数量，业务员为完成办卡指标，对信用卡申领人基本情况、资信状况等审查不严，放宽申请人或担保人条件，造成许多虚假证明材料也能蒙混过关，许多不具备申领资格的人亦能申办成功，致使信用卡核发过程中出现主体身份虚假、发卡对象任意、资质审查模糊、授信额度随意等状况，从而为恶意透支提供机会。②银行对信用卡的使用监管不力。一是信用卡开通、启用、密码设置和挂失程序有待完善，目前银行都简化了信用卡的开通、涉密及挂失手续，持卡人通过电话银行核对一些个人信息即可完成，由于其中缺失银行主动核对的环节，容易给不法分子以可乘之机。二是银行对信用卡使用过程的风险监测不到位。尤其对一些大额异常交易和交易异常的账号，银行常疏于监控，导致银行在信用卡使用失范时无法及时察觉，给犯罪分子提供作案可能。③各大银行间缺乏信用等级信息共享机制。由于现在银行在客观技术上对申请人在同一银行或不同银行间多头申领、过度申领信用卡的现象缺乏有效监控手段，各银行之间也缺乏信用卡申领、透支、挂失等信息共享机制，不法分子往往利用这点同时在多家银行办理信用卡，甚至在一家银行办理多张信用卡，"一人多行多卡"现象严重。如2011年犯罪嫌疑人冯某曾先后在农行、建行、工行等5家银行申请办理了5张信用卡用于恶意透支；2012年犯罪嫌疑人胡某曾在工商银行分别办理了牡丹贷记卡、牡丹国际威士金卡和牡丹白金卡用于恶意透支。

第四，机动车保险诈骗型金融犯罪的组织化、集团化倾向明显，反映出车险制度的实践运作存在漏洞问题。维持机动车保险诈骗犯罪组织化、团体化的主要因素是，车险申请人、修车行和保险公司三方在骗取机动车险行为中的"利益均沾"关系：保险公司获取高投保数量，而且开拓了保险市场，修车行牟取到差价利润，申请人得到巨额保险理赔。这种"利益均沾"关系所凸显的车险制度运作漏洞主要有：①保险公司的承保、核保环节把关不严。保险公司重业务开拓、轻制度管理是近年保险业发展中的一个倾向性问题，尤其是在对保险代理人的管理上，只要求保险代理人能拉到业务即可，而疏于监督管理。②保险公司的现场勘查不及时、不到位。如因城市内机动车保有量不断提高，车辆事故频发，各保险员疲于应对，在处理事故过程中，常常出现一些定损员自己不到现场勘查，而是让他人代为勘查，甚至让修理厂人代为勘查拍照定损的情况。③保险事故审查大多以书面审形式进行，很少对证据实物及其具体来源进行实质性审查。如2012年何某保险诈骗案中，保险公司定损员竟因案发地较远，让何某等人自行拍照取证，后何某等人经简单书面审查后顺利骗取6万余元保险金。④职业"拼缝人员"幕后推动诱发的机动车保险诈骗案比例大。所谓职业"拼缝人员"，即以或明或暗形式鼓动车主实施保险诈骗，借机赚取维修差价的修车行从业人员或骗保"黄牛"。许多车主起初并不想或不愿造假骗保，而是在受到"拼缝人员"引诱或教唆后才产生骗保犯意的。在义乌市院近年办理的机动车保险诈骗案中，有"拼缝人员"介入的案件达70%，如2012年赵某保险诈骗案中，修车行老板唐某以过报案期保险公司无法理赔和不需承担任何责任为由怂恿赵某进行保险诈骗。

第五，职务犯罪型金融犯罪以金融机构工作人员受贿为主，反映金融机构内部队伍管理及业务运行监管机制存在问题。①利用审批银行贷款等业务便利收受贿赂。贷款是商业银行最重要的业务项目，一些企业为了更快、更多地获取银行贷款，不惜向银行审批、发放贷款的管理层或业务员行贿，这也是目前金融机构职务犯罪最主要的类型。如2010年~2012年期间，时任工商银行义乌分行营业部经理的金某某利用管户客户的信用评级、授信和抵押物调查核实等职务便利，非法收受义亭铜材福利厂老板傅某、云山家电贸易公司法人代表余某、奥尔卡斯光电科技公司法人代表吴某某财物合计价值人民币7.5万元，并在请托人单位的贷款申请与发放、评级授信、电子承兑汇票等银行业务办理中给予"照顾"。②金融机构工作人员与犯罪嫌疑人联手作案。如2012年工商银行工作人员吴某某与龚某合谋，由龚某先安排他人（名义上的贷款人）到工商银行办理贷款手续，并以房产作为抵押，后吴某某借此名义违规向龚某（事实上的贷款人）发放贷款245万元。

### 三、治理金融犯罪案件频发问题的对策建议

第一,治理涉众型金融犯罪的建议。①丰富金融产品,拓宽理财渠道。涉众型金融犯罪案件频发多数与民间投资渠道不畅有关,应尽可能地完善金融市场,丰富金融产品,为社会闲散资金寻找合法、安全的投资渠道,尽量满足民间资本投资的需求,尤其要加快建立与中小型企业发展特点相适应的小微金融机构(如镇街银行等),使其成为民间融资的主渠道。此举不仅可以彻底铲除非法集资类案件滋生的土壤,亦可使民众在保障其合法权益的同时从合法投资中收益。②强化金融监管,加大资金扶持。加强银监部门对非法金融机构和非法金融业务的查处取缔力度,推行银监、工商、外经贸、税务等部门对金融机构的联合年审制;加强企业的生产经营管理,规范企业经营行为和市场秩序,对经营能力和信誉良好、管理规范、符合国家产业政策要求的中小型企业,银行应降低放贷门槛,加大资金扶持力度,尽可能地解决企业资金运转问题,从源头上扼杀非法集资的动机。③切实做好涉众型金融犯罪受害人的追赃及安抚工作。既要确保被害人及时挽回损失,又要确保被害人情绪稳定,防止被害人被不法分子利用造成群体性事件。

第二,治理骗取贷款型金融犯罪的建议。①完善企业贷款发放制度。一是建立针对中小型企业的特色贷款制度,如中小型企业可以基于多次交易事实、多个交易项目向银行统一申请经营性贷款,银行对企业贷款用途适当放宽限制条件等;二是严控审批,严查"以贷养贷"行为,对于不符合贷款条件的贷款行为必须杜绝,防止风险集聚和积淀;三是进一步明确骗取贷款案件中的恶意担保人责任。②对贷款进行全程审控。一是贷前银行应对贷款人提交材料的真实性进行严格审查,并对购销合同另一方及担保人资质等进行核实;二是贷后信贷员应跟踪调查企业贷款是否用于相应用途,不应因市场竞争激烈而放松对客户贷款用途的监管,特别是对一些资信较差的客户,应当增加检查频率,对不按约定用途挪用贷款的,应当按照规定予以停止贷款等处理。③加强法制宣传教育。一是联合金融机构共建教育机制,加强对金融从业人员的法制教育,保障银行及其工作人员远离违法犯罪;二是充分利用报纸、电视、网络等媒体,加强"骗贷型"金融犯罪宣传,对典型案例进行披露,调动社会各界和广大群众抵御骗贷行为的自觉性。

第三,治理信用卡诈骗型金融犯罪的建议。①科学规范信用卡申请审核程序。针对当前信用卡申请审核程序不规范的现状,建议金融机构采取科学审查方法,建立资信初审、复审、审批制度。一是亲访亲核,了解申请人的真实意愿和身份真伪,坚持亲自会见申请人、亲自审查证件及资信证明的原则,审慎发展高风险商户;二是尽职尽责,改变单纯审核收入的审查观念,结合人行征信报告及

中国银联信用卡风险信息共享系统的信息查核，明确申请人的资信水平和还款能力，合理确定授信额度。②动态管控信用卡透支额度。从司法实践来看，犯罪分子之所以能够屡屡恶意透支得手，银行未能严格控制信用卡透支额度是重要原因。因此，一方面，在信用卡申领中，银行应严格审查申领人的收入现状、资产负债等信息，根据客户的综合情况来授予不同的透支额度；另一方面，加强与有关单位的沟通联系，及时了解持卡人的负债变化、资信程度，根据其动态变化变更透支额度，降低恶意透支的发生概率。③建立银行信用卡信息共享体系。充分运用银联建立的风险管理平台，加强银行各部门之间及银行与其他相关单位之间的信息沟通，不断完善"黑名单"制度，建立高效的银行联网清算系统。

第四，治理保险诈骗（机动车）型金融犯罪的建议。①完善保险公司从业人员的业务监管。一是严格落实监管制度，规范保险公司与汽车修理单位的业务往来，防止保险公司违规授权、违规返点等行为发生；二是加强对保险销售人员及代理人员的管理，将居间介绍、推销保险的投机"拼缝人员"及早清扫出保险行业队伍；三是强化保险理赔现场勘查、定损和理赔审查工作的力度与实效，增强审查人员的责任心和自律性。②加强对汽修单位及从业人员的监管。一是定期对汽修单位进行资质审查，对于不具备相应资质的单位坚决禁止从事保险理赔维修业务；二是增强对汽车维修单位从业人员职业道德教育，提高汽修人员参与骗保的典型案例曝光率，强化其守法意识和自律意识；三是将居间介绍、"拼缝人员"列入"黑名单"，防止该类人员诱发作案。特别对理赔定损外的"黄牛"，更应当严厉打击和治理。③加强法制宣传教育，鼓励公众参与监督。一是通过报刊、网络等媒体，加强反欺诈宣传，改变人们对保险欺诈的错误认识，向公众阐明保险欺诈的危害；二是鼓励公众对保险诈骗行为进行监督，让具有潜伏性和隐蔽性的保险诈骗无所遁形。实践中，可建立汽车保险欺诈举报制度，对检举、揭发欺诈行为的单位和个人按挽回损失给予一定奖励。

第五，治理职务犯罪型金融领域的建议。①完善相互制衡的监督体制。一是加强金融机构的内部监督。许多金融机构过分注重金融产品创新，而忽视了监督机制创新，由此滋生了廉政风险点，使一些意志薄弱的员工陷入职务犯罪的泥淖。因此必须建立一套责任明确、相互制衡与业务发展同步的监督机制，最大限度地防范廉政风险。二是丰富外部监督手段。金融机构单靠总部纪检监察、审计等专门部门行使监督职能，很难实现对金融职务犯罪的有效遏制与防范，有些基层金融机构虽然也设有监督员，但因同事之间碍于"面子"而影响监督时效。建议引入外部审计机构的专项审计，定期开展金融审计，发现异常现象及时查找隐患。②实行廉政风险防范管理机制。针对部门金融机构基层权力过大的问题，建议调整岗位权力分配设置，对关键岗位与重点部门逐一排查岗位廉政风险，并对风险进行界定，风险高的岗位实施定期轮岗，通过岗位调动及强制离岗，防止国有金融机构工作人员任职期间以权谋私。③建立健全金融领域职务犯罪预警机制。金融监管部门银监会、证监会和保监会可以联合组建跨部门的"金融廉政执法机构"，加强对金融职务犯罪形式的分析、预判和研究，发现和掌握本地区一定时期内金融职务犯罪的特点和规律，形成科学的金融职务犯罪预警工作机制，掌握应对金融领域职务犯罪的主动权。

### 四、检察机关在治理金融犯罪中的职能定位

检察机关作为金融法治环境的塑造者，具有维护金融管理秩序和促进金融市场稳定的价值导向，在查处和预防金融犯罪、防范和化解金融风险等方面发挥着重要作用。[1]

第一，严厉打击金融犯罪行为，保障金融行业规范运行。一是突出打击重点，坚决打击集资诈骗、贷款诈骗、高利转贷、非法吸存等严重危害金融秩序犯罪及其衍生的非法拘禁、故意伤害等暴力犯罪；妥善处理涉众型金融犯罪，注重查清集资款流向，加大追赃返赃力度，最大限度地保护群众合法权益。二是依法打击金融改革中的新型犯罪。依法打击担保、典当、寄售、产权（股权）交易等中介组织参与的金融犯罪，严厉打击骗取贷款（票据承兑）、伪造金融票证等新型金融犯罪。坚决制止通过诉讼逃债、消债等行为，对弄虚作假、趁机逃废债的，要严格追究相关责任人的法律责任。三是认真查办金融从业人员利用职务影响违法融资、私自转贷、充当"资金掮客"，以及内外勾结骗取金融机构贷款的犯罪；严厉打击金融从业人员在金融基础设施建设和资源配置过程中发生的贪污、贿赂、侵占、挪用金融资产等职务犯罪行为；深入查办金融监管过程中有关国家工作人员滥用职权、玩忽职守、徇私舞弊等犯罪行为。

---

[1] 2013年义乌金融专项改革方案出台后，义乌市院把保障"金改"作为服务大局的中心任务，专门成立了以检察长为组长，分管检察长为副组长，研究室、金融知识产权科等业务部门负责人为成员的服务金融专项改革调研组。一方面，踏实做好当前金融风险调研工作。先后走访了农业银行义乌分行、招商银行义乌支行等多家金融机构，考察学习了温州金融综合改革实验区的经验做法。同时邀请人民银行义乌支行、银监会金华监管分局义乌办事处、中国银行义乌分行、浙商银行义乌分行、人保公司义乌分公司等多家金融机构和金融监管机构负责人召开"检察执法与金融安全"座谈会，深入探讨检察机关在查处和预防金融犯罪、防范和化解金融风险、营造和规范市场秩序等方面的对策建议。另一方面，建立健全服务金融专项改革的制度方案。制定出台《关于保障我市金融专项改革服务经济发展的若干意见》，细化了严厉打击严重金融犯罪、金融领域职务犯罪的规定，强化了以提前介入、联席会议、检察建议等形式为代表的金融犯罪协作治理机制。同时，依托金融知识产权科等业务部门的专业化优势，细化办理流程，强化节点控制，着力稳定和规范金融秩序，防范和化解金融风险。

第二，建立健全部门联动体系，不断强化两法衔接机制。[1] 一是进一步强化检察机关与公安、工商、银监等行政执法单位的协作配合，建立健全金融犯罪方面的信息共享、案件查询、案件移送等长效机制，共同研究解决预防、打击金融犯罪工作中的重点难点问题，确保打击金融违法犯罪行为无遗漏。二是进一步强化检察机关与法院和公安的协作沟通，统一犯罪构成认识。法院在审理其他案件时发现有涉嫌金融犯罪的，应及时通知公安机关，对于证据确凿涉嫌犯罪的，应当中止审理或裁定驳回起诉，移送公安机关立案审查，检察机关可依据侦查监督权提前介入引导侦查。三是加强与金融机构及金融监管机构的沟通协作，通过情况报送、信息共享、联席会议等形式，有针对性地做好司法服务工作，帮助解决相关案件暴露出的金融管理体制机制方面的问题，确保金融活动健康有序开展。

第三，积极运用检察预防职能，保护合规金融健康发展。一是建立健全重大金融决策服务机制。建立金融犯罪案件备案审查制度，加强对金融形势的分析研判，妥善处置可能影响金融市场稳定的苗头性、倾向性问题，及时总结分析发案特点和规律，及时向金融机构和金融监管机构发布《金融检察白皮书》，为党委政府重大金融决策提供参考。[2] 二是积极推动金融、行政、社会、市场、会计等领域信用数据的征集、交换和应用，推进行政执法监察侦查信息库与金融机构征信系统的"无缝对接"，扩大违法犯罪档案与信用额度档案的查询范围。推动建立健全覆盖全社会的"大征信体系"，加强信用信息的公开和共享，加大对失信行为的惩戒力度，完善信用服务产品的应用。[3]

第四，整合优化执法办案资源，推进办案专业机制建设。一是成立金融知识产权科，推进办案模式专业化。[4] 金融知识产权科主要负责办理破坏金融管理秩序、金融诈骗及侵犯知识产权犯罪案件，同时负责探索金融知识产权领域新型

---

〔1〕 义乌市院针对金融犯罪现已建立了专项化信息纵横联动机制。一是与法院刑庭、公安经侦及上级院业务部门等建立定期联席会议制度，加强对类型性、苗头性金融案件中出现的新情况、新问题的研讨，及时统一执法尺度，促进执法办案能力的提升；二是完善纵向信息联动工作机制，对于案件办理中发现的类型性、苗头性问题，及时上报上级院业务部门。

〔2〕 2013 年底，义乌市院服务金融专项改革的《金融检察白皮书》获得金华市委常委、义乌市委书记李一飞的高度重视并作出批示，批示内容为："检察院积极主动服务金融专项改革，服务经济发展大局，值得充分肯定！"

〔3〕 义乌市院推动建立的覆盖全市的"大征信体系"已基本形成，实现了由案管部门牵头，与金融、银监、市场、会计等领域信用数据的联网，将涉企及企业法定代表人经济犯罪记录面向社会实现有条件查询，推进了行政执法监察侦查信息库与金融征信系统的"无缝对接"，扩大了犯罪档案与信用档案查询的范围。

〔4〕 2013 年 1 月，义乌市院侦监二科和金融知识产权检察科成立，专门负责金融类犯罪案件的审查批捕和审查起诉，有效提高了金融案件办理的专业化和精细化进程。

案件、疑难复杂案件的定期分析梳理和法律政策研究工作。[1] 二是完善金融人才培养，推进办案队伍专业化。加强专业人才交流与培养，支持检察干警到银行、证券和金融监管机构学习相关金融知识；邀请高校专家定期为干警授课，汇聚和整合金融检察理论与实务人才，为金融办案机制完善提供智力支持和理论支撑。

---

[1] 对此，义乌市院全力打造金融检察精品案例。对于有重大影响或属新类型、新罪名的案件，由部门负责人评估，对有示范价值的案件，指定业务骨干专门办理，同时将案件办理情况及时上报上级院业务部门。根据案件情况，指定有丰富经验的检察官办理，并通过科室会议对案件事实、证据把握、法律适用、办案效果等进行讨论，发挥集体智慧，打造精品案件。办案结束后，请承办人与其他干警分享办案心得，促进整体办案能力的提高。

# 新能源金融法研究

朱国华*　宋晓雪**

摘要：新能源金融法是产业金融法的一个重要分支，也是能源法的重要分支。新能源产业是一个国家的战略性新兴产业，新能源产业投融资法律制度的好坏对新能源产业的发展起着承上启下的核心作用。笔者研究了新能源产业的理论意义和实践价值，对国外新能源投融资政策法律制度进行了比较研究，对我国新能源法律制度政策现状不足及原因进行了分析，论文提出要完善我国新能源金融法律制度的对策建议。

关键词：新能源；新能源金融

新能源金融法是产业金融法的一个重要分支，也是能源法的重要分支。新能源产业是一个国家的战略性新兴产业，新能源产业投融资法律制度的好坏对新能源产业的发展起着承上启下的核心作用。

本文首先在绪论部分对本文的研究背景和研究基础作了简要介绍，阐述了新能源产业的特征及发展和壮大新能源产业的战略意义，以及当前新能源产业投融资发展现状。介绍了产业金融背景下的新能源投融资法律制度，引入经济学和法学相关理论，分析新能源投融资法律制度的理论基础。

接着介绍了国外新能源产业投融资法律政策，详细分析了美国、德国和日本对新能源产业的各种财税金融政策，详细介绍了美国在新能源投融资领域严密而健全的政府支持的表现，包括减免税收优惠、专项基金、消费补贴等，发现其中可借鉴之处。然后立足国内，介绍了我国对新能源产业提供的各项激励性和约束性法律政策现状，包括立法现状、激励措施总结、管理机构现状，接着分析其中存在的问题。

---

* 朱国华，同济大学法学院教授、博士生导师，同济大学发展研究院副院长，中国银行法学研究会理事。

** 宋晓雪，同济大学法学院 2010 级法律硕士，东海证券高级经理。

之后又对我国新能源产业的投融资机制进行了深入分析，包括投资主体分析、投资风险分析、融资方式及问题分析。投资主体方面主要对新能源企业和金融机构投资者进行了分析。投资风险包括技术风险、法律和政策风险、产业经营风险等。对银行贷款、风险投资、企业上市等融资方式进行了分析。

然后在以上章节的基础上，深入浅出地探讨了完善我国新能源产业的投融资法律制度的对策建议。政府应当尽快调整新能源产业发展模式，要在法律和政策层面平衡促进新能源产业不同领域的发展，加强国内市场的培育。完善立法建设，补充空白，在金融法规政策领域制定支持新能源产业的专门规定；严格执法，保证法律政策顺利实施；完善新能源产业的管理体系，做好监督工作，中央与地方要协调统一促进新能源投融资法律制度的建设。同时，应尽快建立多层次的金融体系，拓宽新能源产业的融资渠道。

最后是结论部分，总结了文章的创新与不足。

## 一、导论

（一）研究背景

新能源金融法是产业金融法的一个重要分支，也是能源法的重要分支。本章即以此为重点展开研究。

1. 新能源产业

（1）新能源。新能源是与常规能源相对的新型能源形式。在 1981 年 8 月联合国新能源和可再生能源会议之后，联合国开发计划署（UNDP）将新能源分为三类：其一，大中型水电；其二，新可再生能源，包括太阳能、现代生物质能、风能、海洋能、地热能、小水电；其三，传统生物质能。

新能源具有资源分布广、开发潜力大、环境影响小、可永续利用的特点，它是能源体系的重要组成部分，是有利于人与自然和谐发展的能源资源。以风力发电为例，一个 700MW 的风电场，按照等效满负荷利用小时数为 2500h 计算，与 $2 \times 350MW$ 火电机组相比，每年可分别减排 $CO_2$、$SO_2$ 和 NOx 约 156 万吨、1930 吨和 2731 吨，带来极大的社会效益。

新能源和可再生能源在产业界和理论界都尚未分别界定，由于两者既有重合的部分，又各有不能涵盖之处，故通常把两者统称为"新能源和可再生能源"。可再生能源是具有自我恢复特性，且可持续利用的一类能源。本文的研究对象限于新能源。但鉴于实际情况是很少有单独的只针对新能源的法规或政策，新能源经常被包含在可再生能源范畴内加以监管，所以本文研究的法规政策或数据，有些是与可再生能源有关的。

（2）新能源产业。新能源产业主要是源于新能源的发现和应用。关于新能源产业的定义在学术界并没有明确，笔者认为，开发新能源的单位和企业所从事的工作的一系列过程形成了新能源产业。在中国，现阶段能够形成产业的新能源主要包括太阳能、风能、水能（主要指小型水电站）、生物质能、地热能等。

新能源的发展和应用是科学技术和研究发明不断创新的硕果，因此，新能源产业属于技术密集型和资金密集型产业，具有非常明显的"高投入、高风险"特点。同时，新能源产业具有资源消耗低、清洁程度高、潜在市场大、带动能力强、综合效益好等优势。新能源产业也是一个市场潜力非常大、关联性很强、成长性极高、经济效益很好的新兴产业，是关系能源安全、经济安全、生态安全的战略性产业。

第一，发展新能源产业的意义。发展新能源产业，不仅是治理环境和保护生态的重要措施，也是补充整个能源供应系统的有效手段，更是满足人类社会可持续发展需要的最佳能源选择。

目前，开发利用新能源已成为世界各国加强环境保护、应对气候变化、保障能源安全的重要举措。随着经济社会的发展，我国能源需求持续增长，能源资源和环境问题日益突出，加快开发利用新能源已成为我国应对日益严峻的能源环境问题的必由之路。发展新能源产业是应对气候变化、改善我国能源结构、实现能源可持续发展的有效措施，是我国构建国际竞争新优势，占领国际技术制高点，实现对国际低碳技术市场的控制权并推进国内节能减排的加速器；发展新能源产业有利于改善我国农村和偏远地区人们的生产和生活条件。

新能源产业具有非常明显的"高投入、高风险"特点，这使得新能源产业的融资渠道变得非常有限。新能源产业投融资制度是推进新能源产业结构升级，加快产业增长方式转变的重大举措。政府在给予资金和融资政策支持的同时，要充分利用好和引导好来自市场的资本。

第二，新能源产业投融资现状与趋势。从资金的投入规模来看，中国新能源的投资在2006年为600亿元人民币。2007年的投资总额达到了760亿元人民币，名列世界第二，仅次于德国的140亿美元。2007年上市公司对新能源领域的投资增强，28家上市公司对太阳能、风电、煤化工等领域的投资总额达164.18亿元。相关研究报告显示，2008年风险资本的投资规模达到339.45亿，总投资项目数为506个；仅2009年上半年就达到105.12亿元，总投资项目数为167个。其中，新能源产业仅占总投资规模的8.30%和3.99%，新能源产业投资案例占比为1.8%和2%。[1]从投资领域方面来看，风险资本主要投资在风能和太阳能相关技术研发及产业化项目上。在新能源项目的投资上，多数风险投资机构相对谨慎，多数在观望期。

---

[1] 国家能源局：《可再生能源发展"十二五"规划》，2012年8月，第2~4页。

根据《可再生能源发展"十二五"规划》，为实现 2015 年和 2020 年非化石能源分别占一次能源消费比重 11.4% 和 15% 的目标，"十二五"期间水电开工规模将达 1.6 亿千瓦，投产 7400 万千瓦，建设投资总需求约 8000 亿元，其中大中型水电约 6200 亿元，小水电约 1200 亿元，抽水蓄能电站约 600 亿元。"十二五"期间，将新增风电装机 7000 万千瓦，投资总需求约 5300 亿元；新增各类太阳能发电装机 2000 万千瓦，投资总需求约 2500 亿元；各类生物质能新增投资约 1400 亿元。加上太阳能热水器、浅层地温能利用等，"十二五"期间新能源和可再生能源投资需求估算总计约 2 万亿元。[1]因此，中国新能源产业孕育着大量的投资机会。

（二）新能源产业发展遭遇瓶颈

"十一五"期间，在国家政策鼓励和国外贸易政策宽松的环境下，我国新能源产业发展非常迅速，产业规模激增。

风电装机容量从 2005 年的 126 万千瓦迅速增长到 2010 年的 3100 万千瓦。到 2010 年底，我国已建成 802 个风电场。[2]水电保持了稳步快速的发展。大型水电工程如三峡、拉西瓦、龙滩等陆续建成投产，五年投产装机容量约 1 亿千瓦。截至 2010 年底，全国水电装机容量比 2005 年翻了近一番，达到 2.16 亿千瓦。[3]太阳能电池产量以超过 100% 的年均增长率快速发展。2007 ~ 2010 年连续四年产量世界第一，2010 年太阳能电池产量约为 10GW，占全球总产量的 50%。我国太阳能电池产品 90% 以上出口，2010 年出口额达到 202 亿美元。[4]在光伏电池制造技术方面，我国已达到世界先进水平。光伏电池效率不断提高，晶硅组件效率达到 15% 以上。非晶硅组件效率超过 8%，多晶硅等上游材料的制约得到缓解，基本形成了完整的光伏发电制造产业链。2010 年，水电、风电、生物液体燃料等计入商品能源统计的可再生能源利用量为 2.55 亿吨标准煤，在能源消费总量中约占 7.9%。

但是，在我国，新能源产业是仅发展了几年的新兴产业，产业规模如此快速膨胀的背后凸显的是产业的粗放式发展，其表现是产能相对过剩、科研能力不足、先进技术缺乏。

我国风电、太阳能等新能源产业已经出现重复建设、过度投资低端产业链、核心关键技术缺乏等问题，风电和太阳能设备的关键零部件都是从国外进口的。2006 年，德国和日本同意向我国输出生产多晶硅的相关技术，并大幅降低技术

〔1〕 国家能源局：《可再生能源发展"十二五"规划》，2012 年 8 月，第 2 ~ 4 页。
〔2〕 国家能源局：《风电发展"十二五"规划》，2012 年 9 月，第 2 页。
〔3〕 国家能源局：《水电发展"十二五"规划》，2012 年 11 月，第 3 页。
〔4〕 国家能源局：《太阳能光伏产业十二五发展规划》，2012 年 2 月，第 2 页。

转让费，此后，我国多晶硅生产企业雨后春笋般地发展起来。我国光伏生产量已达到全球产能的 40%，是世界最大的光伏生产国，中国生产的光伏产品大约 10% 出口到美国，80% 出口到欧洲。2012 年，受欧债危机、政府削减补贴、海外市场萎缩等因素的影响，整个光伏产业持续陷入低迷。年初，美国"双反"初裁决定对中国光伏产品征收反倾销税和反补贴税；年中，以 Solar – World 为首的欧洲光伏产业联盟向欧盟委员会提出针对中国光伏产品的反倾销诉讼。我国光伏产业发展遭遇前所未有的寒冬，国内光伏产业巨头无锡尚德被迫宣告破产，光伏产业进入产业洗牌调整期。

其实，早在 2009 年，政府就已发现国内风电产业规模盲目膨胀，国家发改委等部门出台《关于抑制部分行业产能过剩和重复建设引导产业健康发展的若干意见》，整治风电设备、多晶硅、钢铁、水泥等产业出现的产能过剩、重复建设等问题。但从今天看来，似乎是治标不治本。新能源产业发展遭遇今天的尴尬，一方面是因为市场的无序竞争，另一方面，政府由于调控与监管不力也难辞其咎。

（三）产业金融与新能源投融资法律制度

1. 产业金融

金融是经济体系的"心脏"，为产业发展提供"血液"，并创造非常重要的经济价值。以满足生产者的融资需求为主要功能的金融体系称为"产业金融"，即产业与金融的紧密融合，在融合中加快产业的发展，利用金融为产业服务，产业是根本，金融是工具，利润是目的。如科技金融、能源金融、交通金融、物流金融、环境金融，等等。产业金融的基本原理就是通过资源的资本化、资产的资本化、知识产权的资本化、未来价值的资本化实现产业与金融的融合，促进其互动发展，从而实现价值的增值。[1]

新能源产业已经成为全球所共同关注和大力发展的产业，很多国家和地区相继出台相关法律和政策给予充分帮助，特别是通过改善金融机制来支持新能源产业的开发利用和可持续发展。新能源产业金融就是要通过金融制度的推动，使新能源产业实现融通资金、整合资源、价值增值的目标。

2. 新能源产业投融资法律制度

投资即投资主体的资金运用，而融资也就是其资金的筹集。投融资机制是针对市场参与主体的投资行为和融资行为而作出的一种制度性安排，它是指资金融通过程中各个构成要素之间的相互作用关系及其调控方式，包括投融资主体的确立、主体在资金融通过程中的经济行为、储蓄转化为投资的渠道和方式以及确保

---

[1] 钱志新:《产业金融》，江苏人民出版社 2010 年版，第 10 页。

促进资本形成良性循环的金融手段等诸多方面。[1]投融资主体、投融资方式、投融资环境是整个投融资过程中的主要构成要素，这些要素之间的作用关系与调控方式构成了一定制度背景下的投融资机制。

新能源产业投融资机制是新能源产业金融的核心所在，决定了产融结合的质量和发展水平。由于新能源产业自身的特点，新能源产业投融资机制在新能源投融资主体、投融资方式和投融资制度环境等方面都有着不同于其他行业的特点。在新能源企业发展初期，如何获得足够的研发资金是新能源企业首先要攻破的融资难题。同时，从主体上来看，与融资相对的就是投资了，投资主体包括政府、企业、自然人等，这些投资主体具有不同的投资风险偏好，投资渠道、投资方式、退出方式等都是投资主体所关注的。因此，这需要建立一套有利于产业可持续发展的、能使投融资各方利益最大化的新能源产业投融资法律制度。

笔者认为，应该建立以"政府主导、市场参与、产业可持续发展"为目标的新能源产业投融资法律制度。这项制度的完善，需要政府的公信力的支持，例如制定专门的新能源产业投融资制度管理办法以规范产业，使金融更顺畅地服务于新能源产业；加大环境保护宣传力度，引导公众选择使用新能源产品，同时改革电网体系等以帮助开发新能源产业的市场。

健全的新能源产业投融资法律制度有利于新能源企业获得良好的制度环境。政府在法律和政策方面针对新能源投融资给予规范管理和资金支持，将在全社会形成政策导向作用，在政府从财政上扶持新能源产业的同时，社会闲散资金也会积极涌向新能源产业。

健全的新能源产业投融资法律制度有利于产业金融效应最大化，产融结合，产融共进。充分利用各种金融工具，完善新能源投融资机制在解决新能源产业资金瓶颈的同时，更有力促进了金融行业的腾飞。

健全的新能源产业投融资法律制度更注重对国内市场的培育，我国国内新能源市场规模狭小，这种局面难以迅速形成大规模制造业作为产业发展的支撑，国内新技术的开发欠缺动力，而且过多依赖政府的直接推动。由于成本过高，最终会抑制可再生能源市场容量的扩大。反过来，市场狭小又会对新能源降低成本造成障碍，产生恶性循环，导致可再生能源产业的发展陷入举步维艰的境地，并对银行、政府及民营企业对投资可再生能源发展前景的信心产生影响。因此，培育国内市场是我国新能源产业投融资法律制度需要加以推进的目标之一。

---

[1] 吴少新等：《推进文化产业投融资机制改革研究》，载《湖北经济学院学报》2012年第6期，第25页。

### 二、理论基础

（一）新能源产品的准公共物品属性

公共物品是新政治经济学的一项基本理论，也是正确处理政府与市场的关系、转变政府职能、构建财政收支、公共服务市场化的基础理论。按照公共物品的供给、消费、技术等特征，依据公共物品非排他性、非竞争性的状况，公共物品可以被划分为纯公共物品和准公共物品。规模经济是纯公共物品的典型特征，在消费上其不存在"拥挤效应"。典型的纯公共物品包括法律秩序、国家安全等。

准公共物品（Quasi-Public Good）又称准公共产品，是指具有有限的非排他性或有限的非竞争性的公共产品，是存在于纯私人产品和公共物品之间的物品，例如公园、公路等都属于准公共产品。理论上，在准公共产品的供给方面，应当遵循政府和市场共同分担的原则。也就是有些准公共物品由政府提供，而有些准公共物品应由市场提供。由于某些特性，有些准公共物品较适合由市场提供。因此，政府就不要去大包大揽，该放手的就要果断放手，只有这样才有利于有序竞争，有利于培育健康的市场体制。

新能源产品属于能源产品，也具有准公共物品的属性。在教育和大型基础设施建设领域，市场的特定参与带来了政府一手管理所不具有的好处。新能源产业的发展也需要在政府引导的情况下，引入适度的市场参与。金融工具的灵活性和不断创新性，不仅能解决新能源产业的巨大资金需求，而且有利于活跃产业，促进新能源产业的可持续发展。

（二）政府失灵和市场失灵

政府失灵和市场失灵是制度理论问题。市场失灵是指因为市场机制存在的障碍导致资源配置效率低下的状态。市场机制在理想的市场经济条件下才可以实现资源的最优配置，即任何资源的再配置都已不可能在不使任何人的处境变坏的同时，使一些人的处境变好，前提条件是信息的完整和对称、充分竞争、规模报酬不变或递减、经济活动不存在外部影响。假如市场机制总是能够有效地发挥作用，政府就没有必要对社会经济活动进行干预。但是现实中，能实现资源最优配置的条件很难同时出现，因而单靠市场机制通常达不到最优配置资源的作用。

政府失灵是指政府的行为不能纠正市场失灵，反而使资源配置更加缺乏效率和不公平，包括政策失灵和管理失灵。[1]政策失灵是指那些造成环境与资源使用中私人成本扭曲（这些成本对个人而言是合理的，却损害了社会财产）的政策，包括税收、补贴、金融、收入和环境政策等。管理失灵是指导致政策实施效果不佳的各级政府组织中存在的问题，例如部门之间协调不足，缺乏有效的手段和措

---

〔1〕 王珺红：《中国环保产业投融资机制及效应研究》，中国海洋大学 2008 年博士学位论文，第 23 页。

施以达到政策目标等。

由于能源是社会的必需品，准公共产品属性同样是能源所具有的。能源如公共基础设施一样被列为国民经济和社会发展的基础，一直由国有制企业垄断经营或政府财政统一部署。但社会主义市场化改革以来，能源越来越具有产业属性，越来越不具有基础设施属性。但是，因为新能源具有环境溢出效应，关乎国家生态安全和能源安全，如果简单地将新能源产业视为经济产业由市场自由发展，则会不符合政府本身的公共利益最大化原则。

在我国新能源产业发展过程中，跃进式的产能提升在短期内还难以被市场消化，产能扩张与市场需求的错位对接终会恶化新能源的发展环境。这就需要政府审时度势的政策引导，加强新能源产业市场的开发与培育，引导生产企业的生产行为与融资行为、投资者的投资方向与行为。

（三）法律的稳定性与政策的灵活性

法律是由国家制定或认可，并由国家强制力保证实施的具有普遍效力的行为规范。法律具有普适性、规范性、稳定性等特征。规范性是法律区别于政策的最主要特征。法律对权利和义务的内容都有具体的规定，这些权利和义务又有相应的程序规定作保障。从内容到程序的规定，都以国家强制力保证实施，违法行为由国家专门机关依法追究法律责任。但法律的规范性与稳定性又产生了相关的滞后性与僵化性。

政策是国家或政党为了实现一定的政治、经济、文化等目标而制定的行动指导原则与准则。政策具有普遍性、指导性、灵活性等特征。政策最大的优点就是环境适应能力强，容易随环境的变化而作相应的调整。由于传统的思维惯性，我国向来有重政策轻法律的现象，很多制度上缺乏权力制衡机制。而且法律本身也需要政策的优势弥补。

新能源产业的特殊性需要经济激励政策的支持。与传统化石能源相比，新能源开发利用活动初始投资大、生产成本较高，开发初期需要强有力的经济激励政策的扶持，从而能够与常规能源展开竞争。新能源投融资法律制度的构建和完善，需要国家从立法制度上去规范各方行为，将各方利益予以法律的保障，也需要不断地结合实际发展情况，及时制定切合实际的指导政策，弥补法律规定的不足，法律与政策并驾齐驱，实现国家对新能源产业发展的宏观指导和微观支持。

（四）利益相关方权益的平衡

如果一种产品的买方市场没有打开，那么卖方市场再怎么发展都是无用的，换句话说就是产业链断掉了。消费者剩余是消费者愿意承担新能源发展成本的关键要素，因为如果对利益相关方缺乏对等收益的额外负担，将会损害消费者的积极性，阻碍新能源的发展。

新能源产品的开发成本一般是很高的，由于技术复杂、规模偏小，新能源基础建设和单位投资成本普遍高于常规能源，导致新能源产品的单位成本也难以下降。在产业发展初期，如果没有政府的财政政策支持，以转移过高的消费者购买负担，那么在有常规能源可选择使用的情况下新能源产品的买方市场是很难发展壮大起来的，如此，任何去构建卖方市场的投融资制度的努力将变成无用功。所以，政府在制定法律和政策时必须要考虑到新能源产业投融资各方的利益保护与平衡，必须考虑到消费者的消费驱动和利益保护问题。通过立法监管和政策安排，将各方的权利和义务纳入到促进产业发展的制度中去。

### 三、国外新能源法律制度比较

新能源投资广泛分布于各个主要技术部门，风能、太阳能、生物燃料、生物质能和废物能。2010 年全球可再生能源领域的投资超过 2000 亿美元。新能源领域投资增长的动力主要来自政策，这些政策包括各国政府采取的一系列财税金融支持制度，这些法律和政策手段在全球营造了一种有助于新能源部门持续增长的稳定环境。

（一）美国

1. 提高财政拨款支持技术研发

2006 年，美国联邦财政对风能的研发预算提高了 27%，太阳能提高了 87%，生物能提高了 118%。2007 年，地热和水电研发预算的增长幅度都超过了 150%。2009 年，美国又大幅度提高了对能源研发的预算拨款，于 2009 年 6 月通过《2009 年美国清洁能源与安全法》，要求各州能源办公室应设立能源和环境发展基金，以储存和管理用于可再生能源和能效项目的联邦财政拨款。2009 年，包括《2009 年美国经济复苏和再投资法》提供的 140 亿美元在内，直接用于新能源研发的预算拨款达到了 190 多亿美元。在 2011 年财政年度的预算报告中，美国再次增加对新能源技术研发的财政预算，其中美国能源部用于新能源研发的费用就达到 24 亿美元，包括用于太阳能研发的 3.02 美元，生物能源研发的 2.2 亿美元，电动汽车技术研发的 3.25 亿美元，建筑节能技术研发的 2.31 亿美元。[1]

2. 提供激励措施促进投资生产

为促进新能源产业化，美国通过税收优惠、加速折旧、直接补贴及融资优惠政策等多种形式鼓励企业扩大对新能源产业的投资和生产，增加新能源供给。

（1）税收抵免措施。联邦政府促进可再生能源发展的最主要的经济措施是税收抵免，包括生产税收抵免和投资税收抵免。联邦政府会根据新能源发展的实

---

[1] 陈波、陈靓：《美国新能源政策及对中国新能源产业的影响》，载《国际展示》2012 年第 1 期，第 16 页。

际情况，对税收抵免的覆盖范围、抵免额度不断进行灵活调整。

第一，投资税收抵免。《2009 年美国经济复苏和再投资法》中推出财政投入 23 亿美元的"有限高级能源制造项目"，对符合条件的用于风能、生物质、地热、海洋能和微流体动力能等可再生能源项目设备的制造、研发设备的安装、设备重置和产能扩大项目，允许企业按照设备费用的 30% 给予投资税抵免，企业用于太阳能发电和地热发电的投资可以永久享受 10% 的抵税优惠。

第二，生产税收抵免。新能源企业生产抵免措施在《1992 年能源政策法》和《2005 年能源政策法》中开始出现，这些法律根据不同的可再生能源类型，对可再生电力生产给予税收抵免。此后该政策几经调整，奥巴马政府延长了此项税收抵免的优惠时效，同时提高了相应的抵免额度，风能、生物质、地热、海洋能和微流体动力能项目自投产之日起 10 年内，企业每生产 1 千瓦时的电量可享受从当年的企业所得税中免缴 1.5 美分，目前税率为 2.1 美分/千瓦时。《2009 年美国经济复苏和再投资法》还规定，生产能力小于 6000 万加仑的小型燃料乙醇生产商和生产能力小于 1500 万加仑的小型生物柴油生产商，每生产 1 加仑生物柴油或燃料乙醇，即可享受 0.1 美元的税收抵免。

美国联邦政府还向特定类型节能汽车提供生产税收抵免。根据替代性汽车税收优惠政策，企业生产的前 6 万台新能源汽车，可以获得高额税收抵免，其中燃料电池汽车可以获得 800 至 40000 美元的税收抵免，混合型汽车和轻便卡车，根据汽车性能的不同，最多可获得 3400 美元的税收抵免。从 2009 年开始，插入式电动汽车可以获得 2500 美元的基本税收抵免，对效能超过 4 千瓦时的汽车电池，还额外提供 417 美元/千瓦时最高可达 5000 美元的补充税收抵免。

美国通过税收抵免政策有效降低了其国内新能源企业的实际税负。美国学者吉尔伯特研究发现，在现有的税收抵免政策下，美国新能源发电产业的实际税率为负，其中核电建设项目的实际税率为 -99.5%、风电为 -163.8%、太阳能发电为 -244.7%。[1]

（2）直接补贴措施。美国财政部和能源部利用《2009 年美国经济复苏和再投资法》规定的拨款，以直接付款而非税收减免的形式，对 5000 个生物质能、太阳能、风能和其他可再生能源项目设施进行补贴。同时，美国联邦政府还通过国会年度拨款给公共事业单位、地方政府和农村经营的可再生能源发电企业进行补贴，每生产 1 千瓦时的电量补助 1.5 美分。《2009 年美国经济复苏和再投资法》还授权财政部设立可再生能源基金（Renewable Energy Grants），对 2009 年、2010 年投运的或者 2009 年、2010 年开始安装并且在联邦政府规定的税务减免截

---

[1] 《能源参考》编辑部：《2009 年美国经济复苏和再投资法》，载《能源参考》2009 年 3 月。

止日之前投运的用于风能、生物质、地热、海洋能和微流体动力等可再生能源利用项目的设备投资给予一定额度的补助，补贴金额一般为符合条件的设施投资的30%。基金项目由纳税主体申请，不纳入获益者的应税收入。

为了鼓励企业投资新能源汽车燃料补给设施，《2009年美国经济复苏和再投资法》还提高了对新能源汽车燃料补给设施的补贴金额，将符合条件的设施可享受的补贴金额从成本的30%增加到50%。同时，同一设施的补贴上限从3万美元提高到5万美元，其中氢燃料补给设施的补贴金额上限甚至达到了20万美元。

（3）加速折旧措施。在《1979年能源税收法》中，美国就规定，可再生能源利用项目可以根据联邦加速折旧成本回收制度，享受加速折旧优惠。《2009年美国经济复苏和再投资法》对加速折旧政策进行了调整，范围包括太阳能、风能、地热能、燃料电池、地源热泵、微型燃气轮机、小型风电和热电联产等商业化时机已经成熟的可再生能源技术。作为刺激经济复苏的短期措施之一，美国还在2008和2009两个年度内对风能、生物质、太阳能、地热、生物燃料、海洋能和微流体动力能以及洁净煤项目等新能源项目给予50%的额外折旧，可以一次性将相关费用的50%予以折旧，其余部分的折旧按照正常折旧程序操作。加速折旧政策是美国鼓励新能源发展的重要举措，此项优惠政策使美国新能源投资者可以更快地回收投资成本，同时减缓了新能源企业的资金压力。

（4）融资优惠政策。为拓展新能源企业融资渠道，美国允许新能源企业发行清洁可再生能源债券，对新能源企业贷款提供政府担保，以鼓励风险投资进入新能源产业。

第一，发行清洁可再生能源债券。根据"清洁可再生能源债券"计划，风能、生物质能、太阳能、地热能、海洋能和微流体动力能以及洁净煤等新能源企业可发行清洁可再生能源债券，债券发行企业只须支付本金，根据联邦政府的规定，债券持有人可以享受税收抵免。《2009年美国经济复苏和再投资法》中将现有清洁可再生能源债券的税收抵免额度提高到联邦政府公布的传统债券利率的70%，如果抵免额度高于纳税义务，应纳税部分可以推迟到下一年度，并额外批准了16亿美元的新债券。

第二，提供贷款担保。《2005年能源政策法》规定，符合条件的新能源企业可以享受政府贷款担保。《2009年美国经济复苏和再投资法》放宽了政府为新能源企业提供担保的条件，并提供60亿美元的联邦贷款担保，以满足从事风能、生物质能、太阳能、地热能、生物燃料、海洋能和微流体动力能、智能电网和传输基础设施、高级电池和燃料电池技术、可再生能源设备制造和环保车辆生产的企业的融资需求。该计划所划拨的60亿美元可支持多达600亿美元的贷款，最高可覆盖新能源项目以及生产相关组件设施80%的成本。

第三，鼓励风险投资进入新能源产业。为使风险投资支持美国新能源产业的发展，美国对风险投资者和风险投资企业提供无偿补助，即政府部门共同出资筹集用于新能源技术和产业的风险资本，以分担风险投资者投资新能源的投资风险，对民间风险投资进行引导。其一，风险投资企业投资新能源项目的总投资额中，贷款可占 90%，如果风险企业破产，政府负责偿还债务的 90%，并拍卖风险企业的资产；其二，降低风险投资企业的所得税率，其中风险投资所得额的60% 免除征税，其余的 40% 减半征收所得税。

美国针对风险投资企业制定的各项鼓励措施，使风险投资一直保持稳定增长，而新能源技术已成为美国风险投资的重点领域。2009 年，新能源技术首次超过软件行业，成为美国风险投资的第一大领域。2010 年第二季度，美国风险投资企业投资于电动汽车、太阳能和生物能源等新能源项目的投资总额达到 15亿美元，同比增长了 63.8%。

（3）实行税收优惠和消费补贴开拓市场。

第一，消费税减免措施。为促进生物能源发展，美国早在《1978 年能源税收法》中就对燃料乙醇的消费税实施减免，减免幅度一直在每加仑 0.4 美元至0.6 美元之间浮动。2009 年后，美国提高了生物能源的消费税减免标准，并将消费税减免的范围扩大到生物柴油领域。目前，美国将燃料乙醇的消费税减免标准已提高到每加仑 0.5 美元至 1 美元。对使用非农业原料生产的生物柴油，美国实施每加仑 1 美元的消费税减免，对使用动物油脂生产的生物柴油，消费减免额度为每加仑 0.5 美元。

《2005 年美国能源政策法案》为鼓励个人和企业使用新能源产品提供了一系列的税收减免，比如，居民购买使用节能窗、太阳能屋顶等，每户可获得至多500 美元的抵税额；企业安装光伏系统发电的，可减免安装成本 30% 的税负。[1]

第二，个人所得税抵扣措施。从 2010 年开始，美国对采用新能源建筑技术的房屋主人实施所得税抵扣。其中，购买太阳能电力系统的房屋主人，其投资的30% 可从当年需缴纳的所得税中抵扣；安装风力系统的房屋主人可以获得多达4000 美元的税收优惠；利用地热泵的房屋主人也可获得最多 2000 美元的税收优惠。

对居民购买节能门窗等提供相当于购买总额 30% 但不超过 1500 美元的税收抵免优惠，并根据房屋每年在节能方面改造的程度大小，向节能型房屋的建筑方提供每年 1000 美元至 2000 美元的税收抵免。

---

〔1〕 胡海峰等：《美日德战略性新兴产业融资机制比较分析及对中国的启示》，载《经济理论与经济管理》2011 年第 8 期，第 63 页。

第三，消费补贴措施。2009 年，美国推行了房产评估清洁能源计划，在这个新的新能源消费补贴项目中，政府通过发行债券融资为住宅和小型商户物业采用新能源设施提供前期费用资助，符合规定的新能源项目还可以向美国财政部申请现金拨款资助，拨款金额为该投资项目总金额的 30%。为鼓励使用新能源汽车的发展，在税收抵免的基础上，美国能源部还专门建立了一个短期资助项目，对部分购车者直接进行资助。根据美国政府 2009 年公布的"车辆补贴退款计划〔CARS〕"，联邦税务局对混合动力车的用户提供最高可达 3500 美元的税务减免，此外还有州政府的税费优惠，以此抵消一部分因为使用混合动力车带来的费用增加。

（二）德国

1. 以补贴促发展

2000 年德国颁布《可再生能源法》，该法和其他新能源相关法规体现了德国对新能源产业实施补贴式的发展模式。立法规定，新能源应至少占德国全部能源消费量的 50%，并为实现这样的指标制定相应的政府补助。新能源发电可以无条件地入网并网，同时，对传统能源和新能源采取非对等的税收，给予新能源产业特别优惠，全力扶持新能源企业发展。对新能源进行电价补贴，推出促进太阳能的"十万屋顶计划"。

2009 年 3 月德国政府颁布《新取暖法》，提供 5 亿欧元补贴发放给使用新能源取暖的家庭。这标志着政府的新能源政策支持重点逐渐开始向新能源下游的应用产业市场转移。同时，制定 500 亿欧元的经济刺激计划，其中很大部分投入研究电动汽车和车用电池项目，目标是到 2020 年生产 100 万辆电动汽车，初步形成新能源汽车产业链。[1]

2. 信贷优惠攻科研

众所周知，德国在新能源技术水平上领跑世界，这源于德国非常重视新能源的科技研发，并对此投入了大量资金。生态税改革后，新能源的开发利用得到了大量的扶持资金，仅 2005 年就约 1193 亿欧元。同年，德国政府批准了风能、太阳能、地热能等共计 102 个研究项目，投入金额达 9800 万欧元。德国复兴信贷银行积极为太阳能项目提供投资信贷和其他优惠贷款，从 2000 年至 2005 年，共发放 7141 亿欧元。2008 年 7 月，德国联邦教研部为 OPEG（有机光伏能源供给）项目投资 1600 万欧元。2009 年，向沙漠技术工业倡议公司投资约 4000 亿欧元，在非洲撒哈拉大沙漠投建世界上最大的太阳能项目。截至 2010 年，德国在新能

---

〔1〕 瞿国华：《发达国家新能源政策的调整及其启示》，载《中外能源》2010 年第 6 期，第 30 页。

源领域总共投入约达 1814 亿欧元。[1]

3. 资金补助开拓市场

《关于可再生能源用于取暖市场的措施的促进方针》对于如何分配补助资金、哪些人可以申请补助、什么项目适合申请补助、具体的补助金额以及申请程序作出了详细的规定。目的是通过促进投资扩大可再生能源技术在取暖市场中的份额，并降低费用，加强可再生能源的经济应用性。规定的补助形式分两种，一种由德国联邦经济及出口监督局针对具体项目直接提供一次性的补助金，分为基础补助和奖励补助；另一种则是由德国复兴信贷银行提供利息优惠的贷款和提供偿贷补助。

但并不是所有相应的措施都可以得到补助，因为《取暖法》中明确规定，使用可再生能源仅用于履行该法律中要求的义务的措施，不能够得到补助。2009年1月1日生效的《新取暖法》规定了使用面积为50平方米以上的新建房屋的所有人有使用可再生能源的义务，并规定了使用不同新能源占供暖能量需求的最低比例：如新房主人选择了太阳能，则新房屋供暖能量至少应有15%来源于太阳能。也就是说，假如新房屋主人选择了太阳能，并且新房屋供暖能量有50%来源于太阳能，那么他的太阳能装置中只有35%可以得到国家的补助，因为其中的15%是用于履行其法律义务的。

德国积极运用行政手段改善新能源产业发展的资金困境。政府利用公共财政向新能源提供补贴；给电力企业指定新能源发电指标；强制新能源发电入网；使传统能源直接补贴新能源；同时调高油价、电价、取暖费等；对适用新能源的消费者进行补贴。

（三）日本

为了促进新能源产业的发展，日本政府对新能源技术研发企业和新能源产品使用者提供财政补贴、税收优惠和金融服务政策。这些经济政策促进了新能源技术的开发与产品应用，是日本新能源产业法律政策体系的重要组成部分。

1. 财政补贴

包括投资补贴和消费补贴。在投资补贴方面，日本政府每年对新能源企业发放奖励性补助金，例如，对利用风力、太阳能、废弃物等发电的企业和推广使用新能源的公共团体，补助不超过50%的事业费及推广费；对于符合新能源法认定标准的新能源推广项目，补助1/3以内的事业费；对协助和推广新能源的非营利组织给予一定的支持。在对消费者的补贴方面，强制生产企业降低设备价格，并按9万日元每千瓦的标准直接补助给家庭用户。

---

[1] 黄玲等：《德国新能源发展对中国的启示》，载《资源与产业》2010年第3期，第51页。

### 2. 税收优惠

对于开发新能源的企业，日本政府都给予一定的税收优惠激励。1997 年，日本政府为了鼓励开发尚未发展起来的未利用能源，将未利用能源作为新能源纳入《促进新能源利用特别措施法》。在税制改革中，《能源供给结构改革投资促进税制》增加新能源，对新能源企业给予第一年获取利润的 30% 的税收优惠。

### 3. 融资优惠

日本政府通过金融机构向新能源产业提供低息贷款和信贷担保。例如，在出口方面，政府为新能源企业优先提供出口信贷和各种援助项目。同时，为在住宅安装太阳能系统的用户提供低息贷款，贷款年利率为 3.9%，还有为期 5 到 10 年的中长期贷款。日本政府也尝试实施各种各样的激励政策，以吸引民间资本大规模投入新能源产业。这些金融性优惠政策极大地促进了日本新能源产业的快速发展。

### 4. 提供辅助金

辅助金是日本政府对新能源产业的一项重要的激励措施。辅助金项目包括面向大企业、中小企业和其他机构的补贴措施。新能源法中对使用新能源的企业或机构制定了相应的补助标准。例如在 1997 年至 2004 年间，日本政府对用于住宅屋顶上的太阳能电池板安装工程投入了 1230 亿日元的补助金，对新能源消费者与新能源管理企业进行直接补助。这一措施使得太阳能电池用户越来越多，也使新能源生产企业收回了成本，促使新能源的市场价格降低。

### 5. 强制与激励措施并存

日本政府非常重视新能源的技术研发和产品推广，政府在产品推广方面投入巨大，将近一半的资金用来帮助企业推广和促使居民使用新能源产品，特别是对新能源企业，仅 2004 年政府就投入了 483 亿日元，占总投资的 30%[1]。

但同时，日本政府运用法律手段和行政手段强制性保证新能源相关法律法规的实施，对于不履行新能源法律法规的企业，政府将对其处以严厉的行政处罚，进行罚款或要求整改，严格执行好政府部门的监管职责。

### 四、我国新能源产业投融资法律制度现状

#### （一）相关法规与政策概述

20 世纪 80 年代以来，我国开始对新能源产业采取了一系列的扶持政策，包括基本法规、行政规章、政策性文件等。具体参见下表（不完全列举）：

---

[1] 曹玲：《日本新能源产业政策分析》，吉林大学 2010 年硕士学位论文，第 25 页。

表1 我国新能源产业相关法规与政策

| 时　间 | 名　称 |
|---|---|
| 1995 年 | 《电力法》 |
| 1997 年 | 《新能源基本建设项目管理的暂行规定》 |
| 1997 年 | 《节约能源法》 |
| 1999 年 | 《关于进一步支持可再生能源发展有关问题的通知》 |
| 1999 年 | 《农村沼气建设国债项目管理办法》 |
| 1999 年 | 《中西部地区外商投资优势产业目录》 |
| 2001 年 | 《关于促进和引导民间投资的若干意见》 |
| 2004 年 | 《关于对国家鼓励的境外投资重点项目给予信贷支持政策的通知》 |
| 2004 年 | 《国务院关于投资体制改革的决定》 |
| 2006 年 | 《可再生能源法》 |
| 2006 年 | 《可再生能源发电价格和费用分摊管理试行办法》 |
| 2006 年 | 《可再生能源专项基金管理暂行办法》 |
| 2006 年 | 《关于发展生物能源和生物化工财税扶持政策的实施意见》 |
| 2007 年 | 《节约能源法（修订版）》 |
| 2007 年 | 《可再生能源中长期规划》 |
| 2008 年 | 《关于可再生资源增值税政策的通知》 |
| 2009 年 | 《可再生能源法（修订版)》 |
| 2009 年 | 《关于完善风力发电上网电价政策的通知》 |
| 2009 年 | 《金太阳示范工程财政补助资金管理暂行办法》 |
| 2009 年 | 《太阳能光电建筑应用财政补助资金管理暂行办法》 |
| 2009 年 | 《关于加快推进太阳能光电建筑应用的实施意见》 |
| 2009 年 | 《关于抑制部分行业产能过剩和重复建设、引导产业健康发展的若干意见》 |
| 2010 年 | 《国务院关于鼓励和引导民间投资健康发展的若干意见》 |
| 2010 年 | 《关于开展私人购买新能源汽车补贴试点的通知》 |
| 2011 年 | 《关于印发促进风电装备产业健康有序发展若干意见的通知》 |

| 时　间 | 名　称 |
|--------|--------|
| 2012 年 | 《关于鼓励和引导民间资本进一步扩大能源领域投资的实施意见》 |
| 2012 年 | 《海上风电开发建设管理暂行办法》 |
| 2013 年 | 《关于做好分布式电源并网服务工作的意见》 |
| 2013 年 | 《光伏上网电价征询意见稿》 |
| 2013 年 | 《关于调整重大技术装备进口税收政策有关目录的通知》 |

　　需要指出的是，2013 年 2 月 27 日，国家电网公司发布了《关于做好分布式电源并网服务工作的意见》，对于单个并网点总装机容量不超过 6 兆瓦的新能源发电项目，国家电网公司承诺为分布式电源提供免费并网服务。这对于新能源的推广来说，是一项非常重大的促进举措。

　　（二）指导性激励制度

　　《可再生能源法》确立了以下五个主要的激励制度：

　　第一，总量目标制度：通过制定可再生能源开发利用总量目标和采取相应措施，推动可再生能源市场的建立和发展。授权国务院能源主管部门具体制定全国可再生能源开发利用中长期的总量目标。

　　第二，发电全额保障性收购制度：目的是激励相关开发可再生能源主体的积极性。一般电网企业应当与符合可再生能源开发利用的规划建设、已经依法取得行政许可或者报送备案的可再生能源发电企业签订并网协议，全额收购其电网覆盖范围内符合并网技术标准的可再生能源并网发电项目的上网电量；相应的发电企业有配合电网企业保障电网安全的义务。

　　第三，分类电价制度：即有关主体根据采用不同的可再生能源技术发电的社会平均成本，分门别类地制定相应的上网电价，并向社会公布，以期确保合理竞争。

　　第四，费用补偿制度：我国的电网企业依照《可再生能源法》第 19 条规定确定的上网电价收购可再生能源电量所发生的费用，高于按照常规能源发电平均上网电价计算所发生费用之间的差额，由在全国范围对销售电量征收可再生能源电价附加补偿；电网企业为收购可再生能源电量而支付的合理的接网费用以及其他合理的相关费用，可以计入电网企业的输电成本，并从销售电价中回收；国家投资或者补贴建设的公共可再生能源独立电力系统的销售电价，执行同一地区分类销售电价，其合理的运行和管理费用超出销售电价的部分，依照《可再生能源法》第 20 条的规定补偿。[1]

第五，专项基金制度：可再生能源开发利用的科学技术研究、标准制定和示范工程；农村、牧区生活用能的可再生能源利用项目；偏远地区和海岛可再生能源独立电力系统建设；可再生能源的资源勘查、评价和相关信息系统建设；促进可再生能源开发利用设备的本地化生产，由国家财政设立可再生能源发展基金，对以上项目工程的支持。

（三）具体措施

1. 财政补贴

国家对可再生能源技术的研究与开发投入给予科研经费支持，对关键的可再生能源设备制造的产业化给予补助等政策。政府对可再生能源的补贴主要用在研究开发和试点示范上。补助可以激发产品开发和消费热情，我国针对新能源的产品开发和销售相继制定了补助管理办法。新能源产业初期投资规模较大，成本回收较慢，而且消费者的了解程度有限，如何促进生产、鼓励消费成为现实问题。

为此，国家发改委于 2006 年 1 月发布《可再生能源发电价格和费用分摊管理试行办法》，开始对生物质能发电项目上网电价实行政府定价，由国务院价格主管部门分地区制定标杆电价，并实行补贴电价。之后涉及太阳能利用的补贴政策也随之出台，中央财政从可再生能源专项资金中安排部分资金，以支持太阳能光电在城乡建筑领域应用的示范推广。2008 年 8 月 11 日，我国财政部发布并实施《风力发电设备产业化专项资金管理暂行办法》，该办法采用"以奖代补"的方式以支持风电设备的产业化。根据该办法规定，对符合支持条件的企业，按600 元/KW 的标准补助其首 50 台 1.5MW 的风电机组。[2]另外，办法为改进相关零部件在风电产业链中的短板效应，对国内制造的叶片、齿轮箱、发电机等零部件提出明确支持，要求整机企业必须使用国内制造零部件，同时按成本比例给予一定补助。同时，对私人购买新能源汽车进行补贴的试点项目也在开展中。

2013 年 3 月发改委发布《光伏上网电价征询意见稿》，对分布式发电和大型地面电站发电进行了区分。分布式发电电价补贴为 0.35 元/千瓦时，补贴资金同样来自于可再生能源发展基金，并由电网企业向分布式光伏发电项目转付。分布式光伏发电系统并入电网的电量，由电网企业按照当地燃煤发电标杆上网电价进行收购。分布式光伏电价将免收随电价征收的各类基金、附加以及系统备用容量和其他相关并网服务费。《意见稿》还对电网企业提出了要求，电网企业"要积极为光伏发电项目提供必要的并网接入、计量等电网服务，及时与光伏发电企业

---

[1] 全国人民代表大会：《中华人民共和国可再生能源法》，第 19~22 条，2009 年。
[2] 财政部：《风力发电设备产业化专项资金管理暂行办法》，2008 年 8 月，第 2 页。

按规定结算电价。同时，要及时计量和审核光伏发电项目的发电量和上网电量，并根据其计量和审计结果申请电价补贴"。

## 2. 贴息贷款

从 1987 年起，我国设立了农村能源专项贴息贷款，主要用于太阳能热利用、风力发电技术和大中型沼气工程的推广应用。1996 年该额度上升为 1.2 至 1.3 亿元人民币。中央财政对这一贷款进行贴息补助，按商业银行利率的 50% 补贴给企业。此外，也有一定数量的低息贷款提供给小水电建设。1991 年，国家计委、科技部发布《关于进一步支持可再生能源发展问题的通知》，制定了包括新能源和可再生能源发电项目的贴息政策，对这种项目实行以国家开发银行为主的银行优先安排基本建设贷款的办法，并提供 2% 的财政贴息，国家项目享受财政部贴息，地方项目享受地方财政的贴息；同时鼓励商业银行积极参与。对于规模达3000 千瓦以上的国家审批建设的大中型可再生能源发电项目，国家计委将协助贷款单位落实银行贷款。贴息贷款一律实行先向银行付息、后申请财政贴息的"先付后贴"办法。

## 3. 税收优惠

我国《可再生能源法》的正式实施从宏观上使可再生能源获得了增值税和企业所得税的优惠。包括减免关税、减免所得税和增值税优惠，用较低的税率满足新能源设备的进口。因为使用外国政府和国际组织的优惠贷款和赠款进行许多新能源项目投资，其设备进口按照政策可免征进口环节增值税和关税。对风力发电按增值税实行按应纳税额减半征收的政策，以此解决风力发电实际税负高于火力发电的问题。新能源作为高新技术产业，一些地方政府如新疆、内蒙古等省区，对新能源企业实行的优惠是减免所得税。对于新能源发电项目，如果是在西部地区建设，得到减免税的优惠可按西部开发税收优惠政策进行。

2013 年，财政部、工信部、海关总署、国家税务总局联合发布《关于调整重大技术装备进口税收政策有关目录的通知》，光伏设备和直流输变电设备、大型环保及资源综合利用设备、煤化工设备等位列其中。通知表示，根据国内相关产业发展情况，在广泛听取有关主管部门、行业协会及企业意见的基础上，经研究决定，自今年 4 月 1 日起，对目录中所列的装备及其关键零部件、原材料进口免征关税和进口环节增值税。

## 4. 专项资金和基金

2006 年财政部设立可再生能源发展专项资金，制定《可再生能源发展专项资金管理暂行办法》以扶持可再生能源发展，发展专项资金重点扶持潜力大、前景好的石油替代，建筑物供热、采暖和制冷，以及发电等可再生能源的开发利用。包括生物乙醇燃料、生物柴油、太阳能、地热能和海洋能等。可再生能源开发利用的科学技术研究项目，需要申请国家资金扶持的，通过"863""973"等国家科技计划（基金）渠道申请。专项资金的发放使用方式包括贷款贴息和无偿资助。公益性强、盈利性弱的项目采用无偿资助方式；只有列入国家可再生能源产业发展指导目录、符合特定信贷条件的可再生能源开发利用项目才能享受贷款贴息，贴息年限为1年至3年，每年贴息率最高3%。

2011年12月财政部会同国家发展改革委、国家能源局共同制定了《可再生能源发展基金征收使用管理暂行办法》，对可再生能源发展基金的征管使用等问题作出了明确规定。可再生能源发展基金包括国家财政公共预算安排的专项资金和依法向电力用户征收的可再生能源电价附加收入等。

5. 参股创投基金

2011年，财政部和发改委联合下发《新兴产业创投计划参股创业投资基金管理暂行办法》，明确财政资金参股创投基金的重点投资方向应集中于节能环保、生物与新医药、新材料、新能源汽车等战略性新兴产业；但不得投资上市企业、房地产及其他创投基金或投资性企业，并强调需重点扶持初创期及早中期的企业成长。新兴产业创投计划是指中央财政资金通过直接投资创业企业、参股创业投资基金等方式，培育和促进新兴产业发展的活动。参股创业投资基金是中央财政从产业技术研究与开发资金等专项资金中安排资金与地方政府资金、社会资本共同发起设立的创业投资基金或通过增资方式参与的现有创业投资基金。该办法目的是鼓励创业投资进入新兴产业，政府与市场共同支持产业自主创新。

6. 鼓励民间资本进入

2010年，国务院颁布《关于鼓励支持和引导个体私营等非公有制经济发展的若干意见》，该意见指出要鼓励和引导民间资本进入法律法规未明确禁止准入的行业和领域，鼓励民间资本参与风能、太阳能、地热能、生物质能等新能源产业建设，并支持民间资本以独资、控股或参股形式参与水电站、火电站建设，参股建设核电站。同时，进一步放开电力市场，积极推进电价改革，加快推行竞价上网制度，推行项目业主招标，完善电力监管制度，为民营发电企业平等参与竞争创造良好环境。

2012年，国家能源局出台《关于鼓励和引导民间资本进一步扩大能源领域投资的实施意见》，该意见指出要继续鼓励民间资本参与电力建设，支持民间资本扩大投资，以多种形式参与风电、太阳能、生物质能等新能源发电项目建设，参股建设核电站。鼓励民间资本参与电网建设。继续支持民间资本全面进入新能源和可再生能源产业，鼓励民营资本扩大新能源领域投资，开发储能技术、材料和装备，参与新能源汽车供能设施建设，参与新能源示范城市、绿色能源示范县和太阳能示范村建设。

7. 设立标准抑制投资过热

新能源带来的好处显而易见，而且国家还给予补贴，随之而来的就是全国各地掀起的新能源开发热潮，各种新能源项目纷纷上马，其中大部分是瞄准了国家补贴这块肥肉，导致出现重复建设、工程质量低下、产能过剩、投资资金效益降低等问题。

对此，国务院和发改委开始出台一系列监管措施，以抑制盲目建设的项目。如 2009 年 9 月国务院批转的《关于抑制部分行业产能过剩和重复建设、引导产业健康发展的若干意见》、2010 年 8 月国家发展改革委下发的《关于生物质发电项目建设管理的通知》，以及 2011 年 5 月国家发改委下发的《关于印发促进风电装备产业健康有序发展若干意见的通知》，开始对生物质发电和风电基地建设速度和规模进行规制，以疏散投资过热现象。

2013 年 1 月工信部起草《太阳能光伏行业准入条件》，截至 1 月 18 日，该草案已通过两轮专家讨论。该准入条件对企业研发能力、生产规模、出货情况、专利数量等各个方面作了明确规定，范围囊括硅棒、硅片、电池、晶体硅组件以及薄膜太阳能光伏电池。明确要求光伏企业每年必须拿出一部分资金投资技术研发及工艺改进，未达到准入条件的企业，金融机构不得向其提供贷款和其他形式的授信支持，产品出口不得享受出口退税等优惠政策，在国内也不得享受相关的补贴。

8. 新能源产业管理机构设置

2008 年 3 月 21 日，我国设立专门的国家能源局（副部级），为国家发展和改革委员会管理的国家局，其职责包括研究提出能源发展战略的建议，拟订能源发展规划、产业政策并组织实施，起草有关能源法律法规草案和规章，推进能源体制改革，拟订有关改革方案，协调能源发展和改革中的重大问题等。

能源局内设九个司，新能源和可再生能源司为九司之一。新能源和可再生能源司职责是指导协调新能源、可再生能源和农村能源发展，组织拟订新能源、水能、生物质能和其他可再生能源发展规划、计划和政策并组织实施。

国务院在 2008 年 4 月 24 日决定成立国家能源委员会，2010 年 1 月 22 日国家能源委员会作为中国最高级别的能源管理机构正式成立。其性质是国务院内部的议事协调机构，其主要职责是负责研究拟订国家能源发展战略，审议能源安全和能源发展中的重大问题，统筹协调国内能源开发和能源国际合作的重大事项。[1]迄今为止，该委员会只于 2010 年召开过一次全体委员会会议。

---

〔1〕 国家能源局：《国家能源委员会》，http：//www. nea. gov. cn/gjnyw/index. htm，最后访问时间：2012
年 12 月 20 日。

自 1993 年，撤销能源工业部以后，中国已经 20 年没有一个统一的能源管理部门了。国家能源局的成立，并没能把中国的能源管理职能统一起来。中国各项能源管理职能仍分散在国家发改委、商务部、国土部、电监会、安监总局等十多个部门中。[1]尽管通过制定一些方案确定了各自的职责，但是相关部门的权力并没有顺利移交。中国的能源管理现状是多头管理、分散管理、协调性差。

**五、新能源产业法律制度存在的问题**

（一）立法规定过于原则

目前，很多有关新能源经济激励规定仅仅旨在表明国家对发展新能源的鼓励和支持态度，还停留在确立框架制度的层面，甚至一些规定只具有政治宣示意义。例如《可再生能源法》规定了开发利用可再生能源的相关制度，但主要以鼓励性的法律规范为主要内容，直接进行行政控制和管理的规范条文很少，国家"将⋯⋯"、"支持⋯⋯"、"鼓励⋯⋯"等字眼出现在很多法条之中，存在政策性立法的嫌疑。这种法律规定不可能具有适用性，反而会带来实施上的障碍与困惑。

（二）政策多于法律

纵观前文我国新能源投融资法律与政策，不难发现，从数量来看，政策性规定远远多于立法性规定。这体现了我国对新能源产业的调整主要局限于政策性调控。政策具有灵活性和应变性强的特点，但是政策也有其局限性。政策属于政府行政决策范围，是一种行政意志的体现，不具有稳定性、长期性和规范性。对新能源产业的规范调整必须同时上升到法律意义上的调整，随着时机的成熟，一些效用大的政策应纳入法治范畴，用法律的形式将其固定下来，规范实施。同时，在产业发展过程中，可能会出现一些利用政策规定投机取巧、给产业发展和人民生活带来危险的不法分子，此时，只有法律武器才能起到惩治不法分子的作用，法律应事先规定好其所应承担的刑事、民事或行政责任，使追究不法行为有法可依。而政策是没有这样的法律效力的。

（三）税收优惠政策不统一

从现阶段的立法与政策看来，我国没有一项统一的新能源税收政策，这些政策只是分散在一些税种的税收法律政策中。例如，在增值税中规定，对属于生物质能源的垃圾发电实行增值税即征即退政策，对风力发电实行增值税减半征收政策；对县以下小型水力发电单位生产的电力，可依照 6% 的征收率计算缴纳增值税；对部分大型水电企业实行增值税退税政策；2005 年起，对国家批准的生产

---

〔1〕 翟宗杰：《能源结构与粗放型经济增长》，兰州大学 2010 年博士学位论文，第 26 页。

销售变性燃料乙醇的定点企业开始实行增值税先征后退。[1] 在《企业所得税法》中规定，企业综合利用资源，生产符合国家产业政策规定的产品所取得的收入，可在计算应纳税所得额时减计收入；企业购置用于环境保护、节能节水、安全生产等专用设备的投资额，可按一定比例实行税额抵免。再次，在消费税中规定，2005 年起，对国家批准的定点企业生产销售的变性燃料乙醇实行免征消费税政策。最后，在进口环节税收中规定，国内投资项目和外商投资项目进口部分的可再生能源设备，如风力发电机与光伏电池，在规定范围内免征进口关税和进口环节增值税。

但以上税收优惠政策存在以下问题：首先，我国税收优惠手段单一、僵化，仅限于减税和免税，像国际通用的生产抵税、税收抵扣、再投资退税等都没体现。其次，税率优惠较低，但新能源的投入成本较高、风险较大，较高的税收使得其与传统能源相比没有竞争力，不利于新能源产业的发展，特别是市场开拓。再次，税收的优惠对象主要限于企业，对于积极为发展新能源做出贡献的个人、非组织机构没有相应的激励措施。

（四）法律政策实施不到位

有些新能源投融资的激励性政策法律措施的执行效果大打折扣，一些法律制度在实践中没有得到很好的执行，难以完成指标要求。《可再生能源法》实施一年多后，其相应的实施细则才陆续出台，造成法律被束之高阁，难以及时和现实接轨。另外，从实践中看来，投入新能源产业的下一年度的财政预算，大多在下一年的年末才开始划拨分配到各省。例如，2012 年 12 月 19 日，财政部发布《关于预拨 2012 年可再生能源电价附加补助资金的通知》，要求省级电网企业、地方独立电网企业将资金专项用于收购 2012 年 1 月 1 日以来本级电网覆盖范围内列入资金补助目录内的风能、太阳能、生物质能发电上网电量等相关支出。但根据《可再生能源电价附加补助资金管理暂行办法》第 11、12 条规定，可再生能源电价附加补助资金原则上是实行按季预拨、年终清算的。具体补助资金发放流程是省级电网企业、地方独立电网企业根据本级电网覆盖范围内的列入可再生能源电价附加资金补助目录的并网发电项目和接网工程有关情况，于每季度第三个月 10 日前提出下季度可再生能源电价附加补助资金申请表，经所在地省级财政、价格、能源主管部门审核后，报财政部、国家发展改革委、国家能源局；财政部根据可再生能源电价附加收入及企业资金申请等情况，将补助资金拨付到省级财政部门；之后省级财政部门再按照国库管理制度有关规定及时拨付资金。既然是预拨，这些预拨资金本应是在 2011 年年末时或 2012 年每一季度就该预拨给相关

---

[1] 马兆冲、韩国辉：《论可再生能源税收政策》，载《金卡工程》2011 年第 1 期，第 273 页。

企业的，但现实情况是企业往往不会像法律规范所示"及时"收到资金补助。这样下来，企业不能及时享受财政支持，影响了生产效率，不利于新能源产业的持续发展。

（五）缺乏培育国内市场的法律与政策

笔者通过研究发现，我国有关新能源产业投融资激励的法律政策是不少，但是主要是针对生产企业生产设备、进口设备、出口海外等促进产能增长的措施，很少有针对国内市场开拓的法律与政策，即使有也只是散见于一些法规中，有时即使是规定了也难以使法律政策之间及时衔接，其规定没有实际意义。例如《可再生能源法》规定房地产开发企业应当在建筑物的设计和施工中为太阳能利用提供必要条件，但《建筑法》中并没有相应规定。

（六）监管部门管理混乱

在前文管理机构现状中提到，我国的能源管理现状是多头管理、分散管理、协调性差，没有独立的、权威的能源部，造成部门之间职责冲突、权力分界不清。国家能源发展委员会作为国务院的议事协调机构，从宪法角度来说，其法律地位是较低的。能源局作为国家发改委下的部管局机构，其很多权限是与能源发展委员会相冲突的，例如二者都可以拟订能源发展战略规划、协调重大问题事项。这种混乱的监管现象不仅会造成机构和人员的冗余，更不利于新能源投融资法律制度的健全和完善，不利于统一调配资源，集中力量研究推进产业发展的举措。

**六、我国新能源产业投融资机制分析**

（一）新能源产业投资分析

1. 投资主体分析

投资主体分为政府、新能源生产加工企业、以资金或股权形式对新能源企业或项目进行投资的金融机构投资者以及自然人投资者。投资主体要实现多元化、市场化，国有企业少一点。政府和单个自然人投资者由于投资过程简单，不在此赘述。因此，主要研究的投资主体是新能源生产加工企业和金融机构投资者。

（1）新能源生产加工企业。2010年"中国新能源企业30强"前15强中，民营企业占到9家。由此可见，在新能源产业，国家逐渐开始放开能源市场开发的进入限制，开始引入民间资本，利用适度竞争效应活跃市场，加快新能源产业的发展。

2. 金融机构投资者

目前国内的新能源产业的融资依赖于银行和政府财政支持，但参与新能源金融的机构也逐渐增多，包括：①信托公司，如由中海油控股的中海信托，其目标是重点发展能源专业，成为国际知名的信托公司。②证券公司，如华泰证券、海通证券、中信证券、招商证券等如今都已经开展过新能源产业的上市培育和证券承销交易。③企业集团财务公司，比如中国石化财务公司、中国石油财务公司、中海石油财务公司。④国内商业银行，特别是其中的投资银行部门。⑤金融租赁公司，如以能源和通信产业为主要经营范围的河北省金融租赁公司。⑥国有投资公司，如中国建银投资有限责任公司、中国国际金融公司、中国国际信托投资公司。⑦各种私募投资机构。⑧外国投资银行，如高盛、摩根斯坦利、花旗等外资银行，都有新能源投资银行业务。这表明风险投资的机构和能源投资银行在我国已经健全，只是所占的份额有限，并且因为国内资本市场不够健全，退出机制存在障碍，金融投资机构多持观望态度。

2. 投资风险分析

（1）技术替代风险。未来新能源技术发展的方向是多元的，技术的可替代性比较强，因此技术风险存在于新能源生产的原料、工艺、规模以及整个技术的成熟度等各个方面。新能源产业的相关技术更新速度快、发展潜力大，带来一定投资风险。

中国新能源与节能领域的技术发展规划滞后，政府对新能源与节能技术工程化与成果转化的宏观调控力度远远不够。当出现了一种新技术，并且投资商对该技术进行投资后，又会突然生成另外一种新技术，有可能在很大程度上对前面的新技术产业投入形成冲击，并由此产生风险。同时因为新能源行业投资的周期通常长达 10~15 年，这无疑会使得收益更具有不确定性。

（2）法律和政策风险。新能源产业的发展在很大程度上受政府政策规划的影响，政策规划的引导方向、引导力度、出台时间均具有一定的不确定性，亦产生一定的风险。而且虽然相继出台了《可再生能源法》和多项相关配套措施，但其中规定的很多优惠政策并没有得到普遍落实。

再者，由于国内买方市场不健全，外国对新能源产业扶持和鼓励适用政策多，我国很多新能源产品的主要市场都在国外，这就使得企业发展容易受国际金融危机和外国政策影响。

（3）产业经营风险。新能源的发展在我国还处在初级阶段，尚未形成规模化和产业化。新能源产业化面临着消费市场狭小、高成本、高投入、新能源的价格形成机制不明晰、生产和消费地域不一致等障碍。

新能源产业的研发一般属于高新技术，具有一次性投入较多、开发与市场风险较大的特点，这些特点对它的技术进步起制约作用；同时，新能源产业的经济利用成本和消费者信心又会受到其技术设备等问题的影响，使得其规模市场的形成进一步受到阻碍，增大了发展风险和生产与交易成本、降低了开发商与投资商的兴趣，从而造成新能源发展中的恶性循环并引发市场失灵。

（二）融资问题及原因分析

1. 银行贷款有限

新能源企业发展前期资金投入大，非常需要像银行这样规模较大的金融机构给予足够的信贷资金支持，但无论是商业银行还是政策性银行，对新能源产业的信贷支持是有限的。为了贯彻实施国家的新能源产业政策，一些银行已加强对新能源产业的关注及支持。2013 年银行主要经营任务是信贷结构的调整，主要还是向着战略新兴产业、先进制造业、现代服务业和文化产业等产业倾斜。虽然国家的信贷扶持政策正在加强，但投放于新能源产业的数额必定是少之又少的，新能源企业必须寻找更多的融资渠道。加上出于加强信贷风险防范和追逐短期经济利益的顾虑，大多数商业银行对新能源企业的授信贷款政策是非常谨慎的，不仅放贷总量少，而且收取的利率高、担保增信措施要求严，从而导致新能源企业很难获取商业银行贷款。

对于新能源产业大规模的融资需求，政策性银行也难以满足。在我国，支持新能源产业发展的主要力量是以国家开发银行为主的政策性银行。但总体而言，政策性银行对新能源发展的支持仍存在着范围过窄、支持力度不够、总量不足等问题。

2. 企业上市障碍多

（1）国内证券市场机制不成熟。通过在证券市场上市进行融资具有融资数量大且稳定、有助于提高知名度、有利于利用资本市场进行后续融资等优点。目前在我国，已有超过一百家新能源相关的企业在沪、深的两个股票交易市场中成功实现上市，它们形成了股票市场的新能源板块，这对新能源产业的资金筹措是有利的。但股票融资的这种规模与新能源产业化发展所需的巨大资金相比，依然是非常有限的。而且，国内主板（包括中小企业板）上市门槛较高，对企业 3 年的盈利记录有严格规定，企业上市目前处于排队状态，能够上市的比例不超过申请的 10%。新能源企业中民营企业居多，许多正处于发展初期的新能源企业，特别是中小型新能源企业，很难取得上市资格。

创业板的推出对民营企业上市融资难的问题起到一定改善作用。目前已有一些新能源企业陆续登陆创业板，成功上市融资。但受我国证券法规定的影响，新能源公司面临融资方案审批时间长、上市过程复杂、上市门槛高及增资扩股带来股权稀释甚至丧失控制权的风险。虽然创业板的上市准入要求相对主板、中小板有所放低，但是其实际审批通过要求远在准入要求之上，审批时间很长，仅上市准备工作都要一年多。现在虽然没有了 3 年的辅导期，但上市名额是各省市分配的，不是只要想上市就能上市的。因此创业板的推出对新能源企业通过证券市场进行融资的实际改善作用有限。

而且，新能源企业利用国内股权融资面临的最大问题是无法匹配当期股权融资规模与未来项目资金需求，从而难以依靠股权融资完全满足资金需求。

（2）国外上市费用成本高。一些新兴产业在国外市场更受青睐。而且海外证券市场机制成熟，上市时间短，可以为企业节约不少时间成本。

2005 年无锡尚德在纽约交易所成功上市。2010 年，中华水电、晶科能源、明阳风电、大全太阳能 4 家中国新能源企业在美成功 IPO，募资 5.86 亿美元，占 2010 年中国公司赴美 IPO 总数的 11%，融资额的 16%。其中，明阳风电以 3.5 亿美元成为 2010 年所有中国赴美 IPO 中融资金额最大的公司。

但在国外上市，由于语言障碍和对国外法规政策不熟悉，境外资本市场的融资费用也比较高。在境内外市场 IPO 的融资费用由交易所费用、律师事务所和会计事务所的中介服务费用、推广辅助费用等构成。我国香港地区和美国上市的费用较高，一般都在融资总额的 10% 以上，如果融资额很小（比如有些创业板企业只筹集到几千万港币），比例就可能高达 20%。如此高额的费用也会让很多新能源中小企业望而却步。

3. 金融创新工具支持不足

（1）新能源投资信托融资受限。信托是一种特殊的资产管理制度，也是一种"受人之托，代人理财"的法律行为。信托与银行、证券、保险共同形成了现代金融体系，成为四大金融行业之一。新能源投资信托是指以信托公司作为受托人，借助信托计划发行，将特定委托人的资金集合形成一定规模的信托资产，交由专业投资管理人进行新能源公司或项目投资，获取收益后由受益人按照信托合同约定分享收益的一种投资机制。[1]

近年我国信托产品的数量和规模不断创下新高，而且信托产品呈现多元化趋势。目前信托公司普遍采用多元化投资、综合性经营的业务发展模式，以项目融资为交易结构，以债权性贷款为主要运用方式。新能源产业的发展可以借助信托，利用信托产品的收益性、安全性和流动性缓解产业发展资金短缺问题。通过贷款或股权形式，信托可以帮助解决项目资金不足的问题，缓解银行贷款紧缩而对新能源企业带来的影响。

但是新能源项目由于资金回收周期长、风险大等特点，与房地产项目相比，没有比较优势，因此不受市场欢迎。目前在 67 家信托公司中，开展新能源投资信托业务的不足 5 家。

（2）中小企业私募债券效用不大。中小企业私募债是我国中小微企业在境内市场以非公开方式发行的，发行利率不超过同期银行贷款基准利率的 3 倍，期

---

〔1〕 钱志新：《产业金融》，江苏人民出版社 2010 年版，第 65 页。

限在 1 年（含）以上，对发行人没有净资产和盈利能力的门槛要求，约定在一定时间内还本付息，完全市场化的公司债券，也被称作是中国版的垃圾债。[1]私募债相对于普通债券具有高风险、高收益、灵活性强的特点。对于急需资金的中小企业来说，私募债是一种相对便捷高效的直接融资方式，发行审核采取备案制，审批周期更快，募集资金用途相对灵活，期限较银行贷款长，而且融资成本比信托资金和民间借贷低。通过发行中小企业私募债，有助于解决新能源中小企业融资难、综合融资成本高的问题。

2012 年，《上海证券交易所中小企业私募债业务指南》、《深圳证券交易所中小企业私募债试点办法》以及《证券公司开展中小企业私募债权承销业务试点办法》相继出台给予政策支持。但是，经过一年多的发展，中小企业私募债在发行、交易方面的总体上表现不佳，市场参与主体热情不高。造成这种局面的原因有很多，但重要的主要有两点。一是虽然中小企业私募债对机构投资者的限制不多，监管部门设立的金融机构可以成为中小企业私募债的投资者，但是由于中小企业私募债发行量一般较小、流动性较差、不强制要求进行评级、中小企业未来风险难以衡量和发行利率不能满足风险溢价等各方面的原因，市场投资者多处于观望态度，用中小企业私募债来配置资产的投资者较少。二是地方政府的政策没有持续性。为了激励中小企业发行私募债融资，不少地方政府向首批私募债申报企业提供贴息及其他财政优惠，为部分融资成本压力较大的企业减轻了负担。但随着中小企业私募债发行数量的增加，这些优惠却逐步停止，使得新能源中小企业的发行意愿逐步减退。

4. 创业投资不活跃

创业投资在国内也被称为风险投资（Venture Capital），是私募股权投资（Private Equity）的一种。从狭义上讲，创业投资是由职业金融家投入到"新兴的、迅速发展的、有巨大竞争力的"企业中的一种权益资本。

创业投资具有"高风险、高收益"的特点，这点从理论上来说是与新能源产业的特点非常吻合的，从而也非常适合成为新能源产业的融资渠道。从创业投资的实际运作看，高新技术企业的"高风险、高收益"集中体现在企业高速发展的创业阶段，而在企业进入成熟期后收益率逐渐下降。因此，风险投资家一般在企业即将进入成熟期时将资金撤出，从而获得极高的投资收益，然后再选择项目进行投资。以风能和光伏为首的新能源行业披露的私募融资案例超过 100 起，融资金额逾 27 亿美元。

但目前 IDG 资本和红杉资本等国际大型投资机构对中国的新能源项目投资很

---

〔1〕 车安华等：《解析中小企业私募债》，载《金融时报》2012 年 8 月 6 日，第 10 版，第 1 页。

少超过 500 万美元，在新能源领域，IDG 资本仅投资了光伏产业中的天华阳光控股有限公司。由此可见，国际创业投资在中国仍然处于尝试阶段。

出现这种状况的原因有以下三个方面：

第一，新能源产业投资回收周期过长。新能源产业具有投资周期长的特点，一般为 10 至 15 年。由于投资基金有自己的生命周期，国内绝大部分创投引导基金的生命周期在 5 年左右，国外 PE/VC 的生命周期虽长一些，但也多为 10 年内。10 年内投资对象能够上市关系着创投大量投资能否收回。较长的投资周期增加了创业投资机构的现金流风险以及投资收益不确定性，对新能源产业通过吸引创业投资机构投资资金进行融资造成障碍。

第二，技术障碍。创业投资机构对新能源项目所从事的技术研发不甚了解，对能否取得科研成果及成果有无市场难以把握。据统计，创业机构每投资十个项目中，只有三个项目能实现盈利而不亏损。

第三，我国的资本市场发展现状使得创业资本很难短时间内退出。创业投资机构的目的是盈利而不是获得公司所有权，所以最终是要退出风险企业的。风险资本退出是风险资本规避风险、收回投资并获取收益的关键。目前退出方式可归纳为三种：转让股权、回购公司股权、通过证券市场上市。但是，我国新能源企业以及资本市场的发展现状使得创业资本很难在短时间内退出。首先，新能源产业的经济规模有限，尚未进入行业并购与洗牌期，不但没有有能力实施兼并大型企业，也没有实施并购的战略需求。其次，站在新能源经济成长周期的角度，我国新能源企业大多处于新生期，对资金投入的需求量大，企业和它的创业团队以及管理层引入风险投资的前提都是自有资金不足，大部分企业缺少进行股份回购的能力。另外，众所周知我国的证券市场还不够成熟，无论是借壳上市还是直接进行 IPO，都面临困难；因为在法律、法规和会计政策方面存在差别，能在境外成功上市的企业也较少。

5. 政府财政投入不平衡

投融资方通过各种方式在新能源产业注资的目的是期望新能源项目在买方市场"大卖"以赚取利润。但如果新能源产品的卖方市场规模大于买方市场规模，在供过于求的情况下，产业发展必定会出现问题。

我国目前在新能源产业的技术研发、投资和生产方面都给予了极大的财政政策支持，但是在新能源市场开拓方面，我国出台的法规和政策文件还不多，仅有一些实践，没有广泛覆盖。例如在某些科技攻关课题立项和风电场的开发中曾试行过公开招标的办法，实现公平竞争。又如上海市在进行沼气工程的建设过程中，通过这一机制，由上海市政府一次性拨款一千万元成立专项基金，遵循市场经济法则，滚动向前发展。

我国并未像美国那样大幅度刺激新能源产品消费市场，甚至有些忽视国内新能源消费市场的建设。新能源在成本上无法与常规能源直接竞争，但是缺乏竞争又会使新能源产品价格长期居高不下，很大程度上阻碍了新能源应用市场的扩大。而且，新能源市场与新能源产业有脱节的现象，典型代表就是太阳能光伏产业。一方面，多晶硅原料几乎完全依赖进口，另一方面，国内新能源市场狭小，企业所生产的光伏电池大部分都出口海外，造成产品严重依赖国外市场，容易受国外经济形势与政策的影响，爆发贸易壁垒战，2012年光伏产业在海外市场所受到的重创就是一个很好的证明。

当消费者无法承受新能源产品的价格时，他们只能放弃新能源而选择常规能源，即使消费者可以承受新能源产品的价格，如果其使用不便或品质较差，也会丧失对消费者的吸引力，这都导致新能源产品的市场规模受到限制。例如，尽管从综合使用成本方面看，太阳能热水器要优于燃气热水器和电热水器，但太阳能热水器维护不便且易受天气状况影响，所以不易成为一般消费者的首选。太阳能热水器作为我国普及率最高且最为成熟的新能源产品尚且如此，更不用说其他新能源产品了，若要使它们成为市场上的主流，在短期内激发公众消费意愿，几乎不可能实现。

总之，新能源产业的技术运行成本低，但投资新能源产业也面临诸多风险，且产业初始启动研发投资成本高，需要有多元化和稳定有效的投融资渠道给予支持，并通过优惠的投融资政策降低成本。新能源产业的投融资法律制度需要强调上、中、下游统一规划，使财税政策、投资政策、金融政策联动，政府推动和开发型金融融资相结合，形成强大合力才能充分调动各方面的积极性。

## 七、完善我国新能源产业投融资法律制度的对策建议

### （一）调整产业发展模式

任何一个产业的发展，都应是先投资研发，突破相应的技术瓶颈，然后打开消费市场，最后才是扩大产能。盲目扩大产能违反了新兴产业的发展规律。在没有突破关键的技术障碍并打开消费市场之前就盲目地扩大生产，产能过剩是必然的。

太阳能领域违反产业发展规律导致诸多问题就特别地典型。"十二五"规划从整体发展战略的角度将清洁能源纳入战略性新兴产业的发展目标，但一些地方政府没有从战略高度研究如何推进光伏产业作为战略性新兴产业的发展，而是延续了对GDP增长的偏好和传统的以投资拉增长的思路，盲目加大对加工贸易定位的光伏行业的投资，误导更多民营企业加入，推动光伏产业的产能扩张。在国外需求下降，国内市场完全没有开拓的形势下，光伏产业作为中国经济持续发展的重大战略规划的一部分还未开始就已产能过剩，并遭遇欧盟和美国的"双反"

诉讼。

我国新能源产业必须调整现有的发展模式，加大研发投入力度，提高产品技术水平，并加大对国内市场的开拓力度，将新能源产业的发展模式由成本驱动和出口拉动模式导向创新驱动模式和内需拉动模式。只有基于国内市场的不断扩大，新能源产业才可能做到持续发展。只有通过创新驱动新能源技术不断提高，才有资格参与新能源市场竞争，才有能力与美国新能源企业竞争，从而在产业链的高端环节占得一席之地，否则必将长期受制于人。

（二）调整新能源产业促进法的方向

我国激励新能源产业发展的法律与政策一直侧重于对新能源生产企业的鼓励，而忽视消费者即国内企业和家庭对新能源的使用，没有打开潜力巨大的国内市场。同时，市场是投资者和融资者的舞台，狭小的"舞台面积"将会限制投资者的市场参与，也会束缚生产者的发展壮大。在以主要向海外市场出口的背景下，对生产企业给予的任何直接的补贴都可能遭到贸易伙伴的质疑和挑战，最终得不偿失。

任何产业的发展都离不开国内市场的支撑，何况我国人口众多，常规能源匮乏，环境污染严重且亟待解决，能源使用压力大，我国早已提出走可持续发展道路，全民的环境保护意识也在提升。所有这些都说明我国的新能源市场潜力是非常大的。因此，我国政府应吸取光伏产业发展的经验教训，及时调整鼓励国内新能源产业的法律与政策，"用两条腿走路"，鼓励研发和消费同鼓励投资与生产一样重要，消费是生产的动力，研发水平决定消费的规模。开拓国内消费市场和提高研发技术水平既可减少贸易摩擦，又有助于我国的节能减排。这一点上我们可以借鉴美国的做法。美国政府针对新能源产业的特点，在加大对投融资主体的财政扶持力度的同时，实施刺激市场消费的引导政策，有利于培育和扩大国内新能源产品的市场规模。从产品开发到市场开拓，美国政府所实施的这一系列政策可谓是严密而周详的。这与我国只注重产品开发端的单一的产业扶持路线形成鲜明对比，值得我们反思。美国通过实施税收优惠和消费补贴，为新能源创造市场空间。在房屋建筑的新能源材料使用、太阳能热水器使用、新能源汽车使用领域，我们要加大对用户的补贴力度，提高购买补贴额度，降低消费税。例如对购买新能源材料为主的房屋建筑的一方降低房产税，购买二手此类房屋建筑的只征收5%左右的房产税，这样不仅有利于刺激消费，更有利于新能源产品广泛应用，提高市场需求度。

同时，发达国家推动新兴产业，政府大部分投资是投向研发领域而不是生产环节。一个新产业的发展在定位明确后，应通过新产品的开发来实现。这需要大规模投入产品技术方面的研究和开发。例如，治疗艾滋病的一种药物 ATZ 的研发，历时数年耗资 25 亿美元，其中 18 亿来自政府投资，另外 7 亿资金政府公开招标，哪个机构愿拿出配套资金，将来的药物专利就属于谁。新能源产业作为技术密集型产业，我们应制定相关法律与政策鼓励国内生产企业进行研发创新，掌握核心技术，在这方面，可以借鉴上述艾滋病药物研发的融资模式。

（三）完善新能源产业的管理体系

自 1998 年我国撤销能源工业部，我国能源相关政府职能分散于国家发展与改革委员会、国土资源部、电力监督与管理协会等部委下的职能机构中，长期缺乏统一的管理部门。2010 年初，国务院成立国家能源委员会，负责国家能源发展战略的研究拟订，能源安全及发展过程中的重大问题的审议，国内能源开发以及国际能源合作等重大事项的统筹协调。不难看出，国家能源委员会相当于国家能源部的中间过渡阶段，成立目的围绕国家能源部的最终落实。但能源委员会属于议事协调机构，行政效力不高，容易造成管理职能混乱，在行业监督和管理方面很容易出现诸如"瘦肉精"事件中"八个部门管不住一头猪"的管理失效和混乱现象。因此，应尽早设立专门的能源部，确立能源管理部门较高的法律地位。

同时，为确保规划和法律、法规的有效实施，应组建一个包括政府、厂商、及第三方中介机构在内的完备、明晰、精简而有力的管理系统，以有效组织协调新能源产业的各运行要素（如各级政府、金融机构、厂商及用户）和各方面的复杂关系，并起承转合各环节的政策，及时获得有效的反馈，实时掌握新能源产业的运行态势并及时调整，实现相关政策的交相呼应、上下通达、有效落实和协同共进。例如在英国，新能源产业的管理体系主要由电力管理局、能源技术支持公司和英国工业与贸易部三大机构组成。其中，工业与贸易部负责制定规划，由电力市场进行实际运作，并由电力管理局负责监督电力市场运作的稳定性，而作为一家私营公司，能源技术支持公司在负责监测新能源项目的同时，还会定期举办信息发布会或研讨会，向有关公司、银行、行业协会和客户介绍新能源技术与市场，以及政府的相关政策，以增强消费者的环保意识，并为银行和公司提供投资机会。

（四）加强立法的可操作性

立法的可操作性建立在相关法律政策健全和法律政策之间互相衔接。我国现有的新能源法律政策总体上过于原则化，相衔接的配套法规颁布不及时也不完备。与美国、日本的新能源立法的特点相比，我国新能源立法在可操作性方面存在很大不足。这种情况在涉及我国主要的新能源立法的《可再生能源法》里表现较为明显。

美国和日本在新能源立法方面的一个重要特点就是可操作性强，主要表现在新能源立法的法律条文明确具体，与其配套的法规衔接紧密，颁布及时。在保障新能源法律的可操作性上，一方面注重在新能源法律中规定具体的量化指标，以此保证法律目标的具体化。实践证明，在法律中规定量化指标与保障法律的稳定性并无矛盾，反而能较好地保证法律制度的贯彻执行。另一方面，注意及时制定和颁布与之衔接配套的法规，更加具体、细致地对相关问题进行规范。

在此方面，我国应借鉴美国和日本的做法，尽快出台相关配套法律政策，量化具体指标，使实践操作有法可依。同时，应及时将一些行之有效的政策上升为法律规定固定下来。因为法律手段具有规范性、稳定性、强制性、权威性，通过立法，可以使这些政策能够长期坚持，使其不以领导人的改变而改变，不以领导人注意力的改变而改变。

（五）完善金融领域相关法规

新能源产业"高投入、高风险"的特点使其可利用的融资渠道有限。目前新能源产业的融资方式包括：上市发行股票、引入风险资本、发行公司债券、银行贷款、政府专项资金支持等。但这些方式存在着一些问题，制约着新能源产业投融资制度的健康和快速发展。从国际经验看，构建多层次的金融促进法体系是大势所趋。具体可以从以下三个方面入手：一是从现有政策性银行内设立向中小企业的贷款部门或新设政策性中小银行，并通过立法强制性保证政策性金融机构对新能源中小企业的融资比例，结合修改《预算法》，相应的资金来源可通过财政发债或担保发债解决。二是建立健全新能源中小企业贷款担保体系，引入政府担保，加快建立健全国家中小企业发展基金，《中小企业促进法》明确了国家中小企业发展基金的主要用途之一就是支持建立中小企业信用担保体系，目前该项基金还没有建立。三是从政策、制度、法律以及市场建设等多方面，推进创业投资及创业板的完善，其主要意义不是为中小企业解决融资问题，而是发挥其优化中小企业资源配置的导向作用。

同时，应充分利用当前金融创新工具，为新能源产业投融资法律制度添枝加叶。一方面，信托公司信用高，信托项目融资效益好，因此，笔者建议有关部门应颁布相关激励政策促进新能源投资信托的开展，比如向开展新能源投资信托业务的信托公司和投资新能源信托产品的投资者提供所得税收减免优惠，比如将投资新能源信托业务的个人所得税由20%降低到5%以下，信托公司开展新能源信托业务的管理费用收益应纳企业所得税由25%降低到10%以下。

另一方面，要尽快完善中小企业私募债券法律规范，继续执行以前的贴息优惠，出台新激励措施，比如借鉴国债的相关税收优惠措施。根据有关规定，纳税人购买国债的利息收入不征收企业所得税和个人所得税，笔者建议对新能源企业发行中小企业私募债券也给予相当的融资性税收优惠。

### （六）相关部门应严格执法

许多可再生能源方面的政策法律措施的可执行性还比较差，有些法律制度在实践中没有得到很好地执行，难以完成"十一五"规划的指标要求。明朝张居正有言："天下之事，不难于立法，而难于法之必行；不难于听言，而难于言之必效"。法律的生命在于执行，我国对新能源产业提供的投融资法律政策也相对很多了，但是，立法效果不是很明显，特别是在财政支持方面，执行力度非常薄弱。

正所谓"奉法者强，则国强；奉法者弱，则国弱"（《韩非子·有度》）。因此，有关部门应严格执行《可再生能源法》及其配套法规、规章、技术规范、规划、政策的规定，保障新能源产业发展及时得到资金支持。政府和有关部门要将依法开发利用新能源列入议事程，要按照法律的规定和规划的要求，明确责任，严格管理，确保各项优惠措施实施到位。

### （七）加强政府监督

上下级政府之间存在利益冲突。一般来说，中央政府的调控目标是站在全社会的高度，保持宏观经济的稳定发展和经济的长期可持续增长。而地方政府则不同，在政绩考量仍然是以经济总量为导向的现实制度下，地方政府更多地关注本区域内中短期的经济增长和财政收入的提高。这种"同床异梦"现象使得中央政府的宏观调控目标与地方政府的政绩评价之间始终存在难以克服的矛盾。当中央政府和地方政府目标一致时，地方政府会支持中央政府的行为；当二者不一致时，中央政府采取调控政策，地方政府会消极执行该政策，阳奉阴违甚至公然抗命。[1]

在我国现行政治体制下，地方政府实际上拥有很多规则制定权，地方政府为了促进区域经济发展增加财政收入，常常会利用行政权力去影响企业的投资方向、投资重点。地方政府通常会选择能够带来较高 GDP 和财政收入的项目作为招商引资。在中央明确不断加大对可再生能源产业发展的扶持力度后，地方政府对新能源产业发展热情很高。因为新能源产业对 GDP 的拉动快，对上下游产业带动大，而且符合绿色环保要求。所以在这种情况下地方政府往往会疏于对地方新能源资源状况、地方产业布局以及经济与社会的均衡与可持续发展的考虑，借低碳经济、绿色发展的名义纷纷制定包括风电和光伏发电在内的新能源发展规划，不惜以资源浪费及环境污染为代价发展风电设备和多晶硅行业，甚至钻政策空子将大的项目拆分成若干个小项目以使项目获得审批，这种现象造成的恶果就是造成一些新能源产能相对过剩。

---

〔1〕 格罗弗·斯塔林：《公共部门管理》，陈宪译，上海译文出版社 2003 年版，第 58 页。

因此，政府有关部门应当加大执法监管力度，使下级政府部门领会国家政策和相关文件的精神，对所发文件的执行情况进行反馈与调研，省级以上新能源综合管理部门应定期将新能源相关法律政策实施情况的评估和报告向社会公布，及时发现和解决政策漏洞，对有关违规部门及时进行批评指正，及时整治不良作风，做好上下级政府部门的互补、协作，使新能源投融资法律制度顺利实施。

## 八、研究结论

本文重点对新能源金融法进行了研究。本文在对全球和国内新能源开发利用、投融资现状以及当前法规与政策激励制度进行研究分析的基础上，结合理论原理，分析新能源投融资存在的问题，最后，得出以下结论：

第一，新能源产业是全球所共同关注和大力发展的新兴战略性产业，很多国家和地区相继出台相关法律和政策给予充分帮助，特别是通过改善金融机制来支持新能源产业的开发利用和可持续发展。

健全的新能源产业投融资法律制度有利于新能源企业获得良好的制度环境，有利于产业金融效应最大化，产融结合，产融共进。健全的新能源产业投融资法律制度更注重对国内市场的培育。新能源产业应充分利用各种金融创新工具，为其所用，带动自身及行业发展。

第二，政府应站在战略全局的高度，充分利用金融市场带来的创新融资工具，在担任好管理人角色的前提下，综合运用制定规章制度的权利、履行好执行法律政策的义务，从立法、执法、法律监督等方面去完善相关法律制度，不断完善相关立法使立法具有可操作性、协调性，严格执法，规范违法违规情况，整治不良作风，循序渐进地解决目前我国新能源产业投融资法律制度存在的问题。同时，新能源产业应该转变行业发展模式，由成本驱动和出口拉动模式导向创新驱动模式和内需拉动模式；政府还应调整产业发展促进政策的方向，鼓励技术研发创新，鼓励消费者消费新能源产品，而不是仅仅对新能源企业的生产进行补助；政府应建立新能源管理体系，组建一个包括厂商、政府及其他第三方中介机构在内的完备、明晰、精简而有力的管理系统；努力构建多层次的金融体系，帮助拓宽新能源产业的投融资渠道。

另外，本文与其他相似文章在选题、思路和内容上不同，很多学者都是从经济学角度探讨新能源投融资制度的问题，而本文结合经济学，从经济法的法律视角来剖析这一问题；也有很多学者以整个能源产业为范围探讨经济和法律问题，但都很宏观，缺乏实际操作性，本文力争在投融资机制上探讨实践性较强的路径；有的学者从单一的环境学或法学的角度去探讨，而本文是从立法与制度的角度探讨整个新能源行业的投融资问题；有的学者只从融资角度去分析研究，忽视了投资机制的研究，本文既有投资也有融资机制研究；有的学者在探讨新能源投融资机制时将投资与融资混为一体，不加以区分地对待，而本文认为投资机制和融资机制不同而语，并分别做了分析；本文从我国新能源产业投融资体制和相关法律制度现状研究其中存在的问题，利用比较分析法和实证研究法，借鉴发达国家实践经验，结合我国新能源产业投融资实际状况，从法律的路径去寻找投融资制度的突破口，为建立可持续发展的新能源产业投融资制度提供最优的法律环境。

本文选题较新，如何成功地将经济学特别是金融学知识与法律制度相结合，是本文的创新之处，同时又是把握不到位之处，一些理论契合可能不是很严谨。同时，我国新能源行业发展良莠不齐，没有专门的机构发布权威数据，这也可能会导致数据信息滞后。

# 第二篇

金融监管法律问题研究

# 我国引入金融机构自救工具的必要性分析

敖希颖 *

摘要：2008 年金融危机后，"大而不倒"问题再次引起各国监管当局的关注。为找到除政府援助外应对"大而不倒"的新方案，金融稳定理事会率先提出金融机构自救（bail - ins）工具，随后被世界主要经济体纳入本国法律体系。我国正处于努力建设金融机构系统性风险防范法律机制的过程当中，避免"大而不倒"和减少对政府援助的依赖是其中的重要议题。因此，我国有必要对是否引入金融机构自救工具作必要性和可行性分析。本文仅关注必要性分析，通过对立法现状及其问题的分析，作者认为我国引入金融机构自救工具的积极意义显著。

2008 年以前，政府援助是应对"大而不倒"的唯一方法。虽然政府援助能在短时间内恢复市场信心，避免金融市场的大幅波动，但同时存在道德风险和加剧金融机构依赖政府援助的长期风险。2008 年以后，各国政府致力于另辟蹊径，试图找到应对"大而不倒"的新方案。2011 年，金融稳定理事会发布《金融机构有效处置机制的关键属性》，其中创设金融机构自救工具以避免政府援助，作为"大而不倒"的新方案。金融机构自救工具指的是法律赋予金融监管机关在金融机构已经破产或可能面临破产危机时，强制核销股权、减记债权和债转股的权利，以维护金融市场的稳定，避免系统性金融危机的发生。

金融机构自救工具被视为金融机构处置机制中最具创新性的变革。此后，瑞士、英国、欧盟、德国、加拿大、俄罗斯、巴西、日本、澳大利亚、新西兰、美国和中国香港特别行政区相继立法将金融机构自救工具纳入本国（地区）的法律。我国金融机构处置机制的建设尚处于立法讨论阶段。十九大报告提出我国将进一步健全金融监管体系，守住不发生系统性金融风险的底线，而金融机构自救机制是守住此底线的重要工具之一。本文将通过分析立法现状及存在的问题，解答我国引入金融机构自救工具的必要性问题。

---

* 敖希颖，深圳大学法学院助理教授。

### 一、金融机构破产风险处置立法现状

从宏观层面来看，我国目前没有专门的金融机构破产风险处置法，但有一些关于金融机构市场退出的法律法规，具体包括：

（一）在法律层面，我国有关金融机构市场退出的法律有《商业银行法》《银行业监督管理法》《企业破产法》《证券法》《保险法》

《商业银行法》对商业银行的接管、解散、撤销、破产和终止等问题作出了规定；《银行业监督管理法》规定了央行、财政部和银监会对银行业突发事件的处置责任、银监会接管和重组出现信用危机银行的责任，赋予了银监会撤销违法、经营不善或危害金融秩序银行的权利，规定了被接管、重组或撤销金融机构的高管责任。《企业破产法》在附则中对金融机构破产重整或清算的申请人、金融监管当局接管或托管金融机构的权利，以及相关的程序规则作出了特别规定。《证券法》赋予了证监会接管、托管或撤销违法或出现重大风险的金融机构的权利，规定了证券公司破产时其破产财产和客户财产的分离。《保险法》对保险公司的解散、破产重整、破产和解、破产清算、接管、撤销、破产财产的清偿顺序和破产时人寿保险的转移作出了规定。

（二）在法规层面，我国有关应对金融机构破产风险的法规有《金融违法行为处罚办法》《金融机构撤销条例》《外资银行管理条例》《外资银行管理条例实施细则》《存款保险条例》

第一，《金融违法行为处罚办法》规定了吊销金融业务许可证的情形。

第二，《金融机构撤销条例》对金融机构撤销的目的、概念、适用对象、撤销清算的决定及其效力、清算组的组成和责任、债权申报、清算财产的范围和变现、债务清偿顺序、注销登记以及被撤销金融机构高管和工作人员、相关的国家工作人员和托管机构的法律责任等一系列问题作出了规定。

第三，《证券公司风险处置条例》是中国第一次将结合行政处置和司法处置应对金融机构信用风险的方法以法规的形式确定下来。《证券公司风险处置条例》对证券公司出现重大风险后的现场监管、停业整顿、托管、接管、行政重组、撤销、行政清理、破产重整、破产清算，各行政和司法机关的职责、托管、接管和行政清理组的职责、被处置证券公司股东、高管和债权人的义务以及高管的法律责任做出了具体安排。《证券公司风险处置条例》的优点是提供了多种处置方法且灵活多样，处置当局相互配合又权责明确。其缺点是仅针对证券公司，而证券公司在中国金融业中占比较小，无法惠及整个金融行业。

第四，2014 年修订后的《外资银行管理条例》对外资银行自行终止营业活动解散或关闭清算、出现信用危机的接管或重组、清算及注销登记作出了规定。2015 年修订后的《外资银行管理条件实施细则》对外资银行自行终止的具体情

形、行政清算组的成立和成员、行政清算的法律依据、行政清算中的通知、审批和报告、行政清算后的公告、违法或经营不善危害金融秩序的撤销、申请破产、注销登记以及公告作出了规定。

第五，2015 年出台的《存款保险条例》明确了金融机构破产、存款的最高偿付限额为 50 万元，且明确 7 个工作日足额偿付。央行测算，这一标准可以覆盖 99.63% 的存款人的全部存款。[1] 条例对存款保险基金的筹集、运用、风险防范以及对投保机构的监督作出了规定。《存款保险条例》是建立市场化风险处置机制里程碑式的一步。在《存款保险条例》出台之前，为维护金融和社会稳定，大型金融机构出现信用危机时，政府只能选择刚性兑付所有存款。这就是所谓的政府援助。这种做法虽然能在短期内维护金融和社会稳定，但不利于金融市场的长期发展，造成了大中小银行的不公平竞争，扭曲了市场结构，使大的银行更大，中小银行无法与其竞争，同时增加了道德风险，加大了金融市场的长期风险。而《存款保险条例》的出台则有望由政府援助的模式转向市场化风险处置模式，有望为大中小银行创造公平竞争环境，避免道德风险，减少金融市场的长期风险。

（三）在规章层面，有关金融机构破产风险处置的规章包括《保险保障基金管理办法》《中国信托业保障基金管理办法》《证券投资者保护基金管理办法》《保险公司偿付能力管理规定》

第一，《保险保障基金管理办法》（2008）中的保险保障基金指的是保险公司依法撤销或破产时，其清算财产不足以偿付保单利益，或保监会认定保险公司存在重大风险可能严重危及社会公共利益或金融稳定，用于救助保单持有人、保单受让公司或处置保险业风险的非政府行业风险救助基金。办法设立保险保障基金公司负责保障基金的管理和运营。办法对保障基金公司的业务范围、保险保障基金的缴纳方法、费率、管理和运作模式、使用基金的条件和原则、救助的规范和标准作出了规定。[2]

第二，《中国信托业保障基金管理办法》（2014）是为防范信托业风险建立的市场化风险处置机制。其通过建立保障基金公司筹集信托保障基金为信托公司的行政重组、破产重组、关闭撤销、周转困难提供资金。管理办法保障了信托公司风险处置的资金来源，奠定了信托公司市场化风险处置的基础。[3]

第三，《证券投资者保护基金管理办法》（2016）主要用于证券公司被撤销、

---

〔1〕 参见李婧暄：《银行若倒闭最高赔你 50 万三种情况保不了》，载《广州日报》2015 年 4 月 1 日。

〔2〕 参见张婷：《中国危机保险公司风险化解及市场退出机制研究》，载陈景善和张婷主编：《东亚金融机构风险处置法律评论（第 1 辑）》，法律出版社 2015 年版，第 5 页。

〔3〕 参见《中国信托业保障基金管理办法》（2014）。

被关闭、破产或被证监会实施行政接管、托管经营等强制性监管措施时，按照国家有关政策规定对债权人予以偿付。依据办法建立基金公司负责筹集、管理和运作基金，监测证券公司风险，发现证券公司出现重大风险时，向证监会提出监管和处置建议，参与证券公司风险处置，组织、参与被撤销、关闭或破产证券公司的清算工作，负责债权人赔偿。[1] 为证券公司风险处置提供了资金来源。

第四，《保险公司偿付能力管理规定》（2008）要求保险公司的偿付能力充足率不低于100%，并要求保险公司定期向保监会报告偿付能力。规定将保险公司偿付能力充足率分为三个级别：低于100%，100%~150%，150%以上，并根据保险公司偿付能力充足率的级别对其做出经营行为限制、行政处罚、责令整改，甚至接管。规定明确了保监会职责，要求其负责保险公司的风险监管及处置。

从微观的处置工具层面，我国有《金融资产管理公司条例》为资产分割工具提供了法律依据，还有《中国人民银行紧急贷款管理暂行办法》为中国人民银行在金融机构出现信用危机时提供紧急贷款提供了法律依据。但中国目前没有关于桥机构、出售公司和金融机构自救工具的立法。这主要是因为过去在立法层面倾向于通过政府援助应对金融机构风险，而不是倾向于通过处置工具维持金融机构持续经营，平稳过渡。但银监会发布了关于认可合同自救债的通知。《中国银监会关于商业银行资本工具创新的指导意见》认可了合同自救债的法律地位。银监会允许商业银行在一级资本工具和二级资本工具的范围内发行合同自救债，在银行资本不足时减记债券或债转股，并将合同自救债纳入银行的资本充足率计算范围。减记和债转股的触发点分为两档：①一级资本工具触发事件：当银行资本充足率小于等于5.125%。②二级资本工具触发事件包括：a. 银监会认定不减记或转股，商业银行将无法生存；b. 相关部门认定不进行公共部门注资或提供同等效力的支持，商业银行将无法生存。[2]

此外，银监会还出台了我国系统重要性金融机构的认定标准和信息披露义务。《中国银监会关于印发商业银行全球系统重要性评估指标披露指引的通知》对中国的系统重要性金融机构做出了界定。中国采用了巴塞尔委员会界定系统重要性金融机构的标准，承认两类系统重要性金融机构包括巴塞尔委员会名单上的全球系统重要性金融机构和总资产超过1.6万亿人民币以上的商业银行。2014年1月8日，银监会发文，要求系统重要性银行订立"生前遗嘱"。按照这一规定，五大国有银行和八家股份制银行均需拟订并提交"恢复与处置计划"，即当其陷

---

[1] 参见《证券投资者保护基金管理办法》（2016）第7条。
[2] 参见《中国银监会关于商业银行资本工具创新的指导意见》。

入实质性财务困境或经营失败时有快速有序的处置方案。[1] 银监会对合同自救债的认可和对系统重要性金融机构的认定和监管都为中国建立金融机构自救工具打下了基础。

## 二、金融机构破产风险处置立法中存在的问题

（一）着重于对困境机构的晚期处置，缺乏早期拯救的制度和机制

纵观我国有关金融机构破产风险处置的法律法规，其重点都放在银行破产后的接管、解散、撤销和终止上，缺乏早期干预措施。晚期处置的弊端是将错过拯救金融机构的最佳时期，而不得不让金融机构破产或者行政接管。金融机构的债务或经营问题并非突如其来，这些问题并非陷入破产困境之际才出现，它们肯定在出现破产风险之前就已经显现。如果有合理的早期干预措施，监管当局和市场就可能更加主动地拯救金融机构，而非被动地提供资金支持和接管。此外，当金融机构陷入不得不救的地步时，政府的资金支持往往回天乏术。最终政府很可能陷入投入巨额财政支出却未能拯救金融机构的尴尬境地。即便金融机构问题严重，政府也很难下定决心直接让金融机构破产或被接管。直接破产或被接管会使问题金融机构的社会成本很高，这将向市场传递负面信息，导致破产风险的传染。再加上市场是动态的，政府一开始做出拯救金融机构的判断可能是准确的，但如果市场信心无法在有效的时间内得以恢复，金融机构的经营状况在拯救的过程中恶化，这是不受政府控制的。

我国金融机构被处置的历史案例就存在政府干预过晚的问题。由于关闭金融机构将影响地方经济、存款人利益和政府信誉，关闭金融机构必然会遇到极大的阻力。朱镕基在关闭海发行的经验总结中指出："原来发现该省（海南省）34 个城市信用社资不抵债，发生挤兑，本该及时采取关闭措施。但当时怕出事，心太软，就让海发行去兼并这些信用社，后来发现该行自己问题也很大，'泥菩萨过河，自身难保'。结果兼并信用社后，海发行包袱更重，严重资不抵债，最后只好把这个银行也关闭了，损失更大。"[2] 银行破产当然会"怕出事"：一怕存款人挤兑加速银行破产；二怕存款人不能取款，造成社会稳定问题。决定银行破产也当然会"心太软"。银行经营的背后是企业和政府的贷款。银行破产将直接影响到企业和政府的资金流动性，还有所有其支撑的建设投资的资金链，更不用说对地方政府政绩的负面影响。在存款人、企业、政府和社会稳定的四重压力下，政府干预过晚便不足为奇。

---

〔1〕 参见孙晓兵：《中国的银行会破产吗?》，载《新财经》2014 年 3 月 13 日。

〔2〕 参见刘诗平：《三十而立——中国银行业改革开放征程回放（1978～2008）》，经济科学出版社 2009 年版，第 168 页。

## （二）倚重行政手段，缺乏市场意识

我国金融机构风险处置的法律法规倚重行政手段，缺乏市场化的风险处置手段。金融机构的接管、解散、撤销、终止、行政重整或行政清算都属于政府主导的行政手段。政府主导行政处置的优点是效率高，能够迅速恢复市场信心，避免金融市场的混乱。但政府主导的行政处置的缺点是存在道德风险，造成严重财政负担，不利于金融市场的长期发展。政府虽然能够通过行政处置在短期内避免金融市场的混乱，但这只不过是饮鸩止渴。无法解决金融机构经营和流动性危机的实质问题，而只会加深金融机构对政府拯救的依赖，最终加大整个金融市场的风险。

市场化的风险处置手段试图调动市场的力量化解金融机构制造的风险，以及通过市场约束避免金融机构的过度风险行为。最新出台的《存款保险条例》《保险保障基金管理办法》《信托业保障基金管理办法》《证券投资者保护基金管理办法》《保险公司偿付能力管理规定》就是调动市场的力量化解金融机构制造的风险。行业保障基金解决了风险事件发生后的资金来源问题，在一定程度上能够起到市场约束作用。行业保障基金来自于所有行业参与者，改变了过去处置资金来源单一，全部由政府负担的问题。它让行业参与者风险自担，通过缴费与风险成正比的方式直接约束市场参与者的风险行为。其积极意义显著，但其缺点是无法起到事前控制风险和及时止损的作用。在这一点上，风险敏感型债券有其优势。合同和金融机构自救工具债都属于风险敏感型债券，他们能够通过债券在二级市场的价格向市场传递金融机构的风险信息。一方面以提高融资成本的方式直接约束金融机构的风险行为，另一方面以提醒投资者和监管者关注风险的方式间接约束金融机构的风险行为。

## （三）风险处置的方式侧重于外部施救，缺乏自救机制

我国立法上和实践中有多种处置策略，包括托管、接管、停业整顿、现场监控、重组、分割不良资产、出售股权和债务、债转股、帮助债务人实现清偿、兼并收购、行政清理、撤销和清算等，但实践中最常用的是关闭清算。长期以来，我国以行政关闭或撤销来处置陷入困境的银行，问题银行债务清偿的实践通常是行政清算。监管当局或地方政府组成问题银行撤销组，对问题银行采取撤销清算。[1] 实践中监管当局倾向于采取以关闭金融机构为目的的事后处置行政清算然后关闭，而不倾向于采取以持续经营为目的的事前处置停业整顿、现场监管或早期干预，也不倾向于采取以持续经营为目的的事后处置重整。这与我国缺乏有关以持续经营为目的的事前和事后处置相关的法律规定息息相关。纵观我国有关

---

[1] 参见吴林涛：《涅槃抑或坠落——论商业疑惑破产重整制度》，法律出版社 2014 年版，第 235 页。

金融机构风险处置的法条，规定最详细的就是撤销清算和行政清理，至于其他处置策略都是原则性的一笔带过，因此出现轻事前处置和重整，重事后处置和清算的实践也不足为奇。

这些都是外部施救措施，市场缺乏自救机制。外部施救的缺点是十分被动，容易错过重整时机，最后只能以关闭金融机构为目的实施清算和撤销。自救机制则不同，它的过程十分主动。其先于破产启动，通过核销股权、减记债权和债转股为企业吸收已经产生的损失，并为企业重整提供新的资金。合同自救债在满足触发条件后自动触发，实现资本转换。这将避免外部施救的被动性并向市场及时传递金融机构的风险信息，避免金融机构继续其风险行为或由风险行为走向过度冒险的可能性。例如雷曼兄弟在其申请破产一年以前，其内部审计就已经向公司指出其经营风险和可能面临破产的问题。但由于积重难返，雷曼兄弟的高管和财务总监都选择了忽略此提示，并选择了更加极端的风险行为。一方面管理层可能希望通过更极端的风险行为扭转局势，这种赌博心理往往容易在积重难返时出现。另一方面管理层已经做好了全身而退的打算，赌博已无关乎自身利益。从某种程度而言，自救是优于外部施救的，它大大提高了拯救金融机构的可能性。但从防范金融危机的角度而言，自救应作为外部施救的补充与外部施救并存。

（四）拯救失败的后果完全由财政和社会承担，缺乏对机构投资者的激励和约束

从金融机构风险处置的实践中不难看出，人民银行的金融稳定再贷款几乎是唯一的利器，拯救失败的后果完全由财政和社会承担，缺乏对机构投资者的激励和约束。海发行关闭之前，央行曾一次性提供了36亿元的紧急贷款。[1] 在1998年的广东金融危机中，广东省向央行借款380亿元，央行还向中国人民银行广东省分行增拨了70亿元再贷款额度。[2] 由此可见，在金融机构风险处置案件中国家财政损失严重。这还只是国家无力拯救金融机构的典型案例，仅代表了国家财政和社会损失的很小一部分。还有很多问题金融机构在国家行政干预下被健康的金融机构兼并收购，健康的金融机构吸收了问题金融机构的损失。这部分隐性的社会损失的数额也十分庞大。

我国金融机构风险处置过度依赖公共资金救助与我国国有制银行的经济体制密切相关。20世纪90年代之前，中国的金融机构几乎全部为国有。如果国有银行出现破产风险，出售或拍卖银行可能涉及国有资产流失的敏感话题。但随着国有银行股份制改革的不断深入和金融市场的逐步开放，法律应该设置与之相匹配

---

〔1〕 参见吴林涛：《涅槃抑或坠落——论商业疑惑破产重整制度》，法律出版社2014年版，第235页。

〔2〕 参见王小强：《广东化解金融危机十年回首》，载经济观察网，2008年4月2日。

的市场化的风险处置机制，激励和约束机构投资者。在政府援助的背景下，机构投资者投资国有金融机构是稳赚不赔的。他们将缺乏关注国有金融机构风险的动力。为激励机构投资者积极参与风险监管，同时约束机构投资者盲目投资的行为，有必要在市场化的风险处置机制中让机构投资者风险自担。只有机构投资者可能在金融机构破产中受损，才能促使其积极参与风险监管和避免盲目投资。这一方面有利于加强对金融机构的市场约束，另一方面有利于市场资本流向的合理化。市场资本流向的合理化将有助于中小金融机构的发展，有利于调节金融市场结构。

### 三、引入金融机构自救工具的必要性讨论

针对上述问题，作者认为我国内地有必要引入金融机构自救工具。一方面，引入金融机构自救工具能弥补金融机构破产风险处置立法的不足。金融机构自救工具是破产前的行政干预措施，是市场化的风险处置手段，是自救机制，能在一定程度上避免干预太晚，倚重行政干预手段，依靠外部施救的问题。同时，金融机构自救工具强调由股东和债权人吸收银行破产损失，能在一定程度上避免失败后果全部由社会承担的问题。另一方面，金融机构自救工具能减少系统重要性金融机构对政府援助的依赖，完善我国银行业市场运作机制，促进市场公平竞争，推动市场良性发展。虽然我国金融市场具有特殊性，系统重要性金融机构均为国有或国有法人控股，但所有制的区别并不会阻碍金融机构自救工具在我国发挥积极意义，其积极意义具体表现在以下六个方面：

（一）加强市场约束，避免倚重行政干预的问题

如前所述，自救债是风险敏感型债券，可以通过自救债价格的变化反映市场风险的变化。自救债价格提高意味着金融机构风险上升，金融机构融资成本上升。一方面股东和管理层将不得不警惕风险的上升，对股东和管理层行为产生直接约束。另一方面监管者将意识到金融机构风险上升，采取加强监管的措施对股东和管理层行为产生间接约束。但自救债市场约束作用的发挥还依赖于自救债的进一步规范和设计。例如，我国已经允许通过次级债填充资本。次级债也是风险敏感型债券，应该对市场产生约束作用。但由于我国的次级债目前普遍通过定向私募发行，发行的定价缺乏市场竞争，不能很好地反映风险溢价；且私募的债券不能在二级市场交易，因此无法向债券持有者传递金融机构风险变化的信号。缺乏流动性还会导致发行价格包含更多的流动性溢价因素。其次，我国的次级债多为银行间交叉持有，这也阻碍了市场约束作用的发挥。大型银行间交叉持债的问题是将银行存款转化成了次级债，而银行体系的整体抗风险能力并没有增强，反而可能引发银行业的系统性风险。双方合作相互持债可以降低债券发行的利率成

本，但却抵消了通过债券价格反映机构风险和加强市场约束的作用。[1]

因此想要自救债在我国发挥市场约束作用，就要确保债券的市场流动性，达到一定的发行量，且控制大型金融机构间的自救债互持。自救债在二级市场公开发行是有一定难度的，毕竟自救债风险较高，需要投资者有一定的风险识别能力。但自救债的发行不能只局限于私募定向发行，也可以采取合格投资者公开认购的方式扩大自救债的范围，同时控制自救债风险。国家甚至可以出台相关税收优惠政策以吸引自救债投资者。例如加拿大和中国香港特别行政区给予或有资本利息收益的税收优惠。为确保自救债的流通性，国家可以建立自救债和次级债交易平台，让自救债和次级债可以在平台上自由流通公开交易。有公开交易就能实现价格透明，价格向市场传递风险信息，以此形成市场约束。外国经验是不鼓励银行间自救债互持，以避免增加银行业的系统性风险，但其他大型金融机构的自救债互持不应被限制，如保险、信托和私募。只要金融机构的风险周期及其风险结构与银行差异较大，就可能形成有效的对冲，避免引发系统性风险。

（二）避免依赖外部施救

中国政府援助金融机构的长期历史导致中国金融业道德风险严重。改革开放三十多年以来，中国政府对金融机构秉承能保则保、能不破产绝不破产的运营方针。在关停、改制违法违规金融企业的过程中，存款几乎实现了刚性兑付，也没有追究企业管理层经营不善导致银行破产的责任。例如，1998 年国家开始采取保留、改制、合并重组、收购、组建城市商业银行、撤销等多种方式清理整顿城市信用社。自 1997 年 9 月至 2002 年末，全国的城市信用社从 3914 家减至 758 家。短短的 5 年间，共有 3156 家城市信用社在中国消失，但没有中小存款人受损。[2] 虽然在同一时期的金融企业整顿中有一批银行家相继因贪污腐败落马，但这多半是为了杀鸡儆猴整顿风气，且他们都是因贪污腐败落马，而并非因为经营不善导致银行破产危机落马，大多数的金融机构管理层仍在体系中被留用。

在有道德风险而不被惩罚的市场环境中，银行不良的内部机制产生的后果没有成本，银行有不改进或者更加恶化这种情况的动机。因此必须通过加强市场约束来促进内部治理和改进。为了达到这个目的，必须使银行管理者、董事会成员和决策者受到足够的损失。在不良内部治理的成本高于其收益时，他们就有改善内部治理的动机。最极端的市场约束就是将问题银行逐出市场，银行的决策者将永远失去控制权、股东失去其资本及收益权、管理层失去其薪酬。[3]

---

〔1〕 参见孙建龙：《银行业市场约束研究》，中国财富出版社 2014 年版，第 146～147 页。

〔2〕 参见刘诗平：《三十而立——中国银行业改革开放征程回放（1978～2008）》，经济科学出版社 2009 年版，第 179～181 页。

〔3〕 参见孙建龙：《银行业市场约束研究》，中国财富出版社 2014 年版，第 46 页。

金融机构自救工具的提出就是为了打破"大而不倒"的格局,让系统重要性金融机构可以被处置或破产。管理层将意识到金融机构有可能因经营不善退出市场或其有可能失去管理层的职位,这种惩罚将迫使其改善金融机构的内部治理。因此,中国的国有股权和国家信用担保并不是道德风险的根源,根源是政府对问题银行承担无限责任,没有形成对市场直接者的有效激励。解决的办法就是让市场参与者面临风险。股东、债权人、管理人和存款人承担各自相应的责任,才有可能形成有效的市场约束,避免道德风险。

(三) 减少纳税人损失,避免失败的全部后果由社会承担

我国金融机构处置对中央财政造成了严重的负担,也对纳税人造成了严重损失。例如,中央政府为应对海发行的提款需求拨备 30 亿元,但未能阻止海发行关闭。中央政府清理中农信债务白白丢了 68 亿元。为拯救四大国有银行,财政部注资 2700 万元,剥离 1.3 万亿不良资产。两项加起来达到 1999 年全国 GDP 的 1/6。我国农村信用社在 1994 年至 2003 年间连续 10 年亏损,2002 年当年的亏损就达到 58 亿元,历史亏损挂账近 1500 亿元。上述示例说明政府兜底的处置方式已经对纳税人造成了严重损失。

金融机构自救工具以不动用纳税人的钱拯救问题金融机构为目标。金融机构自救工具通过核销股权、减记债权和债转股吸收银行破产损失,同时填充银行资本充足率,避免使用纳税人的钱吸收损失和拯救金融机构。由于发达国家的金融机构多为私有制,上述方法能够起到避免动用纳税人的钱的作用。但我们国家情况特殊,在以公有制为主体多种所有制共同发展的社会主义市场经济体制下,国家是我国系统重要性金融机构的大股东。依据《中国银监会关于印发商业银行全球系统重要性评估指标披露指引的通知》中国对全球系统重要性商业银行的判断标准,截至 2014 年底中国共有 13 家全球系统重要性商业银行,包括工商银行、农业银行、中国银行、建设银行、中国招商银行、上海浦东发展银行、中信银行、华夏银行、光大银行、兴业银行、广发银行、中国民生银行和平安银行。截至 2014 年底,依据各银行前十大股东的持股份额计算,国家或国有法人在这些银行持有的股份分别为:工商银行 70%[1] 农业银行 82.92%[2] 中国银行 67.9%[3] 建设银行 57.26%[4] 中国招商银行 29.96%[5] 上海浦东发展银

---

〔1〕 参见《中国工商银行股份有限公司 2014 年报度报告(A 股)》,第 97 页。

〔2〕 参见《中国农业银行股份有限公司 2014 年报度报告(A 股)》,第 100 页。

〔3〕 其中,国家持股包括汇金公司持股 65.3% 和全国社会保证基金理事会持股 2.6%,参见《中国银行股份有限公司 2014 年报度报告(A 股)》,第 63 页。

〔4〕 参见《中国建设银行股份有限公司 2014 年报度报告(A 股)》,第 79 页。

〔5〕 参见《中国招商银行股份有限公司 2014 年报度报告(A 股)》,第 90 页。

行 46.669%〔1〕 中信银行 68.45%〔2〕 华夏银行 44.32%〔3〕 光大银行 56.25%〔4〕 兴业银行 35.7%〔5〕 广发银行 72.21%〔6〕 平安银行 61.75%〔7〕。而中国民生银行则为民营商业银行。

启动金融机构自救工具将首先核销股东股权。如果核销股权，国家或国有法人作为股东将首当其冲承担损失。核销国家和国有法人的股权将对纳税人造成损失，这似乎与国家通过注资或剥离不良资产化解金融机构风险无异，但事实上两者有质的区别。其一，国家或国有法人作为股东在银行面临破产危机时已经产生的损失是经济学中俗称的沉没成本（sunk cost）。沉没成本是即便投入新的资金也不可挽回的成本损失。而国家注资或剥离不良资产需动用新的资金，这将对纳税人造成新的损失。金融机构自救工具不会对纳税人造成新的损失，核销股权是国家或国有法人投资的沉没成本。其二，如果国家选择注资，所有的损失将由纳

---

〔1〕 其中，国有法人持股包括中国移动通信集团广州有限公司持股 20%，上海国际集团有限公司持股 16.927%，上海国际信托有限公司持股 5.232%，上海国鑫投资发展有限公司持股 2.022%，百联集团有限公司持股 1.019%，中国烟草总公司江苏省公司持股 0.862%，上海市邮政公司持股 0.607%。载《上海浦东发展银行股份有限公司 2014 年报度报告（A 股）》，第 51 页。

〔2〕 其中，中国中信有限公司持股 67.13%，全国社会保障基金理事会转持三户持股 0.55%，中国建设银行持股 0.36%，全国社保基金一一三组合持股 0.10%，全国社保基金一零八组合持股 0.10%，东风汽车公司持股 0.07%，中国工商银行股份有限公司持股 0.07%，河北建设投资集团有限责任公司持股 0.07%。载《中信银行股份有限公司 2014 年报度报告（A 股）》，第 106～107 页。

〔3〕 其中首钢总公司持股 20.28%，国网英大国际控股集团有限公司持股 18.24%，红塔烟草（集团）有限责任公司持股 4.37%，北京三吉利能源股份有限公司持股 1.43%。载《华夏银行股份有限公司 2014 年报度报告（A 股）》，第 50 页。

〔4〕 其中，中央汇金投资有限责任公司持股 41.24%，中国光大集团股份公司持股 4.41%，中国光大控股有限公司持股 3.37%，中国再保险（集团）股份有限公司持股 2.05%，申能（集团）有限公司持股 1.64%，红塔烟草（集团）有限责任公司持股 1.15%，广州海运（集团）有限公司持股 0.91%，上海城投控股股份有限公司持股 0.76%，中国电子信息产业集团有限公司持股 0.72%。载《光大银行股份有限公司 2014 年报度报告（A 股）》，第 69～70 页。

〔5〕 其中，福建省财政厅持股 17.86%，中国人民财产保险股份有限公司—传统—普通保险产品持股 4.98%，中国烟草总公司持股 3.22%，中国人民人寿保险股份有限公司—分红—个险分红持股 2.49%，中国人民人寿保险股份有限公司—万能—个险万能持股 2.49%，福建烟草海晟投资管理有限公司持股 2.32%，湖南中烟投资管理有限公司持股 1.19%，福建省龙岩市财政局持股 1.15%。载《兴业银行股份有限公司 2014 年报度报告（A 股）》，第 79 页。

〔6〕 其中，国家持股 0.346%，国有法人持股 71.86%。载《广发银行股份有限公司 2014 年报度报告》，第 88 页

〔7〕 其中，中国平安保险（集团）股份有限公司—集团本级—自有资金持股 50.20%，中国平安人寿保险股份有限公司—自有资金持股 6.38%，中国平安人寿保险股份有限公司—传统—普通保险产品持股 2.37%，深圳中电投资股份有限公司持股 1.25%，全国社保基金一零四组合持股 0.47%，全国社保基金一零三组合持股 0.47%，中国建设银行—博时主题行业股票证券投资基金持股 0.34%，中国工商银行—融通深证 100 指数证券投资基金持股 0.27%。载《平安银行股份有限公司 2014 年报度报告（A 股）》，第 72～73 页。

税人承担。但如果国家选择启动金融机构自救工具，纳税人只会承担与国家持股比例相当的损失，剩余损失将由其他股东依据持股比例核销股权，债权人减记债权和债转股，以及存款人吸收。其三，我国内地引入金融机构自救工具最大的意义在于打破金融机构对政府援助的依赖。通过加强市场约束，惩罚道德风险，实现对中国金融业内部治理的调整。这有利于金融业长期的安全稳健和发展，将从根本上减少银行经营的损失，从而减少纳税人损失。虽然我国内地引入金融机构自救工具不能实现避免动用纳税人的钱处置问题金融机构，但可以引入金融机构自救工具大幅减少纳税人损失。

（四）加强跨境金融集团的可处置性

随着金融市场的发展，中国出现了一批跨境金融集团。在中国的全球系统重要性商业银行中，中国工商银行、中国银行和中国建设银行拥有遍布全球的跨境机构和跨境资产。截至 2014 年底，中国工商银行的业务遍及 41 个国家和地区，拥有 338 个境外机构，境外机构实现净利润总额 151 亿元人民币；[1] 中国银行的海外分支机构遍布 41 个国家和地区，拥有海外资产 4.18 万亿元，[2] 海外实现利润总额 531 亿元；[3] 中国建设银行在 16 个国家和地区设有海外分行，拥有 14 家海外子公司，在 138 个国家和地区的 1470 家机构建立总行级代，海外资产总额 9480 亿元，海外实现利润总额 60.06 亿元。[4] 截至 2014 年底，已有 20 家中资银行金融机构在海外 53 个国家和地区设立 1200 多家分支机构，总资产 1.5 万亿美元。[5] 随着中国金融业"走出去"和"一带一路"国家战略的落实，中国未来还会出现更多的跨境金融机构。

此外，中国还出现了一批庞大的金融集团，包括中信集团、光大集团、平安集团和中国人寿集团。中信集团下的从事金融业务的公司包括中信银行、中信证券、中信信托和信诚人寿；光大集团下的从事金融业务的公司包括光大银行、光大证券、光大永明人寿、光大控股、光大金控资产管理、光大兴陇信托、光大金融租赁、光大保德信基金、光大期货和光大云付款；平安集团下的从事金融业务的公司有平安保险、平安银行、平安信托、平安证券、平安资产管理和平安大华基金；中国人寿保险集团下从事金融业务的公司有中国人寿保险、中国人寿资产

---

〔1〕　参见《中国工商银行股份有限公司 2014 年报度报告（A 股）》，第 15 页。

〔2〕　2014 年，中国银行集团总资产 15.25 万亿，海外资产占集团总资产的 27.41%。载《中国银行股份有限公司 2014 年报度报告（A 股）》，第 11 页和第 108 页。

〔3〕　2014 年，中国银行集团利润总额 2.31 千亿，海外利润占集团总利润的 22.98%。载《中国银行股份有限公司 2014 年报度报告（A 股）》，第 11 页和第 110 页。

〔4〕　参见《中国建设银行股份有限公司 2014 年报度报告（A 股）》，第 44 页。

〔5〕　参见中国银行业协会行业发展委员会编：《中国银行业发展报告》，中国金融出版社 2015 年版，第 33 页。

管理、中国人寿财产保险、中国人寿养老保险、中国人寿保险（海外）和国寿投资。这些金融集团的共同特点是从事广泛的金融业务，涉及银行、保险、证券、基金、期货、金融租赁等各个方面，且资产数额庞大。

中国现有的处置方案无法应对跨境金融集团的破产风险。中国现有的处置方案包括托管、接管、停业整顿、现场监控、重组、分割不良资产、出售股权和债务、债转股、帮助债务人实现清偿、兼并收购、行政清理、撤销和清算。上述处置方案足以应对境内单一金融机构的破产风险，但无法应对跨境金融集团的破产风险。首先，跨境金融集团的处置涉及集团海外分支机构和子公司及其跨境资产。这属于跨司法辖区的处置，不由本国监管当局和司法机关说了算。执行本国监管当局和司法机关的处置方案须得到东道国监管当局和司法机关的配合。如果东道国监管当局和司法机关不同意执行母国处置方案，这将直接影响本国股东、债权人、存款人和纳税人的利益。其次，金融集团破产涉及集团间机构的相互影响。如果金融集团面临破产风险，其分支机构和子公司必然受到影响，甚至因此陷入破产危机。如果金融集团的分支机构或子公司面临破产风险，可能影响到集团其他的分支机构和子公司，甚至导致他们也面临破产风险。这意味着金融集团及其分支机构或子公司破产需要有一个全盘的集团处置计划，明确单一机构破产对整个集团及其他机构的影响。上述问题，无法通过中国现有的处置方案解决。

金融机构自救工具可以弥补传统处置方案在跨境金融集团处置上的应对不能。首先，金融机构自救工具可以通过集团债务次级化应对跨司法辖区的问题。通过集团债务次级化，然后优先偿还集团以外的债务，将子公司所有债务转移到集团，同时从集团输送资金给子公司清偿债务。债务的集中使集团只需要面对单一司法辖区监管当局的监管、重整或清算，并依据统一标准清偿债权人。[1] 其次，金融机构自救工具可以通过从子公司介入或从集团介入的方式应对集团机构相互影响的问题。如果集团从资金、技术、人力和公司治理上与子公司相互独立，且评估过子公司破产处置不会引发集团其他机构的破产危机后，可以启动从子公司介入的处置。从子公司介入的处置意味着只有子公司被处置，集团将监控子公司处置。如果集团从资金、技术、人力和公司治理上与子公司紧密联系，且评估过子公司破产可能引发集团其他机构的破产危机后，可以启动从集团介入的处置。从集团介入的处置意味着集团将通过集团债务次级化，将面临破产风险的子公司及受影响的集团其他机构的债务全部转移到集团，优先清偿集团外的债务，然后由集团股东和债权人吸收损失。

（五）调整银行业市场结构

由于政府的隐性担保，我国中小型银行很难和国有大型银行公平竞争。这导

---

〔1〕 See Joseph H. Sommer. "Why bail-in? And how!", *FRBNY Economic Policy Review* (2014-12)：217.

致我国长期处于国有大型银行占主导地位，民营银行和中小银行发展不良的状态。从中国银行业金融机构的数量来看，截至 2014 年底，我国有大型银行 5 家，股份制商业银行 12 家，城市商业银行 133 家，农村金融机构 3566 家及其他类金融机构 375 家。[1] 2014 年 3 月，银监会首批 5 家民营银行试点，包括深圳前海微众银行、上海华瑞银行、温州民商银行、天津金城银行和浙江网商银行。[2]虽然大型银行和股份制银行的数量只有 17 家，但这 17 家银行的总资产占到全国银行业金融机构总资产的 58.8%。[3]

银行业市场结构的不均衡是我国实体经济融资难、融资贵的主要原因之一，[4]导致我国中小企业面临融资困境，融资成本升高等问题。截至 2014 年三季度，我国大型企业和中型企业贷款余额占企业贷款余额的 70.4%，小微企业贷款余额占企业贷款余额的 29.6%[5]。2012 年，温州中小企业的借贷利率高达 25%[6]。而中国五千万家中小企业，占经济活动的 60%，贡献税收收入约 50%，提供了近 80% 的就业机会。[7] 市场资源分配不合理，阻碍实体经济发展。而这种市场资源分配不合理又反过来增大了银行的风险。在宏观经济增长放缓的大背景下，大中型企业在高速增长期大规模投资扩张带来的隐性风险逐渐显现，制造业和零售业的不良资产压力已经从中小企业向大中型企业蔓延。[8]

引入金融机构自救工具有利于我国调整银行业市场结构。金融机构自救工具使股东、债权人和存款人在大型银行面临破产风险时可能受损。股东、债权人和存款人不仅将更加关注大型银行的风险，同时也更有可能将投资和存款转向中小型银行。只有打破政府的隐性担保，中小型银行才有可能与大型银行公平竞争。中国银行业市场结构的调整不能单纯地依靠政府政策的调整。新建民营银行可以表现政府调整银行业市场结构的决心，但无法在短期甚至是中长期内起到调整我

---

〔1〕 参见中国银行业协会行业发展委员会编：《中国银行业发展报告》，中国金融出版社 2015 年版，第 29 页。

〔2〕 参见中国银行业协会行业发展委员会编：《中国银行业发展报告》，中国金融出版社 2015 年版，第 32 页。

〔3〕 2014 年末，中国银行业金融机构资产总额达 172.33 万亿元。其中，大型商业银行的资产总额为 70.01 万亿元，股份制商业银行资产总额为 31.38 万亿元。载自中国银行业协会行业发展委员会编：《中国银行业发展报告》，中国金融出版社 2015 年版，第 51 页。

〔4〕 参见中国银行业协会行业发展委员会编：《中国银行业发展报告》，中国金融出版社 2015 年版，第 199 页。

〔5〕 参见中国人民银行：《2014 年三季度金融机构贷款投向统计报告》，第 2 页。

〔6〕 参见 ［英］方忠智、马思明：《中国可转债市场》，对外经济贸易大学出版社 2014 年版，第 169 页。

〔7〕 参见 ［英］方忠智、马思明：《中国可转债市场》，对外经济贸易大学出版社 2014 年版，第 163 页。

〔8〕 参见中国银行业协会行业发展委员会编：《中国银行业发展报告》，中国金融出版社 2015 年版，第 130 页。

国银行业市场结构的作用。有破有立才可能真正调整我国银行业市场结构。如果政府因为银行规模庞大或者具有系统重要性就不处置银行，或者以政府援助为银行兜底，那么我国银行业市场结构将永远无法得到实质性的调整。

（六）进一步推动我国银行业的股份制改革

波塔、西拉内斯和施莱弗的研究指出政府对银行的所有权使银行出现目标转向，政府可能将银行当作准财政使用，为了社会目的而给特定企业或产业贷款。[1] 这正是我国银行业的历史。过去我国银行业一直承担着第二财政的职能，是国企和地方政府的主要融资来源。2001～2002年，中国人民银行对不良贷款历史成因的抽样调查显示，我国对老工业企业发放贷款和对盲目重复建设发放贷款形成的不良贷款占1/3，经济过热时发放贷款形成的不良贷款占1/3，国家实施破产、兼并、改制形成的不良贷款占1/3。而从具体原因看，因国有银行内部管理原因形成的不良贷款约占19.3%，由于银行客户、宏观经济体制变化等外部原因形成的不良贷款约占80.7%。[2]

为了改善我国银行业的内部治理，使国有银行变成真正的金融企业，2003～2005年间中央政府启动了四大行的股改。让我国的国有银行转变成股份制商业银行。四大行通过财务重组在海外和内地上市。四大行的股改是具有历史突破意义的，但力度有限，股改后国家和国有法人作为控股股东仍对四大行的经营管理享有绝对的主导权。四大行的经营发展并未进入真正的市场化阶段，更准确地说目前四大行仍处于准市场化阶段。国有大型银行的不良贷款余额和不良贷款率在以2014年年底为结算点的过去的12个季度里持续上升。2014年四大国有银行共核销坏账1289.8亿贷款，是2013年521.1亿的1倍以上。[3] 而风险加速暴露是2014年银行业净利润下降的最主要原因。而工商银行董事长姜建清则表示："在实体经济去产能、去库存、去杠杆的调整过程中，部分企业生产经营困难、市场进入和退出频率加快，经济转型和产业结构调整中不可避免地会使银行形成一部分不良贷款。"而这些产能、库存和杠杆又正是中央政府鼓励和支持某种行业发展时由宽松信贷造成的。政府的不良贷款也是银行的主要风险敞口之一。截至2012年初，银行账面地方政府待清偿债务总额高达8.5万亿元人民币，其中不良贷款预计在20%～30%左右。[4] 因此中国的大型银行甚至股份制商业银行离真

〔1〕 参见孙建龙：《银行业市场约束研究》，中国财富出版社2014年版，第44页。

〔2〕 参见刘诗平：《三十而立——中国银行业改革开放征程回放（1978～2008）》，经济科学出版社2009年版，第225页。

〔3〕 参见江金泽：《四大行核销坏账规模翻倍坏账率渐向"国际标准"靠拢》，载《华尔街见闻》2015年3月30日。

〔4〕 参见［英］方忠智、马思明：《中国可转债市场》，对外经贸大学出版社2014年版，第170～171页。

正的金融企业还有一定的距离，我国还需进一步推动银行业的股份制改革。

金融机构自救工具可能成为推动我国银行业体制改革的重要机会。国有大型银行在运行正常时更替资本是比较困难的，各方都缺乏更替资本的动力。但如果出现破产危机，金融机构自救工具则可以成为国有大型银行更替资本的契机。金融机构自救工具可以核销国家或国有法人持股，允许民营资本或是外资注入，以最小的成本更替股本。这不仅可以减轻政府为银行注资或剥离不良资产的财政负担，还可能改变政府为银行兜底的局面，让中国银行业的发展真正进入市场化阶段。"十三五"规划提出，2016～2020年中国将加大金融业对外开放，扩大银行、保险、证券、养老等市场准入，促进内外资企业的公平竞争。[1] 随着我国利率和汇率的自由化，逐步开放资本账户也只是时间问题。面对更强大的竞争和更自由的市场，中国银行业的变革迫在眉睫，而资本更替是企业变革的根本方式。国有银行是时代的产物，也应随着时代的发展逐步退出历史舞台。国家或国有法人控股将无法避免银行成为政府调控经济的工具，银行很难在这种背景下实现独立经营。为了实现银行的独立经营，政府应逐步从大型银行和股份制商业银行退资，并开放民营资本的注资。金融机构自救工具可以帮助政府以最小的成本实现对大型银行和股份制商业银行的资本更替。政府的退资并不意味着失去对金融市场的控制，而是通过从经营者到监管者的角色转化，实现从内部控制到外部控制的转变。

**四、结论**

综上所述，我国现有的金融机构破产风险处置立法存在四个方面的主要问题：包括重视晚期处置，缺乏早期拯救机制；倚重行政手段，缺乏市场意识；依赖外部施救，缺乏自救机制；以及依赖财政援助，缺乏对机构投资者的激励和约束。而引入金融机构自救工具，一方面能弥补金融机构破产风险处置立法的不足，避免干预太晚，倚重行政干预，依靠外部施救等问题；另一方面，能减少系统重要性金融机构对政府援助的依赖，加强金融集团的可处置性，完善我国银行业市场运作机制，促进市场公平竞争，推动市场良性发展。虽然我国系统重要性金融机构的所有制与其他引入金融机构自救工具的国家有差别，但这并不会阻碍金融机构自救工具在我国发挥其积极意义。因此，作者认为我国有必要引入金融机构自救工具。

---

〔1〕 参见《中共中央关于制度国民经济和社会发展第十三个五年规划的建议》。

# 运动式监管向信息监管转化研究<sup>*</sup>
—— 基于对互联网金融风险专项整治行动的
审视与展望

许多奇<sup>**</sup>　唐士亚<sup>***</sup>

摘要：互联网金融风险专项整治行动作为一种"运动式"监管手段，通过短期、高频、强制性的专项治理，有力地整肃了互联网金融乱象，引导互联网金融规范创新。互联网金融风险专项整治行动可解构为"一元单向分业协作"机制，但在金融创新面前暴露出滞后性、片面性、单一性等弊端。互联网金融信息配置失范是造成当前互联网金融乱象及其监管低效率的根本原因。建立互联网金融监管长效机制必须以信息监管为中心，以此构建一个统合的金融信息平台，形成有效的信息共享机制和监管联动机制，树立"数据驱动"监管理念，融合监管科技的应用，并进一步完善互联网金融信息披露制度和政府主导的多元治理体系，强化对金融消费者的保护。

关键词：互联网金融；运动式监管；信息披露；信息监管

## 一、引言

以移动支付、云计算、大数据和区块链等为主要内容的互联网技术，在充分结合传统金融产业基础上所形成的互联网金融已经成为我国金融市场格局中一股颠覆性力量，深刻影响着金融格局及其发展趋势。互联网金融带来的交易扁平化、融资便利化和金融普惠化等优势，拓展了金融交易的可能性边界，服务了大量过往不被传统金融机构所重视的投融资群体（即"长尾效应"的特征）。互联网金融降低了投融资者准入门槛，有利于满足小微企业的融资需求，促进了市场

* 本文系浙江省法学会重点课题"农业供给侧结构性改革的金融制度支持研究"（2017NA05）分论的阶段性成果，2016 年度国家社科基金项目"我国互联网金融市场准入与监管法制重大理论与实践问题研究"（项目编号：16BFX098）的阶段性成果。
** 上海交通大学凯原法学院教授，博士生导师。
*** 上海交通大学凯原法学院博士研究生。

公平定价。[1] 互联网金融所内生的普惠、去中心化等特质，创造出一种既不同于商业银行间接融资，也不同于资本市场直接融资的第三种金融融资模式，称之为"互联网金融模式"。[2]

然而，互联网金融在拥有上述优势的同时，其在发展过程中逐步累积的信用风险、法律风险、操作风险、流动性风险亦不断叠加与积聚，互联网金融领域中的金融创新与金融监管、金融效率与金融安全之间的冲突碰撞，成为悬挂在互联网金融之上的"达摩克利斯之剑"。自 2014 年以来，互联网金融领域中的大规模平台跑路、虚假借贷欺诈、违规自融自保等问题陆续爆发，尤其是 2015 年"e租宝"事件更是让 P2P 网贷一度成为集资诈骗、非法吸收公众存款的代名词，严重影响了正常的金融秩序和社会稳定，也损害了广大投资者的合法权益。互联网金融领域乱象丛生的现状引起监管层的密切关注，2016 年起我国监管层加快了对互联网金融行业的清理整顿步伐。其中，2016 年 4 月 14 日国务院组织十四部委召开电视电话会议，决定将在全国范围内启动为期一年的互联网金融领域的专项整治行动。2016 年 10 月 13 日，国务院正式发布《互联网金融风险专项整治实施方案》（以下简称"《实施方案》"），随后中国人民银行、银监会、证监会、保监会、国家工商总局等部委相继跟进发布各自主管领域的专项整治工作实施方案，在全国范围内掀起了一场互联网金融的"整治风暴"。此次专项整治行动范围涵盖 P2P 网贷借贷、股权众筹、互联网保险、第三方支付、通过互联网开展资产管理及跨界从事金融业务、互联网金融广告等重点领域，基本覆盖了互联网金融业务的所有风险点。

时至今日，本次互联网金融领域"史上最严监管"专项行动已开展一年有余，有力打击了互联网金融领域的违法违规经营现象，清肃了一大批不合格乃至涉及违法犯罪经营的互联网金融平台，引导互联网金融行业步入规范创新的正确轨道。但在互联网金融风险专项整治行动成果累累的背后，也引来了不少业界和学界的担忧或争议：专项整治行动是否会给互联网金融发展设置了人为阻碍，导致互联网金融行业全面萎缩？这种疾风暴雨式的应急性监管行动是否具有可持续性，互联网金融非法经营现象是否在专项行动结束后又会死灰复燃？互联网金融乱象的根源何在，是否具有一种监管模式能比当前监管模式更好地适应互联网金融业务的特质？这些疑问，既是对本次专项整治行动本身的反思，也关涉互联网金融健康发展和金融监管绩效，亦是对我国互联网金融发展走向的思考。基于此，本文拟对互联网金融风险专项整治行动的运行机制和成效展开研讨，在此基

---

[1] Alan R. , "Pricing Disclosure: Crowdfunding's Curious Conundrum", *Entrepreneurial Business Law Journal*, 2012, pp. 374~375.

[2] 谢平、邹传伟：《互联网金融模式研究》，载《金融研究》2012 年第 12 期，第 11 页。

础上，引申出对互联网金融乱象之根源的分析，并从信息监管的角度，提出一种改进运动式监管并提高监管效率的可行思路。

### 二、互联网金融风险专项整治行动：运动式监管的审视

执法领域中的"运动式监管"是当代中国社会治理中的独特现象，常见于公安、食品、城管、医疗卫生、金融等行业的行政执法部门的执法行动中。"运动式监管"不仅应用于突发性社会事件的治理，而且还在许多常规性行政执法中发挥作用。在实践中，"运动式监管"主要表现为"专项行动""专项检查""百日攻坚"等具体的执法形式，并要求在特定的时间内针对特定的执法对象完成特定的执法内容。"运动式监管"天然具有短期性、动员性和强制性特征，成为追求"短平快"效果的各级金融监管机关反复使用的监管手段。但与此同时，"运动式监管"的仓促性、被动性、整治结果的反弹性[1]以及可能存在的对法治公平原则的破坏性等弊端，使得其监管绩效往往备受诟病。在深层次意义上，"运动式监管"势必受到经济发展模式、传统政治体制等因素的制约、影响，"运动式监管"并不是一个孤立的个体，而是作为社会综合治理体系的映射而存在。

（一）互联网金融风险专项整治机制分析："一元单向分业协作"机制的解读

风险"是一种衡量危险敞口以及预知损失程度可能性的方式，代表了在某一特定环境、特定时间段发生某种损失的可能性"。[2] 随着互联网金融业务的深入发展，互联网金融产品和服务日益嵌入人们的日常生活，如影随形的信息不对称、虚假信息、信用危机等问题，给互联网金融带来了新的信息风险、法律风险乃至金融稳定风险，风险防范关系互联网金融的健康、可持续发展。[3] 本次互联网金融风险专项整治行动以规范各类互联网金融业态、切实防范风险、促进互联网金融健康可持续发展为目标，综合运用各类整治措施，加强部门、区域间的组织协调，采取"穿透式"监管方法，沿袭了"开展摸底排查—实施清理整顿—督查和评估—验收和总结"的运动式监管传统路径。总体而言，互联网金融

---

[1] 所谓整治结果的反弹性是指在治理行动结束后，专项整治的打击对象又重复出现，甚至出现程度更甚的反弹，从而导致一种"治标不治本"的恶性循环的出现。以我国劣质奶粉的生产为例，在2004年发生安徽阜阳奶粉事件之后，2007年的专项整治行动将婴幼儿乳制品作为重点监管对象并取得一定成效，但实际上专项行动并未真正解决食品安全分段监管的漏洞，这也在一定程度上解释了为什么在2007年全国范围专项整治行动之后，2008年爆发了更为严重的三鹿奶粉事件。参见刘鹏：《运动式监管与监管型国家建设：基于对食品安全专项整治行动的案例研究》，载《中国行政管理》2015年第12期，第121页。

[2] D. Garland, "The Rise of Risk", in R. Ericson and A. Doyle（eds.）, *Risk and Morality*, University of Toronto Press, 2003, p. 51.

[3] 许多奇：《十部委〈关于促进互联网金融健康发展的指导意见〉新读——互联网金融风险防范与创新发展》，载《互联网金融法律评论》2015年第2辑，第118页。

风险专项整治机制为"一元单向分业协作"机制，即就监管主体而言，是以政府为绝对主体的一元设计；就监管的组织架构而言，是政府规制下的由上至下、由政府向互联网平台、政府向投资者、政府向社会的单向一维架构设计；就监管模式的运行机制而言，是在金融分业监管基础上的分领域专项整治；就部门、区域间的关系而言，构建了"部门统筹、属地组织、条块结合、共同负责"的协作形式。

1. 主体设计：一元体制下的政府绝对主导

基于互联网金融市场复杂的市场格局，以及传统的"大政府、小社会"的现实国情，政府部门在互联网金融治理中一直处于绝对的主体地位。通过对互联网金融产业链各环节的考察可以发现，由于受中央集权体制传统和监管链上各部门错综复杂的利益关系的影响，政府一直在互联网金融治理中处于强势的一元主导地位，而行业协会、新闻媒体、第三方组织等社会性主体力量始终没有得到足够的重视与积极的发挥。在此次互联网金融风险专项整治行动中，以人民银行、银监会、保监会、证监会、工信部、工商总局、公安部、地方金融办为代表的政府部门主导了专项整治行动的进程，而像中国互联网金融协会、新闻媒体等重要的社会性力量，则只扮演了"报道者""附和者"等亦步亦趋的弱角色，并未充分发挥自身在社会治理中的应有作用。

2. 架构设计：政府规制下的"单向一维"

就体系架构设计而言，互联网金融专项整治行动呈现出明显的"单向一维"特征。所谓的"单向性"主要表现在，大多只存在单纯地由政府监管部门对互联网金融平台和产品的监管及查处，而缺乏由金融消费者群体、社会组织及相关互联网企业对监管政策与监管绩效的反向监督，即在"权力－权利"指向上，主要只存在金融监管权力对金融权利的单向流动，而没有反向的权利对权力的制约。所谓"一维性"，主要包括两层含义，一是监管权力运行向度的"一维性"，即政府与其他互联网金融治理主体之间的合作交流机制运行不畅，政府与互联网平台、政府与金融消费者、政府与社会之间的合作网络并未建立；二是整治信息传播途径的"一维性"，目前互联网金融治理信息大多是由政府单方发声，而信息的互联网金融平台、社会组织反馈及交流机制尚未健全，信息网络有待完善[1]。这种"单向一维性"是由于治理资源有限、社会转型时期社会问题的多元化和

---

[1] 互联网金融信息网络建设是一个系统性工程，需要多主体的持续投入。可喜的是，信息网络建设已引起监管层的重视。例如，在《互联网金融风险专项整治工作实施方案》中提出："建立举报制度，出台举报规则，中国互联网金融协会设立举报平台，鼓励通过'信用中国'网站等多渠道举报，为整治工作提供线索。对提供线索的举报人给予奖励，奖励资金列入各级财政预算，强化正面激励。"这表明监管层对改变当前整治信息传播"一维性"所做的努力。

不确定性造成的，在多种条件限制下，部分监管者甚至将其视为解决具体事项的有效手段。

3. 运行设计：分领域专项整治

根据《实施方案》及各部委相继跟进发布各自主管领域的专项整治实施方案的要求，银监会统筹负责 P2P 网贷专项整治；证监会是股权众筹专项整治的牵头部门；保监会主导负责互联网保险专项整治工作；中国人民银行是支付机构风险专项整治工作牵头部门；对于通过互联网开展资产管理及跨界从事金融业务的机构，结合从业机构的持牌状况和主营业务特征，采取"穿透式"监管方法确定相应监管部门；金融管理部门和工商部门共同牵头治理互联网金融领域广告。

可以看出，互联网金融风险专项整治行动依托现有的金融分业监管体制，依据监管对象来确定相应的监管主体，不同的监管机关只针对某一具体的金融业务或金融产品进行专项整治。对于部分通过互联网开展资产管理或跨界从事金融业务的情况，则应用"穿透式"监管[1]的方法，在综合资金来源、中间环节与最终投向等信息的基础上，透过表面界定业务本质属性，确定对应的监管部门。

**表1 互联网金融风险专项整治行动的目标**

| 业务领域 | 整治目标 |
| --- | --- |
| P2P 网络借贷 | 支持鼓励依法合规的网贷机构开展业务，整治和取缔违法违规的网贷机构；强化风险教育，引导出资人理性出资；建立行业长效机制，消除监管空白 |
| 股权众筹 | 通过全覆盖的集中排查，全面掌握互联网股权融资现状；集中力量查处一批涉及互联网股权融资的非法金融活动，对典型案件予以曝光；进一步完善法规制度，完善监管长效机制 |
| 互联网保险 | 查处和纠正保险公司与不具备经营资质的第三方网络平台合作开展互联网保险业务的行为；查处非持牌机构违规开展互联网保险业务的行为；查处保险公司通过互联网销售保险产品时的误导性描述行为 |
| 互联网金融广告及以投资理财名义从事金融活动 | 加强涉及互联网金融的广告监测监管；制定金融广告发布的市场准入清单；排查整治以投资理财名义从事金融活动的行为 |

---

[1] "穿透式"监管是实质重于形式（substance over form）原则在金融监管上的表达。"穿透式"监管强调对业务和产品的追本溯源，核心目的在于穿透结构复杂的资产层，把资金来源、中间环节与最终投向联接起来，进行有效、实质性的监管。

| 业务领域 | 整治目标 |
| --- | --- |
| 通过互联网开展资产管理及跨界从事金融业务 | 重点查处以下方面：具有资产管理相关业务资质，但开展业务不规范的各类互联网企业；持牌金融机构委托无代销业务资质的互联网企业代销金融产品；未取得资产管理业务资质，通过互联网企业开办资产管理业务；未取得相关金融业务资质，跨界进行互联网金融活动；各业务板块之间未建立防火墙制度，未遵循禁止关联交易和利益输送等方面的监管规定，账户管理混乱，客户资金保障措施不到位等问题 |
| 第三方支付 | 加大对客户备付金问题的专项整治和整改监督力度；建立支付机构客户备付金集中存管制度；逐步取消对支付机构客户备付金的利息支出，降低客户备付金账户资金沉淀；严格支付机构市场准入和监管；开展无证经营支付业务整治 |

（本表由作者根据《互联网金融风险专项整治工作实施方案》《P2P 网络借贷风险专项整治工作实施方案》《股权众筹风险专项整治工作实施方案》《互联网保险风险专项整治工作实施方案》《开展互联网金融广告及以投资理财名义从事金融活动风险专项整治工作实施方案》《通过互联网开展资产管理及跨界从事金融业务风险专项整治工作实施方案》《非银行支付机构风险专项整治工作实施方案》整理而成）

4. 关系设计："中央—地方"与"部门—部门"间的组织协调

就部门、区域之间的关系设计而言，在中央部门层面，中国人民银行牵头成立互联网金融风险专项整治工作领导小组，负责总体推进整治工作；人行、银监会、证监会、保监会、工商总局各自成立分领域的工作小组。在地方政府层面，各省级政府成立地方领导小组，组织本辖区专项整治工作。在"中央－地方"协同治理机制方面，在省级人民政府的统一领导下，中央金融管理部门的省级派驻机构与地方金融办（局）共同负责辖区分领域整治工作。因此，本次互联网金融风险专项整治行动在组织关系的构造上，体现出"条块结合，上下联动"的特征，完善了部门之间、区域之间的协作机制。

（二）互联网金融风险专项整治行动效果的规范评估

随着互联网金融专项整治行动的持续深入，从各地监管部门和新闻媒体报道反馈的数据来看，专项整治行动取得较大成果，互联网金融行业乱象已得到有效遏制，行业正朝着健康有序的方向发展。网贷之家发布的数据显示，自 2016 年10 月份专项整治正式启动以来，P2P 网贷行业平台数量在两个月的时间内锐减

310 多家；截至 2016 年底，公安机关查处的互联网金融案件达 1400 起，处罚人员 4800 多名，涉案金额高达 5000 多亿元。[1] 在各地整治行动中，例如安徽省相关职能部门清理排查互联网金融广告 31408 条，责令整改 16 次，抄告或提请金融主管部门出具认定意见 27 件次，提请关闭互联网网站 26 个，立案查处 12 起，移送司法机关 3 起。[2] 此外，根据第一网贷发布的《2017 年 8 月份全国 P2P 网贷行业快报》数据显示，2017 年 8 月份全国 P2P 网贷成交额 3408.58 亿元，环比减少 7.37%，机构数量下降 0.24%，首次实现"双降"，行业整治初见成效。

应当来说，现阶段的互联网金融专项整治行动对于引导规范互联网金融健康可持续发展、维护国家金融安全和保护金融消费者权益具有正向的促进作用，专项整治行动的效果是显著的，有利于在短期内清理整顿不合规平台并化解此前累积的互联网金融行业风险。但是我们也应清醒地认识到，互联网金融专项整治行动毕竟是一种由国家强制力主导的短期的、阶段性的金融治理运动，在专项整治行动结束之后，此前被压制的互联网金融乱象是否会死灰复燃，这也是萦绕在社会公众脑海中的疑问。互联网金融涉及的业务范围和领域相较于传统金融而言则是异常广泛的，包括了融资领域的 P2P 网贷和股权众筹，支付清算领域的移动支付、数字货币、区块链技术，投资管理领域的智能投顾和电子交易，金融技术设施领域的云计算、大数据技术及智能合约技术等，不仅业务、产品形态纷繁复杂，还处于不断的发展变化之中。这种状态意味着，当前的互联网金融专项整治行动不可能将所有的互联网金融业务全部纳入，专项整治行动相较于互联网金融创新是滞后的。一个显而易见的事实是，本次专项整治行动于 2016 年 10 月正式启动，2017 年初开始 ICO（Initial Coin Offering，首次公开代币）融资活动陆续涌现，大量没有注册公司、也没有规范程序、项目白皮书虚假潦草的 ICO 项目进入二级市场，通过炒高代币价格以套现"韭菜"投资者，已经构成变相非法集资和非法证券活动。由此可见，在互联网金融专项整治行动期间，仍旧爆发了严重的违法互联网金融事件，暴露了运动式监管应对互联网金融创新的滞后性。此外，专项整治行动的"运动式监管"也引发了业界对其是否矫枉过正的担忧。例如，2017 年深圳、上海等地要求 P2P 网贷平台资金第三方存管严格实行"存管属地化"管理，让不少此前已上线存管但属于异地存管的 P2P 网贷平台感到无所适从，大大增加了网贷平台的合规成本和经营成本。[3]

---

〔1〕 卢建波：《互联网金融专项整治成效显现》，载《金融投资报》2017 年 1 月 5 日。

〔2〕 徐凤林：《安徽专项整治互联网金融风险见成效》，载《中国工商报》2017 年 6 月 20 日。

〔3〕 孟俊莲：《互联网金融的治与乱：行业迎最严监管 部分矫枉过正》，载新浪财经，http://finance.sina.com.cn/roll/2017 – 07 – 29/doc – ifyinwmp0627124.shtml，最后访问时间：2017 年 9 月 17 日。

《实施方案》中提出"着眼长远，以专项整治为契机，及时总结提炼经验，形成制度规则，建立健全互联网金融监管长效机制"，这一提法可以认为是监管层对专项整治行动结束之后如何完善互联网金融监管模式的前瞻性考虑。面对当前"运动式"监管在互联网金融创新面前暴露出的滞后性、片面性、过渡性等弊端，有必要认真思考"后专项整治行动"时期我国互联网金融监管机制的定位与选择。这其中的基本定位，即是对互联网金融的监管必须是"系统的、全面的和包容的"之共识。为此，我们需要重新梳理互联网金融乱象的特征并探求监管失灵的根本原因，从而为确立互联网金融监管长效机制寻求一种可行进路。

### 三、互联网金融乱象溯源：信息配置失范的视角

（一）互联网金融中的信息配置与信用风险

互联网金融交易在形式上表现为资金的融通及其增值，而在实质上是资金时间价值的变现，交易的核心在于信息配置与信用风险。互联网金融中的金融消费者和互联网平台，一方面进行小额债权、股权和资金托管等信用交易，另一方面又通过与传统金融的去中心化、金融脱媒竞争，促进金融功能的实现。因此，在互联网金融交易模式中，"信用风险一方面是投资者必须面对的核心风险，另一方面也让金融交易的主要问题回归到信息与信用风险的关系上来"。[1]

使用信息工具时，要根据不同领域的信息不对称程度对信息主体设定不同程度的义务。[2] 在没有合适的规则约束和利益刺激下，信息占有优势方缺乏披露真实信息的主动性，或者说其披露真实信息具有偶然性。在我国互联网金融市场中，信息占有劣势方——投资者缺乏实质性保障手段来了解投资标的真实情况。因此投资者和交易平台更倾向于使用第三方担保、备付金、抵押等方式来减少由于信息不对称给投资者带来的投资风险。然而，以担保或刚性兑付来替代有效信息披露，不但不利于互联网金融行业的合规发展且加剧了信息供给不足，还会导致在监管层面呈现出监管部门与市场主体之间"去刚性兑付和担保——不断创造新的刚性兑付和担保"的困局。

我国互联网金融市场中存在着 P2P 网贷、股权众筹和第三方支付等三种主要业态，这三种互联网金融业态的基础，在于建立在互联网平台之上的陌生人交易信任。严格意义上的信息中介型 P2P 平台为借贷双方提供了撮合达成债权债务合同的线上服务；股权众筹平台为以小微企业为主的筹资者构建了一个小额公众型股权融资模式；第三方支付借助互联网技术与移动通讯技术，为收、付款人之间提供便捷的网络移动支付服务。互联网金融交易中的借款者与出借者、股份发行

---

[1] 杨东：《互联网金融的法律规制——基于信息工具的视角》，载《中国社会科学》2015 年第 4 期，第113 页。

[2] 应飞虎、涂向前：《公共规制中的信息工具》，载《中国社会科学》2010 年第 4 期，第 125 页。

人与股份投资人以及收、付款人之间，既因为彼此之间的陌生人信任而保证了交易的前提，又因为天然的信息不对称而引发了互联网金融信用风险。信息不对称的结果，即是引发了如平台自建资金池、债权拆分、期限错配、平台自融、虚构投资项目等互联网金融信用风险。互联网金融交易是风险的集合体，风险类型和风险结构间的差异，是决定互联网金融业务演变为不同类型模式的根本原因。互联网金融是互联网技术与金融业务的深度融合，丰富了金融交易形式并简化了金融交易流程，但互联网金融在本质上仍然是金融。[1] 可以看出，信息不对称和信息供给不足是引发互联网金融信用风险危机的直接原因，信用风险是互联网金融信息配置失范的主要表现形式。因此，互联网金融监管的本质问题，是对互联网金融信息配置的监管问题。

（二）互联网金融信息配置失范的三重维度

1. 金融消费者与互联网平台之间的信息博弈

在互联网金融债权交易或股权交易中，金融消费者可以划分为投资者和融资者两大类型，即 P2P 债权融资中的出借人和股权众筹中的股份购买人，属于投资者；P2P 债权融资中的借款人和股权众筹中的股份发行人，属于融资者。金融消费者与互联网平台之间的信息博弈，集中表现为事后的道德风险与事前的逆向选择。"道德风险的危害在于，互联网平台有利用其掌握的有利信息获得最大收益的倾向，且这种倾向会直接损害投资者利益并突破政府的监管准则"[2] 例如在 P2P 网络借贷中，作为中介者的网贷平台有可能隐瞒平台展示的借款项目的风险因素，甚至会对借款项目和平台交易数据进行虚假描述，从而获得投资者的信任，最终达到促成交易、提升平台佣金收入的目的。由于投资者在进行投资决策时主要依赖投资项目公开资料和平台过往交易数据等显性信息，一旦融资者与互联网平台存在合谋欺诈或者互联网平台为自身利益默许融资者的不实行为，必然造成投资者的非正常投资损失之隐患。逆向选择会造成互联网金融市场交易中出现由于信息不对称造成的劣币驱逐良币的现象，导致平台资产端总体质量下降，行业信用风险累积。逆向选择出现的原因有二：一是平台和融资者之间存在信息不对称，信用等级较低、违约风险较高的劣质融资者为获得融资，会采取各种方式蒙蔽平台以获得投资者青睐，从而导致信用等级较高的优质融资者被挤出市

---

[1]　对于互联网金融的本质，多数学者认为互联网金融只是改变了实现原有功能的模式，是金融创新的一种形式，是金融本质属性的不变性与金融形式可变性要求的共同结合，互联网金融的本质仍然是金融。参见李爱君：《互联网金融的本质与监管》；谢平、邹传伟：《互联网金融模式研究》；郑联盛：《中国互联网金融：模式、影响、本质与风险》。

[2]　王怀勇、宋二猛：《个体网络借贷平台信息披露法律制度研究》，载《学术界》2016 年第 3 期，第 57页。

场；二是对于优质融资项目，平台往往付出了较高的前期尽调成本以审查项目，进而导致服务费的升高，而对于劣质融资项目，平台付出的前期尽调成本较低，服务费也较低。由于服务费的高低影响了投资者对项目的选择，造成高收费的优质项目和优质平台相继出局，而低收费的劣质项目和劣质平台反而得以存续。

2. 监管机关面对互联网平台的信息劣势

在本次互联网金融专项整治行动期间，银监会等部门陆续发布《网络借贷信息中介机构业务活动管理暂行办法》、《网络借贷信息中介机构备案登记管理指引》、《网络借贷资金存管业务指引》以及《网络借贷信息中介机构业务活动信息披露指引》等规范性文件，初步形成了网贷行业"1+3"监管规则框架，对互联网平台应当披露的具体事项、披露时间、频率及口径等作出了明确规定，为监管机关对网贷行业风险信息的监管提供了规范依据。但在执行层面，监管机关依旧陷入实施互联网平台监管的信息劣势之困境。由于互联网金融业务的虚拟性、非直接接触性和科技属性，监管机关在实施监管时，对于网贷平台和借贷双方的身份认证及违约责任确定都存在不小的困难；互联网金融交易数据的电子证据易被篡改、伪造，加大了监管机关对互联网平台信息监管的技术要求。此外，目前互联网金融平台良莠不齐，大型平台尚能基本符合监管机关的信息披露要求，而为数众多的中小平台则在合规道路上"匍匐前行"，离基本信息披露要求还有较大差距。

3. 金融消费者与监管机关之间的信息交流地位不平等

在金融消费者与监管机关之间的信息交流关系结构中，现行监管规则表现出监管机关占据主导地位，金融消费者及社会力量均作为参与主体，彼此之间呈现一种不平等的关系。《实施方案》中要求"主动、适时发声，统一对外宣传口径……以适当方式适时公布案件进展……加强舆情监测，强化媒体责任……"，这一规定会给外界强化一种印象，即互联网金融整治信息的发布权属于政府和监管机关的专属权。这种规则设定模式往往会导致政府及监管机关在互联网金融风险信息交流中多以自上而下的管理者、指导者，而较少以合作者、倾听者的角色出现，政府和监管机关与以金融消费者为代表的社会公众之间会出现互动阻隔，影响了彼此之间的信息交流效果，导致互联网金融风险专项整治行动实际作用发挥受限。此外，作为一种重要的决策支持力量，专家学者在提供技术信息方面，往往只对政府机构负责，将互联网金融风险信息定位在单向度的调研报告和决策咨询，进一步加剧了监管机关与金融消费者之间互联网金融风险信息的隔离及信息交流不平等地位。

**四、互联网金融信息监管的核心范畴与机制建构**

"互联网金融运行的基本事实和目标期待是决定互联网金融组织设计的逻辑

前提，监管组织的设计应以互联网金融风险的特点、类型和形态等因素为依据，应与互联网金融的监管目标相契合"。[1] 互联网金融的持续创新性和风险多样性意味着对其监管应该具备灵活、长效、全面和包容等特点，而这种监管模式的基础建立在对互联网金融信息的充分、准确的掌握之上。正如前文所述，金融监管是以充分有效的信息为基础的，对互联网金融监管的有效设计，核心在于对互联网金融信息的监管。互联网金融风险专项整治行动作为一种短期性的应急式监管手段，为巩固并继续推进其成果，必然要在其基础上创设一种互联网金融监管的长效机制。

信息监管要求三个层面的监管技能：一是能够通过观察金融市场中不同市场主体的行为异动和数字变化获得合理判断的基础信息；二是克服市场障碍对该信息进行分析的能力和技术；三是在风险社会大背景下，金融不确定性成为常态时，金融监管机构具有根据所掌握的信息和分析技能做出艰难决策的意愿和能力。[2]

对金融信息的生成、传输和使用等各环节的有效监管，构成了信息监管模式的基本要求，互联网金融信息监管的设计也以此为依据展开。笔者将结合我国现有法律框架和经验做法，就互联网金融信息监管的核心范畴和机制设计展开探讨，以期为互联网金融监管长效机制的建立提供一种思路。

（一）互联网金融信息监管的核心范畴

1. "数据驱动"监管理念的确立。对监管者而言，及时获得足够的信息尤其是数据信息是理解互联网金融风险全貌的基础和关键，是避免监管漏洞，防止出现监管"黑洞"的重要手段。[3] 信息流和资金流最终都会表现为数据流，数据流成为信息监管的"流动的血液"。当前互联网金融主要存在信用风险信息、操作风险信息、流动性风险信息、信息安全风险信息和法律风险信息等主要风险信息类型，互联网金融的信息监管应采取实时、动态的方式，采集分析上述风险信息的数据，通过大数据技术对其进行系统性、前瞻性的监管，从而动态地配置监管资源，优化常规监管，防范系统性风险。

2. 监管科技的应用。监管科技（RegTech）是在监管领域对信息科技的深度

〔1〕 靳文辉：《互联网金融监管组织设计的原理及框架》，载《法学》2017 年第 4 期，第 43 页。
〔2〕 许多奇：《信息监管：我国信贷资产证券化监管之最优选择》，载《法学家》2011 年第 1 期，第 4 页。
〔3〕 张晓朴：《互联网金融监管的原则：探索新金融监管范式》，载《金融监管研究》2014 年第 2 期，第 13 页。

应用[1] 英国金融行为监管局（FCA）认为监管科技是金融科技（FinTech）的下位概念，其功能在于通过科技令监管更具效率，更为有效[2]。信息监管的重要优势在于，通过对互联网金融企业的交易数据、风险数据的分析处理和共享利用，实现互联网金融监管模式由"经验判断"到"数据判断"的转变，提高监管效率和监管有效性。"监管科技并没有改变现有的监管框架和法律框架，而是在监管策略上引入人工智能、大数据、机器学习、区块链等新技术手段，通过监管合规的数字化和智能化推动监管端与资金端、资产端的有效对接与整合"[3]。其中，数字化监管协议（RegPort）、监管应用程序接口（API）与金融机构操作系统（FIOS）成为监管科技的重要基础设施。

3. 监管联动与协同的强化。当前我国互联网金融的分业监管模式是依据监管对象的业务性质确定对应的监管主体，监管主体围绕其职责开展监管行动。然而互联网金融产品和服务表现出显著的多主体、多环节、多边界的特点，资产和技术相互叠加，金融产品的业务边界日益模糊、开放。因此，相对割裂的分业监管模式会使得监管机关在信息监管中陷入"信息孤岛"之困境，势必导致监管真空或监管冲突的出现。互联网金融乱象所暴露出监管实践的乏力，与其说是当前金融监管模式的问题，不如说是不同监管机关之间的协同机制出了问题。在互联网金融信息监管模式下，人行、银监会、证监会、工信部、地方金融管理部门等各监管主体建立以金融信息共享机制为纽带的协同关系，能保证对互联网金融风险的识别、判断、预警更为全面和准确，可防止监管行动的碎片化，并在整体主义视角上为化解互联网金融的系统性风险提供了一种组织机制保证。

（二）互联网金融信息监管的机制建构

制度在促进金融发展中起到至关重要的作用[4]。互联网金融信息监管体现

---

[1] 德勤 2015 年发布了一篇题为《监管科技是新的金融科技吗?》的报告，提出监管科技具有以下四个核心特点：一是敏捷性，即对错综复杂的数据组进行快速解耦和组合；二是速度，即能够及时生成报告与解决方案；三是集成，即共享多个监管的数据结构，并对多项规定的众多要求形成统一的合规标准。四是分析，监管科技使用分析工具以智能方式对现有"大数据"的数据组进行挖掘，释放其潜力，例如同一数据可以实现多种用途。David Dalton & Sean Smith etc., *RegTech is the New FinTech: How Agile Regulatory Technology is Helping Firms Better Understand and Manage Their Risks*，参见德勤报告：https://www2.deloitte.com/content/dam/Deloitte/lu/Documents/financial - services/performancemagazine/articles/lu - how - agile - regulatory - technology - is - helping - firms - better - understand - and - manage - their - risks - 24052016.pdf，最后访问时间：2017 年 9 月 28 日。

[2] See FCA, Call for Input on Supporting the Development and Adopters of RegTech, http://www.fca.org.uk/publication/feedback/fs - 16 - 04.pdf，最后访问时间：2017 年 9 月 20 日。

[3] 蔺鹏、孟娜娜：《监管科技的数据逻辑、技术应用及发展路径》，载《南方金融》2017 年第 9 期，第 61 页。

[4] Douglas W. Arner, *Financial Stability, Economic Growth, and the Role of Law*, Cambridge University Press, 2007, p. 2.

在投资者信息倾斜性保护、金融信息共享和沟通机制以及"政府主导 + 多元主体信息治理模式",从而形成有中国特色的金融信息监管模式。金融创新发展的深度和广度,依赖于信息配置市场的发育程度。信息监管可以通过外部干预,缩短市场自我演化的时间,降低交易费用,从而促进信息配置市场的发育并保护互联网金融创新的规范发展。

1. 完善互联网金融信息披露制度。信息披露制度作为一种外部机制对金融消费者与互联网金融平台之间的私人交易进行干预,是对金融消费者信息不平衡的一种救济,成为信息监管的基础性制度机制。随着《网络借贷信息中介机构业务活动信息披露指引》和《信息披露内容说明》颁布施行,网贷行业已初步形成较为完善的信息披露制度体系。下一阶段的发展目标,应是将股权众筹等其他互联网金融业态的信息披露制度逐步建立,针对不同业态的特征和风险特点,制定有针对性的信息披露制度。这其中的共性要求是,"强调信息披露的真实性、完整性、及时性、适度性和可理解性,实现强制性信息披露与自愿性信息披露的合理配置,并以过错推定原则来明确虚假披露行为和未按照要求披露行为的法律责任"。[1] 从产品视角来看,对于网络理财和投资类产品(如 P2P 借贷和互联网基金)应主要披露信用风险和流动性风险信息,对于第三方支付和互联网保险产品,应主要披露其流动性风险信息。[2]

2. 构建互联网金融信息共享平台,形成金融信息共享机制。互联网金融模式中实现信息共享的难点在于,首先是大型互联网金融平台在对客户前期尽职调查中耗费大量人力物力成本,没有动力将视为平台商业秘密的用户信用信息进行共享;其次,各平台的技术水平参差不齐,提供信息的真实性和效率也有差异,给信息共享带来局限性。[3] 目前,除了中国人民银行征信中心外,大型互联网金融平台如蚂蚁金服、陆金所,以及第三方的市场化征信机构(深圳鹏元、上海资信)等都开展了互联网金融征信业务。从用户规模、覆盖地域及数据容量来看,大型互联网金融平台及市场化征信机构的用户信息数据具有很高的价值。笔者建议,在不侵犯企业商业秘密和用户个人隐私的前提下,应由人行主导建设一个以人行征信系统为核心,对接互联网平台和市场化征信机构的互联网金融信息共享平台,实现行业信息共享和监管机关之间的信息共享。只有以信息共享平台为基础,尤其是近期网联的建立,将会首先打通第三方支付平台之间的信息沟通,使得协调信息监管中各监管机关的监管措施成为现实,才能弥补可能存在的

---

〔1〕 唐士亚:《股权众筹信息披露的履行标准与规则确立》,载《金融与经济》2017 年第 3 期,第 90 页。

〔2〕 刘志洋:《互联网金融监管"宏观 – 微观"协同框架研究》,载《金融经济学研究》2016 年第 2 期,第 112 ~ 113 页。

〔3〕 武长海主编:《P2P 网络借贷法律规制研究》,中国政法大学出版社 2016 年版,第 214 页。

监管漏洞。

3. 政府主导的互联网金融信息多元治理。多元治理强调治理领域的相互渗透，突出了政府与社会组织之间的相互依赖关系。然而，"即使在一个组织良好的社会中，为了社会合作的稳定性，政府的强制权力在某种程度上也是必需的"。[1] 互联网金融企业作为一种营利性组织，其参与治理的目的是为本企业最大限度获取资源，其公共性是不足的。行业自律组织和第三方机构虽然具有较好的代表性和公共性，但缺乏引导互联网金融信息治理的权威性和约束力。因此就当下中国互联网金融信息监管模式中的信息多元治理，需要政府（监管机关）在政策和法规的制定、公共产品供给、多元协调机制维护中发挥主导作用，并将互联网金融企业、行业协会组织、公民社会组织及新闻媒体等纳入一个合作框架之内，发挥各自优势，实现公共性、多元性、灵活性、广泛性的有效结合，增强互联网金融信息监管与治理的实效性。

---

[1] [美] 约翰·罗尔斯：《正义论》，何怀宏等译，中国社会科学出版社 1988 年版，第 238 页。

# 影子银行监管的法制理念
# 与完善策略<sup></sup>*
## ——以影子银行监管法制比较研究为依据

**杨志超**<sup>**</sup>

摘要：金融演进的历史就是一部不断创新的历史，影子银行是金融创新的产物，是金融服务发展到一定阶段的成果。脱离公共安全网的影子银行易于引发金融领域的系统性风险，因而包括美国、英国、新加坡在内的许多国家都通过健全监管法制努力确定影子银行的实体和活动，以对其金融活动进行有效地监管。国际社会影子银行的监管法制经验启示我国应当树立监管法治化和动态化并重的理念、宏观审慎与微观审慎并重的理念、运营透明性和分离性并重的理念以及金融管制与金融创新并重的理念，并在此基础上完善我国的影子银行监管法律制度。

## 一、影子银行的内涵与特征

"影子银行"一词最初源于美国太平洋投资管理公司经济学家保罗·麦考利（Paul McCulley）在美国堪萨斯城联邦储备委员会 2007 年度会议上的演讲。他将影子银行描述为"以高杠杆率为特征的非银行投资渠道、投资工具和投资结构组成的一系列"字母形花片汤"（alphabet soup）[1]"。麦考利首次关注到影子银行对整个金融体系的重要影响，同时认为这个金融领域异常复杂，其可操作性的定义依然有待界定。金融稳定委员会（FSB，The Financial Stability Board）曾将影子银行界定为"正规银行体系之外的（部分或全部）发挥融资媒介作用的金融实体或金融活动"。影子银行的金融实体通常包括：执行期限转换及流动性转换的特定目的实体，如资产支持商业票据（ABCP, Asset – Backed Commercial Paper）实体、特殊目的实体（SPV）等证券化工具实体；货币市场基金（MMFs）

---

\* 本文系浙江省法学会重点课题"农业供给侧结构性改革的金融制度支持研究"（2017NA05）分论的阶段性成果。

\*\* 杨志超（1978～），男，山东菏泽人，山东政法学院副教授，法学博士，研究方向为金融法、行政法。

〔1〕 所谓 alphabet soup，是指一堆字母的组合，即在网络时代人们不管愿不愿意都会碰到许多字母的缩写组合。许多影子银行的投资模式都是以字母缩写组合的形式体现的，如 SIV、SPV 等。

和其他具有存款特性的投资基金或产品；能够提供信用或杠杆的投资基金如交易型开放式指数基金（ETFs）；提供信用或信用担保的金融公司或证券机构；提供信用担保的保险或再保险公司。影子银行的金融活动通常包括证券化、证券贷出和回购协议。尽管该定义为影子银行的范围作了一个基本的界定，但也存在一些问题，例如一些金融机构如融资租赁公司、汽车金融公司并不属于影子银行的范畴，而且一些影子银行的金融活动如交易商银行担保业务、回购业务等均在正规银行体系内运作。[1] 由于影子银行具有自我演化的功能，其金融实体和金融活动发展极为迅速，因而对其出具一个精确的定义并不现实。

尽管"影子银行"一词本身似乎代表了一个阴暗、危险的金融体系，但其却是金融服务发展到一定阶段的成果。它能够向金融投资者提供银行存款之外的投资渠道，基于其专业性使经济资源实现更为高效地利用，构成实体经济的替代性资金来源，避免监管带来金融抑制的同时给投资者带来更大的投资回报。事实上，影子银行与传统银行业务都是风险性业务，包括信用风险、流动性风险和交易风险。传统银行的风险聚焦于存单之上，通过一系列法律、监控措施和资本机制，传统银行的存单可以转化为安全的资产。影子银行的风险机制则是运用类似于资本市场的机制通过金融体系实现转化[2]，如利用抵押品来减少回购市场和场外衍生品交易的可能性风险[3]。影子银行的特征主要体现为四个方面：其一，获取资金的渠道并非来源于公众。尽管影子银行与传统银行均有借短贷长的特征，但与传统银行通过公众存款存贷利差获取收益不同，影子银行通常没有吸收公众存款的法律许可，主要通过短期资金市场或个人投资进行运作获取收益。其二，政府监管相对宽松。由于传统银行资金渠道涉及公众利益和社会稳定，政府对于银行经营行为施加严格监管，通过资本充足率、信息披露机制予以严格限制。但政府对于影子银行却较少要求"阳光化"，更低甚至没有资本充足率的要求，对于过高的杠杆也没有严格限制，因而投资者更可能获取高额收益。其三，风险抵御能力脆弱。与传统银行内置多重防火墙不同，影子银行难以经历金融市场冲击，一旦市场信用不足，借短贷长的先天缺陷使影子银行首当其冲，亏损概率远高于传统银行。"影子银行涉及资金的流动不再是传统银行业规管的资金流动，融资贷款业务不再受传统的银行监管体系的控制。即便是传统银行参与到影

---

[1] N. Cetorelli, and S. Peristiani, "The Role of Banks in Asset Securitization", *Federal Reserve Bank of New York Economic Policy Review*, 2012, Vol. 18, No. 2, pp. 47~64.

[2] Stijn. Claessens and Lev Ratnovski, 2014, "What is shadow banking?", International Monetary Fund (IMF) Working Paper, http：//www.imf.org/external/pubs/ft/wp/2014/wp1425.pdf.

[3] Acharya, V., H. Khandwala, and T. S. Öncü, "The Growth of a Shadow Banking System in Emerging Markets：Evidence from India", *Forthcoming Journal of International Money and Finance*, 2013.

子银行业务中，此种业务从传统表内业务转向于表外业务，不反映到银行的资产负债表中。"[1] 其四，投资者受保护力度弱。通常，监管者默认为影子银行的投资者能够承受更高的交易风险，依据风险收益对应的原则，影子银行发生经营风险时，对投资者采取的保护措施要远远少于传统银行，所以，一旦发生损失或破产，投资者所遭受的损失要远远高于在传统银行的存款。

## 二、国际社会影子银行的发展与系统性风险

影子银行的产生是金融创新的结果，金融发展演进的过程就是不断创新的过程。"从数个世纪前纸币的发明到当代的住房抵押贷款证券化，金融创新贯穿了人类有文字记载的历史。"[2] 影子银行产生于 20 世纪 70 年代金融创新的历史背景下，以最早的货币市场基金为典型代表。监管套利是影子银行产生的直接原因，金融机构利用监管制度内部或不同国家监管制度的差异制定交易策略应对监管约束，利用结构性投资工具和渠道将更多的金融业务转移至表外，节省资本的同时创造更高的利润。安全性和流动性需求是影子银行业务迅速发展的关键原因，证券化和抵押担保中介业务是其典型代表，它们能够满足多数公司在运行中流动性的需求，通过抵押、保险等增信措施又能进一步满足安全性的需求。近40 年来，科学技术的发展成为金融创新的重要推手，也成为影子银行业务迅猛扩张的重要原因，其中最为典型的金融技术包括网络金融交易平台、自动资产配置算法和高速交易等。

以美国为例，影子银行的发展大致可分为三个阶段。第一阶段起始于 20 世纪 70 年代初，美国政府宣布对于传统银行利息率施加严格控制，导致银行存款额和利润骤降。公司客户迫切需要创新型金融工具获得额外的信用，当时最为典型的就是美林证券 1977 年推出的"现金管理账户"（cash management account, CMA），同时投资银行与其他金融机构创立了货币市场共同基金，主要用于投资国债、商业票据或回购业务。第二阶段从 20 世纪 70 年代至 90 年代，在资本市场迅速发展的推动下，以房地美和房利美为代表的政府融资担保公司将抵押贷款证券化，发行商业抵押担保证券（MBS），为了解决 MBS 固有的预付款风险，1983 年创设了抵押担保债券（CMO），这种广受欢迎的证券化形式又催生了资产抵押债券（ABS）等类似金融工具的诞生。第三阶段从 21 世纪之初开始至今，在国际社会金融一体化的大背景下，在信息技术革命的推动下，监管套利成为可能，金融机构通过特殊投资工具（SIV）和特殊目工具（SPV）等附属实体获得

〔1〕 沈伟：《中国的影子银行风险及规制工具选择》，载《中国法学》2014 年第 4 期，第 153 页。
〔2〕 周莉萍：《影子银行体系：自由银行业的回归》，社会科学文献出版社 2013 年版，第 58 页。

更高的杠杆。[1] 由于这些金融工具易于引发系统性风险，金融稳定委员会（FSB）自 2011 年其每年发布影子银行检测报告，以评估全球影子银行发展趋势和风险程度。根据《2016 年全球影子银行检测报告》，由于国际社会债券、房地产及货币市场基金规模不断壮大，全球影子银行管理资金规模不断壮大。截至 2015 年年底，根据广义定义法[2]，全球 21 个主要经济体和欧盟地区影子银行的资产达 92 万亿美元，相比 2014 年年底资产增加 3 万亿美元；根据狭义定义法，全球 27 个主要经济体影子银行的资产达到 34.2 万亿美元，相比 2014 年年底资产增加 3.2%。[3]

由于影子银行不属于正规银行体系，因而监管力度相对较小，其不良贷款率、资本充足率、存款准备金率等监管指标或者未能设置，或者相对宽松，因而很多数据并不透明，缺乏权威的官方数据。影子银行结构化产品使用的高杠杆潜伏着经营性风险，而借短贷长的高度期限错配增大了金融体系的流动性风险，一旦社会信用出现问题，影子银行首当其冲，并且由于其资金体量很大，影响正规银行体系，并危及实体资产质量，即产生顺周期性问题[4]。"企业的净资产是产生顺周期性的核心要素，当企业将面临信贷紧缩，甚至被迫清偿债务时，投资产出减少，价格下降，最终导致通缩的产生。"[5] 而且，"抵押品的利用和再利用放大了顺周期性，也使金融系统变得更加脆弱"[6]。脱离了公共安全网的影子银行加大了金融体系的不稳定性，而这种顺周期性强化了系统性风险，金融风险的集聚、传染和扩散，进一步加剧了整个金融体系的脆弱性。

---

[1] Luo Dan. , "Shadow Banking and Its Development in China: The Development of the Chinese Financial System and Reform of Chinese Commercial Banks", *The Nottingham China Policy Institute Series*, Palgrave Macmillan, London, 2016.

[2] 狭义定义法是指以经济活动为标准，将影子银行划分为五类：一是管理集合投资工具且受挤兑影响的机构；二是依靠短期资金发放贷款的机构；三是依靠短期资金和客户保障资产提供金融市场中介服务的机构；四是有助于创造贷款的机构；五是发行资产证券化产品的机构。广义定义法即"其他金融中介机构"定义法，其范围比狭义定义法界定的影子银行范围较广，包括除银行、保险公司、养老基金、公共金融机构、中央银行和金融附属机构外的金融机构，主要包括货币市场基金、财务公司、结构性金融工具、对冲基金、其他基金、证券经纪商、房地产投资信托及基金等部门。参见张嫒：《FSB 发布〈2015 年全球影子银行检测报告〉》，载《金融发展评论》2015 年第 12 期，第 65 页。

[3] Financial Stability Board, "Global Shadow Banking Monitoring Report 2016", 2017, http://www. fsb. org/wp - content/uploads/global - shadow - banking - monitoring - report - 2016. pdf，最后访问时间：2017 年 10 月。

[4] 所谓顺周期性，金融和实体经济之间相互强化导致经济周期放大，从而引发金融不稳定。

[5] 周莉萍：《影子银行体系：自由银行业的回归》，社会科学文献出版社 2013 年版，第 141 页。

[6] 沈联涛、黄祖顺：《影子银行阳光化：中国金融改革的新机遇》，上海远东出版社 2016 年版，第 26 页。

### 三、国际社会影子银行监管法制的内容

影子银行具有潜在的系统性风险是共性的认识，但对监管机构而言更为重要的是在一定时期内确定影子银行的实体和活动范围，以对其金融活动进行有效地监管。由于影子银行在各国的发展程度、表现形式以及影响大小不一，各国对影子银行监管措施的对象、范围和力度也表现不同。

（一）美国影子银行监管法制

金融市场自由化思想是美国影子银行体系产生和迅速发展的重要原因，受其影响的金融法律制度甚至为影子银行业务脱离政府监管提供了"法律背书"，在监管真空环境下系统性风险不断累积最终引发次贷危机的爆发。面对次贷危机爆发后影子银行的风险性和暴露出的监管缺陷，美国政府颁布《多德－弗兰克华尔街改革和消费者保护法案》（以下简称"《多德－弗兰克法案》"），对金融监管机构及影子银行系统性风险问题进行了大刀阔斧式的改革。

在监管机构方面，新成立的金融稳定监管委员会（FSOC）能够统一中央和地方的金融监管机制，宏观把握金融行业动态以及识别金融系统性风险。FSOC有权掌握影子银行体系经营信息，从而识别特定影子银行机构的风险性因素，并可根据其业务性质、资金规模、风险集中度等考察其可能产生的系统性风险，并根据其风险程度对特定影子银行机构采取针对性的监管措施，或者与美联储协调针对特定类型的影子银行施加更为严格的资本充足率、杠杆率限制。通过FSOC的宏观统筹功能，美联储、财政部等监管机构能够针对可能产生系统性风险的影子银行施行宏观审慎性监管。

在金融活动方面，《多德－弗兰克法案》对于影子银行的重要组成部分——私募股权基金、对冲基金、证券化产品等设定了新的监管规则。首先，它废除了私募股权基金、对冲基金的注册豁免规则，要求基金根据资金规模大小分别在证券委员会或所在的州进行登记，资金超过1亿美元的基金应当在证券委员会进行登记并接受其定期检查，基金管理者还必须保存投资经营信息以备随时检查。通过设定基金的准入、注册和退出机制，可以将外部影子体系纳入整个金融监管的范畴之中。其次，丰富证券化产品发行和评级的监管内容。《多德－弗兰克法案》要求证券化产品发行机构在资产负债表中至少保留5%的风险资产以保证其与投资者共担风险，证券化产品发行机构必须严格审查基础资产以保证产品的安全性。再次，完善信息披露机制。影子银行业务通常以机构复杂的衍生品为依托，产品的不透明性致使风险敞口增大，而信用评级的滥用又进一步损害了投资者的权益。新法案要求发行机构必须公开基础资产审查报告、担保设计以及回购交易等信息，信用评级机构也应对其内部运行机制、评级规则进行披露。最后，限制影子银行与传统银行之间的关联度，引入"沃克尔规则"，避免影子银行体

系风险传导至传统银行。原则上禁止传统银行参与私募股权基金和对冲基金，对特殊情形下的投资通过立法严格限制比例。传统银行只能保留利率、大宗商品和外汇常规衍生品业务，高风险衍生品业务必须剥离至附属公司。

### （二）英国影子银行监管法制

英国深受金融自由化思想的影响，英国金融服务局（FSA）长期以来承担英国金融混业经营监管的重任，其对金融机构采取的"轻触式"监管曾是金融监管的典型范式，但依然未能保护英国在金融危机中免受系统性风险的影响。为改变单一监管模式的弊端，2012年生效的英国《金融服务法案》形成英国新的金融管理框架，在英格兰银行下设金融政策委员会（FPC），将金融服务局（FSA）分拆成审慎监管局（PRA）和金融行为监管局（FCA）。金融政策委员会承担识别和监控职能，其对审慎监管局和金融行为监管局有指令权和建议权[1]。其中，金融政策委员会和金融服务局属于英格兰银行的下属机构，实行宏观审慎监管；金融行为管理局独立于英格兰银行，对金融行为行使监管职责。为强化审慎监管能力，英国2016年通过《金融服务和市场法》，将审慎监管局改为审慎监管委员会，不再是英格兰银行的附属机构。英国新的金融监管机制对重要金融公司形成了明确的顶层宏观审慎监管框架，针对可能发生的金融系统性风险能够预先识别、事先干预，尤其在经济下行的金融环境中对影子银行进行早期风险识别，有效避免或缓解系统性金融风险对经济形成破坏性的影响。

英国最新的影子银行监管制度既有对金融业高级管理人员行为的规制，也有对金融业务活动的规制。首先，实行金融业高管证书制度。该制度主要针对英国境内金融业首席执行官、主要业务负责人等高级管理人员，要求其上岗前签署责任保证书，如果违规，将对其违规行为承担个人责任。其次，推行"栅栏原则"，实现传统银行业务与投资银行业务隔离。根据"栅栏原则"，存贷款与支付结算等传统银行业务必须放入栅栏内，以不在存款保险范围内资金为融资来源的自营交易业务不允许放入栅栏内。"栅栏原则"不仅要求组织机构的隔离，即独立的法人实体及独立的公司治理，还要求组织业务的隔离，即将母公司与附属公司业务视为独立的第三方关系。最后，加强对众筹等新型融资方式的监管，完善监管规则。金融行为监管局在肯定众筹等新型融资方式能够在银行、风险资本外为公司融资提供新平台的基础之上，2014年4月实施《关于通过互联网众筹及通过其他媒介发行非易于变现证券的监管办法》，将众筹分为借贷众筹和投资众筹，由此将众筹平台纳入金融监管，"通过电子系统经营借贷及发行未上市债

---

[1] 指令权是指就特定宏观审慎工具作出的决策要求审慎监管局和金融行为监管局予以执行；建议权是指就金融监管行为向审慎监管局和金融行为监管局提出建议，如果其不执行则需要作出。

券的行为"需获得金融行为监管局（FCA）的授权及认可。"FCA建立了平台最低审慎资本标准、客户资金保护规则、信息披露制度、信息报告制度、合同解除权（后悔权）、平台倒闭后借贷管理安排与争端解决机制等七项基本监管规则，其中信息披露制度是借贷类众筹监管的核心规则。"[1]

（三）新加坡影子银行监管法制

新加坡实行高度集中的金融监管体制，由货币金融管理局（Monetary Authority of Singapore，MAS）统一行使金融领域监管职责。货币金融管理局认为影子银行风险主要源于资金期限转换、流动性转换、高杠杆和信用风险转移等方面，如果一个金融中介机构由于上述风险能够引发系统性关联问题就是一个影子银行，即使监管法规未能对其予以明确认定。在对金融中介机构严格审批的基础上，新加坡监管法规对影子银行的认定重点在于考察"是否由于其固有风险存在使其资产和交易量引发系统性风险"[2]，因而其主要以金融活动是否为"受监管的行为"作为是否纳入监管的依据。

纳入影子银行监管范畴的主要是三类：放贷业务、投资基金业务和经纪交易业务。针对放贷业务，《放贷人法案》（Moneylender Act）明确规定以放贷人行为及相关事务为调整对象，放贷人需持牌照才可进行放贷业务。监管部门可随时检查放贷经营场所、账户或文件资料，要求经营者提供放贷业务信息。同时对其运行、监管和退出制度作出明确规定。对于投资基金业务，新加坡在《证券与期货法案》（SFA）"资本市场服务牌照持有者与代表人制度"、"集合投资计划"和"商业信托"等章节作出明确规定，同时还制定了《基金管理公司营业执照、注册与经营守则》和《集合投资计划准则》。《基金管理公司营业执照、注册与经营守则》为基金管理管理公司的设立、经营活动作出基本的规范，《集合投资计划准则》对于特定的金融行为设定了完善的监管框架。尽管《集合投资计划准则》没有法律强制执行效力，但如果影子银行的经营活动违反其中的规定，会受到监管部门的营业限制甚至被吊销营业执照。[3] 首先，这些规则对于集合投资计划（CIS）的经营资格和营业范围进行了严格限制，如CIS不得直接借款、授权担保、承诺支付或者卖空，而且投资应当专注，不得从事传统银行或投资银行的典型业务，这有利于降低投资风险，也有利于降低流动性风险。其次，针对货币市场基金制定特定的规则，重点是降低流动性短缺和交易对手违约造成的风险，要求货币市场基金以标准的方式进行交易以降低违约风险。再次，货币市场

---

[1] 张承惠：《英国金融监管改革的举措及借鉴》，国务院发展研究中心"我国金融监管架构重构研究"课题，http://www.dss.gov.cn/News_ wenzhang.asp? ArticleID = 390657.

[2] Christian Hofmann.，"Shadow Bank in Sigapore"，*Singapore Journal of Legal Studies*，2017，p. 25.

[3] Christian Hofmann.，"Shadow Bank in Sigapore"，*Singapore Journal of Legal Studies*，2017，p. 37.

基金应当避免对单一借款者的过度依赖以及避免过长的投资期间[1]。最后，对于对冲基金也制定了特定的规则。对冲基金在其招募说明书中应当对其信息披露方式、流动性、估值等信息进行明确说明，而且负有持续报告的义务。

### 四、影子银行监管的法制理念及对我国的启示

法制理念是影子银行监管的基础性、框架性原则。作为世界金融业发展代表的美国、英国和新加坡针对影子银行的最新监管策略体现出当前时代下最为先进的影子银行监管法制理念，对我国影子银行监管有着重要的启示。随着中国金融产业的迅速发展，中国影子银行的规模也极大膨胀。毫无疑问，中国影子银行也具有西方国家影子银行的基本特征，但也有其特殊之处。我国的影子银行主要以传统银行间接融资业务为主，而并非像西方国家以银行信用为基础的以信用创造业务为主。基于中国影子银行具有传统的融资性特征，因而其业务主要体现为融资方式的多元化，以服务于实体经济发展为主，表现为对传统银行业务的补充，同时也存在创新性不足和杠杆运用不充分的问题。中国的影子银行主要存在于非正规的资产证券化、私募、资产管理等监管的灰色地带，当然也就成为金融风险的重要来源。针对我国传统银行表外业务，监管层先后发布了《关于商业银行理财产品进入银行间债券市场有关事项的通知》（2014年）、《商业银行理财业务监督管理办法》（2016年）、《关于开展银行业"监管套利、空转套利、关联套利"专项治理工作的通知》（2017年）；针对其他影子银行金融机构，监管层先后制定了《货币市场基金监督管理办法》（2015年）、《关于审理民间借贷案件适用法律若干问题的规定》（2015年）、《网络借贷信息中介机构业务活动管理暂行办法》（2016年）、《网络借贷信息中介机构业务活动信息披露指引》（2017年）等。这些规定对于治理影子银行系统性风险有着重要的意义。我国的监管措施应当更具有前瞻性和可调整性，既要关注凸显的风险，又要能够根据市场金融形势的变化进行调整。总结美、英及新加坡最新的影子银行监管经验，我国监管层应当树立监管法治化和动态化并重的理念、宏观审慎与微观审慎并重的理念、运营透明性和分离性并重的理念以及金融管制与金融创新并重的理念，并在此基础上完善我国的影子银行监管法律制度。

（一）监管法治化和动态化并重的理念及相应策略

法治是现代社会国家治理的基本方式，法治能够为金融监管注入良法的价值，提供影子银行管理的善治机制。影子银行监管的法治化包括治理体系的法制化和治理能力的法治化。纵观美、英和新加坡的影子银行治理体系，无不以立法先行、依法治理、法治监管为治理的根本。金融法治并不能避免金融危机的发

---

[1] 非存款负债的投资期限不超过2年，投资组合的平均期限不超过12个月。

生，也不能完全避免影子银行风险集聚引发系统性风险，本质而言"失去监管的过度自由才是金融危机发生的根本原因"[1]，但毫无疑问，以良法善治为基础的金融监管体系能够有效地降低风险发生的可能性、缓解系统性风险的不良影响以及提高风险处置的能力。习近平在十九大报告中指出："全面推进依法治国总目标是建设中国特色社会主义法治体系、建设社会主义法治国家"。动态化是应对影子银行系统性风险突然爆发的重要手段。美、英等国的立法中均设立了专门动态监测识别金融风险监管机构，投入大量人力财力研发动态监管系统，构建影子银行企业登记、企业信用、监督检查、数据分析、风险处置、高管责任等完善的监管框架。同传统的监管模式相比，实现了监管的规范化和低风险化，在对影子银行实行实时监管的同时也实现了对潜在问题的实时处置。

我国不同的金融机构，银行、信托、基金公司等都开展了影子银行业务，由于监管主体和法律规章不一致，为影子银行提供了监管套利的机会。未来我国影子银行监管法治化应当避免超级金融监管机构或单一金融监管机构的出现，应当以金融监管主体多元化、权利义务规则化和监管协调常态化为基本特征。可以采取"央行＋行为监管"模式，将系统重要性的金融机构交央行监管的同时，对金融机构的金融行为由专门的监管机构负责，对于具备信用转换、流动性转换与期限转换特点的金融组织及时纳入监管范畴，将突击式、随意式监管执法转变为常态性、穿透性监管执法，同时构建金融协调机构，实现功能监管和行为监管的并重。

（二）宏观审慎与微观审慎并重的理念及相应策略

长期以来，金融机构监管侧重于微观审慎理念，即强调针对金融机构个体行为和风险问题的管理和处置。宏观审慎理念是危机后世界主要国家金融改革的核心内容。它从宏观经济视角逆周期采取措施，预先制止由于金融体系顺周期波动造成金融风险的跨部门传递，避免最终引发系统性风险。根据美、英等国的宏观审慎措施，主要包括构建风险识别系统、提升监管标准以及限制系统性风险破坏范围三个方面。其宏观审慎监管框架既包括宏观审慎监测框架，通过设定指标体系识别和监测风险，也包括宏观审慎监管工具，通过政策工具干预风险和限制风险范围。我国 2016 年构建了宏观审慎评估体系，以资本充足率为核心对包括债权投资、股权投资及其他投资在内的影子银行体系进行监测。人民银行还提出："探索将规模较大、具有系统重要性特征的互联网金融业务纳入宏观审慎管理框架，对其实行宏观审慎评估，防范系统性风险"[2]习近平在十九大报告中对于

---

〔1〕 全先根：《金融危机的法治思考》，载《新金融》2009 年第 10 期，第 59 页。

〔2〕 马翠莲：《央行发布〈中国区域金融运行报告（2017）〉》，载《上海金融报》2017 年 8 月 8 日。

宏观审慎理念和系统化风险有着高度的关注，他强调："要深化金融体制改革，增强金融服务实体经济能力，提高直接融资比重，促进多层次资本市场健康发展。健全货币政策和宏观审慎政策双支柱调控框架，深化利率和汇率市场化改革。健全金融监管体系，守住不发生系统性金融风险的底线。"

我国监管部门应当重点解决宏观审慎监管组织架构不清晰、宏观审慎政策工具不充分的问题，借鉴国外先进的监管法律和制度对影子银行中重要机构的金融行为、金融市场发展的趋势以及宏观经济中的不稳定因素设定监测指标、完善干预机制。同时要继续扩大微观审慎监管的范围，将金融创新中新的影子银行实体及时纳入监管范围，关注影子银行经营的合规性和风险暴露问题，保护金融投资者和消费者合法权益。只有实现宏观审慎与微观审慎的协调配合，才能稳定市场信心，实现我国金融体系的良性循环和发展。

（三）运营透明与风险隔离并重的理念及相应策略

影子银行低透明度是其与传统商业的典型区别。影子银行总是力图隐蔽其资金结构、资金流向、产品架构以摆脱监管部门监控，从而获取高额利润。然而，影子银行资金运作中极易引发运营者道德风险，造成影子银行与投资者间信息不对称，风险累积也难以为监管部门预测。使影子银行"去影子化"已成为各国监管部门的基本理念。这既包括要求纳入监管范畴的影子银行机构定期公开资金来源、资金规模、盈亏状况并进行风险提示，同时对于信用评级机构也进行规范，要求其明确评级标准和评级依据。尤其是对于非标准化的场外交易，在完善其交易流程的基础上通过信息披露能够有效限制其高杠杆投资，减少交易风险。影子银行业务与传统银行业务关系紧密且影子银行对传统银行具有较高的资金依赖度，风险的跨市场传染构成系统性风险产生的基本诱因。为避免风险的传递，各国最新的监管策略均包含构建传统银行与影子银行体系的风险隔离机制，对传统银行内部的影子银行业务实行差别化处理，努力降低传统银行外部的影子银行机构对传统银行资金的依赖程度。

化解我国影子银行的系统性风险，应着力提升影子银行运营的透明度，实现跨行业统一管理。信息披露是打破"刚性兑付"规则的基础性措施，"刚性兑付"规则基于投资者对于产品缺乏认知而仅仅依赖于对金融机构的信任要求金融机构承担责任，违背了金融市场运行规则。监管机构应当梳理各主体负债扩张信息，掌握并披露相应数据。应当大力发展信用评级机构，对影子银行资产质量进行分类，对投资者进行适度披露。在强调运营透明的同时，应当做好风险隔离措施。2017 年年初监管部门要求商业银行将表外理财业务纳入广义信贷范畴，使商业银行的影子银行业务纳入回归银行资产负债表，这大大抑制了我国影子银行资金规模的增长。应进一步落实表外转表内的有关规定，严格监控银行自有资金、信贷资金通过理财产品等业务进入影子银行体系。

### （四）金融管制与金融创新并重的理念及相应策略

金融管制是保证金融体系稳定运行和效率运行的必要制度安排，是应对脆弱性、外部性和不对称性等金融市场失灵问题的有效机制。由于金融产品的外部性问题、金融机构内部人控制问题以及金融市场的不完全竞争问题，金融业尤其是影子银行经营中的信息不对称问题极易将个别风险扩散为危及社会的金融危机，因而金融管制的存在是必要的。金融管制能够保证经济安全增进社会福利，但其帕累托改进的倾向性特征能否转化为监管的帕累托效率则取决于具体监管机构所制定的监管法制、所使用的监管工具和所具备的监管能力。而且，在对金融市场必要管制的同时不能抑制金融创新。金融创新是金融业进步以及支持实体经济发展的灵魂和动力，它要求变革现有的金融管制措施和开发新的金融工具，以获得传统金融环境下无法获取的潜在利润。通常金融创新在弱管制下能够更快地成长，但也易于突破红线引发风险，因而，美英等先进国家的金融法制目前更加重视管制下的创新，而非创新下的管制。

李克强总理在 2017 年政府工作报告中提出重点将关注影子银行和互联网金融问题，央行行长周小川在 2017 年国际货币基金组织年会上表示应重点关注影子银行和互联网金融问题。[1] 影子银行和互联网金融问题要求监管法制必须平衡金融管制和金融创新的关系。在进入新时代的背景下，针对影子银行的金融创新业务，我国的金融管制也更应强调管制下的创新。我国 2017 年 8 月出台的《网络借贷信息中介机构业务活动信息披露指引》体现了监管部门针对影子银行和互联网金融创新问题的重视。未来我国金融监管应在为金融创新划定红线的前提下，进一步放开金融市场的准入，让更多民间资本更加自由地进入市场从事金融业务，打破配置金融资源过程中的垄断和不公平红利，推进金融组织制度、管理制度、金融市场、金融工具和金融技术的创新。

---

[1] 李克强总理在政府工作报告时就点名了金融风险四个领域，称当前系统性风险总体可控，但对不良资产、债券违约、影子银行、互联网金融等累积风险要高度警惕。周小川在年会上谈到金融稳定时表示，金融稳定发展委员会未来将重点关注影子银行、资产管理、互联网金融和金融控股公司四个方面的问题。

# 农村金融机构反洗钱实践困境及立法完善建议
## ——以成都农商银行为例*

肖　山**

摘要：从当前洗钱案件来看，洗钱上游犯罪活动范围逐渐扩大，并开始向农村地区蔓延，农村反洗钱形势日益复杂，农村金融机构因其反洗钱风险防范体系相对薄弱，逐步成为洗钱分子用以清洗资金的渠道，对农村金融机构建立有效的反洗钱风险防控体系提出了非常紧迫的要求。本文从当前农村地区面临的反洗钱形势入手，以成都农商银行反洗钱工作实践为例，总结分析了当前农村金融机构面临的反洗钱难点及相关立法缺失和监管不足，并提出了相应的立法完善建议，以期为农村反洗钱工作提升及我国反洗钱法律法规体系完善提供有效帮助和借鉴。

关键词：农村金融机构；反洗钱；立法完善

## 一、引言

习近平总书记在中央全面深化改革领导小组第三十四次会议上强调，要探索建立"以金融情报为纽带、以资金监测为手段、以数据信息共享为基础"的"反洗钱、反恐怖融资、反逃税"监管体制机制[1]。可见反洗钱在国家战略中的重要地位。近年来，国内外反洗钱形势日趋复杂，监管要求愈发严格；反洗钱

---

　＊ 本文主要根据成都农商银行参加中国人民银行反洗钱大额和可疑交易报告综合试点所取得的实践成果和经验来进行分析撰写，结合一线工作中所发现的问题和难点，对当前反洗钱立法提出相关完善建议。

　＊＊ 肖山，武汉大学社会保障中心博士研究生，成都农商银行合规总监，主要从事银行、保险等金融法律研究。

〔1〕《国务院办公厅关于完善反洗钱、反恐怖融资、反逃税监管体制机制的意见》（国办函〔2017〕84号）

工作有效性作为 FATF[1] 第四轮互评估[2] 的重要内容，对各国现有反洗钱机制带来前所未有的挑战。由于农村金融机构客户群体、所处地域的特殊性，建立有针对性的反洗钱监管法规，提升其反洗钱工作有效性，对于维持金融安全和社会稳定、打击洗钱及上游犯罪、降低洗钱风险都具有非常重要的现实意义。但目前来看，我国反洗钱法律法规体系建设与国际标准仍有差距，与国内打击洗钱犯罪现实需求之间也有差距，仍需进一步完善。

**二、当前农村金融机构面临的反洗钱形势及特点分析**

我国洗钱相关犯罪活动日益猖獗，广大农村地区和涉农金融机构也不能幸免。而且由于农村地区在经济、社会、文化、人口等方面与城市的差异，其所面临的反洗钱形势也具有自身特点：

（一）洗钱犯罪活动逐渐向农村地区转移，反洗钱形势严峻

农村地区日益成为反洗钱的重要战场。与洗钱相关的很多上游犯罪如制毒贩毒、地下钱庄、非法集资、恐怖融资等，已逐渐将活动区域由城市向更加隐蔽的农村转移。以四川为例，川西高原地区[3] 主要以农村为主，城市化率较低，兼有民族地区、宗教地区、贫困地区等特点，存在分裂、涉恐、涉毒等问题，反洗钱和反恐怖融资形势异常严峻。而在这些地区只有农行、农信社等少数涉农金融机构，在高寒缺氧的艰苦条件下，既要做日常业务，还要兼顾扶贫和维稳，且反洗钱人员配置不足。这种情况在西部"老、少、边、穷"地区比较普遍。因此，西部和农村是反洗钱和反恐怖融资形势最为严峻的一线，但资源配置相对于东部和城市形势相对缓和的地区更为紧张，这是一个亟待解决的问题。

（二）农村地区经济贫困，群众金融知识匮乏、法律意识淡薄

农村金融机构与农村、农民、农业紧密联系，在城乡差距尚未彻底弥合的今天，其所服务的地域经济发展相对不充分；面临的客户群体中高净值客户较少，基层农民群众多，金融知识较为匮乏，法律意识淡薄，对于不法侵害风险的防范意识及承担能力较弱。此外，由于农村地区多数年轻人外出打工，导致留守人群

---

〔1〕 FATF：反洗钱金融行动特别工作组（Financial Action Task Force on Money Laundering，FATF）是西方七国为专门研究洗钱的危害、预防洗钱并协调反洗钱国际行动而于 1989 年在巴黎成立的政府间国际组织，是目前世界上最具影响力、最具权威性的国际反洗钱和反恐融资领域的国际组织之一。其制定的反洗钱四十项建议和反恐融资九项特别建议（简称 FATF 40 + 9 项建议），是世界上反洗钱和反恐融资的最权威文件，对各国立法及国际反洗钱法律制度的发展发挥了重要的指导作用。截至 2012 年，金融行动特别工作组有 34 个成员国（地区）。

〔2〕 2006 年 11 月，FATF 对中国的反洗钱、反恐融资工作进行了全面现场评估，同意中国成为该组织成员。2012 年 2 月 16 日，FATF 第 23 届全会表决通过中国反洗钱与反恐怖融资互评估后续报告，确定中国达标。中国是第 13 个达标国家，也是达标国家中第一个达标的发展中国家。2018 年 FATF 将对中国进行第四轮互评估。

〔3〕 主要指四川甘孜、阿坝、凉山等民族自治地区。

的文化层次不高[1]，其所能提供的身份信息和材料较为有限，因此通过有限信息持续地识别洗钱风险对农村金融机构而言是严峻的挑战。农村金融机构是国家普惠金融政策的主要实践者和承担者，做好农村金融机构反洗钱风险防范工作，对于遏制广大农村地区洗钱犯罪活动的猖獗蔓延，维护金融安全和社会稳定，保护农民权益具有重大的现实意义。

（三）农村金融机构面临高危地下钱庄开户风险

洗钱分子在进行账户开立时，通常要精心筹划和选择。农村金融机构，特别是设置在偏远乡村的网点，由于各方面监控设施、人员素质与城市中心区相比较为落后，犯罪行为能够较好隐蔽，成为犯罪分子青睐的首选。成都农商银行反洗钱监测分析人员就曾发现有外省籍团伙在连续十几天内，围绕着成都二、三圈层郊县网点连续开立账户数十个，可谓"转圈开户"，但都不选择在中心城区开户，其偏爱农村地区网点的思路昭然若揭。此外，缺少防范意识的农民群体也是被犯罪分子所利用的傀儡账户的主要提供者，现代社会人们维护自身隐私安全的意识逐渐增强，犯罪分子可利用人群越来越少，于是便盯上更为偏僻落后的乡村，高价从农民手中收购身份证件和银行卡。目前发现很多地下钱庄账户来自农村，因此，做好农村地区金融机构的开户管理，是从源头遏制地下钱庄犯罪的重要方面。

（四）新型洗钱方式开始渗透农村地区

互联网的迅速发展和普及使得基础设施相对不完善的农村地区，借此接入了广大的外部世界，互联网经济成为农村地区克服地理约束实现跨越式发展的利器。但互联网上也有形形色色的陷阱，包括各种与洗钱相关的犯罪活动。由于对农村地区的监管远没有城市监控严密，加上农民群众缺少对新兴移动金融平台的风险防范意识，使得农村地区逐渐成为洗钱相关犯罪滋生的温床。例如，当前各类网上支付平台"支付宝红包""微信红包"等形式的出现，大量红包群开始泛滥，有些是利用移动支付形式开展变相的赌博活动，甚至每日资金流可达上万元，而此类客户身份和可疑信息的识别环节仍存在一定漏洞，无法对可疑交易进行准确有效的识别。犯罪分子正是抓住了农村地区监管针对性不强，农民群体职业身份不透明、风险意识淡薄的弱点，进行洗钱活动，由此带来的是洗钱犯罪分子难以追查、交易资金链条难以追踪、上游犯罪资金来源难以查证等种种问题，给广大农民群众的财产安全带来极大威胁。

（五）农村金融机构在反洗钱工作开展方面存在的优劣势

客户身份识别是反洗钱工作的重点之一。农村金融机构广泛分布的物理网

---

[1] 唐佐：《当前农村信用社反洗钱工作制约因素分析》，载《现代经济信息》2014 年第 12 期，第 368 页。

点，具有天然接近客户的有利条件，加上农村熟人社会的影响，利用与乡镇政府、村两委等基层组织的良好关系，可以有效了解客户真实情况。但同时，其劣势也显而易见，农村金融机构特别是乡村网点，往往业务功能单一，服务农村客户的功能不能完全有效发挥，合规反洗钱方面的资源配置更是落后。特别是反洗钱内控体系的建立和系统指标模型的建设需要长期的数据和经验的积累，而农村中小金融机构普遍缺乏自建系统的能力。人行系统有专家认为，村镇银行等农村金融机构也可采取租借或购买的形式来尽快建立健全反洗钱相关监测分析系统[1]。但引进的系统即使很专业，也难免会出现一些"水土不服"与本行实际稍有出入的地方，对于这些方面，如果采取一刀切的监管措施，农村金融机构将面临较高的处罚风险。在很多方面，农村中小金融机构目前只能勉强解决从无到有的问题，进一步的提升还需要时间。

### 三、农村金融机构反洗钱实践案例分析——以成都农商银行为例

当前，农村反洗钱形势日趋复杂，农村地区洗钱犯罪呈上升趋势，加上农村地区金融监管针对性不强，洗钱风险产生的可能性更大，给农村反洗钱工作带来了严峻挑战，对风险控制体系较为薄弱的农村金融机构也提出了更高要求。在此背景下，成都农商银行近年来根据自身特点创新建立了反洗钱工作机制，取得了一定成效。但在整个反洗钱风险管理过程中也遇到了一些困境和难点，一定程度印证了当前农村中小金融机构反洗钱工作面临的复杂形势，结合以下的实例分析，希望为完善反洗钱立法和制度建设提供一些启示和参考。

（一）可疑交易报送情况分析

成都农商银行研发了集管理自主化、数据视图化、流程交互化、监控实时化等特点为一体的反洗钱智能监测系统，结合农村金融机构客户群体和业务特性自主建立了异常交易[2]监测指标和模型，重点突出农商银行服务"三农"的特点。结合系统预警和人工分析，及时甄别并向人民银行上报了有合理理由怀疑涉嫌洗钱或上游犯罪的可疑交易报告[3]。

通过下图可以看到，成都农商行从 2014 到 2017 年上报的可疑交易报告数量逐年大幅增长，年均增长率超过 90%，而期间可疑交易报告预警总量却减少了98.39%，侧面反映出反洗钱形势的严峻及上游犯罪的猖獗。

---

[1] 夏连国、胡文田：《新兴农村金融机构——村镇银行反洗钱业务监管的路径选择》，载《吉林金融研究》2011 年第 3 期，第 60 页。

[2] "异常交易"是指客户交易的金额、频率、流向、用途、性质、客户身份信息、客户行为存在异常，有一定可能与洗钱、恐怖融资等犯罪活动相关的本外币资金交易。

[3] "可疑交易报告"是指当金融机构按照中国人民银行规定的有关指标，或者金融机构经判断认为与其进行交易客户的款项可能来自犯罪活动时，必须迅速向中国人民银行或者国家外汇管理局报告。

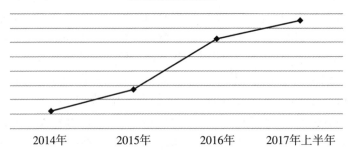

通过对近几年的涉罪类型进行分析，成都地区农村金融机构可能面临的洗钱威胁呈现出阶段性和区域性特征：地下钱庄数量激增，体现出非法汇兑已成为当前热钱外流形势下主要的洗钱形式之一；毒品犯罪数量升高，反映出成都地区仍面临着严峻的毒品犯罪形势和较为突出的毒品洗钱风险；诈骗案件的增多反映出目前电信诈骗活动猖獗，手段不断翻新，诈骗洗钱风险猛增；非法经营案件呈现出手段新型化、多样化趋势；纳税企业逃税、漏税的风险逐渐增加；恐怖融资交易反映出成都地区当前依然存在的区域性恐怖融资形势；非法集资、信用卡套现等一直是频发的洗钱犯罪活动，反映出目前因经济金融环境不稳定、违约及道德风险凸显导致洗钱风险激增的整体趋势。

（二）客户身份识别难点分析

成都农商银行作为农村金融机构，重要职责包括支农、助农、惠农，承担了很大一部分农村地区政策性资金的代发工作，包括：耕地保护基金、粮食直补、林地补偿[1] 等。这类政策性代发业务由于村、组委会工作人员反洗钱意识方面的欠缺，在收集客户信息方面与金融机构的契合度不高，导致客户信息存在不完整、错误的情况，如：联系方式和实际居住地址的欠缺等。从近两年发现的异常交易中可以看到，补贴类的账户出现了疑似被出借、出租的情况，在对客户进行尽职调查的时候，却又因为联系方式和实际居住地址的问题增加了尽职调查的难度；或者说需要对客户账户做可疑交易报告时，又因为客户信息不完整增加了报送的工作难度。

---

[1] 成都市耕保基金是成都市人民政府为严格保护耕地，提高耕地综合生产能力，根据《中华人民共和国土地管理法》、《中华人民共和国农村土地承包法》和《基本农田保护条例》有关规定建立的耕地保护补偿机制。粮食直补：全称粮食直接补贴，是为进一步促进粮食生产、保护粮食综合生产能力、调动农民种粮积极性和增加农民收入，国家财政按一定的补贴标准和粮食实际种植面积，对农户直接给予的补贴。林地补偿：指对征用、占用的林地实施的补偿，我国现行法律法规中没有关于征占用林地的统一补偿标准，《土地管理法》第47条规定，被征收土地上的附着物和青苗的补偿标准，由省、自治区、直辖市规定。

（三）突出洗钱上游犯罪类型分析

成都地区跨境、跨地区地下钱庄洗钱活动日益猖獗，毒品犯罪形势也异常严峻，非法经营、非法集资、电信诈骗、涉恐、涉税等可疑交易行为也依然是洗钱犯罪的主要类型和甄别重点。

案例1：地下钱庄可疑行为特征。

此类可疑交易特点多为外省人员在农商行、村镇银行等农村中小金融机构批量小团体式开卡，开户时间、开户机构集中，开户后存在小额测试交易，经过一段沉睡期后开始境外大量取现，资金快进快出，且刻意规避国家外汇管理部门对外币结售汇的金额限制。如：A 客户等人居住当地村镇有他行营业网点，却舍近求远专程前往 1 小时车程外的银行开立白金卡，因为贵宾卡在跨境、跨行 ATM 取现手续费方面有一定的减免优惠，目标明确，不符合农民客户对金融产品的认知程度；ATM 取现地均为境外，持续近 1 个月，不符合一般内地游客前往国外旅游的时间跨度，且取现金额接近外管局单日单卡取现限额。

案例2：毒品犯罪可疑特征分析。

目前发现，在农村养鸡场、养猪场等掩盖下从事非法制贩毒犯罪的情况不在少数。四川广元农村地区发现的"养鸡场"涉毒案件，即为农村养鸡场场主在向当地农村金融机构申请了用途为养鸡的贷款后，却将鸡场设施以数倍租金转租给外地租户用于制毒，在其申请提前还款时，该金融机构通过分析其经营情况及账户余额判断其还款来源可疑，继而发现此制毒窝点。实践中发现，涉毒可疑交易的主要特征是交易时间异常，资金呈现分散转入、集中支取特点，交易金额异常、交易渠道多为非柜面交易。

通过以上可疑案例反映出，犯罪分子手法越来越多样化，而中心城市反洗钱监管的趋严也促使犯罪分子将目光开始转向监管薄弱的广大农村地区，越是偏远落后的地区越易成为洗钱犯罪分子的温床，因此，农村金融机构目前面临着高危洗钱风险，应当引起高度重视。

此外，随着互联网经济的飞速发展，资金转账结算日趋方便快捷，带来了潜在的巨大的洗钱风险。目前本行在可疑监测中已发现，出现大量犯罪分子利用第三方支付机构划转资金，但金融机构对资金实际来源和去向难以追查，导致对该类可疑案例的分析面临较大难度。

**四、我国反洗钱法律体系的现状与不足分析**

我国反洗钱法律制度建设始于 20 世纪 90 年代，随着 2006 年《反洗钱法》的正式颁布，多项监管法规的陆续出台，我国反洗钱法律法规体系逐步完善。但是，面对目前不断变化的农村地区反洗钱新形势及新型业态的出现，现行反洗钱法律法规存在部分立法缺失或空白等问题，亟待更新补充。通过对农村地区反洗钱形势及实践案例的分析，可以看出我国现行反洗钱法律法规存在如下不足：

（一）现行反洗钱法主体范围不符合我国当前反洗钱工作实际

随着城市地区反洗钱体系的日渐完善和对其监管的日趋严格，洗钱风险开始向洗钱风险防控体系薄弱的农村地区转移，诸如四川广元"养鸡场"制毒案、广东陆丰"特大毒品案"、农妇开办空壳公司洗钱 89 亿元等农村地区要案频发，这些案件多以农村经营主体为掩饰从事洗钱或上游犯罪活动，如何完善农村地区反洗钱防控体系已尤为迫切。从案例来看，农村反洗钱义务主体和监督主体方面还存在缺位，应纳入除金融机构以外的多个主体参与反洗钱工作，扩大反洗钱监控范围。国务院新出台的相关文件也明确要成立由反洗钱行政主管部门、税务、公安、司法、国安等机关及其他行政机关、监督管理机构等多部门共同组成的反洗钱工作组，定期开展洗钱和恐怖融资风险评估工作[1]。而现行反洗钱法的主体适用范围却未对应当履行反洗钱义务的基层非金融机构的范围和义务作出明确规定。应当说，基层农村组织对当地形势及人员是最为了解的，将其纳入反洗钱主体范围对于客户身份的有效识别，农村地区反洗钱工作都具有重要的促进作用。

（二）现行反洗钱法律法规缺乏对新业态的规范指引

互联网新业态的快速发展，为洗钱分子提供了便捷的新渠道，风险极为突出。四川甘孜农村地区就出现了专门从事"挖矿"（即通过特殊算法获得比特币）的"矿场"[2]。由于甘孜拥有大量富余水电资源、小型水电站众多且便利、气候环境适宜、大渡河沿岸交通便利等特点，"矿场"往往扎堆甘孜偏远地区。比特币矿场的快速发展存在着巨大的风险隐患：比特币交易具有匿名性、隐蔽性、实时性的特征，交易过程难以完全监测和追踪，为从事洗钱等非法交易提供了场所；比特币平台用户利用跨境流通便利性可轻松规避购汇额度；比特币在一定程度上冲击了主权货币的地位，更有犯罪分子以"虚拟货币"的名义进行投机，损害了公众利益和人民币的合法地位。除此之外，如前述微信红包等形式，聚集了大量的第三方资金，但却不受法律限制[3]，现行反洗钱法律法规缺乏对互联网相关新业态的规范性指引，缺少对运营商、监管责任等的详细界定，未发挥出在新环境、新形势下对农村地区反洗钱工作的导向性作用。

（三）现行反洗钱法律法规体系缺乏对农村金融机构的针对性、激励性措施

当前洗钱形势的快速演变需要金融机构动态、持续地对洗钱风险进行评估、

---

〔1〕 《国务院办公厅关于完善反洗钱、反恐怖融资、反逃税监管体制机制的意见》（国办函〔2017〕84号）

〔2〕 比特币"矿场"是指具备一定规模的比特币挖矿企业（《四川反洗钱工作简报》2017 年第 6 期）。

〔3〕 黄辰、高雪峰：《互联网金融时代背景下微信红包法律风险及其防范》，载《北京政法职业学院学报》2015 年第 4 期，第 77 页。

识别和管理，大部分农村金融机构由于受客户群体、业务规模的影响，整体风险管控相对薄弱，在满足合规反洗钱要求方面，更是存在着自身困难，导致其在反洗钱工作的转型与变革上相对缓慢、滞后。监管的一视同仁，欠缺对农村地区和农村金融机构所面临的特殊困难及其所承担的特殊使命和艰巨责任的考虑，未体现出西部农村中小金融机构"农村、中小、西部"的特殊情况。尤其对于处在反洗钱和反恐怖融资最前线的西部农村中小金融机构，更需要得到社会的支持与政策资源的倾斜。法律法规及监管政策的制定应考虑西部农村金融机构的特殊性，因地制宜，制定更具针对性的监管标准，提供更多的扶持激励政策，实施更有弹性和灵活性的监管。

（四）现行刑事立法规定的洗钱上游犯罪范围与国际反洗钱标准仍有差距，不符合当前洗钱犯罪打击形势

目前金融机构在反洗钱可疑案例分析中发现涉税犯罪行为呈现上升趋势，而我国现行刑事立法未将涉税犯罪纳入洗钱上游犯罪，同时缺少此类案件的立案移交机制。目前我国《刑法》关于洗钱上游犯罪仅包括七类严重犯罪[1]，未包含涉税犯罪，也未明确出台相关法律规定要求将所有严重犯罪纳入洗钱上游犯罪，不符合FATF的监管要求，也不符合国际社会打击洗钱犯罪的大趋势。此外，我国《刑法》及《最高人民法院关于审理洗钱等刑事案件具体应用法律若干问题的解释》中规定，洗钱罪主体范围不包括既实施上游犯罪又自洗钱的本犯[2]，此类行为适用"重罪吸收轻罪"，不以洗钱罪定罪。不少学者对此有不同观点，认为洗钱与传统的赃物犯罪有显著区别，一是其漂白赃钱的过程相较于单纯的转移赃物更为复杂，它实现了犯罪所得形式上的合法化，已然是独立的犯罪，再

---

[1] 《刑法修正案（六）》扩大了原洗钱罪上游犯罪种类：将第191条修改为：明知是毒品犯罪、黑社会性质的组织犯罪、恐怖活动犯罪、走私犯罪、贪污贿赂犯罪、破坏金融管理秩序犯罪、金融诈骗犯罪的所得及其产生的收益，为掩饰、隐瞒其来源和性质，有下列行为之一的，没收实施以上犯罪的所得及其产生的收益，处5年以下有期徒刑或者拘役，并处或者单处洗钱数额5%以上20%以下罚金；情节严重的，处5年以上10年以下有期徒刑，并处洗钱数额5%以上20%以下罚金：

（一）提供资金账户的；

（二）协助将财产转换为现金、金融票据、有价证券的；

（三）通过转账或者其他结算方式协助资金转移的；

（四）协助将资金汇往境外的；

（五）以其他方法掩饰、隐瞒犯罪的违法所得及其收益的来源和性质的。

单位犯前款罪的，对单位判处罚金，并对其直接负责的主管人员和其他直接责任人员，处5年以下有期徒刑或者拘役；情节严重的，处5年以上有期徒刑。

[2] 《最高人民法院关于审理洗钱等刑事案件具体应用法律若干问题的解释》第3条："明知是犯罪所得及其产生的收益而予以掩饰、隐瞒，构成刑法第312条规定的犯罪，同时又构成刑法第191条或者第349条规定的犯罪的，依照处罚较重的规定定罪处罚。"

者，它还侵害了新的犯罪客体，即国家的金融监管秩序。[1] 实际中，同时实施上游犯罪和洗钱犯罪的行为占大多数，洗钱罪刑罚力度过轻导致自洗钱犯罪成本更低，与当前洗钱犯罪的巨大危害及打击力度不相称。

### 五、完善反洗钱法律法规及农村金融机构监管措施的对策建议

#### （一）完善现行反洗钱法律法规体系，填补法律空白

##### 1. 扩大反洗钱法义务主体范围，建立社会公众举报机制

反洗钱工作仅仅依靠金融机构是远远不够的，尤其农村金融机构面对的是广大的农村地区和农民群众。随着农村地区洗钱形势日益严峻，反洗钱义务主体和监督主体缺位的劣势凸显，农村反洗钱工作的社会合作任重而道远。尽管近年来反洗钱宣传力度不断加大，但人民群众主动向监管机构或金融机构举报洗钱线索的情况极少。究其原因，一方面是反洗钱义务主体范围和职责有待拓展，另一方面是缺乏有效的反洗钱基层监督机制。

因此，一是建议反洗钱相关法律法规扩大义务主体范围。《联合国反腐败公约》第14条规定："各缔约国应当……在适当情况下对特别易于涉及洗钱的其他机构，建立全面的国内管理和监督制度，以便遏制并监测各种形式的洗钱。"[2] 国际上，将特定非金融机构纳入反洗钱义务主体也成为通用实践。在我国，许多易于涉及洗钱的主体或机构并未纳入非金融机构范围监管。农村地区的特殊性使得当地乡镇村组相较于农村金融机构更具备天然的客户身份识别优势。因此，建议从立法层面将基层乡政府、村委会、税务所等纳入反洗钱义务主体范围，将其主要职责、法律责任等明确写入反洗钱法，群策群力、深入基层、深入群众，构建严密的反洗钱防控体系。二是建议在反洗钱立法层面建立公众举报制度。比利时最新出台的反洗钱法令就要求本国监管当局建立有效、可靠的举报制度。对于提供反洗钱线索的组织和个人也可设置举报奖励[3]，并及时公布反洗钱举报案件的查处结果，鼓励和激发广大群众参与反洗钱的热情和积极性，形成有效的监督检举体系。

##### 2. 顺应国际法律标准，完善相关刑事立法，扩大惩治范围

2012年FATF《40项建议》要求"各国应将洗钱罪适用于所有严重犯罪，以使洗钱罪的上游犯罪范围最大化"，并建议将涉税犯罪纳入洗钱上游犯罪。因

---

〔1〕 彭炜、杜正琦、陈帆：《论国际公约和我国洗钱罪的立法完善》，载《武汉金融》2009年第10期，第34页。

〔2〕 郭勋：《特定非金融机构反洗钱义务主体法律定位的难点与对策》，载《金融与法制》2008年第11期，第53页。

〔3〕 人民银行南通市中心支行已制定并出台了举报奖励制度。根据涉案金额大小规定了不同的奖励额度，涉案金额折合人民币1亿元以上的，人行将奖励举报人人民币5万元。

此近年来，国际社会均加大了打击洗钱及涉税犯罪的力度。例如，德国将逃税罪纳入洗钱罪上游犯罪，美国专门成立了刑事调查局负责税务犯罪及相关洗钱犯罪的调查[1]。我国 1997 年修订的《刑法》第 191 条首次规定了洗钱罪，2006 年《刑法修正案（六）》又增加了洗钱罪上游犯罪范围，并且修改了第 312 条[2]，表面上看似乎将所有洗钱行为都纳入了刑事犯罪处罚范畴，但该条款在 2006 年 FATF 评估中被认为仍特指特定范围，未涵盖所有犯罪所得及收益[3]。国内一些学者认为，洗钱罪上游犯罪只有第 191 条的七类犯罪[4]，还有的学者认为，我国洗钱罪上游犯罪范围应该在七类犯罪的基础上有所扩大，但扩大应符合《联合国反腐败公约》规定的最少范围[5]。实践中，对于七类犯罪以外的违法行为虽然会通过可疑交易线索予以侦查，但面临的司法现状是难以纳入洗钱罪考量范围。因此，不论从立法发展还是司法实践角度看，洗钱罪上游犯罪范围扩大是一致趋势，国际上也已达成上游犯罪最大化原则的一致共识。

为适应打击洗钱犯罪的现实需要，顺应国际趋势，更好地应对 2018 年 FATF 将对我国开展的第四轮互评估，一是建议应进一步扩大刑事立法中洗钱罪上游犯罪的范围[6]，明确将涉税犯罪及所有严重犯罪列入洗钱罪上游犯罪，从源头上严厉打击洗钱犯罪活动。二是建议将上游犯罪本犯纳入洗钱罪主体范围[7]。洗钱罪与一些普通赃物犯罪相比更为严重，危害性更大，将自洗钱行为纳入洗钱罪，对其上游犯罪及洗钱犯罪数罪并罚，加大洗钱罪的惩治力度，增加其犯罪成本，将对洗钱犯罪分子起到更大的威慑、惩戒作用。

（二）推动反洗钱监管制度创新，明确农村金融机构针对性措施

1. 在立法层面建立反洗钱激励机制，针对农村金融机构实施反洗钱成本补贴

复旦大学严立新教授认为，"洗钱会带来社会成本，反洗钱过程本身也需要

---

[1] 刘闽浙：《〈中华人民共和国反洗钱法〉有效性研究》，载《货币时论》2017 年第 4 期，第 8 页。

[2] 《刑法修正案（六）》将《刑法》第 312 条由"明知是犯罪所得的赃物而予以窝藏、转移、收购或者代为销售的"犯罪情形修改为"明知是犯罪所得及其产生的收益予以窝藏、转移、收购、代为销售或者以其他方法掩饰、隐瞒的"的情形。

[3] 《FATF 中国反洗钱和反恐融资评估报告》，中国人民银行反洗钱局编译，2007 年 9 月 7 日印发。

[4] 黄太云：《立法解读：刑法修正案及刑法立法解释》，人民法院出版社 2006 年版。

[5] 马克昌：《完善我国关于洗钱罪的刑事立法——以〈联合国反腐败公约〉为依据》，载《国家检察官学院学报》2007 年第 6 期，第 5 页。

[6] 杨道法：《构建适应国际形势的反洗钱法律体系》，载《金融时报》2017 年第 7 期，第 1 页。

[7] 《国务院办公厅关于完善反洗钱、反恐怖融资、反逃税监管体制机制的意见》（国办函〔2017〕84 号）

付出成本"，主张央行对商业银行的反洗钱工作进行多种形式的激励。[1] 目前，《联合国打击跨国有组织犯罪公约》及 FATF 组织《40 项建议》均明确规定了针对不同主体的激励、补偿等反洗钱正向引导机制[2]，国际社会也已建立了成熟的激励和补偿机制。例如美国政府已率先建立了以"追缴非法所得实行分成"为核心的反洗钱激励机制。我国目前规定了"双罚制"，但未明确相应的激励机制和成本补偿措施。强制性处罚在短期内虽能起到规范作用，但从长远看，忽视激励的监管措施易降低金融机构反洗钱积极性和主动性。尤其是农村金融机构相比大型股份制商业银行本身就面临种种特殊困难，在开展反洗钱业务方面还投入了大量的人力、物力和时间等成本，仅一刀切式的处罚不利于引导农村中小金融机构自主、持续提升反洗钱履职能力。

因此，结合国际经验，建议我国也采用"惩罚与激励并行"的反洗钱政策机制，在反洗钱法律法规体系中增加激励机制的内容，充分发挥金融机构乃至全社会打击洗钱活动的积极性。一是建议国家建立反洗钱专项基金，可将洗钱相关犯罪的罚没资金纳入基金组成，针对反洗钱工作成效突出，尤其是主动提供反洗钱情报及线索的金融机构分等级进行奖励，树立反洗钱标杆；二是建议对积极开展反洗钱工作并取得明显成绩的农村金融机构考虑给予相应的政策补贴或税收返还，帮助其降低反洗钱成本，鼓励其提高反洗钱工作动力和效率。

2. 明确金融新业态下的监管重点，将网络洗钱纳入监管体系

随着互联网金融的飞速发展，传统金融机构开始频频涉足互联网行业，第三方支付机构也开始深入广大的农村市场。但这些机构在客户身份识别、可疑交易分析甄别方面还比较欠缺，产品、业务洗钱风险管控方面还存在很多不足。这种情况下，传统金融机构与合作互联网机构双方在产品创新、客户识别方面极容易忽视对洗钱风险的防范，将给洗钱活动开放便利的通道。此外，比特币和其他数字货币的出现也为洗钱提供了更多的机会和渠道。我国反洗钱法应对传统洗钱问题已是力不从心，面对新型互联网金融洗钱问题更是捉襟见肘，其滞后性、脱节性已经对当前法律监管形成了障碍，亟需建立一套纵横交错、完整丰富的反洗钱立法监管体系。

因此，一是建议扩大反洗钱监管的覆盖面，重点关注农村地区互联网金融的发展趋势，及时完善农村移动支付监管体系，明确相关义务主体的反洗钱义务；二是建议界定互联网运营商、支付额度限制、监管责任等，增加互联网金融准入

---

〔1〕 严立新：《黑白芝麻理论与中国银行业反洗钱激励机制的构建》，载《上海金融》2010 年第 9 期，第 25 页。

〔2〕 李嵩：《论商业银行合规实践所面临的法律困境——以反洗钱合规为视角》，载《2011 年中国法学会银行法学研究会年会论文集》，第 237 页。

安全、交易证明、消费者权益保护、法律责任等相关规定，防范网络支付安全隐患带来的洗钱风险；三是建议针对新产品、新业务等新业态所具有的特征出台相应的反洗钱法律规范，及时引导义务主体完善洗钱风险评估和持续识别监测；四是建议重点明确移动支付面向的农村客户群体及客户身份识别要点，制定强制性监管标准打通农村金融机构和第三方支付机构的资金交易链，让通过互联网渠道流转的交易实现完全的可追踪；五是建立健全对数字货币的监管制度，明确其法律性质，将其纳入反洗钱监管法规范围，在生产、交易、使用等各个环节作出有效规范，利用大数据、云计算、人工智能等监管技术，提高监管效率，及时防范洗钱风险，保护投资者利益。

# 央地金融监管协调视角下农村
# 金融发展的法治进路

徐玖玖* 刘 骏**

摘要：农村金融监管在制度层面依赖于中央层面自上而下的改革路径，但在实践中主要依托于地方金融监管机构的管理，存在制度错配现象。在缺乏有效的金融监管协调机制的情况下，这一现有的监管架构无法实现农村金融监管的有效传达，反而致使其在正当性和有效性方面存在问题。通过对农村金融监管制度供给现状的历史性考察和逻辑性考察可以发现，这种正当性的失效具体表现在权力结构、效力层次、监管工具和监管绩效四个方面。在农村金融发展的法治进路构建上应着重构建中央层面、地方层面和央地层面三个金融监管协调机制。

关键词：农村金融；金融监管；协调机制；制度供给

近年来地方金融快速发展，农村金融作为地方金融的重要组成部分，在迅速发展的同时也在不断累积风险。2015 年以来资本市场的剧烈波动已经暴露了中央层面金融监管协调的诸多不足，但是地方金融监管却游离于金融监管体系改革的讨论之外，这对于构建一个完整、科学的金融监管架构是不利的。

2017 年的全国金融工作会议中提出"地方政府要在坚持金融管理主要是中央事权的前提下，按照中央统一规则，强化属地风险处置责任。"近年来各地金融办开始加挂"金融监管局"牌子，表明地方金融管理机构开始从服务型向服务与监管并行的职能定位转变。农村金融作为一种特殊的金融生态，虽然受到中央层面顶层设计的监管，但在实践中又主要依托于新型农村金融机构等小微金融机构，因此主要受地方金融监管机构的管理，存在监管现实和制度供给上的错配。本文拟以农村金融发展为具体语境，就多部门分业监管在实践中存在的问题予以分析，在此基础上以央地金融监管协调为视角对农村金融发展的法治进路进行探讨。

---

* 徐玖玖，西南政法大学博士研究生。
** 刘骏，重庆大学法学院博士研究生。

### 一、农村金融监管的制度供给现状

（一）农村金融监管制度供给的历史性考察

2006 年的《中共中央国务院关于推进社会主义新农村建设的若干意见》提出"在保证资本金充足、严格金融监管和建立合理有效的退出机制的前提下，鼓励在县域内设立多种所有制的社区金融机构，允许私有资本、外资等参股。"2006 年银监会发布的《关于调整放宽农村地区银行业金融机构准入政策，更好支持社会主义新农村建设的若干意见》开启了新一轮农村金融机构"增量"改革的序幕，明确规定"适度调整和放宽农村地区银行业金融机构准入政策，降低准入门槛"，还首次表述了在农村新设银行业金融机构的基本要求。2007 年，银监会在《关于扩大调整放宽农村地区银行业金融机构准入政策试点工作的通知》中将试点范围扩大到全国。随着后续相关规范性文件的出台（见表 1），各类新型农村金融机构开始进行试点。经过近十年的发展，新型农村金融机构发展已经初具规模。截至 2014 年年底，我国共设立了村镇银行 1153 家，贷款公司 14 家，农村资金互助社 49 家，这至少在规模上可以发现新型农村金融机构已经小成气候，尤其是村镇银行的规模；全国已组建的新型农村金融机构 92.9% 以上的贷款投向了"三农"和小微企业，这表明这类机构在实践中正在积极地担负起"支农""支小"的使命[1]。为了促进新型农村金融机构发展，银监会于 2009 年 7 月下发《新型农村金融机构 2009 年～2011 年总体工作安排》，下达了机构发展规模的具体指标。但是，随后的实践发现我国新型农村金融机构的组建数量远远低于计划规定的水平[2]。此后，银监会自 2012 年起"暂缓"了贷款公司和农村资金互助社的审批，自此以后再无机构获得审批，两类机构的发展规模自此停滞不前。2015 年 5 月，浙江慈溪市龙山镇西门外村伏龙农村资金互助社在已经退出经营[3]，现仅有 48 家资金互助社继续维持经营，这在一定程度上说明，新型农村金融机构在取得巨大成效的同时也出现了诸多的问题。

---

[1] 数据来源：中国人民银行公布的《中国农村金融调查 2014 摘要》。

[2] 周素彦、周文平（2011）的统计发现我国 2009 年新型农村金融机构实际组建数只完成计划的 17%，2010 年也只完成了 50%。

[3] 信息来源：中国银监会许可证发布系统。

表1 涉及新型农村金融机构监管的相关规范性文件[1]

| 新型农村金融机构 | 相关规范性文件 | 发布部门 | 主要内容 |
|---|---|---|---|
| 村镇银行 | 《村镇银行管理暂行规定》 | 银监会 | 对村镇银行的设立、监管等内容进行了较为详细的规定 |
| | 《加强村镇银行监管的意见》 | | |
| | 《关于进一步加强村镇银行监管的通知》 | | 对于村镇银行的相关监管指标、主发起行的最低持股比等内容作出调整和完善 |
| | 《银监会关于鼓励和引导民间资本进入银行业的实施意见》 | | |
| | 《关于进一步促进村镇银行健康发展的指导意见》 | | |
| 贷款公司 | 《贷款公司组建审批工作指引》 | 银监会 | 就贷款公司设立、经营管理、监管等问题作出严格限定 |
| | 《贷款公司管理暂行规定》 | | |
| 农村资金互助社 | 《农村资金互助社管理暂行规定》 | 银监会 | 作出了类似贷款公司的规定 |
| | 《农村资金互助社组建审批工作指引》 | | |
| | 《中国银监会关于农村资金互助社监督管理的意见》 | | |

（来源：作者统计）

### （二）农村金融监管制度供给的逻辑性考察

与我国发展新型农村金融机构的制度进路为映照，我国农村金融体制改革是一个由政府主导的自上而下的强制性制度变迁过程，走的是一条"自上而下"的以正规金融机构市场化发展为主线的路径[2]，农村金融的发展与政府的制度供给密切相关，这种明显的行政色彩对于健康、科学的农村金融体系发展十分不利：一方面，农村金融发展过于强调中央层面顶层设计，缺少地方金融监管机构的身影；另一方面，中央金融监管和地方金融监管在农村金融发展中并未形成一

---

[1] 除了针对性文件，银监会还出台部分综合性文件涉及这三类金融机构，主要是《关于村镇银行、贷款公司、农村资金互助社、小额贷款公司有关政策的通知》《农村中小金融机构行政许可事项实施办法》《关于做好当前农村中小金融机构监管工作的通知》等文件，对于相关制度设计进行了归纳、完善。

[2] 李万超、苏彩玲：《改革开放以来的农村金融制度改革：历程、成效与反思》，载《武汉金融》2014年第1期，第61~63页。

个有效的衔接和协调机制，地方金融监管机构作为农村金融生态中最重要的小微金融机构的主要监管者，对中央层面金融监管政策的配合和实施是至关重要的。

第一，农村金融监管制度供给方式法治程度较低。这一种改革是以政府主导的制度供给为基础，缺少相应的合法性和合理性的论证，出台程序相对简单，制度供给较为粗放。并且这些制度供给都是中央政府部门全权参与，未曾出现立法机关和地方政府部门，前者使这种制度供给层级较低，后者使这种制度供给实效较低。以新型农村金融机构的监管体系构建为例，银监会主导的制度供给有着明显的"低准入、严监管"的倾向，主要的监管创新在于降低了准入门槛，而其他的相关制度多是原有制度的沿用或变通，比如相关的监管制度还是沿用传统的商业银行机构的监管办法，只是监管指标有所放松，这种制度供给缺少监管绩效的论证和评价，法治化程度较低，落实在地方层面并不适应于"支农"、"支小"的新型机构，地方金融监管机构在实践中较为被动。

第二，农村金融监管制度供给主体较为单一。正如部分学者所言"新型农村金融机构改革是在监管部门主导下展开"[1]，银监会作为监管部门在新型农村金融机构的发展过程中发挥极为重要的作用，成为了制度供给的主导力量，因此出现了除了财税制度[2]，整个新型农村金融机构的制度几乎都由银监会一手包办的制度供给情况，供给主体颇为单一。综合来说，新型农村金融机构制度采用的是一种自上而下的行政供给模式，尤其是监管部门处于绝对主导的地位。这一种供给模式的行政色彩极为浓厚，带有强烈的长官意志，"政府往往会从自身的需求出发来推进改革，从便于管理和控制的角度出发来界定改革的目标和战略、设计改革方案。"[3] 中央层面监管部门主导的制度设计是以审慎监管为逻辑起点，村镇银行严格的主发起行制度就是明证，这大大制约了村镇银行的发展速度。同时，这样的外生性制度变迁会与现实的市场需求脱节，从而也阻塞了自下而上诱致性制度变迁，无形中提高了体改内生性金融的制度成本，不利于全面的农村金融体系的形成。而地方层面金融监管机构受限于地方金融立法权，迟迟不能形成底层的制度创新，相关规定多流于原则性口号。

第三，农村金融监管制度供给更新较快。例如，涉及三类机构准入的《农村

---

〔1〕 洪正：《新型农村金融机构改革可行吗？——基于监督效率视角的分析》，载《经济研究》2011年第2期，第44~58页。

〔2〕 涉及财税的制度由财政部和国家税务总局制定，相关制度主要包括《中央财政新型农村金融机构定向费用补贴资金管理暂行办法》《财政部、国家税务总局关于农村金融有关税收政策的通知》《农村金融机构定向费用补贴资金管理办法》《财政部、国家税务总局关于延续并完善支持农村金融发展有关税收政策的通知》等。

〔3〕 梁静雅、王修华、杨刚：《农村金融增量改革实施效果研究》，载《农业经济问题》2012年第3期，第22~28页。

中小金融机构行政许可事项实施办法》就有 2008 年、2014 年、2015 年三个不同的版本；而其财税优惠有年限限制，每当快要到期之时又将期限延长；2014 年年末在银监会《关于规范性文件清理结果的公告》中废止了《村镇银行管理暂行规定》《贷款公司管理暂行规定》《关于加强村镇银行监管的意见》《中国银监会办公厅关于做好当前农村中小金融机构监管工作的通知》等文件，使得部分监管处于无法可依的尴尬境地。中央层面的农村金融监管制度具有不稳定性，这不但使农村金融的相关从业者不能形成一个良好的制度预期，发挥制度的激励作用，还会使地方监管机构在实践中无所适从，从而导致央地监管博弈，农村金融监管制度整体的配合性较差。

第四，农村金融监管制度供给存在一刀切现象。银监会所主导的制度设计中较少存在针对我国各地区发展不平衡的差异性规定，唯有 2010 年的《关于加快发展新型农村金融机构有关事宜的通知》中"允许西部除省会城市外的其他地区和中部老、少、边、穷等经济欠发达地区以地（市）为单位组建总分行制的村镇银行"的规定。除此之外，就是财政部 2014 年公布的《农村金融机构定向费用补贴资金管理办法》中第 9 条关于东、中、西部关于享受补贴政策的期限分为 3、4、5 年的规定。地方金融条件具有各自的特殊性，金融需求也不尽相同，农村金融在发展中不得不正视金融机构商业可持续性的考验，在一刀切的金融监管制度之下势必会出现金融排斥现象。根据中国银监会金融许可证发布系统上的数据，截至 2015 年青海和西藏地区均仅培育了 1 家村镇银行，而东部沿海地区均发展了几十家村镇银行，仅山东省青岛市就有 8 家村镇银行。

**二、农村金融监管的正当性和有效性问题**

农村金融出现上层大力推动、落地不温不火的现象，主要原因就在于金融监管制度供给的正当性和有效性存在问题。农村金融监管的正当性在形式上体现为明确的法律授权，在本质上体现为市场失灵和政府失灵这一双重失灵的逻辑起点，形式正当性的失效表现为中央和地方在金融监管上监管权划分不清和农村金融监管效力层级普遍较低，实质正当性的失效表现为针对失灵缺少有效监管工具和针对政府失灵缺少有效的经济调整方式。

（一）央地农村金融监管的权力结构问题

农村金融监管根据机构主体和业务范围的不同受到中央和地方双重金融监管，但是对金融监管机关的集权和分权的关系到底该怎么认识，中央和地方在金融监管中如何正视和调解地方金融压力和金融发展冲动之间的矛盾，是农村金融进一步发展必须回答的重要问题。

在我国法律体系中，央地分权规则主要依据《立法法》的相关规定。《立法法》第 8 条明确规定，"基本经济制度以及财政、税收、海关、金融和外贸的基本制度"只能制定法律，因此金融基本制度属于中央的专属权力，另据《立法法》第 65 条，国务院有权根据宪法和法律"为执行法律的规定需要制定行政法规"。同时《立法法》第 72 条和第 73 条对地方立法权限进行规定，地方性法规可以对城乡建设与管理、环境保护和历史文化保护等方面的事项制定地方性法规，但是这种权限划分即非列举式穷举，也非排他性授权。本质上而言，并未明确专属于中央的事权和专属于地方的事权，也未言明以及中央和地方共享的事权。在缺乏违宪审查机制的有限法治化的制度约束中，全国人大和国务院的权力边界在理论上而言是无法穷尽的，在目前的法律框架之内中央层面可以任意增加或减少地方的职权职责。在此情况下，地方政府倾向于放松地方金融监管，加速扩张地方金融规模也就具有现实合理性。

地方金融监管权必须有明确的法律授权，主要来源于国务院的授权和中央金融监管部门的委托。农村金融中受到地方金融监管的主要依法取得金融业务许可证的非中央监管的地方金融机构，涉农的小额贷款公司、融资性担保公司、典当行以及农村资金合作社、贫困村扶贫资金互助组等地方准金融机构，提供金融中介等服务的咨询、理财等地方其他机构，其中地方准金融机构一般由地方政府监管，地方其他机构没有明确的监管部门。

有效防范农村金融风险，首先必须形成一个科学合理的内部权力结构，即中央和地方之间形成监管权的合理分配，特别是对区域性的小微金融机构监管权的配置。地方金融机构应当遵循中央层面对于金融体系的整体性安排，但是实践中中央金融监管和调控又有赖于地方金融机构的配合和执行。一方面，金融风险存在明显的连结外部性，是金融资本和实体经济高度混合的现代金融，这种连结外部性在互联网因素的作用下体现得更为明显，因此任何一个区域性的金融风险都可能引发系统性风险。从这一角度而言，中央和地方均不愿看到金融风险的产生。另一方面，中央和地方在农村金融监管中的目标和诉求的确存在较大差异，中央层面发展农村金融是为了激活整个农村经济体系，因此底线就是在发展农村金融的同时要守住不发生系统性风险，但是在地方层面因为各地经济、社会发展条件的不同存在一定的差异。经济发达地区与中央层面的目标较为一致，而经济不发达地区对于农村金融的需求远大于制度供给，甚至一些地方本身的金融体系也刚刚起步，需要地方政府的支持。这些客观化的条件差异没有在监管制度上形成合理的表达，因此部分地区对地方性农村金融的发展"心有余而力不足"。

（二）农村金融监管体系效力层级较低

我国金融监管体系以中央监管制度为主，地方金融监管制度缺失，这受制于金融业务关乎一个国家基本的经济稳定的基本性质，需要从全局上进行系统性风险防范和监督管理。农村金融发展目前的制度推动力来源于中央层面，但是农村金融的主体机构却主要受地方金融监管机构的管理,这存在现实和制度的错配,因此在农村金融监管方面存在较大的监管空白现象。一方面,现行的金融监管法律体系中没有明确的分权法,亦未对地方金融监管权限进行规定,因此农村金融的制度创新中缺少来自基于底层金融监管实践的制度创新成果,地方金融监管机构在农村金融发展中主观能动性较低;另一方面,地方监管权限主要来源于国务院的授权或者中央层面的金融监管部门的委托,监管权限较为分散,监管的授权和委托基础多为规范性文件,法律层级较低(见表2),缺少立法机关对于农村金融监管权的划分、认定和授予,法治化程度仍然较低。

表2　农村金融发展中涉及地方金融监管权的主要规范性文件

| 序号 | 文件名 | 发文时间 | 生效时间 | 发文字号 | 级别 | 发文单位 | 主要内容 |
|---|---|---|---|---|---|---|---|
| 1 | 国务院关于印发深化农村信用社改革试点方案的通知 | 2003 0627 | 2003 0627 | 国发[2003]15号 | 国务院规范性文件 | 国务院 | 省级政府负责监管农村信用社 |
| 2 | 国务院办公厅转发银监会、人民银行关于明确对农村信用社监督监管职责分工指导意见的通知 | 2004 0605 | 2004 0605 | 国办发[2004]48号 | 国务院规范性文件 | 国务院办公厅 | 省级政府负责监管辖内农村信用社 |
| 3 | 银监会、人民银行关于小额贷款公司试点的指导意见 | 2008 0504 | 2008 0504 | 银监发[2008]23号 | 部门规范性文件 | 银监会+人民银行 | 省级政府监管小贷公司 |
| 4 | 融资性担保公司管理暂行办法 | 2010 0308 | 2010 0308 | 2010年第3号 | 部门规章 | 银监会等 | 省级政府指定专门部门负责监管融资性担保公司 |
| 5 | 中共中央、国务院关于全面深化农村改革加快推进农业现代化的若干意见 | 2014 0223 | 2014 0223 | 国办函[2014]31号 | 国务院规范性文件 | 国务院办公厅 | 地方政府负责监管新型农村合作金融 |

(来源:作者统计)

(三)农村金融监管工具行政色彩较浓

金融监管的有效性还有赖于有无适当的监管工具和方法,这在市场起资源配置决定性作用的社会主义市场经济体系中尤为重要。农村金融和其他金融生态在监管方式上存在较大区别，传统金融生态有较为明确、成熟的金融结构，监管难点在于结构的复杂性导致平行部门之间协调成本较大，在缺少宏观审慎监管框架的情况下容易因监管真空导致系统性风险。农村金融本身的金融体量并不大，整体上尚处于发展之中，监管难点在于顶层设计和地方金融监管之间的不协调，在地方金融监管体系不完善的情况下容易因地方政府投机行为导致农村金融体系的不健康发展。因此，农村金融监管需要同时强调创新发展和风险防范两个目标，对于监管工具的经济性和灵活性要求更高。一方面，经济性是指地方金融监管机构在规范农村金融时淡化行政色彩，多采取法律手段、技术手段和经济手段，将行政手段作为一种辅助性方式，在尊重市场发展规律的同时发挥金融市场本身的资源配置作用。但是目前农村金融发展仍然体现出明显的行政发展的偏好，这种发展轨迹极易形成路径依赖，[1] 对于形成健康、法治的农村金融体系并非好事。另一方面，灵活性并非体现为政策变化的频繁，而是体现在不同地区地方金融监管机构可以针对辖区内农村金融的发展体量、发展阶段、发展特点形成不同的监管方式。忽略了从程序上完善地方金融监管机制和具体措施的论证和统筹，而过于依赖从上而下的制度供给路径，急于回应农村经济发展诉求。

（四）农村金融监管绩效较低

农村金融监管绩效较低主要源于农村金融监管制度存在政府失灵现象。金融监管应和企业行为一样接受绩效管理的评价，在这一过程中克服政府作为一个"经济人"的公共选择难题。中央和地方金融监管权分配和行使缺乏合理的论证，导致目前农村金融在发展中或是无措，或是野蛮发展。一是农村金融监管中监管重叠和监管真空现象较多。农村金融是央地金融监管在现实层面监管交叉的典型表现形式，但是由于央地之间缺少联动的监管协调机制，监管信息缺少沟通，中央和地方均处于信息不对称地位，极易出现监管重叠、监管竞争甚至监管失误，不利于农村金融的创新发展、制度激励和新型农村金融业态的风险监管。例如，农村信用社同时受到人民银行和银监会的管理，但是同时也要接受省政府委托省社联进行的行业监管，而农村资金合作社等笼统地归地方政府管理，在实践中却多处于无人监管的状态。二是农村金融监管存在央地监管冲突。缺少有效央地金融协调机制的农村金融，在发展中会因央地金融监管目标的不一致导致监管冲突。中央层面的金融监管侧重于风险防范，强调金融稳健，地方层面的金融监管则侧重于金融发展，强调金融绩效，因此前者准入较高、执法较严，后者门

---

〔1〕 颜运秋、李明耀：《宏观调控通往法治之路的理论探索》，载《西部法学评论》2012 年第 6 期，第 6 页。

槛较低、管理较松。部分地方政府为了实现辖区经济的发展，对地方金融机构放松监管，缺乏系统性风险防范的制度安排，过度强调地方金融机构和地方准金融机构对融资和经济发展的作用。特别是目前地方金融监管机构为了推动农村金融发展普遍放松监管，通过放低门槛达到制度激励的效果，甚至有部分地方政府在与中央政府的博弈〔1〕中"打擦边球"，在一定程度上影响了中央金融监管政策的实现。

### 三、农村金融监管完善的法治进路：三层协调机制

农村金融监管的法治进路是实现中央层面、地方层面和央地层面的三层协调机制的法制化。目前我国金融业分业监管的总体框架在很长时间内仍然会保持基本架构，农村金融涉及中央和地方两个层面，涉及的部门相较一般金融生态更为复杂，有鉴于此，对于当下的农村金融发展而言，比较合理的现实选择是形成金融监管的协调合作，微观层面主要包括明确的立法授权、有效的资源手段、法制化的协调方式三个方面。

#### （一）中央层面的农村金融监管协调机制

我国目前已经具有较为初步的中央层面金融监管协调机制：2002 年第四次全国金融工作会议要求完善金融监管协调机制；2003 年银监会、保监会、证监会达成了《在金融监管方面分工合作的备忘录》；2005 年我国已经在实践中形成了小范围内非正式的联席会议制度；2007 年全国金融工作会议指出要"完善金融分业监管体制机制，加强监管协调配合"；2008 年国务院建立一行三会金融工作旬会制度；直至 2013 年中国人民银行牵头的金融监管协调部际联席会议制度以国务院规范性文件的形式得到正式确立（国函〔2013〕91 号），旨在加强监管政策和业务领域的协调合作。

**表3　涉及金融部际联席会议制度的规范性文件**

| 序号 | 文件名 | 发文时间 | 生效时间 | 级别 | 发文单位 | 主要内容 |
|---|---|---|---|---|---|---|
| 1 | 国务院关于加强金融监管防范金融风险工作情况的报告 | 2014 0624 | 2014 0624 | 国务院规范性文件 | 国务院 | 针对十八大以来加强金融监管、防范金融风险有关工作情况的总结，金融监管协调部际联席会议制度作为其工作成果被提出 |

---

〔1〕　例如，1990 年代后期，地方政府为发展经济大力推动设立地方金融机构，后中央政府统一清理地方金融。

续表

| 序号 | 文件名 | 发文时间 | 生效时间 | 级别 | 发文单位 | 主要内容 |
|---|---|---|---|---|---|---|
| 2 | 国务院办公厅关于金融服务"三农"发展的若干意见 | 2014 0420 | 2014 0420 | 国务院规范性文件 | 国务院办公厅 | 对于农村金融的发展所提出的意见,第34条意见提出需防范金融风险,各金融管理部门要各司其职、各负其责,进一步发挥金融监管协调部际联席会议制度的作用 |
| 3 | 国务院办公厅关于加强影子银行监管有关问题的通知 | 2013 | 2013 | 国务院规范性文件 | 国务院办公厅 | 在第五部分"加快健全管理配套措施"第1条提到要积极发挥金融监管协调部际联席会议制度的作用,重点对跨行业、跨市场的交叉性金融业务监管进行协调 |
| 4 | 中国人民银行、工业和信息化部、公安部等关于促进互联网金融健康发展的指导意见 | 2015 0714 | 2015 0714 | 部门规范性文件 | 中国人民银行+工信部+公安部 | 为进一步推进金融改革创新和对外开放,促进互联网金融健康发展所提出的意见。意见的第20条提出各监管部门要相互协作、形成合力,充分发挥金融监管协调部际联席会议制度的作用 |
| 5 | 国务院法制办公室关于《非存款类放贷组织条例(征求意见稿)》公开征求意见的通知 | 2015 0812 | 立法草案 | 国务院规范性文件 | 国务院法制办公室 | 附件"中国人民银行关于《非存款类放贷组织条例(征求意见稿)》的说明"第二部分的第四节提出,国务院银行业监督管理机构、中国人民银行在金融监管协调部际联席会议制度的框架内,依据本条例制定公布非存款类放贷组织监督管理规则 |

(来源:作者统计)

其一，我国金融部际联席会议存在虚化现象，对于农村金融的关注度不够。从金融部际联席会议制度成立到目前为止，根据北大法宝网以"金融部际联席会议"为关键词、模糊检索模式，仅检索到5个相关规范性文件（含1个立法草案）（见表3），其中4个国务院规范性文件，1个部门规范性文件。并且有且只有一个2014年出台的《国务院办公厅关于金融服务"三农"发展的若干意见》中提出在农村金融发展中进一步发挥金融监管协调部际联席会议制度的作用，但没有相关配套的具体落实措施。其二，目前金融协调机制仍局限在平行部门之间，多采用征求意见、合作备忘录、会同出台等形式，在强制协作上缺乏制度保障，在自愿协作上缺少激励机制。备忘录没有法律效力和制度约束，而联席会议如果缺少任何一方的自愿参与也无法实现监管目标，因此对于中央层面的农村金融监管协调也没有实质性的意义。其三，中央级别的金融协调制度的法制化程度较低，对于真正实现农村金融监管法治并无太大裨益。以英国为例，根据《金融监管新方法：改革蓝图》的白皮书，2013年英国改革重组后金融政策委员会、审慎监管局和金融行为局三者均需承担明确的法定协调职责。审慎监管局和金融行为局必须签订正式的监管备忘录并定期更新，该备忘录条款具有法律约束力，监管机构承担协调的法定职责并可据此被追责，这与改革前财政部、英格兰银行和FSA之间以非正式备忘录形式自愿合作存在本质区别。其四，没有在法律层面形成议事协调机制，对于农村金融协调监管的顶层设计作用有限。目前的金融协调机制是基于国务院规范性文件，由国务院依照法定程序以自己的名义作出的决定，这符合《国务院行政机构设置和编制管理条例》规定[1]，也为以后金融部际联席会议进一步发展奠定了基础，宜在将来在法律层面予以确定，以保障金融协调机制的稳定性、独立性和程序制度。

中央层面的金融监管协调机制必须首先实现规范化、制度化、法制化，形成普遍、常态的协调沟通机制。针对农村金融领域，首先注重金融协调机制的法制化，将农村金融监管协调纳入协调机制的重要工作内容；其次，为避免协调机构的虚化，针对自愿协调领域形成促进沟通合作的激励机制，针对涉及农村金融发展的重大议题（包括但不限于系统重要性金融机构、金融控股公司和系统重要性金融基础设施）规定强制协调合作义务作为基础的制度和程序保障；最后，为中央层面金融监管协调机制赋予以法律形式独立的法律地位和最终决定权，在体制上保证农村金融发展的稳定性、有序性和和谐性。

（二）地方层面的农村金融监管协调机制

地方层面的金融监管机构虽然近年来存在一些协调创新活动，以四川省为

---

〔1〕 《国务院行政机构设置和编制管理条例》第11条规定："国务院议事协调机构的设立、撤销或者合并，由国务院机构编制管理机关提出方案，报国务院决定。"

例，2013年四川省人民银行和银监部门开展对民间投融资中介服务机构的清理整顿工作；2014年四川省人民银行、银监部门、金融办、公安局、工商局五个部门联合开展对小贷公司、融资性担保公司的现场检查。但是地方金融监管协调整体上仍然较为薄弱，特别是农村金融领域的地方金融协调实践成果较为鲜见。这种地方金融监管协调机制的缺位非常现实的原因就是市县级别的金融监管机构缺失，目前国内绝大多数市级行政区域没有证券和保险监管机构，县级行政区域只有人民银行，基层的金融监管力度不够，这对于主要根植于市县乡村行政级别的农村金融而言是非常不利的。支撑农村金融的许多小微金融企业主要依托于地方政府金融办的监管，但地方金融办在人员、信息等资源上较为薄弱，无法形成能够有效覆盖金融风险的基层监管体系。农村金融的发展和监管在这一现实因素下更应加强部门之间的沟通、协调和配合：一方面整合地方金融监管资源，强化地方金融办对于地方准金融机构和其他地方性机构的监督管理作用，配合中央监管驻地机构，充分发挥这些小微金融机构在农村金融中的重要作用，实现农村金融真正的"接地气"，防止出现制度落脚点和现实实践者的错位；另一方面，以县级为基础构建金融监管信息数据库作为协调监管的重要措施，加大对农村金融发展和监管的大数据分析，以县级行政区为基点向上汇总数据信息防范系统性风险实现宏观审慎监管，向下为农村金融根植县乡村提供数据支持，运用大数据技术减少农村金融机构的商业可持续性成本，同时通过监管协调减少农村金融机构的监管冲突成本，真正缓解金融排斥现象。

（三）央地层面的农村金融监管协调机制

央地层面的农村金融监管协调机制的本质问题是权力结构问题，即中央和地方在金融监管权方面的权限划分模糊不清，致使央地金融监管缺乏配合联动机制，信息不对称情况严重，央地金融监管目标不一致极易导致央地冲突。其一，目前地方金融监管法律制度缺失，地方监管权限主要来源于国务院授权或部委委托，授权多为规范性文件，法律层级较低。金融监管中央和地方分权应当体现在宪法和法律上，形成一个基于法律规定的法治化的央地关系，通过地方自治法划定中央和地方的事权分界线，宜加快分权立法，通过法治化明确中央和地方的金融监管权限。鉴于全面深化改革推进到关键阶段，各个领域的改革措施不宜叠加出台，可以在过渡期先由中央以行政法规的形式出台《地方金融监管条例》，在其中明确农村金融领域中央和地方的金融监管范围，形成较为完善的农村金融监管法律制度，全国性、跨区域的农村金融机构等已由较为完善的中央金融监管体系负责，对于不跨区经营的地方性农村金融机构或准金融机构由地方金融监管部门负责，明确地方政府是地方金融风险的第一责任人和承担者，通过监管责任的法制化防范地方政府的道德风险，矫正地方金融监管的目标为地方金融稳定。其二，将金融立法权在一定范围内下放到省级人民代表大会，在农村金融监管领域根据各个地区的不同需要制定符合农村金融发展需要的小微金融机构监管标准，发挥地方金融监管机构的主观能动性，在央地互动中形成一个基于法律规则、透明高效、联动配合的博弈关系[1]。其三，通过将央地监管协调机制法制化，结合自愿协调和强制协调两种情形，设定相应的金融协调行政责任，将农村金融中的监管协调通过法律法规的形式进行明确，使中央层面的农村金融政策能够落实到地方金融监管的实践中，也使地方金融监管的实践和制度成果能够有效反馈和反作用于农村金融的顶层设计。其中国务院金融稳定发展委员会应当发挥更大的作用，不仅承担一行三会之间的沟通协调职能，也应承担起中央和地方之间的沟通协调职能。

### 四、结语

农村金融改革步履艰难，其中固然有路径依赖导致的高昂改革成本的阻碍因素，但是如果从制度供给角度考量，可以发现自上而下强制性变迁的农村金融改革在制度上无法完成自上而下的传达和实现。这种出发点和落脚点的错位是农村金融在制度体系上改革绩效较低的重要原因，因此唯有通过监管协调机制的构建，才能疏导和理顺这一监管传导路径，而这也是能够真正实现农村金融腾飞的法治进路。

---

[1] 郑永年教授认为，改革开放后权力下放使我国央地之间形成了事实上的互惠合作关系，地方政府通过选择合作来引导中央政府出台有利于地方发展的政策。黄韬：《央地关系视角下我国地方债务的法治化变革》，载《法学》2015年第4期，第27页。

# 第三篇

## 金融科技法律问题研究

# 法定数字货币的法理与权义分配研究[*]

刘少军[**]

摘要：随着区块链技术的不断成熟和应用，同时也为了方便社会公众使用法定货币进行网络支付、加强法定货币流通的监管，节约现钞货币的发行、流通和监管成本，许多国家和货币联盟都在研究发行法定数字货币的问题，我国中央银行也在积极地进行这方面的可行性研究和准备。法定数字货币是货币法由金属货币到信用货币后的又一次重大变革，它必然引起现有货币法理论的变化，重新分配货币关系中各方主体的权力（利）义务，并进一步引起相关法律、法规的修改与完善。本文试在对法定数字货币的法律性质和流通性质进行系统分析的基础上，研究中央银行、商业银行和社会公众的货币权力（利）义务合理分配，为我国发行法定数字人民币和完善《中国人民银行法》奠定法理基础。

关键词：数字货币；法律性质；流通性质；流通主体；权利义务；法律完善

## 一、法定数字货币的法律性质

货币是人类为了提高经济效率而发明的交易媒介，任何社会力量从来没有能够抵御其提高效率的本质要求。从商品货币到金属货币、信用货币，每一次货币形式的变化都是以提高流通效率为核心目标的。随着当代电子网络技术和区块链技术的发展，再一次为货币形式的变化提供了技术上的可能。因此，许多国家和货币联盟都在探索发行法定数字货币问题，人民币目前是世界第三大货币，我国目前也在积极进行法定数字货币发行的研究和探索。[1] 这方面的金融学研究成

---

　＊　本文系 2014 年度国家社会科学基金批准重大项目："开放经济条件下我国虚拟经济安全运行法律保障研究"（项目批准号 14ZDB148）的阶段性成果。

　＊＊　刘少军，中国政法大学教授、博士生导师、金融法研究中心主任。

〔1〕 2016 年 1 月 20 日中国人民银行召开数字货币研讨会，正式启动了我国法定数字货币问题的研究，提出我国发行法定数字货币的基本原则：一是提供便利性和安全性；二是做到保护隐私与维护社会秩序、打击违法犯罪行为的平衡；三是要有利于货币政策的有效运行和传导；四是要保留货币主权的控制力。

果已经较多，而法学研究成果却非常少。[1] 法定数字货币是货币形式的又一次重大变革，它会对货币的法律性质和流通性质产生重大影响，使其基本权力（利）义务在中央银行、商业银行和社会公众之间重新分配。因此，必须对法定数字货币进行认真的法理学研究，使《中国人民银行法》的相关修订和完善更加科学合理。

（一）法定数字货币的概念界定

在当代社会，货币是一个庞大的体系，不同的货币类型具有不同的法律性质。从总体上来讲，可以将其分为约定货币和法定货币两大基本类型。其中，法定货币是由国家或区域法律特别规定的货币，具有无限法偿的支付结算效力。我国目前的法定货币是人民币，它特指以法定现钞和硬币形式存在的人民币，它的无限法偿支付结算效力是受《中国人民银行法》保障的。[2] 法定货币也是一个比较庞大的体系，为支付结算方便和取得存款利益，法定货币绝大部分会转化为存款货币。存款货币虽然是法定货币的转化形式，同法定货币在货币属性上具有必然的联系，但它们在法律性质上是有明显区别的。法定货币代表的是中央银行和国家的信用，具有无限法偿的支付结算效力；存款货币代表的则是商业银行或支付机构的信用，不再具有无限法偿效力，相对方有权拒绝接受；[3] 并且，由于各种电子支付工具的广泛使用，存款货币又多以电子货币的形式而存在。电子货币是存款货币的转化形式，它们在法律性质上并没有本质区别，只是在存在形式和支付结算规范上存在区别。

数字货币也是一个庞大的货币体系，它是指以电磁符号形式存在于电子设备中的货币，在目前的货币体系中它既可以是法定货币的转化形式也可以是约定货币的转化形式。我们将法定货币的数字货币形式称为电子货币，具体主要表现为银行的电子存款货币；我们将约定货币的数字货币形式称为虚拟货币，具体表现为各种类型的网络虚拟货币。本文所称的法定数字货币则是以数字货币形式存在的法定货币，或者说是由中央银行发行的数字货币。它既不是目前已经存在的电

---

[1] 我国目前关于"法定数字货币"的法学研究成果主要是中国人民银行前条法司副司长刘向民先生的《央行发行数字货币的法律问题》，载《中国金融》2016 年第 17 期，专题研究部分。

[2] 我国的法定现钞和法定硬币都是由中央银行发行的，由于历史原因许多国家的法定现钞是由中央银行发行的，而法定硬币是由政府财政部门发行的，但这并不改变它们都是法定货币的性质。

[3] 我国《现金管理暂行条例》第 7 条规定："转账结算凭证在经济往来中，具有同现金相同的支付能力。开户单位在销售活动中，不得对现金结算给予比转账结算优惠待遇；不得拒收支票、银行汇票和银行本票。"这实际上是规定了银行票据的无限法偿效力，这不仅违反了基本的货币法理论，也事实上侵犯了社会公众的货币权利，它将收款人收取法定货币的权利被迫转化为可能成为破产财产的货币资产。参见我国《中国人民银行法》第 16 条，《商业银行法》第 71 条，《企业破产法》《存款保险条例》等相关规定。

子货币的法定化，也不是虚拟货币的法定化，而是由中央银行直接向社会发行的以电磁符号形成存在于电子设备中的法定货币。它在法律性质上是目前法定现钞或硬币的替代形式，同法定现钞或硬币具有共同的法律属性。法定数字货币是一种全新类型的法定货币，它的出现必然会导致货币体系和货币法律关系的变化。[1]

（二）法定数字货币与现钞货币

法定货币从货币权力（利）义务关系的角度讲，是由中央银行直接承担货币信用责任的货币，它既可以表现为各类单位或个人在中央银行的存款，也可以表现为各类单位或个人直接持有的法定现钞或硬币。它们都是直接以中央银行的信用作为财产担保的，只要中央银行不破产，这些货币的财产价值就不会发生直接的损失。但是，法定现钞和硬币的存在形式却是与法定数字货币具有明显区别的，法定现钞和硬币以实物形态直接为各类单位或个人直接持有，它们所媒介的交易是在这些单位或个人之间直接完成的，在此过程中不需要中央银行的直接参与就能够实现，中央银行对这些行为只有货币法意义上的监督管理权力。在法定数字货币的条件下，各类单位和个人要持有这种货币就必须开设数字货币账户，并通过数字货币账户之间或货币存储设备之间的划转实现其媒介交易的流通、完成数字货币的交付，不可能像法定现钞或硬币一样可以通过直接的交付完成交易行为。

法定数字货币的发行与流通引起的一个直接问题，即是否保留现行的法定现钞和硬币流通制度，是否以法定数字货币取代法定现钞和硬币。随着电子网络技术和区块链技术的不断成熟，以及网络支付和移动支付数量的不断增加，世界许多国家开始推行无法定现钞和硬币流通机制，试图以数字货币取代现钞货币，实现"无现金国家或无现金社会"。[2] 这里必须明确的是，提出"无现金社会"的设想与发行法定数字货币既具有内在联系也有本质的区别。所谓"无现金社会"既可以通过"存款电子货币"的使用而实现，也可以通过发行和流通法定数字货币而实现，它们之间并不是一个等同的概念。同时，无论是强制使用"存款电子货币"还是强制使用法定数字货币，都存在一个剥夺社会公众的法定现钞和硬币使用权的问题。目前，如果收款方拒绝接受法定现钞和硬币，直接构成对《中国人民银行法》的违反，也直接否定了法定货币的无限法偿效力。并且，即

---

[1] 详见刘少军：《金融法学》（第二版），中国政法大学出版社2016年版，法定货币财产法部分。

[2] 2014年以色列由总理牵头的一个委员会正在探讨一套三阶段计划，旨在"废止以色列的现金交易"。2015年5月，丹麦政府公布了一系列方案，包括废除法律要求商店接受法定现钞和硬币的计划。如果此项提议经议会批准，服装零售店、餐馆以及加油站等将进入无法定现钞和硬币支付的时代。我国互联网企业家马云也提出要打造无现金社会，他准备成立商户联盟，推动无现金社会发展。

使在将来发行与流通法定数字货币的条件下，也不应该强制剥夺社会公众对现钞和硬币的使用权，这既是一个生活习惯问题也是电子网络技术可能性的问题。目前的电子网络技术不可能满足在任何情况下都能够实现数字货币支付，即使在将来也难以满足在任何情况下都能够实现数字货币支付。因此，发行与流通法定数字货币不可能取代法定现钞和硬币，它们应该是一种共存关系。

当然，随着电子网络技术和区块链技术的不断发展和成熟，以及绝大多数社会公众支付结算习惯的改变，数字货币的支付数量会越来越大，甚至可能出现在绝大多数情况下基本上不再使用现钞和硬币的情况。但是，绝对取消法定现钞和硬币是难以完全实现的。首先，无论是任何形式的数字货币支付结算方式，都必须依靠电子网络和数字货币存储电子设备的运行。在电子网络和数字货币存储设备不能运行的条件下，没有法定现钞和硬币现实的支付结算就无法进行。随着社会的发展，这种情况可能越来越少，但不可能不会发生。其次，任何自动化系统的运行都不可能是绝对可靠的，都不可避免地会出现各种故障，甚至可能会因为某种不可抗力导致系统的瘫痪。在此条件下，如果没有替代性系统就会导致整个社会经济运行的停滞，这是当代社会经济体系难以接受的。最后，货币是为人服务的，采取何种货币流通形式必须充分尊重社会公众的选择，虽然我们可以引导社会公众的生活习惯，但不应该强制某些公众接受另一些公众的选择，这是对其选择权的强制剥夺。尊重社会公众的基本权利和对生活方式的选择，是任何立法都必须给予足够重视的问题。

（三）法定数字货币的发行机制

法定数字货币的发行可以采取直接发行和间接发行两个基本模式，直接发行是中央银行直接向其开户单位或个人账户中发行数字货币，间接发行是中央银行直接向单位和个人在商业银行或支付机构的账户中发行数字货币。在直接发行的条件下，使用该货币的单位和个人必须首先在中央银行设立账户，将单位或个人取得的货币收入直接记为数字货币收入，支出直接在中央银行账户中支付，它又可以具体分为"有中心化"和"去中心化"两种基本方式。在"有中心化"条件下，中央银行是单位或个人的数字货币管理人，也是数字货币的支付结算中心，各单位或个人之间的数字货币收付都直接通过中央银行来进行，这实质上是传统支付结算体系的中央银行化。在"去中心化"条件下，则是采用公共区块链技术，数字货币直接在单位或个人账户之间进行划转，中央银行或其委托的第三方均不直接管理货币账户，只是亲自或委托第三方对交易进行确认，并维护该支付结算系统的正常运行。这两种模式各有优缺点，"有中心化"的模式技术比较成熟，但与现行的商业银行支付结算体系重复，没有独立存在和运行的必要；"去中心化"的模式技术还处于发展过程中，许多技术细节还不完全成熟，但有比较好的发展前途。目前，多数人指的法定数字货币体系都是"去中心化"的区块链技术体系，它能够在一定程度上取代法定现钞和硬币。

法定数字货币的间接发行，实质上是对现行法定货币发行体系进行改良，主要依据现行商业银行支付结算体系实现数字货币的发行，它也可以具体分为"有中心化"和"去中心化"两种基本方式。在"有中心化"条件下，中央银行委托商业银行或支付机构为有数字货币收支的单位或个人开立账户，各单位或个人的数字货币收支都通过该账户进行，商业银行或支付机构负责进行账户的管理，维护支付结算机构的正常运行。这种模式与各国现行的支付结算模式并没有本质区别，只是存款货币与法定货币账户同时存在。在"去中心化"条件下，中央银行委托商业银行或支付机构代理单位或个人的数字货币账户管理，单位或个人之间货币的划转采用联盟区块链技术自动进行，商业银行或支付机构主要是负责维护该系统的运行。这时，单位或个人之间的货币划转是在它们的账户之间直接进行的，不需要通过商业银行或支付机构直接管理的账户。单位或个人的账户余额总额增加，就直接构成中央银行的货币发行；单位或个人的账户余额总额减少，就直接构成中央银行的货币回笼。并且，它可以直接实现不同单位或个人之间跨越货币区域的支付结算，只要这些拥有账户的单位或个人来自不同的货币区域，就会形成法定数字货币的跨区域支付结算。[1]

（四）法定数字货币的流通机制

同法定数字货币的发行机制相对应，数字货币的流通机构也可以分为直接流通和间接流通两种基本模式。直接流通是单位或个人直接通过其在中央银行设立的数字货币账户，实现数字货币的流通或收付划转；间接流通是单位或个人通过其在商业银行或支付机构的数字货币账户实现货币的流通或收付划转。它们也都可以分为"有中心化"和"去中心化"的流通模式，在"有中心化"的货币流通模式下，中央银行或商业银行、支付机构是数字货币流通的管理人，是数字货币流通的中心，存在集中的统一管理；在"去中心化"的货币流通模式下，中央银行或商业银行、支付机构只是自动化支付结算体系的维护者，数字货币流通体系采用区块链技术自动实现不同单位或个人账户之间的货币划转。

当然，无论是"有中心化"还是"去中心化"的数字货币流通模式，整个

---

〔1〕 中国人民银行行长周小川认为："总体看，中央银行在设计数字货币时会对现有的货币政策调控、货币的供给和创造机制、货币政策传导渠道做出充分的考虑。目前，现钞的发行和回笼是基于现行'中央银行—商业银行机构'的二元体系来完成的。数字货币的发行与运行仍然应该基于该体系完成，但货币的运送和保管发生了变化，运送方式从物理运送变成了电子传送；保存方式从中央银行的发行库和银行机构的业务库变成了储存数字货币的云计算空间。最终，数字货币发行和回笼的安全程度、效率会极大提高。"

货币支付结算体系都会分为"存款货币流通体系"和"数字货币流通体系"。在"存款货币流通体系"条件下，账户中货币的法律性质是商业银行或支付机构的存款货币，它是法定货币的转化形式，代表的是商业银行或支付机构的信用，如果商业银行或支付机构破产，这些货币资金会成为破产财产。但于此同时，存款人也会因此取得存款利息收益。在"数字货币流通体系"条件下，账户中货币的法律性质是中央银行的法定数字货币，它代表的是中央银行或国家的信用，如果商业银行或支付机构破产，这些货币资金不会成为破产财产，只有在中央银行或国家"破产"的条件下它才会成为破产财产。但于此同时，它也因其法定货币的性质而不会取得利息收益，法定货币本身是不具有价值增值属性的。任何单位或个人都可以在这两个货币流通体系中进行选择，它们对社会公众各有其优点和缺点。当然，作为两种法律性质不同的货币，它们之间是可以相互转换的，单位或个人应享有转换的选择权。"如此一来，原则上中央银行会有两种可能选择，或者默许私人部门数字货币发展并保持中央银行当前的清算制度安排，或者是在现有制度之外增加中央银行对手方的数量。"[1]

**二、法定数字货币的流通性质**

法定数字货币是当代科学技术发展的必然结果，虽然它不一定在短期内完全实现，但它一定会最终实现，它的发行与流通应该是货币目标充分实现的必然选择。因此，我们必须在研究法定数字货币性质的基础上，进一步研究它的流通性质。法定数字货币流通性质首先取决于它的发行与流通机制，不同的发行机制和流通机制会直接影响其货币账户的法律性质，货币账户的不同法律性质直接决定其账户内货币的财产性质，不同的财产性质又直接决定了其管理人的权利义务，并最终决定着数字货币流通费用的负担责任。

（一）法定数字货币的账户性质

传统法定货币一般认为是"普遍接受的无论在何处都可用以交换商品和服务的东西。"[2] 或者认为"货币本身是交割后可以清付债务契约和价目契约的东西，而且也是储藏一般购买力的形式"[3] 但是，这些货币指的都是传统的法定货币，它可以为货币财产权人直接掌握，如果将其存储于银行账户中，则转化为存款货币。法定数字货币虽然也是法定货币，但它在存在形式上不同于传统的法定货币，传统货币即使是纸币也能够为权利人直接控制或占有。由于数字货币的存在形式为电子数据，它不可能为货币财产权人直接控制或占有，只能存储于特定的电子账户或特定的电子数据存储设备中，并通过账户流通支付。因此，研究

---

〔1〕 [英] 本·布劳德本特著，蔡萌浙译：《中央银行与数字货币》，载《中国金融》2016 年第 8 期。

〔2〕 [美] M. 弗里德曼著，安佳译：《货币的祸害—货币史片断》，商务印书馆 2006 年版，第 20 页。

〔3〕 [英] J. M. 凯恩斯著，蔡谦等译：《货币论》，商务印书馆 1987 年版，第 1 页。

法定数字货币的流通性质问题必须首先研究数字货币账户的性质。

　　法定数字货币的账户或存储设备，在不同的发行和流通机制下受不同的主体管理，但无论其直接的管理主体如何，该货币流通系统的最终管理权应属于中央银行。因此，法定数字货币账户或存储设备最终应是由中央银行提供的，即使是由商业银行或支付机构直接提供的，它也是以中央银行代理人的身份提供的其不享有最终的管理权，账户中的数字货币也不是商业银行或支付机构的存款货币，也不可能用存款货币的形式予以动用，不可能直接成为它们可以用于投资的存款货币，除非权利人将其转化为商业银行或支付机构的存款货币。法定数字货币账户，应该理解为是中央银行向使用人提供的保管、储存和支付数字货币的工具。存储于账户或存储设备内的数字货币的财产权属于该账户的使用人，它对该数字货币享有独立的财产归属权、间接的支配权、绝对的支付权和支付的优先权。[1]

　　（二）　法定数字货币的财产关系

　　在法定数字货币流通的条件下，数字货币与存款货币都是存储于账户或存储设备中的货币，在这一点上它们具有共性。但是，这两种货币的法律性质和由此形成的财产法律关系却是不完全相同的。就它们之间的关系人而言，享有存款货币财产权的单位或个人形成的是与商业银行或支付机构的财产关系；享有数字货币使用权的单位或个人形成的是与中央银行或其代理机构之间的财产关系。并且，存款货币关系人之间的关系内容，既包括法定内容也包括约定内容；法定数字货币关系人之间的关系内容，只应有法定内容不应有约定内容，中央银行或国家不应与单位或个人之间发生约定内容的法律关系。就它们之间形成的财产关系内容而言，存款货币形成的是货币保管关系、货币投资关系和支付结算关系；法定数字货币形成的是货币保管关系和支付结算关系，这其中不包括货币投资关系。[2]

　　在存款货币投资关系中，商业银行在保障支付的条件下，有权利用存款人的账户资金对外进行投资。因此而取得的投资收益，也会按照约定的比例以利息的形式分配给存款人一部分。当然，存款人也必须因此而承担投资风险，使存款货币成为商业银行的破产财产，必须为商业银行的破产而承担损失。法定数字货币由于不存在投资关系，中央银行或代理的商业银行既不能以其进行投资，也不能

---

〔1〕　详见刘少军：《金融法学》（第二版），中国政法大学出版社 2016 年版，法定货币财产法部分。

〔2〕　法定货币的法律关系只能是法定的而不可能是约定的，这是由"财产法定"的基本法理决定的。因此，发行法定数字货币就必须重新进行货币立法，有学者认为应制定新的"数字货币法"（参见刘向民：《央行发行数字货币的法律问题》，载《中国金融》2016 年第 17 期）。本人认为，应保持我国"货币法"的统一，或者修改现行《中国人民银行法》，在"人民币"一章中对法定数字货币进行具体规定，或者将"货币法"从现行《中国人民银行法》中独立出来，单独制定包括数字货币法的"货币法"。

将其作为破产财产。并且，即使它们都存在保管关系和支付结算关系，这些关系的具体内容也是不相同的。存款货币的保管和支付结算关系是要收取费用的，商业银行向存款人实际支付的利息是扣除保管费用之后的余额，商业银行为存款人办理支付结算是需要另外收取费用的；法定数字货币的保管关系和支付结算关系应该是免除费用的，虽然中央银行或其代理机构办理相关业务也要发生费用，但作为法定货币的流通体系的一部分，这些费用应以货币发行收入来补偿，单位或个人不应该因为使用国家法定货币而支付保管和流通费用，这是由该货币的法律性质决定的。国家发行法定数字货币的目的之一就是为了相对法定现钞和硬币，提高流通效率、节约流通费用。[1]

（三）法定数字货币的监管关系

货币法律关系不仅包括财产关系还包括监管关系，这里既包括法定货币流通的监管关系也包括存款货币流通的监管关系，以维护货币流通秩序、预防相关的违法犯罪行为。其中，传统货币的监管主要包括，货币伪造的监管、货币变造的监管、洗钱行为的监管、偷税行为的监管和其他货币违法犯罪行为的监管。在传统的货币流通监管中，商业银行和支付机构既是被监管对象同时也是被授权的监管主体，许多货币流通违法犯罪行为的具体监管是授权给商业银行或支付机构行使的。这是由于商业银行和支付机构具有为了自身利益而实施违法犯罪行为的可能，许多单位或个人的违法犯罪行为也只有在具体办理货币流通业务过程中才能被发现，许多利用法定现钞和硬币实施的违法犯罪甚至难以被发现，这是为了方便社会公众的货币流通、提高货币流通效率而不得不付出的法律代价。[2]

在法定数字货币流通的情况下，虽然货币行为监管的内容和范围没有太大的变化，却可以为提高监督的有效性创造许多有利条件。首先，在法定数字货币流通领域，任何流通行为都有账户记载，区块链技术能够使每项货币流通都有共享的完整记载，这会使伪造、变造法定货币的行为变得非常困难、甚至几乎难以实现。其次，法定数字货币的完整流通记载，还会使许多利用法定货币独立性实施的违法犯罪行为无从实现，它会使任何交易行为都暴露在阳光之下。最后，在法定数字货币流通中，商业银行或支付机构没有独立的经营利益，即使在其代理货币流通管理的条件下，也不会产生违法犯罪的动机。因此，在法定数字货币流通条件下，会为货币流通的监管提供许多方便条件，有利于国家提高货币流通监管效率、维护货币流通秩序、预防货币流通领域违法犯罪行为的发生。并且，这些

---

[1] 参见《中国人民银行法》第18条、第21条、第22条、第38条、第39条等的规定。

[2] 在法定现钞和硬币流通的条件下，许多社会主体利用法定货币的支付效力而从事违法犯罪活动，这实质上是现行法定货币制度对其提供的保护，也是现行货币法不得不付出的代价。

监管效果都是在不违背货币流通的基本规律和法定货币流通规范的条件下实现的。[1]

### 三、中央银行的货币权力义务

法定数字货币是法定货币的重大变革，它使法定货币由社会公众直接持有变为间接持有，由货币的直接流通变为通过账户进行间接流通，必须对现行货币法律制度进行重大调整，对各方当事人的权力（利）义务进行重新设置和分配。总体来讲，它具体包括中央银行货币权力义务的设置与分配，商业银行或支付机构货币权利义务的设置与分配，以及社会公众货币权利义务的设置与分配。要实现这些货币权力（利）义务的重新设置与分配，必须修改和完善现行《中国人民银行法》《商业银行法》《人民币管理条例》《现金管理暂行条例》等法规，或者同时制定"货币法"，对这些权力（利）义务进行重新分配。

#### （一）中央银行的货币权力

法定数字货币是一种新型的法定货币，按照世界各国和货币区域相关法律的基本规定，它的核心货币权力应属于中央银行。具体来讲应包括，货币发行权、发行收益权、系统管理权、授权经营权、规章制定权和监督管理权。法定数字货币是法定货币的一种，在法定数字货币发行后，流通中将有两种法定货币，即法定现钞与硬币和法定数字货币。法定现钞和硬币的发行权属于中央银行，这在我国及世界各国或区域的法规中有明确的规定。为统一货币发行权，实现货币流通体系的统一协调，法定数字货币的发行权也必须赋予中央银行；否则，必然导致整个货币发行和流通体系的混乱。这就需要修改和完善现行《中国人民银行法》和《人民币管理条例》等法律文件，明确规定中央银行的法定数字货币发行权。[2]

当代货币的财产属性是信用货币，它代表的是中央银行和国家或国家联盟的信用，货币的价值就是中央银行和国家或国家联盟的信用价值。同时，信用货币是不能兑换的货币，不得以持有的信用货币要求发行机关兑换为相应价值的其他财产。因此，法定货币的发行必然会给发行机关带来发行收益。法定数字货币也是法定货币，它的发行也会使流通中的法定货币总量增加，从而形成货币发行收益。按照我国及世界各国或区域相关法规的规定，货币发行收益应归属于中央银

---

[1] 我国目前《现金管理暂行条例》中对法定货币流通范围的限制是违反《中国人民银行法》的，我国《中国人民银行法》第16条明确规定："以人民币支付中华人民共和国境内的一切公共的和私人的债务，任何单位和个人不得拒收。"但是，在《现金管理暂行条例》中又明确限制法定货币的使用范围，这是为了监管货币流通、防止货币领域的违法犯罪不得不作出的违反法律的规定。这些规定既违反了现行法律也违反了货币法的基本法理，法定数字货币的发行与流通可以避免这种现象发生。

[2] 参见《中国人民银行法》第2条、第4条、第18条，《人民币管理条例》第2条、第5条等的规定。

行。因此，法定数字货币发行收益也应归属于中央银行。当然，法定货币发行收益是统一的，数字货币的发行必然影响到现钞和硬币的发行，法定数字货币发行量的增加可能会导致法定现钞和硬币发行量的减少。这就需要修改和完善现行《中国人民银行法》、《中国人民银行基本会计制度》等相关法律文件，将法定现钞、硬币和法定数字货币的发行收益统一作为法定货币的发行收益进行统一核算。[1]

法定数字货币与法定现钞和硬币的主要区别是，现钞和硬币是实物形态的货币，它们可以不借助于任何机构和网络等直接在收款人与付款人之间流通，不需要建立特别的货币流通系统；法定数字货币是电子网络账户中存在的法定货币，它必须在有专门管理和维护的电子网络中才能够流通。无论这个流通系统是中央银行独立管理的还是委托商业银行或支付机构代为管理的，都必然会产生流通系统管理权的问题。由于在法定现钞和硬币流通的条件下不存在这方面的问题，我国现行法规也没有这方面的规定，在法定数字货币流通的条件下就必须作出明确规定。因此，必须修改和完善我国现行的《中国人民银行法》、《商业银行法》、《支付结算办法》等法规文件，明确规定中央银行对法定数字货币流通系统的管理权，即使是委托商业银行或支付机构代为管理其最终管理权也应属于中央银行。[2]

虽然法定数字货币流通系统的管理权应归属于中央银行，但中央银行事实上是难以对数字货币流通系统进行具体经营管理的。这是由于，法定数字货币流通体系的客户涉及每一个使用人民币的主体，既包括各种类型的单位也包括每个有行为能力的个人，既包括本国主体也包括需要支付人民币的外国主体，中央银行很难具体经营管理这样一个庞大的流通系统。并且，我国现行法规也禁止中央银行直接对社会公众办理业务，现有商业银行和支付机构也在具体经营存款货币的流通体系，如果再建立一套完全独立的法定数字货币流通体系还会导致巨大的资源浪费。因此，必须修改和完善现行《中国人民银行法》、《人民币管理条例》、《商业银行法》等法规，赋予中央银行授权商业银行或支付机构具体经营管理数字货币系统的权力，以节约社会资源、维护中央银行的业务纯粹性。[3]

法定数字货币是一个庞大的支付结算体系，要保证它的正常运行不仅需要对我国现行有关人民币的法律、条例等进行修改和完善，还必须赋予中央银行根据

---

〔1〕 参见《中国人民银行法》第 38 条、第 39 条，《中国人民银行财务制度》第 12 条等的规定。

〔2〕 参见《中国人民银行法》第 4 条、第 18 条、第 21 条、第 22 条、第 27 条，《商业银行法》第 3 条、第 44 条、第 48 条，《支付结算办法》第 4～20 条等的规定。

〔3〕 参见《中国人民银行法》第 30 条，《商业银行法》第 3 条、第 29 条、第 30 条、第 48 条，《人民币管理条例》第 35 条，《支付结算办法》第 5～9 条等的规定。

需要具体制定和修改"法定数字货币规章"的权力，以对法定数字货币的支付结算和系统管理行为进行具体规范。这是当代社会关系变化的迅速性和专业性的客观要求，如果都完全由法律进行调整则难以适应货币流通的现实需要。于此同时，还必须在传统货币监督管理权的基础上，进一步赋予中央银行对法定数字货币流通体系的监督管理权，以对商业银行或支付机构数字货币流通系统的日常经营管理行为、各支付结算主体的数字货币使用行为进行日常的监督管理，发现违法违规行为及时进行纠正、处罚或提起诉讼，发现可能构成犯罪的行为及时进行侦查或向侦查机关进行案件移送，维护法定货币流通体系的效率、秩序和安全。[1]

（二）中央银行的货币义务

中央银行作为管理国家或区域货币事务的核心机构，不仅应享有必要的法定数字货币权力还必须承担相应的货币义务。这些义务总体来讲主要包括，系统维护义务、费用支付义务、币值稳定义务、损失赔偿义务和隐私保护义务。法定数字货币的发行与流通必须在特定的电子网络体系内进行，中央银行的首要义务是维护这个货币流通网络系统的正常运行。法定数字货币流通网络系统既可以是"有中心化"的也可以是"去中心化"的，既可以是中央银行独立设立的也可以是委托商业银行或支付机构代理经营管理的。但无论采取何种具体运行模式，中央银行都必须承担最终的系统维护义务，它都必须是最终义务的承担主体。并且，即使按照现行法规，中央银行也承担着维护法定货币流通秩序的义务。[2]

法定货币的发行与流通不仅会取得发行收益，同时也必须支付较多的运行维护费用。在仅有法定现钞和硬币流通的条件下，法定货币发行与流通费用主要包括货币印制费、发行管理费、货币鉴定费、货币回笼费、货币销毁费等，这些费用按照现行法规的规定基本上都是由中央银行承担支付义务的，只有同商业银行业务经营直接相联系的费用是由商业银行承担的。在法定数字货币流通体系中，货币的发行与流通费用主要包括，系统建设费用、系统维护费用、权义认证费用、网络资源费用等，这些费用都应该属于法定货币发行与流通费用，原则上都应该由中央银行支付；只有与商业银行或支付机构利益直接相关，且经营管理相关业务也同时有利于商业银行或支付机构经营的法定数字货币流通费用，才可以

[1] 参见《中国人民银行法》第4条、第5条、第31～33条，以及《银行业监督管理法》《公安机关受理行政执法机关移送涉嫌犯罪案件规定》《中国银监会移送涉嫌犯罪案件工作规定》的相关规定。

[2] 参见《中国人民银行法》第4条，《人民币管理条例》第2条、第6条、第15条、第35条等的规定。

考虑由中央银行与商业银行或支付机构共同负担，或完全由它们自行负担。[1]

稳定币值是中央银行的核心义务，它既包括法定货币与商品劳务的比值，也包括本国货币与外国货币的比值。虽然，币值稳定并不等同于币值不变，但它的波动幅度必须控制在被依法认定为财产征收的范围之外，不得产生财产征收效果；否则，货币财产权利人就有权要求中央银行给予价值补偿。于此同时，中央银行还有义务维护法定现钞和硬币与法定数字货币之间的同等价值，不得为不同类型法定货币的支付设置障碍、影响公众对不同法定货币使用的选择权，从而导致事实上不同法定货币之间的币值波动，产生"劣币驱逐良币"的类似现象。即使发现商业银行或支付机构等有能力事实上影响币值变动产生这种效果的行为，也应认定为是影响币值稳定的违法行为，必须予以纠正、并依法给以处罚。[2]

法定货币也是会受到财产损失的，除因币值变动造成的损失之外，在法定现钞和硬币流通的条件下，还会发生货币本身的遗失损失、毁损损失、假币损失、支付失误损失等。这些损失通常都是由于货币使用人的自身过失导致的，只要中央银行或支付机构在此过程中没有直接的过错，法规即规定只能由货币使用人自行承担损失。在法定数字货币流通的条件下，货币权利人可能因系统故障、系统受到恶意侵害、系统经营人的过失、身份签章的泄露、甚至存储设备损坏等而受到损失。并且，这些损失往往都是可以证明或追踪的。因此，在法定数字货币流通条件下，只要货币权利人主张其货币财产受到损失，中央银行或经营机构就必须承担证明责任，只要不能证明权利人的主张不成立就必须承担赔偿责任，这既是中央银行应对货币权利人承担的义务，也是数字货币经营人应承担的义务。[3]

在法定现钞和硬币流通的条件下，除客户办理法定货币存款，或者大额存取法定货币，或者有可疑法定货币交易外，法定货币的发行与流通基本上同货币使用人的身份没有直接的联系，也就不存在明显的使用人隐私权保护问题。但是，在货币进入商业银行或支付机构系统之后，我国现行法规就有明确的货币使用人隐私权保护的规定。法定数字货币在流通系统上不同于现钞和硬币，它必须在中央银行或商业银行等设立的网络系统中才能够流通，它的流通记录同存款货币具有共同属性。在此条件下，就存在明显的数字货币使用人隐私权保护的问题。因此，法律必须明确规定中央银行的隐私权保护义务，即使是在商业银行或支付机

---

〔1〕 参见《中国人民银行法》第38条、第40条，《人民币管理条例》第2条、第8条、第20条、第22条、第35条，《中国人民银行财务制度》第3条、第6条、第33条等的规定。

〔2〕 参见《宪法》第13条，《宪法修正案》第20条，《中国人民银行法》第3条、第48条等的规定。

〔3〕 参见《中国人民银行法》第21条，《商业银行法》第4条、第6条、第29条、第30条等的规定。

构代理经营的条件下，它也应是中央银行的基本义务。[1]

**四、商业银行的货币权利义务**

法定货币流通体系不可能不与商业银行或支付机构发生联系，在传统的法定现钞和硬币体系中，许多货币发行和流通业务也是由商业银行或支付机构代理的。即使在中央银行独立设立法定数字货币流通体系的条件下，法定货币体系也不可能不与商业银行或支付机构的货币流通体系对接。并且，为了充分利用现有支付结算体系的网络资源，节约货币发行与流通费用，防止出现整个货币系统的整体性风险，法定数字货币的发行与流通业务也应由商业银行或支付机构具体经营为宜。这就需要具体研究商业银行或支付机构在法定数字货币发行与流通中的权利义务，修改和完善现行相关发行和流通制度。[2]

（一）商业银行的权利

法定数字货币的发行与流通是不可能离开商业银行或支付机构的，即使是在中央银行独立运营"去中心化"的网络系统中，也必须保持法定数字货币发行与流通系统同商业银行或支付机构的对接；否则，就难以实现法定货币与存款货币之间的兑换，人为地割裂完整的货币流通体系，这就要求必须赋予商业银行或支付机构特定的权力。商业银行或支付机构的法定数字货币权力应主要包括：代理经营权、身份审核权、兑换经营权和单向收费权。其中，代理经营权是指中央银行应赋予商业银行或支付机构，代理经营部分法定数字货币发行与流通业务的权利。商业银行或支付机构主要经营的是存款货币，但存款货币与法定货币之间必须是能够自由或相对自由兑换的，否则整个社会货币流通体系就不可能完整。因此，必须修改和完善现行法规，根据具体情况赋予商业银行与支付机构适当的数字货币代理经营权，尽管不同的法定数字货币体系这种权力的内容可能不同，但无论何种发行与流通体系，都必须实现中央银行与商业银行或支付机构之间货币流通体系的衔接。[3]

我国现行法规对银行账户的开立身份有严格的规定，任何单位和个人必须以

---

〔1〕 参见《中国人民银行法》第15条，《商业银行法》第29条、第30条、第53条，《反洗钱法》第5条、第30条，《个人存款账户实名制规定》第8条等的规定。

〔2〕 法定数字货币发行和流通体系与目前的比特币流通体系不同，比特币甚至难以属于虚拟货币，它的发行与流通主体是比较少的，即使流通系统出现问题也不会导致较大的社会问题。在法定数字货币发行与流通条件下，它会形成一个庞大的货币发行与流通体系，一旦这个体系出现问题就会导致巨大的社会损失，甚至这个损失是社会难以接受的。必须为这一流通体系设置多重"隔离机制"，以防止出现较大的系统性问题。因此，法定数字货币发行与流通体系应由商业银行或支付机构代理经营管理为宜，这样就可以在不同的商业银行或支付机构之间建立起隔离机制，防止出现整个社会货币流通体系的系统性风险。

〔3〕 参见《中国人民银行法》第16条、第27条、第35条，《商业银行法》第48条，《人民币管理条例》第3条、第21~24条、第34~36条、第39条、第42条、第45条等的规定。

真实身份实名开立账户，同时赋予金融机构客户身份的审核权，禁止匿名或以他人身份开立账户，这是防止客户利用金融机构实施违法犯罪行为的重要措施。法定数字货币系统也是一种必须设立账户的货币系统，从货币流通的角度看，它与存款货币流通系统具有共同的技术特征。我国建立法定数字货币体系的考虑之一，就是它可以有效地减少和预防违法犯罪，使任何交易都在系统中保留流通记录，以有效地避免出现大量使用法定现钞交易的情况。因此，在商业银行或支付机构代理经营管理数字货币系统的过程中，必须修改和完善现行的相关法规，赋予商业银行或支付机构客户身份审核权，这也同时是其必须承担的义务。[1]

商业银行或支付机构是企业，它是以盈利为主要经营目标的，不可能在代理中央银行经营管理数字货币业务的过程中以其自营利弥补业务支出，除非这些支出能够给其取得收入带来满意的利益。因此，对于大部分数字货币系统的经营管理业务，代理的商业银行或支付机构都应收取合理的业务费用；否则，即使强制其无偿为中央银行和社会公众提供服务，也会因其没有业务动力而影响数字货币发行与流通体系的正常运行。但是，法定数字货币经营管理业务属于法定货币业务，社会公众不能因使用国家法定货币而支付费用，这是违背基本的货币法理的。商业银行或支付机构代理中央银行的数字货币业务，只能向中央银行收取合理的费用。并且，中央银行的数字货币发行收入也完全能够覆盖这些费用支出。因此，应该修改和完善现行法规，赋予其代理经营管理的单方向收费权。[2]

（二）商业银行的义务

商业银行或支付机构作为存款货币的核心经营机构，即使在不主要经营管理法定数字货币流通的条件下，也是其经营管理的相关机构，它在享有上述权利的同时也必须承担相应的义务，这些义务主要包括代理维护义务、审核认证义务、违法审查义务和货币兑换义务。代理维护义务是指商业银行或支付机构，承担着同其法定数字货币支付系统经营管理权利相对应的维护系统正常运行的义务。从整体上讲，法定货币的经营管理权力义务最终是归属于中央银行的，商业银行或支付机构只承担一些与其存款货币业务相关的义务。但是，由于法定数字货币流通体系与存款货币流通体系具有相似性，通常中央银行会将该系统的具体经营管理权授予商业银行或支付机构，它就必须承担相应的系统维护义务。因此，应该

---

[1] 参见《商业银行法》第48条，《反洗钱法》第16~19条、第21条，《个人存款账户实名制规定》第5~7条，以及《金融机构反洗钱规定》等的具体规定。

[2] 参见《中国人民银行法》第4条、第18条、第21条、第22条、第27条，《商业银行法》第50条、第52条，《人民币管理条例》第22条、第35条、第36条，《商业银行服务价格管理办法》等的规定。

修改和完善现行法规，明确规定商业银行或支付机构的系统维护义务。[1]

在货币流通体系中，商业银行或支付机构的重要职责之一是审核收付款人的货币权利，审核当事人的支付结算权利义务，并最终确认支付结算行为的结果，以维护存款货币流通体系的正常运行。法定数字货币虽然与存款货币在法律性质上有明显的区别，但在该系统中金融机构的基本职责是相近的。无论是"有中心化"还是"去中心化"的流通系统，都需要有主体来审核收付款人的数字货币支付结算权利，确认支付结算行为结果，使数字货币的流通行为得以完成。这项主体义务既可以由中央银行来承担，也可以由商业银行或支付机构来承担，但在一个庞大的数字货币支付结算体系中，中央银行往往没有能力独立承担这方面的全部职责，必须将其中的部分职责委托给商业银行或支付机构完成。因此，在法定数字货币流通系统中，必须明确规定商业银行或支付机构的审核认证权利与义务。[2]

在法定数字货币流通过程中，商业银行或支付机构不仅需要承担支付结算本身的义务，为了有效地预防违法犯罪行为的发生，它们还应承担相关违法犯罪行为的审查义务。这些义务具体包括：反偷税审查义务、反洗钱审查义务、反恐怖审查义务和其他违法犯罪审查义务。这里必须明确的是，商业银行或支付机构作为普通的社会主体，并不享有国家机关的审查权力，这些义务的性质是国家机关授权的性质。并且，商业银行或支付机构仅承担事实情况的报告义务，发现法定的可能违法犯罪可疑情况向指定国家机关报告，由该国家机关进行具体处理。因此，商业银行或支付机构的这种义务必须是法定义务，必须在制定法定数字货币相关法规时予以明确规定，否则就不可能有履行这些义务的职责。[3]

法定数字货币是法定货币，它虽然有中央银行和国家或国家联盟的信用保障，正常情况下不可能成为破产财产。但是，作为法定货币它仅仅是货币而不是货币资产，不可能产生超过原有数额的货币增值收益，不会给其权利人带来更多的利益。因此，许多货币权利人会选择将数字货币兑换为存款货币，存款货币是商业银行或支付机构的货币资产，它会给其权利人带来货币增值收益。因此，法规必须保障法定数字货币与存款货币之间的兑换能够顺利进行，在制定法定数字货币相关制度时明确规定，商业银行或支付机构承担数字货币与存款货币的兑换

---

[1] 参见《中国人民银行法》第4条、第27条、第32条，《商业银行法》第3条、第44条、第48条，《支付结算办法》第4条、第19条、第20条等的规定。

[2] 参见《中国人民银行法》第4条、第22条、第27条，《商业银行法》第3条、第6条、第29条、第30条，《支付结算办法》第4条、第16条、第19条、第20条等的规定。

[3] 参见《税收征收管理法》第17条、第38条、第40条、第51条、第73条，《反洗钱法》第16～21条，以及《金融机构反洗钱规定》《金融机构报告涉嫌恐怖融资的可疑交易管理办法》等的具体规定。

义务，只要符合法定条件必须无条件地按照客户的指令，实现数字货币与存款货币之间的兑换。并且，不得向客户收取兑换费用，也不得为客户的自由兑换设置其他障碍或义务，以维护不同形态法定货币的同等地位，维护法定货币流通秩序。[1]

### 五、社会公众的货币权利义务

法定数字货币同传统现钞和硬币的不同之处在于，它不是通过社会公众之间的直接交付实现其货币功能，而是通过金融机构为社会公众设置的电子网络账户系统实现其货币功能的。因此，它不仅会形成中央银行与社会公众之间的法律关系，还会根据不同的流通方式形成与商业银行或支付机构的法律关系。然而，无论其流通是否必须通过商业银行或支付机构，也无论是采取"有中心化"或"去中心化"的流通模式，都必然存在社会公众的权利义务问题，都必须对社会公众的权利义务作出明确的规定。这就要求我们修改和完善《中国人民银行法》《商业银行法》《人民币管理条例》《现金管理暂行条例》《支付结算办法》等规定有社会公众货币权利义务的相关规范，以适应法定数字货币流通的需要。

（一）社会公众的货币权利

社会公众是货币财产权的核心享有主体，它是一种法定的财产权、独立的财产权和浮动的财产权，是财产权整体的特殊领域。[2] 社会公众的法定数字货币权利，在普通法定货币权利基础上又具有特殊性，这些特殊性主要表现在它的货币选择权、货币兑换权、绝对支付权、支付确认权和赔偿请求权上。这里的货币选择权是指社会公众享有法定货币归属与使用的选择权，有权决定使用法定数字货币或法定现钞或硬币完成货币支付，中央银行、商业银行或支付机构不得强制公众授受某种货币或拒绝提供相关报务，收款方在有条件接收法定数字货币的条件下，也不得拒绝接受以法定数字货币支付款项。这是法定货币的基本法律性质，如果不赋予社会公众这项权利，它事实上就不可能是法定货币。[3]

在法定数字货币流通条件下，社会上流通的法定货币体系内的货币应主要包括三种，即法定现钞或硬币、法定数字货币和金融机构的存款货币。在这三种货币中，法定现钞或硬币与法定数字货币都是法定货币，它们之间必须能够实现无条件的同货币单位的兑换；否则，就会形成二元结构的法定货币体系，公众会将其区分为良币和劣币，影响法定货币体系的完整统一、影响货币流通秩序。同时，还必须保障法定数字货币与存款货币之间的自由兑换权，不得因它们之间的

---

[1] 参见《中国人民银行法》第4条、第16条，《现金管理暂行条例》第5～19条等的规定。

[2] 参见刘少军：《金融法学》（第二版），中国政法大学出版社2016年版，第109～121页。

[3] 参见《中国人民银行法》第4条、第16条、第27条，《商业银行法》第3条、第44条、第48条，《人民币管理条例》第3条、第4条、第25条，《现金管理暂行条例》第7条等的规定。

性质不同和金融管理的需要而限制它们的自由兑换。法定数字货币与现钞或硬币不同，它基本上没有发行流通成本和违法犯罪记录的问题，即使对现钞和硬币与存款货币之间兑换的某些限制，也不应延续给法定数字货币。[1]

法定数字货币作为法定货币，社会公众应享有绝对的支付权，只要承认它是法定的数字货币本身，支付管理系统就不得限制货币财产权人的支付权利。法定数字货币不同于现钞和硬币，它们是通过中央银行或其授权的商业银行鉴定真伪的，只要是符合法定要求的真实法定货币就有绝对的支付权，收款方就不得拒绝接受，无论付款方取得该法定货币的手段是否合法。法定数字货币是在电子网络系统中流通的，它的法定货币属性鉴定是通过网络系统自动实现的。因此，只要没有被系统管理机构认定为是假币，无论社会公众取得该数字货币的手段是否合法，它都不影响其货币财产权的享有，都必须保障其绝对的支付权。即使社会公众以非法手段取得数字货币，也只能通过其他法律关系处理。[2]

货币支付是一种财产交付行为，不同类型的货币有不同的支付确认方式，付款人确认支付即发生货币财产权的转移效力。在以法定现钞和硬币支付的条件下，以付款方实际交付现钞或硬币给收款方，并且收款方没有提出数量和质量的异议作为支付确认的方式；在以支付凭证进行存款货币支付的条件下，以货币财产权人在支付凭证上的表述和签章作为支付确认的方式；在以电子货币进行存款货币支付的条件下，以货币财产权人的电子支付表述和签章作为支付确认的方式。法定数字货币与电子货币都是在电子网络中流通的，它们的支付确认方式具有共同性质，无论是采取"有中心化"还是"去中心化"的流通体系，货币支付的确认权都应属于货币财产权人，只要满足法定的支付确认条件该支付即产生法律效力。同时，货币流通网络维护机构必须向公众明确电子签章或"私钥"的身份和指令确认效力，明确社会公众必须承担的妥善保管义务，并采取可能的保护措施。[3]

货币财产权是设权性财产权，权利的享有和行使以权利凭证的存在为前提。对于法定现钞和硬币而言，社会公众必须妥善保管，无论因为何种原因，只要失去对货币本身的占有，就丧失其货币财产权。法定数字货币与电子货币都是存在于金融机构支付结算电子网络中的货币，它们在财产权的享有和行使上具有共同属性。如果因网络故障、网络受到恶意攻击、网络设备损坏、网络安全缺陷等，不可归责于社会公众的原因而导致账户中的货币财产受到损失，应属于网络经营

[1] 参见《中国人民银行法》第16条，《现金管理暂行条例》第3条、第5条、第7条等的规定。
[2] 参见《中国人民银行法》第4条、第16条，《人民币管理条例》第3条、第35条等的规定。
[3] 参见《商业银行法》第29条、第30条，《支付结算办法》第15~19条，《人民币管理条例》第3条、第35条、第36条，《电子签名法》第2条、第3条、第8~15条等的规定。

和维护机构的责任。这种责任法律应将其规定为严格责任，只要社会公众提出财产赔偿的主张，网络经营和维护机构不能证明是由于其自身过失而导致的损失，就应该承担先行赔付的责任，以保证网络货币流通体系的正常运行。至于实质原因和损失的分配，应按照网络经营和维护机构与侵害人的实质关系最终确认责任。[1]

（二）社会公众的货币义务

法定数字货币不同于法定现钞和硬币，现钞和硬币是现实的法定货币，社会公众通常主要享有的是财产权利，较少承担货币法上的义务。法定数字货币是在电子网络中流通的，它除需要承担法定货币的普通义务外，还需要承担网络支付的一些特殊义务，这些义务概括起来包括：规则遵守义务、诚信付款义务、合理注意义务和过失责任义务。这里的网络规则遵守义务要求必须遵守法定的数字货币网络支付规则，按照法定数字货币流通网络的运行规则进行货币的收付。这些规则具体包括：网络数字货币收款的程序与规则，网络数字货币付款的程序与规则，数字货币收付和存储设备的使用规则等。这些规则不同于传统的货币收付规则，必须修改和完善现行法规，明确规定这些规则的具体内容。[2]

社会公众的诚信付款义务，是要求付款人应遵守诚实信用的法律原则，在付款过程中必须以符合要求的法定货币向收款人支付款项、不得欺诈收款人。这项要求在以法定现钞和硬币支付的条件下相对比较简单，只要以真实的法定货币按数量支付即履行了法定义务。在以法定数字货币支付的条件下，法定货币的真实性和数量是通过认证机构进行认证的，社会公众通常没有能力支付假币或数量不符合要求的货币。但是，电子网络认证和支付系统总是会有漏洞的，如果社会公众恶意地利用认证和支付系统的漏洞实施支付行为，就可能给相关主体带来利益损失。因此，必须要求社会公众承担诚实信用付款的义务，不得恶意利用认证和支付系统的漏洞实施支付行为，否则必须承担相应的法律责任。[3]

社会公众的合理注意义务是，要求权利人必须妥善保管自己的数字货币存储设备，以及货币支付网络中代表自己身份的电子签章或"私钥"，尽到自己能够做到的合理注意义务，防止他人冒充权利人的身份以侵害权利人利益的方式实施货币行为。否则，因此造成的损失应由权利人自行承担责任，自行向侵害人主张

---

[1] 参见《商业银行法》第33条、第73条，《支付结算办法》第4条、第17条，《关于审理票据纠纷案件若干问题的规定》，以及《非银行支付机构网络支付业务管理办法》第10条、第25条等的规定。

[2] 参见《中国人民银行法》第4条、第16条、第27条，《支付结算办法》第16~19条，《电子银行业务管理办法》《银行卡业务管理办法》等相关法规的规定。

[3] 参见《中国人民银行法》第19条、第20条，《支付结算办法》第4条、第14条等的规定。

权利，数字货币支付结算系统不承担责任。即权利人必须对因自己的过失造成的损失承担责任，数字货币支付系统的经营管理者仅对因其系统的正常运行和合理的安全水平承担责任。这是维持法定数字货币体系正常运行，尽量降低运行成本，同时也尽量保护社会公众利益的较合理的货币责任分配。我们在修改和完善相关法规的过程中，应按照这样的原则分配当事人的权利义务。[1]

### 六、《中国人民银行法》的完善

我国目前正在全面推进金融市场化改革，按照市场化、功能化、系统化、整体化的新型经营与监管体制机制的要求，必须对全部金融法规进行全面的修订和完善。[2] 在此过程中必须为法定数字货币的发行与流通保留足够的法规空间，或者在本次法律、法规的全面调整过程中就对法定数字货币问题进行预先规定。法定数字货币立法问题直接涉及《中国人民银行法》的修改和完善的基本思路，这其中既包括对我国未来"货币法"的立法基本体例的选择问题，也包括"货币法"的基本内容问题，必须进行认真研究。

#### （一）"货币法"的立法体例选择

我国现行的金融法规体系成型于改革开放初期的20世纪90年代中期，当时并没有把货币作为一个相对独立的财产法体系，只是把货币问题作为中央银行的内部管理问题看待。因此，关于货币的法律仅在《中国人民银行法》中规定了7条，《人民币管理条例》也主要是货币印制、发行和回笼的管理性规定，货币的支付结算只是作为银行业内部的管理办法。目前，人民币已经是世界第三大货币，人民币的流通和经营范围已经遍及世界各国，货币的支付结算也已经成为纠纷发生最多的领域。同时，除法定货币外还有大量的约定货币流通，它们也已经得到国家事实上的承认，却还没有相应的法规对其进行明确规范。[3] 因此，制定"货币法"，完整、系统地总结和规定货币的类型、性质、相关主体的基本权利（力）义务，已经成为我国当前立法的必然选择，这不是以某人的意志为转移的。

制定完整系统的"货币法"，对货币问题、包括法定数字货币问题进行统一规范，必然涉及"货币法"的立法体例问题。它的核心是将"货币法"保留在《中国人民银行法》中，将其作为《中国人民银行法》的一部分，还是将其独立出来单独制定"货币法"。这里有两种基本方案可供选择：一是维持现有立法体例，仅在《中国人民银行法》中单章对货币作出原则性的基本规定，主要是规定货币作为财产客体性质的内容，不规定具体货币行为的内容，货币行为的内容

---

[1] 参见《中国人民银行法》第 4 条，《商业银行法》第 4 条、第 73 条等的相关规定。

[2] 参见"全国第五次金融工作会议"的相关决定，以及我国金融法治工作的核心任务。

[3] 参见《民法总则》第 127 条、《关于加强网络游戏虚拟货币管理工作通知》等的规定。

单独制定"支付结算法"进行详细规定。二是将这两部分内容合而为一，单独制定完整系统的"货币法"，对货币问题进行统一规定。这两种方案各有利弊，但都能够解决目前存在的问题，应该根据具体情况进行合理选择。

（二）"货币法"的基本内容构想

从财产法的结构上来看，财产法可以分为"财产客体法"和"财产行为法"。财产客体法主要是规定财产的基本界定、法律性质、法定结构，以及各方主体基本的静态权利（力）义务；财产行为法主要是规定财产行为的具体方式，以及行为过程中各方主体的动态权利（力）义务。按照财产法的这一基本结构原理，"货币法"也可以具体分为"货币客体法"和"货币行为法"。在"货币客体法"中应明确规定货币的概念，构成货币的法定条件，货币在财产体系中的性质，法定货币的结构体系，约定货币的结构体系，以及不同货币各方当事人的基本权利（力）与义务。在法定货币的结构体系中，应明确规定法定货币的种类包括法定证券货币和法定数字货币，它们是法定货币的基本形式。

在"货币行为法"中，应明确规定货币流通的基本原则，法定货币流通的基本方式与存款货币流通的基本方式，并明确规定不同流通方式中各方主体的权利（力）义务。在法定货币流通方式中，应明确规定法定证券货币流通方式和法定数字货币流通方式，以及这些流通方式中各方当事人的权利（力）义务。这里需要特别强调的是对货币国际流通的规定，无论是法定证券货币还是数字货币都存在国际流通的问题，必须规定它的域外流通效力、经营规范、监管规范和司法规范，它是当代货币流通的基本特征，也是我国各类货币流通面临的现实问题，它的核心是国内法的域外效力问题。国内法的域外效力既是法学理论的矛盾，也是法学理论必须解决的现实问题，这是世界经济一体化和金融一体化进程中必须面对的问题。在此条件下，改变的只能是为其服务的法理而不可能是社会现实。

# FinTech 发展及规制路径探索

刘 鹏[*]

摘要：2013 年随着余额宝上线，金融所需的征信基础、信息撮合、电子支付等功能相继在互联网络中直接或间接地实现，加之市场化利率的推进、负债结构性失衡因素的存在，中国互联网络金融行业迎来了飞速发展的一年。伴随着飞速发展，相应的各种负面作用也大量出现，学界将其归咎于定位不清晰、准入机制的匮乏、业务监管缺位、无退出机制、权责关系失衡等因素，跑路潮、违规等事件频现，给我国金融信用体系带来了巨大的负面影响。本课题拟以互联网络金融与传统金融功能变革为主线，分析其风险特点及形式，借鉴国外统一监管模式，尤其是英国金融监管成功经验，拟提出以征信服务业为起点的信息金融监管规制体系，统一监管和功能监管为监管结构，借鉴国外经验不断完善风控及内控制度体系，行业协会自律监管的监管体系，以期对中国现有的 FinTech 监管及规制有一定的现实意义。

关键词：互联网络；金融；监管；规制

互联网络金融的兴起依赖于互联网社交平台技术和应用的大发展、金融脱媒的逐步实现，以及金融市场对于网络金融的旺盛的实际需求。近些年，受免费商业模式及估值体系驱动，互联网社交技术推进速度极快，各类借助于网络的应用不断增加，尤其是移动互联时代的到来，社交电子商务得到了迅猛的发展，金融市场也成为各类主体竞相争夺的战场。2013 年在负债结构失衡、市场化利率、银监会监管规范等因素影响下，实体经济发生"钱荒"之后，民间信贷需求的井喷使得来自于国外的商业模式，如 CROWDFUNDING、PE 等行业在美国、英国、德国等存在时间虽不久，但在民间融资旺盛的需求影响下发展迅速，国内诸多平台如宜信财富、冠群驰骋等国内平台兴起。同时，野蛮生长的模式在一轮又

---

* 刘鹏（1981 ~ ），山西大学商务学院讲师，商法研究中心副主任，英国谢菲尔德大学访问学者，主要研究方向金融法、法理学。本文为省法学会 2015 年优秀课题成果，编号为 SXLS（2015）B08。

一轮的跑路潮影响下很多业内人士也逐步反思，在国内监管呼声、行业自律行动、公司内部制度优化的众多合力下，仍然有一些问题难以解决，本文拟以行业发展现状出发，从金融监管、功能等同、法律规制等方向对于互联网络金融进行解读，并且在借鉴国外经验基础上，从征信体系建设、互联网络金融行业准入与退出控制等方面进行系统梳理，以期对于国内互联网络金融监管有所裨益。

## 一、互联网金融业现状考察

### （一）互联网络金融释义

互联网金融（ITFIN）是指传统金融机构与互联网企业利用互联网技术和信息通信技术实现资金融通、支付、投资和信息中介服务的新型金融业务模式。[1] 国内一些学者将互联网金融理解为众筹金融，[2] 爱尔兰都柏林国家数字技术研究中心（National Digital Research Centre，NDRC）将金融网络技术解析，为金融服务革新，同时需要有交易为基础，这是对互联网金融的一种解析。[3] NDRC 列举比特币（BITCOIN）为 FinTech 的重要形式，从列举的形式来看，其内涵接近我国对于互联网金融的解释，而从实质上看，主要是基于金融和网络两个行业。本文适用第一种观点，FinTech 行业中的核心为互联网络介入的行业，主要是市场参与主体利用互联网平台开展的支付结算、融资、投资理财保险等金融业务。从电子商务技术领域来看，该行业依托于移动支付、云计算、社交网络以及搜索引擎等互联网工具，是实现资金融通、支付和信息中介等业务的一种新兴金融形式。其理论上任何涉及广义金融的互联网应用，都应该是互联网金融，包括但是不限于为第三方支付、在线理财产品的销售、信用评价审核、金融中介、金融电子商务等模式。互联网金融的发展已经历了网上银行、第三方支付、个人贷款、企业融资等多阶段，并且越来越在融通资金、资金供需双方的匹配等方面深入传统金融业务的核心。

据中国报告大厅发布的《2014～2018 年中国互联网金融行业市场价值评估及投资潜力咨询报告》显示，互联网金融与传统金融的区别不仅仅在于金融业务所采用的媒介不同，更重要的在于金融参与者深谙互联网"开放、平等、协作、分享"的精髓，通过互联网、移动互联网等工具，使得传统金融业务具备透明度更强、参与度更高、协作性更好、中间成本更低、操作上更便捷等一系列特征。

### （二）国内互联网络金融行业发展现状

2015 年中央政府"互联网＋"指导意见的提出，也是国家阶段性对于互联网行业的指导性方案，互联网也确实在改变着金融行业的整体格局：网络金融业

---

〔1〕 人民银行等十部门发布《关于促进互联网金融健康发展的指导意见》，中央人民政府，2016 年 9 月。
〔2〕 杨东：《互联网金融风险规制路径》，载《中国法学》2015 年第 3 期，第 80～97 页。
〔3〕 "So What is FinTech?"，National Digital Research Centre，March 2014，Retrieved November 26，2014.

务为传统金融带来了渠道革命，这种新金融模式中的信息技术革命导致金融脱媒的加速，市场在互联网络金融的资源配置中将起到更大的决定性作用，虽然互联网络平台拥有如此多的优势，但其负面影响不容小视，自 2015 年后半年开始，以 e 租宝、泛亚、中晋、大大集团等为代表的非法集资性质的案件成为危害社会的"毒瘤"，互联网金融在一定程度上演变成了酝酿巨大风险的土壤。

这种风险在金融行业和信贷结构叠加的时候更加明显：首先，由于我国信贷结构方面存在的问题和民营经济的脆弱性，民间融资的需求旺盛但是却无法满足，借助于 P2P 可以提高融资速度，大量自融平台出现，最为典型的为泛亚事件；其次，由于互联网金融操作技术方面的漏洞和道德风险的存在，一些实体经济中的自融平台大量组建，但大部分关联资产质量非常糟糕；再次，由于违法成本过低和网络犯罪监控难度较大，非法集资、诈骗等网络犯罪大量存在。根据上海市金融服务办公室副主任吴俊在互联网金融峰会上提供的数据，2016 年上半年新增的 695 家问题 P2P 平台中，失联、跑路平台数量分别为 281 家、147 家，占比分别为 40.4%、21.2%，再加上 9 家警方介入平台，这三种恶性问题 P2P 平台合计占比高达 62.9%。[1] 这种情形也成为互联网络风险高发的一个缩影。对于互联网络金融，很多机构预测它将会成为行业的鲶鱼，从而击垮传统银行业。它对于利率市场化、金融脱媒（Disintermediation）确实有着非常强大的功能，同时由于风险高发，业内负面评价较多。我们应该看到，这一业态才刚刚诞生，风险是必然的，对于管理层来说，试错机制在该行业的运行要比单纯的打压更加理性，即互补多于颠覆。[2]

**二、互联网络金融行业监管及风险考察**

（一）互联网金融行业风险分析及我国风险特殊原因

任何一种新的行业诞生之初在体制上都不是完美的，金融行业作为产业链顶端，由于体制性风险的客观存在和蝴蝶效应更是如此。首先，互联网金融信用风险有了新的变化，如 P2P 等行业，由于基于金融产业本身特点平台方及投资人信用审查方面的难度，加上基于互联网上"刷信用""刷评价"的行为仍然存在。其次，法律定位与实际需求有一定的出入。金融市场紧密联系着实体资本的需求，由于信贷资金供给、信贷结构调整、风险控制体系的提升，催生了旺盛的民间资本需求。而究竟采用何种技术标准来界定 P2P 行业合规与否，《网络借贷信息中介机构业务活动管理暂行办法》（简称《P2P 管理暂行办法》）的颁布，对

---

[1] 魏飚：《2016 上半年 P2P 恶性问题平台占比超六成》，http://jjckb. xinhuanet. com/2016 – 07/17/c_135519869. htm，最后访问时间：2016 年 9 月 7 日。

[2] 沈云芳：《互联网之于金融 互补多于颠覆》，http://www. cyzone. cn/a/20130815/244441. html，最后访问时间：2016 年 9 月 7 日。

于信息中介机构的定位、合规管理、风控条件等方面均进行了详细的规定，现有的法规严格贯彻执行普惠金融的界定，对于个人投资和法人投资及融资限额的规定、对于资产证券化禁止性的规定，将会极大地影响信贷需求。再次，FinTech技术风险很大。计算机病毒可通过互联网快速扩散与传染；互联网金融风险的存在是必然的，从计算机本身的漏洞到资金周转的滞留；从管理方面的不足到监管体制的不健全，每个互联网金融阶段都存在风险，规避互联网金融风险是投资者最应该做的事，也是必须考虑到的因素。[1] 2017 年爆发的勒索病毒风险给政府和公司造成了极大的损失。

信贷结构失衡也是造成风险的一个主因。互联网金融诚然有技术成熟的前提，但是市场需求的井喷也是其疯狂的一个主因。由于影子银行的扩张带来了M2 的急速增长，我国自 2012 年底便希望能够执行稳健的货币政策，挤压实体经济的泡沫。在实践中，主要战场为银行，银行为了挤压泡沫，不断提高风控指标；为了收回贷款，极个别银行采用了虚假许诺的方式来收回贷款，而实体经济中被收回贷款的通常为民营经济，在山西这些企业体现为煤炭企业和与煤炭相关产业链的其他企业，这些企业为了实现过桥的目的，不得以民间高利贷的方式获取资金。而这些企业却没有得到银行的续贷，这样使得大量的融资需求井喷，尤其是一些轻资产企业、加工制造业现金流遇到了极大的风险，国内几家 P2P 公司如微金所、人人贷、冠群驰骋等公司，有着很大存量的公司融资需求得不到满足，而我国互联网金融由于缺乏市场的定位和监管，利用技术创造平台，以高息为诱惑的 P2P 便成为企业的第一选择。从市场化利率和投资者教育现状看，大部分投资者对于高息诱惑并没有应有的抵御能力，P2P 公司抬高利率赢得资金的情形非常多见，而由于企业现金流得不到缓解，违约情况的出现也是 P2P 公司现金流干涸及跑路潮的一个主因。

（二）我国的互联网络金融监管体制[2]

互联网金融从金融角度看实质上为普惠金融（Inclusive Finance），普惠金融在我国的发展自 2006 年宜信引入以来发展迅速，尤其是 2013 年 P2P、众筹行业、现货平台等加速发展，与市场变化相对应的金融市场监管体系却很难清晰建立。2015 年，国家出台《关于促进互联网金融健康发展的指导意见》，可以看出监管层更愿意看到传统金融机构与互联网金融相互合作监督，比如明确要求互联网金融平台必须实行第三方存管制度。希望借鉴证券行业的经验，解决普惠金融市场的混乱。2015 年发布的《推进普惠金融发展规划（2016～2020 年）》（下称"规

---

[1] http://g.sochw.com/? p=10688.2006.9，最后访问时间：2017 年 9 月。

[2] http://www.pcpop.com/doc/1/1775/1775884.shtml，最后访问时间：2017 年 9 月。

划")看，国务院重视和关注互联网金融创新。在互联网金融的管理和指导方面，主要有两个路径：一是督察各省级政府《推进普惠金融发展规划》实施情况；二是通过国务院办公厅新成立的金融事务局来指导和协调互联网金融发展相关工作。

中央部委体现在十部委《关于促进互联网金融健康发展的指导意见》及一系列管理办法。具体可分为三个方面：一是直接管理部门。互联网金融直接管理部门是"一行三会"，按上述"指导意见"，实行"分类指导，明确互联网金融监管责任"，对互联网金融企业有明确的分类，但在具体实施中也有细微的差异。二是行业自律组织。值得关注的是中国互联网金融协会。互联网金融业务具有较强的创新性，央行等十部委《指导意见》明确，由中国人民银行牵头，在2014年，成立"中国互联网金融协会"。

由于大部分平台均属于各个省级行政单位注册，因此省级监管是互联网金融行业发展的关键。省级政府金融办。一是省级政府通过省级金融办来贯彻中央决策层的相关方针、政策。二是省级政府金融办是省级地方互联网金融的主要监管部门。同时，在互联网众筹方面，各省级政府也会发挥重要作用。三是省级政府金融办与省级互联网金融协会的关系尚不明确。

### 三、功能监管、功能等价、市场规制视域下的互联网络金融

互联网金融业是传统金融的一种延伸，以功能监管理论作为分析手段对金融业溯源进行研究；以电子商务中功能等价的学说分析两种金融的异同和适用规范；以市场规制中的对于竞争主体和竞争行为的规范，尝试寻找理想状态下的规范体系。

#### （一）功能监管视野下的行业基本定位

互联网络金融是对传统金融在诸多方面的变革，因此对其有效监管需要对其本质进行解析，以功能监管视角，根据默顿和博迪（1993、1995、2000）的观点，金融机构的基本功能不会随时间和空间而改变，只有金融机构的形式和特征才会发生改变，因此，金融功能比金融机构更稳定，金融机构的竞争和创新能力会使得金融系统各项功能提高。[1]

无论是美国还是德国[2]，世界各国在20世纪末，逐步抛弃金融防火墙及分业监管，向统一的监管模式过渡，网络技术极大地促进了混业经营体系的监控能力和协作能力。面对互联网，各国均以开放的态度，审慎考察其对金融市场的冲击，注重于制度环境、安全环境、投资人保护为一体的综合监管方案。2008年

---

〔1〕 李成：《金融监管学》，高等教育出版社2007年版，第41页。
〔2〕 德国在2002年成立金融监管局（BAfin），取代了原先的负责银行、保险、证券监管机构。

国际金融危机爆发后，构建宏观审慎政策框架成为国际金融监管改革的重点之一。所谓审慎监管，是指以防范系统性金融风险为目标，主要采用审慎工具，以必要的治理架构为支持的宏观的逆周期的相关政策，更好地防范和管理跨时间维度和跨行业维度在整个金融体系中的风险，解决金融体系经济周期性和系统性风险集中的问题，弥补微观审慎监管和传统货币政策工具在防范系统性金融风险方面的不足。

但是系统性风险防范、消费者保护和处理纠纷机制建立等都非常重要。监管原则的一致性、竞争的公平性需要体现。互联网金融的监管最终要形成三个支柱：机构自身的管理、市场约束和更加针对系统性风险防范的外部监管制度安排。大数据是当前的热词，而 RegTech 则是利用大数据来丰富监管制度的范例。当前无论是对产品功能还是机构的监管，都是单维数据搜集、点状数据分离的分散化监管。在大数据时代中，对数据的维度和收集方法均有想象空间。这可以将微观审慎监管和宏观审慎监管防范系统性风险做得更好。

互联网络金融所涉及内容虽然非常繁复，但是从实质来看，仅仅是从互联网技术驱动带来渠道方面的革新，我们在分析其功能的时候需要注意其各板块功能需要的应有的监管供给。首先，从互联网络征信体系来看，不可否认，互联网金融为金融参与者带来了"开放、平等、协作、分享"的精髓，但不可忽略的是，由于我国金融仍然处于起步阶段，国家对于金融行业是逐步放开的态度，缺乏市场长久博弈之后的均衡。以中央银行为主体的征信信息，市场参与方的征信信息事实上存在着严重的不对称，而由于互联网中信息扩散速度极快，如果没有足够的应急预案，很多金融机构容易被打垮。其次从互联网交易中介体系来看，世界各国把该类金融称之为普惠金融或者选择性金融，在国外一些国家其功能主要限于一些特定的领域，但由于我国现有融资结构存在着诸多问题，准入机制缺乏、业务模式问题使得大部分的平台成为设立方的自融平台或者成为民间融资的主要载体，融资规模偏离了普惠定义，在金融监管中，给这一金融形式以较好的定位，有助于防范和化解金融风险。另外，无论供应链金融、P2P、众筹行业、大数据金融，事实上均为中介市场主体，依靠自身信息获取渠道，去撮合投融主体之间的实际交易需求，这边需要平台方具有强大的信息搜集、信用审查、风控措施审查主体，同时不逾越刑事红线。由此来看，仅凭普惠金融部门的设立，缺乏市场博弈的监管，无法全面叙述被监管主体的特征，更无法真正地实现有效监管。最后从营销渠道角度来看，互联网络金融只是传统金融的线上门店，这一类监管因涉及一些国内的禁止性法律规范，如私募对外宣传方面的禁令，只需要监管主体在监管中实际执行相关的规范即可。

（二）基于电子商务角度下的伦理和技术语言的规制

互联网金融是利用现代因特网络平台，对金融信息的汇总处理、资金供求的在线撮合、资金的移动支付为技术方案的新的金融服务模式。电子商务法中的功能等价学说，其核心在于从电子商务角度解析互联网络金融中的核心内容及各个环节，来解析其法律风险及防控的手段。

运用电子商务法中的功能等价学说[1]解析以及参照 ZOPA、PROSPER 等国外互联网络金融企业实务，我们可知：互联网络金融需要社交信息网络作为金融信息的发布整理汇总、搜索引擎和云计算寻找供需、移动电子安全及支付为平台支持这三类要素。三种技术方案体现在金融功能中，可以实现金融主体征信（Credit Investigation）、信息撮合、资金清算的功能。

互联网络程序在我国著作权法中界定为著作权，它体现在技术和伦理两个方面的功能，在互联网中，信息数据较传统环境中更为开放，所以在对于信息数据的采集、保存、整理、加工、利用便需要严格的考虑。互联网络使用率高的国家有如下特点：①网络基本权利的基础研究和法律实践先行是成功经验。在美国依法规范互联网版权、监控互联网通信，保护力度很强而且惩罚性规定严厉，该类条款系统地界定了互联网络信息的采集和禁止性规定，隐私权法极大地保护了公民的隐私权和可以公开的事项，而对互联网版权的保护也对于互联网中的著作权带来了很好的保障。②信息过滤和内容分级是另外一条行之有效的方案，具体制度包括分级制度和将违规网站和经营者、有网络性犯罪污点的人纳入黑名单予以全国公布，这一措施有着极大的震慑作用。③政府和社会协调监管是另外一个手段，发挥行业自律组织的监管作用，如美国电脑伦理协会制定的"十诫"、美国互联网保健基金会的网站规定的八条准则等。一些国家如韩国，自 2002 年起便开始推动网络实名制，2005 年正式实施网络实名制，这一方案对于网络中文责自负起到了较好的支撑作用。④与电子商务相关的制度体系应当成为互联网金融规范化的重要技术力量，建立在 B2B、B2C 等环境中的电子合同法、电子签名法、电子认证法律规范，不仅可以给互联网络金融带来必要的技术力量，也可以在实践中对于联合国、OECD、欧盟的各种政策、规范予以细致地研究。

以上内容在技术性内容中凸显伦理的价值，任何现代技术的运用，我们应尽可能排除对于技术的歧视，在互联网金融发展的过程中，英国和美国由于对基本权利的基础研究的优势和对于网络伦理扎实的研究，同时依靠健全的法律条款和政府行政管理，以及对于版权和信息使用的界定，使得互联网技术有着一个健康的外围环境，这样法治对于新技术的兼容能力是许多国家所不能比拟的，同时因势利导，英国监管机构（FCA）创设了 FinTech 加速中心用于基础研究和动态监

---

[1] 高富平、张楚：《电子商务法》，北京大学出版社 2006 年版，第 68 页。

管[1]。同时不可否认的是，互联网络金融监管是一个系统工程，并不是一朝一夕可以实现有效监管的，当我们在对于它有着明确的预期或者目标时，我们首先需要做到的是控制其负面的影响。对于趋势政策的配合，我国政府效率明显，提出"互联网＋"的产业政策，多次发布扶持产业发展的政策。

（三）以发展的眼光引导金融监管

互联网金融的监管依赖于对于市场的整体判断，在我国经济持续高速增长之后，必然有一个慢慢稳定的过程，但由于我国信贷政策和货币政策原因，2013年开始国家加大了对于信贷的调控，大部分的民营企业面临着比较严峻的信贷形势，与高昂的民间借贷利率相比，基于贷款主体自融的P2P平台、建设成本和违法成本很低的互联网金融显然就成为非常重要的民间资本融资力量，也为市场化利率带来了非常重要的缓冲区。一些业界实业家也认为，互联网金融将成为金融市场的"鲶鱼"，极大地推动市场化利率的实现。自余额宝上线后，普惠金融成为一个非常重要的金融形式且发展迅速，国外 Zopa、Lending Club、Prosper 及国内宜信财富、冠群驰骋等公司发展迅速，由于缺乏足够的行业准入门槛，业务经营监管缺位，无退出机制，加之旺盛的社会融资需求，信贷紧缩后商业银行对于民营资本的抽贷，导致P2P行业野蛮生长，由于社会信用体系不健全、违法成本较低，所以违规运营的机构大量出现，而金融行业本身的特点也带来了很大的负面影响。另外，互联网金融波及行业较多，涉及的监管部门众多，2015 年 7 月18 日，央行会同有关部委出台《关于促进互联网金融健康发展的指导意见》确立了互联网金融主要业态的监管职责分工，落实了监管责任，明确了业务边界。按照这份指导意见，互联网支付业务由人民银行负责监管；网络借贷业务、互联网信托业务、互联网消费金融业务由银监会负责监管；互联网基金销售、股权众筹融资业务由证监会负责监管；互联网保险业务由保监会负责监管。显然如此庞杂的监管主体，形成统一监管已经是大势所趋。"穿透式监管"便是为了应对该问题，由央行副行长潘功胜提出。他表示要透过互联网金融产品的表面形态看清业务实质，将资金来源、中间环节与最终投向穿透联接起来，按照"实质重于形式"的原则甄别业务性质，根据业务功能和法律属性明确监管规则。业界人士认为，分业监管虽然终结了互联网金融"野蛮生长，无人监管"的问题，但是对于跨界互联网金融业务依然无解。

对跨界互联网金融产品和金融活动，不同监管部门之间的监管协调成本还比较高，部门协作监管机制有待完善，在具体操作上实务界提出：在业务人员管理上，上海银监局建立了上海银行业从业人员监管信息系统，实时收集、分析、汇

---

[1] https：//www. fca. org. uk/firms/fintech － and － innovative － businesses，最后访问时间：2016 年 9 月。

总、分类监管信息，并且和证监局、保监局进行合作，避免"交叉感染"，"互联网金融行业可以参照类似做法，建立全行业的诚信经营信息系统，加强违规信息共享，从源头上控制风险。"[1]

同时，经过对国内 50 家左右 P2P 运营公司的调研，其运作模式也有着自身的原因和特点，所以在运行中收效非常明显，这为我们在监管中提供了清晰的样本，如招财宝板块，其利用自身在供应链方面的优势进行经营，由于其对商户已经进行了相对翔实的征信，所以其违约率和风险度是可以控制的；在美国上市的宜信财富，由于其选择的借款人目标群体为白领阶层，信用状况良好，该公司经过几年的经营，对于白领阶层的违约率进行了详细的实证调研，通过精算，完全可以实现利率的市场化，所以其运作是比较好的；晋商贷为山西省的平台，由于经营过程中，比较专注于本土次级资产融资，如煤炭企业等，风控人员对于煤炭经营有着长期的交易基础，同时又容易监控，所以在风险控制和市场利率定价方面，风险是可控的。这些调研结果显示，我们不能因为风险而忽略融资本身需求，普惠金融的存在有着其自身特殊的地位，这便要求我们边梳理模型、控制风险，边进行制度设计。

### 四、国外互联网金融业规制现状简析

（一）美国互联网金融监管制度

与金融监管制度相比，个人征信体系、对于投资者的态度等因素，很大程度上影响着金融监管的效率。在美国，征信体系是美国获取基础数据，进行监管的重要基础，美国的征信行业不容小视，以 Experian（益百利）、Equifax（艾克发）、Trans Union（环联）为主的三大信用局和以标准普尔（S&P）、穆迪（Moody's）、惠誉（Fitch Group）为主的信用评级体系，构成美国征信体系的基本框架。完整的社会征信体系、个人信息安全保障、投资者保护体系、风险控制及交易披露机制的完整使得美国的金融监管较之于其他国家，更为有效。美国监管部门尤其关注对借款人的保护。美国证券交易委员会（SEC）及其各州证券监管部门努力采取措施解决放款人和借款人的信息不对称，例如，通过注册登记和强制性信息披露来保证他们能够得到足够的信息以做出合适的决定，同时监督商业操作和销售实践以防止欺骗和滥用。

美国采取的是二元化的监管体制。美国政府《金融监管改革白皮书 2009》强调加强美联储市场稳定监管者职责，将美联储的监管范围扩大到所有可能对金融造成威胁的企业，当然包括了互联网金融企业，并专门成立了跨部门的金融服

---

[1]　上海银监局出台从业人员处罚信息管理办法，http://www.shfinancialnews.com/xww/2009jrb/node5019/node5036/node5040/userobject1ai126800.html，最后访问时间：2016 年 9 月。

务监管委员会（FSOC）用以监视系统性风险。其中，美国互联网金融监管模式对网络银行的监管采取的是审慎宽松的政策，主要通过补充金融法律法规，使原有的监管规则适应于网络电子环境要求。在监管体制、政策、内容、机构和分工等方面，对网络银行与传统银行要求比较相似。2010 年 7 月 15 日，美国通过了《多德－弗兰克法案》（Dodd－Frank Act），核心内容就是在金融系统当中保护消费者，并针对影子银行等金融机构加强了金融监管，被认为是"大萧条"以来最全面、最严厉的金融改革法案，为全球金融监管改革树立新的标尺。

第三方支付的美国监管模式。美国对第三方支付实行的是功能性监管，将监管的重点放在交易的过程而不是从事第三方支付的机构。《互联网金融》[1]一书中介绍，美国金融当局对第三方支付机构采取的金融监管，主要是从三个角度来进行：一是从机构监管的角度，将第三方支付公司视为货币服务机构，是货币转账企业或货币服务企业，而不是银行或其他类型的存款机构，不需获得银行业务许可证。对货币服务机构以发放牌照的方式管理和规范，明确规定初始资本金、自由流动资金、投资范围限制、记录和报告制度、反洗钱等方面内容。二是从功能监管的角度，将第三方支付平台上滞留的资金视为负债，美国联邦存款保险公司通过提供存款延伸保险服务实现对其监管，并且规定平台滞留资金需要存放在参保商业银行的无息账户中，每个账户资金的保险上限为 10 万美元。三是对于监管范围和职责分工，美国监管当局规定所有货币服务机构都必须在美国财政部的金融犯罪执法网络（Financial Crimes Enforcement Network，FinCEN）上注册，开业前要通过认定。此外，货币服务机构需要接受联邦政府和州政府两级监管。各州根据联邦法律制定本州监管标准和范围，承担相应的监管责任。

众筹平台的美国监管模式。2012 年 4 月 5 日，美国总统奥巴马签署《促进创业企业融资法案》，JOBS 法案（Jumpstart Our Business Startups Act，JOBS），旨在放松对创业公司和中小企业的监管规定，帮助他们更为便捷地融资和上市，支持包括众筹平台在内的为中小企业公开融资的互联网金融模式。据中国电子商务研究中心《关于境内外"众筹融资"的研究报告》[2]所述，美国的 JOBS 法案开启了股权式众筹合法化的大门，但该法案只是概述一些初始的监管框架，具体的实施办法还有待美国证监会出台最终的监管规则。美国监管当局要求，众筹平台必须到 SEC 进行注册登记，众筹融资要求发行人至少在首次销售的 21 天之前，向 SEC 提交信息披露文件以及风险揭示，如果筹资额超过 50 万美元的话，需要披露额外的财务信息，包括经审计的财务报表。对众筹融资管理的规定主要是从

---

[1] 罗明雄等：《互联网金融》，中国财政经济出版社 2013 年版。

[2] 中国电子商务研究中心：《关于境内外"众筹融资"的研究报告》，http：//www.100ec.cn/，最后访问时间：2017 年 10 月。

防范风险、保护投资人的角度对业务风险进行规定：一是限制项目融资总规模，每个项目在 12 个月内的融资规模不能超过 100 万美元。二是限制投资人融资规模，每个项目可以有很多小的投资人，但对每个特定投资人的融资规模有一定限制，如投资人年收入或者净值低于 10 万美元，其总的融资额不能超过 2000 美元，或占总收入的 5%。

P2P 的美国监管模式。目前，美国正在筹划对 P2P 行业监管的问题。美国政府责任办公室（Government Accountability Office，GAO）向美国国会提交了报告《P2P 借贷——行业发展与新的监管挑战》（Person – to – Person Lending, New Regulatory Challenges Could Emerge as the Industry Grows），全面、准确地对美国 P2P 行业的发展与监管进行了论述。该报告提出了两种可行的方案：一种方案是维持现在多部门分头监管，州与联邦共同管理的监管架构（包括 SEC、FTC、CFPB 等），主要通过联邦和州的证券登记与强制信息披露条款来对放款人进行保护，对借款人的保护则主要通过消费者金融服务和金融产品保护相关条例进行。另一种方案是将各监管部门的职责集中于一个单—部门，由该部门来统一承担保护放款人与借款人的责任。尽管多数情况下 P2P 监管是有效的，但是不可否认的是，在利率市场化的大背景下，金融市场的道德风险还是广泛存在的，纽约时报披露 Lending Club 创始人违规未披露进行利益输送的事件，给市场带来了巨大的恐慌，也让 P2P 行业面临比较大的质疑。[1]

（二）欧盟互联网金融监管制度

百年不遇的金融危机和欧债危机，促使欧美各国监管层思考并加大了监管力度和监管范围，对互联网金融等新兴金融模式实施了更加严格的监管。2010 年末，G20 批准了《巴塞尔协议Ⅲ》的基本框架，包含了加强宏观审慎管理、增强逆风向调节的诸多进展。协议提高了对银行业资本金的要求，将对冲基金、投资银行等影子银行纳入监管。央行《2013 年第二季度中国货币政策执行报告》和《互联网金融》均对欧盟的监管政策有所提及。欧盟泛欧金融监管改革方案决定设立由成员国中央银行组成的欧洲系统性风险管理委员会（ESRB），专门负责监测整个欧洲金融市场上可能出现的系统性风险，其中包括互联网金融企业。同时，欧盟委员会提出建立欧洲银行业联盟。2013 年 5 月，欧洲议会初步通过了欧洲银行业单一监管机制（SSM）法案，按照这一法案，欧央行将直接监管大型银行，并对其他银行监管享有话语权。其中，欧洲对互联网金融的监管采取的办

---

〔1〕 Corkery, Michael (9 May 2016), "As Lending Club Stumbles, Its Entire Industry Faces Skepticism", *The New York Times*, Retrieved 10 May 2016. The New York Times reported that the investigation found that Laplanche had not disclosed to the board that he owned part of an investment fund which Lending Club was considering purchasing.

法主要从两个方面：一是提供一个清晰、透明的法律环境，二是坚持适度审慎和保护消费者的原则。

第三方支付的欧洲监管模式。欧洲当局对互联网金融主要采取功能监管的办法，具体要求是规定网上第三方支付媒介职能是商业银行货币或电子货币，第三方支付公司必须取得银行业执照或电子货币公司的执照才能开展业务。欧盟对于第三方支付机构所从事的金融业务监管要求如同传统银行业金融机构一样，从资本监管、投资范围、业务风险、信息披露四个角度进行监管。欧盟 Crowd funding 虽然份额很小，但是发展迅速。2015 年，近 42 亿欧元的资金被众筹平台募集，与 2014 年的 16 亿欧元相比增速明显。股权投资和债权投资使得大部分投资人的财务得到改善，欧盟各成员国均有众筹行业的布局。但相比各国，英国的众筹项目数量和筹得的资金是最高的。欧盟委员会 2016 年成立专门的众筹监管部门〔1〕，部分属于资本市场同盟行动计划，简称 CMU（Capital Markets Union Action Plan），来支持行业的孕育和革新。虽然市场份额仍然较小，但欧盟仍然敦促各国建设促进其发展的国内发展框架，以支持行业发展和投资者权益保护。显然各国众筹发展实际快于欧盟，所以欧盟委员会提出一年进行两次的会晤，以提升欧盟对各国众筹行业发展的持续关注和对投资者的持续保护。

（三）英国互联网金融监管制度〔2〕

2005 年全球第一个 P2P 公司 Zopa 于 2 月设立，经过十年的发展发放贷款 5 亿英镑，拥有 50 万客户，其他 P2P 公司发展也较为有序，一些 P2P 公司的贷款利率要比商业银行贷款利率低〔3〕，通过以上内容我们可知，英国的互联网金融发展较为稳健，现在一些公司如 Giffgaff 公司也在通过商业交易作为征信基础进行 P2P 市场开拓。这和英国市场监管体系和完善的法律规范密不可分。英格兰银行维护金融稳定和对其他银行及金融机构进行申诉监督的权力，下设金融政策委员会（FPC），作为宏观审慎监管机构，负责监控和应对系统风险；2013 年，新设审慎监管局（PRA），负责对各类金融机构进行审慎监管；新设金融行为监管局（FCA），负责监管各类金融机构的业务行为，促进金融市场竞争，并保护消费者。

2013 年 10 月，英国金融行为监管局（FCA）发布声明，宣布将出台针对

---

〔1〕 European Commission Press Release Database, Capital Markets Union: Commission Supports Crowdfunding as Alternative Source of Finance for Europe's Start – Ups, http://europa.eu/rapid/press – release_ IP – 16 – 1647_ en.htm? locale = en，最后访问时间：2016 年 9 月。

〔2〕 吴思：《互联网金融监管研究系列——英国 P2P 的发展状况》，http://news.hexun.com/2016 – 01 – 25/182005015.html。

〔3〕 https://www.zopa.com/about，最后访问时间：2016 年 9 月。

P2P 网络借贷平台的监管规则。但英国有良好的行业自律规则，早已成立了 P2P 金融协会，协会章程对借款人的保护设立最低标准要求，对整个行业规范、良性竞争及消费者保护起到很好的促进作用。在消费者保护方面，英国商业创新和技能部还承担保护消费者的责任，目前将 P2P 视为金融创新，并主要将 P2P 用于为企业提供信贷，成为有效解决中小企业融资问题的新途径。英国已将股权式众筹融资看作合法的融资模式。2012 年 7 月，Seedrs Limited 获得英国金融监管局（FSA）的批准，成为第一个被合法认可的，以买卖股权的方式来融资的众筹平台。但英国没有专门针对股权众筹立法，而是将其纳入现有的金融监管法律框架内。

FCA 为适应 P2P 等金融创新并应对潜在的监管漏洞，致力于出台 P2P 和股权众筹等的监管政策框架。2013 年 10 月 24 日，为保护金融消费者权益，推动众筹行业有效竞争，FCA 发布了《关于众筹平台和其他相似活动的规范行为征求意见报告》（The FCA's Regulatory Approach to Crowdfunding and Similar Activities, CP13/3），对规范众筹业务提出了若干监管建议。征求意见报告共得到了 98 条反馈意见，FCA 对反馈的相关意见进行了采纳，并正式出台了《关于网络众筹和通过其他方式发行不易变现证券的监管规则》（The FCA's Regulatory Approach to Crowdfunding over the Internet and the Promotion of Non – readily Realisable Securities by Other Media, PS14/4），该规则于 2014 年 4 月 1 日起实施，FCA 计划在 2016 年对监管规则实施情况进行评估，并视情况决定是否对其进行修订。英国《关于网络众筹和通过其他方式发行不易变现证券的监管规则》中关于 P2P 网络借贷的相关规范性指引主要涉及最低资本金要求、客户资金管理、争议处置及补偿机制、信息披露制度以及定期报告制度等。除了最低资本要求是定量指标之外，其他基本都是规范性要求。这是全球网络借贷平台监管第一部较为规范的监管法规，自 2014 年 4 月 1 日以来，英国的 P2P 行业监管情况以及阶段性遇到的问题及反馈便发布在监管手册上，针对管理内容定期披露相关信息，并且不断完善监管手册（FCA Handbook），且包含了疑问及反馈材料，为了更好地保护客户权益，FCA 还建议修改众筹协议中相关的审慎性条款。本文认为，英国对于新兴行业监管的政策之所以能够平稳地运行，离不开市场与监管机构之间的沟通，在 FCA 的问题及反馈环节中，市场人士能够通过在线或者信件的形式将自己遇到的问题告知监管者，监管者在回复相关问题的过程中，能够耐心地告知对方自身规范意图、规范执行以及针对性的修改手册，一些疑难问题可以召开圆桌会议等形式，很好地服务了市场的需求，保障了投资人的权益，这种方式无疑能够给市场监管规范的落实带来实效。2015 年，英国启动了沙箱机制（Sandbox），对于创新更加审慎地保护，旨在对于金融创新进行动态跟踪。

由于发达的资本市场体系、健全的电子商务市场规制体系，英美的互联网金融业为世界提供了监管制度和完善的服务标准体系，而 Prosper、Lending club 的成功也印证了基础研究和体系的完善有利于金融创新，以理论与实践体系介入，借鉴他山之石完善我国互联网金融业将有利于创新管理和创新发展。

**五、我国 FinTech 法律规制对策分析**

市场规制的目标在于摆脱规制的负面作用，规制是为了更好的金融创新。本部分拟以美英等国金融创新中的相关理念为标准对我国市场化利率大背景之下金融监管理念进行重塑，主要在于市场化、透明化等，同时在此基础上对于银监会普惠金融、证监会及相关部门未来产业政策和规范的制定及适用提出建议。

（一）以互联网络征信体系建设为首要任务

在全国第三届金融大数据战略与应用研讨会上[1]，征信、网络安全作为关键词受到各位与会人员高度重视，而国内利用信息诈骗高发的现实也值得深思我国的信用体系。金融的本质为信用，征信体系是我国互联网络金融立法的当务之急，完善立法是促进互联网金融信用体系建设的基础。一是抓紧完善征信法律法规。2013 年 3 月 15 日颁布的《征信业管理条例》是国内正式施行的首个征信业法律法规，标志着征信业步入有法可依的轨道。作为一部框架性的法规，具体落实执行还需要配套的规章细则，如《征信机构管理办法》、《金融信用信息数据库用户管理规范》和《企业与个人征信业管理办法》等相关规章细则，使征信机构和征信业务规范发展，保障金融信用信息基础数据库的建设、运行和维护。[2] 二是出台一些能优化征信业外部环境的法律法规，如类似于美国制定的《公平信用结账法》、《公平信用报告法》、《平等信用机会法》等。三是建立健全我国的信息安全法律体系，制定颁布《个人隐私权法》等专项法规，促进消费者信用保护以及信用数据使用的安全，兼顾信息安全与数据开放，提高信用数据使用效率。由于移动互联市场的发展和技术的提升，利用微信、APP 等形式获取个人信息的公司层出不穷，给用户隐私权的保护带来了极大的障碍，很多公司非法牟利的一个主要原因便是我国隐私权保护界分的模糊和使用限制的缺位，依照成熟经验，对于社交平台获取信息的限制是其中非常有效的办法，并且限制国家招生考试机构和商业主体对于互联网信息的获取也是比较现实的办法。明确征信主体并且有约束地使用这些信息，才会避免如借贷宝"裸条事件"[3]，并且一些机构非法利用这些信息牟利，P2P 公司为了扩大投资者队伍，不得不进行付费推

---

〔1〕 2015 年 10 月在太原并州饭店召开。

〔2〕 袁新峰：《关于当前互联网金融征信发展的思考》，载《征信》2014 年第 1 期，第 42 页。

〔3〕 《"裸条事件"最需要监管升级来回应》，载《北京青年报》，http://xin. 52pk. com/shehui/201612/6884134. shtml，最后访问时间：2016 年 9 月。

广，甚至向这些公司购买信息，在北京 2015 年众筹公司的广告费用在 3 亿左右，这是一笔巨大的开销，如果不能合理地进行约束，非法事件会层出不穷。四是根据互联网金融业态模式下金融混业经营的趋势，及时修改已有的法律法规，出台具有针对性的法规对互联网金融进行监管。[1] 通过以上内容，利用大数据、云计算提升征信技术；利用信息平台定期发布信息；建立征信奖惩制度、失信清单制度，逐步确立征信体系为互联网络参与主体的基础、指导工具。信用体系建设并不仅仅是央行的责任，基于市场主体形成的信用体系会更好地服务于市场的需要，按照成熟国家的经验，需要对于金融征信、行政管理征信、商业征信体系进行合理的孕育以及对于信用瑕疵进行恢复。同时需严格控制其使用边界，否则支付平台如支付宝将会极大地损伤客户的信息安全。

（二）技术和市场并重的准入机制监控

从市场监管理论我们可以看出，金融监管需要注重其制度方面，同时也要关注其技术方面，这一建构关键在于优化我国各个行业内部的规范。

1. 市场准入和退出监管。自互联网络金融行业开始出现，便伴随着跑路潮，大量的机构利用监管缺位牟利，所以技术与市场并重的监管模式是我国扭转互联网络金融乱局的重要方案。完善金融业统一的信息技术标准，增强互联网金融系统内的协调性，加强各种风险的监测和预防，与国际上先进的互联网安全标准和规范相统一，在此基础上逐步确定市场进入的最低标准并进行动态调整，可以考虑以发放牌照的方式进行管理。如：注册资本或规模；技术协议安全审查报告；办公场所与网络设备标准；风险揭示与处置规划；业务范围与计划；交易记录保存方式与期限；责任界定与处理措施等。出于维护金融体系安全、防止互联网金融保存的重要客户资料泄露和丢失的考虑，各国对于互联网金融的退出都非常谨慎，采用多项立法保护互联网金融消费者的隐私权、投资收益、退出保护。对于互联网络金融企业的退出机制建立，需要在市场充分竞争的基础上，加强基础研究，逐步确立市场推出、市场清算、市场退出方式；做好投资者教育，正视市场风险；加强准备金制度，合理估算风险拨备资金需求；在民间金融中探索适用存款保险制度，以防止金融机构退出后，投资者采用非理性的维权方式。

2. 业务变更管理。英国的沙箱机制给我们深刻的启示，即并不否定任何一种创新，而是如何去关注创新形成的制度。金融市场的行为较之于其他市场，应该更加严格。对于业务范围也应该严格审批备案程序。对于混业金融集团的管理，互联网金融机构除了基本的支付业务，是否允许在网络中经营保险、证券、信托和各种非金融业务，监管机构应明确准入及变更条件；其次，对于分支机构

---

[1] 王希军、李士涛：《互联网金融推动征信业发展》，载《中国金融》2013 年第 24 期，第 60 页。

也应该严格管理。

3. 监管机构需要使得日常检查常态化，并且不断修正监管内容。对于金融机构相关的指标，需要综合监管：资本充足率、流动性检查；交易系统的安全性检查、客户资料的保密性检查；保护客户隐私权的检查；电子记录的准确完整性检查等。

（三）完善我国互联网络金融法律规范体系

从各国实践来看，互联网金融虽为一个新生事物，但却应该遵守市场的最基本准则，由此建立的法律体系需要涵盖如下一些内容，建构制度首先以基本隐私权的保障为基础。

1. 隐私权保护规范体系。由于在我国民法体系中，隐私权仅仅是一个相对抽象的概念，只是在两高的案例中有相应的保护方式，所以隐私权成为互联网侵权的最重要的形式，从信息的搜集、整理、交易各个环节，均有对于个人隐私权的侵犯，而我国刑法中虽然已经对于泄露个人信息有相关的罪名，但面对主体混乱、客体规模庞大的民众来说，显然维权是一个非常困难的事情，所以明确个人隐私权并且有很强的限制其利用条款是现在的当务之急。

2. 网络技术管理需要加速立法。在我国，2005 年颁布《电子签名法》之后，大部分技术规范为部门规章、规范性文件，层级很低，而且普及性很差，加之市场变化很快，业态生存较为混乱，所以无法真正发挥规范的作用。如微信、支付宝等平台对于个人信息的掌握和利用，以及社交信息的获取和分析的限制；如360 公司既有杀毒软件业务又从事 IE 业务，很容易利用手中的杀毒功能这一公益功能对于其他企业造成侵权。

3. 互联网金融行业立法需要提速。随着我国混业经营业务的不断深入，需要监管主体合力监管。银监会的普惠金融部的组建，事实上也在顺应市场的变化，它的中心工作应当更多地考虑以市场化推动力量来进行监管，如推动或认可互联网络金融行业标准。从法律环境来看，在互联网金融交易和网络银行监管方面，我国仅仅制定了《电子签名法》，与之相应的认证服务、电子交易、电子支付等相关法案并没有上升为法律，对于这些立法漏洞，我国应由工业与信息化部与一行三会探索网络环境中的法律规范建设问题。在金融监管方面，我国的金融监管规范散见于各项法律制度中，我国应借鉴统一监管模式，出台金融监管统一指引，协调证券、保险、银行功能监管，同时考虑其在网络中的适用，补充修改现有的法律法规，前期可以考虑在一些区域中进行探索建立大金融委，为地方立法探索改革的方向。在前文中提出的穿透式监管的形式便是一个非常好的选择，我们可以借鉴国外经验，确定监管主要主体，购买市场关于互联网金融市场的研究报告，将之细分为若干环节和若干要素，明确监管任务，针对若干要素所涉监管主体进行细分，公开相关指引性规范，多方面征集市场主体的观点，如我国最近公布的《P2P 管理暂行办法》，可以建立市场主体反馈专栏，以召开圆桌会议等形式邀请市场主体进行讨论，并且适时发布执行手册，从而真正实现为市场服务的目标。同时对于刚刚发布的暂行办法和市场对于该办法的反应来看，该办法对于投资者、融资主体所做出的限制事实上存在着诸多不同的观点，在实务届如红岭创投对于该办法提出了质疑，而一些平台则表示坚决支持，从经营来看，多数 P2P 公司将自己的产品打包成资产证券化（Asset Securitization）产品，从模型来讲类似于银行间市场中小企业集合债，因此风控相对容易，如果按照暂行办法进行拆分，这将给公司风控带来很大的经营困难，利率市场化难度将会加大；同时对于一些个人来说，P2P 以宜信为主体的目标人群为白领阶层，相对风控容易一些，但是对于其他公司来说，这样个体的风控将会给公司带来巨大的经营难度，所以暂行办法以国外的普惠金融作为初衷进行改革，对于我国实际来说并不合适。

（四）明确市场定位，完善金融市场体系融资体系

由于我国现有的银行业融资体系对于国有经济的偏重，导致大量的民营经济主体融资难度极大。而这也将是我国经济的巨大挑战，普惠金融、民营经济、国有经济的融资体系该如何进行合理的安排。《P2P 管理暂行办法》中采用了借鉴国外经验，将互联网金融逐步定位为中介市场服务，以普惠金融为目标，限制了个人和企业投融资的具体额度，这样的做法一方面明确了互联网金融的市场定位，另外一方面也可以为合规性审查提供必要的依据。希望通过这种方式来切割市场。但是，如果硬性采用这种方式进行规范，那么其基础是国家货币发行的相对稳定和企业市场融资需求的稳定，显然如果从市场定位方面，这种解决方式可取，但是如果从市场实际需求来看，缺乏以实证分析为基础的解决办法，会带来监管政策执行上的巨大障碍。从市场实际需求来看，国外的普惠金融构建的基础为市场无国有民营之分，一视同仁，而且经过金融危机、制度规范后的行业以市场为导向，能够很清晰地找到自身的定位，如对于 Crowdfunding、P2P 等市场的选择要更好一些。作为技术力量，我国互联网金融行业显然代表着技术未来方向，如果单纯地把它定位在市场中的普惠金融显然是不适合的。2015 年，央行明确股权众筹的目标为以公开小额为方向，并且与 VC、IPO 进行区别。[1] 其分类方式仍然值得去思考，股权众筹为金融脱媒的实际操作，可以先由市场来选择，再不断完善较为妥当。

---

〔1〕　刘丽：《央行指导意见明确股权众筹定位强调"公开小额"发展方向》，载经济参考网，2015 年 7 月。

笔者建议：其一，作为市场化利率的手段，让 P2P 进入银行业同业市场推动利率招标体系及市场化定价，对银行业的利率招标显然会有很大的作用，这样国内及各省份中的带有国资背景的 P2P 平台或者其他众筹平台必须考虑清楚自身的定位以及目标客户群体，如果以国有作为幌子，容易导致国有资产流失。事实上在 P2P 发展过程中，作为鼻祖的 Lending Club 也出现过许多的问题，2016 年丑闻给人带来的反思则是优质客户容易被银行抢走，但是不好的客户却很难评估，加上市场竞争，高收益债券在市场信用进一步完善之后很难存活下去，所以市场化利率需要明确市场究竟在哪里；其二，提高风控标准化程度，选择风控与盈利处理较为妥当的标的资产，为小微企业及个人提供必要的风险资本，P2P 在蚂蚁金服和京东众筹已经积累了比较多的业务基础，从供应链方面已经对于客户群体进行了长期的征信，如蚂蚁金服可以提供自进入市场后的第一笔交易记录，所以其金融产品设计如娱乐宝、余额宝等各类理财工具比较成功；知投网由于积累了比较完整的公司并购经验，所以投资者教育方面相对成功，监管机构可以广泛调研该类公司，并且形成类似于 FCA 一样的机构，客观评估商业模式，以建立法律规范；其三，建立互联网金融分级管理体系，推动评级机构建设及评级，对于每一风险资产进行统一利率制、招标利率制，采用美式或荷兰式招标体系进行风险定价；其四，审慎发展二级市场，在市场容量未达到一定程度时，不允许发展二级市场，限制信用的重复创造，在国内一些平台如宜信、百度金融曾经出现过大量债权转让的产品，这种间接拆标的形式容易强化市场风险，需要审慎考察。

（五）推动互联网络金融行业自律的实现

发达国家中市场失灵和监管失灵现象让学界更加注重于市场自身的纪律监管，纪律监管与监管、监督成为金融监管的三大支柱。现代环境下，监管主体与监管对象之间逐步由原先的"猫鼠关系"转化为"大脑四肢"的协同关系[1]。金融机构在风险控制方面，监管者与机构之间经过无数次的博弈走向趋同。我国在互联网络金融行业方面已经做出一些探索，如 2012 年在上海成立的网络信贷服务业企业联盟，以及 2013 年 8 月包括第三方支付企业、电商平台、P2P、众筹等在内的 33 家互联网金融机构在北京成立的中关村互联网金融行业协会。2013 年 8 月 13 日，在中国互联网大会上，与会代表共同制定了《中国互联网金融行业自律公约》。在细化的操作上，我国应考虑如下内容：

第一，在我国，应当在政府征信体系和市场征信基础上，在行业协会中建立与普惠金融部对应的行业自治机构。①在前期可以考虑由行业内重要的机构牵头成立，以金融安全为目标，观测各个区域内金融信息，并且编制相应的行业指

---

〔1〕 李成：《金融监管学》，高等教育出版社 2007 年版，第 25 页。

数，以观测行业的发展；②采用理事会制的方式，形成行业内部的协作机制，接受国家课题委托，对于行业进行监管研究；③借鉴美国模式，由这一机构定期搜集日常数据，上报相关数据给银监会普惠金融部，同时借助于大数据、云计算，将相关数据定期发布。数据的真实程度和披露的规则是其中的核心，在此可以借鉴英国 FCA FinTech 加速中心的做法，引入第三方机构如 PwC 来负责信息搜集和梳理。

第二，伦理规范的逐步树立。任何监管的目标实质为市场体系自身的对于监管体系的认同和整个市场规则的践行。为了更妥当地实现这一目标，一些国家在互联网络行业协会中逐步探索出了一些行业伦理规范，这些带有极强伦理性的归责，极大地促进了行业健康发展。如美国电脑伦理协会制定的"十诫"[1]。在市场面前，制度更容易使得监管有序化，我国应该积极激发行业内部的正能量，通过伦理规范的推行，提升行业的信用。

第三，完善监管机构与协会之间的沟通机制。我国的互联网络金融行业协会[2]在建立之后，利用网站及其他自媒体及主管部门的沟通、组织各种会议等方式逐步明确市场中应当遵守的一般规则，如发布《中国互联网金融协会会员自律公约》《金融信息披露标准和配套自律制度》《举报平台》等，发挥市场指导作用。但是由于协会本身处在发展初期，一些协会中较为有影响力的组织会操纵一些奖项的评比，数据和奖项仍然缺乏足够的认同度，因此争议也较为明显[3]。协会以公益为目标，旨在促进市场主体遵守伦理要求，显然对于金融这样的行业来说，任重道远。为了更好地实现功能性监管，我们的监管机构需要掌握真实、适时、完整的信息，并且能够适应市场的变化做出相应的调整，这便需要协会与金融公司进行有效的沟通，协会以及金融公司纳入自身编制相应的指数和模型，与监管机构之间进行分析，并且购买第三方机构如会计师事务所、律师事务所的服务，以求有效监管。

## 六、结语

我国互联网金融行业的监管必然需要有一个相对完善的相关性环境，如征信体系建设及隐私权法律保护、网络技术及伦理的思考、商业行为及违法方面等基

---

〔1〕 "十诫"即美国的"计算机伦理十条戒律"（The Ten Commandments for Computer Ethics），是美国互联网行为道德标准，主要内容包括：不应用计算机去伤害别人；不应干扰别人计算机的工作；不应窥探别人的文件；不应用计算机进行偷窃；不应用计算机作伪证；不应使用或复制没有付钱的软件；不应未经许可而使用别人的计算机资源；不应盗用别人的智力成果；应该考虑你所编程序的社会后果以及应该以深思熟虑和慎重的方式来使用计算机。

〔2〕 http://www.nifa.org.cn/nifa/index.html，2016 年 9 月。

〔3〕 戴贤超：《中国互联网金融协会在一片争议声中挂牌成立》，载《投资有道》2016 年第 5 期，第 76 ~ 77 页。

础研究的深入，以市场化利率形式推动金融市场融资结构体系的改善也是当务之急。在核心层面，互联网络金融给金融行业确实带来了诸多变革，借助于技术优势以蚂蚁金服为代表的商业征信为基础、以腾讯微信为代表的社交平台为基础，在对市场进行充分信用体系挖掘后逐步推出各种投资工具，极大地改善了投资者投资品种，因此我们在看待该行业时，需要在该行业的发展中认识到其革新性的力量；我们需要认识到立法并不是一个静态的过程，而是一个结合着立改废的动态运行不断完善的过程，需要通过市场和监管者的沟通和对话，才能够不断完善新兴行业市场监管；以功能监管为目标，完善各个监管部门的协同性监管、穿透式监管，必然会使得市场体系更加完善；最后便是金融市场的自律，市场的自律源于对于市场监管目标的认同和市场体系本身的负外部性的消除和足够严苛的法律罚则，显然金融回归服务于实体经济，市场和监管的沟通机制的搭建更加有利于金融市场的稳定。当然以上内容并非制度性修补，各自可以独善其身，在其相互关系处理中，更加需要协调配合，统一推进。党的十八大以来，市场在资源配置的决定性地位已经成为共识，这便要求我们在新的市场变革到来的时候，规制根本目的在于合理地引导其健康发展，我们应该以"扬弃"的心态去不断适应市场变化，激发市场主体的创新能力，实现包容性发展，认定趋势，沉着应对，从而更好地在非常态下发展。

# 代币发行融资的法律分析<sup>*</sup>

张西峰<sup>**</sup>

摘要：虚拟货币并非由货币当局发行，不具有法偿性与强制性等货币属性，不具有与法定货币等同的法律地位，不能也不应作为货币在市场上流通使用。虚拟货币的法律性质为非主权货币、约定货币、信用货币，虚拟货币具有法财产属性。现阶段来看，融资主体通过代币的违规发售、流通，向投资者筹集比特币、以太币等所谓"虚拟货币"的代币发行融资行为，本质上是一种未经批准非法公开融资的行为，涉嫌非法发售代币票券、非法发行证券以及非法集资、金融诈骗、传销等违法犯罪活动。代币发行融资不应成为法外之地。应依法进行监管，进而维护整体金融利益。从长远来看，对于合法合规有真实项目的数字加密代币ICO，应在确保投资者利益保护的前提下，引进沙盒监管，为金融创新预留空间。

关键词：虚拟货币；代币发行融资；监管；整体金融利益

金融科技创新催生了数字货币，广义的数字货币包括电子货币、虚拟货币和法定数字货币等。[1] 电子货币是法定货币的电子信息形式，其法律性质与功能和法定货币基本相同，其本质是以法定货币表示的电子化支付工具。虚拟货币分为两大类：一类是有发行主体，用于购买网络虚拟产品的支付媒介，即网络社区虚拟货币，以腾讯的"Q币"为代表；另一类是基于区块链技术、没有发行主体、去中心化的虚拟货币，以比特币为代表。[2] 法定数字货币是以国家主权为

---

\* 本文系国家社科基金重点项目《国际法视角下的人民币国际化问题研究》的阶段性成果，项目批准号：13AZD091，受到国家社科基金资助。

\*\* 张西峰，男，法学博士，副教授，硕士生导师；中国政法大学金融法研究中心副主任；中国银行法学研究会学术委员会秘书长。研究方向为金融法、国际金融法。

[1] David Lee Kuo Cheun（Edited），*Handbook of Digital Currency：Bitcoin，Innovation，Financial Instruments，and Big Data*，Academic Press，2015，p. 5.

[2] 祁明、肖林：《虚拟货币：运行机制、交易体系与治理策略》，载《中国工业经济》2014年第4期，第110页。

保障，由中央银行负责发行，以数字信息为表现形式的法定信用货币。[1] 本文所研究的数字加密代币，特指基于区块链技术、没有发行主体、去中心化的虚拟数字货币，如比特币（Bitcoin）、莱特币（Litecoin）、以太币（Ethernetcoin）等虚拟货币。

## 一、虚拟货币的法律性质

货币形态先后有实物（商品）货币、金属货币、信用纸币、数字货币。2008年11月，中本聪（Satoshi Nakamoto）设计并发布了一种点对点的去中心化数字货币——比特币——目前最主要的数字加密货币。[2] 数字加密代币基于密码学和网络 P2P 技术，由计算机程序产生并在互联网上发行和流通，没有发行机构，具有交易的匿名性等特征。"比特币是一种去中心化的、点对点的网络虚拟货币，这种虚拟货币可在线交易以及兑换成美元和其他货币。"[3] "比特币已经成为了一种不受政府控制，不依赖金融机构、总量固定、可实时兑换法定货币且价格由供求决定、被认为有可能彻底改变全球金融行业格局的数字货币。"[4]

数字加密代币的法律性质引起广泛关注和争论，争论的焦点是数字加密代币是不是货币。只有明确数字加密代币的法律性质，才能厘清数字加密代币涉及哪些法律问题，才可能进一步梳理数字加密代币 ICO 的相关法律问题，并提出法律对策。

欧洲银行业管理局（EBA）称此种货币为"虚拟货币"（Virtual Currencies），并将其定义为"价值的数字化表示，非由中央银行或公共当局发行，也不必然与法定货币相联系，但被自然人或法人作为支付手段而接受，可通过电子形式转移、存储或交易"。[5] 国际货币基金组织（IMF）在一份报告中认为，虚拟货币（Virtual Currencies）是价值的数字化表征，由私人机构发行并且使用自有的记账单位。诸如比特币这样的数字加密货币即是虚拟货币的一种。虚拟货币可以通过

---

〔1〕 参见"央行数字货币研究与探讨"专题系列文章，范一飞：《中国法定数字货币的理论依据和架构选择》；姚前：《中国法定数字货币原型构想》；张正鑫、赵岳：《央行探索法定数字货币的国际经验》等，载《中国金融》2016 年第 17 期。

〔2〕 Satoshi Nakamoto, "Bitcoin: A Peer – to – Peer Electronic Cash System", *Bitcoin. Org*, 1 ~ 2, 4 (2008), available at: http://bitcoin. org/bitcoin. pdf, last visited August 5, 2017.

〔3〕 U. S. Federal Bureau of Investigation, (U) "Bitcoin Virtual Currency: Unique Features Present Distinct Challenges for Deterring Illicit Activity", 24 April 2012, available at: https://www. wired. com/images_blogs/threatlevel/2012/05/Bitcoin – FBI. pdf, last visited August 5, 2017.

〔4〕 吴洪、方引青、张莹：《疯狂的数字化货币——比特币的性质与启示》，载《北京邮电大学学报（社会科学版）》2013 年第 3 期，第 46 页。

〔5〕 EBA Opinion on "Virtuai Currencies", available at: http://www. eba. europa. eu/documents/10180/657547/EBA – Op – 2014 – 08 + Opinion + on + Virtual + Currencies. pdf, last visited August 5, 2017.

电子化的方式获取、存储、估值、交易。[1] 美国财政部金融执法局（FinCEN）在其发布的文件中，认为虚拟货币（Virtual Currencies）不同于法定货币，仅在一些环境中像法定货币一样充当交易媒介，但不具有法定货币的所有特征。事实上，在任何法域，虚拟货币均没有法定货币的地位。[2] 澳大利亚税务局（ATO）认为比特币既非本币亦非外币，不具有货币的属性，比特币属于金融资产。[3]

代币或"虚拟货币"不由货币当局发行，不具有法偿性与强制性等货币属性，不具有与货币等同的法律地位，不能也不应作为货币在市场上流通使用。[4] 依据现行法律规定以及法学理论对数字加密代币进行分析，其法律性质可以概括为非主权货币、约定货币、信用货币，数字加密代币具有法财产属性。

（一）虚拟货币是非主权货币

当代法定信用货币是以国家信用为价值基础，由法律直接拟制和保障，用于交易和支付的通用财产。从价值基础来看，使当代法定信用货币具有现实购买力的根本原因是作为发行主体的国家的信用。从价值保障来看，国家以法治为基石，严格控制货币供给，为货币所具有的购买力提供保证。从法律地位来看，当代法定信用货币直接由法律创制，货币形式和货币单位直接由法律规定，其无限清偿效力由法律保障。从基本职能来看，当代法定信用货币的基本职能是交易媒介和支付手段，并在有限范围内承担储藏手段职能。[5]

主权货币是指由主权国家或主权国家的中央银行发行的，至少在本货币区域内具有法偿效力的法定货币。非主权货币是指非由国家中央银行统一发行和流通的法定货币，它通常是由私主体发行和流通的私人货币，如网络虚拟货币等。[6] 以比特币为代表的数字加密代币，其价值基础与国家信用无关，政府的作用被排除在外；其价值保障并非以法治为基础；其法律地位并非由法律创立，清偿效力

〔1〕 An IMF Staff Team, "Virtual Currencies and Beyond: Initial Considerations", January 2016. The IMF staff team comprised Dong He, Karl Habermeier, Ross Leckow, Vikram Haksar, Yasmin Almeida, Mikari Kashima, Nadim Kyriakos - Saad, Hiroko Oura, Tahsin Saadi Sedik, Natalia Stetsenko, and Concepcion Verdugo - Yepes.

〔2〕 The Financial Crimes Enforcement Network ("FinCEN"), "Guidance: Application of FinCEN's Regulations to Persons Administering, Exchanging, or Using Virtual Currencies", FIN - 2013 - G001, Issued: March 18, 2013.

〔3〕 Tax treatmentof crypto - currencies in Australia - specifically bitcoin, available at: https://www.ato. gov. au/general/gen/tax - treatment - of - crypto - currencies - in - australia - - - specifically - bitcoin, last visited August 5, 2017.

〔4〕 详见中国人民银行、中央网信办、工业和信息化部、工商总局、银监会、证监会、保监会《关于防范代币发行融资风险的公告》。

〔5〕 刘少军、王一轲：《货币财产（权）论》，中国政法大学出版社 2009 年版，第 76 页。

〔6〕 刘少军：《国际化背景下人民币基础法规完善研究》，载《北方法学》2015 年第 5 期，第 99 页。

也缺少法律保障。尽管比特币、莱特币、以太币等虚拟货币被称为货币，亦引起各国央行的高度重视，基于法律分析，种类繁多的数字加密代币并非主权货币。

（二）虚拟货币是约定货币

约定货币是与法定货币相对应的概念。约定货币由于不是国家法律直接规定的。约定货币（或称习惯货币）"是指一定范围内的交易主体，通过商品交易习惯逐渐形成的能够被该范围内的各交易主体共同承认的货币。……其货币地位没有得到法律的承认，也不具有法律强制力，其他交易主体可以承认它是货币，也可以不承认其货币地位。"[1] 约定货币的价值基础是特定的主体对货币购买力自发形成的普遍信任，不与国家发生联系，不依赖于国家主权存在。比特币、莱特币、以太币等数字加密代币在互联网中出现，由相关主体自发使用，其法律性质属于约定货币，而非法定货币。

（三）虚拟货币是信用货币

信用货币是与金属货币相对应的概念。货币是一种以信用为价值基础，不当然依赖于特定物质形式的财产形态。"数字货币本身不具有价值，本质上是一种财富价值的序列符号。数字货币的发展并没有脱离信用货币的范畴，作为一种信用货币，数字货币本质上仍是货币符号。信用货币时代，货币本身不具有价值，其背后是发行者的信用问题。"[2]

数字加密代币本身并没有实物支撑，不具有自然属性的价值。"虚拟货币是一种无形资产或电子化商品，其价值依赖于使用者对其代表的价值形成共识。"[3] 虚拟货币从本质上与法定货币没有关系。数字加密代币的价值基础，是使用主体的信任。数字加密代币是信用货币，不像法定货币现金代表发行机构的信用并最终体现为国家信用，数字加密代币的信用仅是个人信用。

（四）虚拟货币具有法财产属性

虚拟货币是独立于主体之外的客体，具备法财产的效用性。对于主体而言，虚拟货币是有使用价值的，能够满足主体的需要。同时，虚拟货币基于密码学和网络 P2P 技术，由计算机程序产生，数量是固定的，具有法财产的稀缺性，其价格与其稀缺程度相关，正因为数字加密代币具有稀缺性，才能成为财产法调整的对象。虚拟货币具有法财产的可控性。区块链技术采用先进的加密技术，以确保交易安全，区块链的块信息、账本信息是通过加密算法实现的。以比特币为例，以公钥（a public key）、私钥（a private key）密码原理来确保主体之间的交易。

〔1〕 刘少军：《国际化背景下人民币基础法规完善研究》，载《北方法学》2015 年第 5 期，第 99 页。

〔2〕 庄雷、赵成国：《区块链技术创新下数字货币的演化研究：理论与框架》，载《经济学家》2017 年第 5 期，第 78 页。

〔3〕 王信、任哲：《虚拟货币及其监管应对》，载《中国金融》2016 年第 17 期，第 22 页。

因此，数字加密代币具有效用性、稀缺性、可控性等法财产的客观条件。[1]

虚拟货币同时具备权义性、法定性、本源性等法财产的主观条件。法财产的权义性，是指财产是一种主体与客体之间的权利（权力）义务（职责）关系。数字加密代币的所有人，必须保证不能用其所有的代币不侵害他人利益，必须承担相应的社会义务。数字加密代币具有法财产的权义性。

法财产的法定性，是指主体对财产的权利（权力）义务（职责）都是法定的，只有法律承认某物品是财产，它才是现实的财产，否则它就不是实际的财产。我国《民法总则》规定，"法律对数据、网络虚拟财产的保护有规定的，依照其规定。"[2] 该条文是关于数据和网络虚拟财产保护的规定。本条在最初的一审稿中系以数据信息的形式加以规定，并作为知识产权的一种进行规定。在二审、三审稿中，将之与知识产权区别开来，并最终得以通过。[3] 可见，立法者已经承认虚拟财产与知识财产是性质不同的一种财产形态。这一条从民事基本法的角度对虚拟财产保护进行了确认，并为虚拟财产的立法预留了空间，也是数字加密代币等虚拟财产具有法定性的依据。

我国现行规范性文件明确规定，比特币不是由货币当局发行，不具有法偿性与强制性等货币属性，并不是真正意义的货币。从性质上看，比特币是一种特定的虚拟商品，不具有与货币等同的法律地位，不能且不应作为货币在市场上流通使用。但是，比特币交易作为一种互联网上的商品买卖行为，普通民众在自担风险的前提下拥有参与的自由。金融机构和支付机构不得以比特币为产品或者定价单位，不得直接从事比特币的买卖服务，同时也不得为比特币交易提供清算、结算等服务。[4] 实践中我国不仅早已承认虚拟财产可如其他财产一样能够转让、销售，而且还为交易规定了相应的财产转让税率并予以征收，这实际已经承认虚拟货币是公民可以合法买卖的财产。[5]

法财产的本源性，是指主体的财产权利（权力）必须具有合法的来源。以比特币的来源为例，用户在计算机上进行复杂的运算，俗称"挖矿"，完成运算的用户将获得系统给予的比特币，此外一方当事人亦可用法定货币或者商品、服

---

〔1〕 关于法财产的客观条件与主观条件的构成，参见刘少军：《法财产基本类型与本质属性》，载《政法论坛》2006年第1期。

〔2〕 参见《中华人民共和国民法总则》第127条的规定。

〔3〕 参见杜万华主编：《中华人民共和国民法总则实务指南》，中国法制出版社2017年版，第493页。

〔4〕 参见中国人民银行、工业和信息化部、中国银行业监督管理委员会、中国证券监督管理委员会、中国保险监督管理委员会印发的《关于防范比特币风险的通知》（银发〔2013〕289号）。

〔5〕 参见和丽军：《虚拟财产继承问题研究》，载《国家检察官学院学报》2017年第4期；以及国家税务总局《关于个人通过网络买卖虚拟货币取得收入征收个人所得税问题的批复》（国税函〔2008〕818号）。

务与比特币的持有主体进行交易来获取比特币。因此，比特币的获得，具有合法来源，符合法财产的本源性条件。

虚拟货币具有法财产的客观条件与主观条件，属于虚拟财产的范畴。虚拟财产与有体财产、知识财产、货币财产共同构成了当代社会的基础性财产。财产是财产客体与财产权的统一。虚拟货币具有财产的客体，其所有权人理所当然地对其享有财产权，毫无疑问，虚拟货币具有法财产属性。

## 二、代币发行融资的法律性质及投资主体的权利

本质上来讲，合法合规的代币发行融资是一种新型融资方式，典型方式是数字加密代币 ICO（Initial Coin Offering），即首次公开募币。这一概念源自股票市场的首次公开发行（Initial Public Offerings，IPO）。本意上，数字加密代币 ICO 是指区块链初创项目在互联网上发行项目代币（一种数字货币），投资主体使用指定虚拟货币换取等值代币的融资行为。IPO 发行的是证券，ICO 发行的是数字加密代币，投资主体使用比特币或其他虚拟货币，购买发行主体创造的虚拟币（即所谓"代币"），投资主体所购买的代币是代表对发行主体产品或服务享有一定权益的凭证。投资主体所交付的虚拟货币可看作对项目未来使用权的预付费。合法合规的数字加密代币 ICO 本质上是发行主体通过创造代币，并用代币交易比特币等虚拟货币，然后将募集的虚拟货币兑换成法定货币、用于项目研发的间接融资模式。各国都对 IPO 有严格的监管，而目前各国对 ICO 的监管尚在研究之中，ICO 多为自治管理。ICO 所募集的资金用于项目的开发，ICO 发行的代币通常对项目没有决策权。

合法合规的数字加密代币 ICO 的发行主体通常为公有区块链或者去中心化的自治性组织，发行主体不一定为实体企业，可能是为非实体企业的团队，所有的 ICO 项目基本上都是一种区块链技术的应用项目，运用去中心化的优势为投资主体带来利益，是 ICO 项目的主要特征。ICO 没有相关服务中介机构，在去中心化的网络上开展。ICO 的代币可在各类代币交易所进行二级流通。目前数字加密代币 ICO 已成为区块链行业的重要融资机制，所募集的虚拟货币用于项目开发。早期的数字加密代币 ICO 被解读为初始数字货币发行（Initial Coin Offering），考虑到私人发行数字货币的敏感性，"Coin"一词曾被替换成了"Token"（代币），并加上了"Crypto"（加密）的修饰。因此，将 ICO 解读为 Initial Crypto - Token Offering 更为准确。即通过发行加密代币的方式进行融资。所谓"代币"，在现实中通常是指在一定范围内使用的替代货币的某种凭证。[1]

数字加密代币 ICO 一般有四个阶段，第一阶段为项目准备期，发行主体设计

---

〔1〕 参见姚前：《数字加密代币 ICO 及其监管研究》，载《当代金融家》2017 年 7 月刊。

区块链项目的架构，撰写计划白皮书，并对项目进行宣传，在有关网站上公开项目目标、发行时间、募集数量、发展策略、项目团队、项目核心竞争力、价格机制等相关信息。第二阶段为代币发行期，发行主体向众筹平台递交计划书并发布ICO方案，投资主体支付比特币、以太币等被接受的数字货币，按设定的比例兑换购买项目代币，具体做法是投资主体可将其所有的比特币等虚拟货币传输到ICO公共地址或者专属地址，即投资主体通过自己的虚拟货币账户向ICO项目账户划转相应的虚拟货币，发行主体最终将所募集的虚拟货币发送至一个多重签名地址进行公示。发行主体收到相应转账后向投资主体发放等值的项目"代币"。第三阶段为项目开发测试期，募资完成后，项目转入开发和测试阶段。第四阶段为项目运行期，项目经过测试后上线运行，投资主体可行使代币权利或者在交易平台转让代币获取收益。

　　一些比较有名的加密货币如未来币、万事达币、以太币、新经币等都是靠ICO发展的。2013年7月募集了5000个比特币的Mastercoin（现名为Omni）是首个有记录的ICO，而以太币在2014年7月超过1500万美元的ICO则开启了ICO快速发展的进程。2015年，The DAO实现高达1.5亿美元融资，但后因受黑客攻击而失败。2016年以来，ICO热度不断提升，国内外市场呈现井喷式爆发。Lisk、ICONOMI等项目均获超百万美元融资，去中心化算力平台Golem几分钟内就完成了860万美元融资，而后的GNOSIS和Brave、WAVE等项目更是屡屡刷新全球募资纪录。2017年3月，量子链ICO项目仅117个小时就累计筹集价值近亿人民币，创造了国产ICO项目最高纪录。2017年7月，美国两家区块链技术公司Tezos和block. one成功完成了总值4亿美元的融资，仅2017年上半年，美国的ICO融资总额已达10亿美元，是2016年全年的10倍。[1] 2017年6月，一个在区块链上做操作系统的项目团队发行的代币EOS，通过ICO方式5天内融资了价值1.85亿美元的比特币和以太币。ICO的速度快到令资本市场难以想象。2017年3月，国内智能合约创新平台量子链（Qtum）开始ICO，在5天时间里筹集到价值1500万美元的比特币和以太币；4月，致力于预测市场的项目Gnosis开始ICO，仅15分钟ICO就募集完成。[2] 2017年以来，通过平台完成的ICO项目累计融资规模达63523.64比特币、852753.36以太币以及部分其他虚拟货币。以2017年7月19日零点价格换算，折合人民币总计26.16亿元。累计参与人次

---

〔1〕　卢菁：《ICO：美国创业企业的融资新路径?》，载《21世纪经济报道》2017年7月20日，第4版。
〔2〕　周艾琳：《虚拟货币生意经：从"挖矿"到ICO融资》，载《第一财经日报》2017年6月29日，第A12版。

达 10.5 万，已形成一定规模且发展速度较快。[1]

投资主体对于所投项目的收益期待，是代币发行融资能够成功发行的原因。短期来看，投资主体期望转让所投代币获取超额收益。中长期来看，去中心化、信息的不可篡改性等特点使得区块链能够对目前中心化的架构形成巨大冲击，并重构信任体系和信息互连体系，投资主体所投资的区块链项目如果能得到较好的开发，成为有价值的底层架构，投资收益必将相当可观。

代币发行融资募集的是虚拟数字货币，其法律问题主要涉及代币发行融资的法律属性、投资主体的权利、公募还是私募、是否构成非法集资、监管主体以及监管权力的确立、是否存在操纵市场、内幕交易问题、是否应纳入证券法调整范围等。

### （一）代币发行融资的法律性质

代币发行融资发行的是数字货币，一般称之为代币（Token）。发行主体以众筹的方式，募集比特币、以太币等主流数字货币，用于以该数字代币进行结算或支付的区块链体系的建设，以达到融资创业目的。进行成本利益分析之后，投资主体认为发行主体能开发出基于区块链技术的产品或者服务，并得到相关主体的认可与广泛使用，所投资的代币将升值进而获益。显然，代币发行融资与证券法上狭义的证券发行并不相同。然而，"广义的证券是以证明或设定权利为目的做成的凭证，是各类记载并代表一定权利的法律凭证的统称。"[2]毫无疑问，代币发行融资的投资主体对发行主体享有一定权利。从这个角度来讲，代币发行融资属于广义证券融资的一种。

代币发行融资的发行主体通过新型数字资产项目进行众筹，众筹获得的数字货币将投入到项目后续研发，项目的应用前景与其发行的数字货币的价值成正相关。代币发行融资通常不受各国（地区）股权融资法律的限制，避开了跨境融资的法律限制，以极低的门槛，使发行主体能够快速面向全世界融资。可以说，代币发行融资是一种无国界、无门槛、无监管的全球投资主体都可参与的一种全新的融资方式。代币发行融资成为规避法律的融资变现模式。

根据代币发行融资项目标的法律性质的不同（或者说项目代币对应权益的不同），代币发行融资包括产品类项目、收益类项目、股权类项目等不同类型。产品类项目代币发行融资，投资主体以其所持有的项目代币，对发行主体提供的产品或者服务享有使用权，类似于产品众筹。收益类项目代币发行融资，投资主体以其所持有的项目代币，对项目享有收益权，从而获取特定收益。通常认为，代

---

[1] 国家互联网金融安全技术专家委员会：《2017 上半年国内 ICO 发展情况报告》，http：//www. sohu. com/a/159914402_ 114877，最后访问日期：2017 年 8 月 5 日。

[2] 刘少军：《金融法学》（第二版），中国政法大学出版社 2016 年版，第 98 页。

币发行融资非股非债，无关所有权，仅和使用权相关，无收益分配权和剩余价值追索权。这是 ICO 区别于传统 IPO 的重要特征。但是，股权类项目代币发行融资面向不特定的公众投资者，投资主体以其所持有的代币对项目享有股权或具有股权特征的财产性权利时，ICO 在法律上与 IPO 无实质区别，此种类型的代币发行融资借发行数字加密代币之名，行发行证券之实。根据我国《证券法》第 2 条的规定，证券的范围包括在我国境内发行和交易的股票、公司债券和国务院依法认定的其他证券。该条的规定实际上又赋予了国务院认定其他类型证券的权力，即国务院可以通过制定行政法规等方式将其他模式下的交易产物纳入《证券法》的调整范围。这是代币发行融资在金融本质上可能属于证券的法律依据。

2016 年"The DAO"（Decentralized Autonomous Organization，去中心化的自治组织）ICO 项目，类似于投资基金。尽管该项目最终众筹失败，但仍然是一种全新的 ICO 类型。"The DAO"项目的目的，是通过一种建立在计算机代码上的自动控制机制，实现类似现实中公募基金的运作方式。"The DAO"项目：①发行对象是不特定社会公众；②募集资金的目的是为了获取对外投资收益，而不是用于自身的生产经营；③投资者持有的份额类似股东权利，享有投票权并依份额获得分红；④份额可以自由转让（类似交易所交易型基金），且特定情况下可随时赎回。由此可见，"The DAO"实际上是通过代码设定自动运作的新形态投资基金。2017 年 7 月 25 日，美国证监会（SEC）在调查报告中强调美国证券法同样适用于"The DAO"这样的虚拟组织运用分布式账本或区块链技术来促进募资、投资和证券的发行及销售，DAO 代币应当视为法律意义上的"证券"，ICO 在性质上属于证券投资邀约，适用于一般证券法注册监管条例。[1]

（二）代币发行融资投资主体的权利

代币发行融资募集比特币、以太币或其他数字加密代币，投资主体以自己所有的数字代币认购一定量数字加密代币进行投资。代币发行融资的发行主体通常没有实物产品，投资招募书仅说明要做的区块链项目。从法理上分析，代币发行融资的投资主体应享有合格信息获知权、投资决策权、代币支配权、项目使用权、代币收益获取权、代币转让权等权利。

代币发行融资投资主体应有权获知项目真实、准确、完整的代币投资信息。代币发行融资的发行主体，在缺乏法律监管的情形下，应依据诚实信用原则，提供其相关信息。代币发行融资的投资主体享有投资决策权，在法律没有限制的情形下，有权自主地进行代币投资。投资主体对其所拥有的代币享有支配权。投资

---

[1] 参见财新网：《美国 SEC：虚拟货币融资也须纳入美证券法监管范围》，http://international. caixin. com/2017-07-26/101122358. html，最后访问日期：2017 年 9 月 1 日；辛继召："美国认定 ICO 发行为证券 利用区块链融资开始被纳入监管"，载《21 世纪经济报道》2017 年 7 月 27 日，第 10 版。

主体取得新项目的等值代币，投资主体以其所有的代币按一定比例享有该项目的使用权，该项权益构成代币发行融资的本质特征，代币是投资主体获得项目使用权的凭证。投资主体享有项目收益权，可凭其所投资的代币，获得区块链项目的未来收益，项目开发运用之后，代币价格如果高于 ICO 期间的价格，投资主体将获取收益。投资主体享有代币转让权，ICO 的代币可在各类代币交易所进行二级流通，投资主体可通过虚拟货币交易平台转让其持有的代币，获得法定货币。

**三、代币发行融资的法律应对**

代币发行融资通过区块链完成代币发行、购买、确认手续，融资过程可在数小时甚至是数分钟内完成。代币发行融资具有流动性高、变现能力强、融资流程简单、融资效率高等特点。[1] 虚拟货币具有电子化、数字加密、全球通兑的特点，转账交易通过区块链直接进入收款账户，几乎不受外汇或资本跨境转移的法律规则、额度、程序等限制，发行主体可快速获得全球投资主体的投资，完成融资。此外，虚拟货币的兑换同样便利。以比特币为例，发行主体获得比特币融资后，可以通过境外的 Coinbase、Bitfinex，境内的币行（OKCoin）、火币网（Huobi.com）和比特币中国（BTC China）等比特币交易平台兑换相应美元或人民币。

代币发行融资以发行加密数字货币为特征的全新的融资方式，必将导致金融体系的变革。这种全新的经济形式，无论从财富的分配方式还是信任的重构上，都将对传统金融带来变革性的冲击，也将为金融业带来新鲜的血液，它所带来的变革思想将对金融行业产生巨大影响，也必将扩大法律调整的范围，对金融法的发展注入新的元素。

代币发行融资不应成为法外之地。从制度建设出发，应尽快构建代币发行融资法律制度，确立一套完整的监管制度，促进区块链行业健康发展，并维护整体金融利益。

（一）代币发行融资应纳入监管范畴

2017 年代币发行融资呈现井喷式爆发增长，代币市场疯狂暴涨，已经产生"郁金香效应"，市场和投资主体的狂热难以掩盖背后的风险。代币发行融资信息披露无统一规范，完全视平台要求而定，透明度差异较大，投资者无法有效识别风险。代币发行融资存在短线交易风险、虚拟货币价格波动风险、技术风险、信息安全风险、平台破产风险等。赚钱效应让投资主体忽略了风险，投资主体一旦发生损失，救济途径有限。代币发行融资往往通过互联网进行，投资主体和平台可以轻易越过本国（地区）法律的管辖，在一定程度上诱发了金融事业违法

---

〔1〕 邓建鹏：《监管真空期 ICO 如何自我救赎?》，载《上海证券报》2017 年 8 月 4 日，第 12 版。

违规甚至犯罪行为的发生，加速了风险累积与扩散，容易造成金融系统性风险。

代币发行融资所募集的通常为流动性较高的比特币、以太币等数字货币，而这些数字货币的流向具有难以监控的特点，虚拟货币账户加密且交易匿名。代币发行融资成为洗钱和逃税工具的风险较大。由于虚拟货币的交易和转让通常受国境和外汇管理限制较小，在境内外均能兑换法定货币，资金来源和流向难以确切追踪和监控，不法分子容易利用代币发行融资进行洗钱。此外，以虚拟账户持有、交易虚拟资产，存在规避纳税义务的可能。因此，应将代币发行融资纳入监管范畴。

如果代币发行融资演变成投机者的游戏，将增加金融系统性风险，损害整体金融利益，因此法律应严格规制。国内通过发行代币形式包括首次代币发行（ICO）进行融资的活动大量涌现，投机炒作盛行，涉嫌从事非法金融活动，严重扰乱了经济金融秩序。为此，相关监管部门发布公告，明确代币发行融资活动的本质属性：代币发行融资是指融资主体通过代币的违规发售、流通，向投资者筹集比特币、以太币等所谓"虚拟货币"，本质上是一种未经批准非法公开融资的行为，涉嫌非法发售代币票券、非法发行证券以及非法集资、金融诈骗、传销等违法犯罪活动。为了保护投资者合法权益，防范化解金融风险，监管部门已经停止各类代币发行融资活动，并要求已完成代币发行融资的组织和个人应当做出清退等安排。监管部门将依法严肃查处拒不停止的代币发行融资活动以及已完成的代币发行融资项目中的违法违规行为。任何所谓的代币融资交易平台不得从事法定货币与代币、"虚拟货币"相互之间的兑换业务，不得买卖或作为中央对手方买卖代币或"虚拟货币"，不得为代币或"虚拟货币"提供定价、信息中介等服务。对于存在违法违规问题的代币融资交易平台，金融管理部门将严肃处理。各金融机构和非银行支付机构不得直接或间接为代币发行融资和"虚拟货币"提供账户开立、登记、交易、清算、结算等产品或服务，不得承保与代币和"虚拟货币"相关的保险业务或将代币和"虚拟货币"纳入保险责任范围。[1]

金融监管的本质是为维护整体金融利益、保障金融法的实施而进行的监督管理行为。由于代币发行融资出现了异化，演变成了非法公开融资的行为，监管部门采取了严厉的监管措施，停止了一切代币发行融资行为。长远看，应当对代币发行融资进行适当的、综合性的监管。监管的具体目标应包括：维护整体金融利益、控制金融风险、防控通过代币发行融资进行金融违法犯罪、保护投资主体的正当权益、促进金融创新。

---

[1] 详见中国人民银行、中央网信办、工业和信息化部、工商总局、银监会、证监会、保监会：《关于防范代币发行融资风险的公告》。

根据我国《证券法》第 2 条的规定，国务院可以通过制定行政法规等方式将代币发行融资行为认定为其他证券发行。由证券监管部门对代币发行融资行使监管权。为了不扼杀创新，在确保投资者利益保护的前提下，对于代币发行融资引进沙盒监管。在监管沙盒内对代币发行融资实施有限授权，为金融创新预留空间。监管的重点应是构成公募、影响整体金融利益或具有显著系统性金融风险的代币发行融资行为以及内幕交易、操纵代币价格损害其他投资主体的利益的行为。另外，要建立第三方存管机制，规定代币发行融资募集的数字货币存放于托管钱包，该托管钱包应是地址透明的多重签名钱包。

（二）建立代币发行融资合法性判断标准

金融法的首要原则是整体金融利益原则。它要求任何金融法律、法规的制定和执行，任何金融服务的提供和金融业务的经营，都必须有利于维护整体金融利益，有利于促进整体金融利益的提高，至少不得有损于整体金融利益。凡是维护和促进整体金融利益的行为，金融法都认为它是应当被鼓励和肯定的合法行为，凡是阻碍和影响整体金融利益的行为，金融法都认为它是应当受到限制和约束的行为。整体金融利益主要包括整体金融效率、整体金融秩序和整体金融安全三个方面。[1] 作为一项金融活动，增进还是损害整体金融利益，是判断代币发行融资合法与否的标准。

《关于防范代币发行融资风险的公告》中明确指出"有关部门将依法严肃查处已完成的代币发行融资项目中的违法违规行为"。换言之，已完成的代币发行融资项目，如果不存在违法违规行为，将不在查处之列。逻辑上推论，必然存在合法合规的代币发行融资项目。因此，从长远来看，有必要构建代币发行融资合法性判断标准。对于违法违规的代币发行融资项目，或称异化的代币发行融资项目，即以代币发行融资为形式，进行非法发售代币票券、非法发行证券以及非法集资、金融诈骗、传销等未经批准非法公开融资的违法犯罪活动，依法予以严惩。

目前，异化的代币发行融资，本质上是绕开监管向不特定社会主体募集资金。当代币发行融资对应某个企业的股权或具有股权特征的财产性权利时，实质上构成非法公开发行证券。[2] 代币发行融资行为，其形式是用一种虚拟货币交换其他虚拟货币，表面上看募集的是虚拟货币而非法定货币，并不是"吸收资金的行为"。然而，代币发行融资所募集的虚拟货币，可在各类代币交易所进行流通转让，从而获取法定货币。如果发行主体未经批准、公开宣传及面对不特定主

---

〔1〕 刘少军：《金融法学》（第二版），中国政法大学出版社 2016 年版，第 9 页。

〔2〕 杨东：《ICO 的监管政策制定迫在眉睫》，载《上海证券报》2017 年 8 月 4 日，第 12 版。

体募集虚拟货币，并不将所募集的虚拟货币投入到项目的开发中，而是将募集的虚拟货币通过转让获得法定货币，符合非法吸收公众存款罪的构成要件，应依非法吸收公众存款罪处罚。如果发行主体伪造代币发行融资设定骗局，欺诈投资者，主观上具有非法占有他人财产的目的，骗取他人财产，应以集资诈骗罪定罪处罚。[1] 2017 年 8 月 24 日，国务院法制办公室发布的《处置非法集资条例（征求意见稿）》规定，以发行虚拟货币名义筹集资金，未经依法许可或者违反国家有关规定筹集资金的行为，处置非法集资职能部门应当进行非法集资行政调查。[2] 可见，以代币发行融资为形式进行非法集资的行为，已引起监管层的注意。凡是以代币发行融资为形式进行的非法集资行为，都应认定为非法并予以相应惩处。司法层面，已有相关判例，张某某等人以打造成互联网数字货币"华强币"为幌子，对外宣称"华强币世界流通，吸纳世界主流货币"，实施组织、领导传销活动罪，犯非法吸收公众存款罪。[3]

（三）建立代币发行融资合格投资者制度

尽管我国当前通过《关于防范代币发行融资风险的公告》的形式停止了各类代币发行融资活动，如前所述，逻辑上推论，必然存在合法合规的代币发行融资项目。将来允许代币发行融资时，应建立代币发行融资合格投资者制度。

与法定货币相比，数字加密代币的价格波动更大，如果代币发行融资所发行的代币价格严重偏离其项目的内在价值，投资主体买入代币出于炒作进行短线交易，代币发行融资将成为投机活动，最后接盘的投资主体将面临巨大的风险。代币发行融资所募集的主要数字货币比特币，价格波动巨大，必然导致投资主体收益亏损或然性大，大量投机行为必将伴生。代币发行融资通常具有锁定期，投资主体面临代币转让的时间限制风险。代币交易平台倒闭及经营风险，也会给投资主体带来转让交易风险。因此，代币发行融资比较适合具备一定财务条件、风险偏好型投资主体。对代币发行融资的风险既缺乏正确的认知，也不具有承担高风险能力的主体，并不适合参与代币发行融资的投资。将来为了保护代币发行融资投资主体的合法权益，维护整体金融利益，有必要建立合格投资者制度。

代币发行融资从本质上讲，是对区块链技术的长期投资，而不是一种投机行为，监管逻辑应是放开管制，设立投资者门槛，实行合格投资者制度，严格投资者适当性管理，只允许代币发行融资向合格投资者募集资金。合格投资者应是具备一定财务条件、有足够自我保护能力，自行判断投资风险并作出投资决策的投

---

〔1〕 详见《中华人民共和国刑法》第 176 条、第 192 条的规定，以及最高人民法院《关于审理非法集资刑事案件具体应用法律若干问题的解释》（法释〔2010〕18 号）。

〔2〕 详见国务院法制办公室发布的《处置非法集资条例（征求意见稿）》第 15 条规定。

〔3〕 详见北京市第二中级人民法院刑事裁定书，（2017）京 02 刑终 349 号。

资者。同时，监管部门应加强代币发行融资投资者教育，辅以风险提示制度。

鉴于代币发行融资的金融创新性与高风险性，监管思路应是防止不能承受风险的投资主体进入市场，且不阻碍金融创新，并有利于社会主体进行更高效的投融资活动，进而促进资源的合理配置。对于以代币发行融资为形式进行非法集资、诈骗、洗钱等违法犯罪的，监管部门应严肃查处。国务院法制办公室发布的《处置非法集资条例（征求意见稿）》，确立了"投资者风险自担原则"。[1] 该原则能够对投资者进行警示，并能够分配投资主体的损害。投资主体应该对自己的财产安全承担责任，对于所投资的代币的风险与安全进行合理评估，而非盲目、盲从地进行投资。如果投资主体明知所投资的项目没有价值，期望通过炒作代币，在代币交易所交易获利，由此所造成的损失，应按"投资者风险自担原则"处理。"代币发行融资与交易存在多重风险，包括虚假资产风险、经营失败风险、投资炒作风险等，投资者须自行承担投资风险"。[2]

---

〔1〕 详见国务院法制办公室发布的《处置非法集资条例（征求意见稿）》第 4 条规定。
〔2〕 详见中国人民银行、中央网信办、工业和信息化部、工商总局、银监会、证监会、保监会：《关于防范代币发行融资风险的公告》。

# 我国台湾地区金融科技之法制因应与监理规制[*]

林盟翔[**]

摘要：为建立安全之金融科技创新实验环境，并鼓励利用新型科技开展金融商品服务，参酌英国与新加坡监理沙盒法制，"行政院"依循金融科技发展策略白皮书之施政步骤，制定"金融科技创新实验条例"草案。而强化金融之可及性、实用性与质量；符合公共利益、避免造成系统性风险及提升消费者保护，为监理沙盒之基本核心原则。本文以台湾金融科技政策之制定与落实为讨论开端，其次以社会企业与金融消费者之观点进行讨论与分析，最后提出结论。

关键词：金融科技；监理沙盒；社会企业；金融消费者保护；双翼监理；负责任创新；微型金融；普惠金融；金融科技发展策略白皮书

## 一、楔子

基于"金融服务之破坏式创新计划"（The Disruptive Innovation in Financial Services Project），瑞士"世界金融论坛"（World Economic Forum，WEF）于2015年6月发布"金融服务之未来：金融服务业之结构、供应与消费如何被破坏式创新重新建构"（The Future of Financial Services How Disruptive Innovations are Reshaping the Way Financial Services are Structured，Provisioned and Consumed）研究报告，针对破坏式创新在"支付"（payment）、"保险"（insurance）、"储贷业务"（Deposit & Lending）、"资本筹集"（Capital Raising）、"市场配置"（Market Provisioning）、"投资管理"（Investment Management）产生之影响，提出相关研究数

---

[*] 本文之部分研究成果，已公开发表于铭传大学于2016年11月12～13日举办之"第三届金融法治论坛暨国际学者讲座"研讨会，以及发表于清华大学商法研究中心与清华大学五道口金融学院互联网金融实验室联合主办2017年4月8日之"第三届青衿商法论坛——金融科技与法律高峰论坛（FinTech & Law）"，并收录于上述研讨会论文集中。本文部分内容以《从社会企业与金融消费者保护之观点评析台湾监理沙盒法制》一文预计刊登在2017年11月30日，由清华大学法学院出版之《清华金融法律评论》第1卷第1期（创刊号）。

[**] 林盟翔，台湾铭传大学法律学院财金法律学系专任助理教授；西北政法大学经济法学院兼职教授。

据与成果[1]，促使金融监理之因应与改变。研究告报告确认了"简化之基础架构"（Streamlined Infrastructure）、"高价值活动之自动化"（Automation of High – Value Activities）、"去中心化"（Reduced Intermediation）、"数据策略"（The Strategic Role of Data）、"利基、专业产品"（Niche, Specialised Products）、"消费者强化能力"（Customer Empowerment），所谓"消费者能力强化"，系因新式创新给予消费者接触先前受限制之资产与服务、更多产品知名度与控制选择，以及该工具变成产销合一之"生产性消费者"（prosumer）[2]。

观诸国际组织与主要先进国家对于"金融科技"（Financial Technology, FinTech）之于法律上之定义均不相同，亦影响监理措施之差异。然而，各国金融科技之监理原则，大致上系强化内部监理、服务与技术之标准化、采取柔性监理策略与监理科技（Regulation Technology, RegTech）；监理政策之目标均在保护金融消费者、维护金融市场秩序[3]；监理之方式包括建立"监理沙盒"（Regulatory Sandbox）提供新式金融科技等新创事业得进行"监理沙盒测试"，依据个案提供适当强度与密度之监理措施，使该等事业能在安全区域（safe place）中，适当豁免既有法律或监理规范之障碍，以促使金融创新。

此外，从公司治理之发展观之，股东利益优先理论与社会责任理论之针锋相对，至今发展成互有折衷。"企业社会责任"（Corporation Social Responsible, CSR）之不断呼吁，逐渐带动公司行为与组织之革新，引发对"社会企业"（Social Enterprise）之关注。"社会企业"是指解决特定社会问题为核心目标的创新企业组织，透过一般商业营运而非捐赠的模式在市场机制中自给自足。其不仅可以增加就业机会，亦可达到社会公益的目的，以平衡社会发展。

过去被"传统金融"（Traditional Finance）或"正规金融"（Formal Finance, FF）排除在外之金融消费者，藉由金融科技之帮助，得以使用"替代性金融"（Alternative Finance Services, AFS）或称"非正规金融"（Informal Finance, IF）提供之金融商品或服务。申请监理沙盒测试之主体将来均有可能从事金融服务业之经营，无论系以申请为金融服务业或以非金融服务业之主体进行。鉴于金融科技与金融服务之公共性与公益性，如何透过消费者保护与社会企业，使金融创新发展更好，于避免扼杀创新与避免成为另外一种金融霸权，如何遵循普惠金融（Financial Inclusion）、微型金融（Microfinance）之原则，落实在社会企业与金融

---

[1] WEF, *The Future of Financial Services How Disruptive Innovations are Reshaping the Way Financial Services are Structured*, *Provisioned and Consumed*, 2015, pp. 12, available at: http://www3.weforum.org/docs/WEF_The_ future_ _ of_ financial_ services. pdf（last visited Oct. 30, 2017）.

[2] Id., pp. 21.

[3] 京东金融研究院：《2017 金融科技报告：行业发展与法律前沿（摘要版）》，2017 年 6 月，第 104 页。

消费者保护上，实属重要。

鉴于此，首先，本文以我国台湾地区面对金融科技提出之监理政策进行与落实进行阐述与分析。其次，以社会企业组织与消费者保护为核心观点，剖析台湾地区"金融科技创新实验条例"草案（台湾版监理沙盒）法制之争议。最后提出结论。

## 二、台湾地区金融科技监理政策分析

### （一）监理政策与脉络[1]

从 2015 年 5 月金融监督管理委员会发布之"金融科技发展政策白皮书"揭示之 11 项[2]重要施政目标中，其第 6 项为："法规调适：建立虚拟法规调适机制，打造友善的法规环境。"并于国际发展现况中介绍新加坡时指出："新加坡推动智慧国家计划，打造智慧金融中心，首要之务为持续加强产业的网络安全，对培植创新及采用新技术的监管采取三种形式：金融机构自行的创新、沙箱（Sandbox）[3] 中的创新、金管局与业界共同合作的创新。"除此之外，并于白皮书中介绍英国 2015 年金融行为监理总署（FCA）提出"创新试验场"（Regulatory Sandbox）之倡议文件，使申请企业暂时豁免相关法规适用，降低法令遵循风险，加速产品上市时程[4]。

---

〔1〕 何宗武、林世杰、赖建宇、张凯君、林盟翔：《银行业因应网络金融发展之风险监理及稽核研究（期末报告）》，台湾地区金融研训院研究计划，2016 年，第 15～30 页。

〔2〕 本白皮书规划以 2020 年为期，提出"创新数字科技，打造智能金融"之愿景，推动资通讯业与金融业跨业合作，达成充分运用资通讯科技，打造智能金融机构，创新数字便民服务，强化虚拟风险控管的发展蓝图，从应用面、管理面、资源面、基础面等四大面向，提出 11 项重要施政目标：①电子支付：藉由政府推动及业者推广的双重管道，使国内电子支付占民间消费支出比例在 5 年内倍增，由现行 26% 提高至 52%。②银行业：鼓励实体及虚拟卡片卡号代码化技术之运用，完成租税政策与电子支付比率相关性研究，研议是否将网络借贷（中介）业务（P2P）纳入金融管理必要性，支持金融机构运用金融科技及外部信息处理委外服务。③证券业：推动证券网络下单比率达 70%，推展自动化交易机制（机器人理财顾问、基金网络销售平台），强化证券期货云端服务，深化大数据应用成效。④保险业：推动网络投保，鼓励业者投入金融科技创新及研发保险商品，推动保险业将大数据运用于核保，理赔及费率厘定等方面。⑤虚实整合金融服务：维持实体与虚拟金融分支机构并存发展，建置大数据信用分析模式。⑥法规调适：建立虚拟法规调适机制，打造友善的法规环境。⑦风险管理：落实双翼监理，建立金融资安信息分享与分析中心。⑧人才培育：透过"金融科技发展基金"推动人才培育计划，推动金融机构人才转型，金融科技人才培训，以及产学合作人才养成。⑨创新创业：短期提供金融科技新创事业的创新基金与辅导资源，中长期规划建立与全球接轨之金融科技创新育成中心。⑩区块链：推广区块链技术，鼓励金融业集合资源投入区块链技术之研发应用，并推动产学合作鼓励学术界投入相关研究。⑪身份认证：建构整合安全的网络身分认证机制，提供便捷免临柜跨业之网络身分认证服务。

〔3〕 原文使用沙箱，意义与本文所称沙盒同。

〔4〕 金融监督管理委员会：《金融科技发展政策白皮书》，2016 年，第 1 页、第 4 页、第 123 页。

然而，2016 年 9 月 9 月金管会新闻稿指出[1]，金管会于会中说明将推动"金融科技发展推动计划[2]"，在兼顾效率、安全、公平与消费者保护下，金管会对于金融创新一向采取积极鼓励的立场，并提出将研议推展 Fintech 之"领航计划（pilot program）"，以符合金融科技发展需要，同时将将持续促进金融业与科技业建立对话平台，以及请各金融业别公会及周边机构协助建立各金融机构可适用的基础系统或规范。需注意的是，依据"金融科技发展推动计划"之四大措施内容之第二点特别指出："研议推展 Fintech 之'领航计划（pilot program）'：为鼓励银行运用金融科技提供创新金融服务，金管会已实施'领航计划'，此计划相当于监理沙盒之实质意涵。目前银行已得自行开办各项低风险交易之电子银行业务，亦得申请办理创新金融服务，由本会视个案给予试办期间，如：2011 年 9 月试办行动 X 卡、2013 年 5 月试办 OTA 手机信用卡、2015 年 7 月试办 ATM 指静脉提款等。未来将掌握国际趋势，参考各国对监理沙盒制度之政策与试行的经验，并兼顾安全、风险管理、消费者权益保护的原则下，检讨调整具体化'领航计划'之作法，以推动金融科技发展的需要。"亦即，金管会有意以"领航计划"取代"监理沙盒"之名称，而最终定案的应该是创新实验，然不管如何，就实质意义来说三者依据金管会之说明并无分别。

需注意者，乃在风险管理之部分，白皮书指出，金融机构亦开始投资大数据分析，以及辅助人工智能（AI）技术，同时寻求外部软件即服务（SaaS）和金融科技委外的云端服务，建立自动化风险控管机制，以满足其流程处理和法规遵循之需求，降低成本并提高组织灵活性和透明度。金融业基于专业分工及成本效益之考虑，将非核心业务透过委外方式由第三方业者提供，使其能专注于核心价值，以求快速推出服务，面对激烈的竞争。然而公有云、大数据分析等相关服务，涉及客户数据处理，因此第三方供货商的资安能力评估视为信息安全工作的最大挑战，金融机构将增加对第三方安全的监督费用支出，或者藉由使用风险为基础安全架构来增进与第三方业者的合作。金管会已订定"金融机构作业委托他

---

[1] 《金融与科技携手，Fintech 升级》，金融监督管理委员会新闻稿，2016 年 9 月 9 日，金融监督管理委员会网站，http://www.fsc.gov.tw/ch/home.jsp? id = 2&parentpath = 0&mcustomize = news_ view.jsp& dataserno = 201609090002&aplistdn = ou = news，ou = multisite，ou = chinese，ou = ap_ root，o = fsc，c = tw&dtable = News，最后访问时间：2017 年 10 月 30 日。

[2] 10 项措施包括："①扩大行动支付（Mobile Payment）之运用及创新。②鼓励银行与 P2P 网络借贷平台合作。③促进群众募资平台健全发展。④鼓励保险业者开发 FinTech 大数据应用之创新商品。⑤建置基金网络销售平台发展智能理财服务。⑥推动金融业积极培育金融科技人才。⑦打造数字化账簿划拨作业环境。⑧分布式账册（Distributed Ledger）技术之应用研发。⑨建立金融资安信息分享与分析中心（Financial – Information Sharing and Analysis Center，F – ISAC）。⑩打造身份识别服务中心（Authentication and Identification Service Center）。"

人处理内部作业制度及程序办法"，以确保银行作业委外质量及客户权益。本文认为，金管会应确保客户权益及资料安全无虞之原则下，始能对银行利用金融科技或信息处理业者作业委外持开放支持之态度，将与业者进行沟通交流。此外，除主动适时检讨相关法令规定外，就银行业者拟于实务上将金融科技应用于金融服务创新所遭遇之法规障碍或相关疑义，充分双向沟通，视业者需要，松绑相关法令规定[1]，最后，相关信息仍属于个人数据保护法之内涵，系未特别区分金融隐私权与一般隐私权之不同，将金融信息与一般个人数据等同视之，仅依据公务机关与非公务机关之使用主体不同，以及敏感性数据与一般个人数据之不同，进行差异化之设计，亦应一并检讨，始竟全功。

（二）新监理原则之实践

1. "双翼监理"原则

金管会近年来落实"双翼监理"原则（Pronged Supervision）[2]，一方面重视风险、重视诚信，要求金融机构守法、守纪、重视风险管理及消费者权益保护，同时追求自由开放、创新发展，持续就金融法规进行检讨，使金融市场能平衡发展，业者能永续经营，以打造前瞻、稳健的金融体系[3]。由此可知，大量之法规松绑开放与自由化，与业者守法、守纪律与重视风险控管不可偏废。

2. "负责任创新"监理原则

金管会于会中说明将推动"金融科技发展推动计划"，提出金融科技创新发展要有"负责任创新"（Responsible Innovation）[4] 观念。所谓"负责任创新"，系由美国"货币监理署"（Office of the Comptroller of the Currency，OCC）于2016年3月在"在联邦银行系统中支持负责任创新"文件中所提出，其定义为："满足消费者、事业与社会（小区）不断变化需求，而进行创新或改善金融商品、服务与历程时，必须要在符合稳定风险管理及银行整体商业策略之前提下，始能

---

〔1〕 金融监督管理委员会：《金融科技发展政策白皮书》，2016年版，第114~115页。

〔2〕 双翼平衡监理原则（Pronged Supervision）：台湾地区金管会面对现今金融市场环境，正逐步放宽法规限制，并鼓励证券公司发展金融科技（Fintech），同时积极进行网络风险控管。根据调查，台湾地区人均每日智能型手机使用时数为全球最高，达197分钟（全球平均为142分钟），中介机构为因应网络与行动装置的高渗透率，逐步提出各项新金融创新服务，金管会亦于2015年9月成立了金融科技办公室，研拟相关金融政策与发展蓝图，在促进创新金融服务的同时，兼顾资通安全与个资保护。黄天牧、叶信成：《出席2016年国际证券管理机构组织亚太区域委员会议（IOSCOAPRC）报告》，"行政院"及所属各机关2016年出国报告，第9页。

〔3〕 金融监督管理委员会：《金融科技发展政策白皮书》，2016年，第126页。

〔4〕 金融监督管理委员会新闻稿：《金融与科技携手，Fintech升级》，2016年，available at：http：//www.fsc.gov.tw/ch/home.jsp? id = 96&parentpath = 0，2&mcustomize = news _ view.jsp&dataserno = 201609090002&aplistdn = ou = news，ou = multisite，ou = chinese，ou = ap_ root，o = fsc，c = tw&dtable = News（last visited Oct. 30，2017）。

为之。"由此可知，定义承认在变化剧烈的金融环境中，为了满足消费者、事业及社会（小区）之需要，银行接受新的想法、产品及营运方式之重要性[1]。除此之外，"负责任创新"必须要符合下列八项原则：①支持负责任创新；②培育支持负责任创新之内部文化；③发挥经验与专长；④鼓励提供公平金融服务及公平对待消费者之负责任创新；⑤藉由有效风险控管促进更安全与稳健经营；⑥鼓励所有银行将负责任创新纳入战略规划；⑦促进与业界之对话；⑧与其它监理机关之相互协力[2]。

在大规模研究创新之推动下，许多学者过去十几年变成了创新专家，利用所学的法律、财政、文化、心理与社会经济条件均有助于创新，藉由最佳实践带动许多更具创新之建议，而给予社会更多良好之帮助。然而创新本身并非必然是一个好的主义，从历史上许多负面创新与新技术之例子观之，只是制造更多未能解决之显著问题。为了避免对社会产生负面影响与排除障碍，系统性关注道德价值观与社会问题之学习与创新实践在工程与应用科学上，是必要的。鉴于此，负责任创新之概念提供实践之指导方针与指引，成为一个现代非常重要的课题，利用反射、分析与公共辩论，关于新技术的创新，是否在道德上可以接受，以及在其它项目上是否也能够接受，均是创新者与监理者不得不面对的问题。负责任创新一词首次被提出是可以追溯至约在 2006 年在荷兰研究理事会阐述社会责任创新的时点（Dutch Research Council Program on Socially Responsible Innovations around 2006）[3]，而在 2014 年 11 月 21 日该政策得到认可，并进一步扩大负责研究与创新。

负责任创新之中心思想在于创新或发明，其理解应为"对于世界添加新的技术功能，不再是以搜集应用科学、技术与工程之成果为主要目标"。这不仅仅是任何新的小工具，应该是要让我们惊叹不已，革新之流程、制度与投资应侧重于解决社会挑战与我们急迫的全球性问题，包括卫生、规划、水与生活质量。方式的创新与研究只有在符合下列要件时可以被认定为有责任的[4]：①藉由在创新之早期过程中充分对于风险、潜在危害、健康、价值观需要、权益影响进行考

---

〔1〕 OCC, "Supporting Responsible Innovation in the Federal Banking System: An OCC Perspective", 5（March 2016）.

〔2〕 *Id.*

〔3〕 Van den Hoven, "Responsible Innovation: A New Look at Technology and Ethics", in Van den Hoven, M. J.（c. a.）（eds）, *Responsible Innovation*, 2014, pp. 3 ~ 13, available at: http://link.springer.com/chapter/10. 1007%2F978 - 94 - 017 - 8956 - 1_ 1（last visited Oct. 30, 2017）.

〔4〕 Jeroen van den Hoven, *Responsible Innovation in Brief*, p. 3, available at: http://www.tbm.tudelft.nl/fileadmin/Faculteit/TBM/Over_ de_ Faculteit/Decaan/Responsible_ Innovation_ in_ brief.pdf（last visited Oct. 30, 2017）.

虑；②关于创新适当处理之治理、监理、检查与检测与问题报告；③在受影响之利害关系人间相关知识与讯息之实时共享沟通；④合法制度安排之审议、决策等程序有以开放沟通之态度提供给团体或个人；⑤选项、可能性与替代方案特别是明确表示并提出给相关利害关系人与当事人。

由此可知，监理沙盒虽然重点在创新，但法制设计上仍应以负责任状新之态度进行限缩。其一，若沙盒仅限于金融科技，则于现行审慎监理与双翼监理之架构下，必须要确实依据台湾现行监理法制进行监理。其二，若沙盒不仅限于金融科技业，包括其它类别之事业，则沙盒之设计为简化或范围较小之现行商业与金融市场，则必须要考虑到现行法律秩序之破坏与影响范围，进行全盘研究，而非仅以金融银行业之类似前述立法模式，将众多事业类型均包括进来，反而有害于现行监理法制之进行，不可不慎。

（三）普惠金融与数位普惠金融

"普惠金融"（Financial Inclusion），意指以适当之成本向广大弱势与低收入户群体提供银行服务。无拘束获得公共财与服务，是开放与高效之社会所必须（sine qua non），并由于银行业务本质上属于公共财，必须为全体民众使其在不受歧视下，获得银行与支付服务，实属必须，亦系公共政策之首要目标[1]。2006 年联合国提出"普惠金融体系建设蓝皮书"（Building Inclusive Financial Sectors for Development）指出，"微型金融"（micro finance）及中小型企业信贷，与国家储蓄方案，以及强化金融部门之社会与经济影响，同等重要。也因此，金融服务应普及到所有需要之利害关系人（multi - stakeholders），特别是容易被金融机构忽略之偏乡地区、弱势族群，藉由普惠金融之安全储蓄、适当有计划性之对贫穷与低收入户进行微型贷款，可以帮助民众自助增加收入、取得资本、管理风险以及脱离贫困[2]。同时，世界银行"援助贫穷者协商小组"（Consultative Group to Assist the Poor，CGAP）指出，"数字金融服务"（Digital Financial Services）对发展中国家于提供一系列实惠、便利及安全之银行服务，具有重大之潜力[3]。

世界银行（World Bank）表示，普惠金融之数字科技发展主要在下列几个方

〔1〕 V Leeladhar, "Taking Banking Services to the Common Man – Financial Inclusion", *BIS Review*, at 1 （83/2005）, available at：http：//www. cbc. gov. tw/public/Attachment/632510582671. pdf （last visited Oct. 30, 2017）.

〔2〕 United Nations, *Building Inclusive Financial Sectors for Development* （Blue Book）, at 1 ~ 2 （2006）, available at：http：//www. madamicrofinance. mg/bluebook/summury_ doc_ bluebook. pdf （last visited Oct. 30, 2017）.

〔3〕 CGAP, Digital Financial Services, available at：http：//www. cgap. org/topics/digital – financial – services （last visited Oct. 30, 2017）.

面[1]：①价值链分解（Disaggregation of the Value Chain）包括非银行与非手机网络营运者（non - MNOs，non - mobile network operators）在内之新兴企业越来越多地向客户提供金融商品与服务。②开放平台及应用程序接口（Opening of Platforms and Application Programming Interfaces，APIs）：API 使新的应用程序可以建立在预先存在之产品上，从而利用存在该产品上之客户基础。③使用替代性讯息（Use of Alternative Information）：数字式搜集之数据，包括电子商务及手机交易历程，可以补充或替代传统辨别客户及信用风险评估之方法。④客制化（Customization）：更好的数据（数据）收集与分析可以更精准地分析客户属性，以及以人为中心之商品设计，例如更清晰的用户接口或针对性之警示及消费者通知。

以 2010 年"G20 创新性普惠金融原则"（2010 G20 Principles for Innovative Financial Inclusion，2010 G20 Principles）为根基，G20 于 2016 年发布"G20 数字普惠金融高标准原则"（G20 High - Level Principles for Digital Financial Inclusion，HLPs)[2]，藉由各国成功提供反应各国行动计划之背景与国情，去利用数字技术之巨大潜力[3]。希冀透过数字方式达成普惠金融之目标，包括普惠金融之成长，以及妇女经济参与之增加。"数字普惠金融"（Digital Finance Inclusion）是不断演变之现象，前述原则建置在 2016 年"普惠金融全球参与伙伴"（Global Partnership for Financial Inclusion，GPFI）发布之"全球标准制定机构及普惠金融：不断演变的格局"（Global Standard - Setting Bodies and Financial Inclusion：The Evolving Landscape）白皮书（GPFI White Paper）之基础上，将普惠金融之概念纳入"全球金融业标准制定机构"（Standard - Setting Bodies，SSBs）之工作及成为其思维方式，其指出："所谓数字普惠金融，系指广泛使用数字金融服务去达成普惠金融，包含数字方式之配置，以客户所需之成本与持续提供之方式，达到被排除忽略与服务不足之群体，负责地提供适合他们需求之一系列正式金融服

---

[1] World Bank Group，"FinTech and Financial Inclusion"，at 6（2016）. Available at：http：//www. cbc. gov. tw/public/Attachment/632510582671. pdf（last visited Oct. 30，2017）.

[2] 2016 年 7 月 23 至 24 日于我国成都，G20 通过了普惠金融全球合作伙伴（GPFI）制定之"数字普惠金融高级原则"（HLPs）、"G20 普惠金融指标体系升级版"（The Updated Version of the G20 Financial Inclusion Indicators）、"G20 中小企业融资行动计划落实框架"（The G20 Action Plan on SME Financing）。G20 鼓励各国在制定其更广泛的普惠金融计划时考虑这些原则，特别是数字普惠金融领域的计划。

[3] G20，"G20 High - Level Principles for Digital Financial Inclusion"，at 1（2016），available at：https：//www. gpfi. org/sites/default/files/G20% 20High% 20Level% 20Principles% 20for% 20Digital% 20Financial% 20Inclusion. pdf（last visited Oct. 30，2017）.

务[1]。"

据此，数字普惠金融模型应具备下列四项关键要素[2]：①数字装置：行动电话或支付卡加上"销售点情报系统"（Point of Sale，POS）以传输或接收交易信息；②代理人：系指个人、零售商或畅货中心（outlet），或客户可以自行提取现金之自动柜员机，而设户可以藉由该机器存入现金（将现金转换为数字储存价值或进行数字支付或转账）及提出现金（例如退出数字储值价值账户或接收到数字汇款或其它转账或支付）；③支付交易平台：通过数字装置可以进行支付、转账及价值储存。以及连结到允许储存电子价值之银行或非银行账户。④通过结合银行与非银行（包括潜在之非金融机构）利用数字平台，提供额外之金融商品与服务

关于数字普惠金融之遵循原则，G20 补充公布之 HLPs 简述如下[3]：

1. 原则一：倡导利用数字技术推动普惠金融发展[4]

首先，促进数字金融服务成为推动包容性金融体系发展的重点，包括采用协调一致、可监测和可评估的国家战略和行动计划。在可行条件下，政府机构向消费者和小型企业做出的大额经常性支付应数字化，进一步促进和激励以非现金数字方式（如以更低的手续费为激励)[5]。其次，倡导金融行业方面：①接受以客户为中心的产品设计理念，该理念关注客户的需求、偏好、行为并且促进无法获得和缺乏金融服务的群体获取和使用数字金融服务；②为无法获得金融服务的群体提供低成本的基础性交易账户，此账户能够用于数字支付并提供安全存储。最后，消除数字金融服务发展与数字金融服务获取的障碍，特别是为促进数字普惠金融，与其它国家监理机构合作，消除跨境金融服务障碍。

2. 原则二：数字普惠金融发展中创新与风险之良好平衡

在实现数字普惠金融的过程中，平衡好鼓励创新与识别、评估、监测和管理新风险之间的关系。值得注意的重点为：①通过以市场为导向之激励与公私部门合作，鼓励数字创新，特别是以此惠及无法获得正规金融服务与缺乏金融服务之群体。②鼓励监理机关与行业制定风险管理策略，该策略需反应不同之司法辖区特定条件与法律框架，如符合当地情况之"了解你的客户原则"（Know Your Customer，KYC）。通过该手段可有效管理与减轻已经识别之风险，而非规避此类

---

[1] CPFI, Global Standard – Setting Bodies and Financial Inclusion：The Evolving Landscape, at 46, available at：https：//www. gpfi. org/sites/default/files/documents/GPFI_ WhitePaper_ Mar2016. pdf（last visited Oct. 30，2017）.

[2] *Ibid.*

[3] G20, *Supra* note 23, at 1.

[4] G20, *Supra* note 23, at 7~8.

[5] PAFI Guiding Principle 7：Large – volume, Recurrent Payment Streams.

消费者与账户。监理指引也应该强调普惠金融作为"反洗钱与反恐融资"（Anti - Money Laundering and Counter - Terrorist Financing , AML/CFT）中有利因素之重要性，并包括对相关脸规则灵活性明确建议，涵盖以运用风险导向监理方法为目的之建议。③与金融行业合作，探索发行"数位法定通货"（digital fiat currencies）对普惠金融之益处。

3. 原则三：构建强化权利与适当之数字普惠金融法律和监理框架

针对数字普惠金融，充分参考 G20 和国际标准制定机构的相关标准和指引，构建恰当的数字普惠金融法律和监理框架。

4. 原则四：扩展数字金融服务基础设施生态系统

扩展数字金融服务生态系统，包括加快金融和讯息通信基础设施建设，使用安全、可信和低成本的方法为所有相关地域提供数字金融服务，尤其是农村和缺乏金融服务的地区。

建立数字金融服务生态系统的重点在于：加快稳健、安全、高效且广泛可得的零售支付和讯息通信基础设施建设，为所有用户提供便捷、可靠的服务网点，使用户可以在服务网点内收支款项并获得其它数字金融服务。这些基础设施应在最大程度上打通农村地区金融服务的"最后一里路"（last mile），并服务主要城市地区和重要的交通走廊。需注意的是，本原则支持消费者与金融消费者个人数据保护和隐私法规，鼓励在信用记录报告机制中使用创新性数据（数据）来源：如公用事业缴费、手机话费充值，以及电子钱包或者电子货币账户和电子商务交易数据（数据）等。此项原则可以由原则七中提及的客户身份识别系统协助实施。

5. 原则五：采取负责任数字金融措施保护消费者

创立一种综合性的消费者和数据（数据）保护方法，重点关注与数字金融服务相关的具体问题。

"负责任数字金融实践"（responsible digital financial practices）之必要性已得到广泛认可[1]。在获取和持续使用数字金融服务的过程中，健全的消费者和数据（数据）保护框架对构建消费者信任和信心必不可少，尤其是对于那些金融素养不高或承担损失能力有限的消费者而言。就数字普惠金融环境而言，技术、服务、供货商、销售渠道的快速革新以及个人讯息处理之数量、速度和种类尤为重要，它们在提高消费者金融服务可得性的同时也带来了风险。

---

[1] See Leading examples include PAFI Guiding Principle 2：Legal and Regulatory Framework and PAFI Guiding Principle 6：Awareness and Financial Literacy；GPFI White Paper Recommendations 19 to 24 and Part IVB；and the G20 High - Level Principles on Financial Consumer Protection, available at：http：//www. oecd. org/daf/fin/financial - markets/48892010. pdf（last visited Oct. 30, 2017）.

涉及数字金融服务的消费者风险多种多样，尤其当消费者为无法获得金融服务或缺乏金融服务的群体时。这些风险包括：作为非审慎监管对象的供货商所保有的消费者资金缺乏安全保障；有关费用、条款和条件（如使用移动电话的条款和条件）之讯息揭露不完全；代理商流动性不足和代理商诈欺情事；使用具有误导性的用户界面增加错误交易风险；系统安全性不足；通过数字方式不负责任地提供贷款；系统崩溃资金无法获取；不清楚或限制性的损失追索制度（unclear or limited recourse systems）；以及无法维护个人信息保密性和安全性等。同时，对金融服务不足群体之歧视也存在重大风险。

鉴于此，采取负责任的数字金融措施保护消费者并解决相关监管和行业自律问题。因此，鼓励服务提供商定期提交有关数字金融服务投诉统计数据（数据）之报告，数据（数据）应按主要目标群体划分、明确"个人数据"之定义并对综合各类信息以进行个体识别的能力加以考虑，以及确保数字金融服务消费者能够对个人数据进行有意识的选择和控制，与禁止以不公平歧视性方式使用数字金融服务相关数据（数据），均属重要。

6. 原则六：重视消费者数字技术基础知识和金融知识的普及

根据数字金融服务和渠道的特性、优势及风险，鼓励开展提升消费者数字技术基础知识和金融素养的项目并对项目开展评估。

7. 原则七：促进数字金融服务的客户身份识别

通过开发客户身份识别系统，提高数字金融服务的可得性，该系统应可访问、可负担、可验证，并能适应以基于风险的方法开展客户尽职调查的各种需求和各种风险等级。

8. 原则八：监测数字普惠金融进展

通过全面、可靠的数据（数据）测量评估系统来监测数字普惠金融的进展。该系统应利用新的数字数据（数据）来源，使利益相关者能够分析和监测数字金融服务的供给和需求，并能够评估核心项目和改革的影响。

有效利用数字技术实现普惠金融目标需要一个全面的监测评估系统来追踪进展、识别障碍（包括差距）与展示国家层面及项目层面之成果。国家监测评估系统应与新兴数字模式相适应，具有如下三个核心要素：①具有核心指针和相应目标的成果评估框架；②采集供需方数据（数据）所需的数据（数据）基础设施；③针对核心项目和变革的评估行动。这些要素可用于量化和衡量数字普惠金融重点议题的进展情况，深入分析普惠金融的发展趋势和障碍，以及提供有关改革和项目效率、效力及影响的可靠见解。

### 2016 年与 2010 年原则比较表

| 2016 G20 HLPs | 2010 G20 Principles |
| --- | --- |
| ● 原则一：倡导利用数字技术推动普惠金融发展 | ● 原则一：以 2010 年 G20 原则第一项原则"指引"（Leadership）与第六项原则"合作"为基处 |
| ● 原则二：数字普惠金融发展中创新与风险之良好平衡 | ● 原则二：以 2010 年 G20 原则第一项原则"指引"（Leadership）、第三项原则"创新"（Innovation）与第四项原则"保护"（Protection）为基础 |
| ● 原则三：构建强化能力与适当的数字普惠金融法律和监理框架 | ● 原则三：以 2010 年 G20 原则第四项原则"保护"、第八项原则"适当性"（Proportionality）与第九项原则"框架"（Framework）为基础 |
| ● 原则四：扩展数字金融服务基础设施生态系统 | ● 原则四：以 2010 年 G20 原则第九项原则"框架"（Framework）为基础 |
| ● 原则五：采取负责任的数字金融措施保护消费者 | ● 原则五：以 2010 年 G20 原则第四项原则"保护"（Protection）与第五项原则"强化能力"（Empowerment）为基础 |
| ● 原则六：重视消费者数字技术基础知识和金融知识的普及 | ● 原则六：以 2010 年 G20 原则第五项原则"强化能力"（Empowerment）为基础 |
| ● 原则七：促进数字金融服务的客户身份识别 | ● 原则七：以 2010 年 G20 原则第一项原则"指引"（Leadership）与第六项原则"合作"（Cooperation）为基础 |
| ● 原则八：监测数字普惠金融进展 | ● 原则八：以 2010 年 G20 原则第七项原则"知识"（Knowledge）为基础 |

来源：G20，G20 High – Level Principles for Digital Financial Inclusion, at 24（2016）.

（四）我国台湾地区金融科技监理政策之落实：投资放宽与监理沙盒并行不悖

查金管会于2016年12月13日发布之函释内容[1]，主管机关将"信息服务业""金融科技业"认定为"金融相关事业"，明定银行投资信息服务业及金融科技业，其业务项目与已核准投资之信息服务业及金融科技业之主要业务项目不同者，视为非属同一业别；另为配合现行金融科技之发展，并鼓励业者利用金融科技提升相关风险管理之技术及创新金融服务，新增列举金融科技业之业务项目，并对于业务或数据性质必须要符合连结性、公开揭露事项与年度营收与成本所占比率等向主管机关备查等程序事项逐一规范。有疑问者，是否因为开放投资

---

[1] 金融监督管理委员会2016年12月13日金管银控字第10560005614号函释："一、依据银行法第74条第4项及金融控股公司法第36条第2项第11款规定办理。二、银行及金融控股公司申请转投资下列事业，属银行法第74条第4项所称'其它经主管机关认定之金融相关事业'及金融控股公司法第36条第2项第11款所称"其它经主管机关认定与金融业务相关之事业"：（一）信息服务业：指主要业务为从事与金融机构信息处理作业密切相关之电子数据处理、涉及金融机构帐务之电子商务交易信息之处理，或研发设计支持金融机构业务发展之金融信息系统者。（二）金融科技业：指主要业务为下列之一者：1. 利用信息或网络科技，从事辅助金融机构业务发展之资料搜集、处理、分析或供应（例如：大数据、云端科技、机器学习等）。2. 利用信息或网络科技，以提升金融服务或作业流程之效率或安全性（例如：行动支付、自动化投资理财顾问、区块链技术、生物辨识、风险管理、洗钱防制、信息安全、交易安全、消费者权益保护等）。3. 其它以信息或科技为基础，设计或发展数字化或创新金融服务（例如：网络借贷平台等）。银行投资前项信息服务业及金融科技业，其业务项目与已核准投资之信息服务业及金融科技业之主要业务项目不同者，视为非属同一业别。三、该信息服务业及金融科技业之主要业务不得为硬设备制造、销售或租赁。该信息服务业及金融科技业如有提供硬设备，该硬设备用途须符合前点规定之业务或数据性质，并能与金融相关程序软件设计相连结。四、该信息服务业或金融科技业从事第二点及前点后段规定之业务或行为，其年度营业成本或营业收入来自金融事业（包括金融控股公司、银行、证券、保险及其子公司）及金融服务者，应达该信息服务业或金融科技业年度总营业成本或总营业收入之51%以上。但基于策略联盟或加强业务合作，银行及金融控股公司对该信息服务业或金融科技业之投资如无公开发行银行财务报告编制准则及金融控股公司财务报告编制准则所称控制或重大影响者（例如持股比率低于20%），不在此限。五、银行及金融控股公司应于每年营业年度终了后一个月内，就该信息服务业或金融科技业之年度营业成本及营业收入来自金融事业及金融服务之比率函报主管机关备查。如未符合前点规定者，应自函报当年度起二年内调整至符合规定，如未能于期限内完成调整，得叙明理由申请展延一次，以一年为限。如逾期仍未改善者，银行及金融控股公司应向主管机关函报处分持股计划，将对该信息服务业或金融科技业之投资金额或持股比率，降低至不得超过该信息服务业或金融科技业实收资本总额或已发行股份总数之5%，或调整至符合前点后段规定。"

项目增加，因此无需监理沙盒之必要[1]？

　　本文认为，创新实验（监理沙盒）并不能误解为提供业者一个低监理密度之环境进行测试[2]，相反地，为确保参与消费者之权益，以及相关真实测试数据提供未来修法参考之平衡，于高密度监理下进行，始不偏废。辅以"新加坡金融监理局"（The Monetary Authority of Singapore，MAS）规定参与沙盒测试之消费者不能使用 FIDReC 争端解决机制（详本文后述），系因 MAS 再三提醒应寻求授权之金融服务业进行金融业务，非适格之申请人仅能在有限度与高度监理下进行沙盒测试，自愿参与测试之消费者应自负风险，明确区分受监理与未受监理之金融活动救济程序之差异，但实质上对于消费者之保护措施并不因此而降低期监理强度与密度[3]：例如申请人应量化建议可能造成之最大损失与影响范围（包括连锁效应）、建置处理消费者查询、投诉、反应之管道、尽力降低测试失败造成消费者与广泛金融系统之风险影响、金融服务计划测试终止或进行广泛之运用时，消费者退出与移转计划：通知消费者之内容包括参与沙盒计划之期间、限制条件、相关风险、沙测试终止与延长之提前通知、金融服务计划更广泛运用之信息。

**商业银行转投资与创新实验申请比较表**

| | 商业银行转投资 | 创新实验申请 |
|---|---|---|
| 法规依据 | 商业银行转投资应具备条件及检附文件（金管会 2013 年 1 月 9 日金管银法字第 10110006780 号令） | "行政院"版"金融科技创新实验条例"草案 |

---

[1] 论者指出："已经取得营业资格之特许金融业既已取得营业执照，理论上任何属于该业法律所辖之金融业务活动皆属可经营之范围……倘若不超出执照所登载之营业项目而仅作业方法而非营业项目层次之创新，其所面临困难大都非属法律层次之障碍，而系法规命令或行政规则之限制……因此移除金融服务业创新障碍最主要之关键或许在行政法规的松绑，而非法律适用的安排。由此观之，就金融业之创新而言，大部分或将与法律适用的排除无涉，而未必有监理沙盒专法之必要。"彭金隆、臧正运：《我国金融科技创新实验落地机制之检视与构建》，载《月旦法学杂志》2017 年第 266 期，第 38～39 页。

[2] 台北商业大学：《我国金融科技之发展——从国际观点分析金融服务相关法规研究报告》，载《台湾金融服务业联合总会委托办理金融科技创新创业及人才培育计划》2017 年 4 月，第 223 页。

[3] MAS, *FinTech Regulatory Sandbox Guidelines*, *Annexb - Application Template for the Fintech Regulatory Sandbox*, supra note（8），§6.2.f& 6.2.g，p.16.

续表

| | 商业银行转投资 | 创新实验申请 |
|---|---|---|
| 检具文件 | ●第3点：商业银行申请转投资金融相关事业时，应检具下列书件：<br>1. 未超逾银行法第74条第3项转投资持股限额规定及符合本规定第一点之自评表。<br>2. 投资计划及目的（包括转投资事业股东结构、经营团队成员、投资效益可行性分析及其分支机构发展计划）。<br>3. 转投资对银行营运（包括流动性）影响及绩效评估。<br>4. 银行过去转投资事业之绩效分析，并提出对所有转投资事业之管理及风险评估之机制。<br>5. 银行与转投资事业或第三人间，客户资料之保密政策。<br>6. 银行与转投资事业间对业务经营有利益冲突事项、防止内线交易事项之内部规范。<br>7. 银行与转投资事业间符合常规交易之规范。<br>8. 其它依被投资企业特性应另行检具之评估资料。<br>商业银行申请转投资非金融相关事业除准用前点规定外，并应提出配合政府发展国内经济发展计划之说明 | ●第4条：自然人、独资或合伙事业、法人（以下简称申请人）得申请主管机关核准办理创新实验；其申请应检具下列文件：<br>1. 申请书。<br>2. 申请人数据：<br>I. 自然人：提供本人或其代理人在我国台湾地区境内住所或居所之证明文件。<br>II. 独资或合伙事业：提供商业证明文件、负责人名册及负责人或其代理人在我国台湾地区境内住所或居所之证明文件。<br>III. 法人：提供法人登记证明文件、法人章程或有限合伙契约、董（理）事或普通合伙人、监察人或独立董事或监事等负责人名册。<br>3. 创新实验计划：<br>I. 资金来源说明。<br>II. 拟办理创新实验之金融业务及所涉金融法规。<br>III. 创新性说明。<br>IV. 创新实验之范围、期间、参与创新实验者（以下简称参与实验者）人数及实验所涉金额。<br>V. 执行创新实验之主要管理者数据。<br>VI. 与参与实验者相互间契约之重要约定事项。<br>VII. 对参与实验者之保护措施。<br>VIII. 创新实验期间可能之风险及风险管理机制。<br>IX. 洗钱及资恐风险评估说明，及依风险基础原则订定之降低风险措施。<br>X. 办理创新实验所采用之信息系统、安全控管作业说明及风险因应措施。<br>XI. 创新实验预期效益及达成效益之衡量基准。<br>XII. 自行终止创新实验、经主管机关撤销或废止核准或创新实验期间届满之退场机制。<br>XIII. 涉及金融科技专利者，应检附相关资料。<br>XIV. 与其它自然人、独资、合伙事业或法人合作办理创新实验者，应检附合作协议及相互间之权利义务说明。<br>其它主管机关规定之文件 |

| | 商业银行转投资 | 创新实验申请 |
|---|---|---|
| 消极要件 | ●第1点：商业银行转投资金融相关事业，应无下列情事：<br>1. 依"银行自有资本与风险性资产计算方法说明及表格"规定，将本次申请投资金额纳入计算后之自有资本与风险性资产比率，未符银行资本适足性及资本等级管理办法第五条规定者。<br>2. 备抵呆帐提列不足者。<br>3. 内部控制执行有重大缺失，有碍健全经营，且尚未获金融监督管理委员会（以下称主管机关）认定已改善者。<br>4. 商业银行申请转投资事业时，如因最近一次金融检查，或经主管机关审查，有新增之累积亏损或备抵呆帐提列不足者，银行应重新核算第1款之比率 | ●第5条：前条第2款第1目之自然人与其代理人、第2目之负责人与其代理人、第3目之法人与其代表人及第3款第5目之主要管理者，不得有下列情形之一：<br>1. "公司法"第30条各款情事。<br>2. 犯"银行法"、"金融控股公司法"、"信托业法"、"票券金融管理法"、"金融资产证券化条例"、"不动产证券化条例"、"保险法"、"证券交易法"、"期货交易法"、"证券投资信托及顾问法"、"管理外汇条例"、"信用合作社法"、"农业金融法"、"农会法"、"渔会法"、"洗钱防制法"、"电子票证发行管理条例"或"电子支付机构管理条例"所定之罪，受刑之宣告确定，尚未执行完毕，或执行完毕、缓刑期满或赦免后尚未逾5年者。<br>3. 因违反"银行法"、"金融控股公司法"、"信托业法"、"票券金融管理法"、"金融资产证券化条例"、"不动产证券化条例"、"保险法"、"证券交易法"、"期货交易法"、"证券投资信托及顾问法"、"信用合作社法"、"农业金融法"、"农会法"、"渔会法"、"电子票证发行管理条例"或"电子支付机构管理条例"，经主管机关或相关机关命令撤换、解任或解除职务，尚未逾5年者。<br>●创新实验自主管机关核准日起至创新实验期间届满日止，前条第2款第1目之自然人、第2目之负责人、第3目之法人及其代表人有前项各款情形之一者，主管机关得废止创新实验之核准。<br>●创新实验自主管机关核准日起至创新实验期间届满日止，前条第2款第1目之代理人、第2目之代理人及第3款第5目之主要管理者有第1项各款情形之一者，主管机关得命申请人限期更换之；届期未更换者，主管机关应废止创新实验之核准 |

续表

| | 商业银行转投资 | 创新实验申请 |
|---|---|---|
| 积极<br>要件 | ● 第2点：商业银行转投资非金融相关事业，应符合下列情事：<br>1. 依"银行自有资本与风险性资产计算方法说明及表格"规定，将本次申请投资金额纳入计算后之自有资本与风险性资产比率，应达银行资本适足性及资本等级管理办法第5条规定比率加计一个百分点以上。<br>2. 上一年度及截至申请时无违反金融法规受处分者，或违反金融法规受处分之缺失已具体改善并经主管机关认可者。<br>3. 备抵呆帐提足者。<br>4. 最近一季逾期放款比率低于同业平均水平者。但为执行政府相关政策者，不在此限。<br>5. 内部管理无重大缺失者，或缺失已具体改善并经主管机关认可者。<br>6. 最近3年平均税后盈余无亏损者。<br>7. 配合政府发展国内经济发展计划者。<br>8. 商业银行申请转投资事业时，如因最近一次金融检查，或经主管机关审查，有新增之累积亏损或备抵呆帐提列不足者，银行应重新核算第一款之比率 | ● 第7条：为促进金融科技创新发展，并维护公共利益，主管机关对于创新实验之申请，应审酌下列项目：<br>1. 属于需主管机关许可、核准或特许之金融业务范畴。<br>2. 具有创新性。<br>3. 可有效提升金融服务之效率、降低经营及使用成本或提升金融消费者及企业之权益。<br>4. 已评估可能风险，并订有相关因应措施。<br>5. 建置参与实验者之保护措施，并预为准备适当补偿。<br>6. 参与实验者人数及实验所涉金额。<br>7. 其它需评估事项 |

资料来源：本文自行整理。

另从消费者保护观点论之，若监理密度与强度降低，将如何强化其权利保护？实则，是否为创新性，必须要有客观之认定标准，以前述函释所包括之区块链来说，其早已投入研究并非创新技术，但为何直至比特币等数字货币之大量出现后始广为人知，亦为英国"金融行为监理总署"（Financial Conduct Authority，FCA）核准监理沙盒之多数业务项目之一？系因相关之网络等科技技术建置完成后，始竟全功。创新性金融业务取决于业者之自由创新外，更需要金融科技、金融消费者知识程度之提升、社会愿意接受并使用等众多因素集合而成，若将判断是否属于创新性之标准均由主管机关自由认定，其本身即扼杀创新性发展。再者，实务业者最清楚实际经营状态，英国为国际监理沙盒之先驱，申请者无论为金融服务业或非金融服务业均得申请，其意义在于促成民间业者藉由监理沙盒测试，带动检讨法规以符合金融科技发展之目标，与金融主管机关相互检验，而达到金融创新之可能。监理沙盒制度之关键，在"实际测试数据"与"消费者保护"两大因素。盖未经过监理沙盒测试，无法得到消费者权益受影响之数据，亦即无法在法规得到论证，若贸然不经由沙盒径自开放，其最后是否要由消费者承担事实上虽属创新，但对消费者权益与金融秩序产生巨大冲击与破坏，由消费者承担其不利后果与成本后，尔后补破网，亦不符合负责任监理核心意义。

### 三、监理沙盒、社会企业与财团法人

（一）我国台湾地区社会企业之政策发展

所谓"社会企业"是指解决特定社会问题为核心目标的创新企业组织，透过一般商业营运而非捐赠的模式在市场机制中自给自足。其不仅可以增加就业机会，亦可达到社会公益的目的，以平衡社会发展。观诸 2014 年 7 月 26 日经贸国是会议，议题一"全球化趋势下台湾地区经济发展策略"之"五、发展在地型产业与社会企业"共同决议，社会企业的推广，应由法规调适、辅导与建构平台三面向进行，鼓励上市柜公司及非营利组织投入发展，优先服务弱势族群，并针对社会企业建立一套管理及税务规则，俾降低全球化之不利冲击[1]。

依据"经济部""社会企业行动方案（2014～2016 年）核订本"（下称"行动方案"）内容可知，社会企业面临的挑战包括：社会企业认知与技能应强化、资金取得管道有限、社会企业营销通路不易拓展、社会企业发展法规需调适、辅

---

[1] "经济部"：《社会企业行动方案（2014～2016 年）核订本》，第 2 页，available at：http：//www. ey. gov. tw/ Upload/RelFile/26/716149/8d8b6be7－0e21－4a37－9c72－871e28b325d2. pdf（last visited Oct. 30, 2017）.

导资源需整合、人培、研发等外部性议题待处理。其中最重要的是法规调适问题[1]，从组织型态来说，因为"公司法"第1条将公司之定义锁定在"营利事业"，公益性目的成为公司主要之目的时，将有违营利事业之目标。然而，在企业社会责任（Corporation Social Responsibility, CSR）被倡导引入证券交易法制，并且落实在公开发行公司年报公开揭露事项中：在"公司治理报告应记载下列事项"规定之"三、公司治理运作情形"，其中（五）即为"履行社会责任情形"：公司对环保、小区参与、社会贡献、社会服务、社会公益、消费者权益、人权、安全卫生与其它社会责任活动所实行之制度与措施及履行情形（公开发行公司年报应行记载事项准则第10条）。除此之外，上市（柜）公司尚需遵守"上市上柜公司企业社会责任实务守则"，实践企业社会责任，并促成经济、环境及社会之进步，以达永续发展之目标，上市上柜公司宜参照本守则订定公司本身之企业社会责任守则，以管理其对经济、环境及社会风险与影响（"上市上柜公司企业社会责任实务守则"第1条）。需注意的是，实务守则并无法律之强制拘束力，退一步言，若认为其有实质拘束力（来自群众或大众），其条文也仅以"宜"字要求上市（柜）公司制定本身之企业社会守则，而非"应"，但比起"得"之规定来说，可以看出政府浓厚希冀之意[2]。

应注意的是，于"经济部"法规调适之步骤中，"行动方案"揭示："经济部为营造中小企业优质发展环境，于产业法规议题通案部分，依据'中小企业发展条例'第12条之1规定，推动中小企业法规调适机制；于中小企业法规个案问题部分，则推动中小企业荣誉律师团提供相关法规咨询服务。为协助社企型公司解决社会企业经营法规课题，"经济部"将透过中小企业法规调适与中小企业研究中心等机制，建立社会企业个案访视、专家学者座谈会、案例发表会等双向沟通管道，搜集并研析影响社会企业发展之法规课题，进一步透过中小企业政策

---

[1] 目前社会企业可能选择的组织结构包括公司（有限公司、股份有限公司）、财团法人（基金会等）、社团法人（公协会等）、合作社、农渔会等。而不同组织据以成立之法律，其各有不同的税赋、管理、资本、融资及利润分配等差异。公司、财团法人、社团法人、合作社等各种不同的组织型态践行其组织目标，于以往单纯经营环境下或可运行无碍，然于社会企业等新型态组织出现时，则面临追求多重组织目标之间的冲突。根据社会企业业主反映，未分配盈余系用于公益目的之主要资金，然依法须课征营利事业所得税，将影响未来各项资金规划；目前仅NPO依法拥有政府优先采购之条件，若为公司型态之社会企业则无法享有相关辅助措施；除此之外，现行法令虽未限制NPO担任公司发起人，然多数目的事业主管机关担忧其创设目的可能偏离原社会使命，顾不敢贸然通过，故使NPO在既有资金挹注于社企型公司时面临诸多问题。

[2] 修正理由指出："参考国际组织对企业社会责任之定义，例如'经济合作暨发展组织（OECD）多国企业指导纲领'的一般政策原则认为企业应促成经济、环境及社会进步，以达到永续发展的目标；欧盟认为企业社会责任乃'企业对社会影响的责任'，爰酌予修正现行条文第1项及第2项文字，以臻明确。"

审议委员会等跨部会平台进行协调处理，以逐步改善社企型公司经营环境。"然而，社会企业不仅仅需营造中小企业优质环境与解决中小企业法规调适或个案问题，而透过法规松绑或调整方式，针对所有企业体进行促进社企型公司之出现，无论在产业供应练之供给者或事业，甚至于是大型或集团化企业之事业体，均为目标。

（二）监理沙盒与社会企业之结合

1. 伞状沙盒与公司法修正草案

英国监理沙盒规范（Regulatory Sandbox）将监理沙盒区分为二类，一为"虚拟沙盒"（virtual sandbox），系指使企业能够测试产品之环境以及在一个虚空间中进行服务，而不进入真正的市场（例如藉由测试取得公开数据，或是藉由虚拟由其它公司提供数据）之沙盒[1]。二为"伞状沙盒公司"（sandbox umbrella company)[2]，系指让一起行动之营利之利害关系人可以考虑设置的"非营利性沙盒伞状公司"（not - for profit sandbox umbrella company）制度，这类公司可以从 FCA 寻求授权，在该问题测试期间，允许创新业务充当持续时间之"指定代表"（appointed representatives）。FCA 将帮助该公司建立保护伞并持续提供支持与建议。

本文认为，参酌英国伞状沙盒公司制度，而近年来正在推行企业组织弹性与多样性之建置，借鉴其非营利之精神，辅以我国台湾地区"经济部"商业司2017 年 7 月 4 日公布之"'公司法'部分条文修正草案条文对照表"第 1 条第 2 项规定："公司经营业务，应遵守法令及伦理规范，得实行增进公共利益之行为，以善尽其社会责任。"之要求，金融创新应可与社会企业相互结合[3]，作为"行政院"版草案第 7 条未来修正时增加之审查基准（目前仅能解释包含在草案第 7 款："其它需评估事项"之中），并同时于草案第 17 条第 1 项中增订有关该"社会企业成立应具备之要件"，并透过该条第 3 款之规定，辅导其向经济部申请设立，并同时在创新实验完成阶段前辅导其经营逐渐符合草案第 17 条第 2 项金融法规之规范[4]。应可预期"金融服务业"（于不违反金融法规之前提下履行企业社会责任）与"社企型非金融服务业"的各自核心业务互不侵蚀，引导

---

〔1〕 FCA, *Regulatory sandbox*（*November* 2015), § 4. 3 – 4. 6, p. 12. *Available at*: https://www.fca.org.uk/publication/research/regulatory – sandbox. pdf（last visited Oct. 30, 2017).

〔2〕 Id., § 4. 7 – 4. 10, p. 12.

〔3〕 林盟翔:《监理沙盒之法制构造与立法动向》，载《第三届金融法治论坛暨国际学者讲座研讨会论文集》，铭传大学法律学院主办、上海财经大学与西南政法大学协办，2016 年 11 月 12 ~ 13 日，第 180 ~ 181 页。

〔4〕 林盟翔:《数位通货与普惠金融之监理变革——兼论洗钱防制之因应策略》，载《月旦法学杂志》2017 年第 267 期，第 69 ~ 71 页。

相互合作，且因功能性监理强度与公益性目标一致，完整实践"双翼监理"（Pronged Supervision）[1]、"负责任监理"（Responsible Regulation）之内涵，亦符"金融创新"之本质[2]。此外，若申请创新实验之法人并非社会企业，经过监理沙盒实验成功后，主管机关应辅导鼓励以社会企业作为其非金融业申请企业之组织设定；若申请者为金融机构，则依据目前法律规范与日后草案之要求持续履行企业社会责任，促使真实创新与消费者利益与保护之密切结合。附带说明的是，从"公益公司法草案[3]"之内容可知，公司必须以明确之公益目的为公司之营运主要宗旨，并且限制酬劳、红利之分派并确实揭露[4]，因此社会企业对于普惠金融与创新之公益性，应有帮助。

2. 社会企业发展条例

公司法修正草案之社会企业，仅为道德式之劝导，并无法定组织架构供企业遵循。社会企业的蓬勃发展让英国政府更加重视社会企业深入边缘小区、接触弱势群体，以及发挥社会融入（Social Inclusion）的功能。然而相较于英国经验，社会企业理念在台湾仍处于萌发阶段。鉴于此，为建立完善的社会企业发展生态系，参酌英国以伞状式界定社会企业理念方式，容纳不同型态的营利与非营利法人组织，除保持私法自治概念，维持多样的组织型态与自主性，亦维持不同组织引领创新经营模式的能量，带动社会创新趋势；成立社会企业发展基金，集中资源来辅导社会企业的发展工作；并筹措独立财源，稳定其生态系统发展，以促进社会企业在台湾茁壮，有立委拟具"社会企业发展条例"草案，目前交付审查阶段。

依据该条例第2条规定："本条例所称之社会企业，系指依据本条例完成组织登记，依法设立之法人组织，并应符合下列条件：一、于组织设立章程或相关书面文件叙明其社会目的。二、营运所得之净利，至少50%再投入于实践其社

---

〔1〕"双翼平衡监理原则"（Pronged Supervision），系金管会亦于2015年9月成立了金融科技办公室，研拟相关金融政策与发展蓝图，在促进创新金融服务的同时，兼顾资通安全与个资保护。黄天牧、叶信成：《出席2016年国际证券管理机构组织亚太区域委员会议（IOSCO APRC）报告》，载《行政院及所属各机关出国报告》，2006年，第9页。

〔2〕林盟翔：《台湾监理沙盒之法制构造与立法动向》，载《第三届青衿商法论坛：金融科技与法律高峰论坛论文集》，北京清华大学商法研究中心、清华大学五道口金融学院互联网金融实验室主办，2017年4月8日，第136~137页。

〔3〕"立法院"：《"立法院"议案关系文书（院总第1775号，委员提案第16056号）》，2014年。

〔4〕"公益公司法"草案第17条规定："公益公司之员工红利、董事、监察人及其它负责人之酬劳、股息及股东红利之分派总额，总计不得高于依公司法规定弥补亏损、完纳税捐并提出法定盈余公积后当年度可分派盈余之二分之一（第1项）。当年度分派之股东红利未达章程所订比例时，得经股东会决议留供未来年度分派或转为不得分派之盈余。前述得供未来年度分派股利之累积未分配盈余，应揭露于财务报告（第2项）（以下略）。"

会目的；可分配净利不得高于30%。三、组织年度收入中，至少50%应来自商品或服务贩卖所得。四、定期公开组织追求社会目的之社会影响力评估报告及财务报表。五、未符合本项第2至第4款规定，但经主管机关认定为促进社会企业发展，得于15%之范围内，适度放宽，准用本条例之规定。依据人民团体法成立之政治团体，不在社会企业组织定义之内。"

从上述立法说明可知，首先，关于社会企业所指涉的对象，参酌英国有关社会企业认定类型，采取较宽广的伞状式界定。为维持社会企业实现社会公益与使命的自主性，依据人民团体法成立之政治团体，并不在社会企业团体定义之列。其次，凡依据民法及相关规定登记设立之社团、财团法人，如依据人民团体法成立之职业团体、社会团体，并依法办理法人登记者，及依据合作社法成立之合作社，依据公司法社设立之公司，均可申请社会企业组织登记。其次，社会目的指社会企业所欲实现的社会宗旨，例如小区永续发展、环境生态保育、文化保存与创新、就业整合与职能提升、缓解社会问题等社会公益目的。此外，为促进社会企业持续推广社会融合与社会永续，营运所得之净利，至少50%再投入于实践其社会目的，可分配给股东之净利不得高于总额的30%。最后，未符合规定，然具备透过商业交易模式之运作，以达成小区永续发展、环境生态保育、文化保存与创新、就业整合与职能提升、缓解社会问题等社会公益为目的，并将营运所得盈余循环重新投入组织所设定社会使命之组织，得于15%之范围内，适度放宽，准用本条例之规定。

若将来社会企业之组织运作、业务、监理等相关规定能够透过上述条例定性，则适用与监理上之原则与规定明确，以此引导从事监理沙盒实验之申请人设立社会企业，以符合金融公益性与有助于普惠金融之实践，应积极为之。

（三）社会企业有助于财团法人与监理沙盒之对接

于"鼓励财团法人投资设置社企型公司"方面，"行动方案"指出："许可经济事务财团法人担任社企型公司发起人，使公司在运作时拥有稳定之营运资金。如2013年核准财团法人工业技术研究院成立究心公益科技有限公司（GeoThings），利用地理位置实时救灾信息平台系统整合各方数据来源，使相关救灾、志工等组织能更精准掌握信息，有效准确分配救灾资源与人力。"究心公益科技有限公司之设立对于防灾系统来说非常具有帮助，值得肯定。但从法制观察，毕竟还是需由政府所许可或核准之财团法人进行发起设立或转投资，该公司之效能与目标并非如一般公司般有弹性，且无法由该财团法人具有自主权，尤其社会企业涵盖之范围甚广，若直接由财团法人出资，等于是政府出资，碍于预算之消耗与被投资企业之营运动能及效果是否能够维持，均有疑义。

此外，依据"法务部"公布之"财团法人法"草案第21条规定："财团法人之财产，应以法人名义登记或储存，并受主管机关之监督，不得存放非依法经营收受存放款业务之机构，或贷与董事、其它个人（第1项）。违反前项规定者，为该行为之董事各处新台币3万元以上15万元以下罚锾（第2项）。第1项规定财产之管理方法如下：一、存放金融机构。二、购买公债、"国库券"、"中央银行储蓄券"、金融债券、可转让定期存单、金融机构承兑汇票或保证商业本票。三、购置业务所需之动产及不动产。四、本于安全可靠之原则所为有助增加财源之投资；投资总额不得逾法院登记财产总额的1/2。但以其自行研发之专门技术或智慧财产权作价投资者，不在此限。五、其它经主管机关许可有利于财产运用者（第3项）。前项第4款所定投资总额之限制比率于主管机关依第54条或第56条第2项所定监督办法另有较严格之限制规定者，依其规定（第4项）。"由该条第3项规定可知，财团法人除了其本身公益事业外，财团法人财产之管理方法除保值外，并得为适当投资，以兼顾财产运用之灵活性，俾维持其办理各项公益事业之财力。同条第2款与第4款之营利之保守性或安全可靠投资项目既然可行，解释上应无不可对社会企业进行投资。但因财团法人系属公益性，条文之解释应朝向"公法性"之解释方式，亦即法无明文规定时，不能擅自增加、变更或透过解释等方式来扩张或限缩其意义范围，也因此仅能透过第5款之规定办理，但仍需要透过主管机关许可而产生之时效性浪费，以及所谓"有利"于财产运用之"有利"判断标准为何？亦不得而知。既然社会企业与公益紧密相关，未来草案之立法程序中应详加讨论与谋取共识[1]。

　　本文认为，首先，为使金融服务业与非金融服务业经营金融业务之监理一致，非金融服务业申请创新实验之组织，其应限于"股份有限公司"（社企型股份有限公司）为妥。其次，创新实验（监理沙盒）应结合与遵循"微型金融"

---

[1]　依据目前可查阅到的"公益公司法"草案第14条规定："财团法人得依本法投资或设立第二类公益公司（第1项）。依前项被投资或设立之第二类公益公司，其公益目的应与设立或投资之财团法人之目的相符。"立法理由指出："一、为鼓励新创公益事业，促进财团法人投资收益并开创公益公司财务来源，并考虑第二类公益公司财务状况及公益执行状况较第一类公益公司更为公开透明，爰订定本条。二、另依台湾地区实务见解，财团法人如因投资行为而受有利益，须将该所得利益维持自身运作之用或捐予其它公益事业，方与财团法人设立之公益目的无违。""立法院"（2014）［第8届第4会期第18次会议议案关系文书（院总第1775号、委员提案第16056号）］。本条是否透过"公益公司法"草案立法来让财团法人得以排除"财团法人法"草案第21条由主管机关之监督，或是作为仍须主管机关许可之投资项目，二者法条上之内容适用上有所疑义，未来若要修正应同时进行之，避免相互抵触或矛盾。

（Microfinance）[1]、"普惠金融"（Financial Inclusion）[2] 原则之与目标内涵[3]。若从金融之发展可知，非正规金融之第三方支付等新型金融科技服务之崛起，与"微型金融""普惠金融"之推行与深化，密切相关。亦即在正规金融之限制下，会使部分消费者与金融消费者无法融资或参与企业经营，而法规之限制无外非控制危险为核心，若因此扼杀科技或新型态创新之发展，亦非该法规之立法目的。因此金融科技或创新之目标在于协助正规金融下无法获得法制效果之对象有机会参与使用，因此微型金融、普惠金融为推动金融科技、企业创新之监理沙盒中，不可或缺之中心思想。据此，避免新式金融服务业采取公司制成为纯营利性社团法人，形成另外一波"传统金融"之霸权，上述股份有限公司之组织应限于"社会企业型（社企型）股份有限公司"，进而透过上述此草案之解释，于"有限度开放"财团法人投资之限制，以鼓励促进及落实金融创新之公共性与公益性，于强化监理之前提下导入更多金融科技发展之资源。

**四、监理沙盒与公司治理**

G20/OECD 于 2015 年 11 月 30 日发布之"G20/OECD 公司治理原则"（G20/OECD Principles of Corporate Governance，下称"2015 公司治理原则"）揭示公司治理原则，分别是：① "确保有效公司治理架构之基础"（Ensuring the basis for an effective corporate governance framework）；② 股东权利与公平对待及主要所有权功能（The rights and equitable treatment of shareholders and key ownershipfunctions）；③ "机构投资者、证券交易所及其它中介机构"（Institutional investors, stock markets, and other intermediaries）；④ "利害关系人于公司治理之角色"（Theroleofstakeholdersincorporate governance）；⑤ "公开揭露与透明度"（Disclosureandtransparency）；⑥ "董事会责任"（Theresponsibilitiesofthe board）。

（一）公司治理原则之遵循一致性

"2015 公司治理原则"之序言指出[4]："公司治理旨在营造一个必要信用（trust）、高透明度（transparency）和问责明确（accountability necessary）环境，

〔1〕 以英国为例，金融科技可以在达到世界上不藉由银行达到 250 亿英镑之规模，凭借的系提供手机支付与微型金融解决方案去确保普惠金融之发展，当无法得到传统银行之帮助或无法或难以接近传统银行时。Government Office for Science, *FinTech Futures: The UK as a World Leader in Financial Technologies*, March 2015, p. 16, available at: https://bravenewcoin.com/assets/Industry – Reports – 2015/UK – Gov – Fintech – Futures. pdf（last visited Oct. 30, 2017）.

〔2〕 Rajiv Lal, Ishan Sachdev, *Mobile Money Services – Design and Development for Financial Inclusion*, Working Paper 15 – 083, Harvard Business School, p. 16（July, 2015）.

〔3〕 林盟翔：《数位通货与普惠金融之监理变革——兼论洗钱防制之因应策略》，第 47~49 页。

〔4〕 G20/OECD, *G20/OECD Principles of Corporate Governance*, 2015, p. 7, available at: http://www.oecd – ilibrary.org/docserver/download/261502ce.pdf? expires = 1501872757&id = id&accname = guest& checksum = C390CCEEB684DEFA768F642D5F2BD799（last visited Oct. 30, 2017）.

以获得长期投资（fostering long - term investment）、金融稳定（economic efficiency）和商业诚信（business integrity），进而支持更强之成长与更具普惠性（包容性）社会（supporting stronger growth and inclusive societies）……（略）。公司治理之规则（rule）与监理（regulation）内涵被适当实施之前提在于适应其所适用之环境。鉴于此，新版公司治理原则建立在大量涉及公司和金融领域（on emerging trends in both the financial and corporate sectors）新兴改革趋势及分析工作（extensive empirical and analytical work）上。包括在全球金融危机（the global financial crisis）中吸取公司治理方面的主要经验教训，跨境所有权增加（cross - border ownership）和证券市场运作方式（stock markets function and the consequences）的变革，以及存款人存款至公司投资之更长和更复杂的投资链（more complex investment chain）所致之结果。"

此外"2015 公司治理原则"更进一步指出[1]："公司治理原则"主要适用于公开发行公司，包括金融与非金融之公开发行公司（The Principles focus on publicly traded companies, both financial and non - financial）。如果"公司治理原则"被视为可适用于非公开发行公司，则其也可能会成为完善非公开发行公司之公司治理有效工具（To the extent they are deemed applicable, they might also be a useful tool to improve corporate governance in companies whose shares are not publicly traded.）。虽然相对于小型公司而言，"公司治理原则"中的某些原则可能更适宜于大型公司，但是政策制定者欲希冀依据该原则，以提高所有公司（包括小型公司和非上市公司）良好公司治理的意识（policymakers may wish to raise awareness of good corporate governance for all companies）。

（二）适当监理强化与避免扼杀创新之调和

按"2015 公司治理原则"揭示之"确保有效公司治理架构之基础"（Ensuring the basis for an effective corporate governance framework），其中原则之 B 点"影响公司治理实践之法律与监理要求应与法治、透明度与可执行之原则相符"（The legal and regulatory requirements that affect corporate governance practices should be consistent with the rule of law, transparent and enforceable）之内容指出[2]：如果需要新的法律及监理规范（new laws and regulations），例如弥补市场缺陷，此时应确保法律及监理规范被设计成为，能够具有效率且公平执行之前提下，对所有涉及之主体均可实施。而建立由政府部门及监理机关（government and other regulatory authorities），咨询公司、机构代表及其它利害关系人（with corporations,

---

〔1〕 Id. , p. 9.

〔2〕 G20/OECD , *G20/OECD Principles of Corporate Governance*, supra note（50）, p. 14.

their representative organisations and other stakeholders）后汇集整合意见，是一个有效实施之方式，除此之外还必须建立乡对应之机制，亦确保上述主体之权利。此外，为了避免监理过度（over‐regulation）、无强制执行力之法律（unenforceable laws）以及非有意出现造成妨碍或扭曲营利事业（商业）活动结果（unintended consequences that may impede or distort business dynamics），应以整体成本与受益之视角（with a view to their overall costs and benefits）进行政策设计。观诸"行政院版"强化台湾创新实验之可及性、实用性及质量（草案第 1 条）[1]，强化监理内涵与避免扼杀创新之平衡监理强度内涵（草案第 12 条至第 20 条），与"2015公司致理原则""MAS 揭櫫监理沙盒之目标[2]"监理规范一致。

　　然而特别注意的是，避免监理过度与避免扼杀创新，不代表创新实验（监理沙盒）之监理强度与密度之降低或放宽。以前述慨方投资金融科技业之函释所包括之区块链技术投资说明，对比创新实验（监理沙盒）之相关规定，"行政院"版参酌英国等规范于草案第 4 条第 3 款规定之"创新实验计划"应揭露之事项，包括洗钱、资恐、创新实验预期效益、创新性、对参与实验者之保护措施等，监理沙盒之监理密度与强度应比转投资高[3]。

　　（三）金融消费者权益之保护

　　按"2015 公司治理原则"之第四原则为"利害关系人于公司治理之角色"（The role of stakeholders in corporate governance），其指出[4]："公司治理架构应承认利益相关者的各项经法律或共同协议而确立的权利，并鼓励公司与利益相关者之间在创造财富和就专以及促进企专财务的持续稳健性等方面展开积极合作。一个公司的竞争力和最终成功是众多不同资源提供者联合贡献的结果，包括投资者、员工、债权人、客户和供应商，以及其它关系人。公司应承认，对于打造富有竞争力和盈利能力的企业，利害关系人之贡献是一种宝贵的资源。因此，促进利害关系人间开展创造财富合作，是符合公司长期利的。治理架构应承认利害

---

[1]　为应金融科技发展趋势及增进普惠金融（Financial Inclusion），近年来亚太经济合作会议（Asia‐Pacific Economic Cooperation, APEC）等国际经济金融组织之倡议，须以促进金融与科技之合作及创新，强化金融之可及性、实用性及品质，提升消费者使用金融商品或服务之便利性、普及性、实用性及适配其消费需求之质量，于草案第 1 条规定："为建立安全之金融科技创新实验（以下简称创新实验）环境，以科技发展创新金融商品或服务，强化金融之可及性、实用性及质量，特制定本条例。"

[2]　MAS, FinTech Regulatory Sandbox Guidelines（November 16, 2016）, pdf, §1.7, p. 1, available at: http://www.mas.gov.sg/~/media/Smart% 20Financial% 20Centre/Sandbox/FinTech% 20Regulatory% 20Sandbox% 20Guidelines.

[3]　关于创新实验（监理沙盒）之洗钱防制，与普惠金融之适用争议与调和，另以专文讨论与提出建议，本文兹不赘述。林盟翔：《数位通货与普惠金融之监理变革——兼论洗钱防制之因应策略》，第 49~57、73~74 页。

[4]　G20/OECD, *G20/OECD Principles of Corporate Governance*, supra note（50）, p. 31.

关系人之利益及其对公司长期成功贡献。"

1. 替代性金融争段解决机制之使用争议

于利害关系人法律保护规范方面，其 B 点指出[1]："于利害关系人之利益应受法律保护，于其权利受到侵害时，应有机会获得有效救经。其法律架构和程序应当透明，并且不得阻碍利害关系人之联系沟通，以及当利害关系人之权利受侵害时可以获得救济。"查"行政院"版草案对于参与实验者之保护措施，系分别为"不得预先约定限制或免除申请人之责任"（草案第 21 条）、"公平合理、平等互惠及诚信原则"（草案第 22 条）、"虚伪、诈欺或其它足致他人误信情事之禁止"（草案第 23 条）、"申请人提供妥善保护措施、退出机制以及个人数据保护法之遵循"（草案第 24 条）、"申请金融消费评议中心评议"（草案第 25 条）。

以英国监理沙盒为例，FCA 采取下列方式保护参与测试之消费者[2]：①进行测试之沙盒事业（firm）仅能针对已知并且得到被同意纳入消费者测试新式解决方案，消费者应被据实告知测试之潜在风险与补偿措施。②FCA 同意依据个案基础所为之适当揭露、保护与补偿措施进行测试。③参与测试之消费者与其它参与已得法律授权之事业之消费者具有相同之权利，例如对于向事业投诉，以及之后向"金融公评人机构"（Financial Ombudsman Service，FOS）申请评议，与若该事业经营失败时使用"金融服务补偿机制"（Financial Services Compensation Scheme，FSCS）。④取得沙盒测试之营利事业（商业）被要求对于消费者之任何损失（包括投资损失）给予补偿，以及必须证明其具有该资源（资本）补偿之能力。亦即，参与沙盒试验之消费者具有与一般已授权事业影响所及之消费者具有相同之权限而得使用替代性之争端解决机制。前述草案采取与英国制度相同之规定，使参与创新实验之金融消费者得使用评议中心之争端解决机制，保护其权利。笔者认为，鉴于创新实验之规模与交易金额受限之故，使用替代性金融争端解决机制将有助于解决创新实验期间所产生之小额争议，亦可避免金融消费者因

---

[1] G20/OECD，*G20/OECD Principles of Corporate Governance*，supra note（50），p. 32.

[2] FCA，*Regulatory Sandbox*（November 2015）§3. 15，p. 10，available at：https：//www. fca. uk/publication/research/regulatory – sandbox. pdf（last visited Oct. 30，2017）.

成本与时间考虑而放弃救济之弊端[1]。

然而对照新加坡之监理沙盒机制，MAS 特别提醒参与任何沙盒测试之消费者，无法寻求消费者保护机制例如"金融服务业争端解决中心"（Financial Industry Disputes Resolution Centre，FIDReC）之争端解决机制；以及无法寻求由"新加坡存款保险公司"（Singapore Deposit Insurance Corporation，SDIC）主导之存款保险机制/政策之保护[2]。观诸 MAS 对消费者之警告内容[3]：①如果消费者要寻找金融服务时，应与受监理之主体交易；②与未受监理之实体或计划交易时之隐藏危险（pitfalls）：如果消费者将其金钱投入未受监理之计划，他们自己要承担风险，此时要注意下列三点：①小心：这类计划太美好到非属真实，而很可能是。②被提供高回报率所吸引？试图去学习如何在短时间内获取利益？再次思考。③与未受监理实体交易之隐藏危险是什么。需注意的是，前述②之思考步骤可分为二：首先，思考通常之回报率为何？因"天下没有免费的午餐"（there is no free lunch holds true）是亘古不变之格言。换句话说，若产品话计划承诺对消费者提供特殊回报，意味着通常会带来更高之风险。以黄金回购计划为例，消费者通常会承担计划经营者之最终信用风险。其次，营运者提供之产品或计划是否受到监理？MAS 强烈鼓励消费者寻求受到 MAS 监理之金融服务，消费者可以透过查阅"金融机构目录"（the Financial Institutions Directory）获悉是否受到 MAS 监理，亦即授权在新加坡可以进行具体受监理之活动为何。资本市场如证券、期货与及提投资计划等产品系由 MAS 监理，该监理方式系透过法律强制对该产品之性质与风险进行正确之公开揭露，以及出现金融争议时，金融机构被期待去重新审查与解决该投诉。若无法解决时，零售消费者可能会接触 FIDReC 进行调解或裁决（mediation and adjudication），但这些保障措施不适用于投资不受监理之投资产品或计划之消费者[4]。

据此，MAS 进一步指出[5]，若消费者选择参与非受 MAS 监理之计划，消费

---

[1] 张冠群：《自金融监理原则与金融消费者保护观点论金融科技监理沙盒制度——兼论'行政院'版"金融科技创新实验条例草案"》，载《月旦法学杂志》2017 年第 266 期，第 24 页。附带说明的是，我国台湾地区监理沙盒制度之讨论，于政策上从原先使用监理沙盒文字，修正为领航计划，然为求立法周延，金管会于 2017 年 1 月 12 日公布"金融科技创新实验条例"草案（以下简称："金管会版"）另，金管会稍后又于 2017 年 2 月 1 日公告预告"金融科技创新实验条例"草案（以下简称："金管会修正版"草案），最后经送立法院院会讨论后，行政院于 2017 年 5 月 4 日公告"金融科技创新实验条例"草案（以下简称"行政院"版草案），同年 5 月 5 日院函请立法院审议。

[2] MAS MoneySENSE, *Regulatory Sandbox*, available at：http：//www. moneysense. gov. sg/About – Money-SENSE/MoneySENSE – Outreach. aspx（last visited Oct. 30, 2017）.

[3] Id.

[4] MAS MoneySENSE, *Regulatory Sandbox*, supra note（60）.

[5] MAS MoneySENSE, *Regulatory Sandbox*, supra note（60）.

者将无法取得 MAS 监理架构下之保护措施，特别是若该营运者在海外时。若消费者对于该不受监理之实体进行投诉，亦无法寻求 FIDReC 之协助，若该营运者在海外，消费者会进行诉追上将更加困难。故消费者检查这些计划之合法性将非常重要，而非仅仅关注在回报率，特别是该计划承诺之回报率远高于受 MAS 监理之既有之投资计划/产品。事务太好太让人怀疑其为真实，而可能的确非为真实。

### 2. 信息对称与公开揭露

而在"实时信息对称"之法律保护上，其 D 点指出[1]："D. 在利益相关者参与公司治理程序的情况，他们应该有权于实时及监理之基础上，具有管道去取得相关、充分、可靠之信息。于法律规范及公司治理架构之实践上，应提供利害关系人参与之机会，利害关系人能够有管道获取实践他们必要责任之信息，是非常重要的。"据此，创新实验申请经核准后，将开始对外招揽、进行实验，主管机关应对外界揭露包括申请人名称、创新实验内容、期间、范围、排除适用法规命令与行政规则及其它相关信息，以利社会大众查询知悉，并昭该等实验之公信。故"行政院"版草案第 11 条规定："主管机关于核准创新实验申请案件（草案第 4 条、第 9 条第 1 项、第 10 条、第 17 条第 2 项）后，应将申请人名称、创新实验内容、期间、范围、排除适用之法规命令与行政规则及其它相关信息揭露于机关网站。"

观诸新加坡监理沙盒之规定[2]，基于透明化与公开揭露之需要，MAS 应当在网站上将获得准许进入沙盒测试之相关信息，例如申请主体之名称、沙盒测试之期间等讯息，确实公布。从 MAS 网页上公布之信息可知公布信息[3]，包括"沙盒主体"（Sandbox Entity）、"沙盒开始时间"（Start Date of the Sandbox Period）、"沙盒结束时间"（Expiry Date of the Sandbox Period）与"备注"（Remarks）。对照英国 FCA 网页公布之信息，包括"监理沙盒事业"（Sandbox Firms）、"描述"（Description）。本文认为，应以新加坡之公布信息为主，辅以英国之描述，即可达到完整、消费者易于理解之公布目标。

### 五、结论

依循我国台湾地区金融科技发展策略白皮书之施政步骤，政策上引入了新的监理措施，数位普惠金融原则之实践、监理沙盒制度之导入，提供金融创新实验之实施场所，均有助于金融科技之蓬勃发展。然而所谓创新实验之"创新性"，

---

〔1〕 G20/OECD, *G20/OECD Principles of Corporate Governance*, supra note (48), p. 32.

〔2〕 MAS, *FinTech Regulatory Sandbox Guidelines*, supra note (54), §8. 2. g, p. 2.

〔3〕 MAS, *Regulatory Sandbox*, available at: http://www.mas.gov.sg/Singapore – Financial – Centre/Smart – Financial – Centre/FinTech – Regulatory – Sandbox.aspx (last visited Aug. 1, 2017).

前述所有版本草案（"行政院"版草案第7条第2款；"金管会"版与"金管会"修正版第6条第2款）均解释为"技术创新或创新发方式之运用"，对照前述"世界金融论坛"（World Economic Forum, WEF）揭橥之六大范围包括"支付"（payment）、"保险"（insurance）、"储贷业务"（Deposit & Lending）、"资本筹集"（Capital Raising）、"市场配置"（Market Provisioning）、"投资管理"（Investment Management），创新范围显然较小。前述规定是否如论者所忧虑，其创新定义已偏离金融科技创新之主流项目，反生抑制创新之效果[1]？对照前述开放转投资信息服务也与金融科技业函释内容："……其它以信息或科技为基础，设计或发展数字化或创新金融服务（例如：网络借贷平台等）。……该信息服务业及金融科技业之主要业务不得为硬设备制造、销售或租赁[2]。"被转投资之金融科技业包括网络平台服务，则进入创新实验之客体却不包括，亦非妥适。

本文认为，综合"行政院"版草案第7条第7款"其它需评估事项"，以及第4条第3款第13目："涉及金融科技专利者，应检附相关资料"之规定，推测其立法技术上应受到发明专利、新型专利与新式样专利之影响所致，应非有意限缩；但若对照函释中禁止从事硬设备制造销售或租赁，则该限缩即属有理。未来在立法院进行修正之时，期盼能尽速弭平争议。补充说明的是，定义创新本属不易，本文建议，在非有意限缩之前提要件下，谋求与国际组织或他国之监理一致，以具有吸引具有前瞻之新创事业来台进行沙盒测试甚至于经营金融科技或金融业务，应参考论者所建议："鼓励创新之价值应是'没有重大疑虑就先让你试试看，试过没有问题就让你做'而非由主管机关与特定人士依据草案第4条至第6条之规定判断之。亦即应对创新采取宽松之标准，并在草案中明文清楚，不以有无创新性或提升金融服务效率为审查基准[3]。"

惟无论创新之范围如何，监理沙盒之本旨在于藉由一定期间之测试，真实反应一定数量之金融消费者与金额受到影响之程度与实验之预期等因素综合判断，该金融商品或服务是否于未来，依据现行金融服务业法规，或未来修正之法规，得由申请人经营？抑或应如何与伙伴共同经营？社会企业与金融业务之公共性与公益性同，主管机关应建议请主体限缩为"社企型股份有限公司"或辅导其转型为社会企业，以消弭前述讨论之争议，将有助于监理沙盒之迅速有实验测试，与真实操作之结果较为相近，并避免造成另一种金融霸权之滥用，亦符合最新公

---

[1] 张冠群：《自金融监理原则与金融消费者保护观点论金融科技监理沙盒制度——兼论'行政院'版"金融科技创新实验条例草案"》，载《月旦法学杂志》2017年第266期，第25页。

[2] 金融监督管理委员会2016年12月13日金管银控字第10560005614号函释。

[3] 林威宇：《金融科技创新实验条例未来修正建议》，载《台湾本土法学杂志》2017年第321期，第91~93页。

司致理原则实践。

非金融服务业与金融服务业具有本质上之差异，进行沙盒试验时如何确保金融消费者权益，英国与新加坡建置透过公开揭露、补偿机制等规定加以保护，惟英国允许受损害之金融消费者得利用争端解决机制处理，新加坡则是否准。本文认为，其差异在于对于金融消费者教育及风险承担之理解与要求不同。虽然我国台湾地区采取与英国制度相同得申请评议中心评议，于申请创新实验时，应有条文授权主管机关针对个案，依据客观条件允许或否准其使用，始能正确反映消费者保护之真时数据供主管机关参酌，较为允当。

# 智能投顾的法律风险及监管建议

李文莉　杨玥捷

摘要：智能投顾是以数据和技术为核心驱动力的金融科技发展的一个重要方向。通过基于网络算法的程序，利用创新技术为用户提供全权委托的账户管理服务的注册投资顾问是美国 SEC 对智能投顾的界定。在我国，智能投顾面临着业务模式与《证券法》第 171 条、牌照制与停发牌照等冲突；而智能投顾自身的特殊性，如业务模糊性对传统信义义务的挑战、跨界性对分层监管的挑战、算法的专业性对传统监管手段的挑战、决策集中性对"一致行动人"监管的挑战等，也给传统监管带来了新的法律风险。建议我国监管部门修改《证券法》第 171 条的相关规定，扫除智能投顾的准入障碍，从信义义务、分层监管体系构建、算法监管、信息披露和投资者适当性等诸方面完善监管。

关键词：金融科技；智能投顾；法律监管

数据显示，近五年来，金融科技吸引和累积的投资额接近 500 亿美金，从 2010 年的 18 亿美元增长到 2015 年的 191 亿美元，在增长特别快的领域里，中国的表现尤为突出，[1] 如在 2016 年第一季度，由风投支持的中国金融科技公司吸引了 24 亿美元投资，占全世界 49 亿美金的一半。[2] 金融服务的基础设施正从物理网点逐步移转至云上，使得原本由人工操作的服务慢慢被互联网所替代，金融行业蜕变得更加高效和包容。在金融科技时代，智能投资顾问（以下简称智能投顾）正成为未来最具发展前景的领域之一，[3] 在美国，智能投顾行业的资产管理规模预计将从 2016 年的 3 000 亿美元增长至 2020 年的 2.2 万亿美元，年均

〔1〕 See Citi Bank and CB Insights, Digital Disruption：How FinTech is Forcing Banking to a Tipping Point, https：//www. citivelocity. com/citigps/ReportSeries. action? recordId = 51, last visit on November 20, 2016.

〔2〕 参见《伍旭川：大数据、区块链、科技保险、智能投顾引领金融科技发展》，http：//www. 360doc. cn/article/18854678_ 604845059. html，最后访问时间：2017 年 5 月 30 日。

〔3〕 同前注 1。

复合增长率将达到 68%。[1] 智能投顾的出现极大地迎合了投资者对有效地管理资产以取得一定收益之需的迫切希望，若能发展得当，定会为社会创造巨大价值。

**一、智能投顾的法律界定**

根据美国证监会（SEC）2017 年 2 月发布的《智能投顾监管指南》（Guidance Update：Robo - Advisers）中的定义，智能投顾通常指通过基于网络算法的程序、利用创新技术为用户提供全权委托账户管理服务（discretionary asset management services）的注册投资顾问。[2] 而对其准入的严苛要求主要基于以下几个特殊性：一是主体的特殊性。智能投顾的主体须为注册投资顾问，即按照美国《1940 年投资顾问法》第 203（a）（c）两条的要求向委员会提交 ADV 表完成注册的投资顾问，这也意味着，在 203（b）条下予以豁免注册的投资顾问们[3]不在智能投顾的范畴。智能投顾依托于互联网的特性使之天生具有跨地域性和服务规模的不可控性，而享有注册豁免权的投资顾问通常服务范围和规模较小，因此将其排除在定义之外具有合理性。一般意义上的"投资顾问"通常是指为取得报酬而从事下列业务的任何人：直接或通过出版物或著述就证券价值或就投资于、购买或出售证券的明智性向他人提供咨询；或为取得报酬并作为其经常性业务的一部分而出具或发布有关证券分析或报告的任何人。[4] 对比可见，智能投顾的主体范畴是被限缩的，这从一个侧面反映了监管机构对智能投顾准入持有的谨慎态度。二是委托的特殊性。智能投顾为用户提供全权委托的账户管理服务，即允许受托人未经用户同意买卖证券，但必须以用户与营运者签署同意全权委托的协议为前提。与全权委托相关的还有限制全权委托账户（Limited Discretionary Account），指的是委托人与受托人通过签署协议来约定受托人能以委托人名义代理从事某些类型的证券交易而无需经过同意。[5]《证券交易委员会文摘》第 84 卷第 2213 页中介绍 SEC 持有此观点"提供全权委托建议的经纪—交易商将视为美

---

〔1〕 See A. T. Kearney Global Business Policy Council, Global Economic Outlook 2016 - 2020, https：// www. atkearney. com/gbpc/thought - leadership/issue - deep - dives/detail/ -/asset_ publisher/qutCpQeku-JU8/content/prospects - for - achieving - escape - velocity/10192, last visit on November 20, 2016.

〔2〕 See Securities and Exchange Commission, Guidance Update：Robo - Advisers, https：//www. sec. gov/in-vestment/im - guidance -2017 -02. pdf, last visit on April 2, 2017.

〔3〕 美国《1940 年投资顾问法》规定当事人是其主要营业地居民的顾问（只要该顾问不提供有关上市证券交易的咨询）、唯一用户为保险公司的顾问、用户不超过 15 个且既不对公众也不对投资公司提供服务而将自己视作顾问的顾问等几类投资顾问可豁免注册。参见［美］托马斯·李·哈根：《证券法》，张学安等译，中国政法大学出版社 2003 年版，第 880 页。

〔4〕 ［美］罗思·赛里格曼：《美国证券监管法基础》，张路译，法律出版社 2008 年版，第 645 页。

〔5〕 参见李晴：《互联网证券智能化方向：智能投顾的法律关系、风险与监管》，载《上海金融》2016 年第 11 期。

国《1940 年投资顾问法》项下的投资顾问",[1] 即提供全权委托服务的经纪—交易商也被纳入到智能投顾的主体范畴。

另外，自动化投资工具（Automated Investment Tools）和数字化投顾（Digital advisers）这两个与智能投顾相近的概念，也需先厘清。2015 年 5 月 8 日 SEC 和美国金融业监管局（FINRA）发布了《关于自动化投资工具给投资者的公告》（Investor Alert：Automated Investment Tools），[2] 提出了"自动化投资工具"的概念，认为只要用手指点击移动设备或在用鼠标点击电脑，投资者就可以访问范围广泛的自动化投资工具，包括个人财务规划工具（如在线计算机）、投资组合选择或资产优化服务（如提供关于如何分配你的 401（k）或经纪账户的建议服务）和在线投资管理程序（如可以选择和管理投资组合的智能投顾）等。据此表述，自动化投资工具与智能投顾是包含与被包含的关系。2016 年 3 月，FINRA 发布了《数字化投资顾问报告》（Digital Investment Advice Report），[3] 提出了数字化投顾和智能投顾的概念，认为投资顾问的价值链包含用户档案创建及用户分析、资产配置、投资组合选择、交易执行、投资组合再平衡、税收损失收割和投资组合分析等 7 项功能，投资管理服务中用机器来代替人工完成上述 7 项功能中的一个或多个的服务是数字化投顾，而综合上述 7 项功能的服务是智能投顾。可见，自动化投资工具范围最大，包含数字化投顾和智能投顾的概念；而在投资管理服务中以机器代替人工来完成投资顾问价值链中全部 7 项功能的为智能投顾，不能全部替代的为数字化投顾。

**二、智能投顾在我国面临的法律风险**

智能投顾依靠数据和科技压低了服务成本，让整个行业的费率骤降，使得传统业态下只能为高净值客户所享有的投顾服务得以面向更广大的投资群体，可容纳的资产规模有了质的提升。在我国，现阶段居民家庭财富稳步增长，[4] 中产阶级日益扩大，[5] 高额的财富总量为智能投顾产品的崛起提供了物质基础。同

---

〔1〕 ［美］罗思、赛里格曼：《美国证券监管法基础》，张路译，法律出版社 2008 年版，第 651 页。

〔2〕 See Securities and Exchange Commission, Investor Alert：Automated Investment Tools, https：//www. sec. gov/oiea/investor – alerts – bulletins/autolistingtoolshtm. html, last visit on January 17，2017.

〔3〕 See The Financial Industry Regulatory Authority, Digital Investment Advice Report, http：//www. finra. org/ sites/default/files/digital – investment – advice – report. pdf, last visit on January 17，2017.

〔4〕 2014 年，我国个人持有的可投资资产总体规模达到 112 万亿，年复合增长率 16%。参见 http：// 36kr. com/p/5053161. html, 最后访问时间：2017 年 6 月 20 日。

〔5〕 目前中国中产阶级数量为 1. 09 亿，拥有 7. 2 亿美元的财富，超越美国成为全球中产数量最多的国家。参见 https：//publications. credit – suisse. com/tasks/render/file/？ fileID = F2425415 – DCA7 – 80B8 – EAD989AF9341D47E, 最后访问时间：2017 年 6 月 20 日。

时与美国以机构投资者为主的股票市场[1]相比，资本市场上以个人投资者为主的投资者结构,[2] 更利于以零售客户为服务对象的智能投顾业务发展。我国应用智能投顾概念的产品主要始于 2014 年到 2015 年间，公开资料显示，国内已经或将要上线的、具有智能投顾功能的平台已近 40 家，如京东金融、积木盒子、聚爱财 plus 等。[3] 但在现有的金融监管体系下，智能投顾的发展面临着种种掣肘和问题，亟待法律加以应对和解答。

（一）智能投顾市场的准入问题

1. 全权委托业务模式与《证券法》第 171 条的冲突

最能体现智能化这一实质的产品必然绕不开全权委托账户服务。参考域外经验，典型的智能投顾服务流程分为五个步骤：第一步，注册账户、签订服务协议并填写相关信息以便进行用户分析。第二步，提供投资组合建议并发出交易指令。第三步，交易指令的执行。当智能投顾平台本身具有经纪商牌照（如 Betterment[4]）时，就由其本身执行；当平台不持有经纪商牌照（如 Wealthfront[5]）时，就会由第三方证券经纪公司来执行指令。第四步，持续监管账户，并随时进行投资组合再平衡。在被动投资策略下，一般建议投资者采取长期投资方式，但基于市场的瞬息万变，故在较长的时间里，智能投顾必须时刻监控投资者的账户，并进行再平衡服务，从某种意义上讲，这也是一轮轮新的投资建议的提出、交易指令的下达以及交易指令的执行过程。这一点极为重要，体现了证券法对投资顾问的定性，即"建议的持续性和个性化特质"[6]。第五步，定期出具投资组合的业绩及分析报告。不难看出，主要体现"智能化"的第二、三、四步是一个联动且循环的整体，只有在全权委托的前提下才可能发挥最大价值。按照美国 SEC 对智能投顾的界定，平台提供的也是全权委托服务。但我国《证券法》第 171 条明确规定投资咨询机构及其从业人员从事证券服务业务不得代理委托人从

---

〔1〕 美国个人投资者仅占比 11% 。参见 http：//36kr. com/p/5053161. html，最后访问时间：2017 年 6 月 20 日。

〔2〕 A 股个人投资者的交易占比超过八成，2014 年 A 股个人投资者持股市值 51861 亿元，占比 23. 51%；持股账户数 3006 万户，占比高达到 99. 77%。参见 http：//www. sse. com. cn/aboutus/publication/year-ly/documents/c/tjnj_ 2015. pdf，最后访问时间：2017 年 6 月 20 日。

〔3〕 参见《国内主流智能投顾平台案例》，https：//www. touzi. com/news/021160 – 106845. html，2017 年 7 月 5 日访问。

〔4〕 牌照信息请参见 https：//www. betterment. com，最后访问时间：2017 年 2 月 3 日。

〔5〕 牌照信息请参见 https：//www. wealthfront. com，最后访问时间：2017 年 2 月 3 日。

〔6〕 ［美］罗思、赛里格曼：《美国证券监管法基础》，张路译，法律出版社 2008 年版，第 660 页。

事证券投资，[1] 此规定无疑使得智能投顾产品难以深入开展后续流程，只可进行荐股等初级业务。

2. 牌照制与停发牌照的现实冲突

智能投顾属于我国法律范畴内的证券投资顾问业务，应受《证券投资顾问业务暂行规定》（以下简称《暂行规定》）等相关法律法规的规范。根据《暂行规定》第7条，向客户提供证券投资顾问服务的人员应具有证券投资咨询执业资格，并在中国证券业协会注册登记为证券投资顾问。

而在我国市场上，智能投顾类产品的研发主体类型有传统金融公司、互联网科技类公司及独立第三方智能投顾公司等。其中，传统金融公司因牌照齐全，故不涉及资质问题，但其他类别中的大部分公司都因缺少证券投资咨询牌照而存在合规性风险。近年来，证监会已基本停发证券投资咨询新牌照，全行业牌照数量已从2004年的108张下降到2016年的84张。[2] 公司不合规与"合规不能"的困境相碰撞致使市场上出现了证券投资咨询牌照转租、转让的乱象，提高了社会成本的同时，对企业、监管部门、市场稳定和金融安全而言也是弊大于利。而以荐股为主要业务的现状也面临问题。2013年1月1日起施行的《关于加强对利用"荐股软件"从事证券投资咨询业务监管的暂行规定》第2条规定："向投资者销售或者提供'荐股软件'，并直接或者间接获取经济利益的，属于从事证券投资咨询业务，应当经中国证监会许可，取得证券投资咨询业务资格。若未取得证券投资咨询业务资格，任何机构和个人不得利用'荐股软件'从事证券投资咨询业务。"于是问题又转回到了牌照难题上。

面对此窘境，修改相关法律法规已成必然之势，智能投顾在现有法律框架下受到的束缚亟待松绑。

3. 普通投资者大量介入带来的投资者保护问题

传统的人工投资顾问服务受限于其高额的人工服务成本，通常只服务高净值客户。而智能投顾借助计算机技术大幅降低了服务成本，以远低于传统投资顾问的成本为广大投资者提供专家级服务。普通用户成为金融服务对象，极大地丰富了普惠金融的内容，扩展了普惠金融的范畴，但在使普罗大众享受更优质金融服务的同时，我们也必须清醒地认识到，定位于小额用户就意味着用户数量的空前

---

[1] 我国《证券法》第171条规定："投资咨询机构及其从业人员从事证券服务业务不得有下列行为：（一）代理委托人从事证券投资；（二）与委托人约定分享证券投资收益或者分担证券投资损失；（三）买卖本咨询机构提供服务的上市公司股票；（四）利用传播媒介或者通过其他方式提供、传播虚假或者误导投资者的信息；（五）法律、行政法规禁止的其他行为。有前款所列行为之一，给投资者造成损失的，依法承担赔偿责任。"

[2] 参见《证券投资咨询机构名录（2017年6月）》，http：//www.csrc.gov.cn/pub/zjhpublic/G003062 05/201510/t20151028_285725.htm，最后访问时间：2017年7月18日。

扩张,涵盖范围空前扩大,一旦发生欺诈等侵犯投资者利益之情形,伤害范围也会远大于从前,这对并不十分富裕的小额用户而言,其生活甚至生存可能会受到严重打击,也就是说,由此造成的社会危害会更大。加之,小额用户对金融专业知识存在欠缺,受到侵害后能够寻求的救济较为有限,使得智能投顾运营者更易在技术上和心理上实施欺诈等行为,从而影响广大小额投资者的财产安全,进而对国家金融安全和社会稳定性构成潜在威胁。

(二) 智能投顾的特殊性带来的法律风险

1. 智能投顾业务的模糊性对传统信义义务的挑战

美国 SEC 要求智能投顾提供"全权委托的账户管理服务",体现了智能投顾下经纪商与投资顾问的深度融合。实践中,经纪—交易商与投资顾问的界限较为模糊。美国对传统投资顾问的定义是将"提供的投顾服务仅附随于其经纪商或交易商业务行为并且不为此收取特别报酬的任何经纪商或交易商"排除在外的。何为"仅附随于"?官方观点认为,经纪商或交易商的业务几乎全由全权委托业务组成时,则是投资顾问,也即这种情况下,二者界限消失。至于"特别报酬"的含义,SEC 首席法律顾问曾作过说明:"因提供建议而特别获取报酬的经纪商或交易商应视为投资顾问,而不仅因其同时实施证券市场交易而排除在美国《1940 年投资顾问法》的管辖范围之外。考虑边缘性案例要注意的实质区别,是建议本身的报酬与建议仅属于附随内容的另一性质的服务报酬之间的区别。"智能投顾下的投资顾问与经纪—交易商的关系进一步深入和融合,意味着经纪—交易商可能会以更为隐秘、复杂的方式参与智能投顾业务,或在实质上直接从事智能投顾业务,以至于二者的关系愈发难以厘清,给监管带来极大的挑战。若不能有效地划分两者的界限,势必造成监管真空或重复监管,未能成功识别本应视作投顾并被纳入美国《1940 年投资顾问法》监管范围内的经纪—交易商并予以监管,会带来很大的隐患。

权力滥用和保护缺失是设定信义义务的正当性基础,其中的权力特指受信人可能对受益人造成损害的能力,也可表述为受信人拥有行使某种自由裁量权或权力的机会,能够单方行使该权力以影响受益人法律的或实际的利益,对受托之事享有决定权或事实上的控制力和影响力[1]智能投顾业务模式中的投资顾问与经纪商业务的融合程度和牌照种类的覆盖范围决定其对客户账户拥有了或绝对或相对、较高程度的自由裁量权,因此智能投顾应当被施加信义义务以保护客户利益。我国《暂行规定》第 4~5 条明确规定了证券投资咨询机构及其人员应当遵循诚实信用原则,勤勉、审慎地为客户提供证券投资顾问服务;应当忠实客户利

---

[1] See Tamar Frankel, "Fiduciary Law", 71 *Cal. L. Rev.* 795, 825 n. 100 (1983), Vol. 71, p. 809.

益，不得为公司及其关联方的利益损害客户利益；不得为证券投资顾问人员及其利益相关者的利益损害客户利益；不得为特定客户利益损害其他客户利益。这些规定虽涉及信义义务的有关内容，但其采用的民法上诚实信用原则的表达方式缺乏科学性和严谨性，并未真正明确投资顾问在商法意义上的信义义务。

智能投顾服务中的一些特殊性可能会引致其违反信义义务：①利益冲突的复杂性。利益冲突主要有以下三种情况。其一，智能投顾平台与负责保管资产、执行交易指令的经纪—交易商之间的利益冲突。二者存在着极为密切的关系，仅有注册投资顾问牌照而缺乏经纪—交易商牌照的智能投顾平台需要寻求后者进行合作，在此过程中可能会从其中获取直接或间接的利益，收取了第三方费用的智能投顾平台可能会建议或引导用户投资该经纪—交易商及其关联机构所发售的基金，由此引致利益冲突。例如，A公司希望开展智能投顾业务，提供全权委托的账户管理服务，但只有注册投资顾问牌照，故无法直接代替客户执行其认为合适的投资交易指令。A便与拥有经纪—交易商牌照的B公司合作，共同向用户提供全权委托服务。此时A与B结成了利益共同体，二者之间可以达成某种隐秘的约定，即A在为客户设计投资组合模型时，会优先考虑B公司自营或其关联机构发售的金融产品，A可享受B赚得的部分收益。其二，智能投顾平台与负责设计、开发、管理算法的第三方科技公司之间的利益冲突。相当部分的企业在架构智能投顾业务板块时需将开发算法的任务外包给第三方公司，而算法作为智能投顾产品的核心部分，可以很轻易地披着技术的外衣对用户的选择进行引导。如果平台与第三方公司达成某种约定，用户将会在毫无察觉的情况下受到操纵。例如，智能投顾公司A由于缺乏专业技术，邀请了精通算法架构的科技类公司B进行核心算法设计，若B收受C好处，答应使其发售的金融产品或其公司股票等优先为A所使用，则B可以基于其技术优势在算法中做手脚，使得C的产品总能获得优势评估从而被广泛推荐给客户使用。其三，智能投顾平台自我交易。以Betterment为例的同时拥有注册投资顾问与经纪—交易商牌照双牌照的智能投顾平台所面临最大的利益冲突为自我交易。例如，智能投顾公司A同时拥有注册投资顾问牌照和经纪—交易商牌照，可以不借助第三方金融机构的帮助而提供全权委托服务。若A想推广自营金融产品，只需在设计投资组合时使自家产品拥有最优外观，并对之进行合理化解释使客户信服即可。基本逻辑与第一种情况类似，但这种情况因可操作性更强、可获利益更为可观，于是成为了危害性最大的潜在利益冲突模式。虽然利益冲突导致的结果并不总是有害，抑或可通过披露和严格的合规与内控来降低危害的可能性，但对广大投资者而言仍然存在着相当高的潜在利益侵害风险。②机会分配的易操作性。在收取交易佣金的收费模式下，投资顾问为了从经纪—交易商那里尽可能多地赚取交易费，可能会诱使投资者进行频繁交易而损害投资者利益。在智能投顾下，尽管基于管理资产规模的收费模式得到广泛应用大大降低了过度交易的风险，但也带来了其他问题。因为该模式下管理的资产与收取的管理费用成正比，为了吸引投资者将更多的钱放进智能投顾账户，我们有理由怀疑平台会将盈利能力更好的投资组合介绍给账户余额更多的用户，以便给人带来一种账户余额越多，收益率越高的错觉，从而吸引相对更多的投资额。与此同时，用户的资金也面临着易操性风险。例如，利用用户授权的账户签字权将其资产转入智能投顾运营者们的个人账户，未经授权从用户处"借"钱，或形成庞氏骗局，用新用户提供的资金支付早期用户的回报。在复杂的技术黑箱里，这种行为的发生越发隐蔽。③用户信息安全的脆弱性。投资顾问因其个性化的最大特性，天然地会与其用户产生更大的信赖关系，也会获悉用户更多、更重要的私人信息，智能投顾服务的这种特性因计算机技术和人工智能的深入应用变得更加鲜明，诚如 SEC 主席 Mary Jo White 所言，网络安全是"金融系统面临的最大风险"[1]，投资顾问领域尤其如此。2016 年美国 SEC 对摩根士丹利史密斯巴尼有限责任公司（MSSB）提起了重大网络安全诉讼，[2] 因其违反了保护客户记录和信息的 S－P（17C. F. R. §248. 30（a））规则（即保障规则）第 30（a）条。其一名雇员（客户服务合伙人）Galen Marsh 通过长期访问 MSSB 存储客户敏感身份信息（PII）的两个门户网站——商业信息系统（BIS）门户和固定收益部门选择（FID Select）门户——盗用了大约 73 万个客户账户数据（包括姓名、电话号码、账号、账户余额和券持有量等），并试图卖掉牟利。SEC 称，该公司所做的保护客户信息的措施不足，因为他们未能有效地限制有合法业务需求的员工访问机密客户数据，也没有监控、分析员工访问门户网站的行为。最终对 MSSB 处以 100 万美元的罚款。④业务连续的易损性。2016 年 6 月，美国 SEC 提出了一个新规则，要求投资顾问采用和实施"合理设计的书面的业务连续性及过渡计划，以解决与投资顾问业务重大中断相关的经营性风险和其他风险。"此拟议的规则旨在解决系统和流程（无论是投资顾问专有还是由第三方供应商提供）相关的技术故障以及其他风险，如丢失顾问或用户数据，或访问顾问的实际位置和设备。这些故障或风险可能是由于与天气有关的紧急情况或是网络受到攻击等[3] 这提醒我们，执法部门在未来将会更多地关注业务连续性的问题，也使

---

〔1〕　参见《金融业该怎样对待"黑客"》，http：//www. sohu. com/a/78816004_354899，最后访问时间：2017 年 7 月 1 日。

〔2〕　See Administrative Proceeding File No. 3–17280, In the Matter of Morgan Stanley Smith Barney LLC, Respondent, https：//www. sec. gov/litigation/admin/2016/34–78021. pdf, last visit on June 26, 2017.

〔3〕　See Securities and Exchange Commission, SEC Proposes Rule Requiring Investment Advisers to Adopt Business Continuity and Transition Plans, https：//www. sec. gov/news/pressrelease/2016–133. html, last visit on November 18, 2016.

我们注意到这一问题将使智能投顾平台在履行注意义务过程中面临的挑战。

2. 智能投顾的跨界性对分层监管的挑战

出于监管成本之考量，投资顾问在美国最初实行分层监管。1996 年国会实施的《投资顾问监督协调法》规定，对于管理不超过 2500 万美元或仅担任注册投资公司顾问的投资顾问，该法实质上给予各州对此类投资顾问的专属管辖权，而 SEC 对管理超过 2500 万美元的注册投资顾问拥有专属管辖权。[1] 随着智能投顾等新兴业态的兴起，投资顾问服务的门槛逐渐降低，吸纳的投资额明显提高，因此 2010 年《多德—弗兰克法案》修订，重新划分了管辖权，将划分州与 SEC 管辖权的界线提高至 1 亿美元。[2] 除了以资产管理规模为分层监管的划分依据外，美国《1940 年投资顾问法》还规定了当事人是其主要营业地居民的顾问（只要该顾问不提供有关上市证券交易的咨询）的投资顾问可豁免注册，[3] 即地域也是一重标准。互联网科技的应用使得智能投顾的用户群体空前扩大，不仅打破了州与州之间的界线，而且也打破了国与国之间的界线，可以向全球符合特定条件的用户提供投资顾问服务，这使得现有划分标准有了进一步优化的需要，于是跨界性成为了另一个重要的划分标准。

3. 智能投顾算法的专业性对传统监管手段的挑战

FINRA 认为，算法是数字化投顾的核心组件。它从用户提供的风险承受水平、收益目标以及风格偏好等要求出发，在数据库大量的噪音信息中快速且准确地找到与之相匹配的部分，并利用机器学习、自然语言处理和知识图谱等技术进行信息处理，然后基于各种内嵌的金融模型和相关假设予以分析，预测出符合该用户预期的最优结果，形成"私人定制"的投资建议，这也是最能体现智能投顾之"智能"的部分。大数据、人工智能等计算机科技使得智能投顾对于投资者服务的精度、深度和准度较之前大幅提升，"懒人理财"不再是梦，但是，缺乏监管的金融科技自身容易形成高深的技术壁垒，虚拟性使得市场风险更加隐秘。此外，正因为整个算法运作体系建立在一系列经济假设的基础上，而该假设若是不正确，或至少不适用于特定个体，则由此得出的运算结果将不利于投资者。即使该假设是正确的，也难以抵挡市场的系统性风险。对于服务的核心——算法部分应当采取何种监管方法，对监管者而言无疑极具挑战。

---

[1] [美] 罗思、赛里格曼：《美国证券监管法基础》，张路译，法律出版社 2008 年版，第 644 页。

[2] See Securities and Exchange Commission, Dodd – Frank Act Changes to Investment Adviser Registration Requirements, https: // www. sec. gov/divisions/investment/imissues/df – iaregistration. pdf, last visit on March 12, 2017.

[3] [美] 托马斯·李·哈根：《证券法》，张学安等译，中国政法大学出版社 2003 年版，第 880 页。

4. 智能投顾的决策集中性对"一致行动人"监管的挑战

按照我国《上市公司收购管理办法》第83条的规定，投资者通过协议、其他安排与其他投资者共同扩大其所能够支配的一个上市公司股份表决权数量的行为或者事实，在证券监管上被界定为"一致行动"。相关投资者彼此之间构成一致行动人。[1] 智能投顾的业务属性使其得以筹集到大量来自不同用户的分散资金，加之部分国家对全权委托服务的放行，使得智能投顾平台可以轻易地号召许多分散的资金买进某只股票而不触犯法律红线，即以向用户推荐投资的名义，在用户的了解和许可下为多个顾客买入同一只股票，表面上看每一笔交易都是微小的，但实际上作为幕后操作者，智能投顾公司所占有的份额可能已经越过了法律红线，甚至可能达到控股的比例。另外，由于投资者的决策是由某个满足其要求的智能代理执行，而这个智能代理由某个服务商提供，在此情况下，一旦大量投资人雇佣同一个表现优异的智能投顾管理其账户，由于同一个机器人的操作逻辑相似，这些账户虽在法律上各自独立、相互无关联，但实际操作上可能表现为"一致行动人"，从而带来交易风险。

### 三、我国智能投顾的监管路径建议

（一）修改《证券法》第171条，扫除智能投顾的准入障碍

1. 确立全权委托服务的合法性。我国《证券法》第171条第1款规定，投

---

[1] 《上市公司收购管理办法》第83条规定："本办法所称一致行动，是指投资者通过协议、其他安排，与其他投资者共同扩大其所能够支配的一个上市公司股份表决权数量的行为或者事实。在上市公司的收购及相关股份权益变动活动中有一致行动情形的投资者，互为一致行动人。如无相反证据，投资者有下列情形之一的，为一致行动人：（一）投资者之间有股权控制关系；（二）投资者受同一主体控制；（三）投资者的董事、监事或者高级管理人员中的主要成员，同时在另一个投资者担任董事、监事或者高级管理人员；（四）投资者参股另一投资者，可以对参股公司的重大决策产生重大影响；（五）银行以外的其他法人、其他组织和自然人为投资者取得相关股份提供融资安排；（六）投资者之间存在合伙、合作、联营等其他经济利益关系；（七）持有投资者30%以上股份的自然人，与投资者持有同一上市公司股份；（八）在投资者任职的董事、监事及高级管理人员，与投资者持有同一上市公司股份；（九）持有投资者30%以上股份的自然人和在投资者任职的董事、监事及高级管理人员，其父母、配偶、子女及其配偶、配偶的父母、兄弟姐妹及其配偶、配偶的兄弟姐妹及其配偶等亲属，与投资者持有同一上市公司股份；（十）在上市公司任职的董事、监事、高级管理人员及其前项所述亲属同时持有本公司股份的，或者与其自己或者其前项所述亲属直接或者间接控制的企业同时持有本公司股份；（十一）上市公司董事、监事、高级管理人员和员工与其所控制或者委托的法人或者其他组织持有本公司股份；（十二）投资者之间具有其他关联关系。一致行动人应当合并计算其所持有的股份。投资者计算其所持有的股份，应当包括登记在其名下的股份，也包括登记在其一致行动人名下的股份。投资者认为其与他人不应被视为一致行动人的，可以向中国证监会提供相反证据。"

资咨询机构及其从业人员不得代理委托人从事证券投资。[1] 也就是说，在现行证券法法治体系下，投资顾问不能实现全权委托业务。但是，在应然状态下，机器将代替人工完成整条投资顾问价值链，而其中全权委托业务的应用是绕不开的关键一环，如若不然，所谓智能投顾将被局限在荐股的初级形态，成为"伪智能"。我国《证券法》171 条第 1 款实质上禁止了投资顾问开展全权委托业务，而全权委托业务的开放恰是资本市场发展的必然规律，在适当的监管下，将其合法化将更有利于保护投资者权益。因此，建议删除我国《证券法》第 171 条第 1 款之规定，为我国智能投顾的发展扫清制度障碍。

2. 恢复牌照核发。智能投顾企业在我国现有法律框架下面临的最大问题是合规难。智能投顾的准入无论何时都必须遵守严格的资质审核，但并不意味着合规无门。监管部门唯有进行牌照解绑，正常发放，才能引导智能投顾行业有序稳健发展，一味堵而不疏，不仅不能控制智能投顾野蛮生长的局面，更会为我国金融市场带来严重的危机。

（二）明确投资顾问的信义义务，保护投资者利益

投资顾问的信义义务包括从客户最佳利益出发行事的义务，以及只提供适当的投资咨询，且其必须基于客户的财务状况和投资目标作出合理的决定，提供适合客户的投资建议。

1. 智能投顾平台的注意义务。智能投顾平台应预防、发现和应对网络安全威胁，保护用户信息安全。平台应将用户信息上升为最核心机密并予以特别保护，加强平台网络的安防设置，防止外部的恶意侵入与窃取，同时禁止平台自身泄露、利用用户信息。此外，智能投顾平台要持续监控并定期测试算法，设立适当的风险管理系统，保证业务的连续性。由于智能投顾依靠大数据和云技术，更容易遭受网络攻击，所以要有足够的措施防范网络风险和保护用户信息安全。而且，智能投顾还应该有足够的备份和灾难恢复方案，和用来支持其为用户提供持续服务的系统。

2. 智能投顾平台的忠实义务。其一，为用户提供适当的建议。智能投顾主要依靠用户对在线问卷作出的回答提供投资建议，使得用户与智能投顾之间的互动十分有限。想要通过这种有限的互动来充分了解用户及其投资需求，并据此提供适当的建议，智能投顾就需要考虑下列因素：①调查问卷所设置的问题是否科

---

[1] 《证券法》第 171 条规定："投资咨询机构及其从业人员从事证券服务业务不得有下列行为：（一）代理委托人从事证券投资；（二）与委托人约定分享证券投资收益或者分担证券投资损失；（三）买卖本咨询机构提供服务的上市公司股票；（四）利用传播媒介或者通过其他方式提供、传播虚假或者误导投资者的信息；（五）法律、行政法规禁止的其他行为。有前款所列行为之一，给投资者造成损失的，依法承担赔偿责任。"

学、完整，能够带来足够的信息，使得智能投顾所提供的投资建议适合该用户。②调查问卷中的问题是否足够清楚，同时是否在必要时向客户进行额外的提示（如通过设计弹出框等功能进行提示）。③是否已针对用户回答中的不一致采取了一定措施，例如，当用户的回答出现前后不一致或内部逻辑相矛盾时提醒用户，并建议其重新审视自己的答案等。同样地，当用户填完调查问卷选择投资组合时，也可能会出现逻辑相冲突的情况而不自知，这时，智能投顾可对此进行评论，说明为什么它认为特定投资组合可能更适合于用户的投资目标和风险容忍度。在此过程中不妨考虑应用弹出框或设计其他功能来提醒用户其所述目标与所选投资组合之间潜在的不一致。其二，制订有效的内部合规程序。要求平台制订有效的内部合规程序，并指定一名理解智能投顾算法理论基础、风险和规则并充分了解相关法律法规的首席合规官。可以设立投资策略委员会对运算法则实施以下监督管理工作：①监督智能投顾算法的开发和实施。②针对第三方开发的算法系统开展尽职调查。③评估平台的投资组合分析工具所运用的场景等。平台应该有一个结构化和系统化的可以识别、评估和管理风险的程序，这就需要做到持续监控和定期测试算法是否符合技术规定和法律规定，主要包括能够控制、监控的任何更改记录、每笔交易留痕处理、审查和更新算法、制定解释算法测试范围的书面测试文档等手段来保证并持续给用户提供最佳投资建议。其三，监管层完善相应的责任追究机制和补偿机制。加强并完善责任追究机制，严惩利益冲突、投机行为、内幕交易等欺诈行为。也可以加大反欺诈力度，例如，认定欺诈只需投资顾问有欺诈行为，至于其是否有主观意图、是否产生了客观损害，则不予考虑。如果智能投顾平台按要求履行了信息披露义务，则可排除某些行为的欺诈性。同时也要完善对智能投顾平台特有的责任追究机制，包括行政责任、刑事责任和民事责任，建立包括监管机关、司法机关、自律组织、合规执行官等在内的多层次监督体制和责任追究机制。建立完备的补偿机制以应对智能投顾的业务风险和潜在责任。考虑到智能投顾的特有风险，如算法缺陷给用户造成损失等，供应商应当为用户办理专业责任强制保险（professional indemnity，"PI" insurance），一个有缺陷的算法造成的损失可以视为保险单索赔。为了准备充足的补偿，还需对用户的个人薪酬及投资情况进行了解。第四，针对"一致行动人"实行穿透式监管，严防"一致行动人"现象的出现。结合特定披露机制，设计出一套明确的监管方案以应对"一致行动人"现象，细化监管规则，纵深审查，穿透监管。我国《证券法》规定投资者通过证券市场交易持有某一家公司股票达到5%时，就必须向交易所、证监会报告，通知该上市公司并予以公告，俗称"举牌"。如果某智能投顾为其所有用户提供的投资于某只上市公司股票的投资建议合计达到5%时，就需进一步判断该智能投顾是否有谋求对该只股票甚至该家上市公司施加影响力的意图。具体的判断规则还需监管层作出详细规定。

（三）确立分层监管体系，兼顾监管成本与效率

我国证券业监管仍处于初级阶段，尤其为应对即将到来的智能投顾产业大爆发，还需做出更多努力。对此，不妨考虑参考美国经验，构建分层监管体系，兼顾智能投顾业务的特性，对美国现有分层监管手段进行优化。为了确立以资金管理规模为主，地域、跨界性为辅的分层标准，建议可由经济学家结合各因素考量制定量化标准。原则上，将业务仅局限于其所在省市区的公司交给所在地区管辖；超过某资金规模数量的公司必须在证监会进行注册，在国家层面予以监管；达不到该数量的公司下放到地方层面进行监管。此外，规定若干例外情形，如一公司虽超过该资金指标理应由证监会特别监管，但其只面向本省客户提供服务，则应划归地方监管；反之，若一公司虽未达资金指标，却跨地域性经营，则仍需在证监会注册，接受国家层面监管。对有固定场所、一定的注册资本、具备证券投资相关知识和相关从业经验的工作人员等的智能投顾平台监管层也应作出一定要求。

（四）细化信息披露的具体标准，实现有效监管

监管部门应尽快制定智能投顾信息披露的细化标准，根据信息披露的真实、准确、完整、及时与易解等特点，并结合智能投顾的特性作出具体化的特殊性要求。

该特殊要求主要体现在如下方面：其一，真实性。真实性原则是信息披露最根本、最重要的原则。智能投顾应当以客观事实或具有事实基础的判断和意见为依据，以没有扭曲和不加粉饰的方式如实反映客观情况，不得有虚假记载和不实陈述。其二，准确性。披露的信息应当使用明确、贴切的语言和简明扼要、通俗易懂的文字，不得使用具有任何宣传、广告、恭维或者夸大等性质的词句，不得有误导性陈述。公司披露预测性信息及其他涉及公司未来经营和财务状况等信息时，应当合理、谨慎、客观。智能投顾平台披露其服务范围时要避免误导用户。像所有注册投资顾问一样，智能投顾应考虑对其所提供的投资咨询服务的描述是否足够明确易懂，并采取合理的注意措施来避免用户对服务范围产生歧义。此外，平台需要向用户准确披露直接或间接收取的费用，使服务成本透明化。不进行隐性收费和变相收费，确保用户在使用智能投顾产品之前的充分知情权和选择权。其三，完整性。披露的信息应当内容完整、文件齐备，格式符合规定要求，不得有重大遗漏。智能投顾应在每一阶段严格进行信息披露，保证用户了解到的信息完整充分，没有信息断层。例如，首先，智能投顾应先于用户的注册过程说明其商业模式，包括各类算法、业务费等，同时要明确咨询服务的范围，包括财务、税务、调查问卷以外的信息。要求平台披露对算法的说明、描述、假设及其

功能限制、特定风险、紧急措施及任何可能触发紧急措施的情况等基础信息，以便用户在使用智能投顾进行投资之前就能获得作出明智的投资决策所必需的信息。其次，在用户使用过程中，智能投顾需披露所有可能影响投资者决策的重大变化，不仅披露对自身有利的正面信息，更要揭示与投资风险相关的各种信息，确保用户利益不受损害，如对可能实际影响用户投资组合的算法代码进行的任何更改都须向用户进行披露。另外，平台必须说明各工作人员参与监督和管理各用户账户的程度，明确责任的划分。尽管智能投顾对人力的取代已经非常全面，但实际操作中工作人员还是会不可避免地进行各种程度的参与。平台需要对每位工作人员对每个账户的参与程度进行完全披露，方便责任的认定与划分，还需对参与开发、管理智能投顾算法、或拥有算法所有权的第三方进行充分披露，包括对可能产生的任何利益冲突的解释（例如，如果第三方以折扣价向智能投顾平台提供算法，但算法引导用户购买由第三方收取费用的产品等）。其四，及时性。《上市公司信息披露管理办法》第71条所指及时是指自起算日起或者触及披露时点的两个交易日内，在智能投顾的语境下可以表述为"自重大事件发生之日起2日内进行信息披露"。但由于全权委托的特性，智能投顾应遵循更为严格的时限要求，2日对用户来讲仍显过久，希望监管层能结合实践确定一个较为科学合理的时限。其五，易解性。信息披露的表述应当简明扼要、通俗易懂，避免使用冗长费解的技术性用语。智能投顾应使用便于用户理解的方式进行信息披露，帮助用户作出明智的选择。用户从智能投顾那里收到的信息对其是否能够在选择投顾平台、管理与投顾的关系时作出明智决定而言至关重要。作为受托人，智能投顾平台有责任充分地披露所有重大事项，并采取合理注意措施以避免误导用户。由于智能投顾依赖在线披露来提供一些重要概念，因此在传达关键信息、风险和免责声明时可能会出现特有的问题，对此智能投顾平台可以利用弹出框等网页设计来确保其在线披露机制设计得有效，使得关键信息不易被淹没且易于理解。

为了实现监管层的有效监管，智能投顾还需就其工作原理及其合规性向监管机构作出解释，若不能解释清楚算法如何运作并产生结果，至少也要保证产生的结果与原先预期一致。另一方面监管层可以对源代码建立公证制度，通过第三方公证机构审核，确保智能投顾不存在恶意和蓄意破坏市场的情况；建立智能投顾注册备案制度，对于在实际使用中，完全不需要人工干预的智能投顾，其设计开发者和使用者都需要注册备案，约定至少一个自然人或法人作为被监管主体，对其行为承担责任。

（五）创新监管模式，实现对算法的有效监管

1. 借鉴"监管沙箱"模式。2016年5月9日，英国金融业行为监管局（FCA）针对智能投顾、区块链等金融科技创新发布了关于"监管沙箱"（Regu-

latory sandbox）的报告。"监管沙箱"是为扩大金融项目创新而设置的一种监管机制，即企业可以在"一个安全空间"内测试其创新的产品、服务、商业模式和交付机制，而不会立即承担所有正常的监管后果的活动。也就是说，通过提供一个缩小版的真实市场和宽松版的监管环境，在保障消费者权益的前提下，允许金融科技初创企业对创新的产品、服务、商业模式和交付机制进行大胆操作。[1]监管沙箱对自动建议商业模式（Automatic advice business models）案例进行了研究，提出了"算法"测试的设想，允许一些公司的智能咨询平台面向有限数量的消费者，如果他们有智能投顾提出的建议发布后，自然人财务顾问应该在交易执行前审查该建议来作为一种安全保障。这种测试方法有利于智能投顾公司学会如何在投顾平台上与消费者接触，比较智能投顾与自然人投顾的异同从而完善服务。监管沙箱的引入为监管者如何平衡金融科技的发展与风险控制找到了一个有效的监管机制。在该模式下，监管者通过测试与了解创新、评估风险、决定该金融科技项目是否大面积商用并判定现有监管规则是否需要调整工具，从而在风险可控的前提下促进金融科技发展，可很好地平衡金融创新与金融消费者利益保护的关系。[2]

2. 引导监管科技介入监管。金融科技的发展使得金融机构除了需继续坚持KYC（Know Your Customer）原则外，更要坚持KYD（Know Your Data）原则。通过KYC获取的信息与KYD挖掘的数据间的深度结合，可更好地识别金融风险，从而更加合理地对风险定价来实现金融资源的有效配置。不但金融机构需要知道自己的数据，监管机构更需要掌握金融机构的数据，以便进行金融风险评估和维护金融稳定，这对金融机构提出了更高的监管合规要求。金融机构遵循监管以达到合乎监管需要的成本随之提高，由此催生了监管科技的发展。[3]

FCA最早提出了监管科技（RegTech）的概念，它将监管科技描述为"运用新技术，促进达成监管要求。"许多监管规定都基于或使用了某些数据、处理或管理结构，这常常导致金融机构为满足监管合规要求而做重复工作。而监管科技的解决方案可从根本上解决金融机构合规活动费时费力的问题，在避免重复工作的同时提高了效率，还可避免因监管合规要求不满足而带来的巨额罚款。监管科技通过结合数据分析、风险模型和情境分析等，利用人工智能技术来计算并预测风险，为金融机构提供解决方案。未来随着监管科技与人工智能的融合，合规操作将实现进一步自动化。英国已出现了一批监管科技公司，它们帮助营运者降低合规成本，同时也为监管者提供信息技术监管服务，保证金融科技运营的透

---

〔1〕 参见伍旭川、刘学：《金融科技的监管方向》，载《中国金融》2017年第5期，第55页。
〔2〕 参见伍旭川、刘学：《金融科技的监管方向》，载《中国金融》2017年第5期，第55页。
〔3〕 参见伍旭川、刘学：《金融科技的监管方向》，载《中国金融》2017年第5期，第55页。

明度。

FCA 依托监管科技公司对智能投顾进行监管的经验可资借鉴，一方面，推动有实力的中国互联网企业成立监管科技公司，帮助智能投顾营运者降低合规成本，另一方面，提升监管部门对智能投顾的监管效能。随着监管科技的发展，监管部门的技术系统可以直连每个金融机构的后台系统，实时获取监管数据，运用大数据分析、数据可视化等技术手段完成监管的报告、建模与合规等工作。随着监管机构加强对监管科技的应用，通过系统地构建基于大数据和云计算等技术为核心的数字化监管体系，将避免监管滞后的问题，并有助于监管机构实现即时、动态监管和全方位的精准式监管，进而推动金融科技更加快速、健康地发展。[1]

（六）完善投资者适当性制度，强化投资者保护

1. 评估投资者的风险容忍度。建立投资者适当性制度的第一步是完善智能投顾平台的信息获取机制，作为平台与用户彼此关系中的关键一环，调查问卷的问题是否设置得科学、合理、全面，是否能够尽可能准确地了解用户情况，是整个投资者适当性制度的根基。智能投顾在作出投资建议时，应合理尽职地去获得和分析投资者资料，包括但不限于投资者的年龄、持有其他投资情况、财务状况及需求、纳税状况、投资目标、投资经验、投资周期、流动性需求、风险容忍度，等等。风险容忍度在建立用户分类及进行投资建议中是一个非常重要的因素，风险容忍度可从两个维度进行分析：风险承担能力和风险承担意愿，投资顾问有义务在评估其用户风险容忍度时考虑这两个方面。风险承担能力评估投资者承担风险或承受损失的能力，这取决于投资者的投资周期、流动性需求、投资目标和财务状况等。

2. 智能投顾平台的承诺担保投资者适当性。引入承诺担保制度，即智能投顾平台需对所合作投资者的适当性进行承诺，确保所提供的投资建议符合投资者的风险承担能力及风险承担意愿，若因平台自身的过失使得投资建议与投资者的状况不符，或者一开始就未能正确评估投资者适当性，则应承担一定的责任。但用户也应当如实提供平台所需的信息及证明材料，并对其真实性、准确性和完整性负责。若用户不提供信息或提供的信息不完整，智能投顾应当告知用户无法确定其风险容忍度，由此产生的后果由用户自行承担，且该告知过程应当留下痕迹。同样，若用户提供的信息不真实或不准确，而智能投顾平台已尽到足够的审查义务而仍未能辨别，最终导致投资者适当性评估失败并给出不适当的投资建议时，责任应由过错的用户承担。

3. 投资者教育。监管部门应定期对广大投资者进行专门教育，培养理智投

---

〔1〕 参见李晴：《智能投顾的风险分析及法律规制路径》，载《南方金融》2017 年第 4 期，第 90 页。

资者，使其准确认知和把控其本身需求及所处的经济环境。理智的智能投顾用户应当有如下表现：其一，评估其所选用的智能投顾是否获取了足够多的材料并且提出了足够多的问题以充分了解自己的投资需求及风险接受度。如果用户对此存在疑虑，他们应该在投资决策前向智能投顾提出自己的顾虑。其二，了解决策的产生完全基于智能投顾平台事先设定好的算法及潜在的假设这一事实，同时在使用过程中应尽量了解平台的投资方法和相关假设，以便其能够更有效地使用。其三，投顾的建议中或多或少会存在利益冲突，智能投顾并不能完全避免这些利益冲突，用户应该考虑是否能够接受相关的利益冲突。其四，无论是哪一种账户，用户都应该对接受的服务及相对应的费用有一个清楚全面的了解。

**四、结语**

在人工智能浪潮的席卷下，智能投顾必然会在世界范围内掀起一次变革狂潮，我国也需顺应该历史潮流，积极做出应对。为充分保护投资者利益，同时促进全社会生产效率的提高，监管者应将智能投顾业务及时纳入监管体系，尽快消除相关障碍并填补法律空白，制定监管细则，为实务界提供明确的指导和指引，为当下既蠢蠢欲动又惴惴不安的智能投顾市场打一剂定心针，促使其形成良好的金融生态，更好地服务于广大投资者。同时，监管层需要与时俱进提高监管水平，实现即时、动态监管和全方位精准式监管，推动金融科技快速、健康地发展。

# 欧盟与德国"金融科技"监管现状以及对我国的启示

赵 毅

**摘要：** 应用互联网、云计算、大数据和人工智能等技术提供金融服务的趋势已不可逆转，并正以前所未有的广度与深度开启了金融科技（Fintech）时代。金融科技不仅挑战着传统银行的业务模式和产品，更为金融监管理念与模式提出了新的课题。欧盟和德国通过将金融科技纳入现有的金融监管体系，在网上支付、电子货币、众筹、智能投顾等领域已经做出了有益的监管尝试。在金融科技监管过程中，一方面不能抹杀其创新竞争优势，另一方面又要兼顾消费者、其他金融市场参与者的利益，同时要确保整个金融体系的安全行和稳定性。为此，欧盟与德国层面的金融监管分别专门成立了"金融科技监管项目组"对金融科技监管的模式进行实时且具体的分析。

**关键词：** 金融科技；金融监管；德国；欧盟

自 2010 年 3 月 3 日欧盟委员会发布"欧盟 2020 发展战略"[1] 以来，《欧盟数字化发展纲要 2020》[2] 作为"欧盟 2020 发展战略"中七大战略任务中的重要战略目标进一步推动了"金融科技"产业的在欧洲和德国的发展，不断冲击着传统银行的生存。

是否以及如何对"金融科技"产业实施金融监管，是中国、德国、欧盟，甚至全世界的金融监管当局共同面临的问题。虽然，目前业界对"金融科技"还没有成熟的监管实践，更没有类似巴塞尔对风险管理方面成熟的监管理论和体系，但德国与欧盟的金融监管紧跟金融科技在金融业应用的步伐，通过在各个监管层级组建"金融科技监管项目组"对针对其业务模式探讨规范金融科技产业，

〔1〕《欧盟 2020 发展战略》（EUROPE 2020 A strategy for smart, sustainable and inclusive growth／＊ COM／2010/2020 final ＊／）发布于 2010 年 3 月 3 日，内容参见网络发布：http：//eur－lex. europa. eu/legal－content/EN/TXT/？ uri＝celex：52010DC2020，最后访问时间：2016 年 10 月 8 日。

〔2〕《欧盟数字化纲要》发布于 2010 年 5 月 19 日，内容参见网络发布：http：//eur－lex. europa. eu/legal－content/EN/TXT/？ uri＝celex：52010DC0245，最后访问时间：2016 年 10 月 8 日。

使用"监管科技"（RegTech）弥补目前"金融科技"产业的监管不足。

本文在第一部分简要陈述欧盟与德国的"金融科技"进程、第二部分对比"金融科技"与传统银行的优劣势，第三部分会对"金融科技"主要涉及的六类业务模式以及德国与欧盟使用"监管科技"手段的监管方案进行剖析，第四部分解析欧盟与德国如何通过数据保护与信息安全立法，统一技术标准来应对金融科技最易出现的风险点，第五部分会结合我国的国情做出具有一定借鉴意义的结论和建议。

鉴于德国作为欧盟成员国具有执行欧盟法案的义务，为避免本文内容重复，在金融科技应用领域与监管措施部分未明确区分欧盟和德国的监管措施。

## 一、欧盟与德国数字化以及"金融科技"的发展概况

根据金融稳定理事会（Financial Stability Board；FSB）的定义，"金融科技"是指由技术驱动带来的金融创新，它能创造新的模式、业务、流程与产品，既可以包括前端产业也包含后台技术。随着互联网的普及，欧盟和德国的金融监管和金融机构亦经历着"数字化"进程。为了使欧盟各国在该进程中保持竞争力，欧盟发布了《欧盟数字化发展纲要 2020》。该《纲要》是欧盟实现"数字化社会"，"数字化经济"，"电子覆盖"以及提升"科研与创新"的阶段性与战略性纲要，主要用于敦促欧盟、各国政府和相关机构立法，规范各个参与方市场行为。该《纲要》的前期发展纲要分别为《欧洲 e2002 发展纲要》[1]、《欧洲 e2005 发展纲要》[2]、《欧洲 i2010 发展纲要》[3]。通过《欧洲 e2002 发展纲要》欧盟实现了在各个成员国为消费者提供速度更快和更经济的互联网，并提高互联网使用率和促进电子商务的起步使用；通过《欧洲 e2005 发展纲要》欧盟进一步发展宽带网络、电子政务、进行电子商务方面的立法、设立网络安全专责小组；《欧洲 i2010 发展纲要》[4] 旨在统一欧盟宽带服务速度、进一步通过对"电子签名"的要求统一电子政务、通过规范电商《合同条款》实现互联网服务行为标准并更好地保护网络消费者权益、提升网络使用安全性防范因互联网错误信息、技术缺陷和网络欺诈。时至今日，在《欧盟数字化发展纲要 2020》引领下，各

---

[1] 《欧盟 e2002 发展纲要》，发布于 2001 年 3 月 23～24 日，内容参见网络发布：http：//eur – lex. europa. eu/legal – content/EN/TXT/HTML/？ uri = CELEX：52001DC0140&from = DE，最后访问时间：2016 年 4 月 4 日。

[2] 《欧盟 e2005 发展纲要》，发布于 2002 年 6 月 22～23 日，内容参见网络发布：http：//eur – lex. europa. eu/legal – content/EN/TXT/？ uri = cclex：52002DC0263，最后访问时间：2016 年 4 月 4 日。

[3] 《欧盟 i2010 发展纲要》，发布于 2005 年 6 月 1 日，内容参见网络发布：http：//eur – lex. europa. eu/legal – content/EN/TXT/？ uri = celex：52005DC0229，最后访问时间：2016 年 4 月 4 日。

[4] 《欧盟 i2010 发展纲要》，发布于 2005 年 6 月 1 日，内容参见网络发布：http：//eur – lex. europa. eu/legal – content/EN/TXT/？ uri = celex：52005DC0229，最后访问时间：2016 年 4 月 4 日。

个成员国（包括德国）特别在数字化金融方面采取了如下措施：

- 实现欧元单一支付结算，简化电子支付和主动借记服务（"SPEA"指令）
- 加密电子签名（"eSignatur 指令"），提升网上支付使用的安全性、透明度
- 操作的标准化
- 加强信任和在线安全：打击网络犯罪和在线儿童色情，保护隐私和个人资料
- 要求各国金融监管共同构建金融服务的统一市场、提升金融科技使用的安全性、保护消费者

欧盟憧憬实现《欧盟数字化发展纲要 2020》后，一名消费者的一天在金融机构的参与下将是"电子化"或"数字化"的，从手机支付电子车票、网络订购午餐、网络直付（Paydirekt）电子商务、到购置大型家私电商与网贷直接提供贷款方案。

目前，德国作为欧盟成员国除了实时完成欧盟立法要求外，还在世界或欧盟立法中主动参与立法工作，特别在"金融科技"的"监管科技"中德国在"金融科技"监管中主要应用于四个领域：

- 银行业监管，具体包括：
  ○ "银行业合规监管"（MaComp[1]）
  ○ "银行业风险监管"（MaRisk[2]）
  ○ "银行业电子支付安全性监管"（MaSi[3]）
  ○ "支付服务监管"（PSD II[4]）

---

[1] 《德国银行业务合规最低要求》，编号：4/2010，发布于 2010 年 6 月 7 日，修正发布于 2017 年 3 月 8 日，内容参见网络发布：https：//www. google. de/url？sa = t&rct = j&q = &esrc = s&source = web&cd = 4&ved = 0ahUKEwiLo8e7jZXXAhXDWxoKHTUbCK0QFgg5MAM&url = https%3A%2F%2Fwww. bafin. de%2FSharedDocs%2FDownloads%2FDE%2FRundschreiben%2Fdl_ rs_ 1004_ MaComp_ Fassung_ 3_ 2017. pdf%3F_ _ blob%3DpublicationFile%26v%3D4&usg = AOvVaw3vsxqhPm0x9VE4UJCqmyU3，最后访问时间：2016 年 4 月 2 日。

[2] 《德国银行业务风险管理最低要求》，编号：09/2017，发布于 2017 年 10 月 27 日，内容参见网络发布：https：//www. bafin. de/SharedDocs/Veroeffentlichungen/DE/Rundschreiben/2017/rs_ 1709_ marisk_ ba. html，最后访问时间：2016 年 4 月 5 日。

[3] 《德国银行业务网上支付安全最低要求》，编号：05/2015，发布于 2015 年 5 月 5 日，内容参见网络发布：https：//www. bafin. de/SharedDocs/Veroeffentlichungen/DE/Rundschreiben/2015/rs_ 1504_ ba_ MA_ Internetzahlungen. html，最后访问时间：2016 年 4 月 5 日。

[4] 《欧盟支付服务指令 II》，编号：EU 2015/2366，内容参见网络发布：http：//eur - lex. europa. eu/legal - content/EN/TXT/PDF/？uri = CELEX：32015L2366&from = DE，最后访问时间：2016 年 4 月 4 日。

○"资本市场金融工具交易监管"及其《技术标准》）（MiFiD I/MiFiD II[1]/MiFiR[2]）

• 金融业务反洗钱和报表类监管，具体包括：

○"电子签名标准"（eIDAS[3]）

○"远程身份认证"

○"客户税务信息报送标准"（例如 CRS 和 FKAaustG[4]）

• 数据保护

○《欧盟数据保护基本法》[5]

○数据保护在提供 SaaS 和云技术支持的金融服务方面的要求

• 信息科技安全

○《信息科技技术安全法》（IT security law[6]）

## 二、传统银行业与金融科技

### （一）传统银行业与金融科技优劣势比较

与金融科技企业相比，传统银行长期受到严格的金融监管，在品牌与信誉、依法合规、风险防控、综合金融服务能力、数据系统建设和数据积累、个性化服务水准、物理网点覆盖等方面具备传统优势，并藉此信用优势、金融牌照优势、客户优势、数据优势和监管优势在社会上已经奠定了"资金安全"的品牌标签，深得民众信任。此外，传统银行业务的运营牌照较为全面，对客户金融服务需求有深入理解，有能力为客户提供综合化金融服务，打造个性化服务品牌。其次，

---

〔1〕《欧盟资本市场金融工具交易监管 I》，编号：EU 2004/39，发布于 2004 年 4 月 21 日，内容参见网络发布：http：//eur – lex. europa. eu/legal – content/EN/TXT/HTML/？uri = CELEX：32004L0039&from = DE，最后访问时间：2017 年 9 月。

〔2〕《欧盟金融市场工具监管》，编号：EU 2014/600，发布于 2014 年 5 月 15 日，内容参见网络发布：http：//eur – lex. europa. eu/legal – content/EN/TXT/HTML/？uri = CELEX：32014R0600&from = DE，最后访问时间：2016 年 4 月 2 日。

〔3〕《欧盟电子签名条例》，编号：EU 910/2014，发布于 2014 年 7 月 23 日，内容参见网络发布：http：//eur – lex. europa. eu/legal – content/EN/TXT/HTML/？uri = CELEX：32014L0065&from = EN，最后访问时间：2016 年 5 月 3 日。

〔4〕《德国银行客户税务信息自动交换法》（缩写：FKAaustG），发布于 2015 年 12 月 21 日，内容参见网络发布：https：//www. gesetze – im – internet. de/fkaustg/BJNR253110015. html，最后访问时间：2016 年 5 月 3 日。

〔5〕《 欧盟数据保护基本法》，编号：EU 2016/679，内容参见网络发布：http：//eur – lex. europa. eu/legal – content/EN/TXT/PDF/？uri = CELEX：32016R0679&from = DE，最后访问时间：2016 年 9 月 1 日。

〔6〕《德国信息科技技术安全法》（缩写：IT – Sichheitsgesetz），发布于 2015 年 7 月 17 日，内容参见网络发布：https：//www. bgbl. de/xaver/bgbl/start. xav？startbk = Bundesanzeiger_BGBl&jumpTo = bgbl115s1324. pdf#_bgbl__%2F%2F*%5B%40attr_id%3D%27bgbl115s1324. pdf%27%5D__1509257239321，最后访问时间：2016 年 9 月 2 日。

传统银行网点覆盖经营区域,不少大中型商业银行网点遍布全国各地甚至全球,物理网点能够满足部分业务的风险防范要求,实现与客户面对面的线下零距离接触。

而传统银行业的优势在遭遇"金融科技"时,又成为其进一步发展的桎梏。例如,传统银行在创新文化与创新机制方面受到本身"审慎合规"的经营理念及监管的约束,导致新产品的审批周期长,经常错过市场发展黄金时机,故金融科技企业的"试错文化"并不适用于传统银行。此外,传统银行虽然在数据系统建设方面历史悠久,且通过网上银行、手机银行、财富管理、信用卡平台等系统采集了大量客户信息、客户交易数据,并拥有各种数据分类储备和维护系统,例如核心系统、信贷系统、客户关系维护系统、计价系统等中的客户的基础信息,但是这种丰富的信息资源仅仅停留在单纯的数据阶段。如何科学利用这些数据,并以此来分析交易行为推动其在零售业务、公司业务、资本市场业务、交易银行业务、资产管理业务、财富管理业务和风险管理领域中的应用和提高普惠增值服务,是传统银行面临的新竞争领域,这是新的思路,也是新的挑战。

(二)金融科技对经济的影响

自2000年互联网的泡沫经济,到2010年的爆发式增长,及至今天金融科技产业成型,大数据、云技术、区域链等技术不光成为银行之间竞争的筹码,也使消费者从便捷、高效、灵活和安全的银行服务中获益。在整个发展过程中金融科技对整个经济主要有五方面的积极影响:

1. 创新驱动行业良性竞争

科技技术的使用实现了数据实时采集、分析,从而变革了业务流程,产品种类,普惠式服务模式、优化了用户产品体验、增进了民众自我参与度,增进了金融机构之间的良性竞争。

2. 数据利用实现增值

金融科技的技术应用不满足于数据统计,而是可以对数据进行建模结构化、多维多层级数据分析、与社交媒体结合实现数据货币化、进而达到数据增值的目的。每个数据利用环节都可以衍生出不同的金融服务类型,例如"征信系统"、"智能投顾"等。

3. 分散吸收金融风险

从风险防控角度,监管机关不光可以通过大数据分析与算法监控可疑金融交易,还可以使用鲁棒统计学和模型拟合等技术运用于判别、抓取、分析被监管对象的非正常行为;对于金融机构更多数字化的交易便于进行风险核查,提升支付系统的安全性和透明度减少市场上的信息不对称,消费者则可以进行合理的资产配比理财。

4. 降低成本提升金融服务效率

效率提升是金融科技最核心的优势。无论从金融监管部门的监管角度看，还是从金融机构的合规角度，抑或是从运营效率角度看，运用大数据、云计算、人工智能等技术能够很好地感知金融风险态势，提升数据的收集、整合、共享的实时性，有效地发现违规操作，高风险交易等潜在问题，提升风险识别的准确性和风险防范的有效性；以自动化的方式来减少人工的干预，以标准化的方式来减少理解的歧义，更加高效、便捷、准确地操作和执行，有效地降低合规成本，提升合规的效率。

5. 增强用户体验、降低市场障碍

金融科技使人工智能替代人工服务成为现实，从而带来"一键式"用户体验；区块链的发展将促进未来信息收集的去中心化，也使得普惠微金融未来的话语权不再掌握在拥有最多信息的互联网金融企业或传统金融机构手中。

### 三、"金融科技"在欧盟与德国的应用领域与监管措施

"金融科技"在德国与欧盟的应用主要集中在六个业务领域：①电子支付；②智能投资组合管理服务；③智能投资顾问服务；④社交交易网络平台服务；⑤众筹服务；⑥虚拟货币。

尽管"金融科技"有诸多的优势与便利，但欧盟与德国没有放任其在金融市场上的发展与壮大，而是通过将"金融科技企业"纳入现有金融机构与金融产品的监管范围并发布了一系列监管法令、定期组织"金融科技"监管方面的宣传帮助社会大众、金融科技企业和银行普及监管知识，进而加强了"金融科技"产品与企业的监管。接下来将逐一对欧盟和德国金融市场上重点出现的金融科技应用业务模式及其监管措施予以分析。

(一) 电子支付[1]

1. 业务模式

金融科技最早涉足的金融业务领域是应用互联网技术拓展支付手段与渠道的"电子支付方式"（digital payments）。目前欧盟允许使用"电子支付"的业务有实时现金支付、信用卡支付，转结汇业务等。"电子支付"中可以细分为"电子商务"（digital commerce）、"移动设备支付"和"P2P支付服务"三种成熟的业务模式，具体表现为通过应用程序执行远程在点的终端支付（POS）。目前移动支付在欧盟和德国的应用率还不是很高，55%的受访者不使用移动支付的原因在于消费者对于移动支付的安全性和私密性不具备足够的信心。

---

[1] 《德国金融监管局关于网上支付业务说明》，发布于2014年4月1日，内容参见网络发布：https://www.bafin.de/SharedDocs/Veroeffentlichungen/DE/Fachartikel/2014/fa_bj_1404_bezahlverfahren_im_internet.html? nn=7845970，最后访问时间：2016年9月1日。

2. 监管法律依据和措施

（1）支付服务牌照。根据《德国支付服务法》所有参与支付过程的参与方都需要申请支付服务牌照。同时这也是 2018 年 1 月 13 日生效的《欧盟支付服务指令 II》（下简称：PSD II）的规定，该《指令》扩展了需要申请支付服务牌照的主体范围。这表明，今后除开户银行需要具备支付服务牌照外，账户信息服务商（Account Information Service Providers，AISPs）和支付开通服务提供商（Payment Initiation Service Providers，PISPs）作为"第三方服务商"（Third Party Service Providers、TPPs）以及网络运营商纳入了被监管主体，在开展业务前都需要获取该支付服务牌照。

（2）统一用户市场准入标准。由于各国对电子支付系统的市场准入要求不同，以及一些跨国电子商务运营商仅接受信用卡支付而不接受网银支付，不光限制了单一欧盟市场的形成，更增加了服务商与消费者的时间成本、机会成本和金钱成本。为了解决消费者自由选用市场上获准的电子支付系统和金融服务产品的困难，以及为了促进市场公平竞争，欧盟针对地域限制、各国不同的市场准入标准、身份认证和书面文档的要求，于 2015 年 6 月 5 日发布《反洗钱第四号令》要求各个欧盟成员国的金融监管机构在两年内根据该指令制定统一的身份认证标准和证件要求，以确保支付服务商在对消费者使用其服务时根据该标准进行身份认证。此外，根据该《法令》，如果客户事先同意其银行账户开立机构（简称"开户行"）向支付服务商提供其认证身份信息，则开户行有权以有偿方式与其他有义务进行客户身份认证的支付服务商交换其身份认证信息，但是开户行没有义务确保交换的认证信息的时效性和完整性。

（3）远程视频身份认证[1]。在用户市场准入方面，电子化身份认证无疑便于用户的跨境开户。在统一了身份认证要求和格式的前提下，《欧盟反洗钱第 4 号令》已经不再将远程身份见证视为提升的风险因素。例如德国联邦金融监管局自 2014 年[2]起亦在不断完善远程视频身份验证的最低要求和流程，并在 2017 年通过《第 3/2017 号通知》向使用视频手段进行远程身份认证的金融、保险、资产管理类企业同意提出了统一的要求。

首先，负责远程视频身份认证的员工在到岗前必须熟知相关反洗钱、数据保

---

[1] 《2017 年德国金融监管局第 3 号关于远程身份见证通告》，编号：Circular 3/2017（GW），英文内容参见网络发布 https：//www.bafin.de/SharedDocs/Veroeffentlichungen/EN/Rundschreiben/2017/rs_1703_gw_videoident_en.html，最后访问时间：2016 年 9 月 2 日。

[2] 《2014 年德国金融监管局第 1 号关于远程身份见证通告》，编号：Circular 01/2014（GW）发布于 2014 年 4 月 3 日，英文内容参见网络发布：https：//www.bafin.dc/SharedDocs/Veroeffentlichungen/EN/Rundschreiben/rs_1401_gw_verwaltungspraxis_vm_en.html，最后访问时间：2016 年 9 月 3 日。

护专业知识,并具备识别证件伪造的实践经验。此外,从事该类工作的员工应证明至少每年有一次相关的专业培训,并在有法律依据、监管法案以及数据保护法或者出现重大数据安全事故时,实时进行补充培训。

其次,进行远程视频身份认证的场所应该独立于其他办公场所,并且设立进入监控。

再次,在进行视频远程身份认证前,应征得被认证人同意使用远程视频身份认证的方式,要告知远程认证过程、需提交的身份认证材料,认证过程并提交材料被录像或被制作截屏的事实,同时被认证人同意认证的是亦需要进行视频记录。

第四,金融监管对远程视频认证的技术条件和信息科技技术规范。远程视频认证的过程要在不间断的实时状态下完成。认证员与被认证人之间的视听通讯要确保完成性、保密性;出于这个原因,从技术上只允许终端对终端的加密视频通讯(point - to - point)。对此,德国联邦信息技术安全部专门作出了技术指引。

第五,通信图像和音像效果要足以辨识认证人与被认证人之间的对话;从视频中截图的身份证明要确保足够的清晰度,用以辨识被认证人的身份。

第六、可供远程见证的证件必须具备防伪性的特征。对于视频远程身份认证的有效的证件,德国的金融监管也做了规定。被认证的证件应可以在白光和图像传输过程依然可以清晰可见,并具备防伪标识的身份证件。这些中特地包括的试验比白色光在视觉上可检验的分类的安全功能以及对文件的损坏和操作的检查。

第七、在视频传输过程中,认证员工应对有效身份证件的正面和背面进行清晰识别的拍照或截图,并对被认证人的同意书,应进行单独记录和存档。

第八,如果在视频过程中由于光线变化、图像传输质量不稳定或者语音不清晰,或传输不安全的情况,则应终止远程视频身份认证,而重新进行完整的远程视频身份认证流程。

第九,在远程视频身份认证过程中,负责认证的员工应实时通过电子邮件或者短信方式向被认证人发送实时生成的 TAN 密码,收到 TAN 后,被认证人实时向员工通过互联网回传收到的 TAN 号。通过比对两个 TAN 号实现被认证人身份认证流程。

第十,所有与远程视频见证和被见证人的有关的音频材料、书面文档等资料需要留档至少五年以备金融监管或者稽核人员进行检查。

(4)取消垄断,交易平台支付方式自由选择权。规模较小的在线零售商往往不是通过自己的网上专卖店,而是通过所谓的在线市场进行销售,例如亚马逊、eBay。为了打破行业垄断,根据《欧盟联盟基本条约》第 102 条的基本原则,具有市场主导地位的电子商务交易平台运营商不得滥用市场主导地位,对用户进行捆绑支付服务或支付手段，也即没有给用户提供支付手段的选择权。电子商务交易平台运营商有义务为交易平台使用的零售商和消费者提供自由选择市场上允许的支付方式的可能性。

（二）智能投资组合管理服务[1]

1. 业务模式

智能投资组合管理服务（automated fincance portfolio managment）是一种新兴的在线投资顾问及财富管理服务，它根据目标客户的年龄、财务状况、理财目标等特征，以投资组合理论为依据，运用智能算法和金融工具为客户提供定制化的投资组合，并持续跟踪市场动态及客户需求，对组合方案进行再平衡。

与智能投资顾问服务平台（robo – advisor）类似，在使用自动化投资组合管理服务之前，客户须先回答在线问题清单中的问题，由此项服务提供商提供有关其财务状况，投资目标以及相关产品和服务方面的知识和经验的信息。基于该类信息，通过算法计算生成投资策略建议或投资模型组合。然而，与智能投资顾问服务平台不同的是，客户不仅仅获得一次性的投资建议，而是由资产管理人根据与客户协议使用的参数持续管理投资组合。投资组合的任何变化亦基于一种算法。而参数改变或变更投资组合则是通过手工处理。常向客户推荐的投资策略往往集中在"交易型开放式指数基金"上（简称 ETF）上。使用这些金融工具，是为了更好地将客户的投资目标和风险偏好与持续投资组合的利润机会和风险特征相匹配。

2. 监管法律依据与措施

由于客户的资金账户必须开立在符合《德国投资法》条件的托管银行或托管机构，并使用客户资产投资金融工具，故管理和托管客户的金融工具账户的行为触发了《德国证券交易法》对资产管理人需申请金融牌照要求。根据具体的运营模式自动投资组合管理服务可以以托管（包括投资组合账户保管和管理）、金融经纪或者是保管服务的形式出现。为了便于管理客户的资产组合账户，客户授予资产管理人一定的自由裁量权。凭借此授权，资产管理人员可以访问客户在托管银行开立的金融工具资金账户，并在未获得特殊授权的情形下自行裁量是否使用其财产用于再投资，以便实现授权人的利益最大化。

提供自动资产组合管理服务的资产管理人必须适格。德国金融监管局要求，其必须在投资组合管理领域掌握足够的金融产品和金融工具实践操作知识、风控技能、风险提示、相关法律法规以及管理技能并提供相关专业证明和无犯罪证

---

[1] 《德国金融监管局关于智能资产投资组合管理业务说明》，发布于 2016 年 4 月 13 日，内容参见网络发布：https://www.bafin.de/DE/Aufsicht/FinTech/Finanzportfolioverwaltung/finanzportfolioverwaltung_node.html，最后访问时间：2016 年 10 月 23 日。

明；再者，在提供服务前，资产管理人必须根据《德国证券法》和欧盟《欧盟金融工具市场法规》对客户专业资质、经济来源和风险承受能力进行分类，并对客户进行相应的风险提示。

此外，鉴于资产管理人员对客户的资产账户有一定的自由裁量权，故德国金融监管局要求其申请牌照时需证明其满足 50000 欧元作为初始资本的最低资本金要求，且它们必须符合欧盟《资本要求条例》（CRR）的规定，也即一级核心资本充足率为 4.5%，核心资本充足率为 6%，总资本充足率 8%。

（三）智能投资顾问服务[1]

1. 业务模式

智能投资顾问服务（Robo‐Advisor）是一种新兴的在线投资顾问服务，它根据目标客户的年龄、财务状况、理财目标等特征，以投资组合理论为依据，运用智能算法和金融工具向客户提供投资建议。

2. 监管法律依据和措施

根据《德国银行法》和《德国证券交易法》，在提供智能投资顾问服务前，服务商必须先取得德国金融监管局的银行业务牌照，因为投资顾问根据该法是以投资咨询、投资中介、投资经纪服务的服务模式出现的，进而有可能还会与投资组合管理服务相结合。这四种业务模式均属于银行业务。

除满足具备银行业务牌照的前提条件外，提供智能投资咨询服务时要根据《德国证券法》和欧盟《欧盟金融工具市场法规》先对客户专业资质、经济来源和风险承受能力进行分类，分类标准必须体现在产品说明和《投资咨询备忘录》中；此外，提供咨询的员工必须根据《德国证券业从业人员登记条例》在德国金融监管局进行备案和公示，以备投诉审核和消费者信息透明。

（四）众筹服务[2]

1. 业务模式

众筹逐渐成为微融资、风险投资、天使投资或者资助等传统融资方式的备选或者替代资金来源。尤其在创意、文化和社会项目上，因为鲜有投资人对该类项目感兴趣。许多创业或创意型公司会利用这种融资方式，因为该类公司往往无法满足传统融资要求提供年度审计财务报表或提供抵押物作为担保。

---

[1] 《德国金融监管局关于智能资产投资组合管理业务说明》，发布于 2016 年 4 月 13 日，内容参见网络发布：https://www.bafin.de/DE/Aufsicht/FinTech/Finanzportfolioverwaltung/finanzportfolioverwaltung_node.html，最后访问时间：2016 年 10 月 26 日。

[2] 《德国金融监管局关于众筹业务的说明》，发布于 2014 年 6 月 2 日，内容参见网络发布：https://www.bafin.de/SharedDocs/Veroeffentlichungen/DE/Fachartikel/2014/fa_bj_1406_crowdfunding.html，最后访问时间：2016 年 10 月 26 日。

众筹在欧盟与德国大致在实践中被分为四种商业模式：

债权众筹（Lending - based crowd - funding）：投资者对项目或公司进行投资，获得其一定比例的债权，未来收取利息并收回本金（出资人给钱后，贷款人还本付息）

股权众筹（Equity - based crowd - funding）：投资者对项目或公司进行投资，或者以证券投资的形式，获得一定的股权或债权（出资人给钱后，获得贷款人公司股份）

回报众筹（Reward - based crowd - funding）：投资者对项目或公司进行投资，获得产品或服务（出资人给钱后，贷款人为其提供产品或服务）

捐赠众筹（Donate - based crowd - funding）：投资者对项目或公司进行无偿捐赠（出资人无回报出钱）

2. 监管法律依据和措施

对于众筹业务，德国金融监管局会根据《众筹服务协议》的内容来判断是否众筹服务平台的运营商、投资方和贷款方三方需要事先获得银行业务牌照。众筹服务通常涉及的银行业务有贷款业务、保理业务和存款业务。根据《德国银行法》的规定，凡是依托商业组织架构从事长期的、有计划的以营利为目的的银行业务或金融服务业务，则需要德国金融监管局颁发的银行业务牌照。在实践中，德国金融监管局对于贷款业务超过 20 笔并共计超过 50 万欧元或者在不计贷款总额，放贷超过 100 笔；对于存款业务，如果吸收资金超过 5 笔共计 12500 欧元或者总计吸收存款总额超过 25 笔存款，视为以营利为目的的经营条件满足，经营者应该申请银行业务牌照。

根据这个判断标准，如果众筹服务平台运营商提供纯粹的用户之间的融资中介服务，原则上不受金融监管的牌照限制，而受商业监督局的监管。但当众筹服务平台运营商在用户（作为出资方或贷款方）注册时，就以投资人出资为前提条件通过吸收资金方式介入了融资业务开展、融资协议订立和执行，则德国金融监管局因为众筹网络平台运营商潜在的银行业务介入或者其本身存款业务的开展对该类运营商的监管。反之，众筹平台运营商仅受工商管理局的监管。

其次，当使用众筹网络平台的用户作为投资人有计划、有组织地、以营利为目的进行出资放贷或者保理应收账款并达到前述业务量时，则该众筹投资人也会受到德国金融监管局的监管，因为监管视其提供两类银行业务——贷款业务和保理业务 。

再次，对于借款人有组织、有计划、长期以营利为目的接受资金的行为被德国金融监管局视为满足了存款银行业务的业务模式，故要求进行该类业务的组织申请银行业务牌照。

上述众筹平台的监管要求亦适用于跨境融资中介服务，需要德国金融监管局的监管，除非众筹平台设立在德国境外。

最后，众筹服务的产品说明要符合《德国证券产品说明条例》的标准用语和信息要求。

（五）社交交易网络平台[1]

1. 业务模式

社交交易网络平台运营商提供一个在线交易平台，供交易员和投资人（又叫"跟单方"或"追随方"）进行外汇、证券等交易。交易员和投资人创建账户后，可以从众多支付方式（通常为自己的银行、电汇、PayPal 等）中进行选择，为其在社交网络交易平台上开立的账户注入交易资金。交易员在社交网络交易平台上公开自己的投资策略，如果"跟单方"或"追随方"对一种投资策略感兴趣，则可以通过"关注"的方式来获得更多该交易员的投资策略，此外"跟单方"或"追随方"也可以同时关注并获得多个交易员的交易策略，甚至与交易员取得实时联系。除了关注某个或某些交易员的交易，"跟单方"或"追随方"只需"复制"交易员的交易策略，即可自动跟单交易员的头寸、明确用于跟单的资金百分比和止损金额，则跟单交易的数额将据此核算。"跟单方"或"追随方"所选跟单对象的交易就会自动复制于自己的账户中，"跟单方"或"追随方"仍保留对账户的完全控制并可以随时接管交易，或完全终止对某一交易员的跟单。像所有"团队经理"一样，"跟单方"或"追随方"还可以留意交易新星的出现，并将他们添加到自己的跟单交易组合中。这种跟单交易模式，同样适用于"跟单外汇交易"、"跟单基金交易"、"跟单股票交易"或"跟单投资组合"等产品。

交易员除了通过交易获得点差返利外，还可以通过"跟单方"或"追随方"的资产管理获利。

2. 监管措施

对于社交交易网络平台的监管，德国采用了联邦金融监管局、数据保护监管局以及商业监督局共同分块监管。

鉴于社交交易网络平台提供的服务不光是撮合投资者和交易员之间就证券市场或货币市场的中介服务，还为投资者提供了如投资组合管理，投资经纪和收购服务等金融服务，故此社交网络交易平台的运营商需要事先获取金融监管局的银行业务和证券业务类牌照。

---

[1] 《德国金融监管局关于社交网络跟单交易服务业务说明》，发布于 2016 年 4 月 7 日，内容参见网络发布：https://www.bafin.de/DE/Aufsicht/FinTech/Signalgebung/signalgebung_ node. html，最后访问时间：2016 年 10 月 26 日。

（六）虚拟货币（例如比特币）[1]

1. 业务模式

所有虚拟货币都是基于替代货币的想法产生的，而不是由国家发行的。不同于中央银行可以无限量印制的货币，与商业银行创造的存款不同，创建虚拟货币单位的过程严格按照计算机网络中的固定数学协议进行。这个过程也被称为"采矿"。目前不同互联网企业在其平台内推行的虚拟货币，如 Q 币、Facebook Credits、亚马逊虚拟货币及边锋币等各类游戏币，都是虚拟货币。最著名的虚拟货币是比特币，目前常被人用于投资理财。虚拟货币被分配到网络中的可跟踪的位置（"地址"），通常由随机生成的一系列数字或数字组成。所有者使用私钥和公钥来管理他们的虚拟货币，私钥和公钥用于验证交易。所有用户都可以在网络内互相传送虚拟货币，但必须定期在网络外交换对应的目标地址。虚拟货币的实际所有者在网络中的位置是不可见的。一旦虚拟货币交易成功，则交易不可逆转。

2. 监管法律依据和措施

欧盟对使用虚拟货币进行交易的行为，仅在 2014 年 7 月以风险提示的方式发布过《欧央行关于使用虚拟货币的意见》。该《意见》对使用虚拟货币并没有持否定态度，但识别出使用虚拟货币造成的七十种风险，将其归纳为用户的风险；其他市场参与者的风险，功能性支付系统的风险，金融诚信风险和监管机构面临的风险。

德国联邦金融监管局则公开认可虚拟货币的合法性，但并不承认其是"合法货币"或归类为电子货币或者功能性货币，也不承认它具有外币性质，而将其定义为"记账单位"作为"金融工具"的一种纳入到德国金融监管体系中。

基于虚拟货币在德国金融监管体系的定位，德国财政部对比特币的缴税规则作出了比较具体的说明：用作私人用途时，比特币是合法的"私有财产"，持有者可免税，但用于商业用途进行交易则要缴纳收益税。

使用虚拟货币进行交易的行为虽然无需经过德国金融监管机构的审批，但是对于为虚拟货币提供买、卖或多边交易的平台运营商或者有偿提供虚拟货币交易商信息的商家均被视为提供金融服务的机构，必须申请金融许可牌照并接受监管，因为前述服务被德国金融监管局视为金融行纪服务或者运营多边交易服务。

**四、针对金融科技的框架性风控措施**

除了基于现有法律对上述金融科技产品实施监管外，欧盟与德国针对"金融科技"企业在数据保护、信息安全和合规运作方面的短板进行了一系列立法，以

---

[1]《德国金融监管局关于虚拟货币使用的说明》，发布于 2016 年 4 月 28 日，内容参见网络发布：https://www.bafin.de/DE/Aufsicht/FinTech/VirtualCurrency/virtual_currency_node.html，最后访问时间：2016 年 11 月 1 日。

助力"金融科技"的良性发展。

（一）数据保护和信息安全方面

1. 《欧盟网上支付安全指引》（PSD）

基于 2007 年欧盟出台的《支付服务指令 I》（PSD I）和《支付服务准则》，欧盟又于 2014 年 12 月 19 日发布了《欧盟网上支付安全指引》[1]，并在 2016 年 1 月 13 日发布了《欧盟支付指令 II》[2]（PSD II）。《指令 II》于 2018 年 1 月 13 日在各个欧盟成员国正式生效。除了前述《指令 II》旨在填补跨境银行卡、互联网和手机支付等支付市场重要领域的空白，应对快速增长的零售支付和新支付服务和扩展被监管主体范围外，《指令 II》在数据保护和信息安全方面要求被监管主体建立健全信息管理系统；增加突发事件的即时申报制度和系统恢复要求；此外《指令 II》对于网上支付和账户访问增加了客户动态授权双认证的安全性要求。

此外，欧洲银行业管理局还根据《指令 II》通过统一下列技术和商业标准保证整个欧盟地区支付服务的便捷与安全：

● 支付服务机构需在各自注册国申请支付服务牌照，为此需要提供经营模式说明、商业计划、适格业务领导人、注册资本金等信息

● 欧洲金融监管机构统一进行支付服务机构的中央注册系统开发、上线与维护

● 跨领域和跨境经营的支付机构需提交合作方法、途径、技术细节等信息，尤其是合作范围和数据的处理方式

● 在本国之外其他欧盟成员国经营的支付服务机构需提供交易金额、服务种类和网点数等信息来决定具体国家协议的合规性

● 支付安全措施的建立和执行标准

● 支付服务准入认证和支付过程参与者之间通信的技术安全监管标准

2. 《欧盟电子交易身份电子识别和征信服务条例》（简称：eIDAS）[3]

为了让消费者在欧盟统一市场上的零售金融服务中能有更多的选择并能获得

---

〔1〕《欧洲央行关于网上支付安全指引》，发布于 2014 年 12 月，内容参见网络发布：https：// www. eba. europa. eu/documents/10180/934179/EBA - GL - 2014 - 12 + %28Guidelines + on + the + security + of + internet + payments%29_ Rev1，最后访问时间：2016 年 11 月 2 日。

〔2〕《欧盟支付服务指令 II》，编号：EU 2015/2366，内容参见网络发布：http：//eur - lex. europa. eu/legal - content/EN/TXT/PDF/? uri = CELEX：32015L2366&from = DE，最后访问时间：2016 年 11 月 2 日。

〔3〕《欧盟电子交易身份电子识别和征信服务条例》，编号：EU 910/2014，发布于 2014 年 7 月 23 日，内容参见网络发布：http：//eur - lex. europa. eu/legal - content/EN/TXT/HTML/? uri = CELEX：32014R0910&from = DE，最后访问时间：2016 年 11 月 13 日。

更好和更安全的服务，以及为了在整个欧盟建立一个支持数字创新的监管环境，欧盟委员会于 2014 年发布《欧盟电子交易身份电子识别和征信服务条例》（eI-DAS），eIDAS 取代了其 1999 年颁布的《欧盟电子签名法指令》（1999/93/EC号）。eIDAS 旨在通过电子识别完成欧盟内部市场跨境交易的身份识别、交易认证和征信服务。eIDAS 从电子签名的辨识度、安全级别等规定了合格的电子签名应具有的有效性，欧盟成员国之间电子签名系统互认、合规电子签名的法律效力、使用电子签名业务的监管机构，法律责任等四方面规定了电子签名作为个人身份信息的保护和安全的要求。

此外，eIDAS 也是欧盟委员会于 2017 年 3 月 22 日发布的《欧盟消费金融服务行动计划》（Consumer Financial Services Action Plan：Better Products，More Choice）[1] 中 12 条行动计划中的一项重要措施。

3. 《欧盟数据保护基本法》（简称：DSGVO）：

《欧盟数据保护基本法》于 2016 年 5 月 25 日发布，自 2018 年 5 月 25 日起适用。为了确保个人信息不被滥用，该《基本法》具体规定了授权使用个人信息的要求和基本原则；个人信息相关人的权利：例如，知情权、取消信息处理权等；对数据处理机构在数据保护方面的要求，例如：数据保护专员机制；跨境数据传输的技术安全要求；数据安全监管机构的职能；国际监管机构间的合作；违规罚款。

4. 《德国网上支付最低安全要求》（简称：MaSI）[2]

基于《欧盟网上支付安全指引》[3]，德国于 2015 年 5 月 5 日发布了《德国网上支付最低安全要求》（简称：MaSI）。该《最低安全要求》具备法律效率。内容上要求各个被监管机构从组织架构上设立职能独立的"信息科技安全专员"；技术上要满足加强的身份认证；在网站上实时对客户普及网上支付风险知识和避免网上支付风险的方法。

（二）欺诈风险

支付服务机构除了应遵循固有的防欺诈风险的法律法规，《欧盟支付服务指

---

[1] 《欧盟消费金融服务行动计划》，发布于 2015 年 5 月 5 日，内容参见：http：//europa. eu/rapid/press - release_ IP - 17 - 609_ en. htm，最后访问时间：2016 年 11 月 13 日。

[2] 《德国金融监管局关于网上支付安全最低管理要求》，发布于 2015 年 5 月 5 日，内容参见网络发布：https：//www. bafin. de/SharedDocs/Veroeffentlichungen/DE/Rundschreiben/2015/rs_ 1504_ ba_ MA_ Internetzahlungen. html，最后访问时间：2016 年 11 月 13 日。

[3] 《欧洲央行关于网上支付安全指引》，发布于 2014 年 12 月，内容参见网络发布：https：//www. eba. europa. eu/documents/10180/934179/EBA - GL - 2014 - 12 + %28Guidelines + on + the + security + of + internet + payments%29_ Rev1，最后访问时间：2016 年 11 月 13 日。

令 II》[1] 与《欧盟反洗钱第四号令》[2] 还从技术方面通过动态认证加强了数据安全，并对出现重大安全和欺诈事件的管理原则和行为准则做出了规定。

（三）系统性风险

虽然目前金融科技的使用还没有引发宏观经济风险的迹象，但根据历史经验，如果金融创新发展过快而不加以监管，且随着金融科技使用的普及程度、机构之间的复杂网络、金融市场参与主体趋同以及高速连锁共振效应势必增加潜在系统性风险。以资管行业智能投顾为例，在运用智能化系统为客户提供程序标准化资产管理建议的同时，如果采用相似的风险指标和交易策略，那么很可能在市场上导致更多的统买统卖、重涨重跌，这种现象同频共振放大金融市场波动必然会引发系统性风险。欧盟和德国的金融监管机构已经认识到了系统性风险的存在，通过成立"金融科技工作组"进行实时监控和风险分析，以确保能够及时应对出现的新形势。

**五、结论以及对我国的启示**

中国在金融数字化、移动支付平台等技术的应用，以及银行与电商之间的密切合作上（例如建行携手阿里巴巴，农行携手百度，工行携手京东，中行携手网易宝）显然已经走在了世界的前面，但我国亦须面对金融科技的快速发展中现实与监管脱节而导致的"P2P网贷圈钱跑路"、"网络欺诈"、"个人信息滥用"等恶劣事件。下一阶段中国或许可以借鉴欧盟与德国对金融科技监管的方式，从以下四方面入手来监管"金融科技"：

（一）让金融科技有法可依

从前述欧盟与德国金融监管对"金融科技"产业监管的分析可以看出，欧盟和德国对于金融科技采用的是功能性监管，即不论金融科技以何种形态出现，金融科技具备金融服务的本质，将金融科技涉及的金融业务均按其功能纳入现有金融监管法律体系。为了适应金融科技的发展形势，欧盟和德国在法律上也做了相应的修改和完善，以便政府能够及时适当调整立法。来覆盖现有法律法规无法覆盖到的金融科技新领域，虽然严苛的法律看上去束缚了业务发展，但是在一定程度上防范和降低了金融科技的金融风险，同时也为这一新生事物的发展起到了一定的保障与良性引导作用，同时保护了所有金融市场参与者的经济利益，避免了系统性风险，例如金融科技企业由于知道了监管框架和标准是什么，可以更方

〔1〕 欧盟支付服务指令 II》，编号：EU 2015/2366，内容参见网络发布：http：//eur - lex. europa. eu/legal - content/EN/TXT/PDF/? uri = CELEX：32015L2366&from = DE，最后访问时间：2017 年 1 月 5 日。

〔2〕《欧盟反洗钱第四号令》，编号：EU 2015/849，发布于 2015 年 5 月 20 日，内容参见网络发布：ht- tp：//eur - lex. europa. eu/legal - content/EN/TXT/PDF/? uri = CELEX：32015L0849&from = EN，最后访问时间：2017 年 1 月 5 日。

便地与银行展开合作，透明的法律法规也使消费者对金融科技产品更放心。

（二）理清金融科技基本形态，以监管促发展

在建立金融科技的监管体系和基础设施时，欧盟与德国金融监管局首先会厘清金融科技的表现形式、与传统业务的融合方式、市场参与方以及相互联系、风险环节和产品演进方式；而后以此为基础，在现有法律框架下分析市场参与方的责任与义务，产品新形态是否有监管不足，最后是具有针对性和有效性的金融科技监管基础设施建设、规范基本原则、微观指标和监管工具。

（三）对金融科技采用无差异审慎监管体系

中国金融科技企业的高速发展无疑得益于相对宽松的监管环境，在客户个人信息、交易数据资源被滥用、网络诈骗泛滥、网贷领域发生大面积违约事件后，我们需要思考的是该对"金融科技"进行"适度监管"或"包容监管"，还是应该借鉴欧盟和德国的金融监管机构的做法，将"金融科技"纳入金融监管的范畴并采用监管原则一致的"审慎监管"。纵观欧盟和德国的金融监管模式，金融创新和风险监管并不矛盾，两者之间就是靠金融监管机构为所有金融市场参与者制定共同的"游戏规则"并兼顾适度平衡而达到普惠、创新和金融稳定的目的。

对于在中国是否可以借鉴澳大利亚、英国或新加坡对"金融科技"企业采用沙盒机制，即当"金融科技企业"达到了沙盒内的最低要求，可免金融牌照、免审查在一定期限内可以开展金融科技的创新实验，还需要根据中国金融监管国情和市场机制来决定。目前德国金融监管机构出于公正公平和避免利益冲突的考虑一直拒绝引入"沙盒"机制，首要原因为避免"金融科技"企业取得豁免金融监管的机会，而造成与其他市场参与者非统一的监管待遇；其次，金融监管机构作为金融监管的立法者和执法者不应单方面扶植金融市场的某部分参与者；再次，综合评估"沙盒"机制的利弊，未可知该机制是可以更进一步促进金融创新，还是会破坏金融市场的平衡和消费者对金融行业的信任。

（四）监管科技同步金融科技

欧盟和德国监管科技和金融科技的同步发展，使得监管做到有数据、有标准、有规则、有手段、有路径。如果没有同步监管科技的发展，金融科技的发展也就无从谈起。金融科技给金融服务提供了潜力巨大的发展空间，但再好的产品和服务，不监管与不合规，就无法得到应用。同步发展监管科技，不仅仅是让金融科技更好的合规、普惠与推动经济，更是为了更好地提升监管机构的效能，促进金融科技的发展，让更多、更好的技术能够得到应用。

有效的金融监管本质上是数据驱动的，而监管科技主要也是围绕数据聚合、大数据处理和解释、建模分析与预测。而这些都依赖高质量的数据和强大的计算能力，所以欧盟各国在欧央行的要求下首先于2014年建立了统一的金融数据报

送技术标准，即 Common Reporting Framework 和 Financial Reporting Framework common reporting；而后欧盟和德国首先通过一系列法案要求金融机构进行多维度、多层级的监控数据报送，例如根据欧盟《资本金要求条例》（CRR）和《资本金要求指令》（CRD IV）需申报贷款业务数据、资本金、风险承受能力和流动性监控数据；根据《欧盟场外金融工具交易法案》（EMIR 法案）采集超过 100 项交易数据；根据《支付指令 2》申报安全事件等。

通过建立数据申报、共享和分析的规章制度，打通数据孤岛，欧盟与德国监管机构才能进行监管资料的数字化、预测编码、模式分析与机器智能和大数据分析。

# ICO 与非法集资的法律风险<sup>*</sup>

## ——兼论刑法视野下的区块链数字资产

邓建鹏<sup>**</sup>

摘要：ICO 通常是投资者通过向 ICO 项目发起人支付比特币等主流数字资产，以获得项目发起方的加密数字代币。比特币可以被归属于刑法视野下的财产，所以其可能成为各类财产犯罪的客体。根据司法解释，刑法中的"公众存款"实质上指"社会资金"。因此，比特币可以涵盖在"资金"的范畴之中。据此，ICO 可能涉及非法集资的法律风险。

关键词：ICO；比特币；区块链；数字资产；非法集资

## 引言

以比特币为代表的区块链数字资产，至 2017 年 8 月 23 日，其全球整体市值已经攀升至 1500 亿美元左右。在近万种区块链数字资产中，比特币的市值占 45% 左右。[1] 这种基于区块链技术的数字资产，具有去中介化、去中心化和公开透明等特点，带来一种全新的思维方式以及商业模式。作为价值互联网的鼻祖，比特币创造了新的价值符号。

与此同时，随着网络化的普及，基于计算机与网络空间的各类虚拟财产受侵害的事件层出不穷，亟需刑法保护。但是，一方面我国刑事立法对此尚未给出清晰答案，虚拟财产的法律地位存在争议；另一方面，刑法学界对虚拟财产的研究，多限于 QQ 号或网络游戏道具等等，对于在刑法上如何保护区块链数字资产，尚未作出有效学术回应。[2] 在一本重要著作中，虚拟财产被分为如下三类：

---

* 本文是教育部哲学社会科学研究重大课题攻关项目《互联网金融的风险防范与多元化监管模式研究》（项目批准号 15JZD022）阶段性成果。

** 邓建鹏，中央民族大学法学院教授、博士生导师。北京中央民族大学法学院。

[1] 参见 https://coinmarketcap.com/charts/，最后访问时间：2017 年 8 月 23 日。

[2] 相关研究，参见刘明祥：《窃取网络虚拟财产行为定性研究》，载《法学》2016 年第 1 期；陈兴良：《虚拟财产的刑法属性及其保护路径》，载《中国法学》2017 年第 2 期；张明楷：《非法获取虚拟财产的行为性质》，载《法学》2015 年第 3 期，等等。

第一类是账号类的虚拟财产，包括网络游戏账号和 QQ 账号；第二类是物品类的虚拟财产，包括网络游戏装备、网络游戏角色/化身的装饰品；第三类是货币类的虚拟财产，包括 Q 币、金币。[1]

上述三种虚拟财产均是具有中心化的机构（比如腾讯公司）之下的产物。作为点对点传输的虚拟财产，比特币本质上与上述三类虚拟财产虽然存在一些形式上的相同点。比如，有论者概括虚拟财产具有如下三个特征：其一，以电磁数据为载体；其二，以财产价值为内容；其三，以互联网为空间。[2] 但是，区块链数字资产与其它虚拟财产存在一些本质差异。Q 币等虚拟财产大多数情况在发行该"货币"的网站内流通。比特币不依靠特定机构发行，它依据特定计算机算法产生，使用整个 P2P 网络中众多节点构成的分布式数据库来确认，使用密码学的设计来确保这种虚拟财产流通的各个环节安全。P2P 的去中心化特性与算法本身可以确保机构或个体无法通过大量制造比特币来人为操控币值。

比特币是去中心化、具有一定数字货币属性的区块链数字资产。[3] 与此同时，近两年来兴起的 ICO 风潮，同比特币等区块链数字资产关系密切，且与非法集资存在某种若隐若现的关联。因此，探讨比特币等区块链数字资产在刑法中的法律地位，明晰数字资产刑法保护的方向，进而界定 ICO 是否可能触及非法集资的刑法风险，以推动数字资产行业的发展，显得极有意义。

**一、ICO 的基本内涵与刑法风险**

ICO（英文简称 Initial Coin Offering）是一种为加密数字代币/区块链项目筹措资金的常用方式。ICO 虽然与股票初次公开发行（IPO）意思相近，但二者存在本质差异。ICO 通常是早期投资者通过向 ICO 项目发起人支付比特币（BTC）或以太币（ETH）等主流数字资产，作为回报，可以获得项目发起方基于区块链技术初始产生的加密数字代币。ICO 一般在区块链项目完成前进行，帮助项目筹措主流数字资产。投资人所获得的初始发行的加密数字代币，是其将来使用 ICO 项目的凭证。不过，ICO 的投资者最看重的是随着项目发展，代币将来在数字资产交易机构交易后，价格升值带来的潜在收益。

ICO 是在诸如比特币等数字资产被大众接受与认可之后，自 2013 年以来出现的新事物，是区块链技术与比特币等数字资产在众筹领域的最新应用和发展。在 2016 年以前，中国的 ICO 尚局限于一个小圈子内，投资人主要是理解区块链技术的专业人士。但自 2017 年年初以来，由于 ICO 融资的便利，许多骗子混杂

---

〔1〕 参见江波：《虚拟财产司法保护研究》，北京大学出版社 2015 年版，第 31~33 页。

〔2〕 参见陈兴良：《虚拟财产的刑法属性及其保护路径》，载《中国法学》2017 年第 2 期，第 146 页。

〔3〕 中国人民银行副行长范一飞在正式言论中，认为比特币是一种"类数字货币"。参见范一飞：《中国法定数字货币的理论依据和架构选择》，载《中国金融》2016 年第 17 期，第 10 页。

其中。ICO 的融资对象在中国开始由小众渗透至大众市场，大量完全不具备风险承受能力、完全不了解区块链技术的散户型投资者蜂拥而至，幻想一夜暴富。据笔者向区块链专业人士调研，当前高达 90% 以上的 ICO 项目涉嫌欺诈，少部分项目虽与欺诈无关，却是因早期融资失败，而转向 ICO。这两种类型的项目，风险均非常高。因此，ICO 已经由助力区块链初创企业融资的高效工具，化身为大量骗子非法集资的手段。根据国家互联网金融安全技术专家委员会于 7 月 25 日发布的《2017 上半年国内 ICO 发展情况报告》显示，国内提供 ICO 服务的第三方平台共 43 家，上线并完成 ICO 项目 65 个，累计融资规模达约 6 万个比特币（BTC）、约 85 万个以太币（ETH）以及其它数字资产。以 2017 年 7 月 19 日零点价格换算，这些数字资产折合人民币总计 26.16 亿元。同时，ICO 融资规模和用户参与程度呈加速上升趋势，累计参与人次达 10.5 万。[1]

这种创新型融资模式在当前没有任何相关法律规定，亦无明确对应的监管机构。发起 ICO 项目不需要任何监管机构审批即可向公众募资。大部分 ICO 项目未设定投资者门槛。借助于主流数字资产点对点发送的便利，ICO 具有全球范围融资的优势。不少明星级 ICO 项目在短短数天甚至一个小时内即完成融资预期目标。与几乎所有的传统融资方式相比，ICO 更利于高效快速解决区块链初创企业融资难题。总之，ICO 的代币具有高流动性、高变现能力、融资流程简单和融资效率极高等特征。

此前，多数 ICO 项目发起人心存幻想，认为其向公众募集的是比特币等所谓主流虚拟货币，而非法定货币，比特币等所谓虚拟货币不属于社会资金，因此，相关行为不属于非法融资或集资的范畴，试图借机逍遥法外。由于大部分 ICO 项目未设定投资者门槛，投机炒作盛行，涉嫌从事非法金融活动等多项违法行为，严重扰乱了经济金融秩序。基于这种忧虑，中国人民银行等七部委于 2017 年 9 月 4 日发布《关于防范代币发行融资风险的公告》，指出 ICO 向投资者筹集比特币、以太币等所谓"虚拟货币"，本质上是一种未经批准非法公开融资的行为。央行及时叫停 ICO 项目，以去除其中存在的风险。[2] 对此，当前亟需厘清的重大问题是，ICO 未经有权机构批准，面向公众发行加密数字代币，用以交换投资者手中的比特币等主流区块链数字资产，是否有涉及非法集资的法律风险？

根据《刑法》与最高人民法院于 2010 年公布的《关于审理非法集资刑事案件具体应用法律若干问题的解释》，非法集资行为只要同时涉及以下四个要件，即应当认为刑法第 170 条规定的"非法吸收公众存款或者变相吸收公众存款"。

---

〔1〕　参见邓建鹏：《监管真空期 ICO 如何自我救赎？》，载《上海证券报》2017 年 8 月 4 日 012 版。

〔2〕　参见 http://www.pbc.gov.cn/goutongjiaoliu/113456/113469/3374222/index.html，最后访问时间：2017 年 9 月 6 日。

其分别是：①未经有权机构批准吸收资金；②通过网络等媒体向社会公开宣传；③承诺在一定期限内以货币、实物、股权等方式还本付息或者给付回报；④向不特定对象吸收资金。[1]

中国所有 ICO 项目均未经有权机构批准，这些项目通过 ICO 众筹平台，向公众宣传相关项目，向不特定对象募集主流区块链数字资产。如果项目内容涉嫌虚构或者个别项目承诺在一定期限内以货币、实物、股权等方式还本付息或者给付回报，则此行为是否属于"非法集资"？更具体而言，在情节严重的前提下，这些行为是否构成了"非法集资"具体刑法上的罪名，比如"非法吸收公众存款罪"或者"集资诈骗罪"？

针对上述疑问，实质上需要明确如下问题，其一，比特币等区块链数字资产是否属于刑法视野下的财产？其二，比特币等数字资产是否属于集资行为中的"资金"？其三，这些"资金"在理论上与司法实践中是否可以等同于"存款"？

当比特币等主流数字资产属于刑法视野下的"财产"时，其才有可能成为财产犯罪的对象，进而加以确认某些 ICO 项目发起人是否涉嫌各类非法集资等的财产犯罪。具体而言，某些 ICO 项目发起人是否构成非法吸收公众存款罪；或者 ICO 项目发起人假借 ICO 项目，以非法占有为目的，骗取公众的比特币，是否构成集资诈骗罪？

**二、比特币与刑法中的财产**

众所周知，比特币存在于网络空间，属于虚拟财产。但是，当前学者从刑法学视野研究比特币这类基于区块链技术的虚拟财产，还非常少见。近年，刑法学家研究的虚拟财产主要是针对网络游戏币等，其见解对讨论比特币有一定的借鉴意义。

比特币以电磁纪录形式得以表达，这属于刑法中的财产，还是计算机信息系统数据？对其不同的回答，直接涉及其在刑法中的地位差异。首先，有实务人士明确提出，在我国，比特币并不属于刑法范畴内的"财产"。我国刑法第 92 条规定了公民私人所有财产的范围，"本法所称公民私人所有的财产，是指下列财产：（一）公民的合法收入、储蓄、房屋和其他生活资料；（二）依法归个人、家庭所有的生产资料；（三）个体户和私营企业的合法财产；（四）依法归个人所有的股份、股票、债券和其他财产。"可见，比特币作为一种虚拟货币，其不属于上述四项中的任何一种财产。

即使《关于防范比特币风险的通知》将比特币定义为一种"虚拟商品"，但囿于"罪刑法定"的刑法基本原则，在刑事司法中却不得将盗窃比特币认定为

---

〔1〕 参见黄震、邓建鹏编著：《互联网金融法律与风险防范》，机械工业出版社 2014 年版，第 144 页。

盗窃罪，不得将诈骗比特币认定为诈骗罪。这是因为，财产犯罪的犯罪对象应当是我国《刑法》第 92 条所规定的财产。由于司法实践必须尊重罪刑法定原则这一最基本的价值观与刑法原则，因此，不得将比特币等虚拟货币认定为我国刑法保护的财产。财产刑法的缺位将把比特币等的保护推向信息技术刑法。在盗窃比特币等的情形中，可以适用非法获取计算机信息系统数据罪定罪处罚。[1] 该观点亦得到一些刑法学家的认同。

根据我国《刑法》第 285 条第 2 款规定，非法获取计算机信息系统数据罪是指"违反国家规定，侵入前款规定以外的计算机信息系统或者采取其他技术手段，获取该计算机信息系统中存储、处理或者传输的数据"。该罪的行为是非法获取，客体是计算机信息系统中的数据。立法机关对这里的获取明确解释为盗窃和诈骗，获取包括从他人计算机信息系统中窃取，如直接侵入他人计算机信息系统，秘密复制他人存储的信息；也包括骗取，如设立假冒网站，在受骗用户登录时，要求用户输入账号、密码等信息。[2]

据此，有论者认为，就窃取网络游戏虚拟财产的案件而论，网络游戏装备等虚拟财产实际上是计算机信息系统的电子数据，窃取虚拟财产也就是窃取电子数据，会使计算机信息系统的运行受到妨害甚至无法运行。对窃取网络虚拟财产情节严重的行为，定为非法获取计算机信息系统数据罪，可能是最佳选择。[3]

笔者认为，窃取网络虚拟财产的行为不应定为非法获取计算机信息系统数据罪，其根本理由是，我国刑法将非法获取计算机信息系统数据罪归属为扰乱公共秩序罪，盗窃虚拟财产没有扰乱公共秩序，其侵犯的是个人法益，因此这种说法比较勉强。具体而言，窃取网络游戏装备，并不必然使计算机信息系统运行受到妨害甚至无法运行。如果是针对比特币等区块链数字资产，其被窃取后（主要是通过盗窃私钥并转移比特币的方式），并不影响比特币网络的正常运行，更未扰乱公共秩序。非法获取计算机信息系统数据罪的犯罪客体是计算机信息系统的安全，犯罪对象为使用中的计算机信息系统中存储、处理、传输的数据，脱离计算机信息系统存放的计算机数据，如光盘、U 盘中的计算机数据不是本罪的保护对象。对于盗窃比特币这种数字资产，只要窃取被害人掌握的比特币私钥（私钥可能保存在光盘、U 盘中，甚至打印在纸质上），即可控制与转移比特币，侵入计算机信息系统并非其必要条件。因此，借用本罪，面对一些案例，恐无法准确定罪。

---

〔1〕 肖飒、张超：《比特币的法律属性及刑法保护》，载《证券时报》2016 年 4 月 30 日，第 A04 版。

〔2〕 参见郎胜主编：《中华人民共和国刑法释义》（第六版·根据刑法修正案九最新修订），北京：法律出版社 2015 年版，第 490 页。

〔3〕 刘明祥：《窃取网络虚拟财产行为定性研究》，载《法学》2016 年第 1 期，第 158～159 页。

对此，论者还认为，如果行为人进入计算机信息系统是合法的，不存在非法获取计算机信息系统数据罪的手段行为，则不构成此罪，但可以考虑定侵犯著作权罪。因为网络游戏中的虚拟物品是计算机软件，是一种智力成果，未经权利人许可，以营利为目的，复制发行，违法所得数额较大的，就构成侵犯著作权罪[1] 然而，这个见解无法适用于其它虚拟财产。特别是对于比特币等区块链数字资产，这种价值互联网的产物不具有可复制性。因此，将盗窃比特币这样的虚拟财产的行为等同于知识产权犯罪是不恰当的。

因之，视比特币等虚拟财产为刑法中的财产，恐怕才是一条正确的路途。如有论者认为，我国刑法中的财物是一个包容量较大的概念，可以包含有体物、无体物和财产性利益。在我国民法中将无体物解释为物并没有法律障碍，不属于类推解释。只要坚持民刑一致原则，虚拟财产在刑法中解释为财物完全是顺理成章的。更何况在我国法律中，物本身就是一个较为抽象的法律观念，将虚拟财产解释为财物并没有突破财物的可能语义的边界。我国刑法中的财物是一个包括了有体物、无体物和财产性利益的最为广义的概念，因此完全能够涵盖虚拟财产，对于具有财产价值的虚拟财产应当按照财物予以刑事保护[2]

进一步而言，判定虚拟财产是否属于刑法中的财产，有论者认为，有如下几个标准：只要在个案中判断行为人所侵害的虚拟财产是否具有管理可能性，也即可以被占有；转移可能性，这是虚拟财产成为被侵害对象的条件；价值性，虚拟财产具有使用价值与交换价值，如果得出肯定的结论，就将其认定为财物。我国刑法没有区分财物与财产性利益，只有一个财物的概念。概念越抽象，外延越宽泛；况且，财物这一概念并不是狭义的有体物与财产性利益的简单相加，而可以包括一切值得刑法保护的财产。所以，将虚拟财产解释为财物，在德日等国可能是类推解释，在中国则未必是类推解释[3]

据此分析，首先，比特币具备管理可能性，其通过所有权人掌握的私钥，实现了对比特币等区块链数字资产的绝对的、排它的管理权能。其次，在掌握私钥的前提下，比特币可以被所有权人转移至其它比特币地址。再次，比特币等主流数字资产可以在海内外各数字资产交易平台自由买卖，比特币可以同多种法定货币进行直接兑换，其可以明确的法币价格来表示，可以给持有人带来真实的物质

---

[1] 刘明祥：《窃取网络虚拟财产行为定性研究》，载《法学》2016 年第 1 期，第 160 页。在刘明祥的研究中，其把网络虚拟财产等同于网络游戏装备，视虚拟财产为一种债权（面向网络运营商的请求权），但这无法将具有去中心化特征的比特币等区块链数字资产包括在虚拟财产范围之内。
[2] 陈兴良：《虚拟财产的刑法属性及其保护路径》，载《中国法学》2017 年第 2 期，第 146 页。
[3] 张明楷：《非法获取虚拟财产的行为性质》，载《法学》2015 年第 3 期，第 21 页。

利益，中国人甚至可以前往一些国家，如日本用以购买现实世界的商品。[1] 故而其可以被纳入《中华人民共和国刑法》第 92 条第 4 款"依法归个人所有的股份、股票、债券和其他财产"中的"其他财产"。

另根据中国人民银行等四部委在 2013 年发布的文件，比特币属于虚拟商品，个人可以合法持有和买卖。再据 2017 年通过的《民法总则》，网络虚拟财产受法律保护。《民法总则》第 127 条以模糊的方式做出了网络虚拟财产应受法律保护的规定，确定了"网络虚拟财产"的概念，并确定了网络虚拟财产应受法律保护的原则。当然，《民法总则》第 127 条没有明确规定如何保护网络虚拟财产，将来尚有进一步的研究空间和立法空间。

因此，比特币等作为具有对应市场价格的主流数字资产，属于刑法中规定的"其它财产"，应当没有太大争议。另在国际经验方面，美国证券交易委员会（SEC）于 2017 年 7 月 25 日对 ICO 项目 DAO 的调查报告中，美国 SEC 认为，DAO 的投资者支付的以太币（ETH），视为投资了金钱。其以 Uselton v. Comm. Lovelace Motor Freight, Inc. , 940 F. 2d 564, 574（10th Cir. 1991）案例为例，认为"金钱"投资无需采取现金形式，现金并非成立投资合同的唯一供款或投资形式。The DAO 的投资者使用 ETH 进行投资，换取 DAO 代币。该投资属于贡献价值成立投资合同的类型，"投资"可采取"商品和服务"或某种其他"交换价值"的形式。因此，SEC 明确 ICO 募集的数字资产以太币属于金钱范畴。[2] 这亦值得国内同行和监管者参考。

### 三、相关司法案例与评价

综上所述，比特币被视为我国刑法中的财产，笔者认为没有太大争议。在实务中，存在因被告窃取比特币及其它类型的虚拟财产，因数额较大而被判为盗窃罪的实例。比如在 2009 年 1 月 23 日，被告人祁某某、高某盗窃作案 11 次，将多名被害人在盛大"传奇世界"中的虚拟游戏点卷转至自己注册的游戏账号内，随后在淘宝网上变卖获利。经金华市和浙江省两次价格鉴定，共计价值人民币 103390 元。一审法院根据上述事实，依照《中华人民共和国刑法》第 264 条、第 52 条、第 53 条之规定，判决："一、被告人祁某某犯盗窃罪，判处有期徒刑十年六个月，并处罚金人民币三万元。二、被告人高某犯盗窃罪，判处有期徒刑八年，并处罚金人民币二万元。"

---

〔1〕 参见邓建鹏：《日本虚拟货币的立法与实践》，载《当代金融家》2017 年第 9 期，第 56 页。

〔2〕 参见 Release No. 81207 / July 25, 2017, *Report of Investigation Pursuant to Section 21（a）of the Securities Exchange Act of 1934：The DAO*，https：// www. sec. gov/litigation/investreport/34 – 81207. pdf，最后访问时间：2017 年 8 月 24 日。美国 SEC 对通过美元或诸如以太币等虚拟货币（virtual currencies）购买证券均视为购买行为。

一审判决后，祁某某提出上诉，其意见之一为，其行为不构成盗窃罪，原判定性错误。其辩护人提出，原判决认定上诉人祁某某构成盗窃罪没有事实和法律依据。二审法院经审理查明，确立一审判决认定事实清楚，证据确实充分，足以定案。

对于上诉理由和辩护意见，二审法院认为，二被告人利用非法获得的被害人的游戏帐号和密码，将帐号内的"点卷"、"元宝"等虚拟财产转移，在网上变卖获利。因此，二被告人主观上具有非法占有他人虚拟财产的故意，客观上实施了秘密窃取他人虚拟财产的行为，其行为已构成盗窃罪。本案"点卷""元宝"等虚拟财产的价格鉴定结论系经省、市两级鉴定机构按照法定程序所作出。法院认为，上诉人祁某某、原审被告人高某以非法占有为目的，秘密窃取他人财物，数额特别巨大，其行为均已构成盗窃罪。[1] 笔者认为，被害人帐号内的"点卷"、"元宝"等虚拟财产，有真实的交换价值和使用价值，具有可管理性等特征，视为刑法中的财产，并无太多问题。

此案值得关注的是，该判决是在 2013 年《最高人民法院最高人民检察院关于办理盗窃刑事案件适用法律若干问题的解释》发布前作出的。虽然对盗窃虚拟财产的行为适用盗窃罪会带来一系列棘手问题，特别是盗窃数额的认定，目前缺乏能够被普遍接受的计算方式。但是，金额难以认定并不能成为影响定罪性质的理由。

另外一个案例是，在 2016 年 2 月 22 日晚上，被害人金某上网时，其电脑桌面上打开的五个某网络投资平台账号及密码被和其远程链接的被告人武某窃取。之后，被告人武某利用该五个账户及密码，通过篡改收款地址的方式盗走被害人金某账户中的比特币 70.9578 枚，后在某比特币交易平台上出售，并将交易所得资金提现到其银行账户中。经鉴定，被盗的比特币共价值人民币 205 607.81 元。2016 年 3 月 7 日，被告人武某利用木马软件，非法获取被害人刘某的某网络投资平台账号和密码，将收款账号篡改为李某甲的中国建设银行账号，盗走被害人刘某人民币 67 810 元。后将赃款通过李某甲的账户转至其中国工商银行账户。被告人武某被传唤到案后，主动交代了公安机关尚未掌握的上述第二笔犯罪事实。公安机关从被告人武某处扣押的人民币中发还被害人金某的全部经济损失，已发还被害人刘某人民币 60 000 元。

法院认为，被告人武某以非法占有为目的，秘密窃取他人财物，价值数额巨大，其行为已构成盗窃罪。公诉机关指控被告人的罪名成立。被告人归案后，主动交代了公安机关尚未掌握的同种较轻罪行，可以酌情从轻处罚。对被害人的经

---

[1] 浙江省金华市中级人民法院刑事裁定书（2011）浙金刑二终字第 32 号。

济损失，应责令被告人继续予以退赔。依照《中华人民共和国刑法》第 264 条、第 64 条及《最高人民法院关于处理自首和立功具体应用法律若干问题的解释》第四条之规定，判决如下："一、被告人武某犯盗窃罪，判处有期徒刑六年，并处罚金人民币八万元。二、被告人武某应退赔被害人刘某的经济损失人民币七千八百一十元。"[1]

　　在上述案例中，司法机构正确地把握了比特币等虚拟财产的交换价值等特征，视之为刑法中的财物。不过，在另外一个案件中，司法机构针对被告窃取他人比特币的违法行为，却以侵犯计算机信息系统数据罪判决。2014 年 3 月 3 日，被告人陈某通过非法网站查询到吴某在某交易所网站的账户密码，登录吴某个人账户，将账户内约 1.64 个比特币兑换成 899.10 美元（约合人民币 5501.59 元），后将 899.10 美元转入自己的某交易所账户用于投资经营虚拟货币。法院认为，被告人陈某违反国家规定，侵入他人计算机信息系统，获取该计算机系统中存储的数据，情节严重，其行为已构成非法获取计算机信息系统数据罪。根据《中华人民共和国刑法》第 285 条，判决被告人陈某犯非法获取计算机信息系统数据罪，判处罚金人民币 10000 元。[2]

　　笔者认为，此案判决有重新思考的余地。如前所述，我国刑法将非法获取计算机信息系统数据罪属扰乱公共秩序罪，此案中被告盗窃他人的比特币没有扰乱公共秩序，比特币被窃取后，并不影响比特币网络的正常运行。因此，此案定性为非法获取计算机信息系统罪比较牵强。司法机构视比特币为刑法中的财产，盗窃比特币等同于盗窃财产，应该是将来司法界的主流。

### 四、比特币与非法集资问题

　　在枚举若干司法案例，确定比特币等区块链数字资产可以被视为刑法中的财产后，可知其可成为财产犯罪的目标。接下来要讨论的是，ICO 是否可能涉嫌非法集资？

　　非法集资是个笼统的说法，在我国刑法中，其主要涉及"非法吸收公众存款、变相吸收公众存款罪"以及"集资诈骗罪"等。通常，ICO 募集的是投资者手中的主流区块链数字资产（主要是比特币和以太币），很少直接涉及法定货币。根据《中华人民共和国人民币管理条例》，人民币才是法定货币。诸如比特币等主流数字资产不是法定货币。那么，这是否就不属于《刑法》以及最高人民法院关于"非法集资"相关条款对"存款"（非法吸收公众存款罪）或"资金"（非法集资）的解释范畴？

---

〔1〕　浙江省天台县人民法院刑事判决书（2016）浙 1023 刑初 384 号。

〔2〕　江苏省金湖县人民法院刑事判决书（2015）金刑初字第 00090 号。

首先，对于《中华人民共和国刑法》（1997 年修正）第 176 条何为"非法吸收公众存款罪"，《中华人民共和国刑法》同《商业银行法》（2003 年修正）均未从法律上作出任何具有可操作性的解释，造成了司法的不确定性。有论者提出，参考《中华人民共和国刑法》第 176 条和《商业银行法》第 81 条的规定，按照法律本身的逻辑，如果寻求法律解释的统一，则《中华人民共和国刑法》中非法吸收公众存款罪中的存款，应当仅指活期存款。[1] 严格依据法律的文义，则 ICO 募集的比特币等数字资产，显然不属于活期存款。据之，则所谓"非法吸收公众存款罪"或"变相吸收公众存款罪"的法律风险似乎无从谈起。

不过，国务院于 1998 年 4 月颁布了《非法金融机构和非法金融业务活动取缔办法》（以下简称《取缔办法》），第四条对"非法金融业务活动"进行规定时，对"非法吸收公众存款或变相吸收公众存款"作出如下解释："非法吸收公众存款，是指未经中国人民银行批准，向社会不特定对象吸收资金，出具凭证，承诺在一定期限内还本付息的活动；所称变相吸收公众存款，是指未经中国人民银行批准，不以吸收公众存款的名义，向社会不特定对象吸收资金，但承诺履行的义务与吸收公众存款性质相同的活动。"论者认为，根据该条规定，"非法吸收公众存款或者变相吸收公众存款"是未经批准向社会吸收资金而许以资金回报的经济活动，是与"非法集资"行为相并列的非法金融活动的表现形式。[2]

非法集资行为中的"资金"，既包括金钱（如法定货币），也包括其它财物。这里的"资金"，指国家用于发展国民经济的物资或货币以及经营工商业的本钱。[3] 有论者认为在此一般特指企业、公司等工商业经营需要的成本。[4] 对于吸收存款的理解，不应简单认为是吸纳资金、到期还本付息的行为，还应当理解其背后隐含的目的，即为了进行货币或资本经营而吸纳资金并到期还本付息的行为。[5] 因此，比特币可以包括在非法集资概念关于"资金"的内涵中。

进一步，在司法实践中，"非法吸收公众存款罪"构成要素中的"公众存款"等同于"社会资金"。当然，这两者的等同，招来学者的批评。有论者谓，按照我国《存储管理条例》对于"存款"定性逻辑，社会上流动的资金要成为存款必须要经过商业银行存储这道关卡。因此，非法吸收公众存款罪中的"公众存款"与"社会资金"是两个不同的概念，且前者的范围明显小于后者。由于

〔1〕 彭冰：《非法集资活动规制研究》，载《中国法学》2008 年第 4 期，第 49 页。

〔2〕 刘新民：《"非法吸收公众存款罪"的证券法规制研究》，载《华东师范大学学报（哲学社会科学版）》2015 年第 3 期，第 49 页。

〔3〕《现代汉语词典》，商务印书馆 2005 年版，第 1805 页。

〔4〕 参见李信鹏：《非法吸收公众存款罪的司法认定》，载《中国检察官》2016 年第 8 期（下），第 18 页。

〔5〕 苏轲：《非法吸收公众存款罪的限缩适用》，载《黑龙江省政法管理干部学院学报》2015 年第 3 期。

《刑法》第一百七十六条对于非法吸收公众存款罪的描述属于简单罪状，所以司法认定本罪的主要标准为国务院于 1998 年颁布的《取缔办法》。显然，《取缔办法》将非法吸收公众存款罪中的"公众存款"泛化为"社会资金"。[1]

"非法集资"与"非法吸收公众存款"原本是两个内涵与外延不同的法律概念。基于二者的行为主体具有扩大经营状况与虚构投资理财前景的共性特征，"两高一部"于 2014 年联合颁布的《关于审理非法集资刑事案件适用若干问题的意见》，其在最高院于 2011 年出台的《关于审理非法集资刑事案件具体应用法律若干问题的解释》的基础上虽有所创新，但尚未摆脱《取缔办法》的逻辑窠臼，其仍将"非法吸收公众存款"概括与笼统描述为"非法集资"，并以非法集资的违法概念来理解本罪所涉及的前提法行为的规制范围。在司法实践中，以行为主体"是否具有占有他人资金的目的"作为认定非法吸收公众存款罪的判断标准。[2]

非法吸收公众存款罪适用扩大化，最高人民法院的司法解释将"存款"定义为"以货币、实物、股权等方式还本付息或者给付回报"的融资工具。因此学者对此二者的混淆引发了一些激烈的批评。但司法实践中，随着近年非法集资形势的日趋严峻，"公众存款"被司法机构视同于"社会资金"，以强化对相关犯罪行为打击，已成为不争的事实。因此，ICO 所募集的比特币等数字资产，完全可以视为"社会资金"的范畴，进而在司法实践中视作"公众存款"。

综上所述，ICO 有可能涉嫌非法集资的法律风险。具体言之，当项目发起人通过网络等途径向公众宣传，投资人超过一定人数，募集的比特币等数字资产超过法定额度，同时允诺给付回报时，即可能构成我国刑法中的非法吸收公众存款罪。另考虑到此前大量 ICO 项目涉及欺诈性内容，相关发起人难免涉嫌集资诈骗罪。

**五、结语**

比特币等区块链数字资产同以往的游戏币等虚拟财产既存在一定的相似性，又存在较大差异。近年来，这种区块链数字资产市值不断在攀升，在各数字资产交易所，比特币与法币可便利地双向兑换，具有一定的货币属性。从当前趋势判断，在从信息互联网到价值互联网的转换过程中，区块链数字资产很可能成为难以阻挡的潮流。这意味着，区块链数字资产在不久的将来，有可能在所有虚拟财产中，占据最为重要的地位，发挥全球性影响力。其它所有类型的虚拟财产，在将来恐怕难以与区块链数字资产相提并论。为此，刑法学界强化对比特币的研

---

〔1〕 参见钱一一、谢军：《非法吸收公众存款罪适用扩大化及回归》，载《长白学刊》2017 年第 3 期。
〔2〕 参见钱一一、谢军：《非法吸收公众存款罪适用扩大化及回归》，载《长白学刊》2017 年第 3 期。

究，进而推动刑法对虚拟财产更加明确的法律定位，应该是非常值得学界、实务界与立法者努力的方向。

近年来，ICO 在发挥区块链创业项目融资方面发挥了无与伦比的优势。但是，其中的风险极大。由于该领域缺乏监管，因此，一些 ICO 项目夹杂着各种欺诈行为。"非法集资"的风险难以避免。只有推动扎实的相关研究，方能为将来司法机构的正确裁判提供有益指导。另外，明确 ICO 项目的欺骗行为可能涉及非法集资的法律风险，将有助于项目发起人提前去除某些逍遥法外的不切实际的妄想。其次，有助于提示项目发起人在发起 ICO 项目时，应事先主动向潜在投资者明确声明，ICO 项目不承诺任何利润，不承诺向投资者以任何方式还本付息或者给付回报，以免落入刑事法律风险的陷阱。央行等监管部门及时出手，叫停 ICO，要求清理整体交易机构，以及时挤压泡沫，打击涉嫌非法集资的违法者。我们期待相关监管有效打击那些传销币和空气币，同时鼓励真正的区块链创新项目稳健发展。

# 比特币交易安全的法律问题研究*

芮　雪** 丁国峰***

摘要：比特币是一种在互联网环境下出现的虚拟货币，比特币的发展表明了虚拟货币的巨大市场潜力。自 2009 年比特币出现之后，其在世界各地的接受程度和交易范围不断扩大，价格日益攀升，而比特币持有者也逐渐增多。但是由于其法律地位不明确，相应的法律法规和监管机制不健全，进而使得比特币交易、利用比特币从事违法活动等方面的问题屡屡出现。世界各国针对这一现象均出台了相应的法规和一系列的监管措施，我国应借鉴国外实施的有效手段完善比特币法律监管措施，进一步推动比特币在我国的发展。

关键词：比特币；虚拟货币；金融监管

## 一、比特币交易安全的理论基础

（一）比特币的产生背景及概念界定

1. 比特币的产生背景

（1）科学技术和市场化理论的发展。虚拟货币的问世，尤其是近年来以比特币为代表的新兴虚拟货币的产生，及其快速发展的基础大多基于互联网技术、计算机技术的完善以及密码学的发展。首先，随着 20 世纪 50 年代信息技术革命的兴起，互联网技术也在不断发展以适应人们日益增长的需求。与此同时宽带渐渐铺进了千家万户，使得身处地球村的每一个人都可以通过网络便捷地掌握最新的外界信息。在互联网技术帮助人们了解世界各地实时状况的基础上，我们同时发现网络技术正在为我们构建一个脱离现实生活的虚拟的游戏世界，在虚拟世界中人们可以随心所欲地进行各种活动和各种角色的扮演。[1] 虚拟世界借助网络

* 本文系昆明理工大学法学院丁国峰副教授主持的 2017 年度云南省哲学社会科学普及规划项目"互联网金融投融资法律实用指南"（项目编号：SKPJ201704）的部分研究成果。
** 芮雪，昆明理工大学研究生，昆明理工大学法学院经济法学研究中心研究人员。
*** 丁国峰，法学博士，副教授。研究方向：经济法、金融法。
〔1〕 杨涛：《浅析比特币的非货币属性》，载《时代金融》2014 年第 2 期，第 23 页。

实时性以及快速传播性的特点得以快速发展,其也为虚拟货币的产生提供了广阔的空间。其次,密码学和网络信息安全技术的进步使得人们在虚拟世界中所储存的包括资产在内的个人信息得到了有力保护,于是人们逐渐愿意将自身的真实财产投入到虚拟世界中以开展各种活动。最后对比特币的产生起到助推作用的,就是货币市场化理论的不断完善。依据货币市场化的原理,货币的供给量应当以市场的需求为主要标准。著名的奥地利学派经济学家哈耶克1976年在其著作《货币的非国家化》中指出一国货币的发行应以市场流通需要为基准,不应该为政府所垄断。1999年,美国著名经济学家本杰明·弗里德曼试图设计一套全自动的体系取代央行发行货币来稳定国家货币的发行量以降低货币扩张政策引起的通货膨胀。[1] 即使这种想法受到了社会各界人士的反对,但是货币市场理论确实为货币模式多样化给予了理论支持,并为虚拟货币比特币的产生奠定了基础。

(2)全球性金融危机的出现。进入21世纪以来世界各国之间的经济贸易来往密切,同时国际经济金融生活逐步出现互相融合的趋势,然而各国间的货币汇率问题和经济全球化带来的风险转嫁等现象的出现使人们逐渐认识到应寻求一种能够取代传统法定货币的货币用来处理货币汇率与政府操纵货币发行等问题。而比特币产生的2008至2009年就是全球金融问题集中暴露的阶段。2007年初美国出现的次贷危机在全球化贸易经济的影响下,在较短的时间内逐步蔓延到世界各国,导致全球性的金融危机。这次危机主要历经了4个阶段。第一个阶段是金融危机的引发阶段,2007年2月至5月,美国的新世纪金融公司濒临破产与汇丰银行巨额次贷坏账引起次贷危机爆发,之后美国30多家次贷公司因连锁反应被迫宣布停止经营,同时暴露出次贷抵押贷款的系统性危机。然而美国联邦政府和美联储却没有对这种情形的出现足够重视。第二个就是扩散阶段,由于美国政府未采取及时的应对措施,危机在之后的4个月迅速影响到金融市场。作为该国第五大投行的贝而斯登宫公司出现了次贷投资的巨额损失,之后德国、日本、法国的金融机构也逐渐出现这种遭受巨额损失的现象,进而导致全球股市开始剧烈反应。第三个阶段就是金融危机的深化阶段,自2008年1月开始,卷入危机的金融机构显著增加,并且受到的损失也在意料之外。花旗银行、美林证券、瑞士银行的亏损均在百亿美元左右。面临这次让人始料未及的危机,投资者感到极度的恐慌进而使得股市起伏不定。当局布什政府实施了1680亿美元的经济刺激计划,美联储相继大幅下调利率。第四就是全球蔓延阶段,2008年7月之后,一系列金融巨头陷入困境,雷曼兄弟被迫申请破产,全球投资者信心被彻底摧毁,股市也

---

〔1〕 张泽云:《虚拟货币发展的潜在影响及其监管问题初探》,浙江工商大学2015年硕士学位论文,第12页。

处于一直下跌的状态，欧洲货币兑美元汇率大幅下降，银行体系流动性恶化。次贷危机由此演变为全球性金融危机。[1]

各国政府在金融危机的恐慌情绪下采取"量化宽松的货币政策"即中央银行向经济体系大量注入超过零利率所需资金以达到稳定和刺激经济的目的，但是我们应当知道经济刺激方案是把双刃剑，极有可能出现通货膨胀问题，导致人们手中的钱越来越不值钱。[2] 因此在这种情形下人们开始意识到当前法定货币政策的垄断引起的危害性，力求寻求一种阻却法定货币垄断的替代货币。从这里可以看出以比特币为代表的虚拟货币的出现也是顺应经济稳定和时代发展的需要。

2. 比特币的定义和基本特征

比特币的概念是由一位日裔美国人中本聪在 2008 年的一个密码学论坛上提出的，他在该论坛上发表了一篇论文，其中将比特币设想为一个点对点（Peer to Peer，P2P）式的"电子现金"，[3] 也就是说比特币具有 P2P 网络所具有的稳定性。并且中本聪在文章中指出了其设计出比特币的原因，他认为现在互联网上的市场交易基本上都要通过金融机构作为能够信赖的第三方交易平台处理相关的电子支付信息，虽然这种交易方式通常可以保障交易的安全性，但是也存在着一定程度上的风险。金融机构作为第三方会使得该机构的交易成本增加，进而限制了机构正常的日常小额支付交易，而市场经营者缺乏不可逆的支付手段，作为消费者在进行付款时还需提供繁琐的个人信息。而中本聪为避免这种缺陷采用了点对点网络和数字算法创建了一个直接在陌生人间达到相互信任的支付机制，从而避免了传统网络交易中金融机构的存在。因而中本聪认为比特币是根据特定算法，个人可以通过大量的计算自由生产，比特币使用整个 P2P 网络中众多节点构成的分布式数据库确认和记录相应的交易行为，其发行没有法定的中央机构，是一个完全分散的货币体系，其流通的安全性通过密码学的设计来保障。[4] 另外为了推动比特币的发展以及获得使用者的信任，2009 年中本聪建立了一个比特币开放源代码项目使任何人都能够下载该代码进而研究和使用。

比特币本质上是在 P2P 对等网络环境下产生的数字信息。所以其与其他种类的货币相比有着自身独有的特征：①发行总量有限。中本聪在设计比特币时将该货币的总量设置为 2100 万个，按照每四年减半的规律来发行。这种方式可以避免通货膨胀的产生，但是也存在着导致通货紧缩的风险。②可分割性。在实际的

〔1〕 韩裕光：《互联网金融演化：比特币研究》，安徽大学 2016 年博士学位论文，第 32 页。
〔2〕 贾丽平：《比特币的理论，实践与影响》，载《国际金融研究》2013 年第 12 期，第 14~24 页。
〔3〕 陈静：《量化宽松货币政策的传导机制与政策效果研究——基于央行资产负债表的跨国分析》，载《国际金融研究》2013 年第 2 期，第 14 页。
〔4〕 严婷婷：《比特币的风险与监管》，西南政法大学 2014 年硕士学位论文，第 2 页。

交易和使用中，比特币可以进行分割，最多可分割为 10 的 8 次方份，其分割的最小单位命名为"聪"，这一独特优势能够解决比特币交易流通中的小额交易问题。[1] ③无法定的中央发行机构。比特币的发行并没有统一的发行与管理机构，其存在于参与比特币生产和交易的计算机系统中。这样就防止了政府通过某种途径直接对比特币的发行进行管理。而这种模式通常也被称为"去中心化"。④交易过程的匿名性。不同于传统的银行账户，比特币的账户和交易过程完全是匿名的，任何组织与个人都无法追踪甚至查找使用者的信息。⑤交易成本低。相较于支付宝和财付通，比特币的交易没有第三方银行作为支付中介，没有冗杂的手续与限制要求，一天 24 小时都可以进行交易。另外比特币的运作主要借助点对点的交易网络，这就使得它的交易和流通直接、便捷、高效而且不受地域的影响。⑥融资困难和不受货币政策控制。由于比特币交易系统没有作为第三方的债券市场或银行机构，因此导致借贷双方融资困难。但从另一方面来说比特币避免了政府关于货币调整的宏观政策的影响以保持其币值的稳定，然而出现紧急情况时政府部门与货币当局也很难采取相关的救市措施。[2]

（二）比特币的性质

近年来，社会各界人士对比特币的属性问题争论不止，其在网络交易和流通中体现的特征容易使人认为比特币具有货币的功能和属性。法国、德国在本国的法律中将比特币认定为合法，法国甚至建立了世界第一个官方予以承认的比特币交易所——Bitcoin - central，德国也积极地将比特币界定为记账单位以便进行征税。然而像印度和巴西等国家政府并不认可比特币的货币属性，并且禁止将其用于流通和交易。我国政府处于比较中立的态度，2013 年 12 月 5 日中国人民银行等五部委联合发布了《关于防范比特币风险的通知》下文简称《通知》，其中指出比特币并不是由货币当局发行，不具有法偿性和强制性等货币属性，只是一种特定的虚拟商品，在法律上不能与货币等同，同时也不能在市场上流通使用。[3] 在《通知》中相关部门对比特币发展中的风险问题也予以了提示和具体的监管规制。然而从《通知》中可以发现其只是从监管方面对比特币进行限制，并未从理论上否定其货币属性。学界对比特币的属性认识分为"货币说"与"非货币说"。

---

〔1〕 胡佳：《比特币法律问题探讨》，载《商场现代化》2014 年第 10 期，第 21 页。

〔2〕 于川：《基于比特币分析对我国电子货币监管提出建议》，载《发展战略》2013 年第 6 期，第 3 页。

〔3〕 2013 年 12 月 5 日，中国人民银行、工业和信息化部、中国银行业监督管理委员会、中国证券监督管理委员会、中国保险监督管理委员会联合印发《中国人民银行、工业和信息化部、中国银行业监督管理委员会、中国证券监督管理委员会、中国保险监督管理委员关于防范比特币风险的通知》〔银发（2013）289 号〕。具体访问网站：http://www.gov.cn/gzdt/2013 - 12/05/content_ 2542751. htm，最后访问时间：2015 年 2 月 4 日。

### 1. 货币说

"货币说"主张比特币具备货币的属性，复旦大学周广友教授就认为比特币与货币的本质、职能和发行机制等方面契合度颇高。并且其具有货币具有的价值尺度、流通手段、贮藏手段、支付手段和世界货币等特性。但是其很难替代纸币成为未来的货币，原因在于比特币在发行机制上受到过多限制。王素珍教授也认为货币的形成需要一个长期的过程，比特币同样需要漫长的过程方可成为货币，如今世界各国逐渐将其纳入法律监管的范畴，因此比特币也将会被国家接受成为真正跨主权意义的货币。而且比特币的发行总量有限，其对国家或是世界的货币流动性的冲击也是微乎其微，基本上不会破坏固有的货币正常流通。[1]

### 2. 非货币说

与以上观点相反，"非货币说"认为比特币不能成为法律意义上的货币，比特币并不具有成为货币的基本条件与相应的职能。中国人民银行调查统计司司长盛松成认为比特币并不是货币，原因在于其缺乏国家信用支撑，无法作为本位币履行商品交换媒介职能。[2] 具体体现在比特币具有极强的虚拟性、没有价值、没有社会商品的生产交易保证导致其不具有货币的价值基础。除此之外，其也不具备法偿性与强制性。比特币流通的范围不稳定且有限，与不断扩大的社会生产与商品交易间存在一定的矛盾而无法融入现代社会的经济发展。美国南加州大学王虎认为："比特币缺乏合法性基础，无论从经济学理论还是中国相关法律法规的规定来看，本质上说，比特币更加接近于一种遭到反复热炒的投机工具，难以称得上是货币。根据《通知》的规定，我国只是将比特币界定为虚拟财产，并不属于法律意义上的货币。"[3] 王虎的观点获得多数学者的认同，将其定义为存在于虚拟空间能够用货币标明价格和相互交换的虚拟财产，但是其并不是法定货币。

## 二、国内外比特币的发展现状和在交易中产生的风险

### （一）国内外比特币的发展现状

### 1. 比特币在国内的发展现状

（1）我国成为比特币最大交易国。截至 2013 年底我国有关比特币的日交易量占世界第一，从事比特币生产的人数成为全球最多的国家，并且我国有许多比特币交易平台，最大的是"比特币中国"的交易平台，该平台数据显示截至 2013 年底注册用户达到 3 万，比特币日交易量超过 10 万。而其他交易平台的数据还未算在内，这一数字以使中国成为比特币的最大交易国。另外我国在比特币

---

〔1〕 王素珍:《从货币本质看比特币》，载《专家论坛》2014 年第 9 期，第 16 页。

〔2〕 盛松成:《虚拟货币本质上不是货币——以比特币为例》，载《专家论坛》2014 年第 1 期，第 35 页。

〔3〕 王虎:《比特币的冷思考》，载《中国财政》2014 年第 1 期，第 64 页。

领域进行投资的投资人数在世界上同样位居首位。[1] 当然这些数据依然会不断增长,投资人、生产和交易比特币的人数还会增多。

(2) 比特币被认定为虚拟货币。中国人民银行、工业和信息化部、中国银行业监督管理委员会、中国证券监督管理委员会与中国保险监督管理委员会联合下发了《关于防范比特币风险的通知》,该通知指出比特币只能作为一种虚拟商品,虽然称为"货币",但是其并非我国法定货币。然而以互联网为载体的虚拟商品众多,比特币只是其中一种,因此该通知对比特币如此广范围的界定既不利于比特币的发展,也加深了政府相关部门监管的难度。笔者认为,应当将比特币划为虚拟货币这种更为精确的范围。原因在于其创始人中本聪设计比特币的初衷就是弥补现行货币体系的不足,所以其与游戏中的虚拟货币和购买网络服务商发行的有关商品的虚拟货币有着本质区别。

(3) 比特币流通合法化。《通知》中规定,比特币虽然不是真正意义上的货币,不具有法偿性与强制性,但是将其作为网络上的一种特殊的商品买卖,普通民众有权在自担风险的情形下自由参与。这说明比特币可以依法在互联网交易中流通和使用。另外在很多诸如日本这样的国家同样是采取这种方式,即使反对将比特币视为具有货币性质的金融工具,但在相关法律法规中同时也规定比特币是一种虚拟货币,可以和大对数虚拟货币一样在网络中使用。并且国家对比特币的监管也仅仅是将其作为虚拟货币予以管制,并没有更深层次的法律规制。

2. 比特币在国外的发展现状

(1) 澳大利亚、英国、以色列、芬兰进行监管并对其征税。在 2013 年黑客入侵建立在澳大利亚的比特币银行数据库进行后,当局政府部门——澳大利亚储备银行联合税务办公室随即表示将着手对比特币的交易予以征收税目。即使英国政府方面并没有出台针对比特币的任何法律法规等相关规定,但是相对于比特币在交易流通过程中产生的利润或是亏损,英国政府都规定应该对该利润和亏损缴纳相关的税款。而购买比特币的个人和金融机构也需要缴纳相应的增值税。以色列税务管理部门也在考虑对比特币的交易进行征税。芬兰政府通过与英国相同的手段,在国家还未有相关的法律法规时就对以比特币为主的虚拟货币交易带来的相应收益予以征税。[2]

(2) 孟加拉国、玻利维亚、俄罗斯、泰国对比特币持否定态度。孟加拉国中央银行于 2014 年 9 月表示比特币在本国交易使用是不合法的,针对比特币的持有或交易,相关机关将会根据法律进行惩处。出于对比特币监管的考虑,玻利

---

〔1〕 孟睿思:《比特币的中国故事》,载《中国经济报告》2014 年第 2 期,第 22 页。

〔2〕 杨震敏:《比特币:掀起一场网络虚拟财富的法律纷争》,载《法律与生活》2014 年第 3 期,第 23 页。

维亚中央银行（BCB）禁止国民使用比特币。俄罗斯政府考虑到比特币极有可能被不法分子用于枪支、毒品的交易以及恐怖主义滋长等违法行为，该国央行也明令阻却使用比特币。泰国央行认为比特币的使用和流通会对本国的金融系统造成干扰，将会对保持货币的稳定流通造成一定程度上的不良影响，因此泰国政府规定，出于任何目的买卖比特币、利用比特币获得商品或服务和与境外的机构、个人进行比特币交易来往都是违反法律规定的行为。[1]

（3）美国、法国、加拿大承认比特币为"货币单位"。美国在 2013 年 11 月 18 日举行第一次参议院听证会时就有关于比特币的讨论。在听取了国土安全部、司法部、联准会、证交会、财政部对比特币的看法后，该国当局决定赋予比特币法律上的合法地位。德国于 2013 年 8 月就认可了比特币的合法地位，同时也是第一个在法律上承认比特币的国家，并且也将其列为国家监管的对象。法国 2012 年批准了由私人经营的比特币中央交易所，与此同时允许本国国民信贷银行可与该交易所合作进而为国民提供信贷、欧元与比特币双币种的借记卡等服务。[2] 该交易所也是欧盟法律框架内首家正式得到国家承认的交易所。加拿大政府对比特币的态度更为开放，2013 年 10 月温哥华就出现了世界上第一台电子货币自动取款机。同时由于加拿大对比特币的监管采取较为温和的政策，所以众多参与比特币相关工作的工作人员都愿意到加拿大工作，这在某种程度上为加拿大的经济发展增添了活力。

（二）比特币在交易中产生的风险

1. 对金融体系造成冲击

比特币的产生就是为了取代现有的货币体系。它出现于 2008 年金融危机后，美国为尽快摆脱危机促使美联储实行"量化宽松"的货币政策，其实就是采取大量印钞的手段，但是却导致美元一定程度上降低了价值。另外 2013 年 3 月欧盟成员塞浦路斯政府通过冻结和没收 60% 的居民储蓄的方式以获得欧洲央行的帮助摆脱金融体系的失控。这一系列措施都使得国民对政府的信任感大幅度降低，希望有一种完全脱离政府管制的货币。而比特币不受任何人的操纵，它的生产者是普通的民众，交易和流转相较传统货币更为透明，当使用人数达到一定规模后其信用甚至能够与国家信用媲美。另一方面比特币早已设定好的数量以及产生的方式使其出现伪币的可能性降低。我国近几年来在市场交易过程中经常出现假币，有时验钞机都不能验出其真假。大多数收到假钞的人往往会选择将这种风险转移到下一个交易者手中，于是市场交易中就形成了假币屡禁不止的怪象。因

---

〔1〕 赵世明：《比特币的法律监管》，载《法制与社会》2014 年第 2 期，第 13 页。

〔2〕 刘鹏：《德国承认比特币的货币地位》，参见 http：//it. sohu. com/20130819/n384541408. shtml，最后访问时间：2013 年 8 月 19 日。

此，从某种程度上来说比特币的诞生有极高的合理性，正是现有金融体系的不健全才导致其出现，反过来越来越多的人愿意接受它，导致其对现有的金融体系造成了一定的影响[1]。首先，比特币并无法定的发行机构，所以即使是其对本国货币的流通构成了实质性的干扰，政府当局也没有充分的依据对其进行管制；其次，比特币在世界各国流通使其已然成为事实上的国际通用货币，这便导致一国的国际汇兑业务失衡；最后，由于比特币使用范围与规模的不断扩大，这会在一定程度上与国内的法定货币产生冲突和竞争，也导致各国政府当局在不同程度上丧失了对本国货币的主导权[2]。

2. 缺乏监管诱发犯罪活动

比特币作为一种虚拟货币，其交易的便捷和交易主体身份的隐匿性使得比特币逐渐成为一些犯罪分子实施犯罪活动的工具。相比于传统货币而言，其不需要依赖账户系统证明资产的归属，只需利用公开迷钥技术以及能够随意生成的私钥的途径便可完成交易，这种简单快速的方式导致比特币成为走私、贩毒和向域外转移资产的工具。2013 年 10 月 16 日美国著名的毒品、武器犯罪网站"Silk Road"（丝绸之路）被美国监察部门查处，其中涉及大量利用比特币进行交易的记录。美国参议员在该事件之后更是在新闻发布会上声称比特币是"在线模式的洗钱机。"随后这一网站被联邦政府关闭，同时在这一过程中收缴了共 2.6 万个比特币[3]。除此之外，各国某些官员为了自己的巨额财产避免公开，往往借助比特币的身份隐匿特点，将资产转化为比特币，这无疑成了不法分子洗钱的手段。由于比特币是在互联网技术发达的背景下产生的，因此其对信息化技术的要求非常高。而我国在这方面相对其他发达国家来说较为匮乏，这就使得我国在破解比特币暗码方面虽然投入大量资本，但结果差强人意。而且我国在对比特币交易平台有效管理方面，也相对薄弱导致其在交易环节存在严重的漏洞。例如在香港特别行政区注册的比特币交易平台 GBL 负责人携款跑路案，从而使 1000 多投资者造成 2500 万元人民币的巨大损失。相应地，五部委发布的《通知》中，表示中国人民银行应密切关注尤其是跨国交易与转移等比特币交易动态。

3. 比特币具有较强的投机性

首先，比特币是一种完全通过计算机特定程序计算出来的产物，前文已述其具有"去中心化"的特点，没有固定的法定发行机构，任何人可以在任意一台电脑上进行生产或是买卖。而且关于比特币的交易信息具有匿名性，导致外人无

---

〔1〕 张春丽：《比特币监管：风险防范与信用重塑》，载《中欧社会科学报》2014 年 1 月 3 日，第 3 版。

〔2〕 姚国章、赵刚、唐宝、陈菲：《比特币：潮起潮落背后的理性思考》，载《南京邮电大学学报（社会科学版）》2014 年第 1 期，第 49 页。

〔3〕 吴家明：《比特币基金会创始人被控参与洗钱》，载《证券时报》2014 年 1 月 24 日，第 2 版。

法辨认出用户身份信息。根据相关的资料显示，三年间全球成立了 40 多家比特币交易平台，其中已经有 19 家已关闭，13 家关闭前没有任何预兆，在这些关闭平台中只有 6 家对投资者进行了补偿[1]其次，大量炒家的疯狂介入使得比特币兑换价格起伏波动较大，进而使比特币交易更具有投机性。投资者采用生产或购买的方式获得比特币，等其升值再将其转手卖出。2013 年比特币进入我国之后市价突破 6000 大关，2014 年市价稳定在 3500 左右，2015 年市价却缩水了 10%。这种不稳定的价格变动趋势导致众多投资者无所适从，往往盲目的投资又会遭受重大损失。另外取得比特币的成本较高，如果利用家用型计算机特定的软件破解比特币需要花费五个月，即使通过企业相互联合的方式破解一个比特币也要花费一百美元，折合人民币五百元。所以各国政府并不提倡国民投资比特币。

### 三、比特币交易产生法律风险的主要原因分析

#### （一）欠缺相应的法律法规

对于在网络交易中针对比特币的投机行为是否合法，以及利用比特币隐匿性和无国界等特点违法分子借助比特币进行融资和洗钱活动，如果出现资金断裂现象、交易平台携款跑路等问题如何进行管制，法律上并没有明确的规定，另外世界各国对这种现象所处的立场也不同。一些国家主张通过法律法规的规定对比特币予以严格监管，然而某些国家对比特币通常采取自由放任的态度。因为比特币的无国界，其交易和流通能够避开国家的政府监管机构，甚至可以直接变现。这就给各国的外汇安全与经济主权等方面造成极大的威胁。就目前来说，我国比特币发展迅速，从事比特币生产、互联网交易的人数日益增长，但是关于虚拟资产的交易流通问题依然没有相关的立法规范，例如五部委出台的《通知》中指出的对于比特币在我国发展的防范态度不仅阻碍了比特币的发展，而且也与比特币在我国当前的状况不相符。其中明确禁止各金融机构从事比特币的办理业务。但早在该规定出台之前光大银行福州分行铜盘支行已经推出了与比特币相关的私募基金，截止到目前投资者所投的资金已全部收回，并且还取得了超过本金三倍的收益。市场上炒作比特币的资金量远远超过我们的想象，大型的比特币交易平台同样随处可见。[2] 这一切都说明依然将比特币视为一种虚拟商品，限定在一个狭小的范围内与其发展趋势已完全相悖。除此之外立法规范的欠缺还会导致不法分子明目张胆的利用法律漏洞获得巨额利益。

---

〔1〕 夏建邦：《比特币的"罪与罚"——对比特币等虚拟资产设置监管底线》，载《金融科技》2015 年第 4 期，第 132 页。

〔2〕 曾靖皓：《比特币：一个去中心化的货币世界》，载《上海证券报》2014 年 1 月 21 日，第 A07 版。

（二）比特币交易监管机制缺失

1. 监管和管理滞后

国家监管机构对比特币的认识是一个渐进式的过程。在此之前，监管者认为比特币只是一种虚拟商品，对其进行监管的焦点还停留在比特币是否具备货币的基本属性。监管部门往往对类似比特币的这种新生事物表现出极大的包容性。但是市场反馈的结果却是比特币的金融属性逐渐增强，各国还出现了有关的交易所与杠杆融资炒币现象。另外交易平台存在极大的道德风险，常常容易出现携款跑路的情形，原因就在于缺乏第三方的托管。

2. 无专门的监管机构

目前我国尚无专门的监管虚拟货币的部门，当然针对比特币的监管机构更是无从谈起。2009 年由文化部牵头，信息产业部等十四部委联合发布《关于加强网络游戏虚拟货币管理工作的通知》，其中规定对于网络游戏虚拟货币的管制是四个部门共同进行，并没有明确的职权划分，这就使得在司法实践中各部门相互推诿扯皮现象频发。另外该监管以文化部为主，但是我们应知道文化部主要监管文化道德问题，而虚拟货币技术性较强，其运行和操作主要依赖技术。相较于此文化部是不能起到很好的监管作用的。当发生比特币被盗或丢失，受害者通常只能选择向公安部门寻求帮助，其中的许多技术问题时常导致公安机关也是有心无力，最后只得由受害人自己承担损失。例如在 Mt. Gox 交易平台比特币被盗事件中，很多中国的比特币投资者几乎倾家荡产，然而国内却没有相关的部门进行救济，该交易平台又是在国外注册的，众多受害人只能选择向日本和美国寻求救济，进而使得我国的比特币拥有者损失惨重。[1]

3. 欠缺完备的监管手段

《通知》规定比特币交易平台应当依据电信法的规定在政府有关部门进行备案，在互联网上的交易行为也应实行实名制。然而要将比特币真正的纳入到国家法律法规的监管中如果仅根据这样宽泛的规定而且缺少详细的实施细则，是达不到监管的目的的。以 GBL 交易平台跑路案为例，如此多的受害者遭受损失，我们应充分认识到交易平台的资质审核问题，其不仅需要备案，还需要有相应的资质认定，这种资质既包括资金上也应包括技术上的；对于在国外注册，在国内也进行交易的平台法律法规应有特殊规定，比如某些部门负责交易平台设立的批准；某些技术性强的部门专门用来监督交易平台和比特币持有者的动向；若是出现异常情况，相应的机构负责用户的咨询或是帮助；另外也应有有关的机构有针

---

[1] 秦雨佳：《比特币发展现状以及相关建议》，载《经济研究》2014 年第 5 期，第 31 页。

对性地调查交易平台的违法行为。[1] 这些都是比特币在现实中早已存在的问题，亟需完备详尽的监管手段来实施，然而我国尚未有相关的规定。

### 四、国外关于比特币交易的法律监管

（一）美国

1. 明确风险，健全监管法规体系

自 2012 年以来，美国联邦调查局以及国会下属部门和智库、美中经济与安全审查委员会、美联储等部门采取听证会的方式相继针对比特币的法律风险、损害消费者权益、洗钱风险和危害金融稳定等风险都予以了系统的评估。根据评估显示，当前美国需要面对的比特币风险主要是将比特币用于洗钱、恐怖融资、非法交易以及损害交易安全和投资者利益这四种。另外根据对这些主要风险的分析，2013 年之后，国家财政部、国税局和证监会初步建立起了以比特币为代表的虚拟货币反洗钱、税务与融投资监管机制。[2] 美国财政部金融犯罪执法局（FinCEN）出台了《数字货币兑换条例》，规定虚拟货币的交易应通过以货币服务业务提供商的名义进行注册，并且在这一过程中不得违反洗钱条例。2013 年 5 月 15 日美国国土安全局征得法院许可冻结了全球最大的比特币交易所 Mt Gox 的两个银行账户，该交易所位于日本，主要是为全世界超半数的比特币兑换各国的真实货币。并且美国海关指控该交易所的 CEO 未依照法律规定进行登记，有可能面临最高五年的有期徒刑或是巨额罚款。

2. 建立使用和纳税等分层次监察机制

首先在使用比特币方面，美国财政部指出如果以比特币为代表的虚拟货币在国内得到广泛使用，应当将虚拟货币视为现金，要求接受虚拟货币交易的卖方依据大额现金报告的要求向部门报送虚拟货币使用情况，以防止不法分子通过比特币购买物品达到洗钱的目的。另外美国国税局指出，虚拟货币的开采、兑换和使用都应该进行纳税。纳税人由于提供相应的服务而接受比特币等虚拟货币价值超过 600 美元，均需要向国税局进行申报。若第三方支付机构将虚拟货币作为支付手段，年度为某一客户清算交易笔数达 200 笔以上，或者是交易金额达 20000 美元以上，也应依法向美国国税局申报。

（二）加拿大

随着 2013 年 10 月世界上第一台比特币 ATM 机在加拿大温哥华的启用，当局政府部门税务局（CRA）出台了一份如何对虚拟货币进行征税的公告，公告将比特币归为金融财产。由于并没有将比特币的相关内容予以立法，因此在实践中

---

〔1〕 唐烨：《比特币监管需跟进》，载《解放日报》2014 年 1 月 15 日，第 7 版。

〔2〕 冯春江：《美国防范虚拟货币风险的主要做法及启示》，载《武汉金融》2015 年第 2 期，第 43 页。

征税问题并没有可操作性。之后的 2014 年 2 月，该国财政部部长将比特币的名字单独在财政预算文件中列出，其认为涵盖比特币在内的虚拟货币已经对加拿大在打击清洗黑钱及恐怖分子融资活动方面的国际领导地位构成了一定程度上的威胁，因此该部长同时做出即将制定相关法律对比特币的交易、流通予以监管的承诺。[1] 6 月，加拿大议会通过了 C－31 法案，法案的第 6 部分第 19 条对洗钱与反恐融资法进行了相关的修改，指出相关部门应加强对金融主体及金融中介身份信息的确认、登记确认和记录保存；其中对法案的适用范围是否可延伸到海外、虚拟货币被作为违反法律法规的手段等问题也进行了规定。在该修正案中，比特币属于"货币服务业"，同时针对传统货币的反洗钱和反恐融资犯罪的打击也同样适用于比特币的有关活动。[2] 这就使得比特币的持有者将其兑换成真实货币时必须向相关机构实名认证登记，另外比特币交易所也应当对比特币的交易记录予以保留，对于可疑的交易记录应当立即实施上报、追踪等活动。

（三）澳大利亚

澳大利亚被认为是对比特币最友善的国家。澳大利亚税务局（ATO）在 2014 年 8 月发布了一篇有关比特币税收管理的文章，文章将比特币归属为金融资产，对将比特币视为货币进行了否认。除此之外，该局将关于比特币的流通、交易等各个环节都纳入到原有的税务体系中。这也说明了澳大利亚将比特币的相关问题列入到法律框架内，使之成为 2014 年规制比特币的全球性重要事件，为世界各国关于比特币的立法起到了示范作用。[3]

（四）欧盟

2012 年 10 月，欧洲中央银行发布了与虚拟货币相关的报告《虚拟货币体制》。报告中肯定了比特币的虚拟货币地位，能够使用比特币购买商品或服务，承认了其由于无法定发行机构的特点进而避免了政府的垄断行为，同时也认识到比特币不受法律监管会导致通货紧缩以及与实体经济无直接关联而很容易被替代的劣势。2013 年到 2014 年欧洲银行管理局（EBA）要求欧洲金融业疏远比特币交易直到监管比特币交易的法律法规出台，在报告中管理局也提醒消费者注意比

〔1〕 What You Should Know about Digital Currency, at http：//www. cra－arc. gc. ca/nwsrm/fctshts/2013/m11/fs131105－eng. html? rss, last visit on Oct. 9, 2017.

〔2〕 Bill C－31, at http：//www. parl. gc. ca/House Publications/Publication. aspx? Language＝E&Mode＝1&Doc Id＝6495200&File＝4&Col＝1, last visit on Oct. 9, 2017.

〔3〕 Tax Treatment of Crypto－Currencies in Australia－Specifically Bitcoin, at https：//www. ato. gov. au/general/gen/tax－treatment－of－crypto－currencies－in－australia－－－specifically－bitcoin, last visit on Oct. 9, 2017.

特币交易过程中出现的各类风险。[1] 欧洲最高法院——欧洲联盟法院于 2015 年 10 月 22 日在一份判决书中将比特币视为支付工具不需要缴纳增值税，该判决书的认定成为 2015 年欧盟各成员国关键的法律指导，进一步推动了比特币的市场交易。

1. 德国

德国政府于 2013 年 8 月 19 日认可了比特币的法律地位，是世界上第一个承认比特币合法地位的国家。但与其他欧盟成员国不同，该国政府认为比特币属于私人货币，个人使用就不会予以征税，但如果用于商业交易的话就需要缴纳相关的税务。2013 年 7 月，Bitcoin Deutsch Land 成为第一个与银行建立直接合作的欧洲比特币交易平台，该公司与德国 Web2.0 银行 Fidor 的合作也受到德国金融监管局的监管。[2] 从这里可以看出，德国借助比特币交易平台和银行合作的途径进而使比特币交易间接融入到国家金融监管体系中。

2. 法国

2011 年法国经财部隶属的打击资金非法流动及反洗钱情报机构（TRACFIN）的年报中首次对通过虚拟货币来洗钱的问题进行了系统论述。2012 年 1 月法国国家银行监管当局（ACPR）表示，任何人首先要有相关的执照才能在法国经营比特币业务，然而政府在年底还是对一家比特币交易中心予以批准设立。该交易中心也是欧盟法律体系内第一家经过批准的比特币交易所，和传统银行业务一样，该交易所也可以提供相关的信贷与金融业务。因此法国政府正式认可了比特币的合法地位，将其纳入到法国央行和反洗钱机构等监管体系。之后该国央行对比特币的交易风险发布了警示，比特币具有高投机性，如果使用者不愿将收益转换成法定货币就会面临着遭受到损失的风险，甚至可能使整个比特币系统崩盘。2014 年法国预算和政府账目部经过对比特币三年的研究之后出台了一项条例，条例规定国家对比特币用户提供新的保障，通过对持有者身份进行认证的方式来打击匿名货币的洗钱行为；另外界定了虚拟货币的范围，规定对虚拟货币征收资本增值税。[3]

（五）日本

由于世界上最大的比特币交易中心 Mt. Gox 位于日本，因此日本政府对比特

---

〔1〕 EBA Warns Consumers on Virtual Currencies, at http：//www. eba. europa. eu/ - /eba - warns - consumers - on - virtual - currencies, last visit on Oct. 9, 2017.

〔2〕 姜耀雄、武君：《比特币法律问题分析》，载《北京邮电大学学报（社会科学版）》2013 年第 4 期，第 30 页。

〔3〕 Réguler les monnaies virtuelles (Controlling Virtual Currencies), at http：//proxy - pubminefi. diffusion. finances. gouv. fr/pub/document/18/17768. last visit on Oct. 9, 2017.

币的态度同样值得关注。因为电脑系统存在缺陷致使黑客入侵极有可能造成85万比特币丢失的交易平台 Mt. Gox 向相关机构提交了破产申请。日本政府受这一事件的影响。2014 年 3 月日本内阁会议禁止银行与证券公司进行比特币交易，政府也将颁布对比特币予以监管的有关政策，包括对其征税。2016 年 2 月在国际清算银行行长召开的例会中，日本表示会在 6 月制定保障比特币拥有者的合法权益有关法规。

综上，各国对比特币都加强了相应的监管，对银行进行比特币交易的完全禁止或是通过公司与银行的合作进行一定程度上的限制，世界各国依据本国的国情采取的做法明显有区别，而我国由于监管制度的缺失未能对比特币进行有效的管制，因此国家应该在依照我国国情的基础上吸收其他国家的良好监管措施。

**五、完善比特币交易安全的法律监管建议**

（一）健全相应的法律法规

1. 明确比特币的合法地位

以比特币为代表的虚拟货币是在互联网和信息技术的快速发展、全球化的不断推动的背景下产生的，因此其是时代的产物。当然虚拟货币在自身发展的同时对传统货币造成了一定程度上的冲击。某著名学者曾经说过，一个好的法律制度不仅能够起到惩治和预防的作用，也应对经济的发展产生激励作用。因此国家理应在国家网络经济发展的基础上设计出符合与虚拟经济发展相一致，并且可以降低对传统货币金融经济的损害的法律制度。就目前我国比特币的发展来说，其之所以出现比特币案件管辖、逃税、洗钱等问题，关键就在于国家未能在法律上承认其合法地位，如果比特币得不到法律的认可就很难从法律方面对比特币的交易流通以及相应的违法行为予以规制和保护各方的法律权利。现在针对比特币的合法地位主要有三种模式：第一种就是通过行政管理的途径确立比特币的合法地位，也就是相关的信息产业部和其他职能部门采用制定与比特币交易有关的行政部门规章，在此基础上加强比特币交易的法律规制，进而明确将比特币纳入法律监管，并对侵害比特币交易者正当利益的行为予以惩罚。然而这种模式效力较低，管理较为随意。第二种确立比特币法律地位的模式指的是立法模式，即制定一部专门对比特币的定义、性质以及比特币交易范围、主体、客体等法律要素予以规制的部门法。这种模式在某种程度上可以对比特币进行全方位的规定与保护，但是该模式存在过程复杂、成本高及耗时长的弊端，显然不符合目前比特币快速发展的趋势。第三种模式就是司法解释，国家可以通过对《民法通则》中的"其他合法财产"予以扩大解释的方式将比特币纳入该范围内。该模式既避免了立法模式的不足，又与当前我国比特币的发展阶段相契合。[1]

2. 完善比特币交易平台的准入机制

中国人民银行通过出台规范性文件的形式来提醒持有者比特币的潜在风险，然而这种途径并不能从本质上保障交易者的权益和比特币市场的有序发展。因而笔者认为央行可以从以下方面对比特币交易平台的准入予以进一步完善。一方面提高比特币交易平台市场准入的门槛。也就是根据《互联网信息服务管理办法》中的有关规定，要求比特币交易平台运营人取得比特币业务经营许可证后才被允许从事与比特币有关的交易业务。在此基础上比特币交易平台也应具有一定的资金实力，例如对初始资本金和持续资本金等最低限度的要求，通过这一系列手段达到维护比特币交易安全与防范金融风险的目标。另一方面是采用建立兑换保障基金的方式。也就是在比特币设立之初，要求其向金融部门缴纳一定数额的兑换保证基金，以保证在交易平台停止运营之际交易者能够得到充分的损失赔偿。[2]建立兑换保证金在一定程度上也提高了犯罪成本，给想要携款逃跑的经营者来说是一种打击，进而增强比特币的交易安全。

3. 严格规定交易平台的法律责任

《侵权责任法》中确立的网络侵权的"通知—删除规则"某种程度上虽然对网络安全的予以了一定的规制，然而该规则适用有限，虚拟货币交易平台法律责任的有关规定仍较为宽泛。笔者认为为了维护交易者的交易安全性理应对交易平台的法律责任进行严格规定。其一，应规定比特币交易平台对其使用者进行实名制认证。比特币自身具有匿名性的特点，往往催生了犯罪行为的发生。如果对使用者进行实名认证既能保证交易者资金或比特币被盗后得到及时返还，还可以减少通过比特币进行洗钱、逃税等的犯罪活动的出现。就目前来说，尽管电子商务领域的第三方平台早已实施了关于实名认证的规定，但是相关的法律法规并没有将其作为法律义务进行规定。其二，交易平台应对用户的所有交易信息予以保存。比特币交易市场不断发展，与此相关的纠纷也经常出现，对用户的交易信息实施保存的方式一方面降低了发生纠纷时取证的难度和电子证据的脆弱性，另一方面也有助于提高解决纠纷的效率。除此之外，对于交易信息的安全和保密性，也应当作为交易平台的法律责任进行规制。现实生活中关于比特币交易的客户资料、密码和其他信息被无故泄露的案例频繁发生，因为交易平台在寻找用户的个人信息资料方面具有明显优势。所以法律应要求平台对其用户在注册过程中透漏的个人资料和在交易中产生的信息与记录进行严格保密。与此同时除非法律另有

---

〔1〕 孙婧莉：《比特币交易的法律问题研究》，上海师范大学 2015 年硕士学位论文，第 43 页。
〔2〕 李帅杰：《去中心化的尝试——比特币的崛起》，载《东方企业文化》2013 年第 4 期，第 18 页。

规定，未经用户书面许可不得向任何第三人泄露该信息。

（二）完善监管机制

1. 健全互联网金融法律监管体系

比特币交易平台主要从事各种语言的开发，而这些语言极易出现各种各样的漏洞，进而对平台的安全性造成了一定影响。所以在比特币交易的过程中时常出现相关的信息数据被非法盗用、篡改或伪造的问题，因此加强互联网金融监管是极为必要的。传统货币往往以政府的信用作为担保，其他的电子货币由发行的企业担保，而比特币却没有任何部门或机构为其提供担保。为了保障比特币交易的安全性，国家必须建立完善的比特币信用体系，但是比特币本身的匿名性使得其无法融入银行信用体系。有学者提出建立以比特币为基础的第三方信用机构达到降低交易风险和纠纷的目的，然而只有大型第三方机构愿意进驻的时候这一目的才有实现的可能，因而这一建议不具有可行性。笔者认为可以构建对各类交易机构的统计监控及评价体系，[1] 并对交易平台涉及的用户交易关键信息进行定期核准，同时对可能出现的风险予以评估，健全相应的风险信息披露制度。

2. 建设税务监管机制

2013 年比特币的市价超过了 100 亿美元，如何对这巨额财富进行税务监管一直是各国政府普遍关注的问题。国际上一些国家如英美国家已经将比特币作为征税的对象予以了深入研究，但是我国由于政策的扶持，现今包括游戏货币、电子支付等虚拟货币均未纳入税收体系，这也进一步使得比特币的发展无序、混乱。然而比特币的交易不同于游戏等虚拟货币，其涉及的金额较大，在交易的过程中会有中介进行担保，中介担保的部分应当归为税收体系，当然做好这部分工作对于我国之后财政工作的进行具有重要意义。另外个人通过比特币交易获得利益，则依据个人所得税缴纳税款；若是比特币用于购物，需要对买方收税。然而比特币的交易并没有纳入我国的国民经济中，所以由比特币交易获得相应的利益，只能凭借该受益方自觉缴纳税款。这就使得与比特币相关的交易有空可钻。[2] 除此之外，许多比特币持有者常利用虚拟货币不收税的制度把财产转换成虚拟财产以达到逃税避税的目的，为减少这种现象的发生，政府相关部门理应加强对虚拟货币的监管，否则比特币的交易极有可能变为犯罪的手段。

（三）加强各国的相互合作

由于比特币的特殊性质和金融风险较大，各国政府均对比特币的监管予以了

---

〔1〕 姜立文、胡玥：《比特币的法律性质及挑战》，载《福建金融管理干部学院学报》2013 年第 4 期，第 15 页。

〔2〕 谢杰、张建：《"去中心化"数字支付时代经济刑法的选择——基于比特币的法律与经济分析》，载《法学》2014 年第 8 期，第 87～97 页。

充分的重视。另外比特币的发行与交易都没有国家界限，因此只是通过国内的法律进行规范远远不能解决现实中出现的问题，并且各国的管辖和监管措施在统一问题上可能也会发生冲突。所以世界各国理应就比特币的监管进行广泛的合作，相互借鉴有利的经验，争取达成统一的规范意见，加强对比特币交易者的国际保护。

## 六、结语

如今比特币的法律属性尚未得到统一界定，随着比特币逐渐进入人们的视野，相关的问题也随之产生，比特币性质的确定和有效监管的实施也日益受到各国的普遍重视。比特币在我国的市场同样在不断发展，上海松江比特币 ATM 机的运行将比特币的发展推进了一步，也将其带进了更多普通民众的生活。与此同时我们应认识到比特币只是虚拟货币的其中一类，科技的进步，互联网技术的发展会促使各种各样的虚拟货币出现，进而会对传统货币产生一定的挑战。而对比特币的有效监管，保障持有者的合法权益是目前我们面临的金融创新监管的主要问题，对于国家货币体制的管理具有重要意义。

# 第四篇

网络金融法律问题研究

# 论政府介入互联网金融的两难
# 困境及其破解

刘　辉*

摘要：政府介入互联网金融面临时机选择、主体选择以及介入力度等方面的两难困境。谦抑干预理念是政府介入互联网金融的元理念，市场优先原则是政府介入互联网金融的基本原则，金融民主原则是政府介入互联网金融的根本绩效保障。破解政府的两难，须明确政府权力的定位，更新立法理念，改革立法体制与方法，建立内嵌于市场机制的创新监管方法和风险管理方式，确立包容性司法理念，尊重市场与监管，并推动司法科技发展以应对金融科技和监管科技带来的司法技术革命。

关键词：互联网金融；谦抑干预理念；市场优先原则；金融民主原则；沙盒监管；金融科技；监管科技；司法科技

## 一、引言

如乔治·华盛顿大学商学院 Bernard S. Sharfman（2011）教授所言，对于系统性金融风险的管理，政策制定者往往陷入困境：一方面，如果不对系统性金融风险进行管理并任其长期发展，最坏的结果甚至可能导致整个金融业的冻结。另一方面，如果监管过度，同样存在冻结金融业并拖累经济陷入泥沼之可能。[1]这种观点在我国互联网金融立法与治理上体现得淋漓尽致。作为在现代金融创新与互联网科技高度融合中应运而生的新生代金融形态，互联网金融在我国已经高速发展了三年有余。从被称为"互联网金融元年"的 2013 年起，我国互联网金融不断创新发展。如今，P2P 网贷、股权众筹、第三方支付、互联网理财、互联网保险等众多互联网金融形态已然成为我国金融市场不可或缺的组成部分。

---

\* 刘辉，厦门大学法学院/2011 计划·两岸关系和平发展协同创新中心经济法学专业博士研究生。
基金项目：国家社科基金项目"新发展理念下中国金融机构社会责任立法问题研究"（17BFX009）；中央高校基本科研业务费专项资金资助项目"财税金融法"（项目编号：20720151038）。

〔1〕 Sharfman B. S., "Using the Law to Reduce Systemic Risk", *The Journal of Corporation Law*, Vol. 13, 2011, p. 615.

与此同时，政府对于互联网金融的立法和治理的节奏也不断加快。[1] 然而吊诡的是，我国互联网金融创新与监管之间并未真正实现良性的互动。[2] 在互联网金融立法和治理的问题上，仍然遗留了我国传统金融监管与立法一贯的缺陷："一管就死、一放就乱。"[3] 对互联网金融的监管，政府层面非常矛盾，很难在创新和监管中间找到一个平衡点。[4] 根据法与金融的一般理论，一国金融体系中的各种金融业态之间实际上是存在着不同的序位的，金融法对于优先序位的互联网金融的监管理应体现出更大的弹性。[5] 2017 年 4 月 18 日，李克强总理在组织召开的贯彻新发展理念培育发展新动能座谈会上特别强调：对新业态、新模式，监管不要一上来就"管死"。[6] 当然，管制就意味着国家的强制性权力的运作，[7] 我国金融监管领域"一管就死、一放就乱"的怪圈，说到底，就是如何处理政府与市场之间关系的难题尚未真正破解。[8] 根据处理二者关系的"剩余原则"[9]，要把握好政府在互联网金融立法和治理中的"度"，就必须找准政府在互联网金融立法与治理中的"位"。

我国现有关于互联网金融立法与监管的学术研究成果已可谓是汗牛充栋，但

〔1〕 据不完全统计，迄今为止，我国已经出台了 30 余部有关互联网金融的专项或综合立法。其中，2013 年是监管元年，出台 1 部，2014 年出台 5 部，2015 年出台 9 部，2016 年出台 15 部，2017 年被称为我国互联网金融监管执行年，至今已出台 1 部。近四年的政府工作报告中，政府对互联网金融的认识和态度从最初的"促进""异军突起"已经演变为去年的"规范"和今年的"高度警惕风险"。详细内容参见管清友：《互联网金融监管全梳理》，http://business. sohu. com/20170309/n482835551. shtml，最后访问时间：2017 年 5 月 17 日。

〔2〕 其典型表现就是，尽管互联网金融监管立法不断落地，但行业风险却呈现逐年递增的高发态势。以 P2P 网贷行业为例，2014、2015、2016 三年间，我国停业和问题平台数量分别为 277、1206 和 1850 家，这些出现问题的平台伴随着大量的 P2P 网贷违约、跑路和提现困难等事件。参见拓天速贷：《互金遭遇马太效应 多家平台收益持续低迷》，http://content. tuotiansudai. com/licai/touzilicai/112097. html，最后访问时间：2017 年 5 月 17 日。

〔3〕 参见辜胜阻：《走出互联网金融"一放就乱一管就死"怪圈》，http://finance. huanqiu. com/roll/2015 - 11/7992526. html，最后访问时间：2017 年 5 月 17 日。

〔4〕 参见管清友、高伟刚：《互联网金融：概念、要素与生态》，浙江大学出版社 2015 年版，第 389 页。

〔5〕 参见沈伟、余涛：《互联网金融监管规则的内生逻辑及外部进路：以互联网金融仲裁为切入点》，载《当代法学》2017 年第 1 期，第 4 页。

〔6〕 参见《李克强：对新业态、新模式 政府不要一上来就"管死"》，http://news. ifeng. com/a/20170418/50961814_ 0. shtml，最后访问时间：2017 年 5 月 17 日。

〔7〕 Stigler G J, "The Theory of Economic Regulation", *The Bell Journal of Economics and Management Science*, Vol. 2, No. 1, 1971, p. 3.

〔8〕 参见王兆星：《破解监管"一管就死、一放就乱"》，http://www. haokoo. com/fund/777272. html，最后访问时间：2017 年 5 月 17 日。

〔9〕 张守文教授指出，针对政府与市场这两大资源配置的子系统，在其法律规制方面，要明确和坚持"剩余原则"，即除依据法定原则应由政府配置资源的领域外，其他的或剩余的领域都应交给市场。参见张守文：《政府与市场关系的法律调整》，载《中国法学》2014 年第 5 期。

主流研究仍然走的是信息工具的路径以及针对具体互联网金融业态作微观制度设计的老路,[1] 从法理学、法哲学和经济法基础理论的高度,对政府介入互联网金融精准定位的理论逻辑方面的研究成果十分罕见。本文以互联网金融立法与治理的核心主体——政府的职能和定位为突破口,分析政府在互联网金融立法与治理中呈现出的两难困境,从经济法基础理论的角度探索破解其的理论依据,最后从立法、监管执法和司法三个方面系统剖析政府介入我国互联网金融的主体选择、介入时机以及介入方式等重点问题。

**二、我国政府在互联网金融立法与治理中的两难困境**

政府对互联网金融的干预既要营造适合金融创新的种子发芽成长的环境,又要防止由创新所积累爆发的系统性风险,[2] 这就决定了政府的监管必须是一种以系统性风险为导向的、灵活的、适应的和富有弹性的回应型监管,[3] 在防范风险的同时也需要法律"有所不为"、"为之有度"。[4] 既需要从监管的角度将其纳入法律规制的范围,又应当对创新活动可能带来的问题多一点宽容。[5] 因此,如何界定政府对互联网金融干预的基本职责和权力范围,是政府介入互联网金融的基本前提。但从我国政府迄今为止的立法与治理实践来看,政府的定位并不十分清晰,其导致的结果便是,政府之手在互联网金融行业和互联网金融市场之中若隐若现,政府治理在互联网金融市场自律之外若即若离,政府在互联网金融立法与治理中始终处于两难困境:

(一) 介入时机的两难困境

市场天然具有的三大缺陷决定了法律介入的必要性。[6] 金融市场同样存在"市场失灵"的问题,故应当发挥政府"看得见的手"的作用。[7] 金融危机彻底侵蚀了"好监管就是少干预"的理念。[8] 金融市场发展实践反复证明,市场

---

〔1〕 这表现为:总体来看,对互联网金融具体业态风险监管制度设计的研究成果较多,而对互联网金融市场系统性风险治理方面可操作性的研究成果较少。多数学者热衷于追随新的互联网金融热点(比如 Fintech 等),但结合互联网金融基本特征和规律探究其法律治理逻辑的基础理论(特别是经济法基础理论)方面的研究成果较少。

〔2〕 参见何松琦、周天林、石峰:《互联网金融中国实践的法律透视》,上海远东出版社 2015 年版,第224 页。

〔3〕 参见靳文辉:《互联网金融监管组织设计的原理及框架》,载《法学》2017 年第 4 期,第 39 页。

〔4〕 参见刘宪权:《互联网金融股权众筹行为刑法规制论》,载《法商研究》2015 年第 6 期,第 63 页。

〔5〕 参见刘宪权:《论互联网金融刑法规制的"两面性"》,载《法学家》2014 年第 5 期,第 91 页。

〔6〕 "三三经济法理论"认为,市场缺陷包括市场障碍、唯利性以及市场调节的被动性和滞后性,相应地,经济法领域产生了市场规制法、国家投资经营法和经济引导调控法予以调节。参见漆多俊:《经济法学》,复旦大学出版社 2015 年版,第 29 ~ 30 页。

〔7〕 参见朱崇实主编:《金融法教程》,法律出版社 2011 年版,第 46 页。

〔8〕 参见张雪兰、何德旭:《次贷危机之后全球金融监管改革的趋势与挑战》,载《国外社会科学》2016年第 1 期,第 95 页。

力量和市场规则本身并不足以完全确保经济金融稳健运行，这种规律也同样普适于互联网金融。无疑，互联网金融需要政府立法和监管，但政府对互联网金融的介入时机的把握常常面临两难困境：一方面，如果政府的介入时机过早，在互联网金融创新刚刚产生伊始介入，那么这样的监管无疑会打击甚至消灭创新，破坏互联网金融的基本生态和市场的多元性。因为政府的任何立法和监管必然包含大量的标准化因素，而标准化恰恰会扼杀创新并且影响参与方实现效率的能力。[1] 另一方面，如果政府的立法与治理跟进过于迟缓，任由互联网金融自然发展，又可能酿成行业风险失控、风险蔓延乃至系统性金融风险和金融危机的发生之恶果。

以我国互联网金融领域发展最快的 P2P 网贷为例。以"包容"、"平等"、"普惠"为基本理念的 P2P 网贷对于降低融资成本，改变我国金融抑制的现实，促进和深化金融服务市场无疑具有重要的价值。[2] 在 2013 年前后我国 P2P 网贷诞生之初，政府基本坚持了"让子弹飞"的包容态度。2013~2014 年，我国整体金融市场运行相对平稳，P2P 网贷虽有个案风险，但整体行业风险可控。然而，2015 年的"e 租宝"等大量 P2P 违法违规事件的发生倒逼监管层开始快马加鞭制定监管措施并开展专项整治。当我们回顾和反思我国对 P2P 网贷的整体立法和治理轨迹时不难发现政府介入的两难困境：一端是政府监管包容和豁免之下，各网贷平台肆无忌惮从事背离普惠金融基本理念的资金炒作行为和推高资本市场泡沫运动。[3] 另一端是政府严格整治之下，全国各地网贷平台频频倒闭和跑路事件集中爆发的惨状。

P2P 网贷的治理实践本质上折射出我国互联网金融立法与治理进程中政府的定位不准而带来的失位、越位和错位。在互联网金融创新的初期，政府秉持父爱主义鼓励和支持其发展，但由于相应的其他配套治理机制的缺失，特别是并未引导和加强自律机制的及时跟进，导致风险事件频频爆发之时，政府突然发现不仅没有很好地融入互联网金融行业本身，而且前期的不治不理也未积累起丰富的立法和治理经验，面对突如其来的风险事件只能仓皇失措选择运动式的专项治理。

---

[1] See Schwarcz S. L., "Controlling Financial Chaos: The Power and Limits of Law", *Wisconsin Law Review*, No. 3, 2012, p. 820.

[2] 参见李耀东、李钧：《互联网金融框架与实践》，电子工业出版社 2014 年版，第 274~275 页。

[3] 参见齐俊杰：《互联网坑完股市坑楼市》，http://qijunjie.baijia.baidu.com/article/338104，最后访问时间：2017 年 5 月 17 日。

但专项治理往往无法走出"破窗效应"（Broken Windows Theory）[1]的窠臼，终归不能作为金融治理的常态。对互联网金融系统性风险必须防微杜渐，在政府介入之前引入和依靠市场自律机制以及社会治理机制等进行风险防控。

（二）介入主体的两难困境

在金融法二元结构下，政府金融监管，既包括享有中央立法和监管权的中央监管部门，又包括享有地方立法和监管权的地方政府金融监管部门[2]前者比如"一行三会"，后者比如地方政府的"金融工作办公室"（简称"金融办"）等等。在美国，包括 P2P 网贷在内的互联网金融往往采取的是联邦和州分层负责、多部门分头进行的功能性监管架构[3]那么，在我国互联网金融监管的问题上，哪些政府部门有权力介入其中，各自的分工如何，以及如何协调不同监管部门之间的监管活动是立法必须予以明确的基本问题。

通常，在金融组织制度和监管对象上都实行集中组织形式的，它的专业监管机关也采取集中制组织形式[4] 在我国的传统金融体系下，由于商业银行占据着绝对主导的地位，金融监管机构的权力配置图谱基本沿袭了商业银行从总行到分行再到支行的纵向的线性分布模式。因此，根据公共物品供给的接近性原理，由中央部门行使金融监管权并逐级往下扩展，这是符合我国传统金融体系实际的[5] 截至 2003 年，我国"一行三会"垂直监管体制的建立，使我国中央集权金融监管体制得以最终确立[6]而与传统金融系统发展轨迹完全相反，互联网金融完全发源于民间，其产生和成长恰巧是迎合金融抑制背景下无法获取金融服务的传统弱势金融群体。相应地，在金融监管领域，需要构建一套与传统金融监管权配置路径完全相向而行的地方金融监管权力衍生体系。

进一步的问题是，如何科学划分、配置和运用央地两级金融监管权来进行互联网金融的监管与治理呢？这是一个不可回避的重大的理论和现实难题。理论上讲，中央金融监管权的优势是立足点更高，更有全局眼光，更能正确处理金融的

[1] "破窗效应"最早作为一个犯罪学概念为 James Q. Wilson 和 George L. Kelling 提出，该理论的核心蕴含是：人们总受周围环境的影响，周围环境中的不良事件和行为如果得以放任，那么糟糕的结果是会引诱其他的人们进行仿效。See Wilson J. Q. , Kelling G. L. , "Broken windows", http: //www. lantm. lth. se/fileadmin/fastighetsvetenskap/utbildning/Fastighetsvaerderingssystem/BrokenWindowTheory. pdf, last visit on 2017. 5. 17.

[2] 参见邢会强：《金融法的二元结构》，载《法商研究》2011 年第 3 期，第 88 页。

[3] 参见伍坚：《我国 P2P 网贷平台监管的制度构建》，载《法学》2015 年第 4 期，第 92 页。

[4] 参见刘少军：《金融法》，知识产权出版社 2006 年版，第 89 页。

[5] 参见段远国：《金融监管权的纵向配置：理论逻辑、现实基础与制度建构》，载《苏州大学学报（哲学社会科学版）》2015 年第 4 期，第 117 页。

[6] 参见杨同宇：《金融权力配置的法治化——以我国中央和地方金融监管权配置为中心的考察》，载《财政监督》2015 年第 13 期，第 54 页。

可持续发展与系统性金融风险控制的问题。但其劣势也同样明显：监管辐射的深度不足并且监管成本偏高，并且无法结合互联网金融微观主体的特殊实际因时因势进行灵活性监管，其监管调整的张力有限。既有的监管实践也反映出其无法很好地和地方金融自律组织形成更加默契的互动治理。相反，地方金融监管权恰恰具有这方面的天然优势，但地方政府的"融资"冲动或将导致地方金融监管权沦落为地方政府胁迫地方金融组织为其融资的"抓手"，或者造成地方"府际"间的"朝底竞争"。[1] 纵观我国互联网金融的治理实践，在处理中央与地方两级监管主体选择两难的问题上，过多地迷信中央金融监管权的宏观审慎功能而相对忽视地方金融监管权相机监管以及与自律组织的互动治理效能，是导致我国互联网金融创新与监管之间互动不足的重要原因。

（三）介入力度的两难困境

金融规制要注重对度的把握，而不是对合规要求的简单对照。[2] 表面上看，介入力度代表了政府对互联网金融立法和治理的宽严程度、容忍度和包容度。实质上，政府对互联网金融的这种宽与严，也间接反映出政府对自身的权力之手到底要伸多长的一种态度。换言之，在政府公权力所及的范围和程度之内，是其立法与治理的直接管辖范围，但在政府公权力所及的范围和程度之外，则完全交由市场进行自我调节。申言之，政府的"力度"实际上相当于一个圈，圈内属于政府干预的范围，而圈外则属于划归于市场自治的领地。

政府对互联网金融的介入力度跟前述介入时机、介入主体一样，同样存在着两难困境。以股权众筹为例，顾名思义，众筹就是通过众筹互联网平台向众人筹集小额资金而服务于特定实体项目的微金融活动。立法对于众筹是否只能限制在私募抑或是公募与私募均可为之的态度，即体现了政府对股权众筹金融介入的力度。显然，如果法律仅仅允许私募股权众筹的存在，那么由于投资者人数的限制以及单个投资者投资数额的畸高，实际上并不能达到微金融风险分散以及灵活融资的直接目的。[3] 而相反，如果通过修改《证券法》建立小额公开发行豁免制度从而为公募股权众筹打开一扇窗户，则可以更好地服务于实体经济以及分解单

---

〔1〕 参见刘志伟：《地方金融监管权的理性归位》，载《法律科学（西北政法大学学报）》2016 年第 5 期，第 157 页。

〔2〕 缪因知：《证券交易场外配资清理整顿活动之反思》，载《法学》2016 年第 1 期，第 57 页。

〔3〕 早在 2014 年 12 月，证监会即委托中国证券业协会出台了《私募股权众筹融资管理办法（试行）》（征求意见稿），其中有关投资者门槛的规定几乎照搬了《私募投资基金监督管理暂行办法》中的合格投资者标准，然而，从立法思路和逻辑来看，证券的私募发行跟股权众筹两者在本质属性与功能定位上即存在差别，"私募股权众筹"本身就是一个矛盾的概念。如此的投资者准入标准也必将导致股权众筹与其普惠金融本质的偏离。参见毛海栋：《论股权众筹与私募发行的关系及法律定位》，http://www.zhongchoujia.com/article/27672.html，最后访问时间：2017 年 5 月 17 日

个投资者风险，但随之而来的对公开发行风险的治理，则对政府提出了更高的监管要求。目前，我国并不存在真正意义上的股权众筹，所有的股权众筹仅限于私募。

政府对互联网金融介入力度的两难困境也反映出政府对互联网金融立法与治理的根本策略，传统的管制型立法侧重于政府对金融业事前准入的审批而放松了对事后经营行为的规范。在该种模式下，由于担心系统性金融风险的发生和蔓延，政府的监管往往严苛而保守，其结果就是"一管就死"。在互联网金融时代，政府对互联网金融的立法与治理要真正做到"活而不乱"就必须找准政府的定位，并确立全新的互联网金融立法与治理模式。

### 三、互联网金融立法与治理中政府角色定位的法哲学分析

通过前文的分析我们可以看到，我国政府对互联网金融立法与治理仍然基本坚持的是传统金融监管的理念、原则与基本范式，其结果导致互联网金融立法滞后和治理绩效不佳。同时，政府在该过程中始终处于两难的境地，"出力不讨好"。而对政府在互联网金融立法与治理中的两难进行深入剖析后，不难发现，政府始终无法找准其在立法与治理过程中的角色和定位是问题的核心和关键。如何把握好监管的'度'，是监管改革必须关注的重要问题。[1] 准确界定政府在互联网金融立法与治理中的地位、角色和应有的力度，需要从法理学、法哲学的角度，对政府与市场的关系进行界定，对政府权力运用的本质进行定位，同时紧密结合互联网金融这种特殊金融形态的发展规律，探讨政府治理模式之改变。

#### （一）谦抑干预理念是政府介入互联网金融的元理念

传统的社会治理模式主要有两类：其一是市场自发调整，其二是政府管理和控制。[2] 政府管制具有典型的两面性：监管适度，利大于弊；监管不足，达不到克服市场弊端之功效；监管过度，就会危及市场运行。[3] 如何界定政府对互联网金融市场干预的基本职责和范围，成为政府介入互联网金融的基本前提。政府的主要功能在于弥补市场的缺陷，干预应限于市场失灵的领域。[4] 法律的功能很大程度上在于对国家权力的限定和削弱。[5] 根据处理政府与市场关系问题的"剩余原则"原理，政府的权力部分必须由法律进行详细的界定，而市场则在政府的权力范围之外行为自由。"剩余原则"同样是我国互联网金融立法与治

---

〔1〕 鲁篱、熊伟：《后危机时代下国际金融监管法律规制比较研究——兼及对我国之启示》，载《现代法学》2010 年第 4 期，第 151 页。

〔2〕 参见王利明：《论互联网立法的重点问题》，载《法律科学（西北政法大学学报）》2016 年第 5 期，第 116 页。

〔3〕 参见胡光志：《中国预防与遏制金融危机对策研究》，重庆大学出版社 2012 年版，第 58 页。

〔4〕 参见朱国华：《从金融危机读解经济法总论》，同济大学出版社 2013 年版，第 151 页。

〔5〕 参见［德］N. 霍恩：《法律科学与法哲学导论》，萝莉译，法律出版社 2005 年版，第 20 页。

理中必须坚持的基本原则。沿着"剩余原则"的基本线索，探究我国互联网金融立法与治理的基本问题，就自然演化为必须首先明确政府的角色和定位的问题。

近年来，经济法领域提出的谦抑干预理念应当成为政府介入互联网金融的基本理念、元理念。实际上，谦抑性理念并不为经济法所独有，相反，早在上世纪末，我国刑法领域即引入了谦抑性理念。[1] 刘大洪教授最早提出的经济法谦抑干预理念是指，在自由主义和市场竞争基本假设前提下私法能发生作用之范畴内，经济法作为一个补充性和最后手段性的机制而存在。[2] 无疑，经济法谦抑干预理念实际上是对传统经济法基本范畴的重大革新。从国家干预到谦抑干预的过程，实际上表明市场在资源配置和经济治理中的作用从"基础性"作用正式转向为"决定性"作用。[3]

经济法谦抑干预理念在正面回答政府与市场关系的同时，也为政府介入互联网金融提供了正确的理念和本位。我国政府在互联网金融立法与治理中秉承一种家父主义的国家干预理念，在互联网金融法治发展进程中，仍然坚持着政府单方面主导、通过开展监管部门间的顶层设计来改变互联网金融业态的老路。换言之，政府依然保持着一种绝对的"基础性"地位。最新研究表明，对于互联网金融这类民间金融的治理，单纯依靠政府介入和国家金融法律的力量，难免陷入阿喀琉斯佯谬。[4] 因此，我国政府未来应当更加尊重互联网金融市场在资源配置以及经济治理中的决定性作用。政府过度干预往往是扼杀互联网金融创新和发展的真正凶手，而要鼓励和支持互联网金融创新，则必须实现从主动干预到谦抑干预，从全能国家到"瘦身国家"[5] 的根本转变。

（二）市场优先原则是政府干预互联网金融的基本原则

法治的力量不是国家法律起源决定的，即使在没有法治传统的国家，法律也

---

[1] 对刑法的谦抑性，典型的观点比如张明楷教授认为，刑法应依据一定的规则控制处罚范围与处罚程度，即凡是适用其他法律足以抑止某种违法行为、足以保护合法权益时，就不要将其规定为犯罪；凡是适用较轻的制裁方法足以抑止某种犯罪行为、足以保护合法权益时，就不要规定较重的制裁方法。参见刘荟芳：《浅议刑法之谦抑性》，载《人民法院报》2013 年 2 月 6 日，第 6 版。

[2] 参见刘大洪：《谦抑性视野中的经济法理论体系的重构》，载《法商研究》2014 年第 6 期，第 45 页。

[3] 参见丁任重、李标：《供给侧结构性改革的马克思主义政治经济学分析》，载《中国经济问题》2017 年第 1 期，第 6 页。

[4] 参见王兰：《民间金融的规制佯谬及其化解——一种软硬法规制路径的选择》，载《现代法学》2017 年第 3 期，第 54 页。

[5] "瘦身国家"特指努力加强相对于国家领域而存在的社会领域的地位，实现国家从很多社会领域的退出。参见 [德] 乌茨·施利斯基：《经济公法（2003 年第 2 版）》，喻文光译，法律出版社 2006 年版，第 131 页。

会随着现实发展得到改善。[1] 谦抑干预理念在经济法基本原则领域的映射正是市场优先原则。它是指当国家在干预经济的法律制定、法律实施等各大环节当中，必须遵循"市场在资源配置中起决定性作用"的原则。具体来说，市场优先原则包含三大子原则：市场基础原则、国家干预与市场失灵相适应原则和市场先行原则。[2]

笔者将市场基础原则定义为市场决定性原则，也就是说，尽管政府和市场是两种平行的资源配置和经济调节方式，但政府不能像垄断行政权力资源一样垄断国家经济调节职能。[3] 依据十八届三中全会的报告，必须使市场在资源配置中起决定性作用，优先考虑市场机制来进行调节，只有在市场失灵的情况下，才有政府主体介入的机会和空间。经济法的一个重要职责就是在确认政府经济权力的同时，又对其进行规范以建立一个负责、有限、有效的政府。[4] 在市场调节之下的金融，被称之为"市场金融"。我国金融体制改革的目标就是要从计划经济管理体制下的金融形态转变为"市场金融"形态。[5] 换言之，对金融活动的价值判断应更多地回归市场层面，而不是由监管部门来垄断。[6] 值得注意的是，政府工作报告所言"更好地发挥政府的作用"，实际上是指政府要更好地解决市场失灵，而不是指政府对资源配置起第一性的作用。鉴于此，在互联网金融领域，政府的介入只能出现于互联网金融市场失灵的场合，在通过互联网金融市场自律等形式能够较好地保障市场效率和公平，维护市场稳健运行的前提下，政府的行政权力必须恪守内敛和谦恭的品格，让位于市场。

国家干预与市场失灵相适应原则其实是比例原则这一重要的法治原则在经济法领域的基本要求。判断一项公权力行为是否具有正当性，核心在于衡平赋权与限权背后的社会价值，这恰恰是比例原则介入并发挥功能的领域。[7] 就市场规制法来说，该原则要求政府干预力度应当与市场失灵的程度相适应，应当优先考虑内嵌于而非外接于市场机制的干预方式，进而辅助市场机制发挥作用，纠正市场失灵。当市场机制已经全部或者部分恢复正常和消除市场失灵的前提下，政府

---

〔1〕 Zhang Z. , "Law and Finance: The Case of Stock Market Development in China", *Boston College International & Comparative Law Review*, Vol. 39, No. 2, 2016, p. 283.

〔2〕 参见刘大洪：《论经济法上的市场优先原则：内涵与适用》，载《法商研究》2017 年第 2 期，第 82 页。

〔3〕 参见陈婉玲：《独立监管组织法律研究——以金融业分业监管为视角》，上海人民出版社 2011 年版，第 9 页。

〔4〕 参见张莉莉：《经济法自由理念研究》，中国检察出版社 2007 年版，第 63 页。

〔5〕 参见吴志攀：《金融法的"四色定理"》，法律出版社 2003 年版，第 309 页。

〔6〕 赵渊、罗培新：《论互联网金融监管》，载《法学》2014 年第 6 期，第 125 页。

〔7〕 参见裴炜：《比例原则视阈下电子侦察取证程序性规则建构》，载《环球法律评论》2017 年第 1 期。

的干预即应当相应地退出市场。总之，政府选择的干预经济的手段应该以消除市场失灵为目的。[1] 该原则的基本原理是，当政府干预内嵌于市场机制时，政府对市场机制的破坏和副作用是最小的。从权力运行效果的角度来说，其与宏观调控的低侵扰性原则[2] 有异曲同工之妙。某种意义上说，国家干预与市场失灵相适应原则其实正面回答了互联网金融政府干预的角度和力度问题，即国家干预互联网金融既要优先选择内嵌于市场机制的权力运行模式，又要特别注意干预的副作用和对市场机制的破坏力问题。[3] 该原则的法律表现形式就是，制定出具有弹性（或者灵活性）的金融法律制度，保持金融法律和金融监管与金融发展之间的因势而变。[4]

市场先行原则是指根据现有的理性主义和经验主义判断，无法得出市场机制是否失灵，即市场是否能够有效配置资源的时候，政府应当做出市场机制有效推定假设，并保持对市场的敬畏和尊敬，暂不进行干预。其理论基础在于，政府的公权力本质上来自于公民的授权，当公权力已然作为一种资源被政府掌握之时，由于存在谋求自身利益最大化之可能，政府对公权力的运用可能会产生非预期的结果。[5] 换言之，由于政府的行为也是通过个人行为予以实施的，缘于个人之有限理性，政府失灵不可避免。[6] 此外，不完全信息、激励与政府的效率、政府的浪费以及对公共项目的反应难以预料等均是政府失灵的主要原因。[7] 推而言之，当对市场是否失灵并无明确认定的情况下，坚持市场先行原则可能引发的风险将会显著降低。市场先行原则实际上很好地回答了政府介入互联网金融的时机问题。实践中，我国政府对互联网金融出台的诸多政策措施实际上并未严格遵循市场先行原则。比如，禁止互联网金融企业上市、禁止互联网金融企业在新三板市场挂牌等，政府仅凭对一部分互联网金融企业违法违规事实查处的经验判

---

〔1〕 参见许玉镇：《比例原则的法理研究》，中国社会科学出版社 2009 年版，第 171 页。

〔2〕 低侵扰性原则是笔者基于宏观调控中可能诱致政府失灵因素的出现而提出的宏观调控原则，是指宏观调控主体在其法定的可供选择的调控手段、调控方式和权力行使幅度中，应当选择对受体影响最小、侵扰性最低、调控效益最好的种类和幅度。刘辉：《完善我国体育产业信贷支持体系的经济法逻辑——法理分析与路径选择》，载《武汉体育学院学报》2016 年第 4 期。

〔3〕 英国规制理论学者 Anthony I. Ogus 将规制分为信息规制、标准规制和事前审批三类，信息规制对市场机制的破坏力最小，事前审批对市场机制的破坏力最大，标准规制居中。这种观点非常值得我国政府在运用公权力干预互联网金融时进行参考、分类和选择。参见［英］安东尼·奥格斯：《规制：法律形式与经济学理论》，骆梅英译，中国人民大学出版社 2008 年版，第 152~153 页。

〔4〕 参见周仲飞、弓宇峰：《法律在国际金融中心形成与发展中的作用》，载《法学》2016 年第 4 期，第 13 页。

〔5〕 参见刘大洪：《政府权力市场化的经济法规制》，载《现代法学》2013 年第 2 期，第 102 页。

〔6〕 参见李昌麒：《经济法学》，中国政法大学出版社 2011 年版，第 43 页。

〔7〕 参见［美］斯蒂格利茨：《经济学》（上册），梁小民、黄险峰译，中国人民大学出版社 2000 年版，第 145~149 页。

断，一概禁止整个行业的自由融资权，这显然已经构成过度监管。

（三）金融民主原则是政府干预互联网金融的绩效保障

民主是与集中或者专制相对立的概念，金融民主则是作为金融专制的对立物而存在的。在经济法视阈，经济民主强调的是经济决策的公众参与[1] 金融民主是经济民主的基本要求和重要体现，也是金融立法与治理的重要原则之一。互联网金融正是借由互联网这种高新技术推动了金融的民主化。参与民主是金融民主的核心范畴。金融民主在横向和纵向两大层面对互联网金融领域公权力的运用提出要求：

第一，在横向层面，金融民主要求政府在运用公权力介入互联网金融，不管是立法抑或是监管之时，必须广泛征求多方面的意见和建议，从而将政府的相关决策和立法行为建立在对话式的框架之上。哈贝马斯将民主尤其是公共领域的民主视为现代法治国的活水之源与存在之本[2] 而罗伯特·席勒则认为，金融民主化有利于降低金融不平等的程度，从而塑造更公平的世界[3] 我们认为，金融民主不仅是政府争取互联网金融立法与治理正当性的基本前提，也是互联网金融法律得以顺利实施的重要保障。

第二，在纵向层面，金融民主原则尤其关注中央金融监管权与地方金融监管权之间的合理界分以及协调配合。如前述，中央和地方金融监管权尽管立场与本位、利益关注点可能存在较大的差异，但各有其优势又各自能够对互联网金融市场治理发挥其有益的价值。基于参与民主理念以及互联网金融的基本特征及其对金融监管权配置的特殊要求，纵向的金融民主特别强调对地方金融监管权的合理运用以及对其行使的积极性的调动。舍此，互联网金融治理很难保证政府与市场之间的良性互动，这自然也会影响政府介入互联网金融的真实绩效。

综上，金融民主原则实际上很好地回答了我国互联网金融立法与治理中干预主体选择方面的两难问题。单一的或者纯粹的中央或者地方干预实际上均无法胜任互联网金融的立法和治理重任，相反，必须正确配置二者的干预范围和治理权限，并形成良好的互补和互动，才能提高互联网金融立法与治理的实效。

**四、我国政府介入互联网金融的法治化进路**

通过对政府介入互联网金融两难困境的梳理以及法哲学分析我们可以得出，在处理政府与市场关系问题的"剩余原则"理论框架下，互联网金融立法与治

---

[1] 参见李昌麒、卢代富主编：《经济法学》，厦门大学出版社2016年版，第20页。

[2] 参见张翠：《合法之法与民主法治理想——哈贝马斯的法治观及其现实启示》，载《理论导刊》2015年第6期，第51页。

[3] 参见罗伯特·席勒：《金融民主化塑造更公平的世界》，http://business.sohu.com/20140423/n398674234.shtml，最后访问时间：2017年5月17日

理中, 政府角色的定位和政府公权力的运用是高度理论化和实践性非常强的复杂课题。要破解政府介入互联网金融的两难困境, 需要在前述基本理论的指引下, 在互联网金融法律制定及其运行的各大环节中开展细致工作。鉴此, 下文从互联网金融立法、互联网金融监管执法、互联网金融司法等核心环节提出对策展望, 以期为破解政府介入互联网金融的两难困境提供可资借鉴的金融法治之道。

（一）互联网金融立法理念、立法体制与立法技术的更新与重构

如果把法治理解为一种状态与结果, 作为法律制度的"法制"便是其前置因素[1]。金融法治的重构应当具有全面性和前瞻性[2]。互联网金融立法是一项综合的系统性工程。与其他经济金融类立法相比, 对金融创新中最为活跃的互联网金融领域的立法无论是在立法指导思想和理念、立法体制还是立法技术与方法等方面, 均对立法者提出更高的要求。

首先, 在互联网金融立法指导思想和理念方面, 我国互联网金融立法必须一以贯之地遵循谦抑干预理念、市场优先原则和金融民主原则。这体现在, 一方面, 时刻保持高度的对市场机制的尊重和敬畏, 但凡通过市场机制能够达成较好的治理效果, 实现金融普惠, 促进金融公平, 保障有效竞争和金融效率的前提下, 政府立法就必须让位于市场, 让市场充分发挥竞争机制和自律机制对互联网金融进行内部治理。须知, 互联网金融监管完善的过程应当是"一个从外部监管向行业自律转化的过程"[3]。另一方面, 互联网金融立法必须广泛吸引公众特别是互联网金融平台、互联网金融协会等主体和组织的民主参与, 从而确保立法内容的科学性和公正性。否则, 政府介入互联网金融并出台的各种法律制度很可能对市场机制和市场公平产生破坏, 对市场主体的利益造成减损, 对市场运行的效率造成阻遏。

比如, 我国对互联网平台禁止在资本市场融资的限制性立法, 其是否通过市场自身机制即可实现优胜劣汰? 这值得进一步推敲。政府的一纸禁令实际上涉嫌损害优质平台的金融权[4]。政府真正的职能归位应当是加强对不良平台违法违规行为的查处以及对平台不良资金运用行为的治理。换言之, 正如邢会强教授对"放松管制"与"加强监管"的理解, "放松管制"往往是针对经营范围的放松, 而"加强监管"一般是监管深度的加强[5]。再如, 由于法律是金融交易的制度

〔1〕 参见张志铭、于浩:《共和国法治认识的逻辑展开》, 载《法学研究》2013 年第 3 期, 第 8 页。

〔2〕 参见强力主编:《金融法学》, 高等教育出版社 2003 年版, 第 40 页。

〔3〕 参见宋怡欣、吴弘:《P2P 金融监管模式研究: 以利率市场化为视角》, 载《法律科学（西北政法大学学报）》2016 年第 6 期, 第 169 页。

〔4〕 金融权的概念由杨东教授提出, 是指以可承担的成本享受公平合理的金融服务的权利。参见杨东:《论互联网金融背景下金融权的生成》, 载《中国人民大学学报》2015 年第 4 期。

〔5〕 李喜莲、邢会强:《金融危机与金融监管》, 载《法学杂志》2009 年第 5 期, 第 14 页。

根基，金融法需要对以信用风险为基础、不断上升和扩大的风险螺旋进行层层解构。[1] 但在涉及互联网金融的交易信用和信用风险立法的过程中，政府决不能固守传统官方征信模式的束缚，而完全可以充分信任市场机制的作用，除了可以去行政化，开放人民银行官方征信系统给互联网金融平台共享和使用信息，立法还应当保护和促进新兴的互联网金融征信公司和产业的发展，鼓励区块链技术的运用，通过市场化手段克服和破解互联网金融的交易信用难题。

其次，在互联网金融立法体制方面，根据金融民主原则，要进一步明确和优化互联网金融中央立法权与地方立法权的划分以及对权力运行的监督。立法体制是有关立法权限、立法权运行和立法权载体的各方面的体系和制度所构成的有机整体。中央和地方立法权力的划分体制是立法体制的重要组成部分。[2] 金融民主的核心是建立民主的金融立法体制。互联网金融本身的民间金融属性，决定了相比传统金融，其具有更大的隐蔽性、流动性和自由度更高的特征。[3] 我国政府实践中往往将互联网金融拆分为"互联网"和"金融"两个部分，并直接套用传统的监管手段对"金融"部分实施监管。[4] 事实证明，传统的金融监管很难跟踪其运行的轨迹并对其实施有效的治理。我国目前互联网金融立法体制强调中央不同部门特别是国务院各部委之间的立法权限的分配，而相对忽视地方金融立法权的界定、规范及其与中央金融立法权之间的协作问题。实践中，往往在治理效果不佳的情况下开展所谓的"专项整治"，当地方金融立法权界定不明时，专项整治的力度各地差异巨大，[5] 由此可能诱发的政府二次失灵对互联网金融市场和行业的打击是不可估量的。

中央和地方两级政府存在位阶高低的不同立法权力资源的配置问题，本质上代表了现行框架下对互联网金融市场不同的介入主体的认可。合理划分互联网金融中央立法权与地方立法权之间的界限并做好两者之间的无缝对接是互联网金融立法权体制的核心内容。中央立法权在金融风险的宏观审慎管理方面优势明显，而从契合互联网金融市场本身的特征以及互联网金融市场金融监管权的生成和衍生路径来看，目前中国特别需要强化地方金融立法权的配置。此外，互联网金融本身所具有的强烈的区域性、地方化色彩决定了一旦出现问题将会带来区域性的

---

〔1〕 参见杨东：《互联网金融的法律规制——基于信息工具的视角》，载《中国社会科学》2015 年第 4 期，第 126 页。

〔2〕 参见汪全胜：《制度设计与立法公正》，山东人民出版社 2005 年版，第 38 页。

〔3〕 参见高晋康：《民间金融法制化的界限与路径选择》，载《中国法学》2008 年第 4 期，第 41 页。

〔4〕 参见彭岳：《互联网金融监管理论争议的方法论考察》，载《中外法学》2016 年第 6 期，第 1618 页。

〔5〕 参见岳品瑜：《最严监管落地 地产互金平台面临整改》，http://www.asiafinance.cn/jrzx/97880.jhtml，最后访问时间：2017 年 5 月 17 日。

影响和冲击，[1] 而一旦引致地区性、地方性金融风险，地方金融监管难辞其咎。[2] 无疑，这也是中央立法权放权于地方的重要理论根据。当然，在强化地方金融立法权配置的同时，还必须突出中央对地方立法权的监督和规范。

最后，在互联网金融立法技术与方法方面，立法权的行使应特别强调与市场机制的衔接与配合，并从市场内部治理中充分吸取有益的经验。根据法经济学理论，外在制度的有效性在很大程度上取决于它们是否与内在演变出来的制度互补。[3] 比如，在制定互联网金融合格投资者立法时，可以通过广泛的市场调查，并着重运用云计算和大数据技术等互联网金融科技（Fintech）对现有开展 P2P 网贷和股权众筹的投资者的投资额度、投资偏好、投资经验以及投资风险进行评估和分析，以确保我国互联网金融合格投资者标准的合理性、科学性及其在保障互联网金融市场效率和管理互联网金融市场风险方面的切实可行性。

（二）互联网金融监管执法权力配置、执法模式和风险治理工具的革新

互联网金融监管执法是指中央金融监管和调控部门以及有权的地方政府部门依照法定的权限和程序，对互联网金融企业和互联网金融市场进行监管，贯彻实施互联网金融法律法规的行为。在谦抑干预理念、市场优先原则以及金融民主原则的指导下，破解互联网金融监管执法中政府的两难困境，需要围绕监管执法权的配置、监管执法模式改革以及系统性金融风险的管理工具创新等方面展开。

首先，要处理好不同级别监管权力的配置，以及政府的监管权如何与市场机制和市场自治权互动与合作的问题。在监管执法权限配置上，金融民主原则要求必须突出地方金融监管权的配置、运行和监督。在我国，目前的互联网金融监管执法权主要以"一行三会"为主，当然，地方政府对于类金融机构和准金融机构等开展的互联网金融业务也在一定程度上行使着监管权，但主要还是局限在市场准入的许可权和市场退出的监管权。[4]

以 P2P 网贷行业的监管为例，在目前的监管框架下，地方政府对网贷平台的登记备案履行着监管权，但对平台的日常业务经营行为的监管则主要由银行业监督管理部门行使。表面上看，通过这种分工合作的监管能够有效控制市场风险。但实际运行中却面临着大量的问题：一方面，银行业监督管理部门在县级（包含县）以下行政区域是没有分支机构的，这导致该部门很难实实在在履行监管职责。另一方面，从理论上讲，地方政府的准入监管和银监部门的行为监管之间必

---

〔1〕 参见刘飞宇：《互联网金融法律风险防范与监管》，中国人民大学出版社 2016 年版，第 40 页。

〔2〕 参见帅青红、李忠俊、彭岚、陈彩霞：《互联网金融》，东北财经大学出版社 2016 年版，第 277 页。

〔3〕 参见柯武刚、史漫飞：《制度经济学：社会秩序与公共政策》，韩朝华译，商务印书馆 2000 年版，第 36 页。

〔4〕 参见曾威：《互联网金融竞争监管制度的构建》，载《法商研究》2016 年第 2 期，第 32 页。

须建立制度化的信息沟通渠道，[1] 但现实中，二者之间完全两张皮，尽管存在信息交流，但在监管行为的沟通以及监管的改进等方面，无法达到理想的效果。要从根本上解决监管主体配置的两难问题，根据金融民主原则，在纵向层面，我们建议通过立法下放更多的行为监管权给地方，银监更多地负责监管方法方面的指导。在横向层面，必须清醒地认识到，一个切实可行并有效的法律制度必须以民众的广泛接受为基础，[2] 监管主体对监管所具有的复杂的体系化效应特别是公众心中的心理投射的忽视，是监管失灵的重要原因之一。[3] 在这方面，自律组织的行业自律已经开始发挥辅助政府监管机构防范系统性风险的新价值，[4] 并且其最大特征就是"嵌入式"，[5] 对于消除市场主体的内心抵触显然具有天然优势。金融监管的协调性原则本身即包含了行政监管与自律性监管相结合的含义。[6] 因此，我们应当进一步加强互联网金融监管与自律组织自治二者的结合。

在监管执法模式的创新上，要选择更多的内嵌于市场的创新监管方法。互联网金融是推动金融监管创新的市场内生动力。[7] 市场优先原则一方面要求政府主动将对互联网金融的干预后置于市场机制，尊重市场机制和市场自治，同时又要学习市场的运行和发展规律以及自律组织的治理经验，于是监管科技（Regtech）[8] 和人工智能的运用伴随着金融科技的发展，已经日益在实践中推广和普及。另一方面，其子原则——国家干预与市场失灵相适应原则要求政府对互联网金融更多选择内嵌于而非外接于市场的监管方法，时刻保持对市场的最低侵扰，同时达到政府与市场治理的最佳弥合效果，提升治理绩效。

最近，起源于英国的沙盒监管（Regulatory Sandbox）为我国政府应对金融科技快速发展背景下金融监管执法模式的变革指明了道路和方向。沙盒监管是指政府直接为入选沙盒的互联网金融市场主体提供一个试验地，即模拟真实市场的"缩小版"的监管沙盒，对其实施适度宽松的法律监管，鼓励互联网金融创新。

---

[1] 参见殷宪龙：《互联网金融之刑法探析》，载《法学杂志》2015 年第 12 期，第 50 页。

[2] 参见［美］E. 博登海默：《法理学法律哲学与法律方法》，邓正来译，中国政法大学出版社 2004 年版，第 370 页。

[3] 参见管斌：《金融法的风险逻辑》，法律出版社 2015 年版，第 114 页。

[4] 数据显示，2011~2015 年，仅 P2P 网贷行业，各地就成立了 12 个行业自律组织，随着问题平台的不断出现，各地非常重视通过自律组织来规范行业的发展。参见罗明雄、侯少开、桂曙光：《P2P 网贷》，中国财政经济出版社 2016 年版，第 336~337 页。

[5] 参见刘庆飞：《多重背景下金融监管立法的反思与改革》，上海世纪出版集团 2015 年版，第 87 页。

[6] 参见刘定华主编：《金融法教程》，中国金融出版社 2010 年版，第 48~49 页。

[7] 参见杨东：《互联网金融风险规制路径》，载《中国法学》2015 年第 3 期，第 80 页。

[8] 监管科技最早是接受监管的金融机构为应对高昂的监管合规成本所设，后来监管科技成为了金融监管部门应对金融科技的进步和发展的日常监管工具，其主要功能优势是更好地识别和处理金融创新环境下的各种系统性金融风险。

同时政府实时掌握、跟踪和记录大量的互联网金融市场数据以及金融消费者的真实消费体验，入选沙盒的互联网金融市场主体会根据这些数据进一步完善和改进金融创新，并保障最终投入市场的效果。显然，沙盒监管不仅能够将政府的监管内嵌于市场本身，实现政府与市场两种资源配置方式的有机融合，而且能够从根本上消除监管过程中监管主体与受体之间的矛盾和抵触情绪，提升监管实效。因此，沙盒监管可作为我国政府未来对金融科技监管的重要参考。

在系统性金融风险的管理上，人民银行和银监会等监管部门要选择市场化的风险量化和管理工具、管理方法。从金融抑制走向金融深化的限度是防范金融风险。[1] 从某种意义上讲，金融监管的本质是一种风险监管，也可称其为风险管理，包括系统性风险与非系统性风险，其目标是维护金融安全与维持金融稳定。[2] 系统性风险事关金融甚至经济全局，是全局性风险。[3] 其具体是指金融市场发生系统危机或崩溃的可能性，其个别金融机构或环节的问题蔓延开来，最终使整个体系的运作遭到破坏。[4] 系统性风险的监测与识别是防范和化解金融系统性风险的前提和基础。[5] 市场优先原则不仅仅突出市场机制的决定性作用，同时也强调政府风险管理方式的转变。只有更加市场化而非行政化的风险管理方式和方法才能更好地迎合和对接市场，才能达到最佳的风险管理效果。

以压力测试工具为例，金融监管部门可通过进行系统性的压力测试，对我国互联网金融企业的风险状况作出评价并确立进一步的监管安排。特别是涉及众筹、网贷、支付、理财等多种互联网金融业务的大型互联网金融企业，如京东金融、蚂蚁金服等，监管部门可效仿对金融业、证券业、保险业等传统金融机构开展的分行业、分机构的流动性风险压力测试，包括对房地产互联网贷款流动性的压力测试等。压力测试工具对于特定时期特定领域的互联网金融过热的出现具有很强的风险预警和风险管理效果。[6]

---

〔1〕 参见冯果、袁康：《走向金融深化与金融包容：全面深化改革背景下金融法的使命自觉与制度回应》，载《法学评论》2014 年第 2 期，第 73 页。

〔2〕 参见邢会强：《证券期货市场高频交易的法律监管框架研究》，载《中国法学》2016 年第 5 期，第 159 页。

〔3〕 参见韩龙、彭秀坤、包勇恩：《金融风险防范的法律制度研究——以我国金融业对外开放为重心》，中国政法大学出版社 2012 年版，第 4 页。

〔4〕 参见祁敬宇：《金融监管学》，西安交通大学出版社 2007 年版，第 85 页。

〔5〕 参见叶文庆：《金融业宏观审慎监管法律问题研究》，法律出版社 2015 年版，第 152 页。

〔6〕 比如在 2015 年股灾之前以及 2016 年底至 2017 年初各地房地产市场开始限购之前，大量的 P2P 网贷行业、众筹行业以及支付行业的资金参与到股票市场和房地产市场的炒作。如果通过压力测试对一些大型互联网金融企业的金融风险进行测试、评估、预警，并根据测试结果暂停和调整相关机构的业务和炒作行为，对整体市场风险的管理无疑是非常有益的，也不会出现后来的大量互联网金融平台的倒闭潮。

同样，金融市场导向的商业银行经济资本管理方法[1]也可以成为我国互联网金融系统性风险管理市场化改革的突破口。特别是对于 P2P 网贷企业，政府基于市场优先原则一般不能直接干预互联网平台发放贷款的行业类别。但行业集中度过高，尤其是集中于一些产能过剩的行业、国家限制甚至禁止的行业，无疑对互联网金融市场的整体风险积聚造成重大的影响，这恰恰是金融监管的重要内容。在对银行业金融机构的监管中，中央银行和监管部门乃至各级人民政府大量地出台信贷政策的做法不得不说对市场主体的经营权造成了一定程度的侵害。[2]然而，对互联网金融而言，如果监管当局通过制定和调整互联网金融企业在不同行业的经济资本系数（在系数法计量下）或者经济资本参数（在模型法计量下）的办法对其资产业务进行调控，则不仅不会直接干预互联网金融企业的自主经营权，而且能够更好地计量、识别和管理系统性风险，既遵守了谦抑干预理念和市场优先原则，又能达到更佳的互联网金融治理效果。

（三）互联网金融包容性司法理念与司法科技的保驾护航

规范金融市场的途径不限于行政监管，效力更具强制性的司法裁判也是一种重要手段。[3]在互联网金融的立法与治理中，政府面临着鼓励创新与控制风险的两难。根据经济法谦抑干预理念和市场优先原则，国家对互联网金融市场的干预应当保持适度的谦让、保守、内敛的品性，充分发挥市场的"第一性"作用。可以说，市场在资源配置中的"第一性"作用其实提供了推动互联网金融创新的元动力。那么随之而来的问题我们也必须正确面对：政府的干预总是谦抑的，从某种意义上讲也是相对滞后的。我们在为互联网金融市场创新提供活力四射的基础环境的同时，对于个别平台、个别产品、个别互联网金融企业的个案风险应当如何治理呢？答案就是：互联网金融司法。互联网金融司法是在鼓励金融创新和政府谦抑干预下，金融风险底线的重要保障机制。

在司法理念方面，互联网金融司法应当坚持经济法谦抑干预和市场优先原则，始终恪守支持和鼓励金融创新的包容性理念。因为司法的目标并不在于干预经济，而是通过维护市场诚信和秩序，促进市场自律和发展。[4]在不违反法律基本规定的前提下，互联网金融司法必须鼓励符合市场供求规律的交易行为。互联网金融司法的对象往往是互联网金融技术、金融产品与合同争端，人民法院在

---

〔1〕经济资本是商业银行根据自己的业务经营状况评估的用以减缓风险冲击、承担非预期损失的资本。参见梁家全：《商业银行监管套利的法律规制》，法律出版社 2016 年版，第 27 页。

〔2〕参见刘辉、陈向聪：《我国信贷政策管理法制化之迷思与路径》，载《经济法研究》2016 年第 2 期。

〔3〕参见季奎明：《论金融理财产品法律规范的统一适用》，载《环球法律评论》2016 年第 6 期，第 102 页。

〔4〕上海市第二中级人民法院课题组：《金融司法的价值取向、指导原则与裁量规则》，载应勇主编：《金融法治前沿（2011 年卷）金融发展与金融法治环境》，法律出版社 2011 年版，第 199 页。

判断互联网金融技术和金融产品的合法性、互联网金融合同的效力的时候，特别是在现有法律并没有明确规定的情况下，只要其对市场本身不构成系统性金融风险，同时通过市场自律机制即能很好地控制风险的，那么这些市场导向的互联网金融产品、技术与合同就是合法的、有效的。质言之，互联网金融司法本身即承载着看上去似乎互相悖谬的两种价值目标体系：金融创新与金融稳定。当这两大价值体系发生冲突的时候，人民法院的正确选择是：以包容性理念为指导，在鼓励创新的前提下，维护金融稳定。进言之，鼓励创新是互联网金融司法的第一价值目标。

在处理司法权与市场机制以及行政监管权之间介入互联网金融可能存在的共时性冲突时，要坚持"市场＜行政权＜司法权"的递延式公权力运用规则，坚守司法的被动性本能，维护司法作为社会正义的最后一道防线的正确定位。从本质上讲，自律性本身即是指主体以对社会规范的自我意识和自我认同为基础而实行的自我约束。[1] 相较于他律机制，市场自律机制更有内生力，可以有效弥补政府行政监管方式的局限性。[2] 行业内部自律不仅更加贴近业务实际，掌握最新动向，更起到沟通政府与企业的纽带作用。[3] 因此，互联网金融司法要尊重互联网金融市场自律机制和互联网金融监管执法机制两套纠纷处理机制的地位和作用。以中国互联网金融协会、各地的 P2P 网贷协会、股权众筹协会等为代表的市场自律机构不仅本身贴近市场，掌握第一手的市场行情和数据，而且更能从本源上化解矛盾，保持互联网金融市场效率，并维护互联网金融市场稳定。互联网金融司法要尊重、认同和支持市场自律机制在解决互联网金融纠纷方面的作用。

不仅如此，互联网金融司法在纠纷处理体系中的选择位阶也劣后于互联网金融监管执法。在中国的金融监管实践中，面对金融监管部门及其所代表的监管权，被监管人往往会考虑如何与监管机构进行"沟通协调"，而不是首先考虑提起行政诉讼。[4] 这是由于，司法具有被动性——"不告不理"，而行政则具有主动性——"主动干预"。互联网金融监管当局的监管执法检查是主动的，其立案来源可以多种多样：现场检查、非现场监管以及群众举报均可。但互联网金融司法当且仅当当事人将案件主动向人民法院提起诉讼时，其才有介入的余地。并且，从互联网金融司法的价值功能来说，也应当明确司法功能的"有限性"观念，进而才能根本性地解决"案多人少"的矛盾。[5] 总之，互联网金融司法必

---

〔1〕 参见张文显：《法哲学通论》，辽宁人民出版社 2009 年版，第 45 页。
〔2〕 参见徐孟洲：《金融监管法研究》，中国法制出版社 2008 年版，第 254 页。
〔3〕 参见刘志云等：《福建自贸区重大法律问题研究》，厦门大学出版社 2016 年版，第 332 页。
〔4〕 参见张红：《证券监管措施：挑战与应对》，载《政法论坛》2015 年第 4 期，第 132 页。
〔5〕 参见孙笑侠：《论司法多元功能的逻辑关系》，载《清华法学》2016 年第 6 期，第 21 页。

须充分尊重市场与监管。

在司法的技术方法方面，互联网金融司法必须主动求变，学习互联网金融市场中新兴的互联网金融科技、互联网金融监管科技在互联网金融司法领域的运用，探索互联网金融司法科技（Judtech）的运用。互联网金融司法科技是司法（Judicial）和科技（Technology）的缩写，是笔者提出的为适应互联网金融科技和互联网监管科技的新兴司法概念，是信息技术、数据科学以及人工智能等高科技技术在司法领域的运用。换言之，司法科技就是司法过程的科技化，司法科技不仅仅是一种有效的司法技术和工具，更是一种引导司法领域范式转换的核心变量。互联网金融司法科技的提出是经济法谦抑干预理念和市场优先原则的应然要求和必然趋势。只有通过司法科技，互联网金融司法才能更好地契合互联网金融市场和互联网金融监管。就我国目前的实际来说，互联网金融司法科技在线解决金融纠纷、大数据和人工智能取证等领域具有最具时效性的运用价值。

**五、结论**

政府在我国互联网金融立法与治理中，面临着介入时机选择、介入主体选择以及介入力度等方面的两难困境。解决这一问题的根本出路在于准确界定政府在互联网金融立法与治理中的权力定位。以经济法政府与市场关系的基本原理为基础，结合我国互联网金融的发展规律，我国认为，对政府角色的厘定必须遵守谦抑干预理念、市场优先原则以及金融民主原则。

要破解政府介入互联网金融的两难困境，其实践进路必须从立法、监管执法与司法三方面同时发力。首先必须更新互联网金融立法的基本理念，保持对市场机制的尊重和敬畏，注重金融民主之下的多方参与立法机制的构建。其次，要坚持民主的互联网金融立法体制，优化互联网金融中央立法权与地方立法权的划分以及对权力运行的监督。最后，在立法技术与方法方面，应特别强调与市场机制的衔接与配合，并从市场内部治理中充分吸取对立法有益的经验。

在监管执法方面，金融民主原则要求必须突出对地方金融监管权的配置、运行和监督。而市场优先原则则要求必须更多地选择内嵌于市场机制的创新监管方法。同时，在系统性金融风险的管理上，以市场为导向的压力测试方法以及经济资本管理方法等创新监管模式值得在互联网金融领域运用和推广。

在互联网金融司法方面，应当恪守经济法谦抑干预和市场优先原则之下的包容性司法理念。自觉将司法作为社会正义的最后一道防线，坚持"市场（行政权）司法权"的递延式的公权力运用规则。另外，笔者提出司法科技的概念，作为引导司法领域范式转换的核心变量，以应对和契合互联网金融科技创新发展以及互联网金融监管科技带来的司法技术革命。互联网金融司法科技的提出是经济法谦抑干预理念和市场优先原则的应然要求和必然趋势。

# P2P 风险防控研究

## ——基于行为金融学的解释

吴美满[*]　　庄明源[**]

　　摘要：传统金融学沉溺于理论构造，越来越难以解释市场中存在的异常，而行为金融学的出现，有效弥合了理论与实际之间的缝隙，将研究的视野从传统金融学的"应该发生什么"转移到"实际发生什么"上来。行为金融学着眼于实际上人是非理性的，进而揭示市场异常及其潜在风险，其所关注的人的心理与行为，都是由外部因素所激发的，因而运用大数据的工具可以从非理性行为中探寻逻辑路径，从而服务于市场行为的预测，建立更加切实有效的风险防控机制。

　　关键词：P2P；行为金融学；大数据

　　2017 年，P2P 网贷在中国的发展迎来了第十年，在以高效便捷的方式满足各行业、民众对于资金需求的同时，也产生了各种各样的问题。据 P2P 网贷行业门户网站"网贷之家"统计，截至 2017 年 1 月共有 3429 家 P2P 网贷平台停业或被称为问题平台，涉及投资人 45.2 万人，涉及金额高达 258.1 亿元。截至成稿之日，2017 年 6 月正常运营平台数量下降至 2148 家，5 月份停业及问题平台数量为 75 家，但在限期合规的严令[1]之下，仅有 171 家完成银行存管，形式上的合规尚且难以达到，更遑论诸如信息披露等问题。然而，2017 年 5 月，P2P 贷款余额实现了破万亿，且投资人与借贷人双升，民众对于 P2P 网贷投资的热情并未受

---

　　* 吴美满，女，泉州市人民检察院金融检察处处长，武汉大学博士。
　　** 庄明源，男，晋江市人民检察院金融检察科助理检察员，厦门大学刑法学硕士。
〔1〕 互联网金融专项整治工作要求各 P2P 网贷平台在 8 月份之前达到合规的要求。

5 月份的绿能宝事件〔1〕及合拍贷事件〔2〕的影响。在外部监管渐严和乱象尚存的黎明前，P2P 网贷却迎来了逆发展，影响了投资者的决策，造就此番现象的原因，值得我们深入研究。国外学者 Kumar 通过验证，得出这样的结论：那些年轻、经济状况不好的、教育程度较低的并且有天主教信仰的投资者更容易表现出博彩偏好，且在宏观经济不景气的时候人们的博彩行为更加明显〔3〕。

诚然，当前实体经济不景气，投资渠道有限，不少投资人会选择 P2P 网贷平台来打理闲钱作为理财方式，但这已逐步演化为部分投资人通过信用卡套现、集资等方式来进行套利。P2P 经历了鱼龙混杂、野蛮生长，再到适者生存、逐渐合规，背后遵循的是自生自灭——监管——重新洗牌——再监管的清晰路径，但是老百姓的血汗钱难道就应该成为见证历史发展的代价吗？一直以来，我们政策的着眼点、监管的发力点都在宏观层面上的行业规范、公司治理和法律体系上，专门从投资人角度所做的研究较少。经济活动固然要遵循市场规律，但是最终还是需要依靠行为人的决策。抛开市场壮大与国家监管之间的纠缠，我们更应该重视这些成为历史有力注脚的投资人，他们的逐利之心支撑着市场的不断壮大，他们的痛失之情呼唤着国家监管的不断深入，作为 P2P 市场的第三极，却是最活跃、最反复、最难以预测的一极。我们不可否认，确实是因为部分平台经营失败或恶意诈骗，导致投资人的权益受损，但是如果没有内生于投资人行为选择的动因，亦不会引发市场的异动，产生这些触目惊心的案例。

受有效市场假设〔4〕和理性人假设〔5〕的限制，依托于数理逻辑和模型分析

---

〔1〕 2017 年 4 月 17 日，绿能宝发布逾期公告，同日，流出的视频显示其运营主体上海美桔网络科技有限公司已人去楼空。5 月 9 日，绿能宝二次发声，称因资金回笼问题导致逾期，逾期金额共 2.22 亿元，涉及线上投资人数 5746 人。据资料显示，绿能宝由 SPI 绿能宝能源互联网股份公司倾力打造，注册资金 5 亿元，为美国上市公司。

〔2〕 5 月 22 日，上海 P2P 合拍贷董事长张金如被曝因快鹿事件被调查的消息传开。随后 5 月 22 日晚间，具有上市系＋国资系背景的网贷平台合拍贷官网发布《合拍贷暂停运营公告》。公告称，针对目前公司出现部分逾期情况，公司立即成立了应急小组，对现有资金、资产、债权、债务进行了封存盘整，目前做出暂停运营公告，对于投资人的本金暂停处理。6 月 8 日，合拍贷官网发布公告，称平台投资人总投资额为 3.2186 亿元，将拿出初步解决方案。资料显示，合拍贷于 2014 年 9 月 18 日上线，号称是由上市公司持股、国企做背景，并联合多家小额贷款机构、典当行、担保机构、第三方支付机构等受国家监管的金融机构。

〔3〕 别丽梅：《基于行为金融学的中国股票市场投资行为研究》，中国科技大学 2016 年硕士学位论文，第 3 页。

〔4〕 有效市场是这样一个市场，在这个市场中，存在着大量理性的、追求利益最大化的投资者，他们积极参与竞争，每一个人都试图预测单个股票未来的市场价格，每一个人都能轻易获得当前的重要信息。在一个有效市场上，众多精明投资者之间的竞争导致这样一种状况：在任何时候，单个股票的市场价格都反映了已经发生的和尚未发生、但市场预期会发生的事情。

〔5〕 理性人假设将经济活动主体设定为是有理性的、追求自身利益或效用最大化的人，每一个投资者均能够及时发现金融市场中的套利机会，使得金融市场处于理性价格之上。

的传统金融学专注于寻求"理性的线性、无偏和最优解"的完美金融市场运行机理[1]，越来越无法对市场的异常现场作出解释，金融风险的防控工作落实得并不理想，收效也一般，加上不成熟市场存在的信息不对称和非法套利，这就成了非法集资或是诈骗的温床。并且，这种金融风险不断累积，并向刑事领域汇集，演变为金融犯罪及涉众型信访。这些市场异常的存在表明，市场与投资人的行为远非传统金融学所描述的那么简单，行为人复杂的心理活动，导致其并不能完全按一个理性人的标准作出决策，人的有限理性加上心理偏差，再叠加上风险与蝴蝶效应，市场异常出现的概率就呈几何倍数增长。故而，现行的以传统金融法律为代表的规制体系，早已经被 P2P 丛生的乱象刺得体无完肤，逐步完善中的以地方政府主导的监管体系，仍稍显滞后。时代所需要的应当是能够解释投资人的意愿，预测投资人行为，能够清晰勾勒热钱去向，能够提示风险的工具。

因此，本文撇开 P2P 领域的政策风险、市场风险、技术风险、信用风险等问题，仅就投资人本身出发，立足于行为金融学之解释，希冀于借助大数据的手段反映市场真实之运行、个体实际之决策情况，勾勒出 P2P 风险之情状，望有助于P2P 风险之防控。

**一、视角框定：行为金融学的解释**

行为金融学产生于 20 世纪 70 年代，与其说是金融学的分支，毋宁说是金融学与心理学的结合，其关注个人行为以及行为背后的认知、情绪、偏好等心理因素在投资决策中的影响，以此为基础分析金融决策与市场现象。简而言之，投资过程事实上就是投资人从认知到情绪再到意志的心理全过程，这种心理过程很难纳入传统金融的"理性"范畴与逻辑体系中。传统金融理论预先构建一个理想的模型，再将人的行为嵌套其中以作矫正，其关注的是"应当发生什么"，行为金融学则是关注"实际发生什么"，从人在投资决策中的客观表现，向内在心理的特征和规律作逻辑推演，探寻经济现象与主观心理之间的联系。

个体心理的波动会造成投资的偏差，甚至会诱发羊群效应，导致群体的偏差，这就会使资产的定价（主要是 P2P 的利率）偏离实际的价值，资产的偏差反过来又会影响投资者心理的偏差，这种反馈机制借助互联网信息传播渠道，不断被放大，引发市场的异常甚至是崩塌。因而，非理性的投资人会导致传统金融理论与风险防控、监管体系的集体失灵。行为金融学的出现为我们解释市场异常、防控金融风险提供了新的视角和有益的补充，能够勾勒出不同主体在不同环境之下的行为特征。

---

[1] 曹颖：《风险管理与金融危机——基于行为金融学视角的思考》，载《保险、金融与经济周期》2010年第 2 期，第 330 页。

（一）理论重构：传统理论基石的舍弃

1. 理性人并不理性。理性人假设是传统金融理论的重要基石，包含两层含义："一是市场的各参与主体在进行决策时都以现实期望效用最大为准则；二是市场的各参与主体都能够根据他们所得到的信息，对市场的未来作出无偏估计。"[1] 但是，越来越多的数据表明，投资人并不一定按照理性人的假设行事，因为偏好不同而不一定追求效用最大，因为贪婪驱使而不一定会回避风险，因为水平有限不一定能够完全解读所获得的信息，而要作出无偏的估计更是不现实的。投资人的非理性也有两层含义，其一，受能力所限和心理使然，投资者在决策时必然受到其心理结构和所处环境的影响，表现为有限理性；其二，市场的非完全竞争性和信息的不对称性，造成非理性投资人在市场中占有相当大的比例。因此，投资人是有限理性的，甚至是非理性的，无法用理性人的思维来正确预期，而且最致命的是这些决策的偏差，并不会因为统计平均而消除，也就是在重复的基础上仍会发生同样的情形，总体并不会比个人显得更理性。

2. 有效市场并不有效。有效市场假设是传统金融理论的另一重要基石，有效的市场能够平衡供求关系，在面对外部扰动时，会以线性的方式回归均衡，按照这一假设，资产价格是由理性投资者决定的。但正如上文所指出的，市场中大量充斥着非理性投资者，他们对市场的反应显得毫无逻辑，对信息的把握存在偏差，不可避免地导致资产价格的偏离。

（二）心理探析：认知心理学的借鉴

人的行为可以说是由心理所引导的，认知心理学将人的心理活动分为认知过程和非认知过程，前者包括感觉、知觉、注意、记忆等，后者包括情绪、意志等。行为金融学建立在认知心理学的基础上，意味着投资决策过程就是心理活动的全过程，发端于对金融产品的认知和金融信息的捕捉、记忆，通过情绪加深印象或产生厌恶，最终由意志来决定投资。其中，认知与情绪的偏差都会作用于意志上，导致市场价格的偏差，市场信息会形成反馈机制，作用于投资人的认知与情绪上，如此反复。投资者的认知主要由以下几种表现形式：

1. 启发式，是一种凭借经验来作出判断的方法。又包含四种不同的子方法：

（1）代表性启发法，将某一事件与已有的经验、知识进行关联，就是从过去的信息中寻求相似点，而不具体考虑事件出现的原因与重复的概率。如投资者看到某一 P2P 平台存续时间在一年以上，就认为该平台既然可以生存一年以上，应该是没有问题的，所犯的就是小数定律偏差，依赖于少量的数据而片面地推断

---

[1] 吴丽：《基于行为金融学的我国证券投资行为研究》，首都经济贸易大学 2004 年硕士学位论文，第 15 页。

系统性的趋势。

（2）可得性启发法，根据某一事件在知觉或记忆中的可得性程度[1]，来判断出现的概率，亦即，根据自己熟悉的信息进行类比性推断。如投资者一看某一P2P平台没有背景，就觉得存活的时间不长，诚然，一段时间以来，出现的问题平台多是没有背景的普通民营平台，这一特征在新闻中出现的频率高，容易被记住，所以投资者容易在记忆中提取到这一特征，片面地推断此类平台出问题的概率大，而将资金投给那些有"背景"的平台，殊不知，早有经营者深谙此道，已然伪装妥当，挖好陷阱坐等投资者上门。

（3）锚定与调整启发法，人们对对象进行评估时，最初的印象会产生初始值，随后所作的调整都必将围绕这一初始值展开，申言之，最初印象就如锚一样，制约着人们对事件的估计。就如投资者根据某一平台的情况（国资背景、银行存管、风险准备金等）在心目中设定80分的安全分（满分100），之后一旦平台有逾期等负面消息，则在80分的基础上进行减分，反之，平台有融资、加入互联网金融协会等动作，相应地进行加分，但是最初的锚定值（80分）可能已经出现较大偏差。

2. 框定依赖偏差，人们对事物进行认知时，事物的表面形式会影响对事物本质的判断。除去P2P平台诸多包装所带来的误解，地方政府正从风险准备金的角度试图引导投资者树立正确的理财观，北京市金融工作局召开的整改会议要求，禁止平台设立风险准备金，P2P平台不得在出现债务逾期的情况下，使用自有资金进行刚性兑付，对此，宜人贷、拍拍贷等大平台作出的回应是将"风险准备金"改为"质保服务专款"，本质相同，但是不同的表述方式能够改变人们的关注点，不再局限于风险准备金所带来的零风险保障，而是树立自负风险的理财观。

3. 证实偏差，指的是人们会寻找证据去支持已经形成的观点，即便不断出现与该观点相悖的信息，人们还是会坚持已有的偏差。这就是说，经历了启发式偏差或框定偏差后，投资人会形成对P2P平台优劣的判断，一旦认定某平台是安全的，接下来，他们只会专注于那些有利的信息，而对平台的那些负面信息视而不见，反之认定某平台是问题平台，看到的所有信息都会是负面的。

综上，我们可以看出，人们的认知能力有限，又总在节省投放在认知上的精力，或是忽略一部分有效信息，或是频繁使用已知信息，这样，无可避免地会产生认知偏差，使得他们并不一定都是理性的。

（三）行为归因：投资人心理的推动

外部的环境和人与人之间的相互作用，会刺激投资人的认知，进而引发行为

---

[1] 包括信息的熟悉度、线索与获得信息的情景的相关性、信息本身的突出性等。

上的反应，这种反应又会反馈给外部环境，进一步强化刺激，如此周而复始。因而，外界的信息流不断地流入，并随时可能发生变化，需要经过认知的加工，非理性投资人认知上的偏差无疑会使投资人的决策也产生偏差，并反馈给外部环境，强化对自身及他人的刺激。主要有以下几种表现形式：

1. 过度自信，人们总是过度相信自己的主观判断，夸大事件发生的概率，忽视那些不确定的因素，甚至会相信一些小道消息，而且人们更为相信自己在熟悉领域所作出的决策，但是所谓的熟悉，不过是理解它的优势，对存在的问题却视而不见。投资人在选择 P2P 平台的过程中，基于认知上的偏差尤其是启发式偏差，过度地将一些平台视为完全安全的平台，甚至将全部身家都押在同一个平台上，最终被牢牢套住。

2. 心理账户，人们会根据资金的来源、用途、预期收益等因素，对资金进行分类。相比于过度自信会将资金全部投给同一个平台，人们会将投资的赢利较为随意地、不加细致研究地投给高风险的平台，去博取更大的收益，这就是该部分赢利资金在心理上的位置，可以更多地去面对风险，而对于工资则持较为谨慎的态度。

3. 损失厌恶，面对等值的收益与损失时，损失所带给人们情绪上的波动更大，因而，人们对于避免损失的考虑要优先于获得利益的考虑，损失所带来的痛苦远大于赢利所产生的愉悦。而且，"随着财富增长的扩大，风险厌恶程度会趋弱；同样，随着财富损失的扩大，风险偏好程度也会趋弱……人们并不总是风险厌恶者，实质上，他们真正厌恶的是损失，而不是风险"[1]。投资者在选择借贷平台时，即便平台允诺高回报率，但是伴随而来的是高风险，这种情况下，投资者并不会从一个理性人的角度去分析是否值得投资，毕竟，损失的可能性严重影响到投资人的心理。

4. 后悔厌恶，面对一组选项时，人们总会从中选取后悔程度最小的那个选项，以避免后悔所带来的痛苦。对于一般投资人而言，会分散投资以尽量减少投资，这本是保守投资者的内心屏障，却被诈骗平台用以控制投资人的行为。诈骗平台甫一上线，投资者自然心存观望，时日一长，免不了在心中计较起没有及时投资所带来的损失，于是投资一部分作为尝试，这才是走入深渊的开端，诈骗平台充分利用投资者的心理，夸大收益并兑现一部分收益，诱使投资者在后悔厌恶的推动下，提高投资的资金，最终血本无归。

5. 羊群效应，人们具有从众心理，会相互学习模仿，并根据大众行为而作

---

[1] 林洁：《基于风险厌恶悖论的个体投资行为金融学实验研究》，宁波大学 2014 年硕士学位论文，第 16 页。

出决策，尤其是在信息不对称的情况下，为了适应市场的风险，免受信息的压力，节约思考的成本，寻求心理上的安慰，减轻后悔的程度，就需要大众的行为作为参照，但易受敏感事件的冲击。这就能够很好地解释，为什么90%的资金集中在10%的平台上，为什么上市、融资等消息会加速平台体量的增大，为什么投资的标的越来越抢手，因为人们都在参照他人的行为来加工信息，他人共同的行为影响了个体独立的判断，从而产生强烈的羊群行为，这只能说是令人满意的选择，而非理性的选择。并且，即便最初的加入者在某种程度上而言作出的是正确的决策，但随着人数的增多，慢慢地形成一个心理群体，个体理性的判断会逐步让位于那些更富感染力和煽动性的言论，并逐渐丧失深入挖掘事实真相的动力，最终这个群体在决策和行为时所表现出的水平，将远远低于群体成员在单个个体决策和行动时所应有的水平，其决策不可避免是平庸的，甚至是完全错误的。

## 二、问题梳理：P2P 网贷风险的揭示

人的心理和行为在许多方面与标准的金融模型并不一致，包括预期形成、风险态度、决策考量等，但都会对市场产生重要的影响。行为金融学正是立足于投资人的心理，解释心理对市场的影响，反过来，我们必须注意到，投资人的心理受到外部信息尤其是市场波动的刺激，因此，准确捕捉外部环境存在的风险点，并衡量投资人对于风险的感受，有利于我们从投资人的角度来规范市场。

P2P 网贷风险固然由市场本身累积而成，但人的因素起到了放大甚至是操控的作用。基于投资人的行为，产生两种不同类型的刑事犯罪风险，一种是投资人个体因为认识偏差、决策失误而导致被骗，另一种是个体的投资行为，不管是理性还是非理性的，作为市场信息的一部分，与其他信息汇聚，造成其他投资人的过度反应与噪声交易[1]，最终形成羊群效应，容易被利用或操纵，而产生区域性、系统性风险。

### （一）过度自信与虚假广告罪

正如前文所述，投资人总是过度相信自己的主观判断，但是这种自信并非凭空而生，必须有所依恃。而投资人借以判断的依据，却为 P2P 网贷平台加以利用。研究表明，"P2P 出借人的出解意愿主要受到信任的影响，感知的风险会影

---

[1] 在资本市场中，由于非理性交易者的存在及信息的大量性特点，交易者无法先验地判断信息的价值，任何交易者都有可能把与价值无关的信息认为是与价值有关；或者，某些交易者人为地制造虚假信息，使其他投资者无法识别其真伪而受到影响，基于这两种情形的交易便是噪音交易。噪音交易的存在会对资产泡沫的形成产生重要的影响：首先会加大市场的波动性，尤其是在金融危机产生的初期，人们普遍对经济形式抱有过于乐观的估计，市场被有价值的和无价值的虚假的利好消息充斥，人们无法识别其真伪，于是对经济形势的估计进一步偏离其基本事实，造成泡沫加剧。其次某些机构制造和利用虚假信息进行炒作，在价格飙升的过程中牟取利润，从而加速市场泡沫的形成和扩大。噪音交易的结果造成投资者对现实经济环境的错误判断和认识偏差，使泡沫加剧。

响信任，但是并不会对出借意愿产生显著的影响，而信任又受到借款人的社会资本以及借款信息质量的显著影响。"[1] 而据国外学者 Herzenstein 的研究来看，"软信息的披露不一定能够降低信息不对称的情况，相反有可能会加剧信息不对称的程度，他们的研究发现借款人在个人描述中提到可信度高和个人成功程度高的样本，违约率相对更高，说明在个人陈述中一些类别的文字可能误导了投资者。"[2] 特别是当这些信息被别有用心地加工过，用以针对投资者的自信心理。

在一般人眼中，国企背景意味着安全、稳定、永久，毕竟国企秉承了国家意志，那么，由国企控股或独资的一家 P2P 网贷平台，当然继承了国企的优良"血统"，有国家信用作为背书，是对借款人社会资本及借款信息质量最大的保障，且以规范的操作、严谨的风控、丰富的资源赢得公信，能够提供强大的资金风险保障乃至刚性兑付，即便难以为继，也可进行资产重组或是国家给予补贴，能够给投资人最大的心理保障。"国资系"P2P 平台自 2011 年开始上线，2013 年仅有 6 家上线，2014 年激增至 66 家新平台上线，2015 年与 2016 年分别新上线 77 家与 32 家，虽然 2016 年"国资系"P2P 网贷新平台上线趋势有所放缓，却出现了不少网贷平台打着"国资"的旗号欺骗投资人，严格来说，由国资主体母公司直接入股的平台才可以称为"国资系"平台，现行的"假国资"、"伪国资"主要有以下五种形式：一是国资主体母公司利用子公司进行关联控股，一旦平台出事，母公司就会宣布与子公司脱离关系[3]；二是由国资子公司甚至是孙公司入股[4]；三是与国资公司形成合作伙伴关系，被拿来作为国资背景；四是国资

---

[1] 成婷：《信任机制对 P2P 借贷出借人决策行为的影响探究》，浙江工商大学 2014 年硕士学位论文，第 17 页。

[2] 李梦然：《P2P 网络借贷投资者的信息识别与行为偏差》，清华大学 2014 年博士学位论文，第 17 页。

[3] 上海和平影视集团属于 1992 年国务院发展研究中心经济研究所成立的全民所有制企业，其投资的 18 家平台包括金窝理财、上网贷、花橙金融、中星财行、钱妈妈、鱼米金服、金储宝、人人爱家、农信国投、岁意讯、51 快影、金钱谷、浙联储、中鼎国服、牛伯伯、小狗钱钱、中科金服、聚盛财富等公司。跑路平台包括上网贷和浙联储，逾期平台包括农信国投、中兴财行、51 快影和金窝理财。中星财行在 1 月份出现平台挤兑现象，导致部分客户逾期情况，目前该平台的股东已经由此前的和平影视悄悄变更为了另一家国资——中资国本；51 快影官方在 1 月份发布公告称，回款时间将顺延 40 天，当时 51 快影的担保方是和平影视系旗下的中和兰（宁波）实业有限公司，然而在 51 快影发布公告当天，和平影业便撇清了和中和兰（宁波）实业有限公司的关系。随着"和平系"网贷平台不断出事，上海和平影视正在不断和这些平台撇清关系，被和平影视承认过为"和平系"平台的企业只有中鼎国服、牛伯伯、农信国投、小狗钱钱、中科金服、聚胜财富、金储宝、鱼米金服、钱妈妈。

[4] 银豆网一直在网站公开宣传获得央企中国恒天集团旗下恒天资产 3 亿元 B 轮融资，并在其官网首页用"央企·中国恒天持股"的标语，但中国恒天集团有限公司澄清了与银豆网的关系，称并无股权联系。恒天资产工商注册信息显示，其股东为企业法人中国纺织机械集团有限公司和企业法人经纬纺织机械股份有限公司。其中中国纺织机械集团有限公司出资人信息中有中国恒天集团公司，经纬纺织机械股份有限公司发起人为中国纺织机械（集团）有限公司。由此可以看出，恒天资产是由中国恒天的"子公司"以及"孙公司"投资成立。

公司高管以顾问的形式在平台挂名，也被宣传为国资；五是将入股公司虚构为国资公司，堂而皇之地称为国资背景。

人们一旦界定了"国资"这一背景，信任国资系平台，便很难觉察信任背后所隐藏的风险。而投资人对"国资"存有多大的信任，便有多大的陷阱专门为其设下。那么，这些推销 P2P 平台产品的广告主，明知是不真实的广告而故意做虚假宣传，企图引起投资者的注意，侵犯了国家对广告经营的管理制度，情节严重的，构成虚假广告罪。在 P2P 网贷中，除了虚构国资背景外，常见的还有虚构银行存管、虚构风险保障金、虚构收益率、虚构借款人的信息、虚构担保方等。

### （二）羊群效应与非法集资犯罪

P2P 平台作为第三方网络平台，作为借、贷双方之间借贷的信息中介机构，是通过撮合融资方与借款方的借款业务，来从中收取一定的佣金，公司自身不直接经手、归集、投资客户的资金。但是有的 P2P 平台通过吸收客户资金，在形成一定规模的"资金池"后，又开展贷款发放、基金、保险等理财产品销售、许诺高额回报，这很可能触犯我国刑法及司法解释所规定的非法集资犯罪。2013年11月，在由银监会牵头的九部委处置非法集资部际联席会议上，对"以开展P2P 网络借贷业务为名实施非法集资行为"作了三类界定：一是"资金池模式"，二是"不合格借款人导致的非法集资风险"，三是"庞氏骗局"。目前，"不合格借款人"尚无已判案例可循。"资金池模式"和"庞氏骗局"在司法实践中的区分界线并不明显。实践中，一些假平台通过不断增发虚假标圈进资金，沉淀产生资金池，偿付前期本息后再使用资金，直至资金链断裂，形成期限之间的错配和资金池之间的复合"庞氏骗局"。在该模式下，第三方网络平台已并非单纯的中介服务性质。

根据刑法和司法解释的规定，构成非法集资犯罪有 4 个特征：公开性、社会性、利诱性和非法性。其中，社会性是指向社会不特定人员吸收资金，例如通过网贷新闻网、网贷之家、网贷天眼、百度推广、QQ 群等方式向社会公开宣传；而利诱性是指承诺在一定期限内以货币、实物、股权等方式还本付息或者给予固定；非法性是借用 P2P 网贷合法形式，未经批准，行非法集资之实。我们不排除利诱性确实会对投资人的自信心理、后悔厌恶等心理造成冲击，但是鉴于非法集资犯罪的公开吸资性质，我们更愿意从从众心理的角度来分析，当前 P2P 网贷市场的投资者多以工薪阶层为主，缺乏专业的理财知识，羊群效应体现在三个方面：

第一，信息的传递依托于交流，投资者会在相互的交流中被同化、被传染。人们总在追逐利益最大化，偏好于名声、金钱这一类好的东西，并且人们会相互攀比，在有形与无形的交流中，模仿他人的理财方式，通过相互间的循环反复互相刺激，终至情绪高涨，理智渐失，形成羊群效应。

第二，人们在长期的发展中形成了具有一定社会关系的圈子，圈子中信息的共享原是有利于减少获得信息的成本，却也一定程度上造成了思想的限制，由个别信息源取代了自由交流，扼杀了主动发掘真相的能力，带动了整体行为的前进。由此，我们很容易发现，非法集资的受害群体总是由一个个互有交集的社会圈子组成的，一个圈子中的追随羊群者，很有可能是另一个圈子的被追随者。

第三，投资者中存在的羊群效应并不只局限于交流，他人的前行为会对后续的投资造成影响。"在其他因素不变的情况下，借款标的当前的投标数越多，其获得后续投标的可能性越大，则可以认为网贷平台的贷款人存在羊群行为。随着投标数量的增加，投标的平均时间间隔在减少，这表明借款标的当前投标数越多，对后续贷款人的吸引力越强。"[1] 也就是说，标的的完成进度越快，越能吸引投资者参与。此外，"信息不对称程度更强的订单其初期羊群行为更明显，但是羊群行为的持续性更短。该结果说明我国 P2P 投资中这种羊群行为背后更有可能是基于信息发现的机制，而且，这种信息发现机制所驱动的羊群行为并非一直存在，达到一定程度之后，投资者将不能继续在其他投资者的投资行为中获取更多信息，因此羊群现象逐步消失。"[2]

第四，缺乏理财知识的投资者会向专家等求心理依托，这就为线下理财师的出现提供了契机。与股票的理财师不同，P2P 网贷平台的线下理财师往往受雇于网贷平台，为了获得抽成，化身为专家或自称"照妖镜"、"捉鬼师"[3]，前期通过看似专业的分析为投资者指点迷津，尤其是以能够揭露跑路平台或诈骗平台为名，得到投资者的信任，而后开始为投资者推荐一些平台，最后销声匿迹，彼时，投资者已被深套其中，而线下理财师早早地卷走赢利，另起炉灶。

因此，P2P 网贷平台成了非法集资犯罪的重灾区，"e 租宝"、"东方创投"、"中大财富"都是 P2P 网贷平台非法集资的大案。据报道，这些问题、"跑路"平台的演绎过程为：吸资理财后初显提现困难、继而投资人承兑困难，再到平台主要负责人失联以及网站无法正常打开，最后投资人报警。

（三）后悔心理、心理账户与诈骗犯罪

随着 P2P 网贷平台的迅猛发展，不少诈骗犯罪分子混迹其中，通过花费极少量的资金购买或者开发网贷平台，通过拆东补西式的高额回报宣传，在骗取到投资人钱款后，即携款"跑路"，根本没有进行所谓投资，亦没有任何收益，其设

---

〔1〕 吴泽林：《P2P 网络借贷双方交易行为研究》，华南理工大学 2015 年硕士学位论文，第 48 ~ 49 页。
〔2〕 李梦然：《P2P 网络借贷投资者的信息识别与行为偏差》，清华大学 2014 年博士学位论文，第 75 页。
〔3〕 出于私人目的，为投资者揭露问题平台，预警风险，暗地里则敲诈网贷平台。

立平台的目的就是通过虚构事实、隐瞒真相骗取投资人的钱款，实现庞氏骗局。绝大部分 P2P 网贷公开宣称的所谓投资项目、优良资产、实物抵押、银行债券等往往都是子虚乌有，这类平台开设虚假网站骗取投资人的资金，没有实质真实的接单业务，甚至没有实际的固定的营业场所，存续的时间也非常短。根据网贷之家的数据，2014 年诈骗平台的增长率高达 2400%。如深圳"科迅网"和"网金宝"事件。

这类平台既抓住了投资者的自信心理，虚构国资背景、虚构银行存管、虚构借款人的信息、虚构担保方等；又利用虚假信息制造投资者甚众的假象，将投资者个体的随机行为演变为预期的羊群行为。不可否认，诈骗平台通过操控投资者的自信心理与羊群效应，有计划、有目的地形成了动态的、渐进式的诈骗链条，但其中，发挥深层次作用的是投资者的后悔心理与心理账户。这在诈骗平台尤其是日息平台中表现得淋漓尽致，日息平台是按日计息平台，利率从 1%～5%，我们以 3% 的日息为例，月息可达 90%，本金几近翻倍，年息高达 1095%，是银行利率的 500 多倍，假设投资者投资了 10000 元，30 日后可回收 19000 元，一年后可回收 118000 元，而且未将复利包含在内。起初，投资者面对日息平台时，内心仍是较为谨慎的，但假以时日，眼见平台尚在，每天损失了不少利息，于是后悔心理作祟，初时，还有损失心理加持，心想不若投资 1000 元，一个月就有 900 元利息，随着时间推进，后悔渐重，如果投资 10000 元，一个月就有 9000 元，然后再利用利息复投，这时候发挥作用的是心理账户，愿意用收益去赌博，去博取高收益。但是诈骗平台岂能如愿将已攥在手中的本金返还给投资者，投资者不仅被骗走本金，还要备受后悔心理的煎熬。

根据 Freedman 的研究，当投资者所投订单在上周发生违约后，其在本周的投资订单数会减少，投资额度会降低，并且会倾向于投资信用等级更高，利率更低看似风险更低的订单。他们认为在 P2P 网贷中投资者能够从失败的经验中进行自我学习。[1] 但是这些自认为足够聪明的投资者，自信不会拿到风险接力的最后一棒，自我学习的风险心理逐步让位于后悔心理，最终演化为赌徒心理，终至血本无归。

（四）厌恶心理与非法经营罪

人们的心理表现为对损失的痛苦要远大于同等数量收益所带来的快乐，并且，人们并不总是厌恶风险，确切地说是厌恶风险所带来的损失。针对这种心理，P2P 网贷平台提供了种类繁多的增信服务，常见的如风险准备金制度、关联公司强制回购、第三方公司强制赎回等。但是，2015 年 12 月 28 日，作为 P2P 网

---

[1] 李梦然：《P2P 网络借贷投资者的信息识别与行为偏差》，清华大学 2014 年博士学位论文，第 18 页。

贷监管部门的我国银监会会同工业和信息化部、公安部、国家互联网信息办公室等部门研究起草的《网络借贷暂行办法》是规范 P2P 网络借贷平台的第一部行政规章。《网络借贷暂行办法》重申网络借贷平台从业机构作为信息中介的法律地位，即 P2P 网贷平台是以互联网为主要渠道，为出借人和借款人提供信息搜集、信息公布、资信评估、信息交互、借贷撮合等中介服务的互联网平台；并具体规定经营范围以及不能触犯的 12 条底线，"不得提供增信服务，不得设立资金池，不得非法集资，不得损害国家利益和社会公共利益"。P2P 网贷平台逾越上述权限开展金融业务，则可能涉嫌我国刑法规定的非法经营罪。

这些 P2P 网贷平台为了抢占市场，用"保本金"等方式吸引投资者投资，背离了信息中介的本质，超越了金融服务的范围，而且会造成"劣币驱逐良币"，使真正的中介型 P2P 网贷平台消失，不利于该行业的良性可持续发展。

**三、工具运用：大数据的运用**

通过上述分析，行为金融学能够解释 P2P 市场的异常现象，并为我们揭示了风险防范点，但是行为金融学不能预测市场的走向，毕竟，心理层面的因素难以直观地捕捉或加以数据分析。但是，我们必须注意到，非理性决策都是由外部因素所引发的，人们只有在外部信息的刺激下才会产生行为偏差，因此，如果能够锁定这些发生作用的外部因素，也就能够预见到行为发生的可能性。而且 P2P 网贷与传统的借贷不同，网络行为伴随着网络信息的获取，投资者通过互联网来搜集、了解信息，其决策行为、个体与群体之间的关联行为又都投射到网络上，这些都是现实行为与网络空间深度融合所产生的数据，这为我们研究行为金融提供了新的工具，成为我们探寻人类行为规律的重要依据。

借助于大数据，有助于我们将风险防控的视野从已知的因果关系，拓展到已知的相关关系，并延伸至未知的相关关系，从而从大量的数据中发掘出事物之间的关系，进而借助这种关系的获取来预测犯罪。"基于数据分析的犯罪情境预防策略则能够实现防患于未然，其运行包括数据收集、犯罪预测分析、基于犯罪情境预防采取干预行动、刑事响应四个运行环节。"[1]

**（一）基础夯实：大数据的采集**

第一是从数据的采集模式来看，由专人负责、逐条录入的传统机制与信息化时代的要求不相适应，迫切需要向全员统计、全程统计、数据自动生成的模式转变，相关部门的工作人员实时录入 P2P 网贷平台的信息，并赋予系统对投资者操作行为动态抓取的功能，对所有操作实时记录存储，生成动态、全面的信息，形

---

[1] 吕雪梅：《风险社会基于大数据的犯罪防控策略》，载《山东警察学院学报》2015 年第 27 期，第 125 页。

成海量数据基础，才能为数据的实时获取、数字传输、高效处理和深度利用提供可能。

第二是从数据的要素构成来看，传统的数据呈现出概要式的特点，与大数据的全面性要求不相适应，如我们于第三方机构的网站上可以查询到某家 P2P 网贷平台在一天当中的总成交量、资金流入/流出量、当日待还金额、当日投资人数、当日借款人数等，但是我们无法看出资金流入/流出量的高峰时段，或者将资金流出情况与借款人进行匹配。为此，必须扩大数据覆盖范围，才能准确反映 P2P 网贷平台运行态势和投资、借款活动的全貌，必须对各要素以及要素之间的关系进行全面挖掘。

第三是从数据的管理来看，首先，虽然部分 P2P 网贷平台开放端口，接入第三方机构，生成可供广大投资者自主查询的数据，但毕竟数据来源于 P2P 平台，其真实性有待考证，因此，要加强数据真实性管理，规范数据采集渠道，加强地方金融主管部门对属地 P2P 网贷平台数据的真实性核查，严把数据入口关。其次，对于数据的存储，要达到低成本、低能耗、高可靠性目标，通常要用到冗余配置、分布化和云计算技术，在存储时要按照一定规则对数据进行分类，通过过滤和去重，减少存储量，同时加入便于日后检索的标签。最后，健全信息公开制度，以公开为原则，不公开为例外，以公开促公正，树公信，不公开须由 P2P 网贷平台进行申请，如确属涉及商业机密等，可以不予公开。

第四是从数据的基础建设来看，多头推进、重复开发的模式与大数据的要求不相适应，迫切需要向更加注重一体建设转变。目前，P2P 网贷平台的信息主要由地方金融部门收集，彼此之间无法实现信息对接和数据交换，也缺乏相对统一的数据采集渠道和相对集中的数据存储平台，已经成为制约 P2P 网贷大数据生成的瓶颈。尤其是金融领域的大数据采集，应当由单纯、被动的一家收集转变为政府主导的、立体化的联合模式，由金融主管部门牵头政府相关部门、人民法院、人民检察院、银监部门、人行、银行等单位（机构）以及 P2P 网贷平台、第三方机构，建立数据互通、共享、管理、运用的平台，通过统一规划、整合资源，推进数据一体化建设，打破当前多头开发、重复开发的僵局，实现数据的集中存储和管理。

（二）预测犯罪：大数据的分析

大数据平台建立之后，可以根据数据的变化，发掘新的线索，预测潜在的犯罪。犯罪预测分析主要包括四类：一是预测犯罪的方法，这是应用于预测犯罪风险增加的地点和时间的方法；二是预测罪犯的方法，该方法可以用来识别将来可能犯罪的个人；三是预测犯罪者身份的方法，该技术用于对精确匹配特定的过去犯罪的最有可能的罪犯的画像；四是预测犯罪受害人的方法，它类似于聚焦罪犯、犯罪位置和高风险时间的那些方法，这些方法用于识别可能成为犯罪受害人的群体或在某种情况下的个人。[1] 通过预测犯罪，能够识别犯罪模式和具体诱因，进而采取干预措施，来有效预防犯罪。

第一是根据热搜词排查虚假广告罪及关联犯罪。人们的心理会体现在行为上，对于 P2P 网贷平台何种特征的关注，会体现在这一特征的搜索量上，以此来搜集市场信息、行业信息和公司信息。因此，搜索量可以反映投资者的关注点，搜索量的变化也即是投资者心理的变化，如以"P2P 网贷"为关键词在百度上搜索出 11500000 条关联词条，以"P2P 国资"为关键词可搜索出 3570000 条，以 P2P 银行存管为关键词可搜索出 3490000 条，各占三分之一。为了符合投资者的期待，不少平台通过伪装，企图接近投资者的心理预期。大数据正可以给我们提供这样的思路，结合热搜词，准确地"扒"开平台的"标签"、"关键词"，排查是否涉嫌虚假广告并造成严重后果，是否利用虚假广告实施其他犯罪。

第二是通过资金去向等排查非法集资犯罪。以开展 P2P 网络借贷业务为名实施的非法集资行为有三种类型：一是"资金池模式"，二是"不合格借款人导致的非法集资风险"，三是"庞氏骗局"。第一和第三种经常结合在一起出现，可以通过大数据追踪资金的去向，是否流入单各或数个资金池中。而司法实践中尚未出现的第二种情形，更是需要依托于大数据，将多个平台的数据关联到一起，就能发现不合格借款人的身影，其为了规避法律，通过借用他人身份等方式在多个平台借款，但资金的最终流向无疑都是不合格借款人所控制的账户。此外，对于充当资金掮客的"线下理财师"，其飘忽不定，混迹于多个平台，但其必须有业绩的凭证，也就是其介绍多少人注册并理财，这可以通过推荐人号码来识别，普通的推荐人一般会推荐亲朋好友，一般不超过十人，对于推荐人甚众的号码应当予以重点关注，是否充当 P2P 网贷平台非法集资的共犯。

第三是通过近似手法排查诈骗类犯罪。诈骗的手法虽然层出不穷，但是在 P2P 网贷领域，日息平台是最为常见的诈骗方式，周期短、利息高、背景硬、人员强、保障全，而且通常是同一班人员不断变换平台，实施一系列诈骗，虽然平台的信息都是假的，但是工商登记信息是真实备案的，联系电话是真实可查的，通过这两个真实信息，就可以关联出诈骗集团的组成人员，从而密切注意其动向，不仅能够预测犯罪，还能够精准抓捕犯罪嫌疑人。

当然，现实中网贷数据涉及许多参数，其复杂性不仅体现在数据样本本身，更体现在多源异构、多实体和多空间之间的交互动态性，难以用传统的方法描述

---

[1] 吕雪梅：《风险社会基于大数据的犯罪防控策略》，载《山东警察学院学报》2015 年第 27 期，第127页。

与度量，处理的复杂度很高，需要将高维图像等多媒体数据降维后度量与处理，利用上下文关联进行语义分析，从大量动态且可能是模棱两可的数据中综合信息，并导出可理解的内容。

（三）干预措施：大数据的运用

信息的透明，才能体现市场真实的变化及趋势，有助于投资者在充分研究的基础上进行决策。因此，为了防控 P2P 网贷风险，从宏观角度做好信息披露，提高信息发布的质量，从微观角度要培养理性投资人，增强风险意识。

1. 加强信息披露的基础建设，降低信息不对称程度。一是 P2P 网贷市场的健康有序发展需要完善相关法律法规，厘清产品性质，明晰各 P2P 网贷平台在发行理财产品中的风险管理、运作规程和信息披露责任。尽快出台和完善 P2P 网贷监管细则，对于 P2P 网贷的法律地位、资格条件、准入门槛、经营模式、信息披露、组织形式、监管责任主体、资金存管、融资者和投资者资格等作出明确的规定，筛选出专业化程度较高和抗风险能力较强的主体，进一步明确各方的责任和义务。二是建立定期报告制度，包括年度报告、中期报告和月度报告，要定期向社会公众公开其经营和财务状况，并及时提供可能对平台业务产生重大影响的其他信息，以便投资者及时、准确地掌握信息和作出投资选择。三是构建高效的信用评价体系，尽快建立具有国有背景的第三方征信机构，及时为 P2P 平台和投资者提供可靠的信息，P2P 平台也可将数据上传，提高失信成本，加大对失信行为的惩罚力度。四是规范 P2P 网贷业务和产品发布宣传的准入审查制度，加强涉及 P2P 网贷广告的监测监管，规范 P2P 网贷广告投放，设立 P2P 网贷广告的"红线"，以保证社会公众获得网贷准确和全面的产品信息的。四是优化金融传媒环境，一些媒体等公共机构对信息传播监管不力，为诈骗金融平台、虚假金融信息提供推广便利，部分网络服务商不履行必要的注意义务，对明显违法的信息未尽到合理的屏蔽和删除义务，对此，应当加强警示教育的力度，整肃不规范的行为。

2. 强化各部门协同合作，降低信息披露的成本。构建金融监管部门、信息主管部门、财税部门、市场监督管理部门、商务部门、政法部门等在内的协作合作机制。一是通过成立 P2P 网贷监管协调小组，将上述部门纳入成员单位，形成监管协同系统，推进监管的"无缝衔接"，统一协调解决实践中的监管问题。二是构建跨金融市场的统一风险信息共享平台，整合司法机关、监管部门、金融机构的信息资源，建设包括犯罪信息、违法信息、违约信息在内的风险信息数据库。三是坚持实质重于形式的穿透性监管原则，为有效回应 P2P 网贷市场的发展态势，及时转变金融监管理念和方式，兼顾审慎监管和行为监管，尽量减少监管职能的冲突、交叉重叠和盲区，保持监管政策较强的协调性、连续性和一致性，形成有效的数据审核和信息甄别机制，提高信息的质量。

3. 完善 P2P 网贷内控机制，提高信息披露的质量。P2P 网贷行业属于资金密集型行业，健全 P2P 网贷平台的内控机制对于风险防范具有基础性作用。应提升对金融业务的精细化管理水平，通过各环节工作人员的职责和权力相对独立的方法来加强相互间的监督和制约，完善和加强内部稽查，建立日常稽查体系，预防和制止可能发生的违法违规行为。很多非法集资案的业务员并不十分清楚行为的法律后果，甚至认为自己只是业务员，不会承担法律责任，公司出了问题后，自然由公司法定代表人及高管出面处置，具有从众心理和侥幸心理，法律意识淡薄。一些网络服务平台的从业人员也存在类似想法。因此，在相关从业人员培训中，应加强职业道德教育和法律教育，使其充分了解相关法律规定，即明知他人实施金融犯罪仍提供帮助的行为需要承担法律责任甚至可能构成共同犯罪。

4. 充分发挥行业自律组织作用，深挖信息披露的可能。中国互联网金融协会已于 2016 年 3 月 25 日成立，首批单位会员 400 多家，至 2017 年 6 月，P2P 网贷平台 104 家。通过行业自律架构以及相关自律规范的逐步建立和完善，由行业组织引导行业主体规范发展，来强化行业规则、行业标准的约束力，尽快树立起从业机构服务经济社会发展的良好形象。行业组织可以建设网络金融大数据平台，将成员平台的信息等进行实时采集、储存、传输、分析、挖掘和可视化呈现，供投资者使用。

5. 培育理性投资人，强化投资者风险意识。一是建议继续加大宣传力度，引导社会公众树立理性的投资观念和风险自负意识，加强对投资人审慎投资的引导和理性投资教育，构建一个系统的投资者培训和教育平台，将典型个案、风险提示等通过各类媒体、自媒体等途径进行有效传播。二是加强金融专业知识的宣传，使投资者充分了解金融产品的特征，提高投资者的风险识别能力。三是切实贯彻投资者适当性原则，确保投资者的风险承受能力和其所购买的金融投资产品所匹配。四是利用云计算等大数据，建立风险警示制度，及时向社会公众发布三种形态的投资风险，给投资者一个客观真实的风险提示。

6. 提高机构投资者比重，增强抵抗风险能力。机构投资者较个人拥有更多的信息渠道、更专业的金融知识、更稳健的投资策略、更成熟的风控机制、更雄厚的资本，这样一来，一方面，可以通过资金的分散回避一部分风险，降低投资损失的比例；另一方面，通过科学的资产分配，长短标结合，促进市场的稳定，避免个体短期套利所带来的波动。因此，P2P 网贷市场中可以提高机构投资者的比例，个体投资人将闲散资金交给机构，在约定风险的范围内，缴纳一定管理费，由机构代为投资[1]。

### (四) 刑事响应：大数据的延伸

一旦我们通过上述的综合手段发动干预，在 P2P 行业内实施犯罪的罪犯可能被逮捕或暂时停止犯罪，进而选择改变犯罪的方式等来躲避大数据的预测。因此，一些热门的手法不再运用，一些风险点可能转移，这些变化将注入到原初的数据库中很难发生异动，直到数据量逐渐增多，覆盖面逐渐延伸，才能再次服务于犯罪预测和干预。这固然需要我们掌握数据，同时也需要我们具备超前的刑事视野，能够以刑事的逻辑去指引数据的捕捉与完善。

一是加强行政执法部门、金融监管部门相关人员的培训与学习，提高他们对案件的识别能力和处置能力。二是完善行政执法和刑事司法的衔接，进一步畅通办案信息互换，通过行政执法和刑事司法合作形成有效威慑，减少不法分子的侥幸心理，维护和净化市场环境。三是根据司法裁判加强对从业人员的禁业处罚工作，监管部门对构成犯罪的人员进行相应处罚，剥夺其再犯罪的资格、能力。四是加大犯罪违法所得的追缴清偿力度，司法机关可通过大数据，锁定账款去向，及时采取冻结、查扣等手段，尽最大限度挽回被害人的财产损失。

P2P 网贷行业海量的数据资源背后潜藏着个各主体行为乃至整个市场的规律，对其进行深层次解剖，可以见微知著，把握规律，因势利导，为管理决策提供大数据支撑。

---

[1] 目前国内运行较为规范的机构投资者的代表是"星火钱包"，其采用互联网金融 P2P 借贷的网贷类基金财富管理模式，通过大数据解决方案和 IFRM 风险解决技术，解决 P2P 投资中存在的信息不对称、风险不易控制难以分散投资等问题，实现多 P2P 平台、多 P2P 项目的信息集成与债权交易，建立起 P2P 理财的二级市场。

# 论弱父爱主义下的 P2P 网贷投资限额制度

吴 双[*]

摘要：P2P 网络借贷作为新兴的互联网金融模式，其风险超过传统金融。互联网普惠金融体系扩大了投资者群体，众多缺乏经验的投资者在"有限理性"的制约下往往漠视风险、贸然投资，这样极易导致经济利益损失，引发社会问题。因此国家应适当干预投资自由，通过设定投资限额制度来保护投资者。弱父爱主义理论与 P2P 网络借贷投资限额制度具有内在的契合性，应当将该理论作为投资限额制度的理论基础和指导方针，构建出"三层基准、层内微调"的投资限额分级制度，充分结合个体实际情况，最小限度地干预投资自由，实现对投资者的保护。

关键词：弱父爱主义；P2P 网络借贷；互联网金融；投资限额；分级制度

## 一、迥隔霄壤：一波三折的 P2P 网络借贷产业与尚属空白的投资限额制度

随着互联网、大数据的不断兴起，以互联网为依托的分享经济作为一种重要的新兴产业正在逐渐占据经济生活的大舞台，而在琳琅满目的分享经济产业之中，互联网金融无疑是最受关注的一颗璀璨明星。在传统金融机构利用互联网进行交易、互联网企业尝试开发金融产品的基础上，P2P 网络融资模式和互联网众筹的兴起真正开创了互联网金融的新时代，成为了真正意义上的互联网金融模式[1]。P2P 网络借贷是指投资者和借款人之间直接通过网络借贷平台而非通过传统居间人产生的无抵押贷款[2]，它借助互联网发展壮大为金融脱媒提供的巨大契机[3]，完成了金融"去中介化"的深刻变革。

---

* 吴双，武汉大学法学院经济法学硕士研究生，主要研究公司法、金融法。

[1] 参见冯果、袁康：《社会变迁视野下的金融法理论与实践》，北京大学出版社 2013 年版，第 63 页。

[2] See Xiao Lei, "Improving China's P2P Lending Regulatory System: An Examination of International Regulatory Experience", *US – China Law Review*, Vol. 13, 2016, p. 460.

[3] Warren, Williams S., "The Frontiers of Peer – to – Peer Lending: Thinking about a New Regulatory Approach", *Duke Law & Technology Review*, Vol. 14, 2016, pp. 298 ~ 299.

P2P 网络借贷在我国的发展并非一帆风顺，它在短暂的四年之内经历了由新生到繁荣，再到受制的发展历程：2013 年以来，我国 P2P 网络借贷等互联网金融行业迅速发展；随着互联网金融机构的"野蛮生长"及云南泛亚、E 租宝等事件的发生，互联网金融行业风险开始集中爆发；2016 年 4 月，国务院十部委出台《互联网金融风险专项整治运动实施方案》，开始为期一年的行业风险专项整治（现已延期结束），机构数量开始减少，一时间 P2P 行业阴云密布，网贷圈甚至不少人发出"去 P2P 化"的号召。P2P 网络借贷产业的发展历程和我国以往出现的新兴产业"一抓就死、一放就乱"的现象如出一辙。但作为互联网金融的核心板块之一的 P2P 行业不会也不应该就此走向衰落，相反，在国家大力倡导"互联网＋"的政策东风和金融行业革新转型的背景下，P2P 网络借贷仍然担负着金融行业开拓者的荣光。之所以出现目前的尴尬局面，归根结底是没有认清新生产业的风险特点，出现了监管危机后又没能把握好监管的力度。

2017 年 7 月 3 日，国家发改委、工信部等八部委印发《关于促进分享经济发展的指导性意见》（以下简称《意见》）。《意见》第六条指出要"根据分享经济的不同形态和特点，科学合理界定平台企业、资源提供者和消费者的权利、责任及义务"，该条文提出了对分享经济参与主体的权利、义务进行界定的要求，充分表明了国家对分享经济进行法治化监管的态度。在刚刚结束的金融工作会议上，习近平总书记进一步明确指出："防止发生系统性金融风险是金融工作的永恒主题"，要求"金融监管部门也努力培育恪尽职责、敢于监管、精于监管、严格问责的监管精神"，特别强调"加强互联网金融监管"。P2P 网络借贷投资限额制度就是国家对互联网经济进行监管的可行举措，它在当前的时代背景下具有重要的现实意义。

P2P 网络借贷投资限额制度是指由政府监管部门、行业协会或 P2P 网络借贷平台制定的，投资者在 P2P 网络借贷平台上进行借款活动，根据投资者自身的实际情况，对其投资的数额进行一定限制的制度。它是为了保护投资者，使之免受高风险互联网金融的紧迫威胁而设计的。互联网具有技术性、虚拟性、开放性、共享性和创新性等特点，正如一把"双刃剑"，在为广大投资者提供了便捷的投资平台的同时，也给互联网金融带来了更多的安全威胁。[1] 缺乏审慎投资心态的投资人往往只顾攫取眼前利益，却忽视了利益背后所潜藏着的万丈深渊。互联网金融时代的风险是前互联网时代的人们根本没有经历过，也不可能预见到的。来自前互联网时代的人如今正在迈向新的互联网时代，无论是处于被迫还是自

---

〔1〕 参见袁达松、刘华春：《互联网金融信息披露豁免制度的建构》，载《国家行政学院学报》2017 年第 3 期，第 94 页。

愿，他们都必须接受新生事物的重重考验。然而人类理性毕竟是有限的，面对未知风险，并非所有人都能够做出准确的预判，这就埋下了金融安全的隐患。投资者限额制度就是为了在当前这个风险尚不明确的局面下，国家为保护投资者免受盲目投资的伤害而采取的过渡性办法，也是主动防范和化解系统性金融风险的必要举措。

然而，现行法律制度中关于 P2P 网络借贷投资限额的立法存在严重不足。现行有效的有关投资限额的规定目前仅限于两个法律文件，分别为 2015 年 7 月公布的《关于促进互联网金融健康发展的指导意见》和国务院四部委于 2016 年 8 月 24 日公布的《网络借贷信息中介机构业务活动管理暂行办法》（以下简称《暂行办法》）。其所规定的投资限额制度过于简单，缺乏实际规制效果：《暂行办法》第 26 条将出借人的出借限额设定权赋予平台，并未具体限制投资金额。显然，P2P 平台为了获得现金流并促成更多交易会尽可能放宽限制，要求其自主设定投资限额缺乏期待可能性。一旦缺少投资限额的保护，看不清投资风险的投资者就容易在利益面前迷失自我。

在学术研究方面，目前学术界也鲜有涉及关于 P2P 网络借贷投资限额的讨论，更多的探讨集中于借款限额制度。借款限额应根据借款人自身信用评级、偿债能力的高低等参数进行设置，其合理性自不待言，其在传统金融领域也已经有了成熟的实践经验。然而，投资是公民的自由，原则上不应受到法律的限制，因此对于投资限额制度，学理上需要解决的问题包括"实施干预的理论基础何在"、"法律究竟应当在何种程度上干预公民的自主投资"以及"如何科学合理地建构投资限额制度"，这是目前的研究工作尚且没有触及的领域，亟待学者们进行深入讨论和研究。本文旨在分析互联网时代下 P2P 网络借贷这类新型金融业态存在的异于传统金融的新型风险，指出这类新风险在人类有限理性面前极易被忽视，从而埋下金融安全隐患；进而通过对法律父爱主义的剖析，寻找到一条能够为 P2P 网络借贷限额制度提供合理解释的法理依据，并在弱父爱主义的指导思想下设计出一项投资者分级制度，针对不同类型的投资者设立相应的投资限额，以最小的干预、最大的限度保护投资者利益。

**二、波诡云谲：有限理性下 P2P 网络借贷潜藏的未知风险**

P2P 网络借贷潜藏的未知风险来源于多个方面，除了传统金融所固有的金融风险以外，由互联网大数据平台所派生出来的新产业自身也带有新的风险来源，具体包括互联网时代下的信息不对称新型悖论、普惠金融理念下投资者的泛化危机、新型交易模式的投资风险。

**（一）互联网时代下的信息不对称新型悖论**

传统金融中的信息不对称是导致金融风险的主因。在传统金融活动中，信息所有者往往不会主动、全面地向信息需求者提供真实、准确地交易信息，致使交易相对人在交易活动中由于信息缺失而处于不利的地位。所以在传统金融规制中，强制性信息披露是有效应对和防范金融风险的典型手段。

然而在信息爆炸的"互联网＋"时代，尽管海量的金融信息能够通过信息披露平台、公众媒体、自媒体等渠道快速有效地传播，但过量信息所带来的负面效果同样明显。一方面，互联网时代下的信息爆炸增加了信息甄别成本，使得信息需求者需要耗费更多的人力、物力去筛选信息，未曾受过专业训练的普通投资者在良莠不齐、浩如烟海的信息流面前难免一筹莫展；另一方面，由于信息渠道的几何式增长，虚假信息大量涌现，这也为金融监管增加了难度。这就是互联网时代下信息不对称的新型悖论。信息不对称的新悖论使得强制性信息披露手段难以继续发挥防控金融风险的作用，现阶段尚缺乏成熟有效手段解决这一难题，致使"P2P 网贷创新发展中存在着市场逆向选择、道德风险、免费搭车、违约、虚假交易等信息不完下产生的机会主义行为"[1]。

(二) 普惠金融理念下投资者的泛化危机

互联网金融蕴含着"普惠金融"的价值理念，通过降低市场进入的门槛，让更多社会成员参与到金融活动中去，实现更广泛、更高效的金融资源配置。普惠理念下的互联网金融实现了金融社会化与社会金融化的有机结合，突破了传统金融"效率至上的"价值束缚，在促进经济增长之外承担起了更多的社会责任，使得金融发展成果惠及整个社会，由全体社会成员共同分享。[2]

然而，在普惠金融逐渐发展起来的同时，"投资者泛化"的问题也逐渐凸显了出来。传统金融存在一定程度上的准入门槛，例如我国在私募投资基金、QFII、QDII、金融期货等领域设立的合格投资者制度，这是为了筛选出风险承受能力较高的投资者，将风险承受能力不足的投资者排除在外，从而降低金融风险可能造成的危害。金融风险与金融效率总是并存的，当互联网金融秉承着"普惠金融"的理念，为了使资源得到更有效率的配置而试图让更多社会主体参与到金融活动中时，金融风险的增加也就无可避免了。

古语云："财色于人，人之不舍，譬如刀刃有蜜，不足一餐之美，小儿舐之，则有割舌之患。"当投资者终于摆脱了准入门槛的限制，蜂拥着进入金融市场，一场投资者泛化的危机便悄然降临了。因为原本的市场准入门槛不仅筛选出风险承受能力强的投资者，更是筛选出"理性投资人"。如今让未经筛选的投资民众自由进出金融市场，就意味着有更多没有经过深思熟虑的大众贸然进行高风险投

---

[1] 常振芳：《P2P 网贷创新与监管问题研究》，载《经济问题》2017 年第 7 期，第 55 页。

[2] 参见焦瑾璞、陈瑾：《建设中国普惠金融体系：提供全民享受现代金融服务的机会和途径》，中国金融出版社 2009 年版，第 34~36 页。

资。他们可能没有接受过高等教育，甚至连一般的金融知识都不具备，对传统金融市场存在的风险尚且一无所知，更遑论去预见互联网时代下金融市场将会出现的新型风险。历史数据表明，大多数 P2P 投资者期望在风险上升的基础上获得高回报率[1]，而这样的投资者极易在利益面前被冲昏头脑。囿于其本身低下的风险承受能力，当大量"平民投资者"因不合理投资而血本无归时，其无法接受投资失败的现实，极有可能以非法途径要求政府、社会机构为其买单，造成社会不安。

（三）新型交易模式所伴随的投资风险

互联网金融是一种新兴产业，任何新生事物从创生到发展成熟都需要经过一个测试、优化的过程，在此过程中由于技术不成熟、功能不健全等问题可能产生一系列不可预知的风险。而 P2P 网络借贷不过是近几年才在我国出现的新产业，无论是"个人对个人"这种金融模式本身，还是其所依托的互联网技术都不够成熟。目前，由于其存在的风险还不能被全面、准确地预估，因而可能会远远超出人们的想象。

1. P2P 交易对象良莠不齐引发的道德风险

P2P 交易模式是一种新型的金融模式，在此模式中"借贷双方之间整个交易过程都是在第三方网络平台中实现，而网络平台本身又具有较高程度的隐藏性和跨空间性等特点，借贷双方在没有面对面接触因而很难获得某些重要信息"[2]。以往的金融活动都是在个人投资者和金融机构之间发生的，金融机构往往受到行业监管部门的严格规制，具有较高的诚信度；而 P2P 借贷中，融资人只需要在金融平台上注册成功后，即可在互联网上进行融资。这就引发出了监管缺失和交易对象诚信情况不明确的问题，容易引发道德风险。

个人投资者属于弱势群体，缺乏风险评估能力，不能对交易相对人的资信情况进行详尽的调查。由于交易相对人鱼龙混杂，投资者又无法预先判断风险情况，故有较大概率遇到债务人不如期履行债务，甚至遇到恶意拖欠、耍赖、欺诈等情况。[3] 投资人面对 P2P 网络借贷这一新鲜事物时常缺乏应有的审慎，盲目投入资金后一旦遭遇道德风险，往往束手无策，追悔莫及。

2. 电子系统故障所致的交易安全问题

P2P 网络借贷是依托于互联网信息平台运行的，而计算机网络系统的软硬件

---

〔1〕 See Judge, Kathryn, "The Future of Direct Finance: The Diverging Paths of Peer – to – Peer Lending and Kickstarter", *Wake Forest Law Review*, Vol. 50, 2015, p. 627.

〔2〕 刘巧莉、温浩宇：《P2P 网络信贷中投资行为影响因素研究——基于拍拍贷平台交易的证据》，载《管理评论》2017 年第 6 期，第 13 页。

〔3〕 卢馨、李慧敏：《P2P 网络借贷的运行模式与风险管控》，载《改革》2015 年第 2 期，第 63 页。

出现故障是在所难免的。一项成熟的互联网技术是需要在"发现问题——解决问题"的循环中由技术人员不断修补漏洞、优化完善，才能得以实现的。因此当一种网络新技术刚刚出现时，程序设计不可能非常成熟，软件代码中存在漏洞的情况十之八九。这些技术漏洞有时会被黑客不正当地利用，有时系统在运作过程中自身也会暴露出问题，引发进程异常终止等系统故障。

一旦电子系统发生故障，则会造成交易数据错乱、交易系统崩溃，对投资者的财产安全形成严重的威胁。2008 年 7 月 22 日东京证券交易所的系统故障和同年 9 月 8 日伦敦证券交易所系统故障引起的数小时暂停交易、2012 年 8 月美国骑士资本技术问题导致交易指令出错并影响近万亿股票市值的事件、2013 年 8 月光大乌龙指事件都是触目惊心的例证，像证券交易这样的已经过长期发展而日臻成熟的互联网产业都难免发生如此严重的技术问题，更何况宛如新生婴儿一般的 P2P 网络借贷信息技术。

3. 互联网大数据背景下的用户信息安全问题

P2P 网络借贷中投资者在交易平台中所输入的用户名、密码等信息一旦被窃取，则其账户安全将会面临严重威胁。大数据、云计算的互联网技术虽然大幅提升了数据处理效率，但也为客户信息安全带来了新的隐患。因为用户信息在云端进行计算、处理，所以黑客攻击系统、获取信息的渠道大量增多，金融交易信息在传输、处理、存储的每一个环节都有可能被黑客所利用。信息安全防护措施的设置是保护投资者隐私的重要一环，一旦安全防护技术不到位，则传输的信息很容易被截获、破解，造成难以预计的损失。

P2P 网络借贷的风险不同于传统金融，是在新技术的驱动下派生出来的新型风险。人们应对这类新型风险的经验有限，所以风险系数尚且不能被明确估计。投资者面对新生的金融产品缺乏足够理性，在超高的回报率面前容易产生投资冲动，争先恐后地进行高风险投资，殊不知高利率与高风险总是形影不离。研究表明 P2P 网贷平台中高风险下的高利率并不会给投资者带来更高收益，甚至会带来损失。[1] 投资者如若没有审慎考量自身的风险承受能力和投资项目的风险层级，则极易陷入金融风险的漩涡，不能自拔。

**三、保护之手：法律父爱主义与 P2P 网络借贷限额规制的契合**

面对新兴产业所存在的金融风险，法律或许应该做出一定的回应，通过设置投资限额来干预 P2P 网络借贷，对投资者进行一定程度上的保护，防范由于投资者自身理性不足而盲目投资进而引发的社会问题。然而 P2P 金融投资相对而言更

---

〔1〕 See Malekipirbazari M. , Aksakalli V. , "Risk Assessment in Social Lending Via Random Forests", Expert Systems with Applications, Vol. 42, 2015, pp. 4621 ~ 4631.

接近私法范畴，投资什么、投资多少是个人的自由选择，国家究竟能否干预投资者的投资自由，如果可以那又应该在何种程度上、采取何种手段对投资行为进行合理规制，这是需要在法理学层面寻找理论依据的。本文认为，法律父爱主义可以对国家干预 P2P 网络借贷提供正当性的依据，同时也可以作为指导思想为相关立法提供指引和导向。

（一）法律父爱主义：自由意志对有限理性的让步

从价值位阶的角度来说，自由的价值大于正义，正义又大于秩序，因此自由作为最高价值理应受到最大限度地尊重和保护。法律如果要对人的行为进行规制，限制公民的自由意志和行动，则必须严格遵守一定的原则和标准。法理学上，法律干预自由的依据大体上可以划分为四大类型：伤害原则、冒犯原则、法律道德主义和法律父爱主义[1]：伤害原则亦称密尔原则，认为对他人的伤害是法律干预自由的唯一原因；冒犯原则认为当某种行为对社会公序良俗构成冒犯时，法律即应当予以制止；法律道德主义即立法伦理主义，主张法律将不道德的行为视为违法；法律父爱主义强调法律禁止个体做对自己有害的事。其中法律父爱主义与 P2P 网络借贷投资限额规制有直接的关联。

法律父爱主义又称法律家长主义，是指国家在某些领域可以为了公民自身的利益而不顾其自由意志，并对其自治的权利进行限制。由于法律父爱主义主张对自由意志进行法律上的限制，违背了个人自治的自由精神，因而受到了激烈的批判和争论。尽管学术界最终达成了对法律父爱主义进行限制的基本认同，但是在何种程度上限制父爱主义却出现了分歧。这样的分歧以自由主义巨擘密尔所主张的"最大化自由原则"和德沃金主张的"社会保险原则"为端点，辅之以费因伯格、露丝玛丽·卡特等学者相对折中的观点[2]，形成了一条由重及轻的"线段式"法律父爱主义限制理论。

密尔奉行自由主义，其在代表作《论自由》中主张法律限制公民自由的理由应当限定在"阻止该成员对其他人造成损害"[3]，后者也就是著名的"伤害原则"。他认为父爱主义是背弃人类尊严的，人作为人应当具有不可剥夺的个人自治权，个人自治应该得到合理的尊重。但密尔的"最大化自由原则"并不是不受约束的，"自由原则"受到三条限制：其一，自由原则须在个体为改善自身状况而作出自主决策的情形下方可适用，缺乏自由意志的人不在此列；其二，只有与自由选择相对立的强迫性才是该原则做反对的，与选择本身无关的强制可以被接受；其三，限制本人出卖自己的自由或使得自身遭受奴役的法律强制是合理

---

〔1〕参见付子堂：《法理学进阶》，法律出版社 2010 年版，第 93 页。

〔2〕参见李欣：《私法自治视域下的老年人监护制度研究》，群众出版社 2013 年版，第 135 ~ 138 页。

〔3〕J. S. Mill, *On Liberty* (1859), C. Shields (ed.), New York: Macmillan, 1956, p. 135.

的。这三条限制表明密尔的理论并没有对法律父爱主义完全排斥，也恰恰表明一定程度上的法律父爱主义可以被密尔的理论所接受。[1] 就法律干预自由的合理性而言，密尔要求从个人的特殊情况出发，具体地分析法律干预自由的可行性，因人而异，区别对待。

与密尔相对，德沃金认为法律父爱主义对理性人而言是一种理智的保险式的安排，能够有效排除自我决定所可能带来的不可预知的风险与非理性，因而所有理性人都会认同法律父爱主义的做法。其主张设定一个具有一般社会理性的"良家父"来评判法律干预自由的必要性，亦即以社会通念而非个别主体意志为标准来决定法律是否应当干预个人自由。

从学者们对法律父爱主义的分析和评价中，可以概括：法律父爱主义是"自由"这一最高价值在"有限理性"这一客观事实面前所被迫作出的让步。因为理性人的假设只能是一种理想状态，而事实上人们在做出决策时，由于理性有限，往往不能够全面地把握客观事实和预测风险，所做出的决策也就未必能够体现出其真实的意志。此时，法律父爱主义能够有效地扭转不利态势，为保护决策人的利益发挥有效作用。当然，法律父爱主义必须是受到限制的，不受约束的父爱主义必然会侵害个体的自由，损害人格尊严，这是绝对不被允许的。因此，国家通常情况下还是要扮演好"守夜人"的角色，只有在特定条件出现时才能突破"自由至上"的价值理念，转而为了决策者利益而限制其自由选择的权利。同时，法律在对目标个体进行干预时也必须严格控制干预程度，不能超越一定的界限，对这一界限的把握，学术界进行了进一步的探讨，创设了强、弱父爱主义的不同理论。

(二) 弱父爱主义：法律父爱主义适用的界限

费因伯格最早提出将法律父爱主义划分为弱父爱主义和强父爱主义，其同时指出只有弱父爱主义才可被接受，也就是当出现了非自愿情形或临时干预对自愿有必要时，父爱主义才是可行的。目前学术界尽管对强、弱父爱主义的界限还存有一定的争议，但对两者的判别因素学术界已经达成了共识：对目标个体的尊重程度越高，父爱主义越弱，反之则越强；强制的目的越是为了其本人利益则父爱主义越弱，越是为了社会公共目的则父爱主义越强。另外，干预给主体施加的成本也是一个因素，"家长主义式的干预，按照对主体选择所施加成本的大小，组成一个成本序列，在这个成本序列的两端，是最为强硬的家长主义和最为软弱的

---

[1] 自由意志与法律干预的关系可以被看作是一个置入活动隔板的封闭木箱，隔板的两侧分别是自由意志的空间和法律干预的空间，隔板的移动会导致一侧空间缩小，同时另一侧空间增大。密尔对自由原则所做出的限制其实就是为法律父爱主义留出空间，因而可以将其限制自由的理论视为其支持法律父爱主义正当性的理由。

家长主义。"[1]

强父爱主义是自由主义论所明确反对的，密尔所阐述的"与自由选择相对立的强迫性"就是指的强父爱主义。强父爱主义的目标归属乃是为公共利益而非个人利益，对个体意愿的尊重很低，不仅违背了当事人的主观意愿还损害了其正当利益，因此人们普遍反对强父爱主义理念。

弱父爱主义所实施强制的合理性在于它尊重了受爱者个人意愿并且是纯为此人利益而为的。[2] 密尔就弱父爱主义所举的例子堪称经典，也就是当法律强行拉回一个"因不知情而正要走上一座危险桥梁的人"，这样的做法不属于对自由的侵犯，因为"自由在于一个人要去做他想要做的事，而这个人并不想要掉入河流中"。[3] 弱父爱主义的要义在于，只有"真实"的决定才值得尊重，此处的"真实"特指在认知和意志上不存在瑕疵的状态。[4] 它只对受到削弱的决定，即"强制、虚假信息、兴奋或冲动、被遮蔽的判断，推理能力不成熟或欠缺"的结果进行限制和干预。[5] 弱父爱主义不是阻碍自治，而是在实际上保护和提升自治。[6] 如果人们由于能力不足无法从自己的最佳利益出发来行动，并且当认知障碍清除后很可能同意法律对于自己行动的干预，那么这样的干预就是弱父爱主义的一种形式。[7]

弱父爱主义适用的条件是较为严格的，适用情形也需要受到严格限制。以下情况的存在可以说明弱父爱主义的合理性："其一，一个人可能处在过度的情感压力之下；其二，一个人可能对其行为所产生的后果一无所知；其三，一个人可能太年轻，以至于不能完全理解与其决定相关联的因素；其四，父爱主义者或许需要时间以确定一个人是否作出了自由和知情同意的决定。"[8] 弱父爱主义在现实中的适用须要严格遵循上述条件，否则便会有突破弱父爱主义而向违背自由原

〔1〕 潘林：《论公司法任意性规范中的软家长主义——以股东压制问题为例》，载《法治与社会发展》2017 年第 1 期，第 43 页。

〔2〕 刘练军：《论父爱主义司法》，载周永坤主编：《东吴法学》，中国法制出版社 2013 年春季卷，第 143 页。

〔3〕 ［英］密尔：《论自由》，许宝騤译，商务印书馆 1959 年版，第 104 页。

〔4〕 Joel Feinberg, *Moral Limits of the Criminal Law*, vol. I: *Harm to Others*, Oxford University Press, 1987, p. 10.

〔5〕 Joel Feinberg, "Legal Paternalism", In Rolf Sartorius (ed.), *Paternalism*, University of Minnesota Press, 1983, pp. 3 ~ 7.

〔6〕 Heta Häyry, "Paternalism", In Ruth Chadwick (ed.), *Encyclopedia of Applied Ethics*, Vol. 3, 1998, p. 454.

〔7〕 See David L. Shapiro, "Courts, Legislatures and Paternalism", *Virginia Law Review*, Vol. 74, 1988, p. 528.

〔8〕 ［美］查尔斯·E. 哈里斯、迈克尔·S. 普里查德等：《工程伦理概念和案例》，丛杭青、沈琪等译，北京理工大学出版社 2006 年版，第 191 页。

则的强父爱主义靠拢之倾向。

（三）P2P 网络借贷投资限额制度与弱父爱主义的契合性

投资者的"有限理性"是弱父爱主义与 P2P 网络借贷限额制度的核心契合点。文章第二部分所分析的 P2P 网络借贷所潜藏的未知风险，表明新型互联网金融与传统金融相比存在根本上的区别，蕴含着更多难以预见的金融风险。由于信息不对称新型悖论的出现和互联网技术漏洞的存在，P2P 网络借贷这一新兴产业的投资风险难以为人们所遇见和把控。同时，普惠金融的互联网金融发展理念降低了投资进入门槛，"投资者泛化"更使得互联网金融投资者的基本素质相较于传统金融而言有所降低。在此条件下，国家本着对公民真实投资意愿（盈利而非亏损）的保护，从投资者自身最佳利益的角度出发，防止其冒过高的风险，从而设置投资限额制度的做法也就有了法理基础的支持。

有观点认为，只要对风险进行了充分的提示，愿意承担风险的投资者参与融资的愿望就应该被尊重。该种说法在理论上是成立的，但问题在于，实际操作过程中很难达到"充分提示"的程度。互联网普惠金融大大降低了投资门槛，几乎任何人都可以进行 P2P 投资，这其中不乏文化教育程度极低的投资者，当面对这样的人群时，无论你如何苦口婆心地解释、提示风险的存在，对方还是不能领会，这样就达不到"充分提示"的程度。此时就需要"弱父爱主义"出马，由国家主动对不能理解其行为后果的个体进行限制。弱父爱主义的本质就是帮助认知能力低下的个体，矫正其错误的行为模式，使之能按照内心最真实的意愿实现自己的利益，进而实现真正的自由。

总之，在 P2P 网络借贷这一投资领域，投资者的认知能力尚且不足，无法深刻领会其投资行为与后果的关系，高速运转的互联网金融也不会给投资者留下足够充分的时间去理解自身行为的意义。从保护投资者利益的角度出发，必须评估投资者风险承担能力，保证其能够承受投资失败的高风险，这就需要对投资者金融资产的投资限额进行控制。[1] 弱父爱主义所适用的条件与 P2P 网络借贷所处的现实状态实现了完美的契合，因此弱父爱主义可以成为 P2P 网络借贷投资限额制度构建的理论基础和指导方针。

**四、分门别类："三层基准、层内微调"的投资限额分级制度构想**

弱父爱主义干预公民自由的程度是相对较低的，因此国家通过立法来设置投资限额的程度应该恰到好处，刚好起到保护投资者免受因自身认知能力匮乏而可能遭受投资风险伤害的作用，充分满足"为其自身利益而干预"的根本要求。

---

〔1〕 张杰、张泽伟等：《完善我国股权众筹融资的监管制度研究》，载《经济纵横》2016 年第 10 期，第 120 页。

在有效帮助投资者规避超量风险之后，则应及时收手，还市场以充分的自由。

互联网众筹和 P2P 网络借贷同属互联网金融的典型形式，两者在特征上具有较高的相似性，因此美国在互联网领域的相关立法经验可以为 P2P 网络借贷投资限额制度所借鉴。美国在 2011 年 12 月 9 日由参议员 Jeff Merkley 提出的《网上融资中减少欺诈与不披露法案》中对投资者设定了投资限额，其规定的内容包括"年收入 5 万美元以下的投资者单笔投资额不得超过 500 美元，年度总额不超过 2000 美元；年收入在 5 到 10 万美元的投资者单笔投资不得超过年收入的 1%，年度总额不超过 4%；年收入 10 万美元以上的投资者单笔投资不得超过年收入的 2%，年度总额不超过 8%。"[1] 此后，于 2012 年生效的 JOBS 法案进一步限制了个人投资者的投资额度，规定"投资者年收入在 10 万美元以下的，期投资额不得高于 2000 美元或年收入的 5%；年收入高于 10 万美元的，投资额不得超过 10 万美元或年收入的 10%"[2]。新法案比之前的草案多设置了一层"基准限额"，起到"封顶"的效果，进一步限制了投资自由。可以看出，美国对互联网众筹作出的限额规定主要抓住投资者的收入状况，根据收入多少对投资者进行了分级，同时将投资者的单笔投资限额、年度总投资限额与其年收入进行了挂钩。这样的做法有一定的合理性，但缺点在于其所参考的自变量过于有限，仅从收入状况来设置投资限额未免失之偏颇，当前我国市民阶层坐拥高额资产而无稳定收入的人群数量可观，如果不考虑其现有资产等情形而仅仅关注收入状况，则显然与我国现实国情不相符。

尽管我国现行法没有对 P2P 投资限额作出规定，但是商业银行在销售金融产品时对客户进行评级的做法值得借鉴，商业银行对客户的评级是为了判断投资人的风险承受能力、投资时的风险意识等，包含为投资者利益的考虑，体现出一定的弱父爱主义理念。以南京银行要求客户填写的《个人理财业务签约暨客户风险承受能力评估书》为例，其评估客户风险承受能力时要求客户填写的内容包括：是否有过投资经验、目前就业情况、家庭负担情况、住房状况、投资年限、投资知识、客户年龄、投资时首要的考虑因素、历史投资绩效、心理状态、可容忍损失占比、目前主要投资品种等，然后银行根据这些参数综合评估客户的抗风险等级。有鉴于此，本文主张根据投资者的相关参数对其进行评估，将投资者划分为三个层级，不同层级的投资者受到的基准投资限额不同，每个层级内部的投资者也要根据其实际情况微调其具体限额，从而避免搞"一刀切"，充分符合密尔"因个人特殊状况决定法律父爱设定情况"的弱父爱主义理念。

---

〔1〕 S. 1790.

〔2〕 H. R. 3606. Section 302（a）.

（一）兼顾内外的分级参数

投资者分级应当考量的参数既要涵盖外在的经济实力、投资能力，又要兼顾内心的承受能力。具体包括投资者的基本经济情况、投资盈利能力、投资心理自我评估结果等。

1. 基本经济情况

投资人的基本经济情况包括目前职业、收入情况、个人资产状况等，这些数据反映出一个投资者在投资时所具有的经济实力，这是考察投资者风险承受能力的重要参考数据。具有相对稳定职业、收入相对较高、个人名下有房产、存款的投资者，一般可以认定其风险承受能力在一般或高级水平，否则应评价为风险承受能力低。

2. 投资盈利能力

投资盈利能力包括该投资者的文化水平、历史投资经验、投资年限、盈利情况，如果投资者的文化水平较高、投资经验丰富、投资年限长、盈利情况好，则可以认为其具备良好的金融投资知识，其预见风险的能力较强，对投资相对有把握，可评价为风险承受能力较高。

3. 投资心理自我评估

投资心理自我评估主要是考察投资者主观上可以接受的风险高低，其需要在测试中回答诸如"你能够承受的亏损额占到投资额比例的多少"、"一旦发生亏损你将如何面对未来的生活"等问题，通过其对这些问题的回答判断出该投资者的心理承受能力、投资理智程度，进而对风险承受能力评级起到辅助性作用。

（二）"三层基准、层内微调"的分级方案

综合以上参数对投资者进行评级，将投资者分为高风险承受能力投资者、一般风险承受能力投资者和弱风险承受能力投资者。

1. 高风险承受能力投资者

高风险承受能力投资者是经过测评被认定为经济实力强、投资理性度高、风险预判能力强、心理承受能力好的投资者，这类投资者比例很低但投资素质优良。该类投资者已经不符合弱父爱主义干预的条件，完全可以不受到法律父爱主义的眷顾，自由进行投资。因而，高风险承受能力投资者不受投资限额的约束。

2. 一般风险承受能力投资者

一般风险承受能力投资者的经济水平一般、投资理性度尚可、具备一定的金融常识但缺乏投资知识，心理承受能力一般。此类投资者占到投资者的较高比例。国家为了保护一般风险承受能力投资者免受重大损失，可以设定一个投资限额，这个投资限额可以根据P2P产业发展成熟程度而逐年变化，随着技术水平的提升、制度的完善，投资限额将要逐渐放宽。现阶段可以设定例如100万的基准限额，再根据个别投资者的上述参数进行小幅度调整，以适应不同投资者的特殊情况。

3. 低风险承受能力投资者

低风险承受能力投资者往往是普惠理念下互联网金融兴起之后才加入到"投资大军"中来的，这类投资者文化水平不高、财产状况不佳、投资缺乏理性、心理脆弱，但由于 P2P 网络借贷几乎是"零门槛"，所以此类人群也会有较多的数量。低风险承受能力投资者是法律父爱主义重点保护的对象，也是投资限额制度重点规制的人群。建议对该类投资者设置不高于 5 万元的基准额度，或是将其投资限额与投资者所在地的最低工资标准挂钩，使得投资额与当地最低工资大体上处于一致水平，使得投资者即使枉顾风险、贸然投资，损失额也在可控范围之内，以维护社会稳定。当然，低风险承受能力投资者的个别投资限额依然可以根据具体参数进行微调。

### 五、结语

人在面对未知事物时，会有因恐惧而退缩的本能，这原本是人类理性对自身的一种天然保护。但是人类理性终究是有限的，在利益的面前，渴望和贪婪又往往会战胜恐惧，让人们将风险意识抛在脑后，盲目而冲动地去追求眼前利益。P2P 网络借贷秉承着"普惠金融"的理念，在鼓励更多平民投资者进入资本市场的同时，也让更多没有经过深思熟虑的非理性个体暴露在了金融风险的利爪之下。此时，国家作为金融市场的"守夜人"，应当及时挺身而出，扮演好"父亲"的崇高角色，用投资限额的强制性手段保护缺少理性的"孩子们"，使他们免受违背自己真实意愿的瑕疵决策带来的伤害。

法律对自由的干涉需要有充分法理依据的支持，弱父爱主义理论为维护个体利益，保障"真实"自治而适当地干预个人决策，矫正了人们在认知和意志上存在的瑕疵，在终极意义上提升和保护了个体的自由。弱父爱主义理论为 P2P 网络借贷限额制度提供了良好的理论基础和价值导向，未来的制度完善应继续遵循弱父爱主义的理念，让 P2P 网络借贷限额制度更好地保障投资者的利益和自由。

# 互联网金融风险防范和犯罪控制

马爱平 *

　　摘要：以 E 租宝、大大集团、泛亚为代表的 P2P 重大案件，反映了如何健全相关外部监管、风险内控机制和保护互联网金融消费者合法权益的机制成为研究热点和难点，通过对外国监管立法的比较分析和案例分析，提出事前的主体的行业准入许可与平台、产品、项目、活动备案制加负面清单的事中、事后监管相结合，市场化自治、行政监管和社会治理相结合，机构监管、行为监管、专业监管、网络监管和安全监管有效制约和专业协作的监管组织模式，完善具体 P2P 投资理财平台运作规则，负面清单管理，完善风险管控机制确保互联网金融安全，倾斜加重金融消费者权益保护，P2P 网络理财平台市场准入制度，网络理财平台民事义务与责任的法定化的金融消费者保护体系。

　　关键词：回顾与风险；外国的立法；规制的框架

## 一、P2P 问题的提出

　　"互联网金融蓬勃发展的背后反映了中国金融体制深层次的制度弊端"[1]。P2P 为代表的互联网金融是以网络平台中介开展金融业务的机构，包括传统的线下金融机构、互联网机构、第三方机构、其他机构等等，是金融机构、金融业务的网络化。自 2012 年 4 月，中国"金融四十人年会"首次提出互联网金融概念以来，《关于促进互联网金融健康发展的指导意见》开启了互联网金融法治的序幕。据财新网报道，仅 2015 年 1 月至 8 月，全国涉嫌非法集资的立案就在 3000 件左右，涉案金额超过 1500 亿元。该数据没有包括最近爆发的 E 租宝、大大集团、泛亚等地震级案件。据研究数据不完全统计，每 2 家互联网金融平台中就有 1 家是问题平台。据新华网，P2P 金融行业的黑马 E 租宝非法集资涉案金额多达 700 亿，90 多万投资人被骗，以 E 租宝、大大集团、泛亚、中晋为代表的重大案

---

　　* 马爱平，天津大学教授，南开大学法学博士。
〔1〕 郑联盛：《中国互联网金融：模式、影响、本质与风险》，载《体制改革》2015 年第 1 期。

件涉案金额几百亿元，涉及几十万人，波及全国绝大部分省份。根据 2016 年 4 月 28 日的《北京青年报》，来自境外的互联网金融诈骗活动也在向境内蔓延，例如来自俄罗斯的"MMM 金融互助社区"，累计参与人员超过十万人。这些案件中，以金融创新、科技金融为名，从事违规经营甚至非法集资等非法金融活动，具有很强的隐蔽性和迷惑性，不仅导致区域性、全国性系统金融风险，还造成很多社会群体纠纷。2016 年 2 月 4 日，国务院网站发布《关于进一步做好防范和处置非法集资工作的意见》（国发〔2015〕59 号），是目前打击非法集资的最高规格的政策，体现了国家近期打击非法集资的决心。2016 年 4 月 12 日，国务院办公厅发布《互联网金融风险专项整治工作实施方案》，要求对 P2P 网络借贷、股权众筹、第三方支付、通过互联网开展资产管理及跨界从事金融业务等进行整治，加强对互联网金融行业的监管，加大防范处置非法集资的力度。2016 年 10 月 13 日，国务院办公厅关于印发《互联网金融风险专项整治工作实施方案的通知》对互联网金融风险专项工作进行了全面部署安排。2016 年 11 月 14 日晚，央视焦点访谈专访杨东教授：揭批 P2P 乱象，解读 P2P 监管及未来发展，仍有 P2P 公司违规操作，破坏金融秩序，损害公民财产权益。对 P2P 监管最严厉的，防止网下的非法集资打着 P2P 的旗号进行网上和线下宣传，欺骗没有风险识别和承受能力的投资者投资，这是国务院互联网金融风险专项整治最重点针对的行为。[1] 网络理财的投资者保护的理论和实践研究非常不足。在外部监管规则不明的情况下，E 租宝缺少内控体系和金融消费者保护机制，存在较大的法律风险和信用风险，涉嫌非法集资。上海申彤大大集团垄断稀有金属定价权，利用基金公司名义，却没有基金公司资质和产品备案，非法吸收金融消费者资金进入公司账户。泛亚交易所推出的日金宝的资金受托产品，宣称的第三方存管只是一种"类三方存管"或资金池模式，并不是真正的第三方托管，本质上是银商转账。金融消费者的资金之间以及与互联网金融机构之间的资金并没有区分。近一年来，涉案金额达百亿元的还有上海中晋（涉案金额 300 亿），融宜宝（涉案金额 100 亿），易乾财富（涉案金额超百亿），等等。应当尽快对这些明目张胆的线下集资行为、这种线下忽悠老百姓进行理财的行为，进行严厉打击。

## 二、最近互联网风险案例回顾及风险

### （一）E 租宝案件和泛亚案件[2]

2014 年 7 月以来，丁宁、张敏、丁甸利用安徽钰诚融资租赁有限公司、金易

---

〔1〕 央视焦点访谈专访杨东教授：揭批 P2P 乱象，解读 P2P 监管及未来发展，http://business.sohu.com/ 20161201/n474657907. shtml，最后访问时间：2016 年 11 月 24 日。

〔2〕 新华网：资金链断裂风口上的"泛亚"，http://news.xinhuanet.com/fortune/2015－07/22/c_12804 7281. htm，最后访问时间：2016 年 12 月 1 日。

融（北京）网络科技有限公司、安信惠鑫金融信息服务（北京）有限公司等"钰诚系"公司及"e租宝"网络平台，伙同彭力、雍磊等人大肆编造虚假融资租赁项目，以转让融资租赁项目债权支付高息为诱饵吸收资金，涉及 90 余万人、580 余亿元，截至案发未兑付金额近 370 亿元。2015 年 2 月以来，犯罪嫌疑人丁宁、丁甸利用安徽钰诚融资租赁有限公司、英途财富（北京）投资顾问有限公司、英途世纪（北京）商务咨询有限公司等"钰诚系"公司及"芝麻金融"网络平台，伙同彭力、雍磊等人，以转让个人债权等项目并支付高息为诱饵，编造虚假项目吸收资金，涉及 21 万余人、12 亿余元，截至案发未兑付金额 8 亿余元，上述部分资金由丁宁等人肆意挥霍、占有和支配。[1] E 租宝涉嫌假项目、假预期收益、假担保、假托管，诱导金融消费者，业务资质不全，等等。

泛亚有色金属交易所（下称泛亚）投资者本金、利息均不能出金，泛亚资金链恐将断裂的事件。此事件涉及全国 20 个省份，22 万个投资者，总金额超过400 亿元。当地银行强力推荐泛亚的理财产品，银行理财经理称泛亚理财产品零风险、随用随取、安全可靠，让客户放心买入。恶意操纵现货商品价格，恶意申报，强行逼空方"割肉"，交易所规则不公开、不公平、不公正，内幕交易，价格垄断，生产企业与交易所勾结操控市场，且泛亚的很多子公司没有业务资质。泛亚的风险集中在承诺本金和收益，保本，诱导、欺骗客户，恶意操纵、价格垄断，不透明，内幕交易，无照经营，等等。

风险在金融活动中是不可避免的，任何一个互联网金融平台都会有风险，如经营不善风险、合规风险、道德风险等，并且这些风险都有可能朝刑事风险的方向演变。在当下我国互联网金融平台模式纷呈、"鱼龙混杂"，甚至发生某种程度"异化"的情况下，前述风险也就表现得愈加突出。近年来由此引发的刑事案件也呈持续高速增长态势。据"上海检察"（上海市人民检察院官方微信公众号）发布的统计数据，2015 年上海市检察机关受理涉及 P2P 网络借贷刑事案件共 36 件 139 人，其中集资诈骗罪 4 件 19 人，非法吸收公众存款罪 32 件 120 人，涉案金额逾 12.83 亿元。毋庸置疑，防范互联网金融平台的刑事风险是规范平台健康发展的一个底线与基本目标。总体而言，我国各类互联网金融平台（包括伪平台）的刑事风险主要表现在以下几个方面。

（二）风险

1. "伪"平台风险

"伪"平台是指某些从一开始便抱着"卷钱"、"吸金"心理的行为人，利用

---

〔1〕 新华网："e租宝"案最新进展逾百亿元资金被冻结，http：//news. xinhuanet. com/mrdx/2016 - 11/24/c_ 135854348. htm，最后访问时间：2016 年 12 月 1 日。

互联网金融的概念，而创立的所谓"平台"。从本质上看，"伪"平台是以互联网金融平台为名，行集资诈骗、资金自融之实，根本不具有平台的中立性属性。如在 2015 年绍兴市中级人民法院审理的王某某诈骗案中，被告人王某某出资并伙同他人组建某融资咨询有限公司，租用 MT4 软件，虚构 www.isa-fta.com 平台，以虚假国际原油期货交易的名义，诱骗他人在该平台进行投资交易，骗取他人资金。

可见，"伪"平台的行为方式多表现为在互联网上发布虚假的借款信息、股权众筹项目或投资产品，营造可供投资人投标的假象，并往往以高息或高比例分红引诱投资人。出借人与借款人，投资人与众筹者不再是一一对应的关系，投资人的资金事实上直接打入"平台"账户而非融资者的个人账户。如果"平台"的操纵者不具有非法占有目的，而只是从事资金自融活动时，其行为可能涉嫌构成非法吸收公众存款罪。如果"平台"的操纵者对投资人资金具有非法占有目的，其行为可能涉嫌构成集资诈骗罪。值得注意的是，此类集资诈骗平台为了骗取更多资金，往往会将前几笔投资如数奉还、如期分红，当"雪球"越滚越大时，才突然卷款跑路。

目前国内"伪"平台的数量颇为可观。仅在 P2P 领域，"网贷之家"统计的跑路或提现困难的问题平台就达 1339 家，其中有部分平台涉嫌非法吸收公众存款与集资诈骗。如在浙江省杭州市中级人民法院于 2015 年审理的浒某某案中，行为人浒某某为维系"后账换前账"的循环运作方式，收购某投资管理有限公司（该公司的主要业务系 P2P 融资）作为其非法集资平台，以经营所谓的"线下 P2P"业务为名义，以召集客户前往常山县参观所谓担保企业、虚构其担保能力并提供虚假的股权质押为手段，以年息 12%～23% 的高息为诱饵，向 514 名不特定人员非法集资人民币 5015 万余元，用于偿还债务、支付犯罪成本等用途。无法维系后，浒某某四处躲避，拒不归还集资款。再比如，在 2015 年杭州市中级人民法院审理的蔡某某合同诈骗案中，银坊 P2P 金融平台负责人蔡某某以非法占有为目的，虚设投资项目，以高息为诱饵，并伪造担保函、虚构担保，利用互联网进行宣传，向不特定社会公众非法集资 2 亿余元，最终被判处无期徒刑。这也成为截至目前我国 P2P 领域被判处的最重刑罚。

2. 模式风险

模式风险是指平台虽然未发布虚假信息，存在真实的融资者与投资人，发生于其上的融资活动也都客观真实，但该平台的运营模式本身可能已经触碰了法律的红线。最为典型的是自担保型平台与债权转让型平台，二者都触碰了银监会所划定的四条红线，前者违反了"平台本身不得提供担保"的禁令，后者则违反了"归集资金搞资金池运作"的禁令。监管层之所以明令禁止平台本身提供担保、搞资金池，是由于这两种模式不但偏离了互联网思维下互联网金融平台的要义，并且具有天然的难以避免的高风险。

首先看自担保型模式。自担保型平台的经营不善风险极高，提现困难与跑路几乎成了绝大多数自担保型平台难以逃脱的"宿命"，这主要有以下几个方面的原因。其一，平台所服务的客户并不优质。到平台上寻求融资的多为小微企业与个人，尚未被纳入央行征信系统，更容易发生道德风险，坏账率远远高于银行。其二，平台自身实力又几乎不可能应付如此高的坏账率。"提供担保的平台在很大程度上具有类银行功能，但是银行面临着严格的资本金要求，而平台没有"。上线一个月即宣告破产的自担保型平台"众贷网"法人代表卢某某称："整个管理团队的缺失，造成了公司发生运营风险，开展业务时没有把握好风险这一关。"自担保型平台面临着外部压力与自身实力的双重挑战。当服务费收入、担保收入不足以抵冲坏账率时，自担保型平台除了宣告破产外，便只能先虚设融资需求，而后采用"拆东墙、补西墙"的方式以后款偿还前款，这是平台"苟延残喘"的唯一办法。目前提现困难或跑路的平台已多达上千家，表明这些平台或多或少都扮演了信用中介的角色，这实在不能不引起监管层以及社会对自担保型平台的警惕与反思。

再看债权转让模式。自宜信创立该模式以来，便一直饱受是否涉嫌非法集资的质疑。在新浪某论坛上，原央行副行长、全国人大财经委员会副主任委员吴晓灵于 2015 年接受记者采访时提及债权转让型平台，她表示，某些平台将一份债权进行分割，这就涉嫌非法集资，根据我国刑法规定，如果一份债权每笔超过20 万，集资人数超过 30 人就涉嫌非法集资。笔者认为，吴晓灵女士的此番言论在一定程度上揭示出债权转让模式在合规方面的巨大风险，但其关于平台涉嫌非法集资的结论则很值得讨论。以宜信旗下"宜人贷"平台（2016 年 6 月已更名为"宜人理财"）为例，平台上每笔债权转让交易的达成都将涉及四笔资金流动，其资金流向分别是：第一笔，平台首席执行官唐宁将个人财产打入借款人账户（注：机构放贷须经中国人民银行批准，自然人放贷不受限）；第二笔，投资人将资金打入平台账户；第三笔，借款人将还款打回平台账户；第四笔，平台将还款打回投资人账户。从表面上看，唐宁及其平台似乎从事着类银行的发放贷款、吸收存款活动，容易被人们误认为涉嫌非法吸收公众存款，但事实上其与非法吸收公众存款有着本质的区别，具体表现为以下两个方面的不同。

一方面，是否置身于借贷合同关系中。非法吸收公众存款的行为人本身是借贷合同关系的一方主体；而在债权转让模式下，平台已通过债权转让的方式从原借贷合同关系中彻底"抽离"出来，不特定的借款人与不特定的出借人始终是借贷合同关系的主体。另一方面，承诺还本付息的主体不同。非法吸收公众存款活动中，吸收公众存款的行为人是承诺还本付息的主体；而在债权转让模式下，吸收公众存款并且承诺还本付息的，始终是借款人，而非平台。平台不过是借款人与出借人之间的信息中介与资金中转站而已。只要平台不虚构借款需求，在借款人均是真实的情况下，每一笔资金的流动都将以平台上借款人与出借人的借贷关系作支撑，因而也就不存在平台自融的问题。从本质上看，债权转让型平台不符合非法吸收公众存款罪的构成要件，反倒是平台上拥有不特定债权受让人的借款人符合了非法吸收公众存款的"一对多"借贷样态。不过，出于鼓励互联网金融创新的政策考虑，《指导意见》已经为互联网上"一对多"的借贷行为扫除了合法性上的障碍。

当然，债权转让型平台及其借款人不构成非法吸收公众存款罪，不代表此种模式没有风险。应当看到，平台作为出借人和借款人的资金中转站，不可避免地会形成资金池，因而导致平台有了很大程度上的操作空间与可能性挪用、侵占资金。并且平台一旦掌握了资金池，其还可能会以虚构借款人的方式实现自融，进而向非法吸收公众存款的方向演变，其道德风险以及监管难度都将大大提高。这也是监管层之所以三令五申地作出"不得归集资金搞资金池"禁令的根本原因。面对监管政策的收紧，宜信的首席执行官唐宁对此解释称，由于当时科技发展不够，没有电子签名的应用技术，所以只能退而求其次采用债权转让的模式。而目前宜信完全可以做到让借贷双方点对点直接签约，这样点对点直接签约的模式已经占到宜信借贷平台业务的近50%，并且比重还在不断上升。

3. 中立帮助行为风险

当某互联网金融平台既不是"伪"平台，亦不存在模式风险的情况下，其仍然可能在正常提供中立性网络服务的过程中，客观上促成他人的犯罪活动。《刑法修正案（九）》所新增的帮助信息网络犯罪活动罪，便是信息网络时代对此中立帮助行为刑事风险的刑法应对。互联网金融平台的中立帮助行为风险主要有以下两大类。

第一类是互联网金融平台的中立服务行为客观上促成"融资端"的犯罪活动。融资端是指在平台上具有融资需求的一方，具体指 P2P 网络借贷中的借款人以及股权众筹融资活动中的众筹项目发起人。当互联网金融平台明知借款人、众筹项目发起人通过编造虚假的借款用途，虚报众筹项目，提供虚假资产凭证，伪造虚假的专利、商标、著作权证明等骗取投资人财物，而仍为其提供互联网接入、广告推广、支付结算等帮助的，便有可能触犯《刑法》第287条之二的帮助信息网络犯罪活动罪。第二类是互联网金融平台的中立服务行为客观上促成"投资端"的犯罪活动。投资端是指在平台上出资的一方，具体指 P2P 网络借贷中的出借人以及股权众筹融资活动中的"股东"。投资端的犯罪活动主要是洗钱犯罪。当互联网金融平台明知投资人的出资源自毒品犯罪、黑社会性质的组织犯罪、恐怖活动犯罪、走私犯罪、贪污贿赂犯罪、破坏金融管理秩序犯罪、金融诈骗犯罪的所得及其产生的收益，并且投资人的目的是为了掩饰、隐瞒赃款来源和性质，而仍为其提供支付结算等帮助的，便同样有可能触犯帮助信息网络犯罪活动罪。

综上，"伪"平台风险、模式风险、中立帮助行为风险是当下互联网金融平台最主要的风险样态。由于三类风险有着天然的差异，刑法在应对这三类风险时，便应当体现出差异性，做到区别对待、分而治之，科学而合理地确定不同风险下互联网金融平台刑事责任的边界。

### 三、P2P 模式

互联网时代的历史进程已向纵深处推进，人们不再满足于对互联网技术的突破，转而更加注重对互联网思维的运用。由于微博、微信、社交网站，以及以"淘宝网"为代表的C2C（个人与个人之间）电子商务网站的蓬勃发展，四面八方的个体在网络平台上实现了自由交流信息，低成本交易商品。随着时代的发展，人们交流的内容或将不再局限于信息，人们交易的对象也不再止步于商品。近年来，互联网思维逐步渗入资金融通领域以及资本市场，而新兴互联网金融行业存在的标志，则是具有"去中心化"性质的互联网金融平台。近日，随着互联网金融专项整治活动在全国范围内拉开帷幕，我国上千个互联网金融平台的运营状况、风险类别与级别也将逐一暴露在监管层以及社会公众的面前。妥善应对合规型、整改型、取缔型平台，在追究涉案互联网金融平台行政、刑事责任的过程中处理好行政法与刑法的衔接关系，科学而合理地确定互联网金融平台的刑事责任边界，既是当下的一个热点话题，也是一个具有时代意义的理论问题。

我国官方文件曾定义过"互联网金融"。2015 年 7 月 14 日国务院十部委《关于促进互联网金融健康发展的指导意见》（以下简称《指导意见》）指出，互联网金融是指"传统金融机构与互联网企业利用互联网技术和信息通信技术实现资金融通、支付、投资和信息中介服务的新型金融业务模式"。就此分析，我们不难发现，《指导意见》并未将传统金融机构剔除于互联网金融行业之外，互联网金融行业的业务主体既可以是传统金融机构，也可以是互联网企业。显然，这是一种颇具包容性的定义。

也正因为《指导意见》对互联网金融采取了广义解释，随后其逐一罗列了互联网金融的六种业态：互联网支付、网络借贷、股权众筹融资、互联网基金销售、互联网保险、互联网信托和互联网消费金融。然而笔者认为，互联网基金销售、互联网保险、互联网信托和互联网消费金融，虽然都在互联网平台上进行，但在本质上其仍是传统金融机构面向社会大众的"一对多"线上销售模式，归根结底属于传统金融机构的互联网化，或者说是传统金融的升级版。虽然《指导意见》将其纳入了广义互联网金融的范畴，但其并不是真正意义上的互联网金融。互联网支付虽属于互联网金融的一种业态，但其不具有鲜明的平台属性。互联网金融平台的本质特征在于，"它就是搭建一个交易平台，让所有的需求和供给都在这个平台上自我搜寻和匹配，把集中式匹配变成分布式的'点对点'交易状态"，从而实现去中心化、低成本化的交易生态。开放、自主、分散的买方与卖方是互联网金融平台不可欠缺的条件。本文拟探讨的互联网金融平台即属此类，从业态上看，主要是指 P2P（个体网络借贷）与股权众筹。

P2P 是指"个体和个体之间通过互联网平台实现的直接借贷"。股权众筹是指"通过互联网形式进行公开小额股权融资的活动。股权众筹融资必须通过股权众筹融资中介机构平台（互联网网站或其他类似的电子媒介）进行"。显而易见，《指导意见》明确将"中介机构平台"的存在作为 P2P 与股权众筹融资赖以进行的必备组织架构，因而欲规范互联网金融健康发展，就不可避免地要守住底线，防范互联网金融平台的刑事风险，明确其刑事责任边界。

互联网金融平台的运营模式，从根本上决定着平台的法律属性及风险级别。"在平台中，双方（或多方）在一个平台上互动……这种模式的特点表现在平台上卖方越多，对买方的吸引力越大，同样卖方在考虑是否使用这个平台的时候，平台上买方越多，对卖方的吸引力也越大"。为了尽可能多地将买方与卖方吸引至平台，我国的互联网金融平台不断演化出以下几种运营模式。

（一）纯平台模式

在纯平台模式中，平台严格将自身定位为纯粹的信息中介，不插手交易的实质内容，而仅为投资人、融资者提供信息发布、信息撮合、信用评级、"一对一"配对、资金结算等技术性服务。股权众筹融资平台均属于纯平台模式，因为在股权众筹融资活动中，融资者与投资人共享收益、共担风险，融资者并不承诺还本付息，因而平台也就不扮演任何形式的信用中介角色，而是纯粹的信息中介。但是，恰恰相反，在 P2P 领域中，纯平台模式却为数甚少。

2007 年成立于上海的"拍拍贷"是中国首家通过互联网方式提供 P2P 无担保网络借贷的信息中介服务平台，也是目前为数不多的以单纯收取服务费为盈利模式的 P2P 平台。"拍拍贷"不担保、不设资金池，始终处于一个独立的、提供服务的第三方平台的角色，风险由借贷交易双方自行承担。"拍拍贷"的借款流程为：借入者发布借款列表、借出者竞相投标、借入者借款成功、借入者获得借款、借入者按时还款。为了控制平台上的借款风险以吸引更多的投资人，"拍拍贷"基于大数据的风控模型，针对每一笔借款给出一个风险评分，以反映对逾期率的预测。每一个评分区间会以字母评级的形式展示给借入者和借出者，如从

AAA 到 F，风险依次上升。为保障投资人利益，"拍拍贷"实施风险备用金计划，当"逾期就赔"标成交时，平台提取一定比例的金额放入"风险备用金账户"。一旦某笔借款逾期超过 30 天，平台将通过风险备用金向投资人垫付此笔借款的剩余出借本金和利息。

（二）担保模式

由于股权众筹融资平台不存在担保的空间，因而采取担保模式的互联网金融平台也仅局限于 P2P 平台。近年来，国内出现不少担保型 P2P 平台，按照担保主体的不同，可将其划分为平台自担保型与第三方担保型两种。平台自担保意味着平台的性质发生了根本改变，平台演化成了担保机构，而不再是单纯的信息中介机构，信用风险由平台承担。这种性质转变的平台，已被现行监管政策所禁止。早在 2014 年 4 月 21 日召开的处置非法集资部际联席会议上，银监会相关负责人就明确指出了 P2P 网络借贷平台的四条边界：一是要明确平台的中介性质；二是要明确平台本身不得提供担保；三是不得归集资金搞资金池；四是不得非法吸收公众资金。2015 年《指导意见》指出："个体网络借贷机构要明确信息中介性质，主要为借贷双方的直接借贷提供信息服务，不得提供增信服务。"自此，自担保型的 P2P 平台已不具备合法的生存空间，大批 P2P 平台转而寻求第三方担保。例如，"有利网"由中安信业承保，"开鑫贷"由江苏省 A 级以上小额贷款公司提供担保，等等。

值得指出的是，目前国内也存在不少名为第三方担保但实为自担保的 P2P 平台。如根据"网贷之家"发布的信息，笔者发现了一个名为"和信贷"的 P2P 平台，其由非融资性担保公司"和信丰泽投资担保有限公司"作为担保机构。但只要查询企业登记信息便会发现，实际上"和信贷"与"和信丰泽投资担保有限公司"这两家公司的法定代表人在某段时期为同一人。虽然其后"和信丰泽投资担保有限公司"更换了法定代表人，但"和信贷"的法定代表人仍然是"和信丰泽投资担保有限公司"的主要股东。因此有充分理由怀疑，"和信贷"在本质上更接近于自担保型平台。陆金所也是典型的自担保型平台。陆金所网络投融资平台由中国平安集团打造。陆金所承诺当借款人逾期不还款，担保公司会对投资人代偿借款人的全部剩余债务，承担连带担保责任。而对于某些指定产品，陆金所还特别承诺若借款方未能履行还款责任，保险公司将对未被偿还的剩余本金和截止到保险理赔日的全部应还未还利息与罚息进行全额偿付。值得注意的是，为陆金所提供担保的担保公司正是平安集团旗下平安融资担保（天津）有限公司以及平安普惠融资担保有限公司。可见，陆金所平台由关联企业提供担保，本质上是自我担保，属于自担保型 P2P 平台。对此，陆金所负责人曾在某论坛上称，"起初为了 P2P 方式能够更好地被大家接受，陆金所引入了平安担保，这也是阶段性的考虑，现在陆金所已经逐步撤销担保"。

（三）债权转让模式

除了以纯平台模式（股权众筹融资平台和部分 P2P 平台）以及担保模式（仅限于 P2P 平台）运营的互联网金融平台外，公众和媒体将宜信模式也纳入 P2P 平台的范畴。宜信首创了国内债权转让模式。宜信旗下的 P2P 平台"宜人贷"（2016 年 6 月已更名为"宜人理财"）不采用借款人、出借人"点对点"自由配对方式，借贷双方不直接签订债权债务合同，而是通过第三方个人先行放款给资金需求者，再由第三方个人将债权转让给投资人。其中，第三方个人与 P2P 网贷平台关联度较高，一般为平台的内部核心人员。平台则通过对第三方个人债权进行金额拆分和期限错配，将其打包成类似于理财产品的债权包，供投资人选择。投资人可自主选择受让债权包，却不能自主选择借款人，具体借款人由平台在线下寻找并评估，投资人与借款人不是"一对一"的关系，而是"多对多"的关系。"宜人贷"的盈利模式是向借款人收取占借款总金额 4% 的服务费。在宜信模式下，借款人不必等待投资人投标便可先行取得平台的放款，平台将借款垫付给借款人之后再通过互联网发标。

**四、P2P 互联网金融规制的国外立法**

授予银行紧急救助在某些案件中视为非法，法院在 Züchner 案中认为，欧盟竞争法适用于银行部门。[1] 2008 年至今，欧盟一共发布 4 项公告（不包括其更新），包括银行公告、资产调整公告，受损资产公告，重整公告规定了欧盟成员国紧急救助与欧盟竞争法兼容的前提。[2] 法律基础上，《欧盟运行条约》第 107（3）（b）明确了金融的脆弱性、风险性、扩散性、不平衡性，需要利用财政资金摆脱危机，维持资产质量，减少公私债务。金融市场压力和广泛的负面溢出效应风险持续。相互联系和相互依赖的金融部门持续产生传染性的金融关注。[3] 主权债务市场阐述了持续的金融市场动荡性和不确定性，作为安全网，金融风险相关支持措施规定在 107（3）（b）中。在金融市场持续的压力下，考虑广泛的负面溢出效应风险，欧盟委员会认为要求适用该条。美国《1933 年证券法》、《蓝天法案》、《金融服务现代化法》，美国证券交易委员会是 P2P 网络理财的法定监管机构，2010 年《多德—弗兰克法案》确立了监管规则，对线上互联网金

---

〔1〕 Case 172/80 züchner v. BayerischeVereinsbank 1981 ECR 2021. Rosa María Lastra, *International Financial and Monetary Law*, Oxford University Press, 2015, pp. 156~157.

〔2〕 Andrea Lista, *EU Competition Law and the Financial Services Sector*, Routledge, 2013, p. 243~257.

〔3〕 Communication from the Commission — The recapitalisation of financial institutions (1) in the current financial crisis: limitation of aid to the minimum necessary and safeguards against undue distortions of competition (Text with EEA relevance) (2009/C 10/03).

融业务，没有规定专门的规则，仍适用于传统的监管规则体系。

我国实行央行、银监会、证监会和保监会在国务院的统一领导下，分工明确，互相协调的互联网金融监管体制。互联网金融监管机构有权采取重组、托管、整顿、接管、撤销等监管措施并申请法院中止不利于陷入重大经营风险的互联网金融机构的诉讼和执行程序来防范和化解金融风险，帮助互联网金融机构恢复经营和信用，互联网金融监管机构也可向人民法院提出破产清算或重整申请。依据《企业破产法》等法律法规，金融机构进入破产程序需经金融监管机构批准，部分债务人要由监管机构采取接管、托管等监管措施。互联网金融机构也适用以上法律法规。英国的统一监管组织机制有利于监管协作避免监管空白，但不利于发挥分工明晰的专业监管的优势，相比之下，我国在"依法监管、适度监管、分类监管、协同监管、创新监管"的监管原则下，需要根据互联网金融实践迅速发展，技术复杂性和监管相对滞后性，根据国内外互联网金融风险案例，健全具有一定预见性的监管立法，事前、事中与事后监管相结合，被动型监管向主动型监管和金融消费者服务转变。美国的线上与线下适用同一监管规则，避免线上与线下监管宽严程度不一的情况，造成线上与线下的不公平竞争和监管规避，以及不必要的合规成本。我国监管立法在设定专门性的互联网金融监管规则时，需要与传统的金融监管规则保持统一一致性、避免宽严不一。

### 五、P2P 互联网金融规制的基本框架

（一）监管组织模式

平衡金融安全和金融自由、金融创新，基于互联网平台的技术复杂性和风险隐蔽性，备案制不能适应 P2P 乱象失控之势的需要，应将事前的主体的行业准入许可与平台、产品、项目、活动备案制加负面清单的事中事后监管相结合，市场化自治、行政监管和社会治理相结合。完善第三方资金存管、信息披露、投资者教育和保护等制度来保障互联网金融市场的健康发展，避免因金融创新、技术创新缺乏衔接而造成金融监管真空，导致金融风险在区域甚至全国迅速积累和扩散。具体来讲，机构监管、行为监管、专业监管、网络监管、安全监管流程制约和专业协作。健全中央和地方政府、公安部、工业和信息化部、银监会、金融办、国家互联网信息办公室的协作监督机制。工业和信息化部电信经营资质的授予以获取完全的工商和专业许可为前提，银行业监督管理机构及其派出机构负责行为监管，地方金融办主要负责机构性监管。P2P 行业创新，需要创新型的监管组织模式，明晰职责权限分工，加强各监管部门的流程控制，发挥多方机构的监管力量和优势，明确统合监管体制并形成监管合力，为中国金融监管改革创新树立新的典范。根据我国 P2P 互联网金融行业近期呈现的突出问题和投资者的成熟程度和总体风险承受能力以及整体金融体系稳健的要求，设计具有我国特色的

P2P 投资理财和资产管理信息中介的监管规则,这也是对传统金融监管模式和方法的重大改革和突破。P2P 行业是互联网金融创新中最主要、最混乱、风险最大的重要领域,违法犯罪现象层出不穷,特别是 e 租宝等一系列恶性事件的爆发,更充分证明了这一领域亟待专门针对 P2P 融资和资产管理信息中介的监管规则出台。在供给侧结构性改革的大背景下,这种监管的创新本身就是供给侧结构性改革的重大举措,体现了我国的监管部门实际上也能发挥能动的供给侧改革作用,为金融创新、风险防范和监管改革提供了非常好的典范。

(二) 完善具体 P2P 投资理财平台运作规则

P2P 网络理财初始本质是集众人之力,由专家理财。要在立法中明确 P2P 投资理财平台的内涵,明确适用范围及基本原则,以及 P2P 投资理财平台的法律地位和资质要求,为其合法开展业务活动提供前提和保障。以互联网为平台,为投资者提供信息搜集、信息公布、资信评估、信息交互、理财产品等服务,具有高效便捷、贴近客户需求、成本低等特点,在完善金融体系,满足民间资本投资理财需求、促进普惠金融的积极发展。具体包括,规范资金受托流程、受托资金的运作规则,受托资金退出规则。从事互联网投资理财业务,应当遵循依法、诚信、自愿、公平的原则,对投资人及相关当事人合法权益以及合法的网络投资理财业务和创新活动予以支持和保护。

(三) 实行负面清单管理

明确网络投资理财业务规则和负面清单管理。准入许可与准入后许可的规制方式包括正面清单、负面清单与综合清单,其中负面清单列举的限制性准入或准入后规制措施以及禁止性措施是有限的、明示的、公开的、锁定的,不能肆意增加来限制经营者的营业自由,而正面清单则列举无限可扩充、延伸、增加的限制或禁止措施,对营业自由的限制是无限的、不透明的、没有锁定的,综合清单合并了正面清单和负面清单的特点,将正面概括性的准入和准入后条件与有限的限制或禁止措施的列举相结合。以"鼓励创新、防范风险、趋利避害、健康发展"为总体要求,以负面清单限制对网络投资理财的规制和限制,没有列入负面清单的准入和准入后规制措施不能随意增加,为投资理财平台提供充足的自由发展和创新空间。引导其回归信息中介、小额分散、服务实体以及普惠金融的本质,负面清单模式限定了互联网投资理财的业务边界,明确提出不得吸收公众存款、不得归集资金设立资金池、不得自身为投资人提供任何形式的担保和保底收益、不得进行公开、诱导性宣传等,在互联网金融自由和市场化自治和约束的前提下,对打着互联网投资理财旗号从事非法集资等违法违规行为,坚决实施市场退出,按照相关法律和工作机制予以打击和取缔,净化市场环境,保护投资人等合法权益。

（四）完善风险管控机制确保互联网金融安全

风控体系整合内部监督和自律力量，协调行政监管和社会监督。在金融业务之间建立"隔离墙"制度。确定不相容的职责，明晰职责分工。规定实行客户资金由银行业金融机构第三方存管制度，严格区分客户资产与机构资产，客户与客户资产，防范平台道德风险，保障客户资金安全，严守风险底线。强化投资者适当性制度，以投资理财业务的进展以投资者适当为前提，限额管理，对有一定风险承受能力的投资者的投资额设定在同一机构及不同机构的投资理财上限。对互联网投资理财网络协议备案管理，避免不公平条款损害投资理财人的合法权益。确立互联网投资理财业务的审计制度。信息披露监管，发挥市场自由和自治作用，创造透明、公开、公平的网络理财经营环境。规定互联网理财机构应履行的信息披露责任，充分披露互联网理财机构及平台，披露借款人和融资项目信息，定期披露网络投资理财平台有关经营管理信息，对信息披露情况等进行审计和公布，保证披露的信息真实、准确、完整、及时。坚持市场自律为主，行政监管为辅的思路，明确了行业自律组织、资金存管机构、审计等第三方机构职责和义务，充分发挥互联网理财市场主体自治、行业自律和社会监督的作用。

（五）倾斜加重金融消费者权益保护

对理财业务消费者进行网络、电话、文件等形式的全程风险揭示，包括合同签订前风险提示，以及风险较大增加后的风险提示，否则合同无效。提供给互联网理财业务消费者有效、高效的争议解决和权益保护机制。明确理财业务消费者的基本条件，互联网金融机构的资质、义务，规定一定比例的风险赔偿金，明确对出借人风险承受能力进行评估和实行分级管理，通过风险揭示等措施保障出借人知情权和决策权，保障客户信息采集、处理及使用的合法性和安全性。鼓励高管参与执业所在的互联网机构众筹，激发高管勤勉尽责，降低锁定风险。还应明确纠纷、投诉和举报等解决渠道和途径，确保及时有效地解决纠纷、投诉和举报等，保护消费者合法权益。

（六）P2P 网络理财平台市场准入制度

国家对互联网金融鼓励政策应与适度监管相结合，没有适当准入门槛限制，会引发金融风险，损害网络理财投资者的合法权益。十部委《指导意见》对互联网理财金融监管的总体要求，应遵循"科学合理界定各业态的业务边界及准入条件，落实监管责任，明确风险底线，保护合法经营。"完善 P2P 网络理财平台市场准入制度的内容，主要包括：其一，平台经营条件的要求。应该对 P2P 网络理财平台设定不同的注册资本和网络平台技术要求。对于小型网络理财平台的注册资本可以参照中小金融机构的注册资本要求，以 5000 万人民币实缴资本为底线。明确 P2P 网络理财平台的高管团队的要求和任职资格。高管团队应无犯罪记录，没有较大个人债务，资信良好。

（七）网络理财平台民事义务与责任的法定化

应明确网络理财平台为资金投资方和管理法之间的信息交换等中介服务，明确中介的性质和独立责任，主要为理财投资人与管理人提供服务平台，不得提供管理人的增信服务，不得非法集资。依据《合同法》第442条明确网络理财推广机构与网络理财管理人之间的居间合同中居间人对委托人的投资者不适当、推广过程中网络理财服务的过错责任和专家责任。强调平台的谨慎勤勉和信义义务，具体包括投资者适当性义务、风险提示义务、第三方托管义务、风险准备金义务、第三方担保义务、强调了金融消费者和平台的信息披露义务，披露义务上，分别对金融消费者和平台提出不同要求，强调动态披露，除了对金融消费者的披露，还应重视重大风险信息报送、一般信息报送和年度审计，重视监管信息、市场信息反馈渠道和市场约束机制。

**六、《网络借贷信息中介机构业务活动管理暂行办法》（以下简称"办法"）的评析**

2016年8月17日公布并施行的《网络借贷信息中介机构业务活动管理暂行办法》（下文简称《暂行办法》）中国银行业监督管理委员会、工业和信息化部、公安部、国家互联网信息办公室令（2016年第1号）一共8章47条，包括总则、备案管理、业务规则与风险管理、出借人与借款人保护、信息披露、监督管理、法律责任、附则。第2条适用范围是在中国境内从事的网络借贷信息中介业务活动，"网络借贷"措辞不准确，借贷专用于一方为银行业金融机构提供的融资服务，借款可用于非银行业金融机构之间，从立法保护金融消费者角度，"网络理财"更加恰当，所有涉及金融消费者以网络平台为中介使用的金融或非金融机构提供的金融服务，都应纳入本法规制和保护范围。信息中介业务实际上是第三方网络信息平台，没有包括受托提供网络理财服务的机构或业务，而E租宝等实际上不仅是信息平台中介，本身也是提供理财和融通资金服务的互联网金融或非金融机构。更何况我国互联网金融发展在实践中业态、形式、企业名称、业务范围复杂多样，为了避免调整空白和互联网金融机构规避立法监管，设计金融消费者保护型互联网金融规制立法，应将调整范围规定为境内备案的网络理财、融通资金等业务活动。对于境外注册或备案或进行的网络理财业务活动，应与各国相关监管机构建立信息共享机制。第3条规定了立法原则，仅仅规定了信息服务提供机构的依法、诚信、自愿、公平原则，没有对信息、技术、经济弱势的金融消费者利益的倾斜加重保护原则，没有规定金融安全、秩序原则，鼓励金融创新和金融技术，不得直接或间接归集资金的"归集"一词，缺少定义界定，含义不清。不得非法集资概况不全，没有将实践中多发的非法吸收公众存款和非法经营罪纳入原则性禁令。《暂行办法》的风险防范机制并不完善，没有规定这类机构的一定实缴注册资本、风险准备金、真实有效担保机制、第三方托管机制、流动性风险管理机制、高管资质信用（包括专业资质、无犯罪记录和较大个人债务，等等）、独立性原则（在不同金融消费者委托的资金之间也应坚持独立性原则），避免风险在线上集聚和传递。对接受客户委托的业务规范、运营客户资金规范和退出规范没有规定。尤其是风险提示义务、禁止诱导、欺骗客户，没有规定互联网机构损害金融消费者合法权益的违约责任和损害赔偿责任，尤其是受托理财和提供贷款等业务的互联网金融机构、第三方托管机构、信息中介之间的连带责任。在第7章法律责任中，没有规定违反监管规则的具体法律责任。

刑事规制具有"去中心化"性质的互联网金融平台是互联网思维在金融领域内的创新性产物。国内互联网金融平台主要衍化为纯平台模式、担保模式、债权转让模式三大类，可能存在"伪"平台风险、模式风险、中立帮助行为风险等。防范互联网金融平台的刑事风险是规范该行业健康发展的底线。对于以互联网金融之名行资金自融之实的"伪"平台，应依据资金用途限制非法吸收公众存款罪的适用；对于违规提供担保的平台，应给予行政处罚并令其承担连带保证责任；对于违规设立资金池的平台，应视具体情形作出不同处理；对于提供中立帮助行为的平台，应分别从"投资端"、"融资端"视角出发，对帮助信息网络犯罪构成要件中的"明知"作不同的理解和认定。

以互联网金融案件的网络治理为例，在供给侧改革下促进地方检察权力的分解、位移与下沉，完善健全地方检察权力的约束和监督机制，以权力清单限制制约地方检察权力，促进检务权力公开、公信和公民参与监督。以地方检务权力清单为样本，开展实证研究。其中，权力的分解乃促使国家集中型权力秩序模式向国家社会分享型权力结构模式演变的内在驱力；权力的位移系引领单一完整型权力秩序模式向多元分散型权力结构模式演进的制度诱因；权力的下沉则是推动中央集权型权力秩序模式向地方层级分权型权力结构模式变迁的核心要素。实现地方检察权力的分解：集中型权力秩序模式向国家社会分享型权力结构模式演变，它意味着为地方检察所集中的监督权力实现了在国家与社会之间的分立的缓释；地方检察在权力监督领域中的垄断格局已彻底打破，社会则从完全受支配的角色转变为相对自由的监督主体，构建权力监督的民众参与型、从上至下与从下至上双向互动的权力监督治理网络。由此，地方检察社会分享型权力结构模式渐次长成。地方检察权力从无限走向有限——走向有限检察权力，既是宪政国家的标志，也是达成宪政的条件；社会从扁平化状态逐渐舒展，社会自治空间渐次拓展——借助于"回收的治理权"，社会的主体性和创造性获得激发，中国式的公民社会渐次发育丰满，由此奠定了中国宪政的社会基础；社会从国家的高压控制架构中解放出来，成为相对独立的主体和力量，"从一向只被视为'应变项'的地位转而为'自变项'的主导力量"。地方检察权力的位移：单一完整型权力秩序模式向多元分散型权力结构模式演进。作为地方检察权力结构演变的一种方式，地方检察权力的位移（Displacement）意指地方检察权力在政治体制内部的转移以及由此所引发的权力分散或者分立与分化等状态——宪法的一个基本职能即在于确保检察及其各组织部分都能够各司其职、各负其责。因此，一切有助于这一目标的改革都可以视为向宪政迈进的切实努力。其内容有三：党委、监察、检察关系由模糊到规范有序分工协作，它意味着政党系统与国家法律监督系统的分开，减少不当干预，不仅包括执政党与政府，还包括与国家权力机关、司法机关的分开，各级党的主要领导人不再实际以非法治非正常途径渠道干预法律监督；地方检察国家权力实现了从党到检的转移。它意味着国家治理的主要职能逐渐实现了从党委向政府转移，党因此逐渐退居幕后扮演决策者和领导者的角色，政府则走向前台承担着执行者和管理者任务；党委和检察各组成分支基于法治原则，在宪法与法律的框架内，行使职权、履行职责。执政党在政治、思想、组织领域内行使领导权，不再干预具体的立法、行政和司法工作；立法、行政和司法各守其职、各负其责，独立行使职权，不受非法干涉。至此，国家权力结构逐渐向"多元分散型权力结构模式"演变。权力的下沉：中央集权型权力秩序模式向地方层级分权型权力结构模式变迁。地方检察作为一种权力秩序变迁方式，权力的下沉（Submersion）意指地方检察国家权力从中央向地方各级分流以及由此所引发的中央与地方分权等状态——立宪主义的一条基本原理即在于构设一种权力配置机制，以确保国家权力在政治体制内的各个单元达至均衡，避免因权力集中而滋生腐败，促进检察一体、提高检务效率。故此，任何形式的旨在打破集权的变革，在任何时候都可以看作是走向宪政的标志性成就。要义有三：地方各级检察机关摆脱了"中央派出机关"的角色，演变成为其所管辖区域内的决策者和治理者；最高检的权力则逐渐收缩，从"无所不在"的状态过渡到"在其应在"的状态。地方检察的行动哲学从"无所为"到"有所为"。其中，"无所为"意指地方检察的行动须听命于中央指示或者立法，无指示或者无授权即不可为；"有所为"意指地方检察的行动受其自主性判断所驱使，在其管辖区域内，就有关检务工作，自主决策和行动，除非有法律明文禁止。地方检察之间由彼此隔绝的"块块关系"，演变为相互竞争的"主体间性关系"以及大区有序协作——主体间性即交互主体性，是主体与主体间的共在关系。

　　地方检察权力清单遵守"法无授权不可为"的法治理念，充分体现了依法行政的法治精神，是控权的一场革命，也是我国政府全面深化改革的重要内容之一。但是在推行过程中，无论是学术界还是实践中存在"清单之外无权力""依清单检务"的说法，之所以会产生这样的说法，主要是源于对权力清单的法律属性认识存在争议。为更准确地理解地方检察权力清单，有效推进检务一体、检务治理现代化建设，在理论与实践的基础上，从地方检察权力清单的制定主体、程序、内容和效力四个维度来研究地方检察权力清单的法律属性，提出既有严密的理论依据又有充分实证验证，操作性强的地方检察权力清单设计。对以互联网金融之名、行集资诈骗之实的"伪"平台，应该严格依法以集资诈骗罪追究相关行为人的刑事责任，其中不应该存在需要重新从理念、价值立场出发确定其刑事责任边界的问题。而对于以互联网金融之名，行自融之实的平台、存在模式风险的平台，以及实施了中立帮助行为的平台，如何确定其刑事责任的边界与限度，则是当下司法实践无法回避且一直在犹豫观望的难题。笔者以上述对三类平台的本质分析为基础，尝试提出一些刑事责任的边界和定性处理的依据。

（一）以互联网金融之名行自融之实的"伪"平台

不具有非法占有目的，但为了筹集资金的目的搭建所谓的"互联网金融平台"，通过虚设借款人、众筹项目的方式向社会不特定对象吸收资金，以为己用，这是自融型"伪"平台的典型特征。此种平台完全丧失了应有的中立属性，本质上沦为行为人进行网络融资的工具。最典型的是"e租宝"事件。2015 年 12 月，e租宝平台被爆自融，一个月后深圳市公安局经济犯罪侦查局官方微博发布消息称，深圳公安机关已经对 e 租宝网络金融平台及其关联公司涉嫌非法吸收公众存款案件立案侦查。办案民警表示，从 2014 年 7 月 e 租宝上线至 2015 年 12 月被查封，相关犯罪嫌疑人以高额利息为诱饵，虚构融资租赁项目，持续采用借新还旧、自我担保等方式大量非法吸收公众资金，累计交易发生额达 700 多亿元。从现有案情看，e 租宝平台确实属于以互联网金融之名，行自融之实的"伪"平台。

对此类平台行为应当如何定性？笔者认为，不可"一刀切"式地一律以非法吸收公众存款罪认定。刑法在打击非法集资案件时，应当有的放矢，且行之有度，尤其注意不能背离金融体系的内在规律，更不能逆历史发展潮流而动。"无论从我国金融体系自身发展的规律看，还是从我国经济发展对金融体系的要求看，民间借贷从地下走向地面、由'暗箱式'操作走向'阳光化'运作、由无合法身份走向合法经营，都是民间借贷未来发展的必然趋势。"妥适地定位《刑法》第 176 条非法吸收公众存款罪的历史使命，合理界定非法吸收公众存款罪的构成要件，是笔者一以贯之且反复强调的价值立场。"司法实务中必须严格从集资用途上区分间接融资行为与直接融资行为，不应将以合法的商业、生产运营为目的的直接融资行为认定为非法吸收公众存款罪"。就 e 租宝案件而言，假如该平台将非法集资款用于资本与货币经营，而并非投放于实体经济，则对其以非法吸收公众存款罪定性是妥当的。但对于仅仅为了实现资金自融的目的而通过搭建互联网金融平台的方式筹集资金，且将所筹资金完全用于自身生产经营的，则不宜贸然、轻易地将该平台行为认定为非法吸收公众存款罪。不妨以相关行政法律法规为依据，责令相关平台限期整改或依法取缔相关平台。

（二）存在模式风险的平台

自担保型平台与债权转让型平台的模式风险显然已受到监管层的密切关注。2016 年 8 月 24 日中国银行业监督管理委员会、中华人民共和国工业和信息化部、中华人民共和国公安部、国家互联网信息办公室制定的《网络借贷信息中介机构业务活动管理暂行办法》（以下简称《网络借贷暂行办法》）第 3 条规定："网络借贷信息中介机构……不得提供增信服务，不得直接或间接归集资金，不得非法集资……"该办法第 10 条还专门指出，网络借贷信息中介机构不得从事或者接受委托从事直接或间接接受、归集出借人的资金；不得直接或变相向出借人提供担保或者承诺保本付息等。《网络借贷暂行办法》旗帜鲜明地表明，监管层态度坚决地意欲将自担保型平台、债权转让型平台打入冷宫。

然而，在我国当下互联网金融生态环境下，自担保型平台与债权转让型平台依然大量存在，这些平台的模式风险也日渐凸显。为此，全国范围内对互联网金融的专项整治活动陆续拉开帷幕。2016 年 4 月 14 日，国务院组织 14 个部委召开电视会议，部署将要在全国范围内启动有关互联网金融领域的专项整治活动，为期一年。上海市互联网金融专项整治工作以及重点整治方向也于 2016 年 6 月 29 日在中国小额信贷联盟互联网金融专项整治研讨会上公开披露，具体做法是要求相关互联网金融平台填写网络借贷信息中介机构基本情况调查表、股权众筹企业调查表等，7 月底前逐个摸底排查其是否存在平台自融或变相自融、平台提供担保、设立资金池、存在债权转让、类资产证券化业务等问题，并根据调查结果，将互联网金融从业机构划分为合规、整改、取缔三个类型，分而治之。在应对摸底排查结果的过程中，便自然而然地引发了一个有关违规平台刑事责任边界的问题。如果互联网金融平台违规提供担保、设立资金池，情节严重的，是否应当追究其刑事责任？

笔者认为，对于存在模式风险的互联网金融平台，在确立其刑事责任边界问题上应当格外审慎。自 2007 年我国成立第一个 P2P 网上借贷平台拍拍贷、2013 年"美微传媒"在淘宝网上发起国内首个股权众筹融资项目以来，我国互联网金融平台的产生、发展才不过短短几年时间，仍处于"摸着石头过河"的模式探索阶段。而与之同样稚嫩、青涩的是监管层的监管政策与法律法规。至今为止，除刚刚公布的《网络借贷暂行办法》外，我国尚不存在其他任何正式的、专门规制网络借贷、股权众筹从业机构的前置性行政法律法规。

总体而言，监管层的监管思路及其对涉互联网金融平台案件中行政法、刑法如何衔接、刑事责任边界如何确定等问题的态度并不十分明确。但就在这种大背景下，互联网金融平台却实现了异军突起式的增长。据"网贷之家"统计，截至2016年5月，P2P平台累计达4080家，投资人数329.5万人，借款人数96.52万人，人均投资金额44921.7元。相比之下，股权众筹融资平台则数量较少，据"众筹之家"统计，截至2016年7月8日，国内股权众筹融资平台仅127家。两类互联网金融平台在数量上的巨大反差或许说明了一些问题。一方面，从主观上看，目前我国中小投资者承受风险的意愿不强。绝大多数中小投资者更热衷于还本付息的网络借贷，对收益处于不确定状态的股权投资则普遍缺乏兴趣。应当承认，当下互联网金融行业仍然主要服务于将"收回本钱"作为首要目标的投资主体。另一方面，从客观上看，中小投资者的判断能力与投资自信欠缺。他们自知无力从成千上万个众筹项目中明辨良莠，对整个股权众筹领域的收益回报更是缺乏信心，于是也就不愿花费更多的时间与精力去关注众筹项目的运营模式、发展前景，而是更为省事地选择了承诺保本付息的网络借贷。这也是为何我国网络借贷平台多于股权众筹融资平台、有担保的平台多于无担保的平台、承诺高利率的平台多于承诺低利率的平台、互联网金融平台模式风险愈演愈烈的根本原因。诚如某些业内人士所言，我国当前的互联网金融生态是一个"劣币驱除良币"的过程，严守信息中介定位的纯平台模式只是罕见的个例，存在模式风险的平台反倒成为了常态。

应当看到，互联网金融平台的模式风险，在某种程度上与我国互联网金融目前所处的发展阶段、绝大多数中小投资者的客观投资能力以及主观投资心理等因素密不可分。笔者认为，监管层对于大量存在的具有模式风险的互联网金融平台不妨予以"同情的理解"与"适度的宽容"。在对互联网金融平台进行排查与整治的过程中，应当优先用相关行政法、民法予以规制，并且放宽一点时间，循序渐进地推动互联网金融平台的历史转型，逐步实现"良币驱逐劣币"的金融生态。具体而言，可以有以下两种处理方式。

一是对违规提供担保的平台给予行政处罚，并依法令其承担连带保证责任。

平台违规提供担保行为，即便情节严重，也不宜入罪。理由是：其一，该行为并不符合非法吸收公众存款罪的构成要件，其本质不是面向社会不特定公众自融资金，而是擅自为他人提供增信服务；其二，该行为也不构成非法经营罪。其不符合"未经国家有关主管部门批准非法经营证券、期货、保险业务"的罪状，"保险"与"担保"是完全不同的两个范畴。保险是基于互助共济原则，多个投保人共同分摊风险损失的法律机制，承担补偿责任的载体是投保人缴纳保费所形成的保险基金，保险合同是独立合同，由《保险法》调整；而担保则是为了确保债权实现而设，其承担补偿责任的主体是担保人自身，担保合同从属于主合同，不具有独立性，由《担保法》调整。可见，平台违规提供担保行为不符合非法经营罪所规定的第（三）项情形。那么其是否属于第（四）项兜底条款所规定的"其他严重扰乱市场秩序的非法经营行为"呢？笔者认为，理解非法经营罪兜底条款的含义应当严格坚持同类解释原则。非法经营罪前三项罪状分别禁止经营的是专营、专卖、限制买卖物品、经营许可、批准文件、证券、期货、保险、资金支付结算业务，可见该罪的客体是国家对特定商品、特定行业、特定市场经营的准入制度。不能将非法经营罪简单而肤浅地理解为只要行为人从事不具备相应资质的活动即构成该罪，这将会灾难性地扩大该罪的适用范围。只有当行为人非法从事了影响国家专营的经营活动并且严重扰乱市场秩序时，方能被解释进该罪的兜底条款。这是现阶段在尚未废除非法经营罪情况下避免其沦为"口袋罪"的限制性解释路径。

事实上，对于平台自担保行为，适用行政法、民法已足以达到规制效果。《网络借贷暂行办法》第 10 条不但规定"网络借贷信息中介机构不得……直接或变相向出借人提供担保或者承诺保本付息"，并且还于第 40 条明确了机构责任："网络借贷信息中介机构违反法律法规和网络借贷有关监管规定，有关法律法规有处罚规定的，依照其规定给予处罚；有关法律法规未作处罚规定的，工商登记注册地地方金融监管部门可以采取监管谈话、出具警示函、责令改正、通报批评、将其违法违规和不履行公开承诺等情况记入诚信档案并公布等监管措施，以及给予警告、人民币 3 万元以下罚款和依法可以采取的其他处罚措施。"对违规提供担保的平台予以上述行政处罚，已基本可以控制互联网金融平台的模式风险，并且在尽可能弥补投资人损失问题上也不存在法律障碍。2015 年 9 月 1 日实施的最高人民法院《关于审理民间借贷案件适用法律若干问题的解释》第 22 条规定："网络贷款平台的提供者通过网页、广告或者其他媒介明示或者有其他证据证明其为借贷提供担保，出借人请求网络贷款平台的提供者承担担保责任的，人民法院应予支持。"由此可见，自担保型平台对投资人承担连带保证责任有了明确的法律依据。

值得指出的是，有学者质疑在前述两部规定中，"一个是认可 P2P 网贷平台担保的法律效力，一个却是否定了网贷平台自担保的合法性，两者之间存在'神仙架'"。对此，笔者认为，两部规定事实上既不存在逻辑上的矛盾，也不存在法理上的困境。应当明确的是，涉嫌行政违法乃至构成犯罪的行为，并不必然导致民事合同归于无效，只有当其违反了"效力性强制规定"时，合同方才无效。而是否属于"效力性强制规定"，须根据该规定的"规范目的"来判断。比如，行政法层面禁止 P2P 平台提供担保，其规范目的在于否定并惩罚 P2P 平台不具有担保机构资质却擅自为他人提供增信服务的行为。但平台一旦与他人订立了担保合同，承诺为他人提供担保，则也当然不能免除其对第三人的民事责任。否认民事合同的效力会与惩罚行为人的初衷相悖，将不当地使行为人从民事责任中"解放"出来，损害第三人的利益。故而，对于违规提供担保的平台，不应减轻其对民事责任的承担。综上所述，以行政法与民法规制平台自担保行为，已足以遏制乃至消除平台的模式风险，并做到尽可能弥补投资人损失，而将这些行为纳入刑法的规制范围似乎没有多大的必要。

二是对违规设立资金池的平台，视具体情形作出不同处理。

国内官方文件多次提及"资金池"，但对具体何为资金池并无一个明确的界定。大致上，资金池是指将不同来源与流向的资金归集在一处，保持"池"中资金量基本稳定的资金集中管理方式。目前的债权转让型平台一般都设有资金池，因为此类平台是将债权进行金额拆分与期限错配，往往要直接经手资金。然而，是否设立资金池的平台都涉嫌构成非法吸收公众存款罪呢？笔者认为，并不尽然，需具体问题具体分析。如果将资金池比作一个设有"进水管"、"出水管"的池子的话，那么从出借人处取得的投资款、从借款人处收回的本息将自"进水管"入池；而向借款人发放的贷款、向出借人的还本付息、提取平台的服务费则从"出水管"流出。"进水"与"出水"的先后顺序不同，将直接导致法律评价的不同。其一，假如平台先"进水"，而后"出水"，说明平台在尚不存在真实借款人的情况下实施了资金自融，而后放贷用于资本运作，这是典型的非法吸收公众存款行为，符合非法吸收公众存款罪的构成要件。其二，假如平台先"出水"，再"进水"，例如，在债权转让模式中，平台首席执行官先对外发放贷款，后将此债权进行金额拆分，转让给不特定的多个借款人。在借款人、出借人、借款需求均真实的情况下，该行为不存在适用非法吸收公众存款罪的空间。不过如果其未按照监管法规的要求将资金交由第三方银行托管，则构成行政违法，依据相关监管细则对其予以行政处罚、限期整改，甚至最终取缔。其三，假如平台先"出水"，再"进水"，但"出水量"却明显小于"进水量"时，则表明平台所转让的债权额多于真实的债权额，其可能是在通过虚构借款人、借款需求的方式自融资金，而后继续放贷，从而退回到了吸收存款、发放贷款的老路上，对于自融的资金，应当以非法吸收公众存款罪认定。

（三）提供中立帮助行为的平台

经济生活中的日常经营性业务行为在客观上为他人实施犯罪提供了帮助，此为中立帮助行为。比如出租车司机明知乘客欲前往某地实施犯罪而仍将其运送至目的地；餐馆明知顾客在屋内非法拘禁他人仍为其送外卖等等。中立帮助行为的显著特征在于其无差别地向不特定对象提供商品或服务。中立帮助行为人不但缺乏与犯罪实行行为人的通谋，也不存在促进犯罪的意思，其既非通谋共犯，亦非片面共犯，因而难以被纳入到传统共犯结构之中。鉴于此，刑法理论上才有了此类行为是否要刑事处罚，以及如何划定处罚界限的争论。

《刑法修正案（九）》回应了这场争论："明知他人利用信息网络实施犯罪，为其犯罪提供互联网接入、服务器托管、网络存储、通讯传输等技术支持，或者提供广告推广、支付结算等帮助，情节严重的，处三年以下有期徒刑或者拘役，并处或者单处罚金。单位犯前款罪的，对单位判处罚金，并对其直接负责的主管人员和其他直接责任人员，依照第一款的规定处罚。有前两款行为，同时构成其他犯罪的，依照处罚较重的规定定罪处罚。"这被视为是中性业务帮助行为的正犯化规定。应该看到，互联网金融领域存在大量类似的中性业务帮助行为，如P2P平台明知贷款人实施集资诈骗犯罪，股权众筹平台明知筹资者所发起的项目已严重侵犯他人知识产权，而仍为贷款人、筹资者提供广告推广、支付结算等服务，这是否构成《刑法修正案（九）》所新增的帮助信息网络犯罪活动罪呢？

划定互联网金融平台刑事责任的边界，离不开对互联网金融行业身处时代及其历史使命的清醒认知。西谚有云，"制度者，机运与智慧之产儿也"。中国的互联网金融之所以较世界其他国家"青出于蓝而胜于蓝"，并且在短期内如火如荼地发展，这与时代机运及当下国情密不可分。中国金融体系中长期的金融压抑及存在的低效率或扭曲的因素，为互联网金融的发展提供了有效生存空间。我国的互联网金融正是在此大背景下应运而生，并由此肩负着历史使命。不论是P2P平台还是股权众筹融资平台，都成功打破了传统金融机构向来在资金融通环节中处于核心地位的传统格局，借款人与出借人之间，筹资者与投资者之间不必经由传统金融机构也能快速对接，这对于促进小微企业发展和扩大就业将发挥着现有金融机构难以替代的积极作用。具有小微金融、普惠金融属性的互联网金融，实际上扮演着"倒逼"金融改革的角色，推进并配合着当前的利率市场化改革与股票发行注册制改革。

而互联网金融平台无疑是互联网金融领域最为重要的参与方与市场环节，互联网金融的最显著外观就是金融平台的构建。借款人与出借人，筹资者与投资者经由平台撮合、配对，整个资金融通过程都发生于平台。互联网金融平台为资金融通双方提供服务的行为是典型的具有反复继续性、业务交易性、日常生活性的中立行为。为了合理确定互联网金融平台中立帮助行为的刑事责任边界，笔者认为，应分别从"投资端"、"融资端"视角（即区分互联网平台中立帮助行为的对象），对帮助信息网络犯罪构成要件中的"明知"作不同的理解和认定。一是对互联网金融平台中立服务行为客观上促成融资端犯罪活动的处理。根据《网络借贷暂行办法》第9条的规定，P2P平台负有对借款人资格条件、信息的真实性、融资项目的真实性、合法性进行必要审核的义务。当 P2P 平台经过审核后发现融资端存在问题，比如明知借款人、众筹者的融资项目不真实、不合法，仍为其提供广告推广、支付结算等服务的，依法构成《刑法》第 287 条之二的帮助信息网络犯罪活动罪。由于构成帮助信息网络犯罪活动罪必须以"明知"为前提，而刑法分则中的"明知"在大多数情况下均可能包含"确知"和"应知"两方面的内容。对帮助信息网络犯罪活动罪中认定"明知"的直接证明是司法实践中非常疑难的问题，实务中通常以司法推定"应知"的方式来完成对"明知"的认定。在信息网络时代，互联网金融平台无法如同传统经济主体那样直接接触交易对手方，犯罪意图、犯罪准备、犯罪征兆等可供信息网络服务提供者判断帮助犯风险的要素相对不足，因此不宜对其"应知"作门槛较低或过于宽松的推定。笔者认为，"大于半数规则"应当是推定"应知"最为合理的量化尺度，即司法机关应当查证互联网金融平台在提供合法服务与帮助犯罪活动之间的客观分配比例，分析、判断、计算其中有多少是为合法提供的信息网络服务，有多少是为犯罪活动的提供信息网络帮助。当其服务的众多对象中，大于半数的对象系利用互联网金融平台实施集资诈骗、非法吸收公众存款犯罪时，便可据此推定互联网金融平台对融资端的犯罪活动属于"应知"。

二是对互联网金融平台中立服务行为客观上促成投资端犯罪活动的处理。投资端的犯罪活动主要为洗钱犯罪。与融资端不同的是，互联网金融平台不会对投资者资金的来源或合法性进行调查与审核，因为其不负有此项义务，现实生活中也几乎没有可操作性。事实上，我国《反洗钱法》对金融机构都尚未施加该义务，该法第 3 章规定，金融机构的反洗钱义务主要包括：建立健全反洗钱内部控制制度、客户身份识别制度以及客户身份资料和交易记录保存制度、大额交易和可疑交易报告制度，显然并不包括查明资金来源的义务。笔者认为，对互联网金融平台完全可施加前述投资者身份识别、记录保存、可疑交易报告等反洗钱义务，但由于互联网金融平台没有义务也无可能直接审查投资者资金的来源，因此就洗钱等犯罪而言，对平台中立帮助行为"明知"的认定就必须达到直接证明的程度，而不宜适用前述推定"应知"的规则。这是根据互联网金融平台对融资端、投资端审查义务的不同所作出的不同处理。

# 第五篇

金融业务法律问题研究

# 统一动产融资登记公示制度的建构

高圣平*

摘要：各国际组织所倡导的动产担保登记制度是以声明登记制为基础而构建的电子化登记系统，意在提醒潜在的交易相对人特定的动产之上可能存在权利负担，并确定竞存权利之间的优先顺位。声明登记制下登记内容很少，登记申请便捷，登记机构仅需对登记申请进行形式审查，登记流程快速可控。目前我国动产担保登记高度分散，且多为纸质化登记系统，相关规则的设计并未体现声明登记制的特点，亟待统一。基于特殊动产管理上的需要，我们的政策选择只能导向特殊动产登记系统与统一的动产融资登记系统并存。这些登记系统应采取基于互联网的电子系统，由当事人自助登记，减少登记机构的人工介入，登记类型亦应涵盖在功能上起担保作用的各类交易。

关键词：动产融资登记；声明登记制；电子化登记系统；形式审查

## 一、问题的提出

随着社会经济的发展，动产代替不动产渐趋构成社会财富的主要形态，[1]动产的担保化和金融化旋即成为担保法制改革的核心。全面、高效的动产担保法制的欠缺，增加了动产融资的难度，提高了动产融资的成本，在一定程度上会阻碍经济的发展。[2] 基于动产担保交易在跨境融资中的重要地位，各国际组织倡导统一各国千差万别的相关法制，以提高交易的确定性并保障交易的安全。在统一动产担保实体法进程中，动产担保登记制度的建构是其中的重中之重，目前已

---

* 高圣平，法学博士，中国人民大学法学院教授、博士生导师，教育部人文社会科学重点研究基地中国人民大学民商事法律科学研究中心副主任。本文是中国人民大学科学研究基金（中央高校基本科研业务费专项资金资助）研究品牌计划基础研究项目《中国民法典担保法立法研究》（17XNI001）的阶段性研究成果。

〔1〕 See Grant Gilmore, *Security Interests in Personal Property*, Little, Brown and Company, 1965, p. 25. 本文所及的动产，包括被视为动产的权利，特此说明。

〔2〕 See World Bank Group, *Secured Transactions Systems and Collateral Registries*, International Finance Corporation, 2010, pp. 6~7.

通过的各国际公约、示范法和立法指南，无不将其作为法制改革的重心。其中，《移动设备国际利益公约》（以下简称《开普敦公约》）及航空器设备特定问题议定书[1]所奉行的完全电子化的动产担保登记制度，被认为是契合现代交易形态的国际最佳交易实践。[2] 联合国国际贸易法委员会公布的《动产担保交易立法指南》和《动产担保交易登记落实指南》也主张构建基于互联网的统一动产担保登记公示系统。[3]

我国动产担保登记制度肇始于《海商法》《民用航空法》《担保法》的施行，定型于《物权法》的实施，业已形成了以工商行政管理部门负责的企业（即个体工商户、农业生产经营者）的一般动产抵押登记和非上市公司股权质权登记、公证机关负责的其他民事主体的一般动产抵押登记、中国民航管理总局负责的民用航空器抵押登记、海港监督管理部门和农业渔政管理部门负责的船舶抵押登记、公安交通行政管理部门中车辆车籍管理部门负责的机动车辆抵押登记、中国人民银行征信中心负责的应收账款质押登记、证券登记结算机构负责的基金份额和上市公司股权质权登记、各知识产权主管部门负责的知识产权质押登记等以标的物行政归口管理为特征的多元化动产担保登记体系。[4] 这种以地方登记、分散登记为特点的动产担保登记制度已广受诟病，统一动产担保登记的呼声一直不断。[5] 在世界银行集团发布的《全球营商环境报告》中，我国在"获得信贷"指标排名中表现一直不太理想，主要原因在于我国动产担保交易法的架构与国际趋势还有相当差距。2017 年 6 月 30 日《中华人民共和国中小企业促进法（修订草案二次审议稿)》第 19 条指出："国家健全完善动产担保融资制度建设，推动建立全国统一的动产融资登记互联网公示系统，支持金融机构为中小企业提供以应收账款、存货、机器设备等为主要担保品的动产担保融资。"这一规定反映了

---

〔1〕 我国是《开普敦公约》和《航空器设备议定书》的缔约国，于 2001 年 11 月 16 日签署了《开普敦公约》和《航空器议定书》，全国人民代表大会常务委员会并于 2008 年 10 月 28 日批准了该公约和议定书，对其中相应条款作了声明。关于该公约和议定书的介绍，参见［英］罗伊·古德：《国际航空器融资法律实务——移动设备国际利益公约及航空器设备特定问题议定书正式评述》（第三版），高圣平译，法律出版社 2014 年版，第 3 页以下。

〔2〕 See Roy Goode, "The International Interest as an Autonomous Property Interest", 12 *European Review of Private Law*, 24 ~ 25 (2004); Ronald C. C. Cumming, "The International Registry for Interests in Aircraft: An Overview of its Sructure", 11 *Uniform Law Review*, pp. 20 ~ 24 (2006).

〔3〕 See United Nations Commission on International Trade Law, *UNCITRAL Legislative Guide on Secured Transactions*, United Nations, 2010, p. 159; United Nations Commission on International Trade Law, *UNCITRAL Guide on the Implementation of a Security Rights Registry*, United Nations, 2014, pp. 31 ~ 33.

〔4〕 参见刘萍：《应收账款担保融资创新与监管》，中信出版社 2009 年版，第 53 页。

〔5〕 参见吴晓灵：《建立统一的公示制度推动动产融资创新》，载《金融时报》2013 年 8 月 10 日，第 3 版；汪路、金剑锋：《构建动产权属统一登记公示制度》，载《中国金融》2014 年第 2 期，第 81 页。

统一动产融资登记公示制度的发展趋势，但最终通过的文本中删去了该条前段的部分规定。[1] 时值中国民法典物权编纂工作启动，如何重构我国动产担保登记制度，完备金融基础设施建设，是无法回避的重大问题。本文拟就此一陈管见，以求教于同仁。

## 二、可予登记的动产担保交易类型

各国传统担保制度应不同发生原因、不同担保物类型和不同融资需求，发展出各具特色的担保物权体系。大陆法系诸国深受物权法定主义的影响，担保物权法制大多不能满足现实融资需要，在一定程度上限制了当事人的创新。晚近以来，动产担保交易的类型化方法有了功能主义和形式主义的分野。功能主义强调特定交易在经济上的作用，只要在功能上具有担保作用的交易均应纳入动产担保交易法的规制范畴。美国在统一商法运动的过程中，摒弃依形式的不同分别适用不同法律的做法，只要是当事人之间的交易安排置重于担保作用，即应适用统一的担保权设立、公示、效力、顺位、实现规则，开启了功能主义的先河。[2] 形式主义强调当事人就交易安排的表象，依交易的形式归属不同的法域予以调整。绝大多数大陆法系国家置重于形式上的权利类型区分，权利限制型担保符合他物权的设定逻辑，多依发生原因、公示方法的不同被定性为抵押权、质权、法定担保物权（如留置权、优先权等），但就所有权担保方式而言，权利人所享有的是所有权，而不是担保物权这种定限型权利。所有权担保方式通常由合同法（债法）总则或分则调整，并无特殊的公示要件。这些所有权担保方式分散规定于民法典的不同部分或特别法之中，彼此之间规则存在较大差异。[3]

联合国国际贸易法委员会《动产担保交易立法指南》采纳了功能主义的立法方法，建议将依约定在动产上设定的旨在担保债务履行的一切权利统一归类为"担保权"（security right）。不论交易的形式如何，也不论当事人使用何种术语来界定彼此之间的权利义务，均适用共同的规则，不再区分名称，举凡动产让与担保、应收账款让与担保、保留所有权交易、融资租赁交易，莫不例外。基于保留所有权和融资租赁等交易的特殊性，《动产担保交易立法指南》指出各国可根据

---

〔1〕 可能的原因在于，全国人大常委会委员之间就应收账款是否属于动产，是否能为统一的动产融资登记公示系统所能涵盖尚存争议。参见全国人民代表大会法律委员会：《全国人民代表大会法律委员会关于〈中华人民共和国中小企业促进法（修订草案三次审议稿）〉修改意见的报告》（2017年9月1日）。

〔2〕 参见高圣平：《美国动产担保交易法与我国动产担保物权立法》，载《法学家》2006年第5期，第84页。

〔3〕 See Eva‐Maria Kieninger（ed.），*Security Rights in Movable Property in European Private Law*，Cambridge University Press，2004，pp. 54 ff. Jan‐Hendrik Röver，*Secured Lending in Eastern Europe*，Oxford University Press，2007，p. 172.

本国法制现状采取统一或非统一的处理方法，但即使采行后者，将保留所有权交易之下出卖人的权利和融资租赁交易下出租人的权利定性为所有权，也应使之平等地适用与担保权功能等同的规则。[1] 该指南以北美式动产担保交易制度为核心，融合大陆法系固有的担保交易传统和惯例，是当代动产担保法制改革的重要参考。

《欧洲示范民法典草案》深受《美国统一商法典》的影响，也采取了功能主义的立法方法。其第 9 卷"动产担保物权"将定限担保物权和保留所有权交易[2]一体规定，意在统一具有物上担保功能的交易的法律适用。[3] 起草组认为，保留所有权交易与传统的担保交易之间存在着广泛的相似性，为便于法律适用，应尽量规定统一的规则，就保留所有权交易的例外规则再作特别规定。[4] 基于此，该草案明确，除非另有明文规定，保留所有权交易适用担保物权的设立、登记、优先顺位、违约前的救济、实行、消灭等规则。[5]

《开普敦公约》创设了一个既不来源于又不依赖于国内法的新型的、独特的利益——"国际利益"，涵盖担保人依担保协议所赋予的利益、附条件出卖人依所有权保留协议所享有的利益、出租人依租赁协议所享有的利益，且赋予动产之上的物权人依在国际登记处登记而保护自己权利的方式。该公约兼顾了两大法系的不同类型化方法，将在功能上起担保作用的交易形态均纳入公约的调整范围。[6] 这一规制模式明显受到了北美式动产担保交易法的影响，但并没有采用北美式的统一担保权概念，所有权保留交易和融资租赁交易并未当然归入动产担保交易，而是作为彼此独立的交易，但基于前两者在功能上的经济作用，仍得适用公约的登记公示、优先顺位和实行规则，在一定程度上克服了不同交易类型的

---

〔1〕 See United Nations Commission on International Trade Law, *UNCITRAL Legislative Guide on Secured Transactions*, United Nations, 2010, pp. 62 ~ 63.

〔2〕 在《欧洲示范民法典草案》中，保留所有权交易系采广义，用来指称提供动产的所有权人保留所有权，以担保债务的履行的情形，涵盖买卖合同项下出卖人保留的所有权、分期付款买卖合同项下供应人所享有的所有权、租赁合同项下租赁物的所有权、意在实现担保目的或达到实现担保目的的效果的寄售合同项下供应人的所有权。参见该草案第 9 – 1：103 条。

〔3〕 See Christian von Bar, Eric Clive (ed.), *Principles, Definitions and Model Rules of European Private Law*, Volume 6, Sellier European Law Publishers, 2009, p. 5395.

〔4〕 See Ulrich Drobnig, Ole Böger (ed.), *Proprietary Security in Movable Assets*, Oxford University Press, 2015, pp. 243 ~ 245.

〔5〕 参见《欧洲示范民法典草案》第 9 – 1：104 条。

〔6〕 参见 [英] 罗伊·古德：《国际铁路车辆融资法律实务——移动设备国际利益公约及卢森堡铁路车辆特定问题议定书正式评述》，高圣平译，法律出版社 2014 年版，第 8、18 页。

人为安排给同一标的物上竞存权利的确定性带来的不利影响，得到了广泛的好评。[1]

由此可见，动产担保交易立法的核心问题并不在于如何宽泛地界定动产担保权的范围，而在于所有在功能上起着担保作用的交易工具（非典型担保交易）怎样适用公示、优先顺位和实行规则。亦即，采用功能主义立法方法并不意味着所有的担保交易规则均适用于所有非典型担保交易类型。在将非典型担保交易全部排除于担保交易之外，和将其全部纳入担保交易一体调整之间，应有中间路线可循。在中国民法典编纂过程中，基于物债两分的体系是法典形式理性的基本要素，由自物权和他物权构建的物权体系也已成为我国物权法的基本架构。如此，在植入动产担保交易制度之时，中国民法典无须采行功能主义的立法方法，将所有在功能上起着担保作用的交易工具均构造为动产担保交易，但在维持现有制度框架的同时，明定非典型担保交易应依担保权之公示要求而为权利之公示，并具有因公示所确立的优先顺位。[2]

我国就动产交易的类型化方法，仍然坚守大陆法系的传统。例如，就他人动产之上设定抵押权的，定位为动产抵押交易，又依抵押物的不同分别规定于《物权法》、《民用航空法》、《海商法》等法律之中，但就出卖人保有动产所有权直至买受人支付全部价金的，则定位为所有权保留交易，规定于《合同法》买卖合同章；就出租人根据承租人的指令购买租赁物，并出租给承租人，由承租人分期支付相当于租赁物购置成本和合理利润的租金的，则定位为融资租赁交易，规定于《合同法》融资租赁合同章。很明显，在所有权保留交易和融资租赁交易中，出卖人或出租人所保留的所有权也仅起担保价金或租金清偿的作用，并不是经典意义上的所有权，而是借助所有权的强势效力来保障出卖人、出租人债权的实现。准此，所有权保留交易和融资租赁交易在功能上即为担保交易，相关交易规则应作一体处理。《开普敦公约》和相关议定书即为如此，《魁北克民法典》的安排亦是如此。融合了两大法系的《魁北克民法典》拒绝在概念上将所有权保留交易和融资租赁交易等构造为担保交易，所有权的效力得到了完全的承认，并没有依其经济功能重构为担保物权，但明确规定这些非典型担保交易应适用担保交易的登记和优先顺位的规则，使得当事人之间同一功能但不同形式的交易安排具有相同的效力，避免了潜在交易相对人的交易风险，也明确了权利冲突时的

---

〔1〕 See Ronald C. C. Cuming , "The Characterisation of Interest and Transactions under the Convention of Interna-tional Interests in Mobile Equipment 2001", in Iwan Davies （ed. ）, *Security Interests in Mobile Equipment* , Dartmouth Publishing Company, 2002, p. 377.

〔2〕 参见高圣平：《民法典中担保物权的体系重构》，载《法学杂志》2015 年第 6 期，第 45 页。

解决规则。[1]

在我国实定法上，所有权保留交易虽然关涉物法因素，但仍作为一种债的交易类型予以规定。在此类交易中，出卖人保留动产的所有权，但此时动产已由买受人占有。动产公示方法——占有在此类交易中无法发挥作用，有学者即据此认为，此时出卖人的动产所有权应予登记，[2] 但囿于《合同法》调整范围的限制，其中无法就所有权保留交易下的特殊物权变动规则作出规定，这一主张并未得到立法机关的回应。令人遗憾的是，《物权法》同样就此未置明文，在一定程度上增加了交易的不确定性。及至最高人民法院对买卖合同进行司法解释起草，可能是限于司法解释的立法权限，也未就此予以明确。如由买受人占有出卖人仍保有所有权的标的物的外观，极易使交易相对人误信其为标的物的所有权人，如基于此误信，买受该标的物，或在该标的物上设定抵押权，原出卖人的权利即与受让人或抵押权人的权利发生冲突，基于《物权法》第106条的规定，受让人或抵押权人可能善意取得标的物的所有权或抵押权，原出卖人所保留的所有权旋即丧失殆尽，仅得向买受人主张损害赔偿。也就是说，所有权保留交易中，出卖人所保留的所有权仅得对买受人主张，不得对抗善意第三人。如出卖人所保留的所有权具有登记能力，则交易相对人可从登记簿上查知该动产之上的权利负担，出卖人的权利即得到有效保护，但我国实定法上，就一般动产的所有权保留交易，出卖人并无法办理其所保留的所有权登记，其权利保护上的缺憾实为制度供给不足所致。

融资租赁交易中的情形也是如此。[3] 出租人虽然保有租赁物的所有权，但租赁物由承租人占有使用，法定动产公示方法（占有）所公示出来的权利现状与真实的情况并不一致，如此，亦增加了出租人的交易风险。为保全自己的权利，出租人采取了各种方法，如在标的物上加盖烙印、办理动产抵押登记等等，最高人民法院在融资租赁司法解释中均予确认。[4] 但应注意的是，上述"加盖烙印"的方式极易为不诚信的承租人所涂销，而动产抵押登记在工商行政管理部门办理时并不容易，在目前的登记实践中，许多登记机构需要申请人提交主合同、抵押合同以及抵押物的所有权或使用权证书，而融资租赁交易本身并无所谓主合同、抵押合同，实践中出租人为将其所有权登记于动产抵押登记簿，不得不

---

[1] See Michael G. Bridge, Roderick A. Machonald, Ralph L. Simmonds and Catherine Walsh, "Formalism, Functionalism, and Understanding the Law of Secured Transactions", 44 *McGill Law Journal*, pp. 658～659 (1999).

[2] 参见王轶：《所有权保留制度研究》，载梁慧星主编：《民商法论丛》（第6卷），法律出版社1997年版，第593页，以下。

[3] 融资租赁物不以动产为限。本文的论述专指动产融资租赁而言，特此说明。

[4] 参见《最高人民法院关于审理融资租赁合同纠纷案件适用法律问题的解释》第9条。

与承租人又签订主合同、抵押合同等以满足登记的要求，如此，据以办理动产抵押登记的基础交易即为虚假。《最高人民法院关于审理融资租赁合同纠纷案件适用法律问题的解释》第 9 条规定"出租人授权承租人将租赁物抵押给出租人并在登记机关依法办理抵押权登记的"、"第三人与承租人交易时，未按照法律、行政法规、行业或者地区主管部门的规定在相应机构进行融资租赁交易查询的"，第三人不得依据《物权法》第 106 条的规定取得租赁物的所有权或者其他物权。这些规则虽然尊重了实践中在欠缺融资租赁登记公示制度的情况之下的变通做法，[1] 但却缺乏明确的上位法依据，有僭越立法权限之嫌。

如此看来，功能上具有担保作用但并没有被类型化为担保物权的非典型动产担保交易，实有登记的必要。当事人就某项财产主张无明显外观表征的物权之时，即产生了"隐蔽担保"这一古老的问题。[2] 英美法上经由 1601 年 Twyne 案[3]发展起来的"在他人占有财产之上的隐蔽权利无效"的基本规则，历经 400 余年，型塑了整个动产担保法。[4] 为克服占有在动产担保权公示力上的缺陷，法制史的演进逐渐朝向登记方向发展。[5] 学说上认为，登记制度可以有效避免债务人欺诈——债务人未周知每一债权人即在同一财产之上设定后续的担保权，这是真正的隐蔽担保，也是登记制度正当性的基础。[6] 在现代动产担保交易法制中，作为公示手段之一的登记本身并不是目的，而仅仅只是担保权人据以控制交易风险的工具。[7] 准此，在中国民法典编纂之时，虽因无法彻底贯彻功能主义立法方法，将在功能上具有担保作用的非典型动产担保交易均规定于物权编担保物权分编之中，但应就未纳入其中的交易规定登记的对抗效力。本文作者建议，在中国民法典合同法编买卖合同章中规定："所有权保留交易中，出卖人

---

〔1〕 参见最高人民法院民事审判第二庭编著：《最高人民法院关于融资租赁合同司法解释的理解与适用》，人民法院出版社 2014 年版，第 155 页。

〔2〕 See Jonathan C. Lipson, "Secrets and Liens: The End of Notice in Commercial Finance Law", 21*Emory Bankruptcy Developments Journal*, 424 (2004~2005).

〔3〕 Twyne's Case, 3 Coke's Reports 80b (1601). 在该案中债务人 Pierce 将其一群羊让与给债权人 Twyne 作为偿还贷款的担保，但仍然保持占有。另一胜诉债权人就该群羊采取执行措施，由此引发与 Twyne 之间的争议。法院认为，Pierce 与 Twyne 之间的交易构成虚假让与，不得对抗胜诉债权人。该案支持了未移转占有的所有权转让不得对其他债权人主张的观点。该案的简介参见 Anthony Duggan, "A PPSA Registration Primer", 35*Melbourne University Law Review*, 868 (2011).

〔4〕 See Douglas G. Baird, "Notice Filing and the Problem of Ostensible Ownership", 12*Journal of Legal Studies*, 53~54 (1983).

〔5〕 See Harry C. Sigman, "Perfection and Priority of Security Rights", in Horst Eidenmueller, Eva-Maria Kieninger (ed.), *The Future of Secured Credit in Europe*, De Gruyter Recht, 2008, p. 149.

〔6〕 See Peter A. Alces, "Abolish the Article 9 Filing System", 79 *Minnesota Law Review*, 703 (1995).

〔7〕 SeeHarry C. Sigman, "Perfection and Priority of Security Rights", in Horst Eidenmueller, Eva-Maria Kieninger (ed.), *The Future of Secured Credit in Europe*, De Gruyter Recht, 2008, p. 149.

对标的物的所有权应当在统一的动产融资登记公示系统中办理登记。未经登记的，不得对抗第三人，但法律另有规定的除外。"这里将特殊动产所有权保留的公示问题排除于外。在中国民法典合同法编融资租赁合同章中规定："融资租赁交易中，出租人对租赁物的所有权应当在统一的动产融资登记公示系统中办理登记。未经登记的，不得对抗第三人，但法律另有规定的除外。"这里将不动产和特殊动产融资租赁的公示问题排除于外。

### 三、动产融资登记机关之整合

目前，大多数国家依据担保财产的类别、担保人或担保权的性质分设登记机关，[1] 直接影响到了登记资料和数据的整合和编排，增加了交易相对人的征信成本。我国实定法上依担保财产类别分散登记的方式建构动产担保登记制度，各担保登记制之间多采行地方登记制和纸质登记制。这一模式与1995年《担保法》立法之时的社会经济背景相关，其时考虑到了担保财产行政管理的需要，将登记事务视为行政管理职能，使之与行政管理事务相衔接。"确定抵押物登记部门的一个总的原则是，抵押物登记由抵押物的产权管理部门或者证照登记部门负责。"[2] 但时至今日，这一模式的弊端日益显现。其一，分散登记制增加了交易相对人的查询困难。潜在的授信人如欲了解借款人的整体动产担保情况，则需向各登记机关查询。但目前各登记机关的登记规则之间并不统一，各担保权之间的优先顺位尚不确定，增加了担保交易的不确定性。其二，地方登记制更是增加了登记申请人和查询者的登记、查询难度。各担保登记机关主管部门在确定具体登记管辖之时，有的以债务人所在地为据，有的以担保财产所在地为准，就同一担保人而言，担保财产不同，不仅登记机关不同，登记管辖也存在重大差异。其三，纸质化的登记系统不仅带来了登记机关的存档成本，而且增加了查询的时间，由于人工的介入，也增加了登记人员的失误概率。这些都危及担保权效力的确保、公示效果的维持以及交易安全的保障。

在我国，随着行政体制改革的日益深化，对动产担保登记功能的认识也逐渐清晰。动产担保登记的功能在于为市场主体公示、查询相关财产之上的权利负担提供服务，并不确认动产之上担保权的真实存在，无须借助于所谓行政管理职能。就目前的动产担保登记机关而言，有些已不再是行政机关。例如办理应收账款质押登记的机关是中国人民银行征信中心，具体负责的则是中征（天津）动产融资登记服务有限责任公司，在性质上属于国有企业；非企业动产的抵押权登

---

〔1〕 See United Nations Commission on International Trade Law, *UNCITRAL Legislative Guide on Secured Transactions*, United Nations, 2010, pp. 150, 154.

〔2〕 全国人大常委会法制工作委员会民法室编著（孙礼海主编）：《中华人民共和国担保法释义》，法律出版社1995年版，第60页。

记机关是公证部门，而"公证机构是依法设立，不以营利为目的，依法独立行使公证职能、承担民事责任的证明机构"（《公证法》第6条），并不属于国家机关。即使登记机关属于国家机关的，其中也有些并不具有管理担保财产的行政职能，例如，工商行政管理部门虽然是企业、个体工商户等市场主体的监管机关，但并无管理企业动产的职能。如此即出现不属于工商行政管理部门监管范畴的主体所设定的动产抵押权，即无法在工商行政管理部门动产抵押登记簿上登记的情形。[1] 由此可见，以标的物的管理职能而划分动产担保登记系统的做法实有讨论的必要。

比较法上，采行联邦制的美国，商事立法权属于各州。由此，基于州法构建的动产担保登记机关并未实现全国的统一，已广受诟病。[2] "遍布全美且彼此独立的登记机构，实为落后于现代技术发展的例证。"[3]《动产担保交易立法指南》建议，所有的动产担保权应集中在统一的电子化登记系统中进行登记，并提供全天候不间断的登记、查询服务。[4]《欧洲示范民法典草案》起草组认为，应当建立统一的、电子化的登记系统，一体登记动产担保权。现代动产担保法制的发展似乎已经指向与国际标准更为一致的道路，有充分理由认为动产担保统一登记公示将是私法演进的一大原则。[5] 在我国，动产担保登记的统一化也成了金融基础设施建设的重要目标。"考虑到公开及查询动产抵押、权利质押登记信息的便捷、统一、低成本和高效的要求，建议采取互联网的电子登记系统模式，搭建全国统一的登记信息公开平台。"[6]

在中国民法典的立法方法上，就动产担保登记的统一可以采取两种方法。第一种是在民法典中只原则性地规定国家实行动产担保登记制度的统一，具体的统一方法留待其他法律或行政法规去解决。例如，中国社会科学院民法典工作项目组民法典分则立法建议稿规定："国家对动产担保物权实行统一登记制度。统一

---

[1] 在《动产抵押登记办法》第2条之下，企业、个体工商户、农业生产经营者之外主体的动产即无法在工商行政管理部门办理抵押登记。

[2] See, e. g., Peter A. Alice, Abolish the Article 9 Filing System, 79 *Minnesota Law Review* 679 (1995).

[3] Michael I. Spak, "A Modern Proposal: 'Suggested Pefection' —for the 21st Century", 63 *UMKC Law Review*, 79 (1994 –1995).

[4] See United Nations Commission on International Trade Law, *UNCITRAL Legislative Guide on Secured Transactions*, United Nations, 2010, p. 144.

[5] See Ulrich Drobnig, Ole Böger (ed.), *Proprietary Security in Movable Assets*, Oxford University Press, 2015, pp. 437, 433.

[6] 赵洋、杜斌、李庶民（记者）：《全国人大代表林铁钢建议：建立统一的抵质押登记信息公开制度》，载《金融时报》2014年3月3日，第6版。

登记的范围、登记机构和登记办法，由法律、行政法规规定。"[1] 这一处理模式与《物权法》不动产统一登记的方法相当，但这种搁置争议的方法只是推后了问题解决的进程，并没有从根本上解决问题。第二种是在民法典各部分分别规定动产担保登记及其效力，如在物权编抵押权章规定："以交通运输工具或正在建造的船舶、航空器抵押的，在运输工具的登记部门办理抵押登记。""以其他动产抵押的，在统一的动产融资登记公示系统办理登记。"质权章中规定："以上述财产权利出质的，在各该权利的管理或登记部门办理登记。""以其他财产权利出质的，在统一的动产融资登记公示系统中办理登记。"同时明确："统一的动产融资登记公示系统由国务院负责组建。"这里有一些个争议问题需要明确：

第一，如何处理机动车、船舶、航空器等特殊动产的融资登记问题。这些特殊动产的一个共同特点是，基于管理的需要，各国已经构建了相应的登记系统，[2] 其中既登记带有公法性质的内容（例如国籍登记），同时登记所有权和担保物权的变动。就此，国际上的处理模式有三种：其一，尊重既有特殊动产登记制度，统一的动产融资登记公示系统只及于这些特殊动产之外的其他动产，未在特殊动产登记系统中登记公示者，不具有对抗第三人的效力；其二，统合既有登记制度，建立统一的动产融资登记公示系统，涵盖所有动产，未在统一的动产融资登记公示系统中登记公示者，不具有对抗第三人的效力；其三，现有的特殊动产登记系统与统一的动产融资登记公示系统均可登记特殊动产的担保权，但在特殊动产登记系统中公示者，具有优先于在统一的动产融资登记公示系统登记者的效力，不过，在统一的动产融资登记公示系统登记者仍然具有对抗担保人的破产管理人或胜诉债权人的效力。[3]《动产担保交易立法指南》建议采取第三种方案。[4]

我国就此如何取舍涉及法政策选择。从法制史上，特殊动产登记制度之建立，大多基于行政管理、国家安全的考量，并未虑及融资的需要，许多并未采行声明登记制，也未开放供第三人查询。各国实定法之下已经规定或允许特殊动产之上担保权的登记，这些登记系统大多同时登记这些特殊动产的所有权。我国实定法上也是如此，机动车、船舶、航空器、知识产权等的登记制度中均涵盖担保

---

[1] 参见中国社会科学院民法典工作项目组编著：《中国民法典分则立法建议稿》（2017 年 7 月），第 30 页。

[2] See United Nations Commission on International Trade Law, *UNCITRAL Legislative Guide on Secured Transactions*, United Nations, 2010, pp. 119, 150.

[3] See United Nations Commission on International Trade Law, *UNCITRAL Legislative Guide on Secured Transactions*, United Nations, 2010, pp. 119 ~ 121.

[4] See United Nations Commission on International Trade Law, *UNCITRAL Legislative Guide on Secured Transactions*, United Nations, 2010, pp. 143, 144, 230.

登记。制度重建之时首先应予考量的是，是否有必要统一担保登记系统？统一的动产融资登记系统功能有限，仅登载动产融资中的担保权，无法同时起到登记动产所有权移转或其他物权变动的功用。如动产融资登记均在统一的系统中登记，但公法性质的登记（如国籍登记）、非担保交易登记等仍然在个别登记系统中登记，如此，同一特殊动产之上的不同权利现状或负担分别记载于不同的登记系统，增加了交易相对人的征信成本。目前我国登记机关众多，若要采行集中统一登记，记载所有的动产物权变动，将会发生机构、权责的重大改动，兹事体大，集中统一登记尚不是目前的现实选择。[1]

在特殊动产登记系统和统一动产融资登记系统并存的情形之下，是否有必要同时在两个登记系统中登记？《动产担保交易立法指南》建议由当事人自行选择是否在两个登记系统中都登记担保权，不提倡在所有情形下均对同一担保权进行双重登记。在不大可能出现其他担保权人在特殊动产登记系统登记等情形下，担保权人在统一动产融资登记系统中登记即可；在相反的情形下，担保权人有必要在特殊动产登记系统中登记；还有些情形下，担保权人须在两个登记系统中进行登记，例如，最初的担保权在担保人的所有财产之上设定，已在统一动产融资登记系统予以登记，就其中的特殊动产，又在相应的特殊动产登记系统登记中登记。[2] 本文作者认为，如此设计最终的结果必将导向：为控制风险、增加交易的确定性，担保权人在两个登记系统中均予登记，查询者均得检索两个登记系统。但这无疑增加了担保交易的总体成本，降低担保交易的效率。由此，本文作者并不赞成在两个登记系统中登记，特殊动产融资担保应仅在特殊动产登记系统予以登记。

为克服统一动产融资登记系统不登载特殊动产担保权的弊端，使交易相对人一次查询即可知悉特定担保人全部动产的权利现状，应创建两类系统之间的电子链接，在特殊动产登记系统中登记的数据将会自动导入统一动产融资登记系统。[3] 这一系统关联的构想在我国尚存实施上的技术障碍。其一，目前特殊动产登记系统之间存在较大差异，有的基于登记生效主义的立法安排采行文件登记制，如著作权出质登记系统；有的虽然采取登记对抗主义，并未惯行声明登记制的立场，如船舶登记系统。在两大系统协调之时，我国尚需如《动产担保交易立

---

〔1〕 在主要涉及两个职能部门的不动产登记统一过程中，"三定"方案和机构、人员的调整，登记资料的移交和整合，都遇到了非常大的困难。而动产登记的集中统一，至少关涉 15 个职能部门，其统合难度可想而知。

〔2〕 See United Nations Commission on International Trade Law, *UNCITRAL Legislative Guide on Secured Transactions*, United Nations, 2010, p. 168.

〔3〕 See Hugh Beale, Michael Bridge, Louise Gullifer, Eva Lomnicka, *Law of Personal Property Security*, Oxford University Press, 2007, p. 361.

法指南》建议的那样，即使保留特殊动产登记系统，也要对相关法律、法规和规章进行修改，使之符合声明登记制的基本法理。其二，我国特殊动产登记系统采行物的编成主义中登记簿以标的物为基础而编制，而统一动产融资登记系统采取人的编成主义中登记簿以担保人为基础而展开。在将特殊动产登记系统的登记数据导入统一动产融资登记系统之时，需要特殊动产登记系统也同时按照担保人予以编成。其三，特殊动产登记系统中就担保人的登记事项、内容和格式应在声明登记制之下作出与统一动产融资登记系统相同的修改，否则将导致登记数据在导入统一动产融资登记系统时的困难。总之，虽然允许特殊动产登记系统和统一动产融资登记系统并存，但就动产担保登记而言，其基本法理相同，制度内容应作统一化的处理。

第二，如何处理有体动产和权利充任担保财产时的登记统一问题。我国物权法上就有体动产担保依公示方法的不同区分为动产抵押权和动产质权，同时在权利交易准用动产交易规则的法理之下，将大部分权利担保置于质权之下作为其亚类型——权利质权，例外地将用益型权利作为抵押权的标的，成为抵押权的亚类型——权利抵押权。这一体系安排广受批评。[1] 较为典型的体系冲突在于，同为动产担保权且同以登记作为公示方法的动产抵押权、应收账款质权、股权质权、知识产权质权之间，登记在其中的法律意义迥异，对于动产抵押权而言是对抗要件，对于应收账款质权等而言是生效要件。在学理上，登记对抗主义之下，登记系声明登记制，登记簿的记载对查询者而言仅起提示作用，并不表明担保权的真实存在；但在登记生效主义之下，登记奉行文件登记制，登记簿的记载具有推定担保权真实存在的效用。登记制度的设计在两者之间也就存在较大差异。我国动产融资公示登记系统的构建首先涉及的实体法问题是统一登记在动产担保权中的法律意义。

在维系大陆法系"不动产—抵押权 + 动产—质权"的担保物权体系的基础上，我国物权法将公示作为约定担保物权的生效要件，无一例外地对以登记作为公示方法的权利质权采取登记（公示）生效主义，因为同属一章的动产质权、票据质权等虽以占有为公示方法，但采取公示生效主义，这样，在质权章内部取得了统一。但我国却植入具有体系异质性的动产抵押权（登记仅为其对抗要件），直接导致抵押权章和质权章之间就动产担保权的体系冲突，因为，就动产抵押权，公示仅为对抗要件，但无论是动产质权还是权利质权，公示均为生效要件。从以简单高效方式设定担保权、增强确定性和透明度并确立明晰的优先顺位规则的政策目标出发，《动产担保交易立法指南》建议，针对所有类型的动产

---

[1] 参见高圣平：《民法典担保物权的体系重构》，载《法学杂志》2015 年第 6 期，第 38～39 页。

（包括权利），法律均应区分担保权的设定效力与对抗效力，统一采行登记对抗主义，担保权依当事人的合意而设定，但未经登记不得对抗第三人。[1] 这一建议值得中国民法典在编纂时采纳。就我国目前的登记实践而言，应收账款质权虽采用登记生效主义，但应收账款质押登记系统的构建却是在声明登记制之下展开，反而与登记对抗主义相契合。

如此，在中国民法典物权编纂之时，明定权利质权的登记对抗主义，将权利质权纳入统一动产融资登记系统的登记范畴。至于其中知识产权担保是否维系目前的国家版权局、国家知识产权局和国家工商行政管理总局商标局的登记系统，尚值研究。《动产担保交易立法指南知识产权补编》建议知识产权担保权在统一动产融资登记系统登记，如已就某种知识产权构建了专门的知识产权登记系统，也可在该系统中登记。就后者而言，各国在选择专门的知识产权登记系统时，应对本国的知识产权相关法律进行审查，考虑其是否准许在知识产权登记系统中登记担保声明并使其取得对抗第三人的效力。[2] 我国《著作权法》、《专利法》、《商标法》等法律中并未明确登记在知识产权质权设定中的意义，仅有《物权法》中规定了知识产权质权的登记生效主义，尚需修改为登记对抗模式。我国实践中的知识产权登记制度并未有效建立。例如，我国奉行著作权自愿登记制，著作权自作品创作完成之日起即产生，登记在其中并无法律意义。再如，专利证书、登记、公告之间究竟何者对于专利权的生效具有决定性意义，在相关法律规范之间并不明确。如此，将知识产权担保纳入统一动产融资登记系统应无问题，系统中可同时登载知识产权转让、许可使用等。注册商标专用权因登记而生，专利权因公告而生，维系目前的特殊登记系统，亦无不可，但此时应使统一动产融资登记系统与各知识产权公示系统之间相互链接，法理同前。

第三，是否构建基于互联网的完全电子化的登记系统。相关国家的实践经验表明，统一的电子化动产担保登记系统有利于降低担保交易的成本。[3] 在完全电子化的登记系统中，登记由担保权人在线完成，登记程序便捷，登记成本低廉。这一制度为新西兰所首创，[4] 运行良好。登记系统只需少量的维护费用，登记申请人支付的登记费用也较为适当，登记系统运行 6 个月之后即足以支付运

---

〔1〕 See United Nations Commission on International Trade Law, *UNCITRAL Legislative Guide on Secured Transactions*, United Nations, 2010, p. 24.

〔2〕 See United Nations Commission on International Trade Law, *UNCITRAL Legislative Guide on Secured Transactions Supplement on Security Rights in Intellectual Property*, United Nations, 2011, pp. 54~56.

〔3〕 See United Nations Commission on International Trade Law, *UNCITRAL Guide on the Implementation of a Security Rights Registry*, United Nations, 2014, p. 30.

〔4〕 New Zealand Personal Property Security Act 1999.

营成本，此后登记费用降至 3 新西兰元。查询亦可网上进行，费用也相当低廉。[1]《开普敦公约》所构建的登记系统是电子化的，在线即可进入，登记申请的核查、登记本身以及对查询的回复均由计算机自动办理，无需人工干预介入。[2]《欧洲示范民法典草案》倡导构建的欧洲担保物权登记簿也是基于互联网的电子登记系统，其主要政策考量在于降低成本，"以电子方式运行并且可以在网上访问，相比于传统的纸质登记系统，欧洲担保物权登记簿运行更为迅速，成本也更低。"[3]

我国目前已经建立的动产担保登记系统中，仅有应收账款质押登记系统实现了完全电子化，新修改的《动产抵押登记办法》试图借助目前已经上线运行的企业信用信息公示平台实现动产抵押登记的电子化，且采取纸质和电子相结合的混合模式，但这一努力并不成功。[4] 在电子化的自主登记模式下，申请人可以通过计算机终端即时办理动产担保登记，且不受登记机构营业时间的限制，极大地增强了登记的便捷性；同时，申请人通过电子方式直接进行登记，无须登记机构的人工介入，大大降低了登记机构运营的人力成本及其他日常开支，减少了登记机构工作人员从事欺诈或腐败行为的机会，并相应减轻了登记机构对用户的潜在赔偿责任。[5] 在我国目前的社会经济发展现状之下，构建基于互联网的完全电子化登记系统正合时宜。我国互联网技术已广泛运用于金融基础设施建设，在我国目前电力形势良好的背景下，作为主要担保权人的金融机构早已实现计算机化，由其主导的自主登记已惯行于应收账款质押登记实践。即使非金融机构充任担保权人时，亦可经登记成为常用户，在登记系统中自主登记其担保权。对于少量欠缺计算机手段的担保权人，还可借助于遍布全国的登记机关计算机网络自主办理登记。

---

〔1〕 See Hugh Beale, "Secured Transactions", 14 *Juridica International* 102 （2008）.

〔2〕 参见［英］罗伊·古德：《国际航空器融资法律实务——移动设备国际利益公约及航空器设备特定问题议定书正式评述》，高圣平译，法律出版社 2014 年版，第 51 页。

〔3〕 See Ulrich Drobnig, Ole Böger （ed.）, *Proprietary Security in Movable Assets*, Oxford University Press, 2015, p. 464.

〔4〕 参见高圣平：《动产抵押登记的法理——以〈动产抵押登记办法〉的修改为中心》，载《法学》2016 年第 2 期，第 17～20 页。

〔5〕 See United Nations Commission on International Trade Law, *UNCITRAL Guide on the Implementation of a Security Rights Registry*, United Nations, 2014, pp. 32～33.

### 四、声明登记制之下的登记内容和登记程序

（一）声明登记制与文件登记制

在比较法上，担保登记存在文件登记制和声明登记制两种立法例。[1] 在文件登记制之下，当事人除提交登记申请书之外，尚需提交基础交易文件以供登记机关审查，并需在登记簿上填写与基础交易文件一致的事项，以确认登记簿所记载内容的准确性和合法性。在声明登记制之下，当事人仅需提交记载有当事人的身份及担保财产等少量内容的担保声明书，无须提交基础交易文件，登记机关并不详细核查动产担保权的具体内容。

在声明登记制之下，动产担保登记系统不是所有权登记系统，并不记载动产所有权的取得或转让，也不确保声明中具名的担保人就是真正的所有权人。它只是记录担保权人由于未予记录的交易或事件而对声明中所述动产享有或可能享有动产担保权。[2] 在登记系统具有记载所有权功能之时，登记申请人应当提交相关基础文件以供核查，其正当性在于，登记簿的记载被视为所有权和他物权的推定证据。声明登记制并不要求对基础交易文件办理登记，甚至并不要求提交担保文件以供登记机构核查；需要登记的只是一则记载了必要的基本信息的声明，以提醒查询者注意在声明所述财产之上可能存在担保权。

声明登记制克服了文件登记制的弊端且将登记信息维持在最少的内容，降低了成本与管理需要，也有助于登记申请人保守关于其交易细节的商业秘密。[3] 声明登记制的法理基础在于：登记对抗主义之下区分担保权的设定与登记，担保权的设定取决于担保交易当事人的合意，其证据是当事人之间的担保交易文件；登记并不是担保权设定的生效要件，并不具有证明担保权已经设定的功用。换而言之，担保权的设定与登记相互独立，各有其不同的效力，彼此不构成对方的证明，设定担保权并不表明当事人已就担保权办理登记，登记担保权也并不意味着当事人已经设定担保权。如此，在担保合同订立之前或之后，当事人均可登记担保权；在担保人取得担保财产所有权之前或之后，当事人亦可登记担保权。依登记的时间确定担保权的优先顺位，不考虑担保权的设定时间，以提高担保交易的确定性和透明度。

---

[1] See United Nations Commission on International Trade Law, *UNCITRAL Legislative Guide on Secured Transactions*, United Nations, 2010, pp. 151～152；另参见［英］罗伊·古德：《国际航空器融资法律实务——移动设备国际利益公约及航空器设备特定问题议定书正式评述》，高圣平译，法律出版社2014年版，第50页。

[2] See United Nations Commission on International Trade Law, *UNCITRAL Legislative Guide on Secured Transactions*, United Nations, 2010, pp. 151～152.

[3] 参见［英］罗伊·古德：《国际航空器融资法律实务——移动设备国际利益公约及航空器设备特定问题议定书正式评述》，高圣平译，法律出版社2014年版，第50页。

声明登记制由美国首开其端，"《美国统一商法典》的基础就是声明登记制，"[1] 担保权人可以在登记机构登记一份简要的担保声明书以记录其在担保人的特定财产之上的担保权。美国声明登记制的政策目标主要有三个：构建担保权人在竞存担保权之间的确定性；[2] 保护受让人免受担保人虚假陈述和欺诈让与的损害；促进统一的登记公示系统的建立。[3] 学界普遍承认声明登记制是解决隐蔽担保的有效路径，[4] 大多数关于《美国统一商法典》的讨论均集中于如何将登记系统的负担维持在合理的限度之内，从而促进融资交易的开展。[5]

声明登记制自此成为现代动产担保登记的主要特征，被越来越多的国家所承认，《欧洲复兴开发银行动产担保交易示范法》、《亚洲开发银行动产担保登记指南》、《美洲国家组织动产担保交易示范法》、《联合国国际贸易法委员会动产担保交易立法指南》、《欧洲示范民法典草案》、《移动设备国际利益公约》等国际文件纷纷予以支持，声明登记制已然成为动产担保登记的国际趋势。[6] 在英国尽管目前登记系统是电子化的，但仍然要提交纸质文件，尚需公司登记局审查之后才能签发无争议的登记证书。改革建议显示：将改采声明登记制，"登记担保声明而不是担保本身"，电子化的登记将替代纸质登记，不再要求提供担保文件，登记机构不再负责审查登记材料。[7]

我国现行动产担保登记制度，要求除了应收账款质押登记系统和动产抵押登记系统之外均采行文件登记制，要求当事人提交主合同和担保合同，[8] 将之纳入审查范围，不仅有碍高效率登记程序之展开，且有威胁当事人商业秘密之虞，

〔1〕 Douglas Baird, "Notice Filing and the Problem of Ostensible Ownership", 12 *Journal of Legal Studies*, 60, 65（1983）.

〔2〕 See James J. White, "Work and Play in Revising Article 9", 80 *Virginia Law Review*, 2096（1994）.

〔3〕 See Grant Gilmore, *Security Interests in Personal Property*, Little, Brown and Company, 1965, pp. 463 ~ 465.

〔4〕 See Jonathan C. Lipson, "Secrets and Liens: The End of Notice in Commercial Finance Law", 21*Emory Bankruptcy Developments Journal*, 421（2004 ~2005）.

〔5〕 See Douglas Baird, "Notice Filing and the Problem of Ostensible Ownership", 12 *Journal of Legal Studies*, 55（1983）.

〔6〕 See United Nations Commission on International Trade Law, *UNCITRAL Legislative Guide on Secured Transactions*, United Nations, 2010, p. 152.

〔7〕 The Law Commission（England and Wales）, *Company Security Interests*（Presented to the Parliament of the United Kingdom by the Secretary of State for Constitutional Affairs and Lord Chancellor by Command of Her Majesty）, LAW COM No 296, 2005, pp. 4, 8, 49 ~50.

〔8〕 《机动车登记规定》第23条；《中华人民共和国民用航空器权利登记条例》第7条（就基础交易文件仅需提交民用航空器抵押合同）；《中华人民共和国船舶登记办法》第48条、《中华人民共和国渔业船舶登记办法》第27条、《著作权质押登记办法》第6条；《注册商标专用权质权登记程序规定》第4条；《专利权质押登记办法》第7条（就基础交易文件仅需提交专利权质押合同）；《证券质押登记业务实施细则》第4条（就基础交易文件仅需提交经公证的质押合同原件）；等等。

应予统一为声明登记制，只要求当事人提交担保声明书，删除各登记规章中提交基础交易文件的要求。

（二）登记内容与担保权人的回复义务

担保声明书的登记仅在于提醒拟发放担保贷款（有时也可能是大额的信用贷款）的债权人、信贷评估机构等第三人注意相应标的物上可能存在担保负担，以使第三人及时评估交易风险、尽早采取防范措施。[1] 准此，担保声明书的内容应当简单明了，只需达到提醒第三人的目的即可，当事人无须详细描述合同的具体内容。[2] 《美国统一商法典》上规定的登记内容仅包括当事人的身份以及担保财产；《动产担保交易立法指南》倡导的最基本的登记内容包括：当事人的姓名或名称、其他身份识别信息及其地址、担保财产的描述和各国可根据具体情况弹性规定的登记有效期和最高担保债权限额。[3] 《欧洲示范民法典草案》规定的登记内容的最低要求包括：特定的担保人、关于担保财产的最低声明、从财产类型表中指明担保财产所属的种类、经担保人同意并附有担保权人的声明，表明他将承担因错误登记而给担保人或第三人所造成损害的责任；还可以包括以下附加内容：债权人提供的有关担保财产或担保物权内容的补充信息、登记有效期、担保的最高数额。[4]

由于担保说明书并非担保权设定的证明，记载内容简略，并不涵盖所有交易细节，不足以使潜在的交易相对人了解在先交易的全部内容。采行声明登记制的国家大多规定，交易相对人通过担保声明书知悉当事人的身份之后，可进一步通过担保权人了解该笔未尽交易的现状。[5] 在实务中，并不是所有的查询者均需要了解这些信息，他们可能只需要确定相应财产之上是否存在担保负担，经查询如发现存在，即可能不会基于其第二顺位向债务人进一步提供融资，其对具体的交易细节可能并不感兴趣。如其确实想在同一财产上设定第二顺位的担保权，他就得联系担保权人或担保人以确定担保债务的具体数额。通常认为，少量需要了解详细信息的查询者所增加的成本，比起在登记簿上不记载大多数交易不需要的

〔1〕 The Law Commission (England and Wales), *Registration of Security Interests: Company Charges and Property Other than Land* (*A Consultation Paper*), Consultation Paper No 164, 2002, pp. 46~47.

〔2〕 See Peter F. Coogan, "Public Notice Under the Uniform Commercial Code and Other Recent Chattel Security Laws, Including 'Notice Filing'", 47 Iowa Law Review, 317~319 (1962).

〔3〕 See United Nations Commission on International Trade Law, *UNCITRAL Legislative Guide on Secured Transactions*, United Nations, 2010, p. 151.

〔4〕 See Ulrich Drobnig, Ole Böger (ed.), *Proprietary Security in Movable Assets*, Oxford University Press, 2015, pp. 479、486.

〔5〕 See Floyd R. Self, "Secured Transactions Filings Under the Florida Uniform Commercial Code: A Callfor Procedural Notice", 13 *Florida State University Law Review*, 117 (1985~1986).

额外信息所节约的成本，显然后者为高。[1] 在大多数情况下，意欲寻求新的信贷支持的担保人，愿意提供这些详细信息，问题在于，新的信贷提供者并不相信担保人提供了充分、准确的信息，由登记簿上具名的担保权人提供此类信息，在一定程度上可以解决这一问题。在比较法上，向查询者提供了错误信息（如担保债务少于实际数额）的担保权人，不得主张与其提供的信息不一致的权利，但担保权人不一定愿意提供此类信息。《美国统一商法典》规定，担保人可以请求担保权人直接向查询者提供此类信息，未予提供者将受到惩罚。[2]

我国现行动产担保登记制度中，除应收账款质押登记系统之外，均要求登记较多的内容，与声明登记制背道而驰。基于互联网的电子化登记系统之中，在公示的程度和速度、效率之间应当寻求妥适的平衡。即使现代信息技术可资利用，要求担保权人在登记簿中记载担保交易的所有内容，并不符合效率要求。其一，汇集所有相关交易文件需要时间和成本；其二，如相关交易文件没有高度标准化，其中无意的疏漏可能导致登记因不适当而无效。因此，登记一份简要的声明就成了最可能的方案。登记簿中无需记载第三人所需要的全部信息，但确实起到了提醒相应财产之上可能存在担保负担的作用，同时，记载担保权人或其代理人可帮助第三人向其了解其他信息。如此，登记簿只需简单地列明担保人及其创设的担保权，记载担保权人的姓名或名称、地址，并简要描述担保财产。[3]

尚存争议的是是否有必要登记担保债权数额。奉行声明登记制的国家以及相关国际文件均未将担保债权数额纳入登记内容，尚需由该财产之上的物权人或潜在的交易相对人[4]向担保权人去探寻，担保权人有法定义务予以回复。但这一程序设计也受到一些学者的质疑，[5] 在我国是否能够得到实行更值得怀疑。担保权人将其担保权登记于登记簿，理应降低后顺位权利人的征信成本，[6] 如后顺位权利人需要花费更高的成本去探知特定财产之上的权利负担，登记制度的意

〔1〕 See Hugh Beale, Secured Transactions, 14 *Juridica International*, 102 (2008).

〔2〕 UCC § 9 – 210.

〔3〕 See Hugh Beale, Secured Transactions, 14 *Juridica International*, 101 (2008).

〔4〕 各国就有权向担保权人请求披露相应交易细节的人，做了不同的限制，有的仅限于声明中载明的担保财产的物权人，有的扩大至潜在的买受人或担保权人，有的还包括担保人。See United Nations Commission on International Trade Law, *UNCITRAL Guide on the Implementation of a Security Rights Registry*, United Nations, 2014, pp. 23 ~ 24.

〔5〕 See Lynn M. LoPucki, "Computerization of the Article 9 Filing System: Thoughts on Building the Electronic Highway", 55 *Law & Contemporary Problems*, 37 (1992); Todd C. Nelson, "Article Nine Goes Online", 32 *Arizona Attorney*, 35 (1996).

〔6〕 See Robert E. Scott, "The Politics of Article 9", 80 *Virginia Law Review*, 1802 (1994).

义即大为降低。[1] 实际上，登记系统采行基于互联网的电子化系统，为登记担保债权数额提供了技术前提，为了避免担保权人不断回复潜在的交易相对人可能提出的问题，应在登记簿上事先予以记载，如此使得相对人通过一次查询即可了解动产担保交易的基本细节，无须再通过担保权人去探知。虽然这一做法更多地披露了当事人的商业秘密，但确实是在我国目前社会文化背景之下的理性选择。

（三）单方申请模式之下欺诈登记和虚假登记的规制路径

动产担保登记对于其中载明的担保人的融资能力产生重大影响，如登记内容不真实，将直接危及担保人的利益。尽管登记本身并不为所谓担保权人设定担保权，但一旦登记，担保人进一步的融资能力即受到消极影响。同时，不当的登记还可能会毁坏担保人的商誉。声明登记制之下，由担保权人单方自主登记可能引发的主要问题在于登记错误，例如误将未纳入担保交易的财产登记为担保财产。[2]

为防免欺诈登记和虚假登记，比较法上的规制路径有三种：一是采取双方共同申请登记的模式。二是采取单方申请登记模式，但要求单方登记之时应征得对方当事人的书面同意，否则无效。不过，当事人订立担保合同这一事实即构成默示授权。登记机关不应核查登记人是否取得对方当事人的同意。三是采取单方申请登记模式，但担保人可获得担保声明书的副本，如其发现登记内容不真实，即可借由相应程序变更或撤销登记。但担保人获得担保声明书的副本并非登记生效的必经程序。[3]

我国现行动产担保登记制度大多采取双方申请模式，例外的情形仅有应收账款质押登记采取质权人单方申请模式，但采取了登记之前签订并上传登记协议的办法，协议中必须载明由质权人办理质押登记。[4] 值得注意的是，《动产抵押登记办法》虽然规定动产抵押登记可由"抵押合同一方作为代表"办理，但从第4、6、7条所规定的申请文件"抵押合同双方指定代表或者共同委托代理人的身份证明"来看，该人必须是抵押合同双方指定的代表或者共同委托的代理人。由此可见，动产抵押登记仍然是采行双方申请主义。

在登记对抗主义之下，担保合同一经生效，动产担保权即设定，但仅在当事人之间发生效力；唯有额外补充登记公示行为，才能使已经设定的动产担保权产

---

[1] See Jens Hausmann, "The Value of Public – Notice Filing under Uniform Commercial Code Article 9: A Comparison with the German Legal System of Securities in Personal Property", 25 *Georgia Journal of International and Comparative Law*, 432 (1995 ~ 1996).

[2] See Hugh Beale, "Secured Transactions", 14 *Juridica International*, 102 (2008).

[3] See United Nations Commission on International Trade Law, *UNCITRAL Legislative Guide on Secured Transactions*, United Nations, 2010, pp. 176 ~ 183.

[4] 参见《应收账款质押登记办法》第7、8条。

生对抗第三人的效力。如此看来，担保权的登记与担保权的设定无关，当事人同意设定担保权，并不能当然地被解释为同意登记。为了确保登记系统的运行效率，确应承认担保权人单方自主登记，但应采取一定的技术手段防止欺诈登记和虚假登记。登记须经担保人同意是可选路径之一，虽然要求担保权人与担保人之间就登记事项事先达成协议会在一定程度上减缓登记进程，同时要求双方当事人都必须提交内容一致的声明也会产生额外的交易成本，但在诉讼程序之外规定保护担保人的预防性方法仍属必要。[1] 在比较法上，虽然很多实行声明登记制的国家允许不经担保人同意而登记，担保人可以通过请求法院涂销登记以及对不当登记行使损害赔偿请求权而获得保护，但这种保护系以快速高效的诉讼程序保障为前提。我国目前社会信用状况不佳，冗长的诉讼程序已令人望而却步，实难达到这一标准。据此，在统一动产融资登记系统构建之时仍应坚持同意"登记须经担保人同意"这一条件。不过，这一条件的满足可以采取多种方法，上传登记协议或担保人同意登记的声明只是其中一种。担保人可以在登记系统中事先声明，同意某一或某些担保权人（例如其主要的融资提供者）就其财产办理担保登记。[2] 在互联网通讯技术高度发展的今天，担保权人也可以在提交登记申请之前取得担保人的电子签名。[3]

## 五、结语

工商业迅速发展导致交易的信用扩张，中小企业的融资需求难以经由直接吸引股东投资加以解决，端赖于借款等间接金融手段。根据实证调查，"较优的担保交易法就意味着较少的违约及更多的信贷"，[4] 因此，动产担保交易法制的现代化，与经济发展息息相关。"增进动产担保权的确定性和透明度是现代担保交易制度的关键目标之一。就实现这一目标而言，最核心者莫过于建立声明登记制度。"[5] 声明登记制在交易安全和效率之间取得了较好的平衡。担保权人无须提交基础交易文件，只需填写内容极少的担保声明书，即可直接在线自主登记，登记内容的真实性和合法性全由当事人自行判断，登记机关几无审查责任。如此，既增加了交易的透明度，提高了交易的效率，也在一定程度上维护了交易的安

---

〔1〕 See Ulrich Drobnig, Ole Böger（ed.）, *Proprietary Security in Movable Assets*, Oxford University Press, 2015, pp. 490~491.

〔2〕 See Ulrich Drobnig, Ole Böger（ed.）, *Proprietary Security in Movable Assets*, Oxford University Press, 2015, p. 492.

〔3〕 See Hugh Beale, "Secured Transactions", 14 *Juridica International*, 102（2008）.

〔4〕 World Bank Group, *Secured Transactions Systems and Collateral Registries*, International Finance Corporation, 2010, p. 8.

〔5〕 See United Nations Commission on International Trade Law, *UNCITRAL Legislative Guide on Secured Transactions*, United Nations, 2010, p. 149.

全。我国现行动产担保登记制度多为文件登记制下的纸质登记系统，登记程序的展开费时费力，虽然在一定程度上维护了交易安全，但却与日益频繁的动产交易的效率需求相悖，实有重构的必要。

# 信托抑或融资融券：结构化信托的法律关系性质研究

马荣伟*

摘要：结构化信托是结构化金融的一种，产品创新活跃，交易关系较为复杂。对其内部法律关系的审视，不应机械地理解民商事法律规定和理论，应考虑其金融机构的性质，名实正确区分，以商事思维看待交易关系和解释合同，鼓励创新，从而保护金融消费者利益，促进金融市场健康发展。

关键词：结构化信托法律关系；名实商事思维

随着近十年居民收入的快速增加，居民对专业财富管理的需求日益强烈，这些需求带动了信托业的快速发展。信托计划作为极具灵活性的投融资工具，集中体现了信托制度的灵活性和量身定制的特点。特别是结构化信托作为集合信托产品的特殊形式，将风险分级，从而满足不同投资者不同的投资需求，得到投资者的广泛认可，也被广泛应用于证券投资、股权投资和实业投资中。

实务中，信托公司一般均严格按照合同法以及监管规定，通过一系列合同对结构化信托产品参与主体的权利和义务进行了约定。因此，长期以来业内对结构化信托产品的法律性质以及参与主体之间的法律关系的合法性和有效性并无怀疑。但是，2015 年 6、7 月份的股灾，大量投资者通过结构化信托进行融资抑或配资，投入股市，并在股灾中助涨助跌，导致了监管对配资的清理，从而进一步把伞型信托、结构化信托推到风口浪尖。信托公司在这次股灾中根据协议约定对结构化信托产品进行的清仓，导致了投资者的损失。结构化信托这个在信托业界看来法律关系和性质都非常清晰的产品模式，也由此引起了法律争议，有些还被诉诸司法机关。

为使本文的研究对象更为具体，笔者拟借助实际案例对结构化信托法律性质进行分析和思考，试图厘清其法律属性，为信托实践和司法裁判提供参考。

---

* 马荣伟，男，昆仑信托有限责任公司监事、法律合规部总经理，天津排放权交易所董事，中国人民大学法学院博士研究生，哈佛大学法学院东亚法律研究中心访问学者。

## 一、案例[1]引入与问题提出

### （一）案例引入

2015 年 5 月 25 日，投资人李某与某信托公司签订了信托合同设立结构化信托计划。其中，李某作为一般受益人出资 2000 万，信托公司作为优先受益人按照 1：2.5 的比例出资 5000 万，优先受益人享受固定收益分配但没有管理权。信托计划成立后，李某委托受托人将募集资金 7000 万元资金投入股市。同年 5 月 28 日起，根据李某指令，信托计划陆续买入中关村、海越股份和开创国际三只股票。6 月 15 日以后，大盘急转直下，李某买的三只股票里，除了开创国际于 6 月 5 日起停牌，另外两只都没能躲过这次股灾，损失惨重。同年 6 月 29 日至 7 月 1 日，由于账户资金已到达止损线，信托公司对李某持有的股票（停牌的除外）进行了止损、变现操作，经过清算和分配，李某投入的 2000 万本金只剩下 36 万余元。

李某因此向法院提起诉讼，要求判令双方签订的信托合同系无效合同；判令被告立即返还清算分配后的剩余资金及利息损失；确认被告名下证券账户内的股票及其产生的红利等孳息归原告所有，并判令被告将涉诉股票变更登记至原告指定的证券账户；判令被告返还已扣取的管理费及收益；判令被告赔偿投资股票损失等共计 1110.8 万余元。

李某委托的律师认为，李某和信托公司之间的关系为信托公司出借资金供其用于股票交易，名为信托，但实质系融资融券交易法律关系。按照法律规定，信托公司并不具备融资融券交易的特许经营资格，所以信托公司和李某签订的合同自然也是无效的。信托公司借信托之名搞融资融券，是以合法形式掩盖非法目的。

对此，信托公司则认为，信托公司和李某之间的法律关系是营业信托法律关系，原告律师对基础法律关系的界定是完全错误的。

### （二）问题的提出

从以上案例可以看出，结构化信托法律关系性质的认定是本案的关键所在，直接关系到当事人的权利义务的负担。结构化金融一般内嵌固定收益、金融衍生工具，既是融资工具也是投资工具，本身就是比较复杂的金融产品，结构化信托亦然。从法律上而言，结构化信托产品一般会运用多种金融工具，内部存在不同的参与者，因此，法律关系不仅具有复数性，也会因为运用金融工具的不同而呈现出多样性和相似性，甚至资金投向的不同也会对法律关系的性质产生影响。以投资方向为证券的结构化资金信托为例，其可能会呈现出信托、融资融券、借

---

[1] 资料来源于《都市快报》，2015 年 10 月 13 日，第 2 版。

贷、担保、委托人共同投资、受托人受托投资等不同的法律关系特征，因对法律关系性质的不同认识而陷入争议也在所难免。因此，正确认识结构化信托法律关系的性质对投资者的保护、行业的健康发展就显得尤为重要。

## 二、结构化信托：结构化技术嵌入的信托

### （一）结构化金融

结构化信托属于结构化金融，在金融实践中，结构化金融或融资在投资银行实践中经常使用，也一直处于金融创新的前沿。由于语境或方向不同，名称也各异，例如，有称其为结构化金融产品（structured products）[1]、结构性融资[2]或结构融资[3]（Strcuctured financing），有的甚至直接把资产证券化等同于结构化金融[4]。结构化金融本身较为复杂，涉及的法律关系各色各样，并没有一个公认的定义，更未从法律上试图对其进行定义。为了便于理解和分析结构化信托，本文参阅有关文献，对结构化金融相关的概念作出介绍：

第一，所谓结构化金融产品，是指将固定收益证券的特征（例如，固定利率债券）与衍生交易（例如，期权合约或期货合约）特征融为一体的一类新型金融产品。[5]

第二，结构性融资的"结构性"，源于两个方面的原因：其一，从交易模式上看，结构性融资交易是"构造"的过程，即借由"资产分割"的方式，将拥有未来现金流的特定资产剥离出来，并以特定资产为标的进行融资；其二，结构性是相对于整体性而言的。[6]

第三，基于对资本市场参与者的调查，法博齐（Fabozzi，Davis，Choudhry，2006）等人给结构化金融的一个非正式定义：（结构化金融）是当资产拥有者或融资发起人在融资规模、流动性、风险转移等方面的融资需求无法由现有金融产品或工具满足时所引入一种金融工具。[7]

第四，关于结构化金融的特征，国际清算银行（BIS）2005年的一份报告中

---

[1] 刘莉亚、邵斌编著：《结构化金融产品》，上海财经大学出版社 2005 年版，第 1 页。

[2] 张晓凌：《美国资产证券化法律问题研究》，中国商务出版社 2012 年版，第 1 页。

[3] ［美］Tamar Frankel 著，潘攀译：《证券化》（译者将本书的副标题译为美国结构融资的法律制度），法律出版社 2009 年版，第 1 页。

[4] ［美］Frank J. Fabozzi 和 Vinod Kothari 著，宋光辉等译：《资产证券化导论》，机械工业出版社 2015 年版，第 3 页，"正如伦普金（Lumpkin，1999，p. 1）所述：最近（资产证券化）这一术语被用来指代所谓的'结构化金融'"。

[5] 刘莉亚、邵斌编著：见前注，第 1 页。

[6] 张晓凌：见前注，第 1 页。

[7] ［美］Frank J. Fabozzi 和 Vinod Kothari 著，宋光辉等译：见前注，第 3 页。该书的译者根据自己的理解，认为结构化金融是"通过从整体中分割除部分，或将同质性的整体分级成具有不同特征的部分，以实现多样化的满足融资及投资需求的一种创新性金融技术或手段。"

总结了三大关键特征：①资产汇集（基于现金流的资产或合成创造的资产）；②由资产池支持的负债结构化分级（这一特征将结构化金融与传统"过手型"结构的证券化区分开来）；③将资产池信用风险与发起人信用风险隔离，通常是通过有限存续和独立的特殊目的载体（SPV）实现的（BIS，2005，P5）。[1]

根据上述对结构化金融的介绍，可以看出定义1描述的结构化金融的内容较为全面；定义2、3主要是把结构化当做一种金融技术在描述；关于定义4，笔者认为仍是以资产证券化为蓝本来描述结构化金融，但结构化金融也不一定必须通过特殊目的载体来实现，因此难免容易将其与资产证券化混为一谈。应该说结构化金融更多的是强调一种技术，资产不同、对象不同，内容和特征也会不同，因此很难给结构化金融下一个全面且准确的定义，这是事实。但根据上述分析，我认为可以对结构化金融作以下认识：

第一，结构性是其主要的特征，该产品内部包含不同的部分，可以是收益的分级，也可以是投资标的不同等等，并由这些不同的部分构成整个金融产品。

第二，结构化金融产品大多都会有一定的杠杆，内部都或多或少有衍生金融产品的特征；

第三，在结构化金融产品中，结构化通常是作为一种金融工具或技术存在，通过结构化这种工具或技术来重新调整和分配风险，来设计金融产品；

第四，资产证券化是结构化金融的主要形式，但并非全部，结构化金融内容庞杂，只要是使用结构化技术设计的产品，都可以称之为结构化金融。例如，项目融资、分级基金、结构性债券、结构性存款、有限合伙[2]、优先股普通股以及挂钩利率、汇率、商品的各种金融产品等都可以称为结构化金融产品；

第五，结构化的设计在产品内部创造了不同的风险单元或者投资对象，从而使结构化金融产品的内外部关系变得具有多样性，也更加复杂；

第六，结构化融资是从借款人角度来命名的，结构化金融产品则是从投资者或者金融机构的角度来描述的，二者并无区别。

（二）结构化信托的概念和特征

我国最早的结构化信托产品是2005年由上海国际信托投资公司推出的"蓝宝石"系列结构化证券投资信托产品，蓝宝石系列结构化信托产品采取了"优先/一般（劣后）"法律结构，这是该类信托产品的一个鲜明特征。随后许多信托公司也开始推出结构化信托产品，而且对结构化信托产品进行了创新，如将优

---

〔1〕 转引自［美］Frank J. Fabozzi 和 Vinod Kothari 著，宋光辉等译：见前注，第3页。

〔2〕 合伙企业也是一种投资工具，根据合伙企业法规定设立的有限合伙企业，存在有普通合伙人和有限合伙人，甚至在实践中，还将有限合伙人按照优先级和劣后级进行区分，其实质上也是一种结构化金融。

先受益权资金由普通投资者个人资金扩大到银行理财资金；结构化信托产品由资金信托扩大到财产信托；资金投向也从证券产品扩大到房地产、工商企业等领域。2015 年信托公司通过伞形信托的模式，下挂若干结构化子信托，结合所谓的配资模式投资股市，将结构化信托推向了极致，引起了监管机构和社会极大关注。

在我国的信托业实践中，结构化信托产品相对于国际上复杂的结构化金融产品则较为简单，基本上都是针对风险和收益进行结构化设计的。关于结构化信托的定义，我国《信托法》并未做出明确规定。只是在中国银监会《关于加强信托公司结构化信托业务监管有关问题的通知》（银监通［2010］2 号）中对结构化信托业务作出定义，即"结构化信托业务是指信托公司根据投资者不同的风险偏好对信托受益权进行分层配置，按照分层配置中的优先与劣后安排进行收益分配，使具有不同风险承担能力和意愿的投资者通过投资不同层级的受益权来获取不同的收益并承担相应风险的集合资金信托业务。"由此规定可见，我国现行监管文件中将结构化信托定位为集合资金信托业务。但是该概念并非严谨的法律定义，也没有完全涵盖目前金融实践中的其他结构化信托产品以及将来结构化信托的创新。例如，实践中也将结构化信托运用于财产和资金混合在一起的信托计划，即优先级以资金交付信托，劣后级以财产或权益交付信托，并非完全意义上的资金信托；结构化信托也不一定必须是集合资金信托，例如，委托人设立单一资金信托，并指定两个以上的信托受益人，每一个受益人按不同的分配原则获得信托收益，这种也是结构化信托；再者，在一个信托内部，并不对受益人按照风险进行分层设置，但是对资金投向进行不同安排，一部分投资固定收益产品，另一部分挂钩期货、商品以及利率、汇率等产品，来获得浮动的收益，这也是一种结构化信托。总之，只要是利用结构化技术设计的信托产品均可以称之为结构化信托。

结构化的对象超出想象，可以是金融领域中的任何一种事物。例如，可以是对资产（如资产分割进行证券化）结构化设计，可以是对风险和收益进行优先劣后结构化，也可以是对不同基础金融产品的组合，甚至可以是对参与人进行不同的结构化安排等等，不胜枚举。因此，给结构化信托做一个严谨的定义是非常困难的。但是，不管是结构化金融还是结构化信托，其基本原理无非是利用结构化技术或工具对产品进行设计的过程和结果。

鉴于结构化金融的复杂性、多样性，本文仅结合案例以及目前国内信托业实践对结构化信托进行研究和分析，因此，本文部分接受中国银监会在《关于加强信托公司结构化信托业务监管有关问题的通知》（银监通［2010］2 号）中对结构化信托作出定义，但不认为其仅限于资金信托。

关于结构化信托的特征，有学者总结为三个方面，即属于集合资金信托计划的一种，具有集合资金信托计划的所有特征；信托受益权分层设计；具有高度灵活性。[1] 对于上述描述，笔者认为并不准确和全面，例如高度的灵活性并不是结构化信托独有的特征，将结构化信托限于资金信托也不符合客观事实。

参考银监会关于结构化信托业务的定义，笔者认为结构化信托主要有如下特征：一是结构化信托至少有两个委托人或受益人，具有集合性；二是信托受益权根据风险不同进行优先与劣后的结构化设计；三是劣后对优先具有一定的担保功能，如果发生投资损失，劣后级受益人要以自己的本金为限对优先级受益人的本金和收益进行担保；四是具有金融衍生品杠杆性的特点，优先和劣后一般按比例投入资金，优先级受益人一般获得固定收益，劣后级受益人获得不确定的收益，实际上起到了劣后资金撬动优先资金进行投资的杠杆效果。

**三、结构化信托法律关系分析**

结构化信托是通过结构化的技术手段，将原本简单的基础信托产品进行重新设计或重组而成，或者在信托中嵌入金融衍生或者其它金融投资工具的信托产品。因此，在结构化的过程中，一定会产生比简单信托产品的法律关系更为复杂的法律关系，这些法律关系性质的确定，也一定会影响该法律关系主体的权利和义务。为研究方便，本文拟以结构化证券集合资金信托为主，其它类型的结构化信托为辅进行分析。

（一）结构化信托的交易结构与基本原理

结构化信托产品是信托公司根据投资者不同的风险偏好，对信托受益权进行分层，根据分层中的优先与劣后安排进行收益分配，从而使得具有不同的风险承受能力的投资者通过投资不同层级的信托受益权来获取不同的收益并承担其相应的风险。其中，享有优先受益权的投资者被称为优先受益人，享有劣后受益权的投资者被称为劣后受益人。

结构化信托的交易结构如下：

---

[1] 周小明：《信托制度：法理和实务》，中国法制出版社 2012 年版，第 444~445 页。

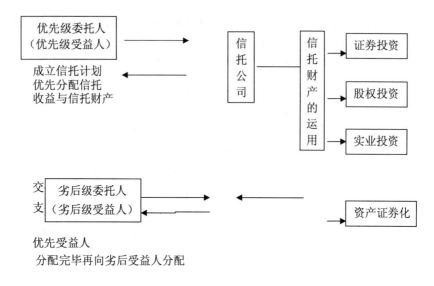

**结构化信托的交易结构图**

结构化信托对受益权进行分层设计后，优先受益权与一般受益权虽然利益上均与信托财产密切相关，但前者与信托财产价值变化的关系弱化，后者得到强化。当信托财产净值上升达到一定临界值后，优先受益权的收益与信托财产价值变化无关，而一般受益权的权益开始加速上升；反之，当信托财产净值下跌接近零后，优先受益权与一般受益权均损失了全部本金。也即优先受益权的收益结构是"上升有限，在一定区间，本金相对有保障"，而一般受益权的收益结构是"上升无限，下跌无限"，这类似于在结构化信托产品内部做了一笔期权交易，优先级信托委托人向一般受益权人出售了一笔看涨期权，收取的期权费即为收取的固定收益，而一般受益权委托人支付期权费，获得了看涨期权。[1]

通过上述分析可以看出，在结构化信托产品设计中，优先受益权信托资金与一般受益权信托资金的比例大小、基础资产的流动性及保值增值能力大小、是否有外部增信成为是否能够切实保障优先受益权委托人的重要因素。

（二）结构化信托中的法律关系

根据我国《信托法》第3条的规定，信托当事人包括委托人、受托人和受益人，[2] 在一般的信托中，委托人和受托人是信托关系，委托人基于对受托人的信任，将财产权转移给受托人，受托人按照委托人的意愿以自己的名义，对受益

---

〔1〕 参见石谦:《我国结构化信托产品现状及发展研究》，载《云南大学》2010 年，第 18～19 页。

〔2〕 《信托法》第 3 条:委托人、受托人、受益人（以下统称信托当事人）在中华人民共和国境内进行民事、营业、公益信托活动，适用本法。

人的利益，进行管理和处分。[1] 应该说信托当事人受托人之间的关系比较明确，本文不赘述。根据本文案例以及结构化证券集合资金信托的交易结构，经由结构化，信托受益人被分成了优先和劣后，再加上投向的特殊性，法律关系因此变得比较复杂。这种复杂性主要体现在劣后级受益人与受托人之间的关系、优先级受益人和劣后级受益人的关系等方面。如前文案例，劣后级受益人李某委托的律师认为，李某和信托公司之间的关系为信托公司出借资金供其用于股票交易，名为信托实为融资融券交易法律关系。而信托公司则认为，信托公司和李某之间的法律关系是营业信托法律关系。那究竟为何种法律关系呢？

1. 证券结构化信托 ≠ 融资融券

融资融券又称保证金交易、信用交易，是指证券公司出借资金给客户，以供其买入证券，或者出借证券供其卖出的营业活动，这种信用交易是以担保物作为信用基础的。融资融券交易具有信托的特征。[2]

第一，结构化信托与融资融券都采用信托结构。结构化信托中优先受益权客户和劣后受益权客户是委托人，受托人是信托公司，受益人包括优先受益权客户和劣后受益权客户。信托财产为优先受益权客户和劣后级信托客户委托的信托资金。信托财产由受托人按委托人的意愿以自己的名义，根据受益人的利益或者特定目的，进行管理或者处分的行为。而在融资融券管理办法中，虽然没有直接规定证券公司融资融券业务适用信托制度，但通过信托财产的规定，使得信托制度在证券公司融资融券业务中得到了适用。根据证券公司融资融券管理办法的规定，在证券公司和客户之间存在特定目的信托法律关系。委托人是客户；受托人是证券公司；受益人有两个，一个是证券公司，一个是委托人；信托财产是证券公司客户信用交易担保证券账户内的证券和客户信用交易担保资金账户内的资金；特定目的是为证券公司因融资融券所生对客户债权提供担保。在这种特定目的信托中，信托财产表现为证券公司以自己名义在证券登记结算机构开立的"客户信用交易担保证券账户中的证券"和证券公司以自己名义在商业银行开立的"客户信用交易担保资金账户内的资金"。因此，信托财产是确定的。这符合我

---

[1] 《信托法》第 2 条："本法所称信托，是指委托人基于对受托人的信任，将其财产权委托给受托人，由受托人按委托人的意愿以自己的名义，为受益人的利益或者特定目的，进行管理或者处分的行为。"

[2] 胡毕军，柴艳：《我国融资融券交易的法律问题探析》，载《河北法学》2009 年第 6 期；楼建波：《化解我国融资融券交易担保困境的路径选择》，载《法学》2008 年第 11 期；朱大旗，姜资含：《我国融资融券担保制度法律分析——以"信托构造"为视角》，载《辽宁师范大学学报》（社会科学版）2015 年第 1 期；董新义：《论融资融券交易担保机制的信托化构造》，载《金融服务法评论（第七卷）》，法律出版社 2015 年第 1 版，上述文章均从担保的角度，比较分析了融资融券交易担保制度和信托、让与担保制度的区分和联系。

国信托法关于"信托财产与委托人未设立信托的其他财产相区别","信托财产与属于受托人所有的财产(以下简称固有财产)"的规定。

第二,在结构化信托尤其是证券投资结构化信托的实践中,受益人都是积极的信托关系参与者。在证券投资结构化信托中,劣后受益人负有积极管理信托财产的责任,通过向信托公司发指令来买入或者卖出证券,以实现信托财产的收益。而在融资融券业务中,客户即受益人之一也需要积极管理信托财产,买入或者卖出证券,以实现信托财产的收益。

第三,在结构化信托中,劣后受益权客户将资金所有权移转给了信托公司,作为信托公司向优先受益权客户融资债权的担保。而融资融券监管规章下的担保安排,即客户将担保品所有权转给证券公司,作为证券公司融资或者融券债权的担保。将证券公司设为信托关系中的受托人,正是为了让证券公司取得担保品所有权。[1]

第四,信托公司和证券公司对股票质押品均有强制平仓的权利。在证券投资结构化信托业务中,当股票交易账户总资产接近或低于平仓线时,资金持有方会限制账户交易,并通知操盘方补足本金,否则资金持有方就会强制卖出账户股票,以保证其配资资金的安全。而在融资融券业务中,《证券公司股票质押贷款管理办法》规定,贷款银行在作为质押品的股票市值下跌超过平仓线时,可以强制平仓,卖出股票,直接归还贷款。

融资融券业务与结构化信托业务也有显著的区别。一是机构主体的职责不同。在结构化信托业务中,受托人(信托公司)对信托财产有积极管理的职责,以维护或最大化实现受益人的利益。但是在融资融券业务中,证券公司作为受托人仅仅消极地持有信托财产,其所享有的是担保权益,仅在特定情形下有权处分作为担保品的信托财产。

二是设立目的不同。融资融券业务目的在于解决担保问题和提高杠杆,结构化信托并非如此。这在融资融券业务与非证券投资类结构化信托业务相比区别更加显著,在非证券投资结构化信托中,将信托受益权分层设置为优先信托受益权和劣后信托受益权,往往是为了规避合规性监管。例如采用优先/劣后结构化设计的财产权信托在很大程度上目的在于规避监管的同时满足融资方的融资需求。如昆山纯高财产权信托的设计目的即是为了规避对信托公司净资本的一般性监管

〔1〕 邱永红:《我国现行融资融券担保制度的法律困境与解决思路》,载《证券市场导报》2007 年第 3 期。

和房地产信托的特别监管。[1]

2. 结构化信托是营业信托抑或商事信托

我国信托法中并没有营业信托的明确规定，但在理论和实践中，经常会提及营业信托，例如，安信信托诉昆山纯高一案以及前文所引案例，不管当事人，还是法院，均按照营业信托来进行诉讼。那么何为营业信托？在理论上，依受托人是否以承受信托为营业，信托可分为营业信托与非营业信托。所谓营业信托，又称商事信托，除应适用信托法的规定外，尚应适用信托业法及其他相关特别法的规定，至于非营业信托又称民事信托，原则上适用信托法与民法的规定。[2]

营业信托以营利为目的，对从事营业信托的主体有特殊的要求，必须是依法设立的、取得经营牌照的法人机构才可为之。例如，目前经银监会批准设立的信托公司，以及按照证券投资基金法设立的基金公司均是营业信托的主体。因此，根据信托法关于信托的定义，营业信托法律关系可以理解为信托公司基于委托人的信任，将财产权委托给信托公司，信托公司以营利为目的并收取报酬，以受托人的身份承诺信托和处理信托事务而形成的法律关系。本案中，结构化信托作为信托公司根据信托法和监管规则开发的一种产品，面向合格投资者销售。信托公司则以营利为目的并收取信托报酬，以受托人的名义，管理和处分受托资金。信托公司从事该项业务，是基于信托法和银行业监管机关的许可和监管，虽然无论是功能还是运作上都与融资融券法律关系有类似之处，但在区分法律关系方面，应以其依据的法律而不是其功能为考量依据，因此，本案中争议的法律关系应认定为营业信托法律关系。

3. 优先与劣后：横看成岭侧成峰。

在非结构化集合信托中，作为受益人的地位和权利义务是较为明确的，即均为平等的共同受益人。但在结构化信托中，对受益人进行优先和劣后的结构化安排后，受益人之间的关系又呈现出担保、借贷、共同投资等法律关系的特征。

在本文的案例中，李某作为委托人与受托人某信托公司签订信托合同设立结构化证券集合资金信托计划。其中，李某出资 2000 万作为一般受益权（劣后受益权）信托资金，信托公司按照 1：2.5 的比例提供 5000 万作为优先受益权信托

---

[1] 显然，信托公司通过把本应归类为房地产融资的资金信托伪装成财产权信托，在计算风险资本系数时，将该财产权信托归为事务管理类信托，再基于不同业务的净资本监管体系从中套利。就房地产信托的特别监管而言，由于房地产信托产品一直是信托公司的主要业务类型和收入来源，房地产行业的高增长和高利润率支撑信托行业的迅速发展和高收益。然而，银监会办公厅《关于信托公司房地产信托业务风险揭示的通知》要求信托公司向房地产开发项目发放贷款，要满足"四证"齐全、开发商或其控股股东具备二级资质、项目资本金比例达到国家最低要求等。昆山纯高作为融资方并不具有二级资质，结构化的设计模式使其规避了这个特别监管。

[2] 赖源河、王志诚：《现代信托法论》（增订三版），中国政法大学出版社 2002 年版，第 39 页。

资金设立信托计划。在这个交易里，李某和信托公司有四层意思表示：

第一，委托的意思表示。李某作为委托人，将资金委托给信托公司，信托公司则以自己的名义，为委托人（受益人）的利益管理资金。

第二，共同投资的意思表示。李某和信托公司作为信托计划的委托人，共同投资该集合资金信托，获得资金收益，是其真实意思，根据这个意思表示，他们之间构成共同投资共同受益的关系。

第三，借贷的意思表示。结构化信托与借贷有相似之处。在该信托计划中，李某出资 2000 万，信托公司出资 5000 万，交由信托计划投资股市。由于信托公司获得的是固定收益，并不享有投资股票上涨的收益和下跌的损失，收益和损失均有李某享有和承担，实质上是李某以某个固定利率向信托公司借了 5000 万进行证券投资，而李某也明确意识到这一点。

第四，担保的意思表示。李某和信托公司之所以选择采用结构化信托的模式，还有一层真实的意思是信托公司不愿意过度承担证券市场风险，而只愿意提供资金并获得固定收益。李某则愿意接受较高的风险，放大自己的资金杠杆，获得高于优先级受益人的收益。二者的这种风险偏好或矛盾就通过优先劣后的结构化设计来实现，分层在前的受益权人由分层在后的受益权人的信托单位作为风险屏障，即李某作为劣后级受益人，愿意劣后于信托公司获得收益，如果信托计划发生亏损，愿意用自己投入到信托计划的本金来兑付优先受益人的本金和收益，直至自己的本金损失殆尽，即李某交付给信托计划的资金及收益实际上起到了一定程度的担保作用。

关于担保的意思表示，在非证券类结构化集合信托中表现更为明显。以实践中较为常见的房地产类集合信托为例。该类信托一般的设计架构为，融资方（一般为房地产公司）作为劣后级受益人[1]，以其持有的动产、不动产、股权、债权或者权益参与信托计划，一旦融资方（劣后级受益人）不能按期归还本金利息，导致受托人（信托公司）无法向优先级受益人兑付，则由受托人（信托公司）处置上述资产或权益后，向优先受益人兑付本金利息。如果融资方（劣后受益人）按期归还本金利息，项目正常结束，则由受托人（信托公司）采用信托清算的方式，向优先受益人以现金形式分配，向融资方（劣后受益人）原状分配资产或权益，从而结束信托计划。

上述结构化信托模式设计的直接动机就是担保优先级受益人的资金安全。由于融资方（劣后受益人）提供了物或权利作为标的，并有明确的担保意思表示，

---

[1] 这里的劣后级受益人也可以是融资方指定的其他人，以其持有的动产、不动产、股权、债权或者权益参与信托计划。

实际上在产品内部构成了担保；但该担保不符合抵押或者质押的构成要件，不属于法定担保方式，而是一种让与担保，在金融业务实践中，被称为信托型担保。在大陆法系，当事人为达成一定的经济目的，而作成超过其目的的法律关系的法律行为称为信托行为[1] 让与担保被视为信托运作的一种方式，但即使没有信托公司参与的让与担保，仍称为信托型担保或者担保信托[2]

上述共同投资、借贷、担保的意思表示均为信托当事人的真实意思表示。所谓的意思表示，是指向外部表明意欲发生一定私法上效果之意思的行为。意思表示中的"意思"是指设立、变更、终止民事法律关系的内心意图[3]。只要不违反法律规定，法律均尊重当事人的这种意思表示的自由。但是，一旦起纠纷，又该以何种法律关系为准？

**四、万花筒的颜色：结构化信托中的法律关系认定**

如前文分析，在结构化证券集合资金信托中，当事人一个行为含有若干真实的意思表示，并产生多重功效，实现多重目的。在信托内部，优先级受益人和劣后级受益人是共同委托人也是共同受益人[4]的关系，同时又有担保和借贷关系的特征。如果受托人同时是优先级受益人，相当于受托人为劣后级受益人融资购入证券，这种关系又类似于融资融券关系。鉴于受托人信托公司的身份，其从事的业务系经许可，按照信托法开展的信托业务，因此，整个信托计划是一种营业信托的关系。

一个金融产品内部存在若干法律关系，这个现象不仅存在于结构化信托中，也存在于很多金融产品中。实践中，金融产品大都不是一个合同，而是由一系列合同构成的。特别是在金融创新中，出于商业利益、规避监管或者法律的需要，一个金融创新往往是由多个金融机构共同参与，跨越若干金融市场完成的，有时法律关系表现得异常复杂，甚至存在出于规避监管的需要，人为地模糊并复杂化交易关系的情况。因此，一个交易行为中，在若干意思表示，一堆法律关系需要对号入座的情况下，司法机关如何选择直接关系到当事人的经济利益，更关系到金融创新的成败。根据上述分析和金融实践，本文认为在认定法律关系性质时，需要从以下三个方面分析确定。

第一，金融机构类别、金融产品适用的法律和监管政策。在我国，最初讲金

---

[1] 王泽鉴：《民法总则》，北京大学出版社 2009 年版，第 291 页。

[2] 李世刚：《法国担保法改革》，法律出版社 2011 年版，第 194 页。

[3] 参见胡长清：《中国民法总论》上册，商务印书馆 1935 年版，第 233 页。

[4] 依据信托目的的性质不同，可以将信托区分为私益信托和公益信托。私益信托又依据委托人与受益人是否为同一人，划分为自益信托和他益信托两个类型，自益信托是委托人以自己为唯一受益人设立的信托，他益信托是指委托人不以自己为受益人而以其他人、或与其他人以为受益人设立的信托。目前市场上的营业信托，例如，证券集合资金信托基本都是自益信托。

融是指通过中介以借贷形式所进行的资金融通。然而伴随着货币与信用相互渗透并逐步形成一个新的金融范畴的过程，金融的范畴也同时向投资和保险等领域覆盖[1] 可见，不管是何种金融机构，从事的业务都来源于货币和信用的延伸，这从利率的升降关系到每一个金融产品的定价等情况中就可窥一斑。因此，不同的金融机构开发的金融产品，虽然名称不同，但结构、关系、目的和功能难免会有相似之处。另外，不同金融机构之间相互借用或借鉴彼此领域的原理、做法或者金融工具来开发产品也是常有之事。

当前我们经常谈及的金融市场上的泛资产管理即是如此，泛资产管理是指其他资产管理机构可以更多地以信托公司经营信托业务的方式，开展与信托公司同质化的资产管理业务。例如，银行发行的理财产品、保险公司的投连险或者资产管理计划、证券公司的融资融券业务和集合管理计划、公募基金，甚至根据《合伙企业法》设立的一个合伙企业（市场也称为基金或者私募基金）等方式，都类似于信托或者直接遵循信托原理来设计，也都具备受人之托，代人理财，为受益人进行资产管理的功能。如果穷根溯源，均适用于信托法，这在实践中并不妥当，也会引起混乱。

以有限合伙企业为例，每一个有限合伙人类似于委托人和受益人，普通合伙人则类似于信托公司，受托管理资产，进行对外投资，其发挥功能和信托几乎一致。如果该合伙企业因此适用信托法，无疑会引起制度的混乱，也抹杀了合伙企业作为投资工具的独特价值。可见，每一个金融投资工具，即使其功能相似，也都有其存在的价值和特别之处，在经济社会中都是不可缺少的。在目前我国金融业分业监管的体制下，法律适用上不应削足适履，试图用一种法律关系去规范全部金融投资工具。否则，会抑制金融创新。

也有专家学者主张对于泛资管（有时也称大资管）适用一种法律关系规范和监管，认为泛资管实际上都是一种金融法律关系，即信托关系，在同样的法律关系下应适用同样的规则来进行监管。[2] 虽然该主张是有道理的，但我认为仍不能一概而论。某些合同[3]、合伙、公司其实质不过是一种投资工具，这些投资工具都或多或少的带有信托的痕迹，但均有专门的法律规范，不宜按照信托法律来处理。再者，鉴于目前我国分业监管的状况，如何对银行理财、券商资管等

---

〔1〕 参见黄达编著：《金融学》，中国人民大学出版社 2012 年版，第 112 ~ 115 页。

〔2〕 比较有代表性的是全国人大财经委员会副主任委员吴晓灵女士的观点，参见 2012 年其在中国信托业峰会上关于信托是财富管理的主要产品形式的发言（http：//www. chinastock. com. cn/yhwz_ a-bout. do? methodCall = getDetailInfo&docId = 3239909），以及 2015 年博鳌亚洲论坛年会题为 "大资管时代：创新、风险和监管" 分论坛上的发言（http：//finance. sina. com. cn/money/lczx/20150327/092521824559. shtml），以上最后访问时间：2016 年 1 月 9 日。

〔3〕 商事代理合同、第三人利益合同等，都可充当资产管理的工具，法律关系和信托类似之处较多。

确实包含信托关系的金融产品适用法律是一个让从业者、监管者和裁判者左右为难的问题[1]。这个问题的根本解决，需要改革金融体制，或者制定统一的信托业法，在一定程度上[2]统一规范金融机构经营信托业务，从而对于功能相同的金融产品，适用同样的法律规范和监管，以保护金融投资者和消费者的利益，同时避免金融机构之间的不公平竞争，防范监管套利。

因此，对于金融产品的性质及其背后法律关系的辨别，应综合考虑设立该金融机构的法律依据，经营范围，受哪个监管机关监管，产品设计的依据等因素，同时结合产品的外部关系以及金融投资者的保护[3]等因素综合判定。

第二，结构化信托法律关系的名实判断规则。自最高人民法院 25 年前发布了《关于审理联营合同纠纷案件若干问题的解答》的司法解释之后，"名为……实为……"的困惑就一直存在于经济和法律领域。该解释第 4 条（二）规定，企业法人、事业法人作为联营一方向联营体投资，但不参加共同经营，也不承担联营的风险责任，不论盈亏均按期收回本息，或者按期收取固定利润的，是明为联营，实为借贷，违反了有关金融法规，应当确认合同无效。除本金可以返还外，对出资方已经取得或者约定取得的利息应予收缴，对另一方则应处以相当于银行利息的罚款。司法解释颁布之后，出现了名为投资实为借贷、名为合伙实为借贷、名为融资租赁实为借贷、名为委托理财实为借贷、名为买卖实为借贷、名为担保实为借贷、名为股权实为（借贷）债权、夹层投资等等的案例，甚至在金融监管上也采用了实质重于形式、穿透原则[4]的监管方法。可见，凡是有投资交易性质的行为都可以套用"名为……实为借贷"来说明经济活动背后隐藏的法律关系。虽然此后最高人民法院对这个问题的认识慢慢缓和[5]，但是问题仍然存在。

---

[1] 根据银行业监管法律和信托法等法律规定，我国实行分业监管的体制，除了信托公司外，其他金融机构未经法律许可不能经营信托业务的，如果按信托关系处理，则违反了有关法律和监管，产品会有合规问题，一旦投资失败，投资者会认为金融机构违反了法律，产品不合法。而从业者在未发生纠纷时，有时候也不愿意直面这个问题，希望模糊处理，以方便产品的发行。留给裁判者的问题是，在认定法律关系时，如何在法律规定、公众投资者（金融消费者）与金融机构之间进行平衡。

[2] 笔者认为，即使我们采取混业监管体制或者制定信托业法，仍不能一刀切，将金融市场上类似信托的产品统一由信托业法规范，应该考虑市场的需求，谨慎选择调整对象，采用公平但有区别的监管政策，让一些类信托理财产品在相应领域自由、规范发展，为金融创新留有空间。

[3] 范健主编：《中国信托法论坛 2014》，法律出版社 2015 年版，参见该书收录的安信信托诉昆山纯高一案的审理法官符望撰写的《信托法律关系的司法认定》一文，第 89 页。

[4] 见《中国银监会办公厅关于加强信托公司房地产、证券业务监管有关问题的通知》银监办发[2008] 265 号，

[5] 根据之后的司法解释，最高法院不再把这种名为……实为借贷的行为认定为企业之间非法拆借，扰乱金融秩序，从而认定为无效。

在目前的信托实践中，类似交易模式也大量存在，例如，股权投资附加回购信托、资产收益权附加回购信托、应收账款投资附加回购信托等等，并且一般都辅之以各种增信担保措施提高本金和收益的安全性。业内把这种有固定收益的信托称之为融资类信托，对于收益上不封顶下不保底的信托，称之为投资类信托，并适用不同的监管标准。不管融资类信托采用何种模式，从经济效果上和贷款无异。之所以要采用这种"名为……实为借贷"的信托模式，一般均出于规避监管、美化融资方财务报表的考虑。由于之前信托业刚性兑付的缘故，纠纷不多，但是随着经济增速放缓，信托业内纠纷也不断出现，对于该类信托的法律关系认定也争议不断。例如前文案例中，存在是信托还是融资融券，即名为信托实为融资（名为投资实为借贷）的争议；另外，劣后受益人和优先受益人也有名为投资实为借贷或者实为担保的关系和经济效果。

在金融领域，任何一种交易或者投资均直接或间接由货币和信用衍生，都有借贷的经济功能和特征。如果都归于借贷关系，从传统民法理论看并无问题，但却不符合金融实践的客观事实。例如，上述可归为借贷的信托产品，作为行业监管机构的银监会也并未按照贷款来要求和监管，截至2015年第三季度，总量已到4.1万亿以上，[1] 这么大的规模，如果动辄按照传统民法的理论去否定这种信托关系，一律以借贷关系认定，甚至以《民法通则》58条，《合同法》第52条关于合法形式掩盖非法目的的规定，否定上述法律行为的效力，不符合金融实践的发展，也会极大抑制金融创新，阻碍经济发展。因此，"名为……实为借贷"的标准不能够作为认定信托产品法律关系的标准，否则，金融投资或者产品均可以简单地套用合同法关于借贷的规定了。

如果从民法和商法的不同角度看，民法更注重当事人真实的意思表示，因此，对于民事交易领域中的名实问题，其法律关系应以"实"去判断，即以交易背后真实的法律关系为认定标准。而对于属于商事范畴的结构化信托产品，涉及名实不一致的问题，应按外观主义为原则判断。外观主义是指以交易行为人之外观为准，而认定其行为所生之效果。[2] 商事交易较民事交易领域广阔，几乎均是在陌生人之间进行，并且交易链条长，交易网络化、电子化等等，另外，商行为具有营利性，追求交易安全和效率。再加上商人营利的本能会尽可能掩盖其

---

〔1〕 参见中国信托业协会网站，http：//www.xtxh.net/xtxh/statistics/35066.htm，最后访问时间：2017年9月。笔者认为，实际上的融资类信托远高于这个数据，由于规避监管的需要，实践中，很多信托公司都会将融资类信托包装成事务类信托，或者故意模糊融资类信托和投资类信托的界限，将实际为融资类的信托统计为投资类信托，这些包装和故意模糊法律关系，也是一种"名为……实为……"，出了纠纷更不容易辨析法律关系。

〔2〕 参见张国健：《商事法论》，台湾三民书局1981年版，第45页。

内在真实意思表示，有时商行为本身就是商业秘密，因此，无法探求出真实意思。[1] 有时商人为了交易方便、规避类型化合同的风险或者监管风险等目的，会故意模糊交易行为的性质[2]。商事交易的这些特点，使探究商人之间的真实意思变得不可行，也不符合商人之间的利益。因此，外观主义应作为辨析结构化信托法律关系的标准之一，即名实之间要更多地要考虑"名"，而不能因为其与融资融券、借贷等交易功能类似、结构类似就认定为借贷关系。

关于上述名实不一致的交易行为效力的问题，实质上是民法上虚伪意思表示的问题，在司法审判上，不应按照传统的民事交易的标准轻易否定效力。信托交易中的虚伪的意思表示的后果，并不涉及国家、集体、公共利益。如果简单依真实原则视其为无效，难免会与社会经济生活实际脱节，也会引发道德风险。笔者认为，民商事主体之间的虚伪意思表示形成的法律行为，只要不是规避效力性禁止性的法律规定，也不损害国家利益、集体利益及公共利益的，均认可其效力，给予当事人宽容的活动空间，为金融创新留有一席之地。毕竟"意思表示自愿真实原则体现了民法内在的精神，这一原则的目的仅在于保障当事人诚实信用地设立权利义务，而非为当事人借此原则任意毁约提供口实"[3]。

第三，以商事思维对交易合同性质进行解释，探求准确的法律关系。所谓的商事思维，大致包含有私法自治、经营自由、营利性、强调交易安全、便捷、效率以及企业维持等内容。[4] 结构化信托并非是一个合同，而是由一系列合同构成的。结构化信托是商事性质的合同，而商事契约更多的体现了商人在意思自治前提下的风险分担，利益平衡，因而商事契约大多为非典型合同。对非典型合同性质的判断，首先需有商事思维，即"惟有正视个别商事契约背后的经济逻辑和商业考虑，才能还原个别契约的本来面貌"[5] 如本文案例，如果不考虑信托产品的设计逻辑和理念，机械地看行为背后的法律关系，很容易将其认定为信托公司的融资行为，而不是营业信托关系。如果走得再远，甚至也会把委托人（优先受益人）与信托公司的关系，定性为存款关系。信托公司虽不能吸收存款，但其

〔1〕 李春：《商事责任研究》，中国法制出版社 2013 年版，第 271 页。

〔2〕 参见叶林：《商法理念和商事审判》，载《法律适用》2007 年第 9 期，第 18 页。

〔3〕 董安生：《民事法律行为》，中国人民大学出版社 2002 年版，第 153 页。

〔4〕 参见本书第 509 页注〔5〕：王建文，《论商法理念的内涵及其适用价值》，载《南京大学学报》2009 年第 1 期；龙卫球等主编，《两岸民商法前沿》第四辑，收录的冯果、袁康论文《商法思维与商事法律解释》，中国法制出版社 2015 年版，第 150 页。

〔5〕 王文宇：《商事契约的解释》，载龙为球等主编：《两岸民商法前沿》第四辑，中国法制出版社 2015 年版，第 73 页。

接受资金委托与接受存款在效果上一样，优先受益人获得的是固定收益，和利息[1]无异，唯一与银行不同的是"存款人"必须是合格投资者。[2] 显然这种分析逻辑是不正确的。其次，观察结构化信托等复杂金融产品时，还需以商事思维，从产品的整体分析交易性质，正确处理信托合同和交易合同的关系，而不是从看似核心的局部来认定。另外，也要从商事思维的角度，考察金融产品的功能，判断出交易的真实性质。

### 五、结语

信托被称为金融百货公司，犹如一个小型的金融体系，其创新非常活跃。正如美国信托业权威斯考特的名言："信托的应用范围可与人类的想象力相媲美。"[3] 而结构化金融产品在创新的活跃度上表现得更为突出。有创新就会有规避、突破和创造，就会有权利、利益和风险的重新分配，而商人（金融市场的参与者）站在营业和商业利益的立场上，不会顾及合同性质，不断创造出新的合同形式，[4] 直接的结果就是使原本简单和清晰的交易关系、法律关系变得尤为复杂。在未出现纠纷时，商人总是洋洋自得，为自己的创新给自己和客户带来的收益沾沾自喜，可是一旦出现了纠纷，"夫妻本是同林鸟，大难临头各自飞"，当年的合作者、共同参与者都是"有钱有势"的商人，各自挖空心思或者聘请律师、法学专家挖空心思去保护自己，避免损失，在所难免，那么难题总会在这时留给司法裁判者，我们的裁判者以怎样的思维去看这些创新，又直接影响到金融市场参与者的利益和金融创新空间。

我国属于民商合一的立法体制，但是，经济社会总是丰富多彩的，如果机械地不区分民商，不尊重金融领域的客观事实，法律难免会与社会脱节。因此，对于繁杂的金融创新，裁判者必须保持冷静和开放的头脑，要探求交易的本质属性，更要顾及商事交易客观存在的特殊性。在不涉及第三人、社会和国家利益的情况下，充分尊重商事主体的意思自治和契约自由，不机械理解和执行法律，正

---

[1] 实践中，信托公司的融资类信托一直走在利率市场化的前端，该类信托中的预期收益率、回购价款等均参照央行利率和资金市场供求关系谈判确定，本质上代表的是市场化的利率水平，与央行的基准利率变化方向完全一致，甚至更准确地体现了市场资金的供求关系。

[2] 《信托公司集合资金信托计划管理办法》第6条："前条所称合格投资者，是指符合下列条件之一，能够识别、判断和承担信托计划相应风险的人：（一）投资一个信托计划的最低金额不少于100万元人民币的自然人、法人或者依法成立的其他组织；（二）个人或家庭金融资产总计在其认购时超过100万元人民币，且能提供相关财产证明的自然人；（三）个人收入在最近3年内每年收入超过20万元人民币或者夫妻双方合计收入在最近3年内每年收入超过30万元人民币，且能提供相关收入证明的自然人。"

[3] ［日］中野正俊、张军建，《信托法》，中国方正出版社2004年版，第35页。

[4] 参见本书第509页注[5]。

确处理契约自由与契约正义的关系，将金融消费者权益保护[1]作为重要内容，推动形成公开公平公正的市场环境和市场秩序，进一步提升金融消费者信心，维护国家的金融安全和稳定。[2]

---

[1] 信托公司受托管理信托财产，在信托中与委托人、信托受益人的利益是高度一致的，实际上也代表了金融消费者的利益，因此，其在产品设计及推介过程中，应以金融消费者利益为核心，合法合规运作，在出现纠纷时，才能够切实保护金融消费者和自身的利益。

[2] 参见 2015 年 12 月在北京召开的第八次全国法院民事商事审判工作会议上最高人民法院民事审判二庭庭长杨临萍"关于当前商事审判工作中的若干具体问题（2015）"的发言。

# 民营银行股东自担风险应否为
无限责任？

宋怡林 *

摘要：有限责任是对无限责任的替代性制度，将民营银行股东自担风险定位为无限责任不符合公司制发展的大趋势。民营银行放弃有限责任转而采用无限责任，虽然克服了有限责任的股东道德风险问题，但也抛弃了有限责任的显著制度优势，损害民营银行效率。有限责任的治理结构更适合民营银行，但若将有限责任的治理结构与无限责任的责任制度相结合，则造成制度系统的混乱。民营银行股东自担风险应当为坚持有限责任前提下的修正性制度安排，既能够发挥有限责任的制度优势，又能够克服股东道德风险。

关键词：民营银行；股东自担风险；有限责任；无限责任

题记：民营银行股东自担风险作为一项监管制度，已经实施数年，但是迄今为止对其法律性质的认识仍有多种意见，甚至民营银行自身对其认识也有分歧。此文成于 2015 年，借银行法年会之机重提此文，以供学界讨论。

自 2010 年国家释放民间资本进入金融业的对内开放的信号以来，我国私人资本投资银行业的热情再度高涨。2014 年 9 月中国银监会批准五家纯民资发起设立的民营银行筹建，至 2015 年 3 月，已有 3 家获开业批复。2015 年政府工作报告提出，民营银行"成熟一家，批准一家，不设限额"。与 21 世纪初我国兴起的民营银行研究兴盛而实践不足的境况不同，此次民营银行投资热潮，有着国家积极的金融产业布局规划、指引和监管。在鼓励民间资本投资银行的政策出台最初，监管机构就提出创建民营银行应当由股东自担风险，要求银行发起人自愿承诺风险兜底，避免经营失败损害存款人、债权人和纳税人利益。依公司制的基本原则，一般情况下股东对公司以投资额为限承担有限责任，而民营银行股东自担风险，由股东承担对银行经营后果的风险兜底责任，是否改变了公司制的有限责

---

* 宋怡林，辽宁科技大学经济与法律学院教授。

任原则,是否意味着无限责任? 对这个问题的解释,是后续对公司法与金融法进行制度配适与修正,以及对民营银行发展政策进行必要法制化的前提。

**一、历史源流:有限责任是公司制发展的方向**

法人制度的历史表明,最初法人人格的独立性与公司的财产制度和责任制度并无关联。中世纪以来的法人理念,"均不以成员责任与法人责任的分离作为承认法人的前提,更不以成员责任的某一限定为法人产生的条件。"[1] 最早出现的特许合股公司均为无限责任,债权人不仅可以向公司主张债权,而且还可以要求公司向其股东摊派以偿还债务。从公司制发端的十四世纪,直到十七世纪后半期,无限责任一直是公司责任形态的绝对主流。

公司制早期表现出来的资本特征是公司无限责任的制度根源。最早的以无限责任为特征的特许合股公司,其股份并不标明每股金额,股东应公司资本充实需要随时补充投资,这使得公司资本始终处于变动不居的状态,公司资本和股东个人资本也没有明显的界限。相应的,公司现有资本若不足以偿还对外负债,则股东有义务追加投资以帮助公司偿还债务,资本混同造成了责任混同。在公司与股东资本与责任边界都模糊的情况下,公司及其债权人为代表的利害关系人群体高度认可无限责任,并赋予其承载道德责任的使命。

与无限责任相依相随的财产混同,严重影响了公司的独立性。公司对股东资产的依赖反过来也造成了股东对公司资产的侵夺。由于公司资产和股东资产没有明显的界限,公司债权人对股东财产的偿债主张,激励了股东债权人追夺公司财产以偿还债务,使得公司资产安全屡受侵犯。同时,由于无限责任公司的资产稳定过于依赖股东,一旦股东人身或财产灭失,都会对公司的存续造成严重冲击,这使得无限责任与公司永久存续的营业目标存在根本矛盾。人们逐渐认识到,有限责任以公司与股东资产分离,责任各自独立,股份流动便利为特征,能够很好地解决上述问题,创设有限责任最初的目的是避免公司股东以公司财产偿还个人债务,而并未关注股东以有限责任来逃避承担过重的债务负担。[2] 17世纪后半期开始,英国出现了可以通过特许状限定股东责任的判例;也有一些特殊行业公司,如银行,开始在招股说明书中明确提出股东将不承担认股额度之外的法律责任。到18世纪,公司声明采用有限责任以及判例认可有限责任的情况逐渐增多。人们对公司有限责任的认同逐渐替代对无限责任的推崇,与其说是为了实现公司的独立性和永久存续性而放弃公司与股东的资产与责任"联盟",不如说是崇尚效率与安全的现代经济理性战胜了讲究浑融共义的古典道德伦理观。

---

[1] 虞政平:《股东有限责任——现代公司法律之基石》,法律出版社2001年版,第89页。
[2] Davies L. P. and Worthington S. , *Gower and Davies' Principles of Modern Company Law* , Ninth Edition, London: Sweet & Maxwell, 2012: pp. 39~42。

到 19 世纪，有限责任制度得以立法形成。法国 1807 年《拿破仑商法典》最早规定股东有限责任，其后德国、西班牙、意大利、普鲁士、瑞士等国也相继立法确认股东有限责任制度。美国部分州相继于十九世纪二十年代前后以案例法的形式确认股东有限责任，英国 1855 年《有限责任法》中纳入了股东有限责任制度。迄今，世界上大部分法域的公司，都以有限责任为主流形态，无限责任不仅在大部分法域不被法律所认可，而且在认可的法域中，无限责任公司的数量也越来越少。[1] 公司制的历史发展表明，有限责任是克服无限责任的固有缺陷而产生的替代性制度，反映了公司制的自我更迭和演进，代表了公司制历史发展的大方向。认为民营银行股东自担风险是无限责任，无疑是与公司制历史发展大趋势相逆的判断。

以辩证思维考虑，若将民营银行股东自担风险界定为无限责任，虽然不符合制度发展的大方向，但也可能基于这样的理由，即历史发展不总是直线行进的，制度的发展不一定完全遵循历史演变的一般进程，可能由于种种原因出现反向或异向发展，对这一认识及其理由的勘误，是对民营银行股东自担风险法律性质为有限责任的有力反证。

## 二、勘误之一：无限责任是对有限责任缺陷的修正，更适合成为民营银行的责任形式？

假设对民营银行股东自担风险是无限责任的判断，是建立在这样的解释基础上：即有限责任也并不完美，无限责任能够克服有限责任的缺陷，所以放弃有限责任转而采用无限责任，与公司制的发展潮流顺逆无关，只是企业组织的实际需要使然。这一解释看似符合逻辑，但忽略了用无限责任代替有限责任，虽然能够一定程度上克服有限责任的缺陷，却也放弃了有限责任的更有价值的制度优势。

历史上，从有限责任立法形成至今，对它的争论就未曾停歇，褒扬有之，质疑亦有之。赞同者从多个角度进行了阐释：从公司治理角度，有限责任不仅降低了投资者监督代理人的需求，而且通过鼓励股份自由转让，能够促使管理者更有动力进行效率化经营。[2] 从促进市场交易角度，有限责任使股票成为种类物，有统一的市场价格，投资者不必像投资无限责任公司那样需要考虑公司的前景，以确定股票的购买价格是否合理，这能够使他们在选择股票时不必花精力去考察公司的其他相关信息，更能够极大减轻选择投资项目时的过度担心，从而有利于

---

〔1〕 甘培忠：《企业与公司法学》，北京：北京大学出版社 2014 年版，第 150 页。

〔2〕 ［美］弗兰克·伊斯特布鲁克、［美］丹尼尔·费希尔：《公司法的经济结构》，张建伟、罗培新译，北京大学出版社 2005 年版，第 47～49 页。

实现最优投资决策。[1] 从风险控制的角度，有限责任把风险从股东转移给债权人，从而使债权人成为公司经营者的监督者，这一点在股权高度分散的公司中效果更为突出;[2] 有限责任还隔离了股东个人财产的变化对公司债务承担的影响，从而降低了股东之间相互监督的成本。[3] 从经营效率角度，有限责任使公司资产与股东资产分离，使这两类资产分别具有较高的债权担保价值，从而使两类债权人在各自的债权追索中拥有比较优势，有利于公司和股东各自降低融资成本;[4] 无限责任使投资者尽量避免分散投资，因为任何一家所投资的企业经营失败都可能使投资者失去所有财产，而有限责任下投资者则没有这种顾虑，从而通过分散、多元的投资追求效率最优和风险最低。[5]

对有限责任早期的质疑可追溯到其立法形成之初，英国 1855 年《有限责任法》颁布时，《法律时报》将该法案称为"无赖特许状"；曼彻斯特商会称：该法案毁灭性地破坏了我们合伙法律中由来已久的高度道德责任感。[6] 早期的质疑宏大空泛，而后则更加具体。有学者认为，有限责任的重要性被夸大了，因为有限责任是一种消化损失而非转移损失的制度安排，在任何一种制度安排下，都必须要有人承担商业失败的全部损失，有限责任给股东带来的好处是以债权人承担公司失败风险为代价的。[7] 也有学者认为，以自利最大化为目标，公司股东倾向于冒险从事商业活动，从而获取更大的收益，有限责任激励了股东的冒险行为，因为一旦失败，股东只需分担有限的风险后果，而其余的后果则可转嫁给债权人。[8] 可见，有限责任最为世人所诟病之处即为股东冒险的无限、获利的无限和责任的有限之间的非对称性。

这些质疑固然尖锐，但却建立在对现实片面的理解之上。最为显著的质疑集

〔1〕 ［美］弗兰克·伊斯特布鲁克、［美］丹尼尔·费希尔著，张建伟、罗培新译：《公司法的经济结构》，北京大学出版社 2005 年版，第 47~49 页。

〔2〕 ［美］莱纳·克拉克曼、［美］亨利·汉斯曼等：《公司法剖析：比较与功能的视角》，罗培新译，法律出版社 2012 年版，第 10~11 页。

〔3〕 Halpern J. P. , Trebilcock J. M. , and Turnbull S. , "An Economic Analysis of Limited Liability in Corporation Law", *University Toronto Law Journal*, 1980, 30：117.

〔4〕 ［美］莱纳·克拉克曼，［美］亨利·汉斯曼等著，罗培新译：《公司法剖析：比较与功能的视角》，法律出版社 2012 年版，第 10~11 页。

〔5〕 Manne J. H. , "Our Two Corporation Systems：Law and Economics", *Virginia Law Review*, 1967, 53：259.

〔6〕 Davies L. P. and Worthington S. , *Gower and Davies' Principles of Modern Company Law*, Ninth Edition, London：Sweet & Maxwell, 2012：116.

〔7〕 Ekelund B. R. , and Tollison D. R. , "Mercantilist Origins of the Corporation", *Bell Journal of Economic*, 1980, 11：715.

〔8〕 Landers J. , "A Unified Approach to Parent, Subsidiary, and Affiliate Questions in Bankruptcy", *University of Chicago Law School Review*, 1975, 42：589.

中在有限责任对股东过度冒险的激励，以及冒险失败后将后果转移给债权人的道德风险。而事实上，有限责任所潜藏的股东转移冒险代价的问题，对于想要持续经营下去，并在市场上持续获得良好形象和优势交易地位的公司而言，出现的概率并不大。一般来说，公司在市场上必须承诺自己在稳健、高效的经营基础上，能够给投资者或债权人带来收益，才能够吸引投资或客户，否则将在激烈的竞争中遭到淘汰；除非股东或公司想退出市场，才可能冒险将风险丢弃给债权人承担。另外，对于自愿与公司达成交易的债权人来说，有限责任所带来的交易风险应当已经被债权人作为商业判断的要素予以估量，交易行为的达成本身就说明债权人愿意承担这一风险的态度，所以质疑者，夸大了有限责任的风险。

更为重要的是，若采用无限责任，固然杜绝了股东转移冒险后果的道德风险，但也放弃了有限责任所带来的广泛的制度便利：对于股权集中的公司来说，由于股东对公司债务承担的无限，使得股东之间必然投入大量精力相互监督以及监督管理者，影响效率；对于股权高度分散的公司来说，而由于债权人不必担心交易风险，放松了对公司的监督，数量众多又持股较少的股东随时可以"用脚投票"也不必对公司投入精力加以监督，则公司可能由于缺乏利害关系人的谨慎决策和监督从而出现"公地悲剧"。另外，无限责任使得投资者往往以最为谨慎的态度调查和投资，以避免无界限地承担公司经营失败的后果，这不利于促进投资和交易。再者，无限责任带来的资产混同和责任混同，对公司资产稳定和独立性造成根本冲击的问题依然存在。无限责任能够克服有限责任的制度缺陷，但也抛弃了有限责任的制度优势，使在现代市场经济中尤为关键的企业效率大受影响。

相对于资本雄厚的国有银行或大型股份制商业银行，民营银行资本实力稍弱，面对未来激烈的金融服务市场竞争，民营银行应当突出其小而灵活的优势，以市场细分的差异化竞争、高品质的服务和卓越的经营效率取胜，若制度的选择从源头就以牺牲效率为条件，无疑给民营银行参与竞争设置了制度障碍。

**三、勘误之二：即使民营银行责任形式为无限责任，也可以采用有限责任的治理模式，并不牺牲效率？**

假设民营银行股东自担风险为无限责任，却仍然采用有限责任的治理模式，看似既避免了有限责任的道德风险缺陷，又采用了有限责任高效的内部治理机制，但这样的制度体系设计是自相矛盾，无法实现的。系统（systems）是由相互制约的各部分组成的具有一定功能的整体〔1〕 按系统论的观点，系统是一切事物的存在方式之一,〔2〕 公司法也不例外。经过公司制几百年的实践演进和检

---

〔1〕 钱学森等：《论系统工程》，上海交通大学出版社 2007 年版，第 3 页。
〔2〕 许国志：《系统科学》，上海科技教育出版社 2000 年版，第 17 页。

验,有限责任与无限责任都各自拥有一套适应自身责任制度要求的公司治理模式,治理与责任形成一个自足的系统,系统内权利配置、义务划分、责任分配都有着相互牵连的逻辑联系,若将不同系统内的制度强行嫁接,则会引起系统混乱。

### (一) 无限责任公司治理机制不适合民营银行

公司的治理内容广博庞杂,仅以其中较为关键的业务执行环节为例说明问题。在目前尚有无限责任公司的法域中,无限责任公司一般都为中小型企业,公司业务由各股东共同执行。据统计,2005 年德国无限责任公司数量为 261705 个,占全部企业数量的 8.62%,销售额占全部企业销售额的 5%;在德国 100 个最大的企业中,有 67 个为股份有限公司,17 个为有限责任公司,没有无限公司。[1]依德国民法典第 709 条,无限责任公司强制实行自营机关原则,即公司由股东自己执行业务,股东之间原则上使用一致决定原则。依德国商法典第 116 条,在没有例外约定的情况下,无限公司使用单独业务执行原则,每个股东原则上都有公司通常业务的独立执行权,而任何业务执行股东对其他股东的执行都可以一票否决;非通常业务需要全体股东一致同意。[2] 韩国也有类似规定,韩国商法第 200条规定,"无限公司章程另无规定时,每个社员(股东)均有执行公司业务的权利与义务;若其他社员对各社员的业务执行行为,提出异议时,应立即停止该行为,并以全体社员过半数决议为之。"[3]

由各国立法例可知,由公司股东自行执行公司业务,且各股东都可以单独行使执行权,都有一票否决的异议权,是无限责任公司显著的治理特点。无限责任公司的经济意义就在于使股东的劳动力、资本和信用联合起来,从而真正地实现企业主共同经营。每个股东都有独立的业务经营权,对应每个股东的无限责任;每个股东都对其他股东的经营提出有效异议,并且对任何其他股东的经营后果承担无限责任,使股东个体的权利和义务相对应。另外,虽然各国法律也允许股东委托经理执行业务,但委托需经全体股东表决程序,且任何一位股东都有权撤销委托。[4] 这些制度,使无限公司获得股东自行执行业务的灵活性,无需承担委托股东之外的人执行业务的代理和监督成本,避免了集体决策机制通常存在的反应迟缓问题。但由于无限责任的约束,股东被赋予了强有力的异议权,使股东之间相互监督和相互制约的成本很高。

---

〔1〕 [德] 格茨·怀克,克里斯蒂娜·温德比西勒,《德国公司法》,殷盛译,法律出版社 2010 年版,第 61~62 页。
〔2〕 德国《民法典》第 709 条,德国《商法典》第 116 条第 1 款、第 2 款。
〔3〕 韩国《商法》第 200 条。
〔4〕 德国《商法典》第 116 条第 3 款,韩国《商法》第 203 条。

无限责任公司的业务执行机制并不适合现代市场经济环境下的民营银行。银行业务专业性极强，股东若投资银行并亲力经营，则必须具有较高的金融业务水平，这给民营银行投资设置了一道无形的门槛。另外，无限责任公司中股东的独立业务执行权，对银行业公司造成了极大的隐患。银行业务风险隐蔽性强，往往需要在充分获得信息前提下的专业判断，若个体股东具有无需经集体决策的独立执行权，就无需向其他股东征询或披露即可完成业务。则可能存在由于股东业务水平问题导致风险被忽视，也可能由于股东恶意经营导致风险转嫁给无辜股东，无论哪一种，其他股东都要承担无限责任，这显然不符合权责对应的原则，也不能满足现代银行经营稳健性的要求。

（二）有限责任公司治理机制适合民营银行

现代有限责任公司往往采用股东会负责重大决策，董事会负责执行股东会决策并进行日常经营，监事会监督的治理结构，其业务执行有着决策—执行—监督三元并举的运行体系。有限责任公司的日常业务执行交由专业经理人组成的董事会及经理机构完成，适合银行专业经营的需要，并使股东不必考虑投资银行的专业水平的要求，这一点对于民营银行的私人投资者来说意义尤为明显，有利于银行广泛吸引投资。

从经营效率的角度讲，虽然银行采用有限责任将面对股东—董事在决策环节的沟通和集体决议流程，需要耗费一定的信息传递成本，并牺牲一定的决策灵活性，但集体决议较之个体决策不仅更为稳妥，而且经过集体讨论有利于形成一套更能兼顾各方利益的决策方案，对于应以审慎为先的银行经营来说是利大于弊的。尤其对于民营银行来说，有限责任治理机制能够通过集体决议机制对私人投资者强烈的获利动机加以约束和制衡，以制度来保证民营银行的经营合法合规，尽量广泛地满足各利害关系人的利益取向，是一个更为稳妥的制度安排。

有限责任委托—代理机制衍生的问题是，银行业务执行机构的经营后果最终要由股东承担。对这一问题，不仅有专门的监督机制——监事会、独立董事监督等制度来解决，而且有股东会对董事会的制约机制来共同发挥作用。有限责任制度下，董事会的选任权和薪酬决定权由股东会掌握，董事会要向股东会负责并报告工作，同时在程序上赋予股东对董事侵害行为的诉权，这些都在一定程度上控制了掌握银行日常经营的董事恣意妄为。更为重要的是，在穷尽各种事先防范机制，仍不能避免董事恶意（或过失）经营，损害公司或股东利益时，则有限责任制度本身将发挥作用，股东对银行的经营后果仅承担有限责任，在一定程度上给股东为他人过错承责设定了界限。

（三）有限责任的治理机制不能嫁接于无限责任制度体系中

如前所述，无限责任公司股东亲力亲为、拥有无限制的独立经营权和无限的责任，三者共同作用实现良好经营状态。有限责任通常由股东将公司委托专业人士经营，而为减轻股东因为无法完美控制他人业务执行活动而承责的风险，股东仅对公司经营后果承担有限责任。若将两类公司的责任和治理机制"混搭"，一方面股东委托董事负责执行其决策，进行日常经营；一方面股东对公司经营后果承担无限责任，则将造成如下混乱：

第一，股东必须耗费大量精力监督董事，而董事对股东的报告也将在监督需求之下频繁而详尽，同时，股东为尽量避免承担沉重的债务负担，对公司将有高于有限责任的经营信息披露要求，在公司股权分散并可以自由流动的情况下，高度透明的信息披露可能给公司商业信息安全造成一定损害。所以这种制度嫁接不仅增加了银行的信息披露成本，而且损害了公司利益。

第二，无限责任制度下，由股东的监督权衍生的异议权，赋予股东随时叫停董事业务执行行为的权利。这一权利虽然有利于股东自力保护其利益，但一旦行使，将打乱董事的经营计划，不仅使董事的专业经营行为严重受制于股东，而且可能使银行错过稍纵即逝的商业机会，从而损害经营效率。

第三，虽然理论上充分的信息披露和细致严谨的监督机制，能够使股东完全掌握公司的经营，但现实的银行经营往往无法达到理论设计的完美状态，更何况在董事的恶意行为背景下，所有的设计都将失去效用。现代银行监管制度使银行可以经营远远超出股东投资额度的资产，一旦经营失败，股东承担的债务负担非常沉重。若采用无限责任的责任制度混合以有限责任的委托—代理治理机制，则股东势必要对他人的经营行为承担无限的责任，股东的权责轻重失衡，反而会损害私人投资者投资民营银行的热情。

### 四、代结语：民营银行股东自担风险应当为有限责任的修正性制度

历史上历次银行危机的教训屡屡警示，银行处于经济核心地位，银行经营失败将对地方乃至一国的经济稳定造成重大冲击，构建银行危机状态下的多元风险处置与救济制度尤为重要。民营银行为私人投资企业，其经营利益为私人所有，仅仅依赖国家财政投入来缓解和救助民营银行危机，不仅损害公共利益，而且潜藏道德风险。有限责任同样存在私人投资者道德风险的问题，在不依赖财政救助的情况下，若不对有限责任加以修正，民营银行及其私人投资者仅承担有限责任，则银行经营失败后果转移给债权人，将打击银行客户群体对金融系统的信心和安全感，不利于金融稳定。为解决民营银行私人投资者无限获利与有限责任的矛盾，要求股东自担银行经营风险是一个更为合理的制度安排，不仅能够构建外部财政救助之外的股东自力救助制度，而且能够克服股东道德风险。

综合其他国家的立法经验，存在类似的银行危机的处置制度。美国在《金融服务现代化法》、《金融控股公司法》等法律中规定了力量之源原则、及时矫正

措施、交叉担保条款等制度，这些被统称为金融控股公司加重责任。[1] 依据美国的力量之源原则，在银行陷入流动性危机并且监管机关提出要求时，银行的控股公司有义务向银行转移资产以维持银行资产稳定。[2] 这即为银行股东在银行处于特殊状态时，超出一般有限责任的边界，承担额外的对银行资产的充实责任，是股东自力承担银行经营风险的表现。而美国银行的公司制度安排，是在遵循有限责任框架内的资本、股权、治理、破产等制度系统基础上，在一定条件下要求股东承担加重责任，以克服有限责任的道德风险和银行危机的负外部性，既保留了有限责任的制度优势，又克服了制度缺陷，从而通过对有限责任的制度修正来维护和完善有限责任。

如前所述，对我国民营银行股东自担风险的监管要求加以法制化的思路，应当坚定地站在有限责任的制度立场上，股东自担风险并不是也不适合设计为无限责任制度。民营银行股东自担风险应当以有限责任的修正性制度加以定义，是在坚持银行有限责任的基础制度地位前提下，在银行危机状态时，扩张银行股东的责任界限，通过股东自力承担风险和自力救济来维护银行资本稳定的制度安排。这样的安排，不仅能够发挥有限责任所带来的促进银行效率的制度优势，而且能够克服有限责任的道德风险，以达到民营银行效率与安全的必要平衡。

---

〔1〕 Jackson E. H. , "The Expanding Obligations of Financial Holding Companies", *Harvard Law Review*, 1994, 107: 509, 535.

〔2〕 美国《金融服务现代化法》第730条。

# 我国银行业处置机制建设法律问题研究*

于品显** 徐　超***

摘要：2007～2009 年全球金融危机之后，建立市场化的金融机构退出机制成为国际社会的共识。对于我国来说，建立金融机构处置机制是履行国际义务的要求，同时也有助于完善我国金融体系、降低政府救助带来的道德风险和增强金融机构的竞争力。因此，有必要建立和完善处置机制。本文在探讨建立处置机制必要性的基础上，指出了现有制度的不足之处，并尝试提出建设和完善我国处置机制的几个路径选择。具体来说，处置机构主体建设与完善，早期干预制度和处置启动阶段制度的建设与完善等。处置机构主体建设与完善包括发挥国务院金融稳定委员会在处置协调和系统性风险认定方面的作用；完善人民银行、财政部和监管机构关于处置制度的法律法规；充分发挥存款保险机制的定位与作用，探索其他处置资金来源渠道等。

## 一、引言

银行迥异于普通公司的一个重要方面是其经营的是资金和信用，承担着期限错配、为经济运营提供授信、吸收存款和结算等金融服务、执行金融政策的纽带等经济功能，具有重大的经济意义并存在系统性风险。正因为银行如此重要，一旦其出现问题，造成的影响也是深远的。从历史上看，解决问题金融机构的措施有破产和政府救助两种。破产的方式能够最大化的彰显市场纪律，但是也会危及金融体系的稳定，中断关键金融服务。一般意义上的破产程序可能不足。以前的危机清楚地显示，一般破产程序对这些金融机构不适用，特别是在有些情况下存在迟延和破产法庭的判决存在不确定性的情况下更是如此。另外就是采取政府救

　＊　本文受国家社科基金项目"系统重要性金融机构恢复与处置计划法律问题研究"（15BFX129）资
　　　助。
　＊＊　于品显，武汉大学中国边界与海洋研究院博士，研究方向：国际金融法和全球治理。
＊＊＊　徐超，中国社会科学院信息情报研究院助理研究员，法学博士，研究方向：金融法、全球金融治理
　　　及国际法。

助的方式。这种措施可以避免风险的传染，迅速解决问题，但是会产生道德风险。所以，不仅需要能够防止银行破产的程序，而且需要一个有效的制度尽量避免银行倒闭。

"银行处置"是指对某些金融机构进行有序重组或者清算的特定法律机制，是介于政府救助和传统的金融机构破产之间的"中间道路"。在金融机构出现困境或者有可能出现困境的情况下，由央行、财政部、监管机构迅速行动，采用业务售出、设立过渡机构、资产剥离和自救（bail - in）等手段，在很短的时间内（通常称之为"处置周末"）采取的行政管制性措施（regulatory action），也是金融监管机构危机管理的一种手段。处置制度设立的目的之一是为银行提供一定的喘息空间，避免被清算，进而确保金融机构关键服务功能的延续和不发生系统性风险。比如，《欧盟银行恢复与处置指令》（BRRD）明确表达了寻求促进"股东首先承担损失，债权人在股东之后承担损失"，并且认为新的机制"应帮助避免金融市场的不稳定，把纳税人的成本降低到最小"。对于符合处置条件的金融机构进行处置可以确保其所承担的关键经济功能的延续，尽量避免金融机构倒闭，让股东和债权人承担损失，把纳税人的损失降到最低。

作为一个发展中的新兴大国，如何处理好政府和市场的关系，用市场化的手段处置和化解金融风险是我国金融工作中面临的一个重要问题。我国金融体系经过改革开放后近四十年的发展，形成了门类齐全、股权多元、相互竞争的金融体系。但是，我国的金融安全网建设仍然存在短板，其中一个重要方面是金融机构处置机制建设亟待完善。十九大报告中更加明确地提出："健全货币政策和宏观审慎政策双支柱调控框架。要健全金融监管体系，守住不发生系统性金融风险的底线"。处置制度是宏观审慎监管的一个重要组成部分，处置制度建设有利于我国宏观审慎监管制度的建设和完善。我国问题金融机构处置的现行法律制度不完善，有必要结合金融发展的实际和国际趋势，以接管、重组及破产清算制度为基础，借鉴国外相关经验，重构市场化的金融机构处置制度。

**二、我国亟待建设与完善银行业处置制度**

建立银行处置机制已经成为国际社会的共识，世界上一些主要的发达国家已经建立或者正在着手建立处置制度。但是，对于我国是否应当建立金融机构处置制度[1]，目前依旧存在不同的看法。有学者认为，尽管我国许多金融机构，特别是国有商业银行可以归为国内系重要性金融机构，但是它们并没有"倒下

---

[1] 需要说明的是已有的法律法规和部门规章涉及了金融机构的处置问题，比如《中国人民银行法》《商业银行法》《银行业监督管理法》《金融资产管理公司条例》《金融机构撤销条例》《防范和处置金融机构支付风险管理办法》等。正在制定中的《金融机构破产条例》也有可能把处置制度建设单列为一章。本部分所讨论的问题是，我国是否有必要遵循国际要求，建立系统而全面的处置制度体

去"的风险；另外，"在迈向国际的进程中，国际化、协同化、规模化与效率化都是我国金融机构发展的重大目标，从风险与目标评判，在对太大而不能倒机构的严格监管立法活动风起云涌之际，我国似乎没有必要随大流"[1]作者主要以上述两点理由否定我国建立金融机构处置制度的必要性。本文认为，处置制度的建设与完善是解决长期以来采用行政救助的手段带来的一些不良后果和增强我国银行业核心竞争力和构筑金融安全网的需要，同时，也是提高我国金融机构国际竞争力和建设金融强国的需要。

（一）处置制度建设与完善是我国履行国际承诺和义务的需要

金融机构破产，特别是大的的金融机构破产会带来系统性风险，出现关键服务中断、存款人挤兑等问题，进而造成金融动荡，冲击实体经济。事实上，一些发达国家比如美国、加拿大、法国、德国、意大利、葡萄牙、西班牙、荷兰、比利时等都应经建立适用于银行的特殊破产法律制度。但是，破产方式的主要问题在于：司法主导，耗时较长；金融机构丧失存续价值（going concern），成本较高，不利于债权人保护。金融机构出现困难，往往是由于流动性不足的问题，而非资不抵债、不能清偿的问题，适用于一般公司的破产方法无助于金融机构问题的解决。[2]

在后危机时代，金融监管的一个重要方面是为问题金融机构建立特殊处置机制。[3] 过去，多数国家缺乏专门的法律框架来处理银行的失败问题，甚至连明确的原则也没有。现在的监管理念则认为：一个国家能否有效和有序地应对大的或者系统重要性银行失败问题，取决该国是否有特殊的法律工具和程序。要确保失败银行的关键金融服务功能能够延续。如果一些操作和交易中断的话，会对金融体系或者实体经济带来负面影响，就应当延续这些关键金融服务。

金融稳定理事会（FSB）建议，所有的法域都应当有政策框架，降低本法域与系统重要性金融机构相关的道德风险，并且应当有有效的处置工具可以让处置机构处置金融公司，而不发生系统性障碍和让纳税人承担损失。有效的处置机制应当包括处置机构可以进行"营业中"（going concern）资本和债务重组，以及"歇业后"（gone concern）重组和清算，后者能够采取的措施包括建立临时过渡银行（bridge bank）来接管和持续一些基本运营。[4]

---

[1] 黎四奇：《后危机时代"太大而不能倒"金融机构监管法律问题研究》，载《中国法学》2012 年第 5 期，第 100 页。

[2] ［瑞士］艾娃·胡普凯斯著，季立刚译：《比较视野中的银行破产法律制度》，法律出版社 2006 年版，第 10 页。

[3] Thomas F. Huertas, *Safe to Fail：How Resolution Will Revolutionise Banking*, PalgraveMacmillan UK, 2014。

[4] Financial Stability Board, Key Attributes of Effective Resolution Regimes for Financial Institutions (October2014) 49，（Apendix I – Annex 4 para. 5. 5）

巴塞尔委员会（BCBS）建议："国家机构应当有适当的工具处理处于困境的各类金融机构，以便实现有序处置，帮助维持金融稳定，让系统性风险最小化，保护消费者，限制道德风险，促进市场效率。该框架应把危机或者处置金融机构带来的影响降低到最小，促进系统重要性功能持续发挥。改善国家处置框架的工具有下列权力：适当运用的权力，创建过度金融机构，转让财产和债务，对其他机构业务的运营，解决请求。"[1] G20 已经同意每个国家应当建立一个对所有系统重要性金融机构的快速处置机制。

2011 年，金融稳定理事会（FSB）发布了《金融机构有效处置的关键要素》（以下简称《关键要素》）[2]。首次在全球范围内确立了金融机构处置的基本特征。《关键要素》要求所有法域都要建立处置机构，并赋予其处置权力[3]和工具，如自救工具、把机构的业务卖出的工具、转让给过渡机构的工具等。欧盟已经通过颁布《银行恢复与处置指令》[4]（BRRD），把《关键要素》的要求转化为了欧盟法律。对于参加银行联盟的成员来说，与 BRRD 并行的还有《单一处置机制条例》（SRM），该条例旨在在单一监管机制（SSM）范围内为跨境银行的处置创造公平竞争的环境。

美国在几十年前就引进了对银行的特别的处置机制，并且在 1980 年存款和贷款危机后进行了改革。美国对于银行的处置机制是由联邦存款保险公司（FDIC）管理的，FDIC 是在 1933 年创建的联邦机构，总部位于华盛顿。最近的金融危机中，该机制运营良好，监督了 500 家银行的处置，包括非常大的一家——华盛顿共同基金，都没有出现大的危险。2010 年《多德弗兰克法案》把 FDIC 的处置权力延伸适用至系统重要性非银行金融机构。非银行金融机构包括那些被归类为"太大而不能倒"、在 2008 年得到救助的机构——贝尔斯登、房地美、房利美、AIG、GMAC 及雷曼兄弟。2011 年 4 月，FDIC 公布的分析报告表明，如果在 2008 年 9 月推出《多德弗兰克法案》，就有可能以有序的方式处置雷曼兄弟的破产以及一些吸收存款的银行。

---

[1] Basel Committee on Bank Supervision, Report and Recommendations of the Cross – border Bank Resolution Group (Bank for International Settlement, March2010), http://www.bis.org/publ/bcbs169.pdf

[2] Financial Stability Board：http://www.fsb.org/wp – content/uploads/r_ 111104cc.pdf，最后访问时间：2017 年 8 月 1 日。

[3] 包括控制和运营公司，或者通过管理人进行处置的权力；罢免或者替换管理层的权力；确保处置中服务和功能连续性的权力；转让资产和负债的权力，设立和运营临时过渡银行和资产管理实体的权力；施加临时中止措施。

[4] European Comminssion , https：//ec.europa.eu/info/business – economy – euro/banking – and – finance/financial – supervision – and – risk – management/managing – risks – banks – and – financial – institutions/bank – recovery – and – resolution_ en，最后访问时间：2017 年 8 月 1 日。

因此，处置制度的建立和完善有助于实现问题银行关键服务功能的延续，化解金融风险，维护金融稳定，已经成为国际社会的共识。国际货币基金组织（IMF）、世界银行、金融稳定理事会（FSB）、巴塞尔委员会和二十国集团等组织都对此提出了相关要求，相关国家已经建立或者正在着手建立银行处置制度。作为上述组织的成员国，我国部分参与了处置制度制定的讨论工作，向国际社会作出了庄严承诺。事实上，我国《银行业监督管理法》、《商业银行法》、《保险法》等都规定了对问题金融机构的接管、托管、重组和终止等处置制度，但是存在银行处置立法的行政色彩浓厚；主体职责定位不清晰、部门协作渠道不畅；处置机构缺乏足够的权力，无法实现有序处置的要求等问题。因此，我国有义务建设与完善处置制度。

近年来，我国已经在处置制度建设上迈出了重要的几步。2011 年 4 月，中国银监会颁布《中国银监会关于中国银行业实施新监管标准的指导意见》，提出要求系统重要性银行提升自救能力，发行自救债券；并对系统重要性银行的恢复和处置计划、危机管理计划等自我保护措施提出指导意见。2012 年 6 月，中国版巴塞尔协 III 即《商业银行资本管理办法》正式出台，全面提高了金融机构的资本监管要求，显著提升了金融机构的附加损失吸收能力。在 2013 年起多家大型商业银行试验性的实践安排之后，银监会才推出了较为正式的规定。作为监管当局，中国银监会于 2014 年 1 月 8 日发布的 1 号文件《商业银行全球系统重要性评估指标披露指引》，一方面作为对金融稳定理事会要求各成员国出台本国系统重要性金融机构（SIFIs）信息披露法规的回应，另一方面也为我国确立 SIFIs 识别标准提供了初步依据。

（二）银行处置体系建设是增强我国监管竞争力的需要

从金融监管的角度来看，监管的实质是对市场自由限制，任何监管措施的实施都有可能增加监管对象的运行成本；不管是提高资本充足率、监管评估还是日常的监管检查来说，都是如此。而为了降低成本，同等条件下金融机构倾向于到监管相对宽松的法律环境下设立机构，开展运营，从而进行监管套利，分享制度红利。以存款保险制度来说，在大部分国家的存款保险体系中，国内分支机构的存款由国内的存款保险体系承保。而如果东道国也有存款保险，则在东道国的存款将由东道国的存款保险体系承保。如国外学者 Krimminger 所指出的："根据美国的法律规定，美国银行国外分行的储户不享受联邦存款保险公司的保护，并且在出售这家银行资产所得资金的分配中，他们的受尝顺序将次于美国境内分行的未被保险的储户。只有当这些存款在美国以及境外分行都可提取时，联邦存款保险公司的存款保险才会为这些储户负担"[1]。在全球一体化和金融科技日新月异的今天，金融监管存在的一对突出问题是金融机构经营的全球化和监管的地域化之间的矛盾，以及由此产生的母国和东道国之间的监管协调问题。

具体到本文所研究的处置制度来看，建立处置制度的国家和未建立处置机构的国家在对金融机构的监管方面存在着以下几个方面的不对等。其一，从经营者的角度看，未建立处置制度国家的金融机构到建立处置制度的国家开设分支机构面临相对在本国经营更为沉重的监管压力，而后者国家的金融机构到前者国家去经营则相对轻松。由此存在监管套利的可能，前者成为监管套利的目的地国。这样赋予了后者国家的金融机构更多的竞争优势。况且，未建立处置制度会被别的国家认为不遵守国际规则，"若哪国银行因种种原因没有依协议的规定行事，那么该行在从事海外业务中，就不可避免地会遭到竞争对手的集体性歧视对待。如果它依然一意孤行不作任何调整，那么这种不利的局面很可能就此窒息它的生命力。"[2] 以美国为例，《多德弗兰克华尔街改革和消费者保护法案》颁布之后，美国联邦储备委员会构在考虑是否核准外国银行在美国设立分支机构申请的时候，一个考量因素就是外国银行的母国是否制定了适当的金融监管体系[3] 大的金融机构只有其母国制定了与上述法案相对应的规则和监管要求的时候才能在美国开展业务。可以说，不建立处置制度既置我国金融机构与不利地位，又会受到他国金融机构的歧视，吃力不讨好。其二，从监管者的角度看，建立处置制度的国家可以在金融机构出现困境时，以本国法的规定为利剑采取行动，而未建立处置制度的国家则无此良药。其三，从监管协调角度看，母国监管机构在统一监管方面面临明显的潜在激励问题，具有迫于压力，为了"止损"将部分烂摊子留给国外的风险。同时，如果一家跨国金融机构经营出现困境，那么，东道国和母国监管机构都有可能率先采取行动，把相关的资产截留在本国，阻止资金的跨国流动。不同的是，建立处置制度的国家这样做师出有名，而未建立处置制度的国家则要苦苦寻找法律依据。最后，是否能够提供充分的法律工具处置失败银行，也是评价一国银行法质量高低的一个标准之一。

（三）提高银行业核心竞争力和解决政府救助带来的问题

至今为止，我国主要依赖于政府的救助（bail out），来防止问题银行倒闭，保持关键金融服务的延续，避免传染性和系统性风险。在对危机讨论和应对危机

---

[1] Krimmingger, M. H., 2008, "The Resolution of Cross – Border Banks: Issue for Deposit and Insurers and Proposals for Cooperation", *Journal of Financial Stability* 4: 376 ~ 390

[2] 同上注。

[3] Dodd – Frank Act, § 173 (a) and (b), amending the International Banking Act, s7; codified as 12USC § 3105 (d) (3) (E) and (e) (1) (c).

措施的过程中，人们逐渐认识到采取政府救助（bail - out）的方法应对金融机构失败问题带来的严重问题。[1] 采取政府救助的方式来解决银行失败会导致如下几种问题。

1. 耗费大量财政资金，增加财政负担

欧洲就出现了由于银行危机引发的主权债务危机问题。对我国来说，问题银行的处置主要采取行政主导的方式，政府扮演着"全职保姆"和"提款机"的角色，且多以不公开的方式进行，成本难以估量。从有限的案例来看，政府救助的成本高的令人震惊。例如，1998 年，财政部向四大国有银行注资 2700 亿元人民币以补充资本金；2003 年 12 月，国家动用 450 亿美元的外汇储备，通过中央汇金公司向中国银行、中国建设银行注资以解决不良资产处置，这被认为是自改革开放以来最为昂贵的一次"改革行动"[2] 此外，1998 年海南发展银行关闭时，人民银行提供了 40 亿元的再贷款；2005 年，南方证券倒闭时，人民银行为其提供了 80 亿元的再贷款，加上财政部直接注资清偿债务、地方政府共同清偿等形式所耗费的资金超过 700 亿元人民币。[3]

我国比较倾向于采用政府救助的方式化解金融危机原因主要有以下几点：一是金融业是我国国民经济的命脉；二是中国经济是转轨经济，公有制占有较大成分，金融机构出了问题比较难以区分是体制、政策还是其自身原因；三是中国改革过程中特别强调社会稳定。[4] 但在我国财政收入增长速度放缓以及由软预算约束向硬预算约束转变的背景之下，这么高昂的处置成本恐怕难以为继。而适时建立与完善金融机构处置制度，让投资者和债权人承担一定的风险而不是把所有风险由国家承担，既有利于减轻财政负担，又可以加强利益相关方对金融机构的监督，培育良好的市场环境。

2. 引发道德风险

银行可以自由选择它们认为更为合适的投资策略。大胆的投资策略能给银行带来比预期更高的投资回报。格林斯潘说过：银行的基本经济功能就在于承担风险。更明确地说，任何将风险最小化、把银行倒闭率降至零的措施，都是违背银

---

〔1〕 Michael Schilling, "Financial Stability, Systemic Risk, And Taxpayers' Money—The Rationale For a Special Resolution Regime", Resolution and Insolvency of Banks and Financial Institutions：Oxford Unversity Press, 2016, p. 39.

〔2〕 张杰：《注资与国有银行改革：一个金融政治经济学的视角》，载《经济研究》，2004 年第 6 期，第 4 页。

〔3〕 巫文勇：《金融机构市场退出中的国家救助法律制度研究》，中国政法大学出版社 2012 年版，第 82 ~ 83 页。

〔4〕 周小川：《金融危机中关于救助问题的争论》，载《金融研究》2012 年第 9 期。

行制度宗旨的。[1] 但是，如果一家银行不能承受风险及重大损失，那么它就应像其他非金融机构一样退出市场。我国金融机构大都具有贪大求全、过度扩张的通病，各类机构无不把做大当作重要目标。原因就在于政府救助扭曲了激励机制，银行的经营者根据以往的经验推知，如果经营失败、出现危机，政府一定会倾囊相助，不会任其倒闭。而如果能够通过外延式扩张，银行短期内就能够获得更多的利润，银行经营者就可以获得更多的经济回报和其他回报。在收益归自己，风险归纳税人的假设之下，银行的经营者倾向于过度冒险，忽视风险管理，追求高收益的项目。救助相当于把银行经营失败的成本转嫁给国家，由此引发道德风险。

3. 加剧了不公平竞争

在我国，由于历史原因，四大国有商业银行在政府的"隐性"担保之下，处于金融体系的核心位置，无论是从资产规模、复杂程度还是关联程度上讲，都是其他中小型银行无法比拟的，是当之无愧的系统重要性金融机构。在它们出现问题的时候，国家历次通过注资、资产剥离等手段大手笔进行救助。正因为这些金融机构处于"太大而不能倒"的地位，相对于一些小的机构，可以以较低的价格吸收存款，开展服务，进一步加剧了不公平竞争优势。也许这种"天然"的不平等地位的存在不会轻易地消除，还将长久存在下去。

但是，随着利率市场化，金融业的逐渐开放，民营银行、保险公司等逐渐增多等因素的存在，金融业的利润会逐渐收缩，经营成本和风险逐渐上升，金融机构经营失败的比例和绝对数量都有所增加。对于这些问题金融机构的出现，是不是也应当像以往救助国有商业银行那样对其救助呢？如果不救助或者市场存在不救助的预期，有可能不被救助的金融机构经营成本会增加，进一步增加金融机构之间的不公平竞争。而一视同仁都给予救助是不现实也没有必要的，因为这样会混淆政府和市场的边界，与深化金融体制市场化改革和加强市场在资源配置中的决定性作用这一方向是背道而驰的。我国有关人士对于这一问题曾经给出了这样的答案："对于经营出现风险、经营出现失败的金融机构，要建立有序的处置和退出框架，允许金融机构有序破产。该重组的重组，该倒闭的倒闭，增强市场约束。一个没有优胜劣汰的行业是不可能持续健康发展的。所以，必须健全一系列配套制度设计，包括存款保险制度、征信体系建设、金融机构市场处置与退出等等。"[2] 只有建设和完善银行处置机制，才能解决金融机构市场化改革中的一道道难题。

---

[1] Chairman Alan Greenspan at the international conference of banking supervisor, Stockholm, Sweden, 13 June 1996。

[2] 张涛：《要允许金融机构有序破产》，载《人民日报》2016 年 6 月 14 日，第 011 经济版，第 5 页。

4. 不利于形成市场约束环境和风险管理水平的提高

从理论上讲，由于投资者、存款人对于政府救助有预期，他们没有动力去监督金融机构，相反，他们的投资行为是对金融机构冒险行为的激励。在贷款定价和债券定价中，银行也难以通过贷款利率和债券收益率的高低来反应市场的风险。具体到我国来说，由于政府保护和市场退出机制的缺乏，我国银行业没有足够的动力去提高风险管理水平，风险管理体系建设投入不足，甚至满足最低监管要求成为有些银行的风险管理体系建设的终极目标。由于监管部门的考核通常在季度末、年度末进行，一些银行通常在此时间点以较高的成本吸收存款或者从银行间市场借款来达到考核标准。"冲时点"的现象较为突出，平时则疏于管理。在银行竞争中，也只能通过"拼关系"取得更多的业务。其实，银行是经营风险的机构，对风险的识别、计量、管理、处置和抵补才是其核心竞争力。只有建立市场化的金融机构退出机制，让投资者和存款人真正承担起风险，建立市场化的约束环境，金融机构才能有足够的压力去提升风险管理水平。

综上所述，无论是从国际层面的监管要求和竞争角度来看，还是从国内金融监管体制改革来看，我国都有必要建立处置制度。毕竟，"以任何方式帮助目前的坏银行，必然会妨碍未来的好银行脱颖而出"[1]。我国已经充分认识到了处置制度的建设对于金融稳定和发展的重要意义。在2017年7月召开的全国金融工作会议上，国务院总理李克强在讲话中指出："要筑牢市场准入、早期干预和处置退出三道防线，把好风险防控的一道关，健全金融风险责任担当机制，保障金融市场稳健运行，有效处置金融风险点，防范道德风险，坚决守住不发生系统性风险的底线。"[2]这说明，国家已经充分认识到了市场准入、早期干预和处置退出这三个监管与危机管理手段的重要作用和位置排序。未来的某个时期，金融机构有序退出机制建设将成为我国理论和实务界面临的一个重要课题。

但是，我们也深知，处置制度的建设和实施不是万能药，自身就能够终结道德风险和系统性风险。现实中还有许多配套的制度需要制定。国家可以在立法中引入特别的处置机制但是却有可能不适当的启用，或者以可以避免系统传染的方式使用。还有，就是在金融机构出现困境问题的时候是不是能够运用上预先制定好的处置计划还是一个问号。一个例证是建立处置制度的美国，在雷曼兄弟破产的时候也没有适用处置体系。再者，即使有设计良好的程序把损失强加给债权人，处置机制也不能够保证在必要时使用公共资金，特别是在特别严重危机的情况下。正如有学者所指出的那样，在遇到金融体系崩溃、经济大萧条、失业率剧

---

〔1〕 〔英〕沃尔特·白芝浩著，沈国华译：《伦巴第街》，上海财经大学出版社2008年版，第47页。

〔2〕 中国政府网：全国金融工作会议在京召开，http://www.gov.cn/xinwen/2017 – 07/15/content_5210774.htm，最后访问时间：2017年8月5日。

增等可能的情况之下，恐怕唯一的对待困境金融机构的办法还是政府救助。[1]但是，不能因此否定处置制度的作用和建立与完善处置制度的必要性。

（四）银行处置机制的建设与完善是解决既存问题的需要

尽管我国的法律法规中零星地对处置问题做了规定，也曾有过相关的处置实践。但是，与处置制度设立要达到的目标、国际组织的要求及其他国家的实践相比，存在明显差距，亟待完善。对有关处置机构的设置、早期干预、处置方案制定与审查、清算退出、损失分担、跨境处置合作等问题，缺乏明确又清晰的界定。我国关于处置制度的建设存在的主要问题有：

1. 缺乏系统性的规划和顶层设计，有多部法律法规零星规定了处置相关问题，但多为原则性的规定，可操作性不强，且衔接和配套措施缺乏。

比如，《商业银行法》和《银行业监督管理法》赋予了监管机构以接管的权力。银行监管机构接管后可能会采取一定的措施，限制银行的管理决策权，控制银行的商业经营活动或者禁止某些交易的发生。对银行所有人权利影响最大的处置措施，包括将银行管理控制权和银行资产控制权转移给银行监管机构、由有管辖权的法院或存款保险机构任命的官员接管银行。银行所有权人的权利被剥夺了。决定银行是否可持续经营、转让或倒闭，完全是基于对债权人利益的考虑，而不再是处于对银行所有人或股东利益的考虑。而根据我国《公司法》和《证券法》的有关规定，公司的经营管理权的变更、发行新股、增加资本金是股东决议事项，其他人无权干预。这就需要做好顶层设计，修改相关法律，赋予监管机构或者处置机构适当的处置权，以避免法律冲突和大量的行政诉讼、民事诉讼产生。

2. 我国法律和制度设计缺乏自救（bail in）运行的一些基本要素，亟待完善。

在自救过程中，相关的金融机构继续营业，其法律实体地位得以维持。通过债务重整而非公共资金注入的方式，使陷入困境的金融机构恢复持续经营能力（Viability），减轻或者消灭破产风险。这就需要把资本水平达到监管要求，确保机构的生存，包括在压力情境下的生存。既可以把现有的债务转化为股份，也可以注入资金引入新的股东，也可以两者并用，目标在于用私有部门的解决方案而非政府注资的方案来拯救金融机构。

自救工具运行的一些前提条件，在我国的法律制度中尚不完善或者是空白，亟待完善。其一，在银行没有破产前，对其相关债务进行核销不符合《物权法》的规定。其二，2017 年 8 月，银监会发布的《商业银行新设债转股实施机构管

---

[1] Randall Guynn, "Are Bailout Inevitable?", *Yale Journal of Regulation*, Volume 29, 2012.

理办法（试行）》（征求意见稿）主要是为规范商业银行新设债转股实施机构的行为，推动市场化银行债权转股权健康有序开展，而不是为了解决银行出现问题时的自救工具的使用问题，所以，目前为止自救工具还是缺乏法律依据。其三，在我国，由于中央政府持有国有商业银行多数股权，地方政府持有股份制银行和地方性金融机构多数股权。一旦对这些银行适用自救这一处置工具，不可避免地牵涉到非常敏感的国有资产问题，稍有不慎，就会遭到造成国有资产流失的质疑。因此，有必要建立关于自救的法律框架。

3. 处置的资金来源问题尚付之阙如。

处置由于需要运用"购买与承受交易"、发行自救债等工具，不可避免地要耗费一些资金，甚至是巨额的资金。《存款保险条例》规定，存款保险主要目的是"防范金融风险"和"维护金融稳定"。这与处置的目的是吻合的。但是，《存款保险条例》没有明确规定存款保险基金可以用于金融机构处置，尽管在第11 条第 3 款用兜底条款提供了一种可能把存款保险运用于处置的情况。[1]关于存款保险是否可以以及用何种方式投入到金融机构处置中需要解决一系列法律问题。

### 三、我国银行处置机制建设中的问题及完善的路径选择

（一）处置制度主体的建设与完善

1. 发挥国务院金融稳定委员会在处置协调和系统性风险认定方面的作用

处置涉及对金融机构的权利和义务的剧烈调整，涉及一系列复杂的制度设计，包括处置计划的制定[2]、早期矫正措施、系统性风险的认定、临时行政管理、处置资金的运用、破产清算等制度。处置也影响到金融机构的股东、债权人、高级管理人员和其他第三方利益群体等多方面的利益，牵涉到一系列复杂的法律问题。在我国"一行三会"分业监管格局下，任何一家机构都无法单独完成处置工作，必须有更高层级的机构负责处置协调工作。

事实上，对于处置问题，国际上建立处置制度的国家都是谨慎地对待，设置了多个分工负责又有协调的严密而复杂的程序。美国《多德弗兰克法案》中设立了金融稳定监督委员会，负责对系统重要性金融机构进行监督和协调。英国的处置机制也在本轮金融危机之后得到发展与完善。其中英格兰银行作为主要的处

---

[1] 参见《存款保险条例》第11条："存款保险基金的运用，应当遵循安全、流动、保值增值的原则，限于下列形式：（一）存放在中国人民银行；（二）投资政府债券、中央银行票据、信用等级较高的金融债券以及其他高等级债券；（三）国务院批准的其他资金运用形式。"

[2] 处置计划是金融机构（SIFIs）在达到不能清偿（insolvency）、不可运营（non–viability）或者失败时点的清算、重组或者处置的计划。它是连续性的应急计划的一部分，从风险管理，到早期干预，到恢复计划，再到被称之为"生前遗嘱的"处置计划。

置机构，负责金融稳定和处置。财政部（HMT）、审慎监管局（PRA）、金融行为监管局（FCA）、金融服务补偿机制（FSCS）负责与英格兰银行配合。财政部与英格兰银行紧密合作监督和应对金融领域的风险，审慎监管局和行为监管局通过履行其各自的监管、监督职责来维持金融稳定。我们知道，国务院金融稳定发展委员会成立的基本动因就是为了加强金融监管协调和补齐监管短板。处置是需要多个部门合作和协商的事项。

我国需要借鉴域外国家的经验，可以发挥国务院金融稳定发展委员会在金融机构处置中的作用，把该委员会作为主要的处置协调机构，负责接受金融监管机构、存款保险机构的汇报，以及认定系统性风险的存在并作出处置决定。本文之所以建议把系统性风险的认定和决定开启处置工作交给国务院金融稳定发展委员会，是因为该认定涉及面广，影响深远，需要综合多方面信息，适时对系统性风险做出认定并作出处置决定。在我国，国务院金融发展稳定委员会可能具有超然的地位，可以不受部门看问题角度的约束，跳出部门利益的窠臼，做出客观中立的结论。从权力层级上看，该委员会应当在"一行三会"之上，具有收集信息的优势，做出的决定也较为权威。当然，系统性风险的认定也需要一套复杂的程序和认定标准。我国在此方面尚缺乏制度规定，需要借鉴其他国家的做法。

2. 完善人民银行、财政部和监管机构关于处置制度的法律法规

第一是完善人民银行对金融机构处置的法律法规。中国人民银行作为我国的中央银行，提供关键基础设施和执行货币政策，承担最后贷款人和维护金融稳定的职责，处置离不开央行的支持。2008 年国际金融危机之后，世界主要国家的央行金融稳定职责都有所扩大，开始承担一定的处置职责，并且通过法律的形式把这一职责固定下来。例如，《2009 年英格兰银行法案》规定了英格兰银行关于金融机构司处置时必须考虑的目标[1]、早期干预、国内协调、跨境处置合作等。明确央行在处置中的角色和目标，有利于其影响力的发挥，可以更好地起到金融稳定的作用。为此，需要修订《中国人民银行法》，明确人民银行在处置中的角色定位和目标。其次，2017 年 7 月份召开的全国金融工作会议上提出了"双支柱"调控框架，提出要健全货币政策和宏观审慎政策，强化人民银行宏观审慎管理和系统性风险防范职责。这些新的政策有助于严格金融监管，增加金融稳定。处置也是一种金融稳定措施。为此，需要把《中国人民银行法》第 2 条"制定和执行货币政策"，修改为"制定、执行货币政策和宏观审慎政策"；在第

---

[1] 目标包括：确保在英国的银行服务和关键功能保持连续；保护和提升英国金融体系的稳定；保护和提升公众对于英国金融体系的信心；保护公共资金，包括把对特别金融支持的依赖降到最小；通过相应的补偿机制保护存款人和特定投资者；如果相关，保护客户资产；避免侵犯财产所有权及违反《欧洲人权公约》。

3 条增加一款，把"宏观审慎政策"纳入央行的目标之一；在第 4 条增加一款，把"宏观审慎政策"纳入央行的职责范围。其三，建立应急解决机制，充分发挥央行流动性注入功能，在必要时为困境金融机构注入流动性，为关键金融服务的延续创造条件，维护金融稳定。

第二是修改或者制定相关法律，明确财政部在金融稳定与处置中的法律地位，为财政部参与处置扫清法律障碍。财政部在金融安全方面可以起到重要作用。为了保护金融稳定及减少公共资金损失，财政部具有决定资金使用权力，能够根据特殊情况、考虑特别的处置目标，采取直接措施稳定金融机构。从以往的实践来看，财政部在我国金融机构救助中发挥了重要作用，有效化解了金融风险，维护了金融稳定。但是，财政部金融稳定职能的发挥缺乏明确的法律依据。为此，我国需要总结财政部历次救助的经验，借鉴域外的立法经验，结合金融市场发展的实际，修改《中国人民银行法》，制定专门的法律法规，明确财政部在金融稳定和风险防范中的法律地位，为其参加处置工作扫清法律障碍。

第三是监管机构内设专司处置的部门，以应对处置业务增加和难度加大的需要。按照金融稳定理事会（FSB）发布的《金融机构有效处置的关键要素》的要求，处置机构应当由单一部门担任，如果一国有多个处置机构，应当明确其中一个作为主导的处置机构，其他机构应当积极配合。对于我国来说，按照《银行业监督管理法》、《证券法》和《保险法》的相关规定，银监会、证监会和保监会（简称"三会"）负责对各自的问题金融机构的危机处置。同时人民银行承担部分处置工作。现在的问题是，随着金融业的开放，各类金融机构大量增加，如果我国真正建立起市场化的金融机构退出制度，必然会有一部分金融机构通过处置的方式退出市。同时，按照银监会《中国银监会关于中国银行业实施新监管标准的指导意见》的要求，系统重要性银行要制定恢复和处置计划、危机管理计划等自我保护措施。无论是制定恢复计划还是处置计划，都是非常专业的工作，要求金融机构重新梳理其组织架构、处置策略、公司治理、管理信息系统、监督和规制问题等。监管部门需要对金融机构提交的恢复和处置计划做出审查和评估，不符合监管部门的要求的计划需要重新修改。这同样需要耗费大量的人力物力。除此以外，混业经营已经成为我国金融业的常态，各类金融集团、控股公司如雨后春笋般地出现。这类机构（通常是系统重要性金融机构）的业务涉及银行、保险、证券等多个行业，有的还涉及跨境处置，显著增加了处置的难度。也就是说，处置将成为"新常态"，处置机构承担的任务会越来越多。但是"三会"都没有内设相应的处置部门，难以应对可能出现的繁重处置任务。金融机构的处置会成为一项常规业务，各监管机构有必要内设独立的处置部门。

3. 充分发挥存款保险机制的定位与作用，探索其他处置资金来源渠道

2015 年 3 月，国务院颁布了《存款保险条例》（下文简称《条例》），正式建立了我国存款保险制度，填补了我国金融安全网的重要空白，具有保护存款人的合法权益，降低挤兑风险，维护金融稳定等重要意义。但是，还有一些问题尚待解决。一是对于存款保险基金是否可以用于金融机构的处置，现在没有明确的答案。《条例》第 11 条规定："存款保险基金的运用限于（一）存放在中国人民银行；（二）投资政府债券、中央银行票据、信用等级较高的金融债券以及其他高等级债券；（三）国务院批准的其他资金运用形式。"就此来看，如果存款保险基金运用于银行的处置，需要得到国务院的批准，增加了不确定性。建议适时对《条例》作出修改，明确存款保险基金可以用于处置。二是从国际经验来看，存款保险基金一般规模较小，一般可以应对中小型金融机构的处置，而规模较大的金融机构的处置需要探索其他的资金来源和补偿机制。世界上有些国家的经验或许值得参考。例如，美国联邦保险公司（FDIC）设立了"有序清算资金"，欧盟部分国家设立了处置资金，英国建立了金融服务补偿机制（FSCS），专门用于金融机构的处置。存款保险基金目的在于保护被保险的存款人，处置资金的目标在于促进处置更顺利进行，间接吸收损失。对于我国来说，比较可行的方案是运用存款保险基金和政府出资相结合的方式。

（三）早期干预制度的建设与完善

在金融机构出现资不抵债情况的时候，对其的清算或者处置能够防止股东转移财产，把债权人和存款保险或者处置资金的损失降到最低。但是，从实际操作来看，金融机构的资产波动性大，银行的资产负债表较为复杂；二是由于存款保险的存在，银行即使资不抵债也可以通过吸收足够多的存款来偿还到期债务；三是资不抵债这一概念会产生资产和负债估值困难等问题，而且发现资不抵债通常已经为时已晚。所以需要在金融机构出现"技术上破产"之前，采取干预措施。[1]

早期干预对于发现和解决银行存在的问题直观重要。一是它是落实监管法律和管理规定、阻止银行从事违规业务的需要；二是它能够确保银行间公平竞争，防止个别银行触碰监管红线、采取极端措施开展业务，进而增加行业风险的行为；三是它能避免更大的损失和风险的传播。一旦银行监管机构发现某家银行不再遵从谨慎监管准则的时候它就必须在这些问题恶化并威胁银行生存之前，迅速、充分的处理这些问题。[2] 金融稳定理事会（FSB）建议，为了阻止不稳健的行为和采取适当措施减轻对金融机构的潜在影响，并防止出现系统性的金融风

---

〔1〕 M Krimminger and R Lastra, "Early Intervention", in R Lastra (ed), *Cross – Border Bank Insolvency* (Oxford: OUP, 2011).

〔2〕 BCBS, Core Principles for Effective Banking Supervision (September 2012) Principle 11, 34 – 5.

险，各国监管机构都应当有权力和义务去识别风险和采取适当的干预措施。[1]相应地，欧洲《银行恢复与处置指令》（BRRD）和《单一处置机制》（SRM）都规定监管机构有权在金融机构的财务和经济状况恶化之前，采取早期干预措施。美国在20世纪80年代储贷危机之后，在修订的《1991年联邦存款改进公司法案中》（FDICIA）引入了"及时矫正措施"（PCA）框架。[2]这一框架经受住了2007～2009金融危机的考验。《多德弗兰克法案》制定了适用于系统重要性非银行机构和大的银行控股公司的早期干预措施。[3]

按照《巴塞尔协议Ⅲ》关于资本原则的要求，在借鉴国外早期干预措施框架的基础上，我国银监会在2012年发布的《商业银行资本管理办法（试行）》（以下简称《办法》），详细规定了监管机构可以采取的"预警监管措施"和"监管措施"。但是，该《办法》存在一些不足之处，主要是它过于依赖资本计量。把资本充足率作为实施监管的门槛，不一定能反映银行的真实风险。衍生品价值的变化以及贷款金融工具本身的变化，都有可能导致银行资本的市值出现很大的变动，甚至在同一天发生很大的变动。[4]判定银行资本所用的复杂程序，导致了一些概念性问题，留下了大量解释空间。[5]因此，确定一家银行是否违反了资本充足率的要求以及一家银行的资本是否跌到一定标准之下的标准，看起来很明确，但实际并非如此。再者，只有当潜在的资本价值或者质量被证实是正确的，也就是说，是当前价值而非以往价值，资本计量标准才有用。资本充足率是对银行活动进行监管的重要方面，但是，其他风险，如管理不善、过于冒险和不确定的外部经济条件，也是经常导致银行倒闭的原因。[6]所以，早期干预的启动，除了考虑资本充足率以外，还需要结合其他标准。尽管《办法》在信息披露方面，要求资本充足率的信息至少包括信用风险、市场风险、操作风险、流动性风险及其它重要风险的管理目标，但是缺乏具体的、可操作的规定。

对此，我们建议，在《办法》修订的时候，以资本充足率为基础指标，结合流动性恶化、杠杆增加、不履行贷款、风险集中暴露等指标，为早期干预的启动设置几个触发条件，建立"结构化的早期介入与解决机制"。在第一个触发点，银行必须向监管机构报告其财务状况的真实情况，以及财务制度、反欺诈预案和利益冲突的详细情况达到第二个触发点后，监管机构将对银行活动进行特殊

---

〔1〕 FSB, Reducing the moral hazard posed by systemically important financial institutions (October 2010).

〔2〕 12 USC § 1831o.

〔3〕 Dodd – Frank Act, § 166.

〔4〕 Federal Deposit Insurance Corporation, Comments on lessons of the Eighties – what does evidence show? In History of the Eighties – lessons for the Future, Vol Ⅱ, 69 (1997).

〔5〕 See USA12CFR § 325.

〔6〕 See Patricia Jackson, Deposit Insurance and Failures in the United Kingdom 38 (1996).

限制；达到第三个触发点，银行将被强制廉价出售其资产。如果早期干预措施不能够解决金融机构财务状况恶化的问题，处置机构可以任命一个临时管理人以"特别经理人"的名义临时取代金融机构的管理层，把早期干预措施延长至一年。任命特别经理人的目标在于促进机构的金融稳定，在最短的时间内进行审慎管理。特别经理人除了采取已有的措施外，甚至可以增加资本金或者对所有权结构重组。为了达成此目标，特别经理人需要具备相应资质、能力和知识要求，并且不能有利益冲突。关于权力，特别经理人可以拥有与公司管理层同样的权力和管辖范围。需要注意的是，在恢复和早期干预阶段，股东仍然承担全部责任和对公司的控制，直至相应的机构任命了临时管理人。如果公司进入处置阶段，股东将不再负有上述责任。

（四）处置阶段有关制度建设与完善

如果银行的原始资本耗尽，现有所有人或者没有能力，或者不愿意再注入新的资本了。当所有的斡旋努力和管制措施或对银行的经营管理干预，都无法恢复银行的正常经营，则须实施正式的行政或司法程序。此时，银行所有人会丧失对问题解决的控制权。

1. 处置制度适用的主体

按照《金融机构有效处置的关键要素》的要求，处置制度的目的在于提供一种方式，为银行机构提供一定的喘息空间，保持问题银行的关键金融服务；如果不能达到处置目标，则要通过有序清算的方式，让其退出市场，实现金融体系的整体稳定。也就是说，只有那些提供关键金融服务的金融机构才是处置制度规范的目标。只有在银行倒闭严重危害金融体系，进而影响整个国民经济的特殊情况下，政府才应干预插手。其他的问题金融机构，则可以按照市场规律，该重组的重组，该破产的破产。

从我国的具体情况来看，银行类金融机构包括国有大型商业银行、股份制银行、城市商业银行、农村商业银行、村镇银行、外资银行等。另一类是非银行金融机构，包括信托公司、资产管理公司、消费金融公司、汽车金融公司等。有些学者认为，这些金融机构都要纳入处置的范围，坚持"全覆盖原则"。[1]我们认为，只有具有全球系统重要性[2]（G－SIB）和国内系统重要性（N－SIB）才是处置制度的目标机构，其他的金融机构适合用破产或者重整的方法去解决。原因在于：其一，如上所述，全球系统重要性和国内系统重要性（N－SIB）金融机构是处置制度的适用主体，是遵循金融稳定理事会（FSB）等国际组织的有关规

---

〔1〕 蔡军龙：《商业银行恢复和处置制度研究》，法律出版社 2016 年版，第 218 页。

〔2〕 系统重要性功能的评估因素：市场份额，关联程度，在大额支付与证券结算系统占较大份额；控制银行间拆借现金的角色；风险控制的角色；政治性后果。

定和保证我国金融机构竞争力的需要。其二，处置制度的适用的成本是非常高昂的，比如恢复和处置计划的制定等。如果遵循"全覆盖原则"，会显著加大一些不提供关键金融服务和不具有系统重要性金融机构的负担，违反成本和效益相适应的经济学原理。其三，处置制度的目标是为了保证关键金融服务的延续，维护金融稳定，一些中小微金融机构显然不具有提供关键金融服务的角色和功能定位，也不会危及金融稳定，把这些机构纳入处置制度的适用主体有违处置制度建立的目的。我国银监会工作人员也曾撰文指出："政府当然负有维护金融安全的职责，但具体到单家高风险金融机构的处置与退出，政府救助是最后的防线，只有在再不出手救助就会严重影响金融安全的情况下才实施。"[1] 其实，处置也是如此，只有不启动处置制度就会中断关键金融服务和危及金融稳定的时候才能启动。

2. 处置机制的触发标准

大部分法律体制下，只有银行监管机构有权启动处置程序。对一家公司进行处置需要满足两项条件。其一，该公司必须失败了或者有可能失败。如果其失败或者有可能失败满足了机构指定的条件上限，以致让其退出再合理不过了。阈值条件确立了纳入监管范围的公司必须满足的最低要求，如公司要有足够数量和质量的资本以及流动性，有适当的资源去衡量、监督和管理风险，业务开展建立在审慎和适宜的基础之上。其二是：除了把公司置于处置机制，没有什么行动能够让公司不再失败。《关键要素》为进入处置设置了较高了的准入门槛条件，明确规定只有在公司存在不再可行或者在其破产之前才能进行早期处置。总体来说，这些条件确立了三类标准：①确定失败或者有可能失败、违约或者破产的标准；②与公共利益相关的标准；③旨在建立必要和按比例使用权力的标准。

我国有多部法律法规规定了金融机构危机处置的条件或标准。这些标准由于是多个部门制定的，具有主体多元、标准模糊、缺乏一致性等问题。《中国人民银行法》用的是"支付困难"，《银行业监督管理法》用的是"已经或可能发生信用危机"，《金融机构撤销条例》中又成为"经营管理不善"，《企业破产法》用的是"不能清偿到期债务，并且资产不足以清偿全部债务或者明显缺乏清偿能力"。对此，我国需要借鉴美国联邦存款保险公司（FDIC）关于任命接管人的条件以及《欧盟银行恢复与处置指令》（BRRD）关于金融机构失败或者有可能失败应当满足的标准。FDIC 关于接管和任命接管人的条件：该机构不能偿付日常支付业务；该机构处于不安全或者不稳健状态；董事会或者股东同意；该机构严重的资本不足；该机构从事不安全或者不稳健的业务有可能弱化其情势；该机构

---

〔1〕 王兆星：《高风险金融机构的处置与退出机制》，载《中国金融》，2015 年第 11 期，第 20 页。

故意违反中止和退出指令；账簿、文件、记录或财产被法院查封；该机构被发现违反联邦反洗钱方面的刑事法律。[1] 尽管关闭一家机构和置于 FDIC 接管的原因有很多，FDIC 通常因为负债大于资产或者因为流动性缺乏不能履行正常的支付业务而接管机构。

其次，关于启动处置程序的主体，大部分法律体制下，只有银行监管机构有权启动处置程序，而不是让债权人启动或者依申请启动。BRRD 规定处置机构和监管机构共同决定启动处置程序的做法。[2] 我国以后关于处置的立法中，采用监管机构启动处置程序的做法，而非让存款人启动。令存款人启动破产程序会冒更大的风险：首先，与银行监管机构相比，债权人所了解的、足以监督银行稳健运营的财务信息要少得多；其次，债权人为了减少自己的损失而过快启动破产程序，这会引发乃至恶化银行的财务问题，甚至导致挤兑，使复兴银行的努力付之东流。发生危机时，银行监管机构必须在最大程度上保护公共利益和整体经济利益，不能屈从于政治或个别人经济利益的影响。

3. 处置机构使用的工具

银行已经失败或者即将失败的决定仅仅是开始处置的一部分。同样重要的是处置工具。从逻辑上讲，处置机构首先需要决定正常的破产或者不能清偿或者使用处置工具是否符合公共利益。失败的银行越是小而简单，越是不可能发挥关键的经济功能，处置机构越有可能选择正常的破产程序，特别是在存款保险机制能够迅速向被保险人做出赔付的情况下。相反，假如失败银行发挥着关键经济功能，在执行处置计划时，处置机构更有可能单独或者联合使用符合公共利益的处置工具。

4. 整体售出

处置机构可以不经股东同意，把失败机构整体售给第三方。整体出售银行通常是最佳解决方案，它可以保证银行资产完好、信誉无损、得以继续营业，从而使存款人免受银行倒闭带来的损失。售出的形式可以采取售出股份或者售出失败银行的重大资产和负债。由于银行危机总是在经济环境疲软的时候出现，所以要找到愿意接手的投资者并非易事。对感兴趣的投资者也需要时间来评估对方的资产状况，以及判断自己能否承受接管所带来的冲击。所以，需要某种形式的监管支持或具备与之相适应的法律制度。

---

〔1〕 FDIA，§11（c）（5），12USC§1821（c）（5）.

〔2〕 BRRD 设立了能够采取的处置行动的条件：①在于处置机构会商后，由监管机构决定金融机构失败或者有可能失败；②监管机构，或者处置机构在与监管机构会商后，决定机构失败或者有可能失败；③关于时间和其他相关要求，在合理的时间框架内没有其他的私有部门的措施能够阻止金融机构的失败；处置行动是满足公共利益所必须的。

5. 过桥银行

是指临时接管银行的机构。把银行整体出售可能会遭遇到一些困难，特别是在经济危机的时候。处置机构可以把失败机构的股份或者部分资产转让给一个有特别目的、有期限的过桥银行。该过桥银行可以被授权进行银行业务，等待售给第三方或者到期结束运营。在具体的制度设计上，监管机构应当通过制定特别程序，授予过桥银行以特殊银行牌照，解决其身份合法性的问题，提高其市场认可度。过桥银行是受限制的金融机构，其存在的主要目的是售出失败银行被转让的部分资产提供持续的金融服务，如果运营两年后还找不到买家，应当进行破产清算退出。

6. 资产剥离

为了让资产管理公司管理受让资产，通过最终的售出或者清算而实现价值的最大化，处置机构可以把资产、权利和负债从银行或者过渡银行转让给公共机构全资或者部分所有的资产管理公司。把这些头寸从失败机构的资产负债表中抹去，能够消除对机构账簿估值的不确定性，让资本恢复流动性，促进失败机构资本根基的恢复，把贷款投向更加盈利的地方去。原则上，资产剥离工具只能与其他处置工具一起使用，以抵消不适当的竞争优势。即便如此，也只有符合如下条件才能使用这一工具：①用普通清算程序对相关资产进行清算有可能对市场稳定造成负面影响；②为确保相关机构或者过渡机构"适当功能"的发挥，转让是有必要的；③有必要实现清算收益的最大化。

7. 自救工具

金融危机之后，国际社会认识到需要扩大处置工具，以便系统重要性金融机构能够在保留资产价值和系统性业务功能的情况下进行处置，把风险传染降到最低。自救（bail in）就是一个最新和最为重要的处置工具，是在继续运营的基础上通过转换或者减记非担保债务的方式，运用法定权力对陷入困境的系统重要性金融机构的负债进行重整的过程。有效执行自救需要一些高度复杂的前提条件，自救必须建立在强有力的法律框架基础之上。自救因为涉及债转股，需要确保新的股东符合金融机构对股东的监管审查要求；自救不能以牺牲债权人的利益为代价，需要建立债权人审查程序，确立"债权人处境不得变得更差"之标准；自救需要对不能清偿公司财务状况准确估值；自救机制的框架设计应当考虑对短期债权人和其他金融机构的可能影响，包括减轻影响的措施，比如政府流动性支持和对资产抵押的限制等等。

需要注意的是，在使用这些工具前，处置机构需要收取佣金，完成银行资产估值的独立调查，以决定可以认定的损失的数量以及使银行稳定并恢复市场信心所需的一级资本普通股数量。

### 四、结论

2007～2009 年国际金融危机之后，建立金融机构处置成为国际社会的共识。作为金融稳定理事会（FSB）的成员国，我国有必要借鉴国际标准和发达经济体的经验，结合金融业发展的实际，建设和完善处置制度。处置制度的建设与完善是一项系统工程，影响面广，涉及多部法律法规的修改和制定，需要做好顶层设计，减少处置制度的建设和完善过程中配套制度不健全和不衔接的问题。同时，处置制度建设涉及恢复和处置计划的制定和审查、司法审查、跨境处置合作、资金来源、处置工具的使用等金融和法律问题等问题，而且通常是在金融危机或者经济不景气条件下才启用处置制度，所以需要从微观和细节上做足功课，使其成为经得住检验的、高效的制度。随着我国利率市场化和汇率市场改革的推进，金融体制改革逐渐深化，金融监管和风险防控体系也需要健全和完善。作为宏观审慎监管的一个重要组成部分，处置制度建设和完善理应成为监管机构重点关注和加快建设的对象。

# 新形势下信托违约风险预防与
处置的法治逻辑

郑 磊 *

摘要：随着信托实质违约事件不断爆发及至"常态化"，使得信托市场风险预防与处置问题备受关注。如何克服市场不得不面对的难题，构建科学高效的信托违约风险化解机制成为当务之急。信托违约的法律治理是当前信托市场风险防范体系的重要组成部分，必须有效打破信托市场"刚性兑付"的魔咒，应当清醒明晰新形势下的信托契约交易的法律本质，所以本文尝试厘清信托交易的商事逻辑，并构建信托违约风险预防与处置的法律治理逻辑。

关键词：信托违约；刚性兑付；预防处置；法治逻辑

信托市场作为我国多层次资本市场的重要组成部门，截至 2017 年第 2 季度末，全国 68 家信托公司受托资产达到 23.14 万亿元。[1] 但是，近年来信托实质违约事件不断爆发及至"常态化"，根据中国信托业协会已披露的官方数据，自 2014 年第 4 季度末开始，信托业风险项目和规模均呈逐年上升趋势。[2] 统计数据显示：2016 年共有 32 家信托公司涉及 167 件总金额超 220 亿诉讼案件，占信托公司总数的 47.1%。也就是说，将近一半行业公司在 2016 年涉及数量不等的诉讼。[3] 2017 年 7 月初，某信托 9.5 亿违约难兑付事件，[4] 若处理不当很可能

---

* 郑磊，北京市隆安律师事务所合伙人，中国政法大学金融法研究中心副研究员。

〔1〕 殷醒民：《2017 年 2 季度中国信托业发展评析》，载中国信托业协会网站，http：//www. xtxh. net/xtxh/statistics/43329. htm，最后访问时间：2017 年 9 月 5 日。

〔2〕 截至 2014 年 12 月末，信托业的风险项目个数为 369 个，涉及金额为 781 亿元；2015 年末信托业的风险项目个数为 464 个，涉及金额为 973 亿元；2016 年末信托业的风险项目个数为 545 个，涉及金额为 1175. 39 亿元。上述数据来源于中国信托业协会网站（http：//www. xtxh. net/xtxh/）2014 - 2016 年度中国信托业发展评析。

〔3〕 参见《信托公司风险诉讼全景图：32 家公司涉及 167 件诉讼，金额超 220 亿》，载中国信托网，http：//www. suobuy. com/news/945_ 1. html，最后访问时间：2017 年 9 月 5 日。

〔4〕 参见郭建杭：《国民信托 9.5 亿违约难兑付，董事长称"资产变现不好还得拖着"》，载中国经营网，http：//www. cb. com. cn/xintuobaoxian/2017_ 0701/1189237. html，最后访问时间：2017 年 9 月 5 日。

引发诉讼。因此，在信托行业刚性兑付的在背景下，信托违约事件的不断爆发，使得信托市场风险预防与处置问题备受关注。

## 一、风险处置视野下的信托合同与信托违约

对于信托违约预防处置问题的思考，必须要从信托合同与信托违约的概念内着手分析，这样有助于综合认识判断信托违约事件，并进一步确定违约处置的规范基础和思路。

（一）信托合同：信托违约预防与处置的前提基础

信托一般起源于一项协议，该协议即委托人与受托人之间的协议，与第三人利益契约功能上无法区别，因为信托法所规定的受托人权限、权利和义务，其效力如同典型契约，也类似定型化契约条款，规定了委托人同受托人的契约效力，因此，信托是契约的一种。[1] 契约作为私法自治的重要表征，应成为解决信托违约纠纷的基础。以债务合同关系为基础的请求权（违约救济）以私人自治为生效前提，[2] 而私法自治理念的实现正在于契约，[3] 信托合同作为信托违约风险预防与处置的前提条件，对信托运行过程中的风险控制至关重要，其约束信托三方当事人（即委托人、受托人及受益人）。

1. 关于信托合同的性质

信托合同的性质涉及对这种合同究竟是诺成合同还是要物合同的判定。[4] 诺成合同与要物合同的分类是一种仅存在于大陆法系合同法中的合同分类，在英美合同法中并不存在这一分类。在英美合同法看来，承诺是受要约人依照要约人所指定的方式对要约人表示接受其要约而成立合同之意思表示，它意味着受要约人与要约人这两方当事人就有关合同的订立实现了合意，即，意思表示一致。[5] 从大陆法系合同法的观点看英美合同法规则实际上是将任何类型的合同均定性为诺成合同。英美信托法既未明确规定其合同法的前述规则所以对信托合同并不适用，也未明确规定信托合同自委托人将财产交付给受托人时起成立。可见信托合同为诺成合同不仅在英美合同法上决无争议，在英美信托法上也决无争议。[6]

日本、韩国与我国台湾地区的信托法对信托合同究竟是诺成合同还是要物合同并未以任何方式明确地表明其态度，但实践中均将信托合同定性为要物合同。我国台湾地区《信托法》第 1 条规定："称信托者，谓委托人将财产权移转或为

---

〔1〕 参见赖源河、王志诚：《现代信托法论》（增订三版），中国政法大学出版社 2002 年版，第 51 页。

〔2〕 参见［德］迪特尔·梅迪库斯：《请求权基础》，陈卫佐等译，法律出版社 2012 年版，第 50 页。

〔3〕 王泽鉴：《民法学说与判例研究》（第 7 册），北京大学出版社 2009 年版，第 15 页。

〔4〕 张淳：《信托合同论——来自信托法适用角度的审视》，载《中国法学》，2004 年第 3 期，第 96 页。

〔5〕 参见杨桢：《英美契约法论》，北京大学出版社 1997 年版，第 66 页。

〔6〕 参见张淳：《信托合同论——来自信托法适用角度的审视》，载《中国法学》2004 年第 3 期，第 97 页。

其他处分，使受托人依信托本旨，为受益人之利益或为特定之目的，管理或处分信托财产之关系"，正是这一规定为信托合同的定性为要物合同提供了有力依据。在《日本信托法》和《韩国信托法》上也可以体现将信托合同定性为要物合同，[1] 一方面确认信托由委托人通过将信托财产转移于受托人设立，另一方面既未规定信托合同自签订时起即成立，也未明确规定委托人在信托合同签订后即负有将信托财产交付给受托人的义务。

我国《信托法》明确地将信托合同定性为诺成合同，该法第 8 条第 3 款规定："采取信托合同形式设立信托的，信托合同签订时，信托成立。"[2] 虽然《信托法》第 2 条规定："本法所称信托，是指委托人基于对受托人的信任，将其财产权委托给受托人，……"，[3] 并不影响信托合同为诺成合同的定性。当事人经协商达成合意，且依法定形式订立信托合同后，信托合同即生效，并在委托人与受托人之间产生债权债务关系。信托合同一经订立，委托人就有义务将财产转移给受托人，受托人有义务接受信托财产，并依信托合同和信托法的规定，为受益人的利益管理、处分信托财产。但是，信托关系则要待委托人完成信托财产转移行为之时，方成立并生效。因此，信托合同的成立与信托关系的成立，在时间上可能不一致。在信托合同成立后，委托人未将信托财产转移给受托人的，信托关系尚未有效成立，但受托人可依有效成立的信托合同，请求委托人将财产转移给自己，从而促使信托关系有效成立。[4] 将信托合同定性为诺成合同，意味着我国《信托法》赋予信托财产转移条款以法律约束力以及所产生的强制执行力，并由此确认无论是委托人还是受托人在该合同签订后均必须履行而不能够反悔和不予履行。为此，信托合同定性为诺成合同的规定，将对与信托设立有关的合同秩序的稳定起到一定促进作用。

2. 关于信托合同的条款

信托合同基本条款通常是指存在于信托合同中的记载信托要素的条款。为各

---

[1] 《日本信托法》第 1 条规定："本法称信托者，谓实行财产权转移及其他处分而使他人依一定目的管理或处分财产。"《韩国信托法》第 1 条第 2 款规定："本法中的信托，是指以信托指定者（以下称委托人）与信托接受者（以下称受托人）间特别信任的关系为基础，委托人将特定财产转移给受托人，或经过其他手续，请受托人为指定者（以下称受益人）的利益或特定目的，管理或处理其财产的法律关系而言。"

[2] 我国《信托法》虽然规定了设立信托的方式包括信托合同、遗嘱法律、行政法规规定的其他书面文件等这三种手段，但由于第三种手段规定模糊，所以实际来讲，我国信托的设立仅包括信托合同和遗嘱两种方式。而《信托法》第 13 条规定："设立遗嘱信托，应当遵守继承法关于遗嘱的规定。"暂不论我国《继承法》是否对遗嘱信托作出具体规定，从这个条文可以得出，《信托法》的规定主要是对信托合同的调整，基本不涉及遗嘱信托的方面。

[3] 参见《信托法》第 2 条。

[4] 何宝玉：《信托法原理研究》，中国政法大学出版社 2005 年版，第 99 页。

国、各地区信托法一致确认的信托要素包括信托意图、信托财产受益人与受托人，信托要素应当由信托合同记载，且信托条款基本确定。信托要素确定性规则为英美信托法中的一项重要规则。该规则的内容是：委托人设立信托必须使其三个要素确定：措词即记载信托意图的言词确定（certainty of language），标的物即信托财产确定（certainty of subject matter），对象即受益人确定（certainty of objects）；如果有其中一项要素不确定则该信托无效。[1]

我国《信托法》在一定程度上也要求信托要素具备确定性，该法涉及信托要素确定性的规定仅两条适用于信托合同。《信托法》第7条规定："设立信托，必须有确定的信托财产，……"；第11条规定：信托只要具备"信托财产不能确定"与"受益人或者受益人范围不能确定"这两种情形中的任何一种则属无效。[2] 实践中信托文件主要由信托合同、信托计划书及风险申明书组成，同时通常又有保证合同、抵押合同、担保合同、贷款（借款）合同、保管合同、差额补足协议、股权转让协议，等等。

（二）信托违约：信托受托人违反信托义务的责任后果

在营业信托中，违反信托合同义务主要指受托人违反信托义务和信托受托人民事责任问题。我们研究信托违约时，有必要分析信托受托人义务及民事责任。

目前，我国信托立法尚未能建立起系统而明晰的信托受托人责任制度，在《信托法》中只在第25条到第33条规定了受托人所应当承担的义务以及违反义务的责任，在第34条、第36条、第37条、第41条规定了受托人的责任范围和责任后果；另外，分别在第20条到第23条，第49条分别规定了委托人和受益人所享有的对受托人义务履行的监督权以及对受托人责任的请求权。

《信托公司管理办法》则对受托人责任的规定更为具体，其第四章"经营规则"的第24条到第30条、第32条、第35条、36条分别规定了信托公司经营信托业务所应当遵循的积极义务，在第31条、第33条、第34条则分别规定了其禁止性义务，在第37条、第39条规定了信托公司作为受托人违反信托义务时所应承担的责任。

1. 信托受托人民事责任本质

民事责任是义务人不履行义务的法律后果，有义务才有责任，无义务则无责

---

〔1〕 参见 *Halsbury's Law of England*, Volume 48, pp. 547, 551, 553。

〔2〕 参见《信托法》第7条规定："设立信托，必须有确定的信托财产，并且该信托财产必须是委托人合法所有的财产。本法所称财产包括合法的财产权利。"第11条规定："有下列情形之一的，信托无效：（一）信托目的违反法律、行政法规或者损害社会公共利益；（二）信托财产不能确定；（三）委托人以非法财产或者本法规定不得设立信托的财产设立信托；（四）专以诉讼或者讨债为目的设立信托；（五）受益人或者受益人范围不能确定；（六）法律、行政法规规定的其他情形。"

任。[1] 信托受托人民事责任的承担，也是因为其某项义务不履行行为应当承担的某种不利后果，而该项义务不履行行为即作为信托关系义务人的受托人违反了其所应当承担的信托义务。

对受托人责任性质仍然争论不断，基于对受托人不当行为所损害的权利性质的不同认识以及对于信托法律关系下受托人所承担的义务之性质的不同认识，目前较为主流的有以下学说，较为贴合地反映受托人责任所涉及的各方面：违约责任说[2]、侵权责任说[3]及独立民事责任说[4]。信托从性质上讲并不是单纯的合同关系，交叉于财产和合同的法律制度，即财产如何"配置"合同。有些人认为，将受托人民事责任单纯定性为违约责任是不精准的，以违约责任和侵权责任复合说更为合理，但笔者认为：上述观点从法理上分析虽然有一定道理，但是从目前我国信托违约现况角度出发来看，受托人责任性质定性为违约责任说更契合实际，故本文系以违约责任说为基础来探究信托违约风险预防与处置的法治逻辑。

2. 信托受托人的法定义务

根据民事责任是责任人违反其民事义务所导致的法律后果的观点，信托受托人之所以会承担民事责任，其原因即在于其违反了所负担的信托义务，分别是概括性义务与具体性义务。

（1）概括性义务：在学理上，也有学者将受托人所承担的概括性义务称之为信义义务[5]或者信赖义务[6]。委托人将信托财产交给受托人是基于其对受托人品格和技能的双重信任，因此受托人在处理信托事务时必须在品格和技能上都无负于委托人的信任。[7]因此，受托人的概括性义务具体包括品德上的忠诚义务和能力上的注意义务两个方面。

a、忠诚义务：具体主要表现为消极义务的形式。如美国《信托法重述》

---

〔1〕 魏振赢：《民事责任与债分离研究》，北京大学出版社 2013 年版，第 33 页。

〔2〕 参见赖源河、王志诚：《现代信托法论》（增订三版），中国政法大学出版社 2002 版，第 148 页。参见观点：违约责任说又被称为债务不履行责任说，在日本法学界，通说认为受托人违反信托的赔偿责任在性质上属于债务不履行责任。

〔3〕 参见文杰：《信托法专题研究》，中国社会科学出版社 2012 年版，第 66 页。参见观点：侵权责任说与信托受益权定性中的物权说相对应，认为受托人违反信托义务行为所应承担的民事责任性质实际上为侵权责任，其不履行义务行为损害了受益人对信托财产享有的所有权或受益权。

〔4〕 参见张敏：《信托受托人的谨慎投资义务研究》，中国法制出版社 2011 年版，第 122～123 页。参见观点：独立民事责任说考虑了信托法的历史发展过程及特质，信托违反（Breach of Trust）及契约违反（Breach of Contract）及侵权行为（Trot）并列，似乎可以成为个别的民事责任体系。

〔5〕 陈雪萍、豆景俊：《信托关系中受托人权利与衡平机制研究》，法律出版社 2008 年版，第 148 页。

〔6〕 彭插三：《信托受托人法律地位比较研究》，北京大学出版社 2008 年版，第 260 页。

〔7〕 周小明：《信托制度：法理与实务》，中国法制出版社 2012 年版，第 279 页。

（第3版）第78条"忠实义务"的表述。[1] 对是否符合忠诚的判断，就只有通过对社会生活经验的总结从一个人行之于外的行为上进行总结。现代信托法当中对受托人忠诚义务的判断主要有以下核心标准：不利用受托人为谋取自己利益。Lord Herschell 在早期判例（Brayv Ford 1896）就指出：这是衡平法院的一个不容变通的规则，一个人处于受信人的地位……除非另有明示的相反规定，否则就无权为自己获得利润；法律不允许他将自己处于一种使其职责与个人利益相冲突的地位。不能让自己的受托人职责与利益相冲突。在英美法上，这一规则又叫 Keech v. Sandford 规则。[2] 这一规则所强调的原则是限制受托人利用其掌握信托财产所有权可以自由进行交易处分的便利与自己进行交易从而通过低价获得信托财产或者信托财产收益。

忠诚义务在我国目前的《信托法》中也有所规定，虽然并未像美国《信托法重述》（第3版）那样直接作出定义，但体现在具体的条文规定中，同样也有所体现：第25条作出概括性规定，由于属于概括性规定，这一条文的表述内容不同于具体的消极性义务，而是积极义务性质的忠实义务表述；[3] 第26条至28条则对消极的忠实义务作出了规定，分别为禁止利用信托财产为自己牟利义务、禁止将信托财产转为固有财产义务、原则上禁止受托人自我交易义务，这三项义务的规定，与传统信托法判例和原理上受托人忠实义务的范围基本一致。

b、谨慎义务：又称注意义务，是一种积极义务，产生于信义人为受益人管理事务时的控制权或自由裁量权。[4] 谨慎人规则肇始于美国马萨诸塞州最高法院在 Harvard College v. Amory 一案中所彰显的："受托人应该像一个有自由裁量权、聪明的、谨慎的人处理自己的事务时一样来处理信托财产……所有对受托人投资的要求是，他应依善意行事并运用适当的自由裁量权，他不应投机，在长期管理信托基金时应遵守谨慎、注意和技能的人处理自己事务应有的方式，既要考虑可能获取收益又要考虑辅助投资的本金的安全"。[5] 简言之，当时的谨慎人规则即要求受托人按照普通商人处理自己事务的注意一样尽到处理信托事务的注意。我国《信托法》第25条对受托人谨慎义务也做出了原则性的规定。但是，

---

〔1〕 "……除在不相关的情形下，严格禁止受托人从事与自身利益相关，或者与自身利益产生冲突的交易。"

〔2〕 何宝玉：《信托法原理研究》，中国政法大学出版社2005年版，第187~178页。

〔3〕 受托人应当恪尽职守，诚实、信用地为受益人的最大利益处理信托事务。

〔4〕 参见陈雪萍、豆景俊：《信托关系中受托人权利与衡平机制研究》，法律出版社2008年版，第163页。

〔5〕 Robert J. Aatbers and Percy S. Roon，"The New Prudent Investor Rule and Modern Portfolio Theory：A New Direction for Fiduciaries"，*American Business Law Journal*，vol. 34，no. 3，May 1996，p. 43.

这种注意标准仍然过于笼统和模糊，这给实务操作带来了相当的不便。[1]

（2）具体性义务。正是对受托人忠诚和谨慎的基本要求，构成对受托人管理信托财产的具体事务中所设立各项应尽的具体义务的理论基础。信托受托人的具体义务有：a、信托文件遵守义务；[2] b、信托财产管理义务；[3] c、记录、报告和保密义务；[4] d、支付信托利益义务；[5] e、清算义务。[6]

为此，我国信托法规定了信托受托人相应义务及民事责任，为信托违约预防处置提供了一定的法律依据，但目前仍然存在诸多因素的不完善之处，现有法律规范并未能行之有效的起到理想效果。故我们需要剖析信托违约的成因关系，以便更好地进行信托违约预防与处置的法律治理。

**二、从"刚性兑付"角度剖析信托违约预防与处置的实践困难与制度弊端**

近年来，信托管理规模的迅速增长在壮大了中国信托市场，提升信托业水平的同时，也伴随着不断的置疑，诸多质疑和争论中最为突出的莫过于信托投资的"刚性兑付"问题。笔者认为："刚性兑付"对信托违约产生重大影响，有必要从"刚性兑付"与信托违约的逻辑关系来剖析新形势下信托违约的成因。

（一）"刚性兑付"与信托违约的逻辑关系

近年来，宏观经济逐步下行、股市持续低迷，即便如此，信托产品却能以年化收益率8%、10%、12%，甚至更高收益率一路高歌猛进，关键原因就是信托产品"刚性兑付"而导致其"零风险"特点，使得投资者争相抢购。[7] 但是，"刚性兑付"并不可能无限期持续，据媒体公开的报道称，2014年将有8547支信托产品到期，总规模达12733.06亿元，在面临经济改革与转型的大背景下，信托到期规模的增加在较大程度上增加了信托违约事件的发生概率。[8] 信托违约风险通常指信托产品兑付风险，又称到期兑付风险，具体是指在信托项目到期时，作为委托方的融资者无法按期支付约定本金和收益的风险。我国信托行业目前解决兑付风险的办法主要包括延期兑付，动用自有资金、风险准备金或未分配利润支付，关联公司、股东或第三方公司接盘，借新还旧，转让信托受益权利，

---

〔1〕 周小明：《信托制度：法理与实务》，中国法制出版社2012年版，第280~281页。

〔2〕 参见《信托法》第25条

〔3〕 参见《信托法》第30条。

〔4〕 参见《信托法》第33条。

〔5〕 参见《信托法》第34条。

〔6〕 参见《信托法》第58条。

〔7〕 智信资产管理研究院：《中国信托业资产管理报告（2013）大资产管理时代的信托业》，社会科学文献出版社2013年版，第234页。

〔8〕 邓丽娟：《2014地产信托对付风波已不可避免》，载《中国联合商报》，转引自网易新闻 http：//news. 163. com/14/0224/15/9LS2791G00014AED. html，最后访问时间：2017年10月20日。

用基金滚序型信托资金池等模式作为风险缓冲等。[1] 可见，其基本思路在于信托公司利用一切资源保证信托产品的最终兑付，即被称为"刚性兑付"的做法。

所谓刚性兑付，是指在信托产品到期后，信托公司必须向投资者分配投资本金以及预期的收益，即使信托资产出现风险，例如信托产品的融资实体到期未能还款，致使信托财产本身没有足够的现金价值时，信托公司也需要保障资金支付，即兜底处理。[2] 实际上，刚性兑付对于信托行业是确确实实的伪命题。所谓的刚性兑付只可能是信托行业经营上一种策略选择，而不是制度安排。[3] 刚性兑付虽然不是制度约束，乃是信托业基于多种因素考虑所采取的经营策略，这对制度重构后信托业的起步发展阶段起了重要的支撑作用，但其负面作用也开始日益显现：一是不利于信托产品投资者的成熟；二是不利于信托公司全面尽职管理能力的提升；三是招致行业风险的过度关注和不恰当猜想。从信托业长期健康发展角度，信托公司必须理性对待"刚性兑付"策略，对具备条件的信托项目，应该逐步排除"刚性兑付"的魔咒，虽然短期会有阵痛，但只有破刚，才会有行业持续健康的长远未来。[4]

但是，我国《信托法》第 34 条规定：受托人以信托财产为限向受益人承担支付信托利益的义务。另外，在《信托公司管理办法》[5]、《信托公司集合资金信托计划管理办法》[6] 中规定信托公司不得承诺信托财产不受损失或保证最低收益。因此，刚性兑付并无法律依据，信托公司本不应当保证对投资者进行支付本息，其实质背离了信托财产"风险与收益相匹配，高收益隐含高风险"的市场规律，加大了信托公司的兑付风险。然而，这一有悖于市场经济规律、又无法律依据的潜规则，却以一种公开的方式长期存在。由于我国信托制度建设存在缺漏，信托公司担心打破刚性兑付而致使自身因为信托受托人民事责任的不明确而承担赔偿责任，甚至受到监管层处罚或整顿，乃是刚性兑付长期存在的本源。

我们需要具有完备的信托法律制度作为信托行业运行发展的基本规则，尤其是在出现信托经营风险，特别是在因为风险的具体出现而导致作为委托人或者受益人的投资者跟作为受托人的信托营业者之间需要对损失作出分担的时候，清晰

---

〔1〕 参见张楠、许学军：《我国信托业的发展现状与转型问题研究》，载《金融经济》2013 年第 18 期，第 88 页。

〔2〕 贾希凌、张政斌：《近期中国信托业监管理念评析》，载《云南大学学报》（法学版）2013 年第 3 期，第 33 页。

〔3〕 周小明：《中国信托业刚性兑付风险及策略》，载《中国市场》2014 年 23 期，第 24 页。

〔4〕 周小明：《2013 年度中国信托业发展评析——增长周期下的挑战和转型》，载中国信托业协会网站，http://www.xtxh.net/xtxh/statistics/19142.htm，最后访问时间：2017 年 10 月 20 日。

〔5〕 参见《信托公司管理办法》第 34 条。

〔6〕 参见《信托公司集合资金信托计划管理办法》第 8 条。

的信托法律关系脉络和完备的责任制度，就为减少信托违约个案纠纷提供重要的法律保障。

（二）新形势下信托违约预防与处置的实践困难与制度弊端

笔者认为，虽然信托违约并非"刚性兑付"一方面所形成，但我们可以通过"刚性兑付"的现象来深刻提示信托违约预防与处置的实践困难与制度弊端。

第一，监管政策下的"刚性兑付"长期共存

刚性兑付这一怪象与现行信托监管政策现实并存，但从法治逻辑角度分析两者不应该"和平共处"，具体原因有：

首先，刚性兑付有悖于监管目标的实现。理论上，质量好的项目应该比质量差的项目更受投资者青睐。但在实践中，由于"刚性兑付"的作用，信托投资者作出投资决策时，往往不再认真考虑项目状况及风险大小，而是直接关注预期收益率，一旦风险暴发，投资者的利益很难保障，有面临整体兑付危机之风险，有悖于"维护投资者利益、促进信托业发展"的监管目标。

其次，刚性兑付有悖于监管法治化要求。信托监管法治化要求监管措施合理、平等、公正，而刚性兑付背离了信托业有序化的监管法治化基本目标，违背了"利益与风险共存"的基本经济原则，也违反了信托业监管法治化的促进信托业健康发展的基本目标。

再者，监管法治化要求监管具有一定的独立性，而刚性兑付则是对监管独立性的严重干扰，违背了"投资利益与风险共担"的信托投资基本原则，强行将投资风险全部转嫁给信托公司，与监管者应该保持超然中立于市场各参与方的身份要求相悖。

为此，由于刚性兑付的现实存在，众多信托投资者往往不关注监管政策，只看重预期收益率，大大降低了对信托违约的心理预期。从客观上讲，刚性兑付的存在加大了信托违约风险预防与处置的难度。

第二，信托受托人民事责任制度设计存在缺陷

就受托人责任的立法模式而言，从《民法通则》在一定时期起民事基本法作用但不是民法典方面看，专章规定民事责任有其适应当时国情的合理性，也有其立法体系上的合理性。[1] 2017 年 10 月 1 日正式施行的《民法总则》第八章"民事责任"系《民法则》第六章"民事责任"规定的延续、创新和极大发展，[2] 但是也不能解决信托受托人民事责任制度设计存在的瑕疵。

由于我国目前主要的信托法律实践以营业信托占据了绝大部分，却还没有制

---

〔1〕 参见魏振赢：《民事责任与债分离研究》，北京大学出版社 2013 年版，第 79 页。
〔2〕 参见陈华彬："《民法总则》关于"民事责任"规定的释评"，载《法律适用》2017 年第 9 期，第 37 页。

定专门的信托业法，对信托业的法律规范仍然是以"一法三规"[1] 专门规制信托公司经营的立法格局，各项规范的完备性还有待加强。特别是《信托法》中有关受托人在违背信托义务造成信托财产损失，损害受益人受益权时所应当承担的民事责任的规定，更是在信托法中缺乏明确的位置，虽然在受托人义务的法条中有所表述，但其无论是关于责任构成要件还是责任范围以及责任主体的规定，都过于零散；而"三规"又主要侧重于从行政监管的角度对受托人的义务和责任进行约束。然而，我国信托业出现兑付风险，受益人将很难通过对受托人民事责任的追究实现对自己权利的救济，受托人也很难通过明确的法律责任后果的承担合理终止既有的法律关系。

在目前信托立法上不完善，且在信托财产、信托受益权的法律性质仍然有所争论的大背景下，并未能通过信托法自身对受托人责任的各方面问题做出更为详细的安排，导致信托受托人权利义务及民事责任相对模糊，对于信托违约的认定以及追责都加大了现实难度。

第三，实务处置存在现实困境

在一定程度上可以说，信托法中的很多制度就是通过司法判例的不断累积得以丰富发展。例如，当讨论信托受托人的谨慎投资义务应当如何界定时，就需要注意到美国信托法 Harvard College v. Amory 一案中法官的相关分析。[2]

在我国，"刚性兑付"使得信托受益人根本不关心信托受托人是否履行了信义义务、信托财产的独立性原则是否得到了保障。实务中，信托争议的问题较多，但是真正进入司法机关裁判的案例却很少，相对于信托业 23 万亿元的巨大资产规模而言，这是一个不正常的怪象。就法院已经处理公示的信托案例来看，所涉纠纷多数发生在信托公司和融资人之间，且多是融资人未能按照信托文件履行还款义务导致诉讼发生。委托人起诉信托公司、受益人起诉信托公司的案例，以信托公司违反信义义务为由要求赔偿损失的诉讼请求少之又少。[3] 司法判例的缺失使得法院并不能积极参与到信托法续造过程之中，信托法中许多原则性条款也无法在实践中得到充分的应用，甚至成为"死法"，这使得信托法本身失去了经由司法实践获得发展完善的机会。时至今日，我国的信托法依然是抽象的、静态的立法条文，而没有经由司法实践转化为具体的、动态的"活法"规范。[4]

---

[1] "一法三规"："一法"指《信托法》，"三规"指《信托公司管理办法》、《信托公司集合资金信托计划管理办法》，以及《信托公司净资本管理办法》。

[2] Fleming Austin, "Prudent Investments: The Varying Standards of Prudence", *Real Prop. Prob. & Tr. J.* 12 (1977), p. 243.

[3] 该观点笔者通过《中国裁判文书网》《北大法宝》《无诉案例》等网站查阅相关案例分析得出。

[4] 参见夏小雄，《"得形"、"忘意"与"返本"：中国信托法的理念调整和制度转型》，载《河北法学》2016 年 6 月第 6 期，第 88 页。

由于司法判例的缺乏，法院对于信托法相关条款的适用并没有发展出具体的类型化判断标准，对于信托法的理论认知和制度理解也就不能随着商事实践的发展而逐步深入。在面对具体的司法案例时，司法机关往往不能全面而准确地把握案例争议焦点和适用相关法律规范，可能难以把握"鼓励创新"和"合法合规"之间的内在关系，将部分符合市场经济改革逻辑的信托交易安排宣告为违法或者施加其他限制条件，对信托违约预防处置是极其不利的。

**三、新形势下的信托违约风险的监管路径与预防处置**

信托行业和信托公司在我国具有特殊的定位，信托行业的发展及违约现状人们都给予了特别关注。虽然早在 2001 年出台的《信托法》，监管者先后制定的一些监管文件，对于维持信托市场秩序以及预防信托违约起到了一定效果和作用。但是，笔者认为：这些并不是"治本之略"，仅为暂时"治表之法"。因此，在新形势下，对于信托违约风险的监管路径及预防处置提出如下建议：

（一）加强监管：《信托法》增加信托业内容

影响中国信托制度背离其本旨的一个重要原因在于监管机构过于强烈的"监制主义"监管逻辑。监管政策不允许信托公司对信托产品提供兜底或保证收益的承诺，[1] 但是实践中信托公司却又不得不在市场中接受刚性兑付的行业潜规则。

信托市场需要统一的信托业监管规则，统一规则是保护投资者利益和市场效率的治本之略。由于我国没有信托业法律制度，对信托投资者的法律保护缺乏有效途径，而单独制定一部《信托业法》周期长、成本高、难度大，所以通过修改《信托法》的方式来补充信托业的法律规则更加现实。此外，从资产管理市场的公平需求、投资者的一致性保护、信托法律体系的完善等角度来看，也有必要在《信托法》修改中增加信托业内容，在法律层面上确立信托业监管的基本规则。

《信托法》应增加的主要信托业内容包括监管机构的组织结构、权力范围、行权程序、责任承担等。监管机构的权力是法定的。监管权的内容应该明确，不宜有太多的授权性条款，授权性条款可能导致监管机构自身监管权力扩大，干扰信托正常经营，让本来就创新不足的信托业务再受影响。

信托监管的组织结构是个较大的问题，需要在新增的信托业法律制度中加以

---

〔1〕《信托公司集合资金信托计划管理办法》第8条："信托公司推介信托计划时，不得有以下行为：（一）以任何方式承诺信托资金不受损失，或者以任何方式承诺信托资金的最低收益"；第11条："认购风险申明书至少应当包含以下内容：（一）信托计划不承诺保本和最低收益，具有一定的投资风险，适合风险识别、评估、承受能力较强的合格投资者"。《信托公司管理办法》第34条："信托公司开展信托业务，不得有下列行为：（一）利用受托人地位谋取不当利益；（二）将信托财产挪用于非信托目的的用途；（三）承诺信托财产不受损失或者保证最低收益。"

调整。虽然银监会成立了专门的信托监督管理部来监管信托机构，但与信托业23 万亿元的大金融体量相比，其监管人员及力量仍显薄弱。监管机构的组织结构还涉及监管工作的协作和分工。监管权力应该在监管机构内部进行细分，将权力落实到个人、责任落实到个人，做到权责明确、权责相称。现行的法律仅对监管机构作出了简单规定，而没有对其组织结构作出规定，这可能会造成部分信托业务没有被监管到，出现监管空白，或者部分信托业务大家都在监管，导致监管的重复与低效。

合理的决策程序是有效监管的程序保障。现行的信托部采取的决策程序缺乏法律规定。这可能导致个别人的决定替代应有的法律程序，个别人被俘获导致监管被放松或监管过度，影响监管权力行使的必要性和客观性。决策的程序关系到监管责任的承担，有必要作出法律规定。这些程序应当明确且具有可操作性。而且，这个实施程序应该通过法律规定，而不能由监管部门限制自己的方式与步骤。另外，还涉及匹配性问题，监管机构的权力大小要与其责任程度相匹配，监管程序要与其监管实权相匹配。

（二）完善立法：我国信托受托人民事责任制度的完善

民事责任是义务人违反民事义务而应对权利人承担的法律后果。[1] 由于"刚性兑付"的大背景及信托违约的特殊性，我们急需完善信托受托人的民事责任制度，为预防处置信托违约提供更强有力的法律支持。

第一，受托人违约责任之归责原则。由于违约责任的基础法律关系合同关系具有高度的意思自治特征，当事人之间的权利义务关系也主要通过约定加以设置，因此双方当事人对自己所承担的义务无论在内容上还是在注意标准上都有更为充分的认识。传统法上的受托人的责任是严格责任，是一种威慑性措施，受托人责任之承担无需因信托之违反而赢利。而现代信托受托人责任则经英国法院Target Holdings v. Redferns（1996）1 AC 421 一案中形成，该案昭示：只要损失是信托违反行为之直接后果，受托人才会承担责任……赔偿责任产生于受益人证明信托之违反使其遭受了损失的情况。即使产生了损失，却没有信托违反，赔偿责任也不会产生。[2]

就我国营业信托而言，虽然作为专业市场主体的受托人无论在信息和资源上都对其他信托当事人占有优势，但信托市场本身就是仅为高净值且具有投资能力的合格投资者开放，委托人设立信托将财产转移给受托人时即是以承受可能市场风险为代价，借用受托人的专业能力追求更高的投资回报。若对受托人施以严格

---

〔1〕 梁彗星：《民法总论》，法律出版社 2004 年版，第 81 页。

〔2〕 参见陈雪萍、豆景俊：《信托关系中受托人权利与衡平机制研究》，法律出版社 2008 年版，第 185 ~ 188 页。

责任，则相当于将本来应由投资者承担的市场风险转由受托人承担，而将投资风险带来的高收益交给投资者独享，无论从信托市场存在的理由还是市场的基本公平来看，都是不合理的。因此，信托受托人民事违约责任的承担应直接由信托法规定为过错责任。

第二，关于追责主体。由于受托人民事责任是其违反信托义务损害受益人受益权所应承担的法律后果，作为受托人民事责任所救济的权利主体，受益人当然有权力向受托人主张民事责任的负担。至于委托人是否有权向受托人主张民事责任，英美法下只有受益人可以要求受托人承担责任，其他共同受托人负有监督义务，也有权提出请求；大陆法系主要由受益人、委托人提出请求[1]我国《信托法》中，在第 22 条规定了委托人所享有的向受托人主张赔偿责任的权利，之后在受益人权利的规定中，又在第 49 条规定受益人"可以行使本法第 20 条至第 23 条规定的委托人享有的权利"，即委托人和受益人都可以向受托人主张赔偿责任，且二者主张该责任的权利并行，此规定明显不妥。笔者建议：《信托法》第 49 条中有关委托人请求受托人返还获赔偿权利的规定应用状语加以限制，可改为"仅当受益人因受欺诈、胁迫或丧失行为能力等客观原因应当主张而无法主张时"。

第三，关于赔偿范围。受托人违反信托义务所应负担的赔偿责任，当然包括其违反信托行为所导致的信托财产减损的价值。但是，关于因为受托人违反信托行为所导致的信托财产遭受的间接损失是否也应当由受托人一并赔偿的问题，大陆法和英美法分别采取了不同的态度：如日本、韩国以及我国大陆的《信托法》中，都未规定受托人也应赔偿信托财产的间接损失，只有我国台湾地区"信托业法"上有受托人违反分别管理信托财产义务以及忠实义务并且获得利益时，受益人享有利益归入（信托财产）权的规定。而英美法上的态度则截然不同：当受托人违反信托义务应该承担相应责任时，无论是信托财产所遭受的损失还是受托人因违反信托义务所获得的利益以及若非受托人违反信托义务信托财产将会获得的利益，都应当纳入到受托人赔偿的范围当中[2]

笔者建议：综合两大法系经验特点，同时考虑到我国信托设立的背景下，若非因为受托人违反信托义务行为，信托财产不仅不会遭受损失，在正常情况下还能够发挥资本价值的作用，而正是因为受托人违反信托义务行为，导致了作为信托财产的资产不仅遭受直接的价值损失，还要承受因为资本限制带来的机会成本损失，这与代信托设立的初衷是相违背的。因此，有必要对违反信托义务的受托

---

〔1〕 张敏：《信托受托人的谨慎投资义务研究》，中国法制出版社 2011 年版，第 128 页。

〔2〕 参见文杰：《信托法专题研究》，中国社会科学出版社 2012 年版，第 70 页。

人承担赔偿合理范围内间接损失的民事责任。

（三）强化司法：发挥司法机关在预防处置信托违约的积极作用

立法中的缺漏可通过司法程序中的正义来弥补。[1]信托业市场的规范发展不但需要立法机关的努力，还需要司法机关"有所作为"。在信托法实务领域，需要梳理和解决《信托法》与《民事诉讼法》、《民法总则》、《合同法》、《担保法》、《物权法》、《公司法》等法律的衔接及适用问题。具体建议如下：

第一，结合当事人的真实意思来判定是否有必要否定信托关系。我们需要根据交易过程中的客观事实来对交易主体开展信托创新交易的真实意思做出推定，并以此来判断是否有必要否定信托关系。这种判断应当包括两个方面，一方面看有无证据能够认定确实具有开展信托交易的真实意思，可以从交易的背景情况、设立信托的客观行为、对信托特殊法律后果的认同等方面来判断，从而有助于判别当事人是否具有选择信托交易方式的真实意愿；另一方面看是否借助于信托的形式来隐匿某种真实的交易关系，如信托合同与贷款合同并存的"阴阳合同"等。如果当事人之间只是借助于信托的交易形式来掩盖某种真实交易关系，自然应当否定信托的交易形式而还原其真实的交易关系。

第二，程序上完善举证责任。金融中介机构的说明义务包括风险提示义务和详细说明义务。[2]信托公司作为典型的金融中介机构，当然也对投资者负有信息说明的义务。信托公司同投资者订立的合同大多为格式合同，且该合同是由具有信息优势的信托公司拟定。信托公司在信托合同订立过程中应全面、真实地对合同涉及的金融产品特性、可能的风险及收益等可能影响投资者真实意思表示的情况作出充分的解释说明。

此外，信托合同作为合同的一种，应该遵从合同法关于附随义务与先合同义务的要求，信托公司应承担向投资者的告知义务与说明义务。是否尽到了说明义务的证明上，应将举证责任分配给信托公司。人民法院在审理信托案件纠纷中，应大胆完善举证责任制度，让处于信息优势地位的信托公司自证清白。随着《银行业金融机构销售专区录音录像管理暂行规定》[3]等规范性文件的陆续实施等，为实行"举证责任倒置"提供有力的现实依据。

---

〔1〕 李曙光：《金融法改革的取向》，载《法人》2004 年第 3 期，第 157 页。

〔2〕 朱慈蕴：《论金融中介机构的社会责任——从应对和防范危机的长效机制出发》，载《清华法学》2010 年第 1 期，第 17 页。

〔3〕 为规范销售市场秩序和银行业金融机构自有理财产品及代销产品销售行为，有效治理误导销售、私售"飞单"等问题，切实加强行为监管并维护银行业消费者合法权益，作为整治金融乱象的一项重要举措，银监会发布《银行业金融机构销售专区录音录像管理暂行规定》，要求银行业金融机构实施专区"双录"，即设立销售专区并在销售专区内装配电子系统，对自有理财产品及代销产品销售过程同步录音录像。该暂行规定自 2017 年 10 月 20 日起施行。

第三，及时出台相关司法解释。由于基本法律制度往往原则性、概括性较强，导致其可操作性相对较弱、法律的规范作用没有凸显。司法解释可以提高法律的可操作性、彰显法律在案件审理中的规范作用。于是，"通过出台金融司法解释或政策，规范审判实践中的金融案件审理"[1]，已成为我国司法实践中的一种经验模式。从以往的经验数据来看，商事法律的颁布到配套司法解释的出台的时间差大体在 2~5 年。[2] 然而，《信托法》出台至今已近 15 年之久，却没有出台配套的司法解释，使《信托法》的操作性不强。目前，法院已经积累了一定的信托审判经验，可以考虑出台相关司法解释来指导信托实践。

第四，发挥司法判例的作用。信托司法判例的缺乏本身就是行业不发达与不成熟的表现，也说明了司法认知与执法能力在信托领域的薄弱。在司法层面，人民法院要敢于受理信托案件，做到依法办案，尊重法律规定和合同约定，对于没有刚性兑付约定的信托合同要敢于判决。破解信托违约需要形成具有历史性和标志性的案件来对投资者和受托人起到示范、警示与教育作用，这需要法院通过司法判例直观、生动地教育投资者的买者自负与受托人的卖者有责。

## 四、结语

在信托资产规模逐年上升的在背景下，信托实质违约事件不断爆发已经引起我们的高度关注。信托违约法治化解决机制不能只停留在被动、简单的事后处理，也不能仅围绕信托违约本身进行表象治理，更不能用刚性兑付弥补信托投资人的经济损失来应付信托违约；而应当将信托违约处置的法治化解决思维前移，认清信托违约本源，从源头提前预防。信托违约解决法治化的真正实现，还要依赖于我国信托市场进一步向前发展，信托法制化的继续完善以及监管层与市场参与各方的共同努力。

---

〔1〕 朱大旗、危浪平：《关于金融司法监管的整体思考——以司法推进金融法治为视角》，载《甘肃社会科学》2012 年第 5 期，第 104 页。

〔2〕 陈甦：《司法解释的建构理念分析——以商事司法解释为例》，载《法学研究》2012 年第 2 期，第 5 页。

# 第六篇

金融诉讼法律问题研究

# 国际金融危机以来温州金融纠纷态势报告

——以温州法院金融案件动态为样本

高兴兵 *

摘要：本文以温州法院金融纠纷详实数据为样本，深入剖析温州局部金融风波成因及折射的突出问题，认为温州金融风波既有国家宏观经济调控下的共性问题，也有区域产业结构性缺陷和企业经营模式落后等个性问题，是经济转型和经济调整必然要经历的"阵痛"。当前温州金融风险已呈消退趋势，但根源性问题尚未消除，呈现后危机时期特征。为此，应进一步加大金融体制改革，优化区域产业结构，提升产业经营水平，培育多元化资本市场，完善破产机制，促进区域经济健康持续发展。

关键词：国际金融危机；金融纠纷；态势

2008 年 9 月，以美国雷曼兄弟公司破产为标志，国际金融危机全面爆发，给全球经济金融造成严重影响。为应对国际金融危机对国内经济的巨大冲击，国务院出台系列财政金融政策，但由于三期[1]叠加效应的影响，中国许多区域仍不同程度地发生债务高发的风波，其中以温州局部金融风波最具代表性。

金融风波派生的大量金融债务纠纷往往直接体现在法院的诉讼收案上，金融纠纷涉诉情况可以作为区域经济金融是否健康发展的"晴雨表"和"体检表"，法院金融纠纷的收案动态可以作为分析经济金融问题的切入口。故本文以国际金融危机下爆发的温州局部金融风波为视角，以法院 2008 年来金融纠纷收案动态为样本，深入剖析当前经济金融的突出问题，以期为金融风险化解和经济金融发展研究提供实践样本，为进一步深化金融综合改革和促进经济金融健康发展提供有益参考。

---

* 高兴兵：温州市中级人民法院法官。

[1] 三期：指增长速度换档期、结构调整阵痛期、前期刺激政策消化期。

### 一、2008 年以来金融案件动态

（一）金融案件[1]总体动态

2008～2016 年，温州法院金融案件收案数分别为：6895 件、8763 件、11042 件、14627 件、25946 件、25729 件、28748 件、36793 件、41841 件；收案标的分别为 31.26 亿元、55.66 亿元、65.52 亿元、154.29 亿元、453.01 亿元、490.73 亿元、604.59 亿元、661.21 亿元、526.54 亿元。从上述数据看，2008 年以来的金融案件动态（见附表 1、2），可以分三个阶段：

1. 风险潜伏期（2008～2010 年）

2008 年开始，为应对国际金融危机对国内经济的巨大冲击，国务院陆续出台系列财政刺激政策，采取较为宽松的货币政策。宽松的货币供给掩盖了经济下行可能造成的流动性短缺，延缓了债务危机的发作，但同时造成金融泡沫的进一步集聚。反映在法院收案上，金融案件的收案数量虽持续上升，但收案标的反映的债务规模不大，2008～2010 年的金融案件收案标的与当年 GDP 的比值分别为 1.29%、2.20% 和 2.24%，总体处于可控状态。2009 年金融案件收案跳高后，2010 年快速趋平，可见 2008 年末四万亿刺激政策的"强心剂"效果。

**表 1　2008 年以来温州法院各类金融案件收结案总表[2]**

| | 民间借贷纠纷 | | | | 金融借款合同纠纷 | | | | 其他金融纠纷 | | | | 合计 | | | |
|---|---|---|---|---|---|---|---|---|---|---|---|---|---|---|---|---|
| | 收案数 | 收案标的（亿元） | 结案数 | 结案标的（亿元） | 收案数 | 收案标的（亿元） | 结案数 | 结案标的（亿元） | 收案数 | 收案标的（亿元） | 结案数 | 结案标的（亿元） | 收案数 | 收案标的（亿元） | 结案数 | 结案标的（亿元） |
| 2008 年度 | 4920 | 19.18 | 4759 | 7.25 | 810 | 6.31 | 653 | 2.87 | 1165 | 5.77 | 1398 | 4.52 | 6895 | 31.26 | 6810 | 14.64 |
| 2009 年度 | 6564 | 34.45 | 6352 | 25.11 | 1193 | 14.88 | 1174 | 10.76 | 1006 | 6.33 | 832 | 4.2 | 8763 | 55.66 | 8358 | 40.07 |
| 2010 年度 | 8252 | 45.37 | 8006 | 35.17 | 1459 | 11.71 | 1455 | 9.66 | 1331 | 8.44 | 1425 | 5.2 | 11042 | 65.52 | 10886 | 50.03 |

---

[1] 本文的金融案件指各类金融民事纠纷案件的统称，主要包括民间借贷纠纷、金融借款合同纠纷及信用卡纠纷、信用证、票据、存单、保险（不包括人身保险）等其他金融纠纷，不包括担保、担保追偿、破产等及涉金融刑事案件。

[2] 说明：①为保持数据权威性，本表采用司法统计自然年度数据。由于归类范围存在不同，与温州法院金融白皮书公布的数据存在差异。②收结案数据中，结案数据主要反映法院的工作成效。对于数据分析而言，能一定程度反映经济金融态势的主要是收案数据，特别是收案标的，能较为客观地反映区域债务规模。

续表

| | 民间借贷纠纷 | | | | 金融借款合同纠纷 | | | | 其他金融纠纷 | | | | 合计 | | | |
|---|---|---|---|---|---|---|---|---|---|---|---|---|---|---|---|---|
| | 收案数 | 收案标的（亿元） | 结案数 | 结案标的（亿元） | 收案数 | 收案标的（亿元） | 结案数 | 结案标的（亿元） | 收案数 | 收案标的（亿元） | 结案数 | 结案标的（亿元） | 收案数 | 收案标的（亿元） | 结案数 | 结案标的（亿元） |
| 2011年度 | 12070 | 114.31 | 10394 | 54.09 | 1718 | 32.13 | 1385 | 11.86 | 839 | 7.85 | 899 | 5.78 | 14627 | 154.29 | 12678 | 71.73 |
| 2012年度 | 19498 | 218.26 | 19568 | 196.11 | 5539 | 182.08 | 4688 | 109.07 | 909 | 52.67 | 676 | 13.98 | 25946 | 453.01 | 24932 | 319.16 |
| 2013年度 | 16679 | 180.78 | 17396 | 146.78 | 7399 | 289.81 | 7401 | 216.06 | 1651 | 20.14 | 1805 | 21.87 | 25729 | 490.73 | 26602 | 384.71 |
| 2014年度 | 14220 | 155.61 | 14726 | 147.65 | 12105 | 434.08 | 10753 | 356.27 | 2423 | 14.9 | 2357 | 17.13 | 28748 | 604.59 | 27836 | 521.05 |
| 2015年度 | 17738 | 156.12 | 16816 | 137.06 | 16101 | 487.14 | 15228 | 469.79 | 2954 | 17.95 | 2786 | 15.35 | 36793 | 661.21 | 34830 | 622.2 |
| 2016年度 | 20451 | 163.11 | 20495 | 147.30 | 15205 | 341.80 | 17099 | 395.78 | 6185 | 21.63 | 5930 | 20.01 | 41841 | 526.54 | 43524 | 563.09 |

**表2　2008年以来金融案件收案动态表**

金融案件动态表

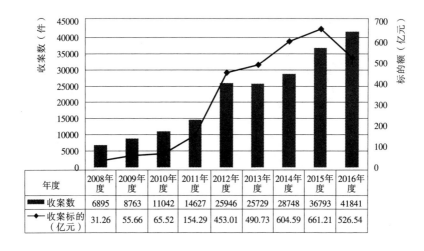

| 年度 | 2008年度 | 2009年度 | 2010年度 | 2011年度 | 2012年度 | 2013年度 | 2014年度 | 2015年度 | 2016年度 |
|---|---|---|---|---|---|---|---|---|---|
| 收案数 | 6895 | 8763 | 11042 | 14627 | 25946 | 25729 | 28748 | 36793 | 41841 |
| 收案标的（亿元） | 31.26 | 55.66 | 65.52 | 154.29 | 453.01 | 490.73 | 604.59 | 661.21 | 526.54 |

## 2. 风险高发期（2011～2015年）

进入2011年后，为了遏制经济过热发展和通货膨胀，央行调整了货币政策，先后12次加息并上调存款准备金，开始执行相对稳健的货币政策。银根缩紧造成了不少民营企业陷入资金链断裂的困境，金融案件出现明显高发态势，收案标的持续高位运行。2011 年金融案件收案数量同比增长 32.47%，收案标的同比增长高达 135.49%，收案标的超过前三年的总和。从月度数据看，金融案件集聚高发出现在 2011 年 9 月后。2011 年 9 ~ 12 月，新收金融案件 5606 件，涉及标的额88.63 亿元，收案标的超过 2010 年全年数据的 1.3 倍。因此，2011 年 9 月，通常被作为温州局部金融风波发作的时间节点。至 2015 年，收案数为 2010 年的3.3 倍，收案标的增长超 10 倍。

3. 风险消退期（2016 年 ~）

2016 年，金融案件收案数量仍保持 13.72% 的增量，而收案标的不升反降，降幅为 20.37%，个案标的均值下降超过接近 30%。（见附表 3[1]）这一现象表明通过几年的清收，大额金融债务存量下降，前期由于司法通道超限造成大量小额金融案件诉讼积压得到存量释放，仅信用卡清收案件[2]2016 年受理 5112 件，同比增加近 3400 件，接近金融案件总增量的 70%。由此可见，金融案件收案趋缓，整体经济金融形势呈向好趋势。2016 年，温州银行业不良率保持下降趋势亦印证这一趋势。

表 3　2008 年以来各类金融案件个案标的均值动态表

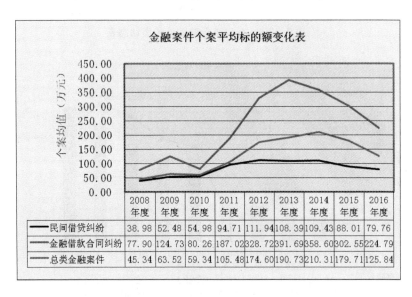

| | 2008 年度 | 2009 年度 | 2010 年度 | 2011 年度 | 2012 年度 | 2013 年度 | 2014 年度 | 2015 年度 | 2016 年度 |
|---|---|---|---|---|---|---|---|---|---|
| 民间借贷纠纷 | 38.98 | 52.48 | 54.98 | 94.71 | 111.94 | 108.39 | 109.43 | 88.01 | 79.76 |
| 金融借款合同纠纷 | 77.90 | 124.73 | 80.26 | 187.02 | 328.72 | 391.69 | 358.60 | 302.55 | 224.79 |
| 总类金融案件 | 45.34 | 63.52 | 59.34 | 105.48 | 174.60 | 190.73 | 210.31 | 179.71 | 125.84 |

---

〔1〕 受法院收案容量限制和金融债务清收习惯决定，对大额金融债务的容忍度明显低于小额金融债务；金融案件高发期往往大额案件先诉，小额案件压后，故个案均值变化曲线可以 一定程度反映金融案件急缓态势。受宽松货币政策刺激，2010 年个案均值曲线出现明显"低谷区"。金融案件 2011 年起呈急剧上升态势，2015 年趋缓，2016 年呈明显下降趋势。

〔2〕 2016 年，温州法院针对信用卡欠费案件积压突出问题，在全市法院开展信用卡案件集中清理活动，是促成信用卡案件收案增加的主要原因。

（二）金融案件分类动态

总体而言，与温州金融市场发展的水平相一致，由于多元资本市场体系缺失，金融案件的类型亦较为简单，法院受理的金融案件以民间借贷纠纷和金融借款合同纠纷[1]两类案由为主，2001年以后一直占金融案件总数的90%以上，可见温州的金融不良债权以借贷类为主。其他金融纠纷如信用卡、保险、信用证、银行卡、期货等纠纷比重相对较少，甚至鲜有发生。

1. 民间借贷纠纷

2008～2016年，温州法院民间借贷纠纷收案数分别为：4920件、6564件、8252件、12070件、19498件、16679件、14220件、17738件、20451件；收案标的分别为19.18亿元、34.45亿元、45.37亿元、114.31亿元、218.26亿元、180.78亿元、155.61亿元、156.12亿元、163.11亿元。（见表四）

表4　2008年以来民间借贷案件收案动态表

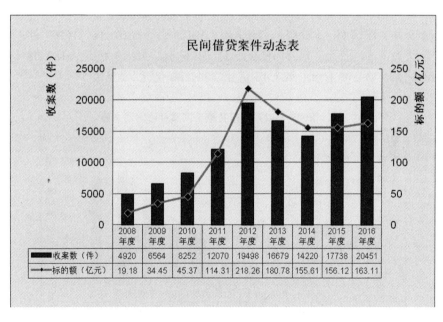

温州作为中国民营经济的发祥地，民间融资一直非常活跃。温州民间融资的

---

[1] 金融借款合同纠纷是法院的案由名称，指金融机构发放贷款形成的纠纷，为了避免与金融案件的称谓产生混淆，可称之为银行贷款合同纠纷或银行贷款合同案件。

实践，一直是国内最典型的研究样本。民间借贷纠纷收案从 2008 年以来一直处于持续上升状态，2011 年出现收案急剧增长态势，收案标的超过前 4 年的总和。特别是 2011 年 9 月开始，法院出现排队立案现象，2011 年 9 ~ 12 月民间借贷纠纷收案 4648 件，标的额达 63.68 亿元。2012 年收案达到历史最高点，收案数为 12070 件（占全国 2.61%），收案标的为 218.26 亿元[1]（占全国的 9.92%）。2013 年出现"拐点"，民间借贷收案出现明显下降趋势。民间融资经营模式粗放，手段简单，特别容易受市场"氛围"影响，活跃期一涌而上，萧条期一哄而散，明显体现"来得急，退得快"的特点。2011 年以来，温州局部金融风波对民间融资市场信心产生巨大冲击，民间融资积极性明显低沉，已有的民间债务存量随着司法清理不断减少，体现在法院收案上新增态势得到抑制，收案出现持续下降态势。2016 年民间借贷收案出现新的高点，但从案件内容看，大多为 2012 年前后的债务，并非新发案件，仍属于债务存量的释放，随着其他金融案件收案减少，法院审判质效提高，民间借贷纠纷立案积压的存量得到释放。

2、银行贷款合同纠纷（法院案由为金融借款合同纠纷）

2008 ~ 2016 年，温州法院银行贷款合同纠纷收案数分别为：810 件、1193 件、1459 件、1718 件、5539 件、7399 件、12105 件、16101 件、15205 件；收案标的分别为 6.31 亿元、14.88 亿元、11.71 亿元、32.13 亿元、182.08 亿元、289.81 亿元、434.08 亿元、487.14 亿元、341.80 亿元。（见表 5）

**表 5　2008 年以来银行贷款合同案件收案动态表**

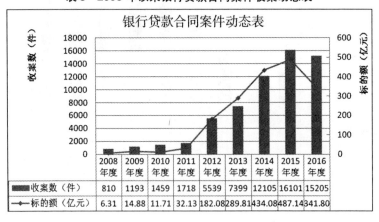

| | 2008 年度 | 2009 年度 | 2010 年度 | 2011 年度 | 2012 年度 | 2013 年度 | 2014 年度 | 2015 年度 | 2016 年度 |
|---|---|---|---|---|---|---|---|---|---|
| 收案数（件） | 810 | 1193 | 1459 | 1718 | 5539 | 7399 | 12105 | 16101 | 15205 |
| 标的额（亿元） | 6.31 | 14.88 | 11.71 | 32.13 | 182.08 | 289.81 | 434.08 | 487.14 | 341.80 |

---

[1] 2008 ~ 2012 年，全国法院民间借贷案件收案数分别为 488301 件、549318 件、573173 件、608477 件、747809 件；标的额分别为 613.43 亿元、834.01 亿元、827.26 亿元、1143.88 亿元、2201.22 亿元，温州占比分别为 3.13%、4.13%、5.48%、9.99%、9.92%。同时期民间借贷案件高发的内蒙古自治区（省级）同期收案标的为 7.84 亿元、14.19 亿元、15.62 亿元、27.77 亿元、81.23 亿元。

银行贷款合同案件的收案动态基本可以反映银行类不良债务清收的规模，与区域不良贷款余额基本保持同步，是金融态势分析的重要数据。从2008年以来的收案态势看，2011年之前基本保持良性可控状态，2012年开始出现急剧增长态势，至2015年达到最高值，标的额为487.14亿元[1]。从其动态可以反映，一是银行贷款类债务明显滞后于民间债务发生；二是2008年的宽松货币政策，只是延缓了全球金融危机对国内的冲击，治标不治本，反而造成金融风险的泡沫集聚，后期反弹效应明显。2016年，该类案件收案数和收案标的自国际金融风波以来首次出现双降态势，收案标的额下降145亿元。

3. 信用卡纠纷

2008～2016年，温州法院信用卡收案数分别为：237件、553件、960件、435件、71件、976件、1492件、1733件、5112件。（见表6）

表6　2008年以来信用卡纠纷收案统计表

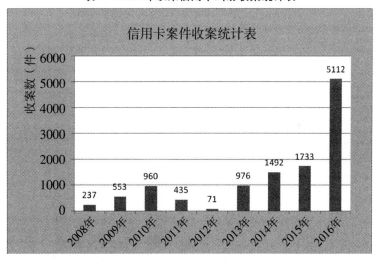

信用卡纠纷普遍标的较少，但系个人小微金融产品的代表，其良性运行以个人信用为保障，关乎社会诚信体系的基石。但总体来说，信用卡诉讼未形成常态[2]，历年信用卡收案难以准确反映信用卡不良债务的规模。究其原因，一是金融案件集中多发，法院诉讼通道拥挤，造成大量追讨银行卡欠费的案件难以立

---

[1]　根据上海法院2015年金融审判白皮书，金融借款合同纠纷收案标的额为493.4亿元。
[2]　根据上海法院2015年金融审判白皮书，信用卡纠纷收案66536件，占金融收案总数的75.13%。

案，2012 年信用卡欠费案件诉讼立案，几乎处于停顿状态。二是信用卡欠费案件刑事追诉标准低，刑民交叉问题成为民事不予立案的主要原因。三是普遍额小的信用卡难以承受高额的诉讼成本，容易造成司法资源的极大浪费，全国法院除上海外普遍采取限制立案态度，以致诉讼通道不畅。据温州银监局 2015 年末通报，信用卡欠费案件积压超过 4 万件。为此，全市法院于 2016 年开展信用卡清理专项活动，通过简化文书、批量快审、多元化解等审判机制创新，2016 年收案超过 5000 件，超出前八年收案数的总和。信用卡不良集聚与金融大环境有关，也与前几年银行业信用卡存在忽视信用审查滥发卡有关，背离了信用维系的运行原则。解决信用卡不良集聚难题，根本上还是需要通过严格发卡信用审查、加大违约制裁、简化核销尺度和创新多元催收等手段来解决。

4. 信用证、票据纠纷

2008～2016 年，温州法院信用证纠纷收案数分别为：0 件、0 件、0 件、6 件、278 件、78 件、59 件、4 件、3 件；票据纠纷收案数分别为 0 件、0 件、0 件、35 件、59 件、65 件、107 件、77 件、34 件。(见表 7)

表 7　2008 年以来信用证、票据纠纷收案统计表

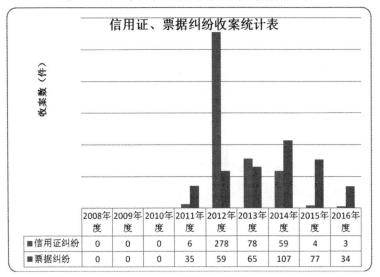

| | 2008年度 | 2009年度 | 2010年度 | 2011年度 | 2012年度 | 2013年度 | 2014年度 | 2015年度 | 2016年度 |
|---|---|---|---|---|---|---|---|---|---|
| ■信用证纠纷 | 0 | 0 | 0 | 6 | 278 | 78 | 59 | 4 | 3 |
| ■票据纠纷 | 0 | 0 | 0 | 35 | 59 | 65 | 107 | 77 | 34 |

信用证、票据作为现代金融支付工具，在温州并未广泛使用。在温州局部金融风波作发前，信用证、票据引发的纠纷鲜有发生，2008～2010 年民事收案数均为 0，有出现纠纷，往往也均通过刑事立案去救济（该类案件刑事立案 2008 年 3 件，2009 年 2 件，2010 年 3 件）。2011 年以后，该类案件出现阶段性高发态

势。其中信用证案件 2012 年骤然飙升至 278 件，标的额达到 42.55 亿元，此后又快速消退，2016 年收案数量仅 3 件，标的额 0.19 亿元。究其原因，主要是银根收紧，企业应对不及，造成大量企业贷款需求借用票据和信用证等支付手段进行违规融资，以规避信贷额度短缺，使该类案件从偶发性转变为集中高发的非正常现象。而该类融资普遍存在贸易背景虚假，致使刑民交叉争议成为当前金融审判遇到的突出难题。

（三）破产案件动态

2008～2016 年，温州法院破产案件收案数分别为：1 件、3 件、5 件、9 件、28 件、200 件、131 件、238 件、359 件。结案数分别为 4 件、2 件、7 件、6 件、7 件、153 件、111 件、162 件、287 件。（见表 8）

表8　2008 年以来破产收案统计表

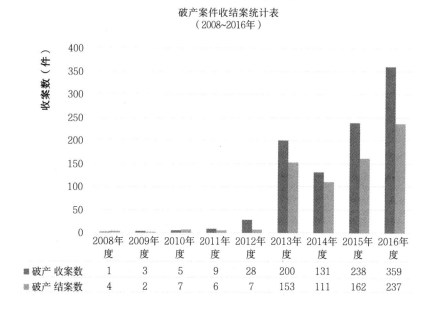

破产案件收结案统计表
（2008~2016年）

| | 2008年度 | 2009年度 | 2010年度 | 2011年度 | 2012年度 | 2013年度 | 2014年度 | 2015年度 | 2016年度 |
|---|---|---|---|---|---|---|---|---|---|
| 破产 收案数 | 1 | 3 | 5 | 9 | 28 | 200 | 131 | 238 | 359 |
| 破产 结案数 | 4 | 2 | 7 | 6 | 7 | 153 | 111 | 162 | 237 |

破产案件在司法统计中未纳入金融案件统计。但破产程序是金融不良处置端的重要手段，大量停业关闭企业的债务原本都不适合个案受理，均应通过破产程序清理，以实现群发债务批量快速处置、统一公平清偿和核销终结清算。但现实中，由于对破产价值认识不到位、企业普遍存在现代公司治理水平低下以致产权不明晰、破产配套制度不健全等原因，致使法院破产审判工作长期处于闲置状态。2011 年之前，温州法院每年受理的破产案件一直处于个位数，与每年关闭企业的数量极不匹配。而已受理的案件，由于审判及配套机制跟不上，推进困

难，长期难以审结。2008 年之前破产未结案 19 件，平均审限 3 年以上。2012 年开始，温州法院大力推进破产审判工作，通过宣传破产审判理念、开展破产审判方式改革、培育管理人队伍、强化府院协同等系列措施，取得突出成效，年收案数和结案数占比保持全省 40% ~ 50% 水平，在全国中级法院处于领先地位（占比接近 10%）。破产审判工作成为温州法院顺应供给侧结构性改革，加快金融风险化解的亮点工程。

（四）涉金融犯罪案件动态[1]

国际金融危机背景下，随着金融债务案件的高发，涉金融犯罪案件亦出现多发态势。主要动态如下：

1. 非法集资犯罪案件[2]

2008 ~ 2016 年，温州法院集资诈骗犯罪收案数分别为：5 件、7 件、8 件、7 件、27 件、31 件、21 件、23 件、40 件；非法吸收公众存款犯罪收案数分别为 11 件、28 件、12 件、14 件、37 件、52 件、47 件、84 件、97 件。（见表 9）

温州局部金融背景下，民间资金链断裂引发非法集资犯罪案件多发，2015 年、2016 年收案均超过 100 件，比 2008 年增长 6 倍多。

表 9　2008 年以来非法集资犯罪收案统计表

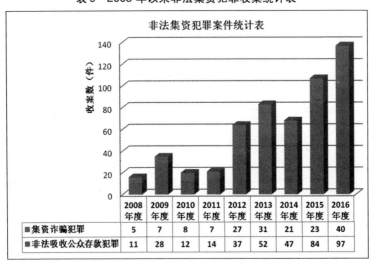

非法集资犯罪案件统计表

| | 2008年度 | 2009年度 | 2010年度 | 2011年度 | 2012年度 | 2013年度 | 2014年度 | 2015年度 | 2016年度 |
|---|---|---|---|---|---|---|---|---|---|
| 集资诈骗犯罪 | 5 | 7 | 8 | 7 | 27 | 31 | 21 | 23 | 40 |
| 非法吸收公众存款犯罪 | 11 | 28 | 12 | 14 | 37 | 52 | 47 | 84 | 97 |

---

〔1〕　金融案件数据不包含涉金融犯罪的刑事案件。

〔2〕　非法集资类犯罪包括非法吸收公众存款和集资诈骗两类犯罪。

## 2. 信用卡诈骗犯罪案件

2008～2016年，温州法院信用卡诈骗犯罪暗金收案数分别为：30件、39件、58件、86件、153件、145件、66件、58件、152件。（见表10）

信用卡诈骗刑事收案在2014年、2015年出现阶段性萎缩现象，主要与司法政策调整有关。由于现有法律规定信用卡诈骗犯罪的起刑点过低[1]，面对数以万计的信用卡违约欠费案件，无法均按刑事案件打击，因此2013年公检法联席会议上严格了信用卡诈骗的立案标准，致使信用卡刑事立案受限。2016年，呼应信用卡专项清理，加大刑事打击力度，信用卡刑事立案恢复正常。

表10　2008年以来信用卡诈骗犯罪收案统计表

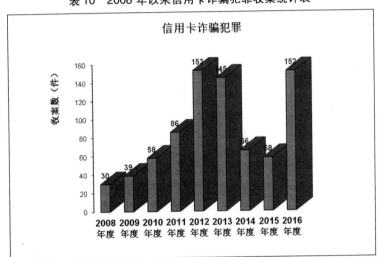

## 3. 贷款票证类诈骗犯罪案件

贷款票证类诈骗犯罪包括骗取贷款、票据承兑、金融票证和票据诈骗等犯罪。2008～2016年，温州法院该类犯罪收案数分别为：5件、6件、3件、7件、

---

[1] 根据《最高人民检察院、最高人民法院关于办理利用信用卡诈骗犯罪案件具体适用法律若干问题的解释》的规定："个人以非法占有为目的，或者明知无力偿还，利用信用卡恶意透支，骗取财物金融5000元以上，逃避追查，或者经银行进行还款催告超过三个月仍未归还的，以诈骗罪追究刑事责任。"

根据《最高人民法院、最高人民检察院关于办理妨害信用卡管理刑事案件具体应用法律若干问题的解释》的规定：恶意透支，数额在1万元以上不满10万元的，应当认定为刑法第196条规定的"数额较大"；数额在10万元以上不满100万元的，应当认定为刑法第196条规定的"数额巨大"；数额在100万元以上的，应当认定为刑法第196条规定的"数额特别巨大"

12件、12件、20件、43件、85件。2011年以来，高发态势非常明显。（见表11）

表11 2008年以来贷款票证诈骗犯罪收案统计表

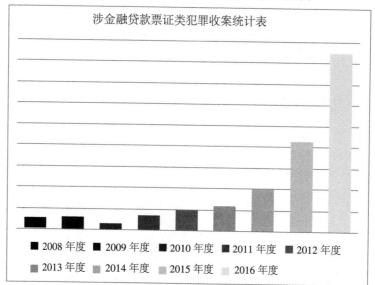

涉金融贷款票证类犯罪收案统计表

■ 2008年度 ■ 2009年度 ■ 2010年度 ■ 2011年度 ■ 2012年度
■ 2013年度 ■ 2014年度 ■ 2015年度 ■ 2016年度

## 二、金融案件态势反映的突出问题

美国经济学家麦金农指出，金融发展与经济发展相互制约、相互促进。现实中，经济发展中问题的积聚发作，总是不同程度地以金融危机的形态表现，直接体现为债务多发。所以，从金融案件动态分析入手，有助于深入剖析区域经济存在的问题。从2008年以来金融案件的动态看，以下问题值得关注：

（一）金融债务先发高发，集中暴露区域经济结构突出短板

2008年，为应对国际金融危机冲击，确保社会稳定，国家出台系列经济刺激政策，实行相对宽松的货币政策。宽松的货币政策是把双刃剑，执行有效可以缓解资金紧张状况，有利经济恢复增长，延缓债务危机。但在经济存在结构性缺陷时，宽松货币政策的负面影响凸显，如流动性投放结构失衡，反而造成无效产能库存膨胀；尽管能暂时延缓债务，但债务人财务状况短期内未得到根本改善，反而会造成金融泡沫积聚。（见表12）许多企业长期处于"以贷付息"、"以贷补亏"状态，充裕的流动性供给掩盖了实体经济长期负债经营的现实，表面看似能正常流转，实际潜在融资（负债）规模上不断扩张。一旦银根收紧，大量自身"造血"能力不足，长期依赖"金融输血"存活的经济实体，债务断口显现，面临决算出清风险。因此，为了消除前期宏观刺激政策的消极影响，货币政策从相

对宽松转向稳健，势必造成大量债务集中进入"决算期"，再加上资产泡沫在宏观政策调控下大量缩水，形成了庞大的资金链断口，形成严重的债务危机。这是引发温州局部金融风波的共性成因。

**表 12　历年 M2 与 GDP 对照表[1]**

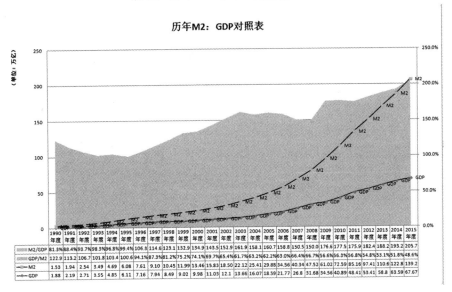

历年M2：GDP对照表

| | 1990年度 | 1991年度 | 1992年度 | 1993年度 | 1994年度 | 1995年度 | 1996年度 | 1997年度 | 1998年度 | 1999年度 | 2000年度 | 2001年度 | 2002年度 | 2003年度 | 2004年度 | 2005年度 | 2006年度 | 2007年度 | 2008年度 | 2009年度 | 2010年度 | 2011年度 | 2012年度 | 2013年度 | 2014年度 | 2015年度 |
|---|---|---|---|---|---|---|---|---|---|---|---|---|---|---|---|---|---|---|---|---|---|---|---|---|---|---|
| M2/GDP | 81.3 | 88.4 | 93.7 | 98.3 | 96.8 | 99.4 | 106.3 | 114.6 | 123.1 | 132.9 | 134.9 | 143.5 | 152.0 | 161.9 | 158.1 | 160.7 | 158.8 | 150.5 | 150.0 | 176.6 | 177.5 | 175.9 | 182.4 | 188.2 | 193.2 | 205.7 |
| GDP/M2 | 122.9 | 113.2 | 106.7 | 101.8 | 103.4 | 100.6 | 94.1 | 87.3 | 81.2 | 75.2 | 74.1 | 69.7 | 65.4 | 61.7 | 63.2 | 62.2 | 63.0 | 66.4 | 66.7 | 56.6 | 56.3 | 56.8 | 55.3 | 53.1 | 51.8 | 48.6 |
| M2 | 1.53 | 1.94 | 2.54 | 3.49 | 4.69 | 6.08 | 7.61 | 9.10 | 10.45 | 11.99 | 13.46 | 15.83 | 18.50 | 22.12 | 25.41 | 29.88 | 34.56 | 40.34 | 47.52 | 61.02 | 72.59 | 85.16 | 97.41 | 110.6 | 122.8 | 139.2 |
| GDP | 1.88 | 2.19 | 2.71 | 3.55 | 4.85 | 6.11 | 7.16 | 7.94 | 8.49 | 9.02 | 9.98 | 11.03 | 12.1 | 13.66 | 16.07 | 18.59 | 21.77 | 26.8 | 31.68 | 34.56 | 40.89 | 48.41 | 53.41 | 58.8 | 63.59 | 67.67 |

国家宏观调控政策的影响是全国性的，但为何对温州区域经济影响特别大？所以更需要关注的是温州区域经济存在的个性问题。从上述数据看，温州金融风险较其他区域，明显存在先发高发特征。从各地反馈的信息看，温州局部金融风波发作要早两年左右，其他区域迟至 2013 年后才出现不同程度的债务问题。而且，相对区域经济总量温州的债务规模明显较为严重。金融案件收案标的 2015 年最高值（661.21 亿元）较 2010 年（65.52 亿元）增长了超过十倍。2012 年甚至超过上海直辖市的总量，个案均值远远超过上海。（见表 13、14）究其成因，主要存在如下因素影响：

---

[1]　2008 年开始，M2 数值快速增长，2008 年至 2012 年短短四年中，M2 数值整整翻了一倍。同期，温州全市贷款额度亦相应翻了一倍多。可见，货币投放规模扩张迅速。从两者比值可见，金融对经济的贡献持续下降，货币效率低，滞胀特征明显。

## 1. 经济成分影响

由于当前中国市场金融抑制[1]特征明显,相对国有经济,民营企业获得金融配置的能力要弱许多且机会要小许多,一旦银根收紧,"压贷抽贷"首先拿民营企业开刀。温州作为民营经济的发祥地,民营经济在区域经济中占比较高,因此受银根收紧的政策影响相对较大,爆发的债务问题比其他区域要严重。从全国范围看,各地的债务风波均以民营企业债务多发先发为主。

**表 13　上海、温州法院金融案件收案标的对比表**

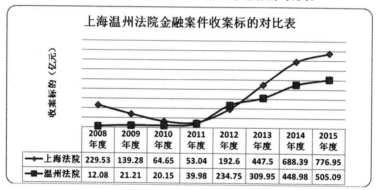

上海温州法院金融案件收案标的对比表

收案标的(亿元)

| | 2008年度 | 2009年度 | 2010年度 | 2011年度 | 2012年度 | 2013年度 | 2014年度 | 2015年度 |
|---|---|---|---|---|---|---|---|---|
| 上海法院 | 229.53 | 139.28 | 64.65 | 53.04 | 192.6 | 447.5 | 688.39 | 776.95 |
| 温州法院 | 12.08 | 21.21 | 20.15 | 39.98 | 234.75 | 309.95 | 448.98 | 505.09 |

**表 14　上海、温州法院金融案件个案均值对比表**

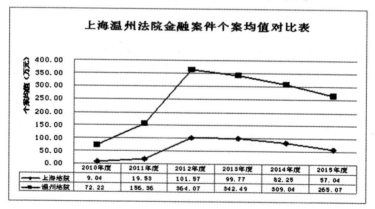

上海温州法院金融案件个案均值对比表

个案均值(万元)

| | 2010年度 | 2011年度 | 2012年度 | 2013年度 | 2014年度 | 2015年度 |
|---|---|---|---|---|---|---|
| 上海法院 | 9.04 | 19.53 | 101.57 | 99.77 | 82.25 | 57.04 |
| 温州法院 | 72.22 | 156.36 | 364.07 | 342.49 | 309.04 | 265.07 |

[1] "金融抑制"理论由美国经济学家麦金农和爱德华·肖在1973年出版的《经济发展中的货币与资本》中提出,成为解释发展中国家经济增长与金融发展关系的最重要的理论。一般是指一国金融体系不健全,金融市场的作用未能充分发挥,政府对金融实行过分干预和管制政策,人为地控制利率上限、负实际利率、并操纵银行信贷等问题,从而造成金融业的落后和缺乏效率,金融与经济之间陷入一种相互制约的恶性循环状态。

表 13、14 说明[1]：①由于上海法院的金融案件不包括民间借贷案件，为保持可比性，所以温州数据已扣除民间借贷案件数额。②受宽松货币政策影响，上海法院金融案件收案标的在 2011 年前后，亦明显出现先抑后扬趋势。个案均值走势图几乎平行。③上海作为直辖市，GDP 超过温州五倍以上，对比可见温州金融案件收案规模庞大。④上海作为金融集聚区，金融总部集中，造成其金融收案中信用卡案件居多，2015 年上海法院金融案件收案 87833 件，信用卡案件收案 66536 件，占比超过 3/4。信用卡案件额小量大，造成上海法院金融案件个案均值远远低于温州。

2. 产业结构问题

在国际金融危机影响下，眼镜、打火机、鞋服等外贸依存度较高的温州产业受到巨大冲击。同时，温州以制造业为主的传统产业，产能落后，市场萎缩，产业增长乏力，在货币宽松期，未能实现产业健康转型，反而过度扩张投向房地产、矿产等资金密集型行业，产生大量资产泡沫，留下巨大隐患。随着银根收紧，温州许多产业正是国家宏观政策重点调控的对象。所以可以说，不是国家宏观调控造成温州区域债务先发高发；而是区域产业结构长期失衡发展，成为调控重点，在宏观调控作用下，快速进入"决算期"，才导致债务问题集中爆发。

3. 经营模式问题

温州金融风险先发高发，大家往往更关注产业结构问题，实际更突出的是区域产业经营水平低下的问题。脱胎于早期的家庭作坊的温州企业缺乏现代经营理念，缺乏规范公司治理体系，习惯于夫妻店、父子兄弟一起上，以致公私不分、厂家不分，产权不明晰；以致产业形态"低小散"问题突出，可持续发展能力差。由于缺乏规范公司治理，产权不明晰，以致其难以吸收股权投资或者上市融资，融资模式过度依赖传统民间借贷和银行信贷。一旦遇到银根紧缩，借贷融资因到期无法续期就造成债务"提前决算"，便会迅速演化成债务高发态势。由于缺乏规范公司治理，致使企业一旦经营失败，难以适用破产制度规范安全退出市场，严重挫伤创业创新的积极性，同时使债务断口难以通过破产决算出清，债务无限传导和扩张，愈演愈烈。

（二）民间借贷风险转化态势明显，凸显民间借贷潜在危害

从温州局部金融风波的发展态势看，呈现民间借贷纠纷先发，最终演化成银行贷款合同大面积违约的整体金融风险的态势比较明显。2008 年开始民间借贷纠纷不断攀升，但由于总量不大，尚不足以影响金融整体稳定，故银行贷款纠纷同步攀升并不明显。2011 年 9 月～12 月急剧高发期，仍体现民间借贷纠纷先发

---

[1] 上海法院有关数据采集自上海法院 2012 年、2015 年度金融白皮书。

的特点，该区间民间借贷纠纷和银行贷款纠纷标的额比例近 3：1；而进入 2012 年后，由于民间债务坏账规模达到一定程度后，开始影响整体金融稳定，银行贷款纠纷收案不断攀升，逐渐超过民间借贷纠纷收案规模，并不断扩大，2015 年比例超过 1：3。（见表 15）民间债务反噬金融安全的趋势明显。

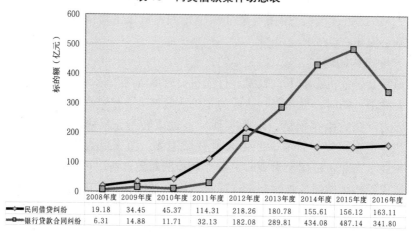

表 15　两类借款案件动态表

| | 2008年度 | 2009年度 | 2010年度 | 2011年度 | 2012年度 | 2013年度 | 2014年度 | 2015年度 | 2016年度 |
|---|---|---|---|---|---|---|---|---|---|
| 民间借贷纠纷 | 19.18 | 34.45 | 45.37 | 114.31 | 218.26 | 180.78 | 155.61 | 156.12 | 163.11 |
| 银行贷款合同纠纷 | 6.31 | 14.88 | 11.71 | 32.13 | 182.08 | 289.81 | 434.08 | 487.14 | 341.80 |

　　首先，民间借贷具有隐蔽性的特点，其规模难以被监管部门所监测，一旦形成规模就容易使宏观货币调控手段失灵，引发区域债务高发，影响区域金融体系安全。例如泰顺立人集资案，整个泰顺县 2011 年本外币各项贷款余额 76.4 亿元，而立人集团集资额却超过 50 亿元。贷款额反过来就是负债额，人民银行在核定区域贷款额度时，会充分考虑区域的存款量、经济总量等经济指标[1]，相对泰顺县的经济总量，发放 76.4 亿的贷款，债务负担相对是安全的，而一个立人集团负债就超过 50 亿，相对泰顺县负债在核定额度内翻了一番，肯定会出现负债过度的问题，最终势必拉断资金链。

　　同时，民间借贷具有盲目性的特点，民间借贷的放贷人缺乏金融安全意识，风险防控能力差，一味地追求高利回报，最终利息拿到了，本金却没了。例如立人集资案中，即使以泰顺县整个财政收入也无法支付其高额的融资利息，最后实际中只能演化为借新还旧、借本还息的"庞氏骗局"。国家原有金融抑制政策，一直对民间融资行为采取谨慎严管态度，致使民间融资行为一直地下隐蔽发展，

---

〔1〕 2011 年，泰顺县生产总值（GDP）为 46.44 亿元；财政一般预算总收入 6.1 亿元，其中地方一般预算收入 4.63 亿元，实现税收收入 2.62 亿元；年末全县金融机构本外币各项存款余额 76.4 亿元。

利率高额化明显，行业低端发展，成为引发温州金融风波的导火线，这种情况值得深思。

民间借贷正是具有隐蔽性的特征，难以实时监控，一旦形成规模容易影响整体金融安全；正是具有盲目性的特点，自身风险防控能力差成为债务链中最脆弱环节，一旦出现金融风险，就容易成为金融风险的"起爆点"。温州这波债务危机中，民间债务先发最终引发金融债务高发的安全转化态势，正是印证了这一规律。这应该也是国家为何要采取金融严管政策的立法初衷，也是温州金改倡导民间金融"阳光化"和"规范化"的逻辑支点。

（三）银行不良贷款不断攀升，揭示正规金融市场化缺失

温州局部金融风波发作后，温州金融生态迅速恶化，银行业不良贷款额和不良贷款率持续上升。2015年末，温州不良贷款余额较2011年9月增长13倍，不良率从0.37%一路攀升至3.82%的高位，远高于全省其他地市，温州银行业整体利润出现负增长，部分银行业机构历年来积累的利润已亏损殆尽[1]。反映在法院收案上，银行贷款合同纠纷收案快速增长，2015年达到最高峰（收案数为16101件，标的额为487.14亿元），较2010年案件数增长11倍多，标的额增长超41倍。2011年至2016年，全市各银行机构贷款合同纠纷涉诉标的总额达到1767.04亿元。

金融风险快速转化，银行不良贷款率不断攀升，凸显当前银行业信贷质量低和风险防控能力差的问题，暴露了当前金融发展市场化不足，难以适应经济发展的种种弊端，金融抑制特征明显。突出问题有：

1. 金融市场配置能力差，信贷供给结构错位

温州金融突出的"两多两难"中"民间资本多"与"中小企业融资难"本身就是一对悖论，本身就深刻反映金融供给与融资需求的配置错位。对于银行业而言，由于资本市场单一，利率的双轨制等金融体制的问题，造成银行信贷资源仍带有稀缺性，致使银行业在融资市场中一直占据优势地位，主动配置市场需求能力缺失。对于温州而言，银行机构林立，同业无序竞争激烈，嫌贫爱富倾向盛行，造成信贷错配。国家在金融供给政策导向上要求向实体经济倾斜，向中小企业倾斜。而在实际信贷结构上，大量信贷资金被少数的国有经济和规模大的民营企业占据，中小企业融资难问题突出。此次金融调控，采取金融宽松目的之一是缓解国际金融危机的冲击，但现实调控明显存在"定控不准"。所谓"晴天送伞、雨天收伞"，困难企业难以得到金融扶持，大量的所谓"优质客户"成为金融机

---

〔1〕 温州市决策咨询委员会、中共温州市委政策研究室编著：《温州企业资金链、担保链风险化解的实践与探索》，中国经济出版社2016年版，第29页。

构争抢的对象，"贷大、贷长、贷集中"现象突出。银行宁可将一亿资金贷给"优质客户"，也不愿将一亿元分成一百笔100万元融资给小微企业。到了风险期，融资扩张过度，信贷风险过于集中，埋下隐患。部分规模企业由于资金来得太容易，造成盲目扩张，大量资金流向本应重点调控的房地产、矿产产业等，甚至民间高利贷市场等高风险的投机性投资。最后，想要的要不到，不想要的却撑死了。金融供给错配成为温州金融债务高发的主要内因之一。

2. 融资过度依赖借贷，期限错配问题严重

受温州经济发展模式的限制，温州金融市场的发展亦存在明显缺陷。缺乏规范公司治理的经济模式，难以吸收股权融资或者上市融资，带来多元化资本体系不完善，融资大量依赖间接融资，而直接融资占比明显偏低。一旦遇到银根紧缩，借贷融资因到期无法续期，迅速演化成债务高发态势。而例如上市公司，实际亦是融资形式，金融风险无形被股权式融资隔离，没有债务期限配置风险，经营损失通过股权贬值分担，不容易形成债务。温州上市企业仅16家，而经济规模相当产业相近的泉州市上市企业达到91家，在本次金融政策调控中形成的金融债务就远远低于温州，就是实证。

同时，现有的信贷产品难以接轨市场需求的变化，"短贷长用"期限错配问题突出。银行短期信贷品种在传统产业模式下，针对周期性生产性融资是可行的，计划经济年代国有企业的固定投资靠国家划拨，原材料等生产流动资金靠银行贷款解决，随着生产周期的结束，产品销售回收按期归还贷款，限定贷款期限有利于贷款的规范使用和信贷风险的管理。但是，随着市场经济的快速发展，产业形态不断发展，传统的信贷产品难以适应多层次融资的需求。许多成长期的企业以及长期投资的项目融资，固定的信贷期内显然难以回收信贷本金，固化的信贷期限管理造成期限错配，造成转贷"过桥资金"融资畸形发展，一度成为民间借贷过度"繁荣"的主要原因。一旦银根收紧，信贷期限的严格管理又加速了资金链的断裂。

3. 正规金融行政化色彩浓厚，风险防控体系僵化。

计划经济遗留的正规金融市场化程度不足，原有正规金融以国有为主，造成银行管理体系行政化色彩浓厚。这主要体现在几个方面。在内部考核上，过于讲究责任追究，忽视市场调控。在合同管理上，利用市场优势地位，缺乏平等协商和风险共担精神，融资合同好大文本大担保。在合同出险时，缺乏风险分担和差异化帮扶的市场思维，不是努力追求损失最小化，而是确保责任最小化。由于纵向管理的体制，造成区域同业会商协同处置能力弱化，行业协会机制流于形式，地方政府调控失灵。一旦企业出险，过分依赖司法处置，恐慌性保全和诉讼，类似"杀鸡取卵"的不良贷款处置手段严重有悖市场规则。当前，司法实践中较

为突出的表现有：涉企银行债务案件和解率低，过分依赖司法程序，加剧债务滞涨，不良资产处置回收率低。特别在破产重组案件中，重组方案常常因银行业反对无法通过。已经批准重组的企业，又由于银行业僵化的征信管理体制，重组企业难以快速恢复正常的融资信用评级，而使重组实施困难重重。

4. 金融监管不足，违规金融多发

现有金融管理体制相对经济快速转型发展，明显体现规制不足，调控失灵。这体现在以下几个方面。在民间融资上，明显存在权责不明，监管缺位，非法集资多发的现象。在正规金融上，明显存在手段陈旧，难以适应发展需求的问题。无论是金融监管和司法审查，仍存在银行资产就是国有资产的惯性思维，缺乏平等保护的市场意识，日常监管引导不足，出险后又出于金融资产回收安全的考虑，对银行业存在的一些陋习过于迁就包容。较为突出的问题有：套用信用证、票据等表外融资手段违规融资多发；变相搭售金融产品、强制返存等违规现象仍有发生；银行信贷资金不当流入民间融资市场隐形存在等。

5. 过度使用金融杠杆，造成担保链风险快速传导

银行贷款合同纠纷，从传统的"一个借款人一个担保人"的模式向"一个借款人多个担保人"转化。以温州中院近期受理的案件看，银行债务案件个案平均担保人超过 5 个，最多超过 20 人。如某控股公司涉诉主债务余额约 3500 万元，由控股公司股东 22 人提供总额达 5.8 亿元的担保，其中 17 个个人股东共同提供 3 亿元的信用保证，致使这 17 个股东开办企业的贷款均被列入风险关注，面临收贷压贷危机。

目前高位的债务规模，在资金链、担保链和产业链风险的交织作用和传导下，变得错综复杂，处置稍有不慎，便容易酿成重大债务危机事件，其中以担保链风险传导最为严重，成为当前金融风险防控难点。在货币宽松期，贷款发放"贷大贷集中"，造成金融杠杆使用过度、过度授信、多头担保问题严重。目前担保链冗长，且互保联保严重，交织成网难以隔断。一旦出现，容易形成"火烧连营"的局面。以金融风波最早出险的信泰集团为例，据不完全统计，其担保链第一圈涉及企业 19 家，金额 5 亿多元；第二圈涉及企业 115 家，担保金额 34 亿多元，到了第四圈，涉及企业高度 411 家，金额超过 72 亿元。整个担保链上的企业数达到 730 家，金额超过了 150 亿元。

（四）企业破产推进困难，体现金融不良处置机制缺失

为了推进经济结构优化转型，化解金融风险，温州法院不遗余力地推进企业破产审判工作。尽管 2015 年温州法院受理破产案件占全国总收案数的 10%，在全国处于领先地位。但全市法院破产案件受理量才 200 多件，相对温州庞大的金融不良存量，仍难以适应去产能调结构需求。

破产是成熟市场经济不可或缺的法律制度，有生必有灭，所以有人形容破产是经济领域的"殡仪馆"，负责处理经济领域的"僵尸"。更贴切地说，是"经济垃圾处理器"，是经济金融领域不良端的重要处置机制。一是垃圾分拣，实现资源再利用，通过破产清算或重组，全面清理债务，实现僵尸企业闲置土地、设备、无形资产等资源快速整合利用。二是实现垃圾清理，实现债务核算核销，将债权企业银行账上的死帐烂账，该请收的清收，该核销的核销，实现经济金融环境的净化。死帐烂账不清理，垃圾长期积聚，势必造成经济环境的污染恶化，势必造成债务风险不断传导。可以说，没有破产，经济金融领域就缺少垃圾处理机制，垃圾越积越多，势必影响经济环境。

破产案件受理难、审理难，虽然在全国具有一定的普遍性，但"温州问题"具有一定的代表性。破产审判推进最大的问题是，由于缺乏健全的社会信用体系，致使我国只有企业破产法，而没有个人破产法；企业又普遍缺乏规范公司治理，以致"家厂不分"，最终企业难以适用破产制度规范安全退出市场；由于破产理念缺失造成债权人不能接受有限责任承担的"市场规则"。破产机制缺失，对当前金融风险化解带来的突出问题是：

1. 破产清理功能缺失，造成金融不良处置效率低下

由于大量金融债务案件通过个案处置，难以通过破产实现批量清理，造成司法通道阻塞和司法资源的极大浪费，大量债务长期处于"候审"状态，长期占有不良额度，加剧流动性短缺。个案处置难以实现公平清偿，形成诉讼恐慌，极大冲击债务清理秩序。更为突出的是，杀鸡取卵式的不良处置模式，带来资产处置损失巨大，个案清偿率往往不如破产分配率；在去除过剩产能的同时，亦没有留住有效市场份额。

2. 破产核销功能缺失，造成僵尸企业僵而不死，债务不断传导

由于无法通过破产实现债务的全面清算核销，大量死账烂账未得到有效核销，债务断口无限传导。处理债务危机，实际最直接的是两个方法。一是增加流动性，缓解流动性短缺；二是核销债务，消除债务断口。当前继续增加流动性已不现实，破产核销债务的功能再缺失，势必造成债务泡沫积重难消，不断传导。相对金融来说，破产机制缺失，就是金融不良决算终结机制缺失。

3. 破产保护功能缺失，造成经济金融生态极大破坏

由于破产实现"依法免债"，所以有人总是指责破产制度是纵容逃废债的"恶法"。实际恰恰相反，一个财务全面清算的制度仍不能杜绝恶意逃废的行为，个别追偿的司法手段更难以防范逃废债行为的发生，事实是债权人掩耳盗铃，难以直面债务"泡沫"破灭的现实。且正是破产保护缺失，才直接带来逃废债盛行。道理很简单，诚信是体面的奢侈品，很难想象一个生存受到挑战的人，能保

持诚信的本心。例如一个欠债 5000 万的人，在还了 2000 万以后，手里还有 500 万元，他在考量还不还最后 500 万元时，就要顾虑还了 500 万元之后，还欠着一辈子都还不清的 2500 万元，大多都会将 500 万藏起来不还，以保证子女和家庭的生存。但如果有破产保护，还了这 500 万元，其余 2500 万元一笔勾销，他就会更主动地去还这 500 万元，因为今后他可以凭自己丰富的职业经验去获取足以维持体面生活的年薪而不受债务牵连，或者甚至可以东山再起，毕竟逃废债可能受到刑责。所以说，目前逃废债多发，诚信下滑，很大的因素在于破产核销保护的功能缺失。更进一步说，由于缺乏破产保护制度托底，致使企业一旦经营失败，无法通过破产有限责任退出，严重挫伤创业创新的积极性。在当前技术日益更新的年代，柯达、诺基亚都难以逃脱破产的命运，如果缺乏有限责任的制度保障，"破产即破家"的风险就会成为万众创业、万客创新的"张飞一声吼"。已完成原始积累的温州人已没有第一代"搏命闯江湖"的勇气，缺乏现代公司破产理念来保护创业创新发展，以致热衷于短期投机性投资，"老高"、"炒客"成了当代温州人的代名词。所以说，由于缺乏破产制度对创业者的保护，以致创新创业的积极性受到极大挫伤，一旦陷入债务危机逃废债盛行，社会诚信体系崩塌，经济金融环境不断恶化。

### 三、建议与对策

国际金融危机背景下发作的温州局部金融风波成因复杂，既有社会经济发展的共性问题，又有区域经济发展的个性问题。由于宏观经济形势下三期叠加因素影响，呈现明显阶段性特征，但其发作的程度又取决于区域经济结构的发展水平。尽管当前温州金融风险通过一段时期消化，已出现消退的迹象，但由于根源性的问题尚未消除，后期的经济金融发展仍存在很多不确定性和不稳定性，呈现后危机时代特征。"问题的对面就是对策"，针对前面剖析的突出问题，提出建议和对策如下：

（一）准确把握政策导向，扎实推进供给侧结构性改革

面对局部金融风波对温州社会和经济带来巨大冲击，各种抱怨此起彼伏，有抱怨国家四万亿刺激政策失误的，有抱怨企业盲目扩张融资过度的，有抱怨高利贷坑害的，有抱怨银行不当抽贷的……因此，当前保持清醒认识不是一句空话，只有认清形势，统一认识，才能保持步调一致，举措得力。我们必须认识到局部金融风波的爆发不是偶然的，引发其的因素是多方面的，有宏观经济形势和金融政策的影响，有金融体制长期僵化失灵的原因，但主要是区域经济长期畸形发展积累的弊端所致，是实体经济转型发展必须经历的"阵痛"。需要注意的是：

1. 执行好"去"字诀，防止"去而不尽"。经济发展与金融发展相辅相成，并互为手段。前期为应对国际金融危机的冲击，采取宽松货币政策，但由于金融

配置错位，反而造成无效产能积聚。任其发展，势必造成大量经济泡沫而积重难返。为此，中央适时调整宏观政策，提出以"去产能、去库存、去杠杆、降成本、补短板"为重点的侧结构性改革，旨在调整经济结构，实现要素最优配置，提升经济增长的质量和数量。供给侧改革，首要是"去"字，消化前期经济刺激过度带来的经济泡沫。简单地说，去除供给过剩，实现供需结构优化，保障经济健康发展。如温州眼镜业，如果不"去"，最终可能大家都喂不饱，最终抱团灭亡；但如果"去"30%，则剩余70%供需结构优化而存活，有望实现升级转型。而执行"去"字诀，前期仍以金融调控为手段，控制金融供给增量，调整金融供给结构，大量依赖"金融输血"存活的企业和投放结构错位的过剩产能被"无情"地摒弃，直接体现为债务高发，大量企业关闭，局部金融风波发作。

只要厘清国家宏观经济金融政策调整一脉相承的内在逻辑，就不至于在局部发作的金融风波面前不知所措。局部债务高发只是经济调整的阶段性震荡，是经济转型必然经历的"阵痛"。大量产能落后的产业将被淘汰，是经济政策调整带来的应然效果，这就是残酷的现实。如果不明事理地一味追求挽救，就会使金融风险处置工作陷入"误区"，最后可能造成"去而不尽"。拖累旧经济的"泡沫"去之不尽，势必为新经济健康发展埋下"地雷"。只有明白这个道理，才能以"壮士断腕"的决断态度执行"去"字诀，有效防止"去之不尽"，以致影响供给侧结构性改革的成效。

2. 处理好"去"与"存"的关系，有效避免"定控失准"。供给侧改革目的是要调整国际金融危机背景下需求萎缩和供给相对过剩、需求日益多元化高品质和供给相对单一低效之间的矛盾。在执行"去"字诀时，要注意处理好"去"与"存"的关系。首先，要"去字有度"，避免超出区域经济承受范围，引发严重的区域性系统性风险。以温州永强的不锈钢行业为例，那些不锈钢栏杆制品慢慢被市场淘汰，但再低端的产品亦有相应的市场需求与之相匹配。当大量的不锈钢企业被"去除"后，存活的二三家不锈钢企业又出现产销两旺的大好局面，企业又积极到法院参与破产不锈钢企业厂房设备拍卖，用于扩大产能。所以，对于过剩产能，并不是一味去除，而是"关闭一部分"、"提升一部分"、"转型一部分"，最终实现供需良性平衡。其次，要注意保存有效产能，特别是在去产能的同时，避免原本有限需求的流失。当前金融不良资产处置的市场化机制缺失，以致处置模式近乎"杀鸡取卵"，造成巨大资产损耗。所以在金融不良资产处置中，要注重提升市场化处置能力，尽量通过兼并重组等手段，促进土地、设备等资产处置效率提高，并通过吸纳破产企业人力资源等，保存原有市场需求不流失，同时有效防止大量人员失业带来的社会问题。具体地说，需要在涉企金融风险处置中，做到分类甄别处置。当前金融债务按其成因可概括为三类：

第一类是清算之债。主要是指需淘汰的过剩产能，需坚决地去除，但需要注意提高不良资产处置回收的效率，注意保存人力、市场占有等有效资源。

第二类是错配之债。一是投资错配，主营良好但在货币扩张期不当介入房产、煤矿等调控行业。二是期限错配，产业前景良好或尚具有较好造血能力，但尚在初创期或者投资期，资本回收尚需一段时间，只是应对国家金融调控应对不及，出现暂时性资金周转困难。对于仅仅是期限错配的企业，显然需要金融提高容忍度，继续给予支持，不压贷不抽贷，尽量通过续贷、转贷帮助企业走出困境，以时间换空间。但是，温州更多的是投资错配，前期大量资金被投放到房地产、矿产、船业等泡沫产业，在信贷短缺期，难以获得金融信贷支持，纷纷倒在"半路"上。对投资错配的不良债务，首先企业需要做到忍痛割爱，实现资产瘦身，保存有效产能。对于"烂尾工程"，扶持和培育不良资产的市场化处置，鼓励民间资本和战略投资，弥补信贷不足。温州中行联合华峰资本，封闭斥资庄吉船业完成在建船舶的建造，避免烂尾工程的巨大损失，就是成功案例。对于扩张损失已无法自救的，尽量通过重组和兼并，将主营良好产业整体置换。温州海鹤药业通过整体出售式重整来保存百年老字号，就是成功案例之一。

第三类是牵连之债。当前最突出的是担保牵连之债。前期，金融过度使用担保，致使许多经营良好企业，因担保责任牵连，深陷债务危机，致使国家宏观调控出现"定向不准"，致使不该去的产能"误伤"。担保牵连之债，主要是前期金融滥用、过度使用担保埋下的恶果，经济误中"庞统之计"，难以脱身。一旦诉至司法，难逃其责，故更需要诉讼外化解。首先，需要企业正视担保责任，主动担当，避免银行恐慌性追责。其次，需要银行业形成共识，树立"保企业就是保金融"理念，正视担保滥用银行难辞其咎，帮助担保企业渡过难关，避免杀鸡取卵式的处置。三是政府主导，多方联动，尽量创新机制，隔离担保风险，如利用国有担保置换，隔离担保责任，让多担保分担或者分期承担担保责任。

3. 注重地区差异处置，保持适度干预。国家宏观政策的执行带有全局性，难以兼顾地区差异，以致影响调控的成效，需引起重视。温州区域房产大幅贬值，金融债务集中高发，体现去泡沫化的调控手段已经在温州取得明显效果。而且，从2016年态势看，温州债务已出现明显消退，有望实现率先突围。但从全国层面看，紧缩的调控手段必须还要持续一段时间，对温州等风险先发区域来说，进一步调控可能存在调控过度过急的问题。所以，需要争取国家采取差异化调控手段，适度恢复温州区域流动性，适度放缓房产调控手段，以帮扶温州区域实体经济复苏转型，确保温州金改取得实效。另外，由于成熟的金融市场尚未形成，以致金融抑制现象明显。在市场失灵情况下，需保持必要的政府调控手段。民营经济在此次调控受损严重，而国有僵尸企业尾大不掉，要严防金融泡沫向国企债务、政府债务集聚，形成新的风险。

(二) 规范民间融资发展，探索建立民间融资新秩序

2012 年 3 月，国务院决定在温州设立金融综合改革试验区。温州金融市场并不发达，但民间金融却向来非常活跃。故温州金改难以在正规金融市场改革有所建树，其重要任务是在民间金融治理和规范发展方面有所突破。金融风波凸显民间金融治理的短板，亦证明民间金融治理是当前金融综合改革必不可少的环节。主要建议有：

1. 确认民间融资合法性，实现民间融资"阳光化"。现有金融法律体系对民间金融采取严管排斥的态度，但市场需求和资本自发的逐利性决定，民间融资并不会因严管而消退，严管的金融体制最终只会造成民间融资"地下"无序发展。与其让民间金融隐蔽无序发展，还不如引导其"阳光化"和"规范化"，况且民间融资作为正规金融的补充，对丰富资本市场，推动金融市场的竞争，具有积极意义。因此，规范民间融资发展也就成为温州金改的应然选择。由于整个金融体制的改革尚未启动，上位法尚未调整，现有的金融法规尚未对民间融资行为合法性给予明确的态度，民间金融合法合规的界限模糊，致使刑民交叉成为当前民间融资规制的难题。但从金融改革和立法的方向把握，应当为民间融资创造宽松的发展环境，给予适度扶持，大胆实践。设立温州金改试验区，也是希望通过温州金改的先行先试，为下一步国家层面的立法积累丰富的实践素材。所以，赋予民间融资合法市场地位，实现民间融资"阳光化"，是规范民间融资健康发展的前提。

2. 创新民间融资监管模式，实现民间融资"规范化"。"一放就乱，一管就死"一直是民间融资管理的难以破解的僵局。要实现民间融资的"阳光化"，首先要有效治理民间融资盲目无序经营的乱象，才能使民间融资不会总成为搅乱金融秩序的"熊孩子"。实践表明治理民间融资乱象的关键要抓住两个"牛鼻子"：一是管控资金来源，严禁吸存放贷。只要限于自有资金用于放贷，即使造成损失亦限于放贷人，则有效避免引发群发债务。二是监测其规模，将民间融资纳入区域货币宏观调控考量。前面问题剖析中亦已提到，民间金融规模失控，容易造成区域货币调控手段失灵，进而引发债务高发。道理很简单，例如核定区域流动性投放额度为 7000 亿元，如额外民间借贷规模亦形成数千亿规模，就会造成流动性投放过度，从而引发严重债务问题。但如果能够有效监测民间融资的规模，那么发现民间融资规模扩张过度，则可以适时调低正规金融信贷投放规模，以实现区域流动性投放适度。但如何对量大面广的民间金融实现监管，是实践中最大的难题。温州金改实践的治理路径主要有：一是建立地方金融监管机构，解决原来金融监管缺位问题；二是扶持建立民间融资机构，实现散乱民间融资的集约管

理；三是颁布民间融资管理条例，实行民间融资备案登记。但通过前期金改实践发现，成效并不明显，民间融资习惯于原有松散粗放的经营模式，自觉接受融资备案的积极性不足，以致融资备案的覆盖面不足。备案登记是目前融资管理最为可行的制度设计，管不了只能说明强制力不够。《温州市民间融资管理条例》作为地方性行政规章，明显存在法阶过低的问题，有必要进一步健全民间融资立法，强化行政、民事、刑事系统立法，破解民间融资监管难题。如：有偿性借款未经备案登记无效（利息不予保护）、是否备案登记将作为非法集资犯罪违法性的重要认定依据……。只有通过法的强制力，才能根本保障新型健康民间融资秩序的形成。要"阳光"地从事民间融资，就必须自觉地接受备案登记的秩序安排，应成为民间融资从业者的普遍认知。备案应成为民间融资管理的重要手段，备案常态化应成为民间融资的新秩序。

3. 提升民间融资经营水平，形成民间融资经营新业态。当前的民间融资行业仍处于低端粗放经营模式，民间融资几乎等同于"高利贷"。而民间融资如仍拘泥于借贷市场，根本无法与正规金融竞争。如同样的资本金 1000 万元，民间融资只能用自有资金，即使按 2 分月息，年收益只有 24%；而银行业可以通过转贷比杠杆放大为 1 亿的放贷规模，即使按 5 厘月息，年收益亦可达到 60%。两者之间存在巨大的利率差，如民间金融继续在借贷市场"吃残食"，最终只会惨败。因此，民间融资要生存，必须学会与银行业错位经营，细分市场，更广泛地参与多元化资本市场的竞争。应该说，民间资本更适合投资，而不是借贷。如参股组建民营银行、参与金融不良资产处置、提供股权融资等等。

（三）以金融风险高发为教训，深化银行业改革发展

当前银行金融债务高发，暴露了正规金融体制僵化，市场化程度不足的突出问题。原有国有银行垄断经营的体制，是造成银行业行政化管理色彩突出，市场化不足的主要根源。推动金融市场化进程，提高金融市场优化配置能力，提升金融抗风险能力，需要由上至下进行金融体制改革来完成。近年来，国家推动金融机构股份制改造，逐步放开民营资本入股商业银行，允许外资银行、民营银行设立等，均是推动金融业市场化的有利举措。针对前面提到的银行业存在的突出问题，银行业适应市场化改革，需要改进的是：

1. 积极创新，丰富金融产品，主动回应市场需求。当务之急是要放下架子，主动了解市场需求，细分客户市场，提供多层次的金融产品，满足市场需求。要提高市场意识，强化服务意识，水平致力开发新兴金融服务领域。要增强公平竞争意识，杜绝滥用市场优势地位。要增强社会责任意识，根据国家产业政策导向，致力扶持创新产业和小微企业发展。

2. 主动担当，强化风险防控，确保处置成效。当务之急是要摒除行政化，

要加大行业管理水平，建立同业会商机制，有效避免多头授信，过度抽贷压贷的突出问题。要提高合同管理水平，增强平等协商意识，减少银企矛盾。要正确执行调控政策，主动接受监管，避免金融杠杆滥用，杜绝违规融资泛滥。要建立风险科学评估体系，变革风险管理体系，提高容忍度，加大困难企业帮扶和救助。要牢固树立"保企业，就是保金融"的理念，与困难企业共进退，合理分担债务风险，提高处置手段的灵活性，有效降低金融资产受损率。

3. 未雨绸缪，提高忧患意识，全面提升竞争力。当务之急是要提高前瞻性，面对金融改革的深化，金融市场进一步放开，网络金融兴起，银行业需要应提高忧患意识，加强市场调研，致力内部结构改革，全面提升竞争力，有效避免系统性风险发生。

（四）以规范公司治理为突破口，促进经济转型升级。

金融风波暴露的问题，最终都不同程度地体现为经济结构的问题。前面提到过，融资过度依赖借贷难以实现股权融资，债务蔓延难以通过破产清算终结，缺乏破产保护以致信用体系崩溃、创新创业积极性受挫等问题，从根源上均与公司治理不规范、产权不明晰有关，具体道理不再累述。因此，当前经济转型升级，大家普遍关注的是产业结构优化转型，实际更需关注的是经济治理模式的更新升级。家庭作坊式的温州模式势必被市场所淘汰，提高公司规范治理水平才符合经济可持续发展的要求。即使是百年家族企业，亦难以保证靠产业接替来传承，最终还是靠股份接替来传承。对于当前经营水平普遍低下的经济形态，一是要加大已有企业的股份制改造，实现公司规范治理；二是重视初创企业规范治理结构的引导，避免给新经济实体发展留下天生缺陷；三是大力推进破产机制建设，倒逼经济治理模式转型升级。

# 我国存款保险基金管理机构早期纠正权问题探析

## ——兼评《存款保险条例》的相关规定

郭金良 *

摘要：存款保险机构的早期纠正权应由法律、行政法规加以详细规定。《存款保险条例》中明确存款保险基金管理机构具有早期纠正的权力，但并未对权力的具体内容做出安排。该种监管权的原则性设计，既不能保证存款保险基金管理机构职责目标的实现，也难以协调"三大金融安全网"之间的有效衔接。为了实现我国存款保险"双重功能"的制度目标，首先应以法律形式明确存款保险基金管理机构是与中国银监会具有同等属性的监管主体，然后结合我国现有监管规范体系中的早期干预制度，对存款保险基金管理机构的该项监管权能进行系统化的法律设计。

关键词：存款保险；存款保险基金管理机构；早期纠正；早期纠正权

## 一、问题的提出

存款保险机构是存款保险制度运行的核心，明确存款保险机构的权力内容是实现存款保险机构功能的基本保障。根据我国《存款保险条例》，存款保险基金管理机构履行本条例第七条规定的职责过程中，所具有的权力内容的规定主要体现在：第 13 条（核查权）、第 16 条（提高费率权）、第 17 条（机构接管或重组、撤销的建议权）、第 18 条（基金使用权）以及第 21 条（责令限期改正及费率调整权）。从存款保险制度的功能角度分析，我国《存款保险条例》既赋予了存款保险基金管理机构"付款箱"功能，也赋予该机构对任一投保机构的监管功能。本条例第 7 条（六）规定，存款保险基金管理机构"依照本条例的规定采取早期纠正措施和风险处置措施"，并承担着相应的监管功能。但从本条例现有的规定看，监管功能的实现存在不足，根本原因在于实现监管功能的权力内容不完善。一分为二，与早期监管功能相对应的早期纠正权方面，本条例主要规定

---

* 郭金良（1985～），男，辽宁沈阳人，法学博士，辽宁大学法学院讲师，主要研究方向为金融法、国际金融监管制度比较、商事交易监管。

了核查权（第 13 条）、提高费率权（第 16 条），但条例并没有对存款保险基金管理机构的早期纠正措施予以明确、具体的规定，并没有明确该早期纠正措施与我国《银行业监督管理法》第 37 条的早期监管措施的关系。早期纠正权作为金融监管机构的一个重要权能，既应该以法律方式赋予特定机构行使，也应该明确早期纠正权的具体内容。《存款保险条例》及相关法律法规没有解决存款保险基金管理机构的法律地位问题，也没有对该机构的监管权内容进行详细设计。因此，为了我国存款保险制度的有效运行，必须完善存款保险基金管理机构的监管权。一方面是为了更好的实现存款保险功能，另一方面是为了有效协调存款保险机构与现有金融监管机构之间的权力关系，以完善我国的金融安全网。

## 二、存款保险基金管理机构早期纠正权的法律属性

权力功能的实现需要两个基本条件：一是行使权力之主体法律地位的明确，二是权力内容设计安排的具体和充分。而我国《存款保险条例》在这两方面都没有为存款保险基金管理机构早期纠正权功能的实现提供有效保障。

### （一）我国存款保险基金管理机构早期纠正权法律属性不明确

在法治社会，权力的正当性以法律的支撑为基础，要明确存款保险基金机构的监管权内容（早期纠正和风险处置），必须先解决该机构的法律地位问题。从法律地位上讲，存款保险机构主要包括以下几种类型：第一种为政府机构型。从存款保险机构的起源上考察，存款保险制度诞生于美国，可以说，美国联邦存款保险公司（FDIC）是世界存款保险机构的"雏形"。美国 FDIC 成立于 1933 年，它是美国国会通过《格拉斯—斯蒂格尔法》建立的一个具有独立性的联邦政府机构。同时，根据美国《联邦存款保险法》第 9 条（b）"机构权力"之（1）"地位"的规定，FDIC 是美国的金融监管机构，是监管体系中的法定成员，美国联邦存款保险机构是典型的政府机构。第二种为商业公司型。发展至今，英国存款保险制度经过了多次演进，存款保险机构也产生多次变化并成为整个金融服务补偿计划的一部分。英国存款保险制度始建于 1979 银行法，明确存款保障委员会（Deposit Protection Board，简称 DPB）为存款保险计划的实施机构；1997 年英国金融服务管理局（FSA）成立，并根据 2000 年《金融服务法案》设立了金融服务补偿计划（FSCS），FSA 成了金融服务补偿计划有限责任公司（FSCSL），由该公司负责实施存款保险计划；2013 年 FSA 拆分为 FCA 和 PRA，并分别建立各自识别的存款保险组。从机构的法律性质上考察，英国存款保险机构（FSCSL）属于有限责任公司，是一个非盈利的独立实体，其人员由金融监管当局提供并安排。因此，英国存款保险机构的法律地位应属于政府间接控制的企业法人。第三种为政府与银行合作型。从 20 世纪 70 年代开始，日本存款保险制度经历了建立、修改到不断完善的过程。1971 年，日本政府通过《存款保险法》，设立了日

本存款保险公司（DICJ），由日本政府、日本银行和民间金融机构共同出资 4.5 亿日元作为公司的初始资本金。在人员结构安排上，DICJ 理事长由日本银行副总裁担任，并配以其他金融专业人士，尽管非政府机构也有出资，但政府实际控制着 DICJ 的整个行动，并使得它成为日本拯救 20 世界 90 年代末经济危机的重要力量。从法律地位上将，日本存款保险机构为政府绝对控制型国有企业。

比较不同类型存款保险制度中存款保险机构的性质、地位，我们可以得出以下启示：其一，鉴于存款保险机构在整个金融监管体系中的重要作用，不论是政府机构型、还是公司型、拟或合作型模式，各国都会以法律的形式明确存款保险机构的法律地位。其二，存款保险制度作为三大金融安全网之一，其在国家金融稳定、化解金融风险时的地位决定了各国政府需要实际控制存款保险机构，以保证存款赔付和维护金融稳定目标的实现。从本质上讲，存款保险制度的设计是为了保证有效市场竞争的基础，是市场经济条件下金融市场化的必备制度。在经历了 2008 年金融危机大量问题金融机构的处置后，各国都趋向于建立政府强制性的存款保险机构或者说虽然没有实现机构设立的强制，但至少在特殊机构是否投保问题上实现了强制性。根据巴塞尔银行监管委员会（BCBS）与国际存款保险人协会（IADI）联合发布的《有效存款保险核心原则》的规定，存款类金融机构的"强制性"参保是存款保险制度的基本原则，所有的存款机构都必须加入这一机制。但是，在政府与金融机构合作型的模式中，金融机构及其管理者会利用其"政府优势"而谋取机构及个人利益，这便容易滋生金融机构的道德风险。有观点认为，从机构的性质上讲，存款保险机构既具有"公益性"，又具有一般市场主体的"经营性"特征，它建立的目标是维护金融稳定和保护存款人利益。因此，可以将存款保险机构视为特殊企业，其依特别法或专门法规设立，受到特别法的调整；同时承担着一定的政府或公共管理职能。但只要是企业，就会不可避免地会遵循市场主体逐利的基本规律，也必然会产生道德风险问题。所以，将存款保险机构界定为"特殊企业"的观点存在"政府与银行合作模式"同样的缺陷。中国一直沿袭政府管制的金融监管传统，政府在金融治理中具有丰富的经验和绝对的优势，解决问题的根本在于处理好"如何更好的发挥政府的作用"而不是避开政府。同时，从维护国家金融稳定、处置化解系统性风险方面考虑，这也是政府维护公共利益的职责所在，并且各国实践也基本采取"政府控制"模式。

反观我国《存款保险条例》，存款保险基金管理机构的法定属性不明确，也就是说该机构在法定金融监管框架中的地位不明确，与央行、银监会的关系模糊不清。其一，在《存款保险条例》的 23 个条文中没有一个条文明确存款保险机构的设立及性质，也就是说，该条例中提及的存款保险基金管理机构的权力定位是不明确的。其二，仅仅在该条例第 7 条"职责"的最后一款规定"存款保险基金管理机构由国务院决定。"这句话似乎更增加了该机构地位的模糊性。因为，从语法上讲，该句话是不完整的，存款保险机构的"什么内容"由国务院决定呢？存款保险机构是与银监会并列的金融监管机构吗？条例没有给出明确答案。其三，存款保险基金管理机构与中国人民银行、中国银监会之间在危机机构处置权的关系方面，该条例也没有给出明确的安排。例如，该条例 17 条规定了存款保险基金管理机构在发现投保机构存在《银行业监督管理法》第 37、38 条的情形时，可以建议中国银监会采取措施。那么，根据该条例第七条的规定，存款保险基金管理机构具有早期干预和风险处置权，这与银监会的接管措施、撤销措施就会发生重叠或交叉。

（二）存款保险基金管理机构早期纠正权内容的设计不充分

建立有效的存款保险制度，并运用市场化的方式来化解问题金融机构危机、维护存款人利益是构筑金融安全网、实现现代经济金融健康发展的重要保障。从存款保险制度设计的功能定位看，目前主要存在付款箱型（英国、荷兰、希腊等）、成本最小化型（法国、意大利、日本等），以及风险最小化型（美国、加拿大等）三种模式。其中，后两种模式有一个共同的特征，即除了付款箱型外，其它两种存款保险制度中存款保险机构还都具有一定的、对投保机构的金融监管权能和问题机构处置权能。在成本最小化模式下，存款保险机构的处置权能充分而审慎监管权能较弱，而风险最小化模式下，存款保险机构的两种监管权能都较为丰富。根据我国《存款保险条例》第 3 条和第 7 条（六）的规定，我国存款保险制度兼具付款箱功能和监管功能（早期纠正和风险处置）。

付款箱型存款保险制度的职能定位下，存款保险机构只是负责存款保险基金的管理及实现一定条件下存款人利益赔付，此种存款保险制度功能决定了存款保险机构的权力内容主要集中于存款基金管理和存款保险赔付即可。例如，英国的存款保障制度在 2000 年《金融服务与市场法案》中得到统一，由金融服务赔偿计划（Financial ServicesCompensation Scheme，简称 FSCS）统筹；[1] 2009 年英国《银行法》对 FSCS 进行了完善，规定了该计划在银行启动破产程序后及时对合格存款人进行赔付，以及应财政部的要求分担特别处置成本等两种赔付情况。[2] 2012 年《金融服务法案》对 2000 年的《金融服务与市场法案》中的 FSCS 进行了修改，主要是基于拆分 FSA 后新成立的两个监管机构（FCA 和 PRA）而设相应的两个基金组，以及 FSCS 的管理者要与计划实施相关的其它监管机构建立良

---

〔1〕 Financial Services and Market Act 2000, Part XV "Financial Services Compensation Scheme".

〔2〕 Banking Act 2009, Part 4 "Financial Services Compensation Scheme".

好的联系。[1] 英国的存款保险机构，即金融服务补偿计划有限责任公司（Finan-cial ServicesCompensation Scheme Limited，简称 FSCSL）从职责上看，无论是成立早期的只是对一般存款的保障，还是 2008 年金融危机之后为维护金融稳定而扩大保障范围，其主要职责都是存款保险赔付和存款保险基金管理，包括为了维护金融稳定而对非存款负债进行保障（这即是单一"付款箱"功能的典型）。而"赔付"与"监管"双重职能定位下，存款保险机构不但要完成基本的存款保险基金管理和存款赔付职责，还要实施一定范围的监管措施，履行对参保机构的监管职责。美国于 1950 年颁布了《联邦存款保险法》，确立了存款保险法律制度。该法对联邦存款保险公司（Federal Deposit Insurance Corporation，简称 FDIC）的设立、管理、职权等内容做了较为全面的规定，如该法第 9 条对联邦存款保险公司的权力做了一般性规定，明确了 FDIC 在美国监管体制中的地位，第 13 条对FDIC 的权力和特权进行了更加详细的安排。美国《1989 年金融机构改革、复兴与实施法》将银行清算领域最新发展的有关内容进行法典化，赋予了联邦存款保险公司在银行和其它互助储贷机构经营失败方面的监管权力。美国《1991 年联邦存款保险公司改进法》规定了问题银行的立即矫正措施（prompt corrective ac-tion，PCA）（即《联邦存款保险法》第 38 条）。此外，2010 年美国《多德—弗兰克消费者保护法案》也对 FDIC 的权力进行了强化，储蓄机构监督办公室的大部分权力被移交给了 FDIC，法案中的多处内容中也体现了 FDIC 在维护美国金融稳定中的重要地位和作用。近年来，随着金融危机形式的国际化、多样化，各国存款保险机构的权能都得到了不同程度的强化。例如，日本《存款保险法》经过 1998 年、2001 年、2005 年、2006 年及 2013 年等多次的修改后，日本存款保险公司（DICJ）的权力得到充分的扩张，特别是 2013 年日本《存款保险法》的修改进一步强化了 DICJ 的监管权能（引入金融机构有效破产处置框架），DICJ也兼具"付款箱"和"金融机构监管"的双重功能。可以说，在"双重功能"的存款保险制度下，存款保险机构必须具备充分而详细的权力内容。

《存款保险条例》的颁布与实施，对我国存款保险制度的建立具有划时代的奠基作用。但条例在存款保险基金管理机构权力内容上的原则性设计也给《存款保险条例》的实施，以及存款保险制度功能的实现留下了一定的障碍。其一，存款保险基金管理机构法律地位的模糊影响早期干预权的内容和运行。机构的法律地位取决于立法对机构法律地位的定性，而法律地位的定性直接决定机构权力的性质和运行。根据条例第 7 条最后一款，我国存款保险基金管理机构由国务院规

---

[1] Financial Services Act 2012, Part 2 "Amendments of Financial Services and Market Act 2000" 38 "Financial Services Compensation Scheme".

定，但没有明确该机构是公司法人、还是同中国银监会等现有监管机构一样的法律地位。这就决定了目前我国存款保险基金管理机构所具有的包括早期纠正权和风险处置权在内的两项权力的法律性质是不明确的，这种权力性质的模糊也必然影响权力的实施与执行。其二，存款保险基金管理机构监管权内容设计上的规定原则和空泛，使得存款保险机构早期干预的功能无法有效实现。《存款保险条例》只是在第七条（六）项中原则性地规定了存款保险基金管理机构具有早期纠正权，但条例没有规定早期纠正的启动标准、具体的纠正措施。也就是说，当某一金融机构面临早期纠正时，存款保险基金管理机构的早期纠正权的实施是"于法无据"的（甚至缺少必要的法律规范指引），金融机构自己也不能预期将会被施以何种形式、何种内容的纠正行动。这种权力设计上的缺陷，一方面，会使监管机构履行职责的合法性受到质疑，并影响纠正效率；另一方面，制度安排的不可预期性也不利于金融市场主体具体交易活动的进行。

（三）存款保险基金管理机构早期纠正权权力合法性的证成

存款保险机构早期纠正的目标应当是参保机构的风险监测与控制，并通过与其他相关机构的信息交流与合作，对参保机构的经营状况、风险程度及不良资产等情况进行监督检查，以及早纠正可能发生的各种风险。同时，鉴于系统重要性机构（SIFIs）的特殊性，存款保险基金管理机构的早期纠正措施也应体现差异化特点。

1. 分步骤推进存款保险制度的立法工程

对世界范围存款保险的立法层级考察，可发现：大部分国家的存款保险制度都依托于"存款保险法"，例如美国的《联邦存款保险法》、日本的《存款保险法》、俄罗斯的《关于自然人在俄联邦银行存款保险法》、印度的《存款保险法》等等。存款保险制度在整个金融安全体系中的重要作用，以及存款保险机构与其他金融监管机构之间权力关系的合理安排要求该制度必须以基本法的形式来规范，这也符合我国《立法法》的基本要求。[1] 存款保险在我国属于新设制度。一般来讲，一项新的法律制度都有一个发展、完善的过程，存款保险法律制度的构建也不例外。为了给制度构建一个摸索期，国务院已经颁布并实施了《存款保险条例》，待《金融机构破产条例》等相关配套制度建立完善后，应该提请、审议、颁布实施《中华人民共和国存款保险法》。立法前期的具体准备工作应当是在国务院领导下，由中国人民银行、财政部、监管"三会"、存款保险基金管理

---

[1] 根据《中华人民共和国立法法》第 8 条第（九）项的规定，"涉及金融基本制度"事项只能制定"法律"。尽管 2015 年《存款保险条例》没有明确存款保险制度在我国金融制度中的法律地位，但该制度在"三大金融安全网"中的重要地位足以证明其在金融基本制度中的位置，这也是域外大部分国家都以"法律"形式来规范存款保险制度的一个重要原因。

机构、国资委及金融行业协会的代表共同研究、制定《存款保险法》文本或意见稿并向社会公开征求意见，而后把条例的立法层级上升为法律（如《中华人民共和国存款保险法》）。

2. 明确存款保险基金管理机构的法律地位及其组织机构的基本法律构成

一方面，要进一步明确存款保险基金管理机构人员的组成、设立程序等内容，建议该机构是与银监会并列的法定特殊监管机构。同时，建议将《存款保险条例》第7条"职责"的最后一款规定的"存款保险基金管理机构由国务院决定"修改为"存款保险基金管理机构为国务院直属正部级事业单位"，或者直接删除该条款并在国务院机构编制中明确存款保险基金管理机构的地位，确立存款保险基金管理机构行政机构的法律地位。另一方面，要协调存款保险基金管理机构与现有监管机构间关系，明确不同监管机构的职责。根据第7条最后一款的规定"存款保险基金管理机构由国务院规定"，可以理解为该规定的任何事务只需向国务院负责，存款保险基金管理机构是与中国人民银行、银监会相互独立的主体，也就是说，我国存款保险机构具有"独立性"。按照宏观审查监管和微观审慎监管的分类设计具体的金融监管体系，由中国人民银行负责金融市场的宏观审慎监管，由传统"三会"和存款保险基金管理机构负责具体的微观审慎监管；财政部公共资金救助作为独立于宏观审慎和微观审慎的特殊制度存在，由国务院审查该程序启动的条件及批准决定实施。

3. 存款保险基金管理机构与中国人民银行、中国银监会在金融机构早期纠正和风险处置中的分工与合作

早期纠正措施已是目前金融监管体系中的一项基本制度，并在早期风险防范中起关键作用。在我国存款保险制度诞生前，对问题银行的早期干预措施是由中国银监会执行的。目前问题的重点不仅仅在于早期干预措施的设计，还在于存款保险基金管理机构与中国银监会之间如何协调早期纠正权，如何开展早期纠正方面的监管合作。尽管美国金融监管也存在权力重叠，但在银行监管问题上，美联储与中国人民银行地位一直，均属中央银行，主要负责宏观审慎监管；而 FDIC 主要负责投保机构的监管。但在我国，如果赋予存款保险基金管理机构与中国银监会同等的法律地位，那么必然要赋予它与其职责定位相符的权力。前面我们已分析，《存款保险条例》实际上是将原本就专职实施银行业金融机构全面监管职能进行重新划分，而根本原因就在于存款保险制度建立促成了一个新的机构。问题的解决应该有两种途径：一是将存款保险基金管理机构的法律地位定为受中国人民银行控制的特殊企业（与英国制度相似），即存款保险基金管理有限公司，该公司不具有行政主体资格，但其目标是偿付存款和维护金融稳定；而中国银监会仍然实施其对银行业金融机构的全面监管职责。但该种路径显然与我国《存款

保险条例》的规定不符，因为该条例已间接认可了存款保险基金管理机构的"行政主体"资格，并明确赋予其早期纠正和风险处置的权力。二是中国银监会与存款保险基金管理合理划分银行业金融机构的监管权。该问题的解决不仅仅是解决存款保险机构与已有监管机构权力重叠的前提，还是未来建立有效的金融机构破产制度（暂定《金融机构破产条例》）的基础。本文前面的论述也遵循着第二条解决路径，即两个机构合理分权。其中，存款保险基金管理机构负责投保机构的早期纠正和风险处置，而中国银监会主要负责没有投保但受《银行业监督管理法》调整的金融资产管理公司、信托公司、财务公司、金融租赁公司等国务院银行业金融监督管理机构批准设立的其他金融机构以及所有银行业金融机构的市场准入和日常监管。同时，两个机构要建立畅通的信息交流与监管合作机制。在问题金融机构处置中，以我国存款保险基金管理机构的"双重功能"为依据，该机构主要负责存款类银行业投保机构的存款赔付和风险处置，并与其它监管机构建立有效的信息共享机制。由于我国《存款保险条例》第二条规定中华人民共和国境内设立的吸收存款的银行业金融机构都应当投保存款保险，所以，在该类机构的风险处置中，存款保险基金管理机构就应该成为处置的主机构，而中国银监会主要负责没有投保但受《银行业监督管理法》调整的金融资产管理公司、信托公司、财务公司、金融租赁公司等国务院银行业金融监督管理机构批准设立的其他金融机构。最后，存款保险基金管理机构与中国银监会在 RRPs 监管问题上，应当由银行业金融机构的准入监管机构要求金融机构制定"恢复与处置计划"（RRPs）并监督计划的更新，而由存款保险基金管理机构监督具体负责RRPs 的实施。

### 三、存款保险基金管理机构早期纠正权启动的法律标准

早期纠正是一项重要的金融监管措施，一旦启动该项措施必然会对经营中的市场主体产生影响，或被警告或被提高投保费率或被限制经营行为等等。所以，明确早期纠正权启动的法律标准既有利于早期纠正目标的实现，又能够给市场主体以合理的预期。

（一）现行监管规范体系下存款保险基金管理机构实施早期纠正权的分析

《中华人民共和国银行业监督管理法》（下称《银行业监督管理法》）确立了我国银行业金融机构的早期纠正制度。该法第 37 条规定，"银行业金融机构违反审慎经营规则的，……"而具体的"审慎经营规则"体现在该法第 21 条，其中，第一款规定了"审慎经营规则"的表现形式，即"银行业金融机构的审慎经营规则，由法律、行政法规规定，也可以由国务院银行业监督管理机构依照法律、行政法规制定。"所以，我国"审慎经营规则"可以由法律、法规、规范性文件来具体规定。该法第二款规定了"审慎经营规则"的内容，即"风险管理、

内部控制、资本充足率、资产质量、损失准备金、风险集中、关联交易、资产流动性等。"因此，我国早期纠正权启动的法律标准可以理解为违反风险管理、内部控制、资本充足率等上述审慎经营规则。同时，2012 年《商业银行资本管理办法（试行）》（下称《资本管理办法》）第 152 至 157 条规定了不同层级资本充足率商业银行的纠正措施。其中，第 152 条规定，"银监会有权对资本充足率未达到监管要求的商业银行采取监管措施，督促其提高资本充足水平。"第 153 条规定了四个层级的银行资本充足率[1]。并且，该办法第 150 条规定，银监会有权根据单家商业银行操作风险管理水平及操作风险事件发生情况，提高操作风险的监管资本要求。很显然，《资本管理办法》进一步补充了《银行业监督管理法》确立的早期纠正措施适用的资本充足率标准。

无论是相关规则的制定，还是早期纠正的实施主体，我国现行早期纠正制度都是以中国银监会为核心。《存款保险条例》既已承认存款保险基金管理机构的存在，并在第 7 条（六）明确该机构有权采取早期纠正措施和风险处置措施，那么就应该赋予该机构充分的权力，但条例没有对可采取的"两类措施"给出详细安排。这种原则性的法律设计，在对参保机构进行监管的过程中会产生三个难题：其一，存款保险基金管理机构会因为权力内容模糊而面临"无法实施"的尴尬境地。其二，如果存款保险基金管理机构在国务院的授权下可以实施现行监管体系下的早期纠正措施，那么中国银监会在同等条件下是否可以同时实施纠正措施，这会造成两机构在纠正权上的重叠。其三，现有早期干预制度本身存在的问题。一方面，由于中国银监会与存款保险基金管理机构在监管对象和制度目标上既有重叠、又有差别，而共同采用现有早期纠正制度中的以资本充足率为核心的"审慎经营"标准的规定是否适合则需要验证，并且以"安全与稳健"为核心的金融监管国际规则也应当融入到现有相关标准体系，金融体系的安全稳健成为国际金融监管改革的主要任务。另一方面，次贷危机后，对系统重要性金融机构（SIFIs）实施单独监管和处置已获得较多的学界和立法上的赞同。SIFIs 在风险传染、风险危害上的特殊性决定了应该及早地识别、严格监管该类金融市场主体；而该类机构在基础实施和关键服务功能上的重要性决定了必须对它们实施单独的处置机制。

---

[1] 第 153 条规定的具体内容包括：根据资本充足状况，银监会将商业银行分为四类：第一类商业银行。资本充足率、一级资本充足率和核心一级资本充足率均达到本办法规定的各级资本要求。第二类商业银行。资本充足率、一级资本充足率和核心一级资本充足率未达到第二支柱资本要求，但均不低于其它各级资本要求。第三类商业银行。资本充足率、一级资本充足率和核心一级资本充足率均不低于最低资本要求，但未达到其它各级资本要求。第四类商业银行。资本充足率、一级资本充足率和核心一级资本充足率任意一项未达到最低资本要求。

## （二）完善存款保险基金管理机构早期纠正权启动的法律标准

美国《联邦存款保险法》规定存款保险机构早期干预权的启动首先包括"资本充足率"、"安全与合理"标准[1]但由于存在"资本充足率"和"安全与合理"标准不能充分反应风险程度的情况，立法者补充了"安全与稳健"标准，也即是如果参保机构行为不能通过上述标准反应，监管机构也可以对其采取相应的纠正措施，具体包括经营管理标准，资产质量、收益和股价标准，赔偿和薪酬标准等。三种标准之间的关系是，资本充足率标准是判断是否启动矫正措施的核心标准；"安全与合理"标准属于监管机构的自由裁量权，可以说是对资本充足率标准的补充；而第三种"安全与稳健"标准也是作为资本充足率标准的补充，它是从"安全与稳健"目标出发，通过风险评估而确定需要采取纠正的机构及措施。尽管"单一功能"模式下"付款箱式"的制度设计，决定了英国存款保险机构（FSCSL）没有早期纠正权，但英国仍然在其监管体系中设计了早期纠正制度。纵观次贷危机后，英国金融监管改革及其立法发展，英国早期纠正制度更多的是靠现有监管框架来实现的。2012 年英国《金融服务法案》颁布之后，英国金融监管框架得到了全新的配置。新的法案新设立了金融政策委员会（FPC）、审慎监管局（PRA）和金融行为局（FCA）3 个独立机构。其中，FPC的主要任务是维护英国金融稳定，预防、降低系统性风险[2] PRA 属于英格兰银行下属的法人主体，它来源于有限审慎监管机构（PRAL），PRA 是它的更名。该审慎监管机构的主要监管对象包括存款机构、投资机构、保险机构、房屋信贷互助会、信用合作社以及其他金融机构[3] 同时，新的监管改革赋予了 PRA 更加全面的审慎监管权，包括宏观和微观两个层面。该机构的监管要促进其所监管的每一个机构的安全和稳健，包括确保它所监管的金融机构的业务经营不能对英国金融系统的稳定产生不利影响，以及将它监管的机构对英国金融稳定的不利影响降到最小[4] 为了英国的金融稳定、预防和控制系统性风险，PRA 可以尽可能早地采取干预措施（早期纠正）。2013 年 12 月 PRA 制定的金融机构"恢复与处置"的最终规则是这种"早期干预权"介入金融机构运行最直接的表现。PRA

---

[1] 根据该法第 38 条和 39 条的规定，立即矫正措施启动的法律标准主要以资本充足率为核心的安排。第 38 条规定了资本良好、资本充足、资本不足、资本严重不足和资本根本性不足等五类银行资本水平作为启动依据。而在第 38 条（g）款中规定了矫正措施启动的"安全与合理"标准，即监管机构认为某一参保机构处于不安全或不合理的状态，或该机构正在进行不安全或不合理的活动，可以降低该机构的资本类别，如将"资本良好"机构降为"资本充足"。

[2] Financial Services Act 2012, PART1, 4 "Financial stability strategy and Financial Policy Committee", 9B (1) and 9C (2).

[3] "Financial Services Act 2012", PART2, 6 "The new Regulators", 2A.

[4] "Financial Services Act 2012", PART2, 6 "The new Regulators", 2B.

的具体职责包括，"对金融机构的安全性与稳健性做出判断并采取行动；制定被监管的金融机构有关行为的绩效规则；通过为金融机构提供授权的方式对各类金融服务和金融市场活动进行监管；批准相关人员在金融机构内部履行特定职责；向被监管机构收取费用为 PRA 的监管活动融资。"PRA 的监管范围覆盖了单个金融机构的各种日常审慎行为和市场活动。但无论是美国"双重功能"制度下存款保险机构启动早期纠正权，还是英国"单一功能"制度下监管机构（PRA）实施早期干预权，都采取了"安全与稳健"标准，并通过授予监管机构"自由裁量权"的方式来实现干预或纠正的目标。因此，早期纠正权的启动应增加"安全与稳健"标准，其与"审慎经营规则"标准共同构成存款保险基金管理机构早期纠正权启动的依据。

第一，建立以资本充足率为核心的"安全与稳健"标准。首先是突出公司治理在"审慎经营规则"标准中的作用，并与"安全与稳健"标准共同构成早期干预权启动的一般标准。次贷危机后，强化公司治理成为审慎监管的重要内容，根据巴塞尔委员会 2015 年《指导有效银行监管核心原则应用于金融包容体系监管的咨询文件》关于审慎监管的要求，首个内容就是强化机构的公司治理（原则 14），这能够为建立稳定的风险管理体系打下良好的基础。欧盟委员会 2012 年的"恢复与处置框架"确立了软条件（soft triggers）、硬条件（hard triggers）以及两者结合（Combination of soft and hard triggers）三种可选择性的早期干预制度（Early Intervention）。软条件采取的标准是，当一个机构不能满足欧盟《资本要求指令》（CRD）第 136 条的要求时，监管机构可以采取相应的早期干预措施，这里主要靠监管机构的主观判断（自由裁量权）；硬条件中干预启动的标准是以偿付能力为依据，具体的包括资本充足率或杠杆率以及流动性要求等；软硬结合的情况中启动条件的设定是将监管机构的自主评估与定量的预前触发条件相结合，一旦某一机构触发了此类定量的条件，监管机构就有权实施干预。美国 2010 年《多德—弗兰克消费者保护法案》第 165 条（b）（1）（a）条款对银行控股公司的审慎标准做了具体的规定，包括风险资本要求和杠杆率限制、流动性要求、集中度等五项基本内容。同时，从银行系统和整个金融体系安全与稳健的目标出发，巴塞尔Ⅲ也将提升资本质量、提高资本充足率监管标准、引入杠杆率作为风险资本补充、以及流动性监管作为完善微观监管的主要内容。根据 2014 版《有效存款保险核心原则》中明确规定了存款保险机构作为"金融安全网"框架内的重要组成部分，其应当具备对问题银行实施"早期发现和及时干预"（同"早期纠正"）的权力（原则 13），这种早期纠正的启动应以法律的形式明确定性和定量的标准，其中"安全与稳健标准"包括机构的资本、资产质量，管理能力，流动性和市场风险敏感度等。因此，我国早期干预权启动法律标准的完善应当是在坚持原有《银行业监督管理法》审慎经营规则的基础上，明确将中国银监会《商业银行资本管理办法（试行）》和《商业银行流动性风险管理办法》上升为行政法规或两者合并为《银行业金融机构风险管理条例》，并在《存款保险条例》中明确对该《商业银行资本管理办法》等规范的适用，严格贯彻巴塞尔协议关于"资本监管与流动性监管并重"和"资本充足率与杠杆率并行"的基本要求。在"安全与稳健"标准的适用中，主要靠监管机构（存款保险基金管理机构与中国银监会）结合各类监管指标的判断（自由裁量权），该类标准适用于所有类型的银行业金融机构。而对于系统重要性金融机构要实施更加严格的标准：一是提高资本充足率和资本质量的要求。二是突出新增的流动性和杠杆率标准的审查。

第二，厘清存款保险基金管理机构与中国银监会在早期纠正权上的有序分工与合作。首先，存款保险基金管理机构应当对投保机构享有主监管权，即根据《存款保险条例》第二条规定的商业银行、农村合作银行、农村信用合作社等吸收存款的银行业金融机构等几类应当投保的机构的早期纠正权应由存款保险基金管理机构主导，而此时，由于中国银监会是银行业金融机构市场准入的监管机构，为了提高纠正效率、节约成本，中国银监会在此种情况下应主要协助存款保险基金管理机构、为其提供目标机构的相关监管信息。其次，中国银监会应负责其他非投保机构的早期纠正行动。最后，关于例外规定，对于系统重要性金融机构的早期纠正应实行"先发现汇报"机制，即存款保险基金管理机构与中国银监会任何一方发现目标机构可能触发该类机构的纠正标准，应立即向中国人民银行汇报，由央行根据早期纠正的实际需要决定具体的主纠正机构。

### 四、存款保险基金管理机构早期纠正的具体措施

（一）现行监管规范体系下早期纠正措施的法律分析

根据我国《银行业监督管理法》第37条的规定，中国银监会在金融机构违反审慎经营原则的情况下，可以采取六种早期纠正措施。按照纠正主体的不同可以分为对机构本身的措施（第一、二、三、六项）、对机构股东的措施（第四项）、以及对机构董事和高管的措施（第五项）等三类。中国银监会2012年发布的《商业银行资本管理办法（试行）》第154条至157条进一步规定了监管机构对没有满足相应标准的商业银行可以采取的纠正措施。其中，该办法第154条规定了"预警监管措施"，即针对第153条规定的"第一类商业银行"，银监会可以采取"要求商业银行加强对资本充足率水平下降原因的分析及预测，要求商业银行制定切实可行的资本充足率管理计划，要求商业银行提高风险控制能力"等三种措施，主要是对商业银行本身的资本充足率和风险控制两个方面的预警机制。该办法第155条主要规定了银监会对第153条规定的"第二类商业银行"可

以采取的早期纠正措施，主要包括与商业银行董事会、高级管理层进行审慎性会谈，下发监管意见书，要求商业银行制定切实可行的资本补充计划和限期达标计划，增加对商业银行资本充足的监督检查频率，以及要求商业银行对特定风险领域采取风险缓释措施等五类；这五类措施开始介入商业银行董事和高管的行为监管与纠正，要求商业银行在资本补充方面提供切实可行的计划，并可以针对特定风险采取缓释措施。该办法第 156 条主要规定了银监会对第 153 条规定的"第三类商业银行"可以采取的早期纠正措施，主要包括限制商业银行分配红利和其它收入，限制商业银行向董事、高级管理人员实施任何形式的激励，限制商业银行进行股权投资或回购资本工具，限制商业银行重要资本性支出，要求商业银行控制风险资产增长等五类措施；这五类措施与第 155 条规定的措施类型相似，但更加严格、具体，对商业银行和董事、高管的行为做出了明确的限制性规定。该办法第 157 条适用的对象应当是进入"风险处置"阶段的商业银行，但该条既规定了与《银行业监督管理法》存在重叠的早期纠正措施，如责令商业银行停办一切高风险资产业务、限制或禁止商业银行增设新机构和开办新业务、责令商业银行调整董事和高级管理人员或限制其权利等措施，同时也规定了"强制对二级资本工具进行减记或转为普通股、接管、重组"等风险处置措施。[1]

　　在经历了国际金融危机、国际金融监管变革后，我国《银行业监督管理办法》确立的早期纠正制度暴露了具体适用和内容设计上的缺陷。《商业银行资本管理办法（试行）》是在结合巴塞尔最新资本协议等国际规则基础上进行的设计，从一定程度上对原有早期纠正制度做了较好的补充。但《商业银行资本管理办法（试行）》第 157 条这种混合式的设计容易产生两方面问题：一是与《银行业监督管理法》关于早期纠正与问题银行处置的法律制度设计不吻合，因为该法第 37 条规定了早期纠正制度、第 38 条规定的是问题银行的处置制度。如果是《银行业监督管理法》规定的措施启动标准模糊的原因，应当采取修改该法的方式来完善相应的制度，而不是仅仅依靠中国银监会的规范性文件来解决问题，这是法律的效力高于其他法规、规章及规范性文件效力的基本原则。二是措施本身的设计不符合"宏观审慎监管"和"系统性风险防范"的要求，办法的设计没有对系统重要性银行的早期纠正措施进行独立设计。早期纠正的主要目标就是

---

〔1〕 该部分主要根据《商业银行资本管理办法（试行）》第 152～159 条的相关规定，之所以认为第 154～156 条为早期纠正措施，是因为第 153 条规定的前三类商业银行的资本充足率均不低于最低资本要求，即没有触碰到启动风险处置的法律底线；而第 157 条适用的是商业银行存在"资本充足率、一级资本充足率、核心一级资本充足率"三项指标中任意一项不符合最低资本要求，即第四类商业银行不符合资本充足率的最低要求。资本充足率作为银行业金融机构"安全与稳健"的核心判定标准，其已成为连接早期纠正与处置措施的纽带。

"发现可能存在的危机"，对于系统重要性金融机构，应该针对其机构特性设计更加审慎的早期纠正措施。在《存款保险条例》实施后，意味着银行业金融机构的监管主体将增加为中国银监会和存款保险基金管理机构，早期纠正措施的执行主体也当然的包括这两个机构。纵观我国早期纠正措施的法律设计，在措施的具体实施中主要涉及以及以下三方面的问题：一是如何分配两大监管机构的早期纠正权，二是存款保险基金管理机构采取早期纠正措施的依据不明确，三是两大监管如何选择适当的具体早期纠正措施缺少明确的法律安排。第一个问题在上文早期纠正权配置中已作论证和安排，第二个问题涉及新设机构的权力依据问题，即存款保险基金管理机构采取早期纠正措施的来源缺少立法设计。而对于早期纠正措施的具体适用则应当以第一个合理分权问题为基础，遵循"共享与独立原则"。所谓"共享与独立原则"是指对于某些纠正措施可以由中国银监会与存款保险基金管理机构共同选择实施，而对于某些基于监管机构特殊性的纠正措施则由各监管机构独立执行，如限制金融机构的新设分支机构等涉及准入监管的措施应由中国银监会实施。

（二）完善存款保险基金管理机构早期纠正措施的法律路径

1. 以法律形式明确存款保险基金管理机构早期纠正措施的立法来源

金融监管机构对被监管对象的监管主要涉及法定监管事项和自由裁量范围内的审慎监管内容。其中，法定监管事项主要涉及市场主体准入、经营、重组及退出等内容，监管机构对这些关系机构生存的重大事项的处理，需要有法律明确的授权，必须以《公司法》、《银行业监督管理法》、《商业银行法》等法律或国务院行政法规为依据，而不应仅仅依照《商业银行资本管理办法（试行）》等中国银监会的规范性文件来进行规制。因此，建议通过修改《银行业监督管理法》的方式来完善银行业金融机构的早期纠正制度，或者提高《商业银行资本管理办法（试行）》等规范性文件的效力、升格为法律法规，并在修改《存款保险条例》过程中（或未来《存款保险法》）明确存款保险基金管理机构可以采取的早期纠正措施的来源适用《银行业监督管理法》第 37 条的相关规定。同时，建议修改《商业银行资本管理办法（试行）》第 157 条的"混合式"设计，将强制对二级资本工具进行减记或转为普通股、接管、重组等风险处置措施独立出来，即对商业银行的"恢复措施"与"处置措施"进行分类式的法律设计。

2. 存款保险基金管理机构可独立执行的早期纠正措施

存款保险基金管理机构作为投保机构的主监管机构，应当享有与其职责相匹配的早期纠正措施。但为了避免监管措施在法律法规设计上的重复，建议保留并完善《银行业监督管理法》中的早期纠正措施，存款保险基金管理机构和中国银监会可以根据监管实践选择具体的纠正措施，并在《存款保险条例》中规定存款保险基金管理机构独立享有的早期纠正措施。

第一，现有监管体系中可供选择的早期纠正措施。该部分措施主要是《银行业监督管理法》及中国银监会相关监管文件中关于早期纠正、早期监管的一些具体措施。具体包括对投保机构股东的监管措施，例如限制有关股东和大股东（持股超过5%）转让股权的消极措施、以及检测大股东增加流动性能力的积极措施；对董事、经理等高级管理人员的监管措施，例如审慎性会谈、取消激励机制及调整人员结构等；以及对投保机构本身的监管措施，例如加强对投保机构监管标准的监视频率、要求投保机构提交资本补充计划、限制分红、限制资产转让、限制投保机构风险资产比例等等。

第二，需要新增加的早期纠正措施。该类措施主要是基于审慎监管、安全与稳健目标的需要，而新增的早期纠正措施。这些措施对于参保的机构，可以由存款保险基金管理机构独立执行，对于非参保的机构，可以由中国银监会单独执行。主要包括对目标机构公司治理结构的监管，例如股东与机构关系的监督、集团内利益主体间关系的监督（高管激励与道德风险防范）、机构自身抗风险能力的监督等；对目标机构"恢复与处置计划"（RRPs）持续更新的监管，例如要求目标机构对 RRPs 的可行性进行详细说明、要求目标机构提交详细的自救措施、要求目标机构对机构本身的可处置性进行说明、以及根据机构结构变化而提交新的 RRPs 等；以及对目标机构的风险评估，例如监管机构可以根据目标机构的风险状况要求目标机构进行自我风险评估及风险变化说明，必要时监管机构可以要求目标机构对特定的风险采取风险缓释措施。

第三，赋予存款保险基金管理机构基于维护金融系统安全稳定目标充分的自由裁量权。基于审慎监管目标的需要，《存款保险条例》（升格后的《存款保险法》）应当明确赋予存款保险基金管理机构在投保机构的流动性、资本及风险指标可能触发早期纠正标准时可以采取适当的纠正措施，该类措施不应局限于上述列举的具体措施，只需要实施的措施符合金融安全稳定目标即可。

3. 需要中国银监会独立执行的早期纠正措施及监管合作

第一，存款保险基金管理机构负责对投保机构实施监管，而中国银监会负责经其批准的银行业金融机构监管，监管对象、监管范围上的差别决定了两者在早期纠正措施的范围上应当有所不同。其中，除了投保机构应由前者负责主监管，早期纠正措施中与银行准入条件相关的监管措施应当由这些金融机构的批准机构银监会行使。例如，一旦存款保险基金管理机构发现需要对投保机构采取《银行业监督管理法》第37条中规定"一是责令暂停部分业务、停止批准开办新业务；……六是停止批准增设分支机构"等类似限制新业务批准和增设新分支机构等措施，存款保险基金管理机构需要向中国银监会发出纠正建议和说明，并请其提供监管合作、由中国银监会负责具体措施的执行。

第二，对系统重要性金融的监管合作。我国《存款保险条例》的设计显然遵从了《有效存款保险核心原则》关于应当设计早期纠正制度的安排，但其只是原则性的规定，既没有规定具体的早期纠正措施，也没有规定存款保险基金管理机构与中国银监会在执行纠正措施上的分工与合作（费率调整等专属存款保险基金管理机构的措施除外）。根据《存款保险条例》第16条的规定，"投保机构因重大资产损失等原因导致资本充足率大幅度下降，严重危及存款安全以及存款保险基金安全的，投保机构应当按照存款保险基金管理机构、中国人民银行、银行业监督管理机构的要求及时采取补充资本、控制资产增长、控制重大交易授信、降低杠杆率等措施。"但该条例并没有进一步明确"三家"监管机构采取上述措施的具体分工，是三家监管机构共同要求（协同纠正权），还是三家监管机构可分别要求出现上述情况的投保机构采取相应措施（独立纠正权）。那么，在协同纠正权条件下，由于不同监管机构在监管方法、监管职责上的差异，必然会影响纠正效率、增加纠正成本；而在独立纠正权条件下，三家监管机构可单独采取纠正措施，就会产生存款保险基金管理机构和中国银监会纠正权上的重叠问题，且从金融系统安全与稳定的角度考虑，在对系统重要性参保机构采取措施时，这两家监管机构不应具有独立的纠正权。中国人民银行作为国家金融安全与稳定的宏观金融监管机构，应保持更高级别的主体地位，由其决定系统重要性金融机构的纠正，并由存款保险基金管理机构负责具体实施。因此，建议将《存款保险条例》第16条修改为：投保机构因重大资产损失等原因导致资本充足率大幅度下降，严重危及存款安全以及存款保险基金安全的，投保机构应当按照存款保险基金管理机构的要求及时采取补充资本、控制资产增长、控制重大交易授信、降低杠杆率等措施；如果发现系统重要性参保机构存在上述情况，存款保险基金管理机构、中国银监会应及时报请中国人民银行决定具体措施的选择，并由存款保险基金管理机构负责具体纠正措施的执行。

**五、结语**

《存款保险条例》的实施意味着我国金融监管机构的格局发生了实质性的变革。尽管存款保险基金管理机构的整个结构安排还没有法制化、没有真正实施运转，但它作为一个新的监管机构将在我国金融安全与稳定中发挥积极作用的立足点是必然存在的。《存款保险条例》赋予了存款保险基金管理机构生存的必要性与必然性，但它没有给予该机构运行的足够生命力。纵观我国存款保险法律制度，存款保险基金管理机构的法律地位不明确、监管权（早期纠正权与风险处置权）的设计没有与中国银监会的监管权形成有效衔接、缺少监管措施适用依据和可具体措施选择的法律指引。因此，为了实现存款保险制度功能、保证存款保险基金管理机构有效履行法定职责，需要从立法上明确存款保险基金管理机构的法律地位、组织构成及其与中国银监会之间的关系和权力配置，并通过提高中国银监会关于早期纠正措施的主要规范性文件的效力位阶，完善《银行业监督管理法》关于早期纠正制度的法律设计的方式来明确存款保险基金管理机构的早期纠正权和可采取的具体纠正措施。

# 第三方支付犯罪风险及其刑事规制研究

## ——兼评第三方支付新规的效力

**吴美满**\* **黄彭亮**\*\* **蔡斯尔**\*\*\*

摘要：文章围绕第三方支付的刑事治理展开，认真界定其概念、特征与实践乱象，用刑事视角透析其可能产生的七种犯罪风险，并从刑事治理的角度提出规制路径。文章特别指出如何平衡技术创新与规范治理之间关系的时代命题，并从综合治理的角度建议加强社会预见的理论研究、引入同步治理原理并提倡适应性治理。

关键词：第三方支付；犯罪风险；刑事规制；第三方支付新规

近年来，互联网金融的迅速发展催生了以第三方支付为代表、基于互联网的低成本支付模式。以网络支付、二维码支付和第三方支付 POS 机为典型，第三方网络支付机构的支付业务规模得到持续快速增长。随着我国电子商务环境的进一步优化，支付场景的不断丰富，金融创新的继续活跃，第三方网络支付的市场规模还将得到进一步扩大，甚至可能颠覆整个金融支付行业。作为一种新兴的金融模式，第三方支付在丰富金融市场的同时，也无可避免地成为金融犯罪的新管道、新平台。而依托互联网的非网点化特征直接决定利用其实施的犯罪的便利性、隐蔽性、社会危害性和查处难度相较传统银行支付业务将呈几何级提升。因此，深入揭示其潜在犯罪风险并提出刑事规制路径，显得尤为迫切。

## 一、第三方支付的概念及其基本特征

第三方支付是指由人民银行批准并发放《支付业务许可证》，具备一定实力和信誉保障的独立机构，采用与各大银行签约的方式，提供与银行支付结算系统接口的交易支付平台的支付模式。第三方支付具体分为线上与线下两种模式。

### （一）线上模式

以支付宝、财付通等为代表的网络支付模式。在银行的直接支付环节中增加

---

　\*　吴美满，武汉大学法学院刑法学博士研究生，福建省泉州市人民检察院金融检察处处长。

　\*\*　黄彭亮，福建省泉州市人民检察院信息技术局科员。

　\*\*\*　蔡斯尔，福建省泉州市人民检察院宣传处科员。

一中介，在通过第三方网络支付平台交易时，买方选购商品，将款项不直接打给卖方而是付给中介，中介通知卖家发货；买方收到商品后，通知付款，中介将款项转至卖家账户。和银联等直接支付方式比，第三方网络支付不依托特定硬件和物理载体，只需计算机或个人移动设备连入网络即可完成支付，让支付变得简单快捷；由于采取类似信用证的信用增强措施，也大幅提高了网上交易的安全性。同时，第三方网络支付平台还推出缴费、转账等其他基于平台的服务内容，进一步方便了用户。

（二）线下模式

以拉卡拉、易宝支付等为代表的 POS 机刷卡消费模式。第三方支付 POS 机是第三方网络支付机构提供的现场刷卡直付业务，它和第三方网络支付比较显著的差异是当面刷卡直付面对面交易，买方直接使用银行卡，无需开立第三方支付平台帐户，交易过程中不考虑增信措施，款项实时到帐。但从根本上说，其资金流转渠道和第三方支付是一致的。

（三）基本特征

从金融犯罪防范的角度考察第三方支付，其主要特征有：①身份审查宽松，仅进行在线信息审查，容易通过伪装身份信息获得大量可用账户；②交易的地理和时间自由度高，不受网点、POS 机、营业时间等地理、物理、时间限制，能够在隐蔽实际交易发起地点、发起人人员真实身份等关键线索的情况下发起大量"闪电式"交易；③第三方网络支付不在传统金融监管范围内，监管部门对其监管较为松弛，同时机构素质良莠不齐，交易信息记录和交易监控措施远不如银行等传统金融机构完备，便于阻断资金流向的追踪。

**二、国内第三方支付现状及其乱象**

2010 年以来，作为互联网经济中新技术、新业态、新模式的"三新"产业，中国第三方支付市场的交易规模，一直保持 50% 以上的速度增长，已然跻身世界前列。根据比达咨询（BigData – research）相关数据指出，2016 年中国第三方支付总交易额为 57.9 万亿人民币，相比 2015 年增长率为 85.6%。其中移动支付交易规模为 38.6 万亿元，约为美国的 50 倍。数据显示，目前在央行发放了 267 张支付牌照中，主要形成了 3 个层级。按照市场份额算，52.3% 的支付宝与 33.7% 的财付通，"两马"（马云和马化腾）共占 86% 份额，组成第一层级；8 家第三方支付公司：拉卡拉，易宝，联动优势，连连支付，平安付，百度钱包，京东支付和快钱，共占 13%，组成第二层级；而其他的 256 张支付牌照市场交易额仅 1.4%。[1] 目前第三方支付竞争激烈，监管领域也乱象丛生。具体表现在：

（一）收单违规操作，"二清"机构横行

现阶段市场上的"二清"机构，是相对"一清"机构而言的。一清机构的 POS 机一般是通过银联、银行或者有支付牌照的第三方支付公司直接清算，不再经过他人或公司账户，交易结算款会直接划转至商户的收款账户；而二清机构的 POS 机，大多为一些没有取得 POS 机支付牌照的非法公司，在有支付牌照的收单机构支持下开展业务，先经过一次清算后转至该公司开立的第三方账户，再经由二次结算，转至商户的收款账户，无形中增加了资金抽逃的风险。从某种意义上说，二清机构的乱象实际上是部分收单机构在相关利益驱动下，而默许甚至鼓励的违规行为。从前述特点可以清楚看出，二清机构游离于规则的灰色地带和监管盲区，既没有严格的准入要求与可供遵循的相关规定，也规避了监管机构的严格监管，因此，大多数二清公司在申请、审核、批准等环节不会认真执行相关管理规定，加之虚假宣传，导致其发展如洪水猛兽般，大量个人或虚假商户也借助"二清"机进行非法套现或者洗钱，严重扰乱社会金融秩序。

（二）审核门槛低，主体身份鱼龙混杂

2013 年 7 月，央行发布的《银行卡收单业务管理办法》，取消了原来"以个人银行结算账户作为收单银行结算账户的特约商户不得受理信用卡"的规定，免除了设立"对公账户"的硬性要求。与此同时，出于风险或其相关利益考虑，大部分的银行并没有取消原来的限制，仍会要求个体工商户在办理 POS 机时先开立对公账户。而第三方支付却不同于商业银行要求"三证齐全"的高准入门槛，只需"一照"（一张营业执照）、"一证"（一张身份证）和"一卡"（一张银行卡）即可上门办理，确保三天下机；更有甚者，一些第三方收单机构为了在激烈的市场乱象中占据一席之地，在缺乏主体身份证明更罔论进行严格审核情况下，就违规向商户或个人办理 POS 机，如此低门槛准入乱象令市场参与者众且泥沙俱下。

（三）手续费分类尤存，新规下套码依然严峻

《关于完善银行卡刷卡手续费定价机制的通知》（发改价格（2016）557 号）的相关规定，调整后的刷卡手续费政策于 2016 年 9 月 6 日起正式实施，取消行业分类后，所有的信用卡刷卡费率由原来的 1.25%、0.78%、0.38%、封顶批发统一为 0.6%。此举针对市场发展情况和此前 POS 机套码存在的突出问题，调整政府管制方式，取消商户行业分类，降低费率水平，对于解决套码乱象意义非

---

[1] 参见中国电子商务研究中心：《2017 第三方支付三大趋势：从支付到多元金融服务》，载 http：//b2b. toocle. com/detail － －6390876. html，最后访问时间：2017 年 3 月 28 日。

凡。但是新规下，资本的逐利本性让其又嗅到新的套码空间。根据新规：对于部分民生行业 MCC，原本实行 0.38% 的服务费，仍允许在两年的改革过渡期内，实行 0.38% 服务费的优惠政策，而公益、政府行业的 MCC 更是低至 0 费率，这样势必诱发通过伪造虚假商户、更换商户名称、商户编码和商户归属地等各种非法方式来套取民生、三农、公益、政府等低零手续费的行业代码进行套利，甚至不惜伪造相关资质、售卖租借交易通道、随意出售 POS 机来达到非法牟利。

（四）利用银联时间差，预授权漏洞频出

由于第三方支付平台监管不严，违规操作，加上银行与 POS 机存在清算信息对接时间差，近年来，连续出现不法分子联合非法中介利用银联预授权交易，在信用卡中存款虚构预授权交易超出信用卡授信额度再利用对接漏洞通过技术手段在短时间内疯狂套取数倍于其信用额度的资金，造成银行巨大损失。仅 2014 年的"预授权漏洞事件"，福建、广东两地涉案金额达几十亿元，部分第三方支付机构也收到《中国人民银行关于银行卡预授权风险事件的通报》。通报内容显示，10 家第三方收单机构存在未落实特约商户实名制、交易监测不到位、风险事件处置不力等问题。

**三、第三方支付犯罪风险梳理**

大致说来，当前第三方支付存在三种犯罪风险，其中两种属于手段性风险，另一种属于结构性风险。这既是基于技术层面的研判，也是来自于经验层面的总结。

（一）资金抽逃、非法兑汇犯罪风险

就应用场景来说，但凡传统的以自然人帐号、银行转帐为资金转移管道的金融犯罪手段均可用于第三方网络支付平台，由于监管方面存在较大问题，第三方支付相比银行转账方式，资金流跟踪变得更加困难。由于第三方网络支付合法应用场景具有个人交易、单笔交易额度宜大不宜小的特点，其在金融犯罪中发挥作用的环节主要在于"化整为零"。犯罪分子将非法资金转移行为伪装成大量网购交易或小额转账，通过第三方网络支付平台的大量账户多次交易后提现至多个银行账户乃至境外银行账户。这种做法在平台自身信息记录不够完备的情况下，能够有效地阻断资金流跟踪。因此，第三方网络支付平台在资金抽逃、地下钱庄非法兑汇等需要隐藏大量资金流向的金融犯罪场景中，存在大量的犯罪风险。

（二）线下 POS 机引致洗钱犯罪风险

近年来不断推广的第三方支付 POS 机也给金融犯罪带来了新武器。第三方支付 POS 机是指经中国人民银行审批通过的第三方网络支付机构所安装部署的 POS 机，由于第三方网络支付的龙头老大支付宝和微信支付较少甚至不展开 POS 机业务，市场的第三方支付 POS 机品牌繁杂、运营单位繁多。市场上多见的品牌主要有通联、汇付天下、付临门、盛付通、易宝支付、快钱支付等等。第三方支付POS机不直接和使用者的银行账户对接，持卡人消费资金首先到达第三方支付机构的账户，然后第三方通过自己的系统，按照POS机的费率扣除手续费之后再转入商户账户。

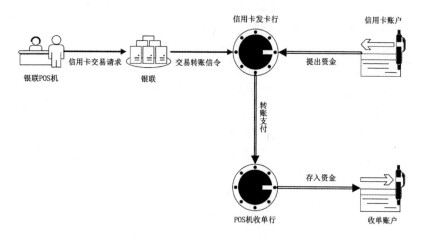

银联POS机刷卡交易流程示意图

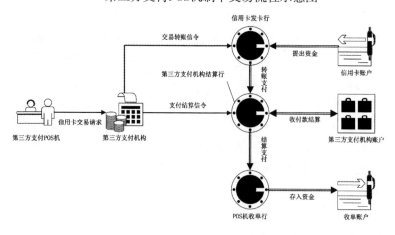

第三方支付POS机刷卡交易流程示意图

**图1 银联POS机和第三方支付POS机的交易过程对比**

作为一种金融创新，第三方支付POS机大大降低了POS机的使用门槛，装机数相较于银联POS机有数量级的提高。然而，较低的使用门槛也带来了新的风险要素：银行 POS 机要求对特约商户实行实名制管理，严格审核特约商户的营业执照等证明文件，以及法定代表人或负责人有效身份证件等申请材料，而第三方支付机构的银行卡收单账户最简便的是一张银行卡就可以申请，虽方便了商户现金的使用，但是资金存在一定风险；和传统的银联 POS 机相比，第三方支付 POS 机为吸引客户保障利润，在低费率的基础上还经常采用加盟代理乃至多级代理机制进行大范围市场推广，用户信息的登记和核验往往流于形式；同时由于监管制度的缺位，部署 POS 机的第三方网络支付机构普遍缺乏银行那样谨慎、严格的客户、资金审查监控机制，对利用第三方支付 POS 机实施的，小到单纯的 POS 机套现，大到国际洗钱等金融违法犯罪行为近乎视而不见，而通过第三方网络支付机构统一结算的资金运行模式又导致监管方的资金流追踪活动屡屡在这里被阻断。因此，就现状而言，第三方支付 POS 机既是严重的洗钱风险来源，又是一个体量巨大的监管盲区。

和监管日益严格、套现产业链运行愈发艰难的银联 POS 机不同，第三方支付 POS 机在金融行业"小笔套现终端"的特殊地位，使之成为更胜于第三方支付网络平台的资金追踪阻断王牌工具。而其体量庞大、监管水平低，且在地理上和管理上分散度高，又符合互联网黑产线下资源的典型特征，极易受到互联网黑产的关注和青睐。当采用"云"概念的互联网黑产模式和第三方支付 POS 机套现产业有机结合，就产生了前所未有的强大洗钱套现工具：洗钱承包人利用互联网黑产模式，经由大量下线人员整合管理涵盖多个第三方支付机构、覆盖全国各个省份的数千、数万、数十万个第三方支付 POS 机组成所谓的"POS 云"，接单后通过网上购买的"黑帐号"收款，将大宗资金拆散为大量小额资金随机委派给伞下数十乃至数百个 POS 机进行套现操作转化为现金，再通过多种线上渠道汇集到多个"黑账户"中供委托方取现。

应用第三方支付机构POS机的互联网洗钱组织架构示意图

应用第三方支付机构POS机的互联网洗钱资金流向示意图

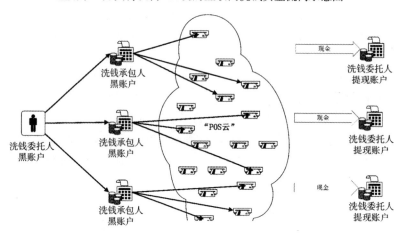

**图2　第三方支付机构 POS 机洗钱的架构和资金流向示意图**

由于单次套现额度小，又是在大量 POS 机中随机抽选套现者，这种新型洗钱模式的资金转移过程在金额、时间和空间上均呈分散化、平均化的分布态势，缺乏区分于正常交易的明显特征，且多次洗钱行为之间几乎没有任何关联性，对监管工作而言具有极强的隐蔽性和欺骗性，现有的反洗钱等异常交易预警机制对其无能为力。同时由于这种洗钱的资金转移方式涉案账户跨地域、跨机构、跨行业，且数量众多，在追踪涉案资金流时不得不面对证据调取困难、资金流跟踪反复被阻断的窘迫局面。

（三）主体资格与经营范围扩大引发非法集资风险

如果把前述两种犯罪风险归结为可以规避的手段性风险，那么还存在一种无法克服的结构性风险，即以非法集资为目的而设立和营运的支付机构以及资金在平台滞留所形成的资金池导致的风险敞口。

当前，支付机构审批严格、数量有限，市场份额基本被"二马"（马云、马化腾）占据，因此就目前形势与政策而言，支付机构自身犯罪不大可能成为普遍现象。但同时应该看到，依托有限支付机构所开展的无限支付业务中，其不断拓展的新形式完全有可能存在新的非法集资犯罪风险，同时由于对新事物的准确认识需要时间，因此往往存在监管盲区。比如，淘宝模式中，客户支付资金进入平台，需要货物到货、买方允许平台付款时才转入卖方账户。空间范围上来自全国各地甚至全世界的支付资金源源不断地进入平台，在短则一两天长则超过一周的时间里滞留在平台中，会形成并保持一个规模可观（对支付宝、微信支付而言是规模惊人）的资金池。显而易见，在这个过程中如果缺乏对支付平台的有效监管，就不可能确保沉淀资金的安全以阻断潜在的非法占有行为。在这种情况下，这类支付方式会产生巨大的犯罪诱惑力，存在转化为非法集资等犯罪的高度风险。

（四）资金套现中的信用卡诈骗风险

诚如前述，近年来，连续出现不法分子联合非法中介利用银联预授权交易，在信用卡中存款虚构预授权交易超出信用卡授信额度，再利用银行与 POS 机存在清算信息对接时间差的漏洞，通过技术手段在短时间内疯狂套取数倍于其信用额度的资金，使银行遭受较大损失，形成信用卡诈骗风险的事件。同时，还存在一种处于违法与犯罪边缘的信用卡套现，即指持卡人不是通过正常合法手续（ATM或柜台）提取现金，而通过其他手段将卡中信用额度内的资金以现金的方式套取，同时又不支付银行提现费用的行为。在正常交易中，客户刷卡消费取走商品；套现是商家不给予商品，而是在扣除相应手续费后，给予客户等额现金。因此，持卡人套现不受信用卡提现限制，也能利用免息期规避银行利息。而套现的存在，也在市场上衍生出"代还"、"养卡"等各种业务，容易造成持卡人无法偿还套现金额，增加资金风险。

（五）虚拟货币人民币化带来新的货币犯罪风险

对于第三方平台出品的虚拟货币，如支付宝的集分宝，以 1 集分宝等于 1 分钱人民币的比例，可在淘宝网、一淘网、支付宝等平台直接使用，可以购物，可以用于缴纳水电费，还可以用于信用卡的还款，而集分宝可以通过参加活动、购买返现等参加获得。以集分宝为代表的第三方支付平台出品的虚拟货币以人民币的支付价值与流通价值，但就目前而言，对此类虚拟货币的监管尚无法律依据，更多的是以声明、文件等形式表达。2009 年 6 月 4 日文化部、商务部联合印发的《关于加强网游虚拟货币管理的通知》也无法涵盖对此类行为的监管，存在较大的新的货币犯罪风险。

（六）个人信息泄露存在的买卖等犯罪风险

随着互联网金融行业迅速发展，信息泄露的金融犯罪更多地从传统的 ATM 机、POS 机等线下支付渠道，向电商平台、第三方支付平台等网上支付渠道转移。由于在办理 POS 机等终端支付设备的时候，需要向第三方支付公司提供真实的身份证、银行卡、手机号、邮箱等个人信息，信息容易遭到泄露；抑或有不法分子通过在 POS 机等支付终端加装盗码装置窃取银行卡信息，在持卡者刷卡的时候，后台会记录卡片的相关信息，存在信息安全泄露后带来的巨大危险。大量犯罪已经显示，信息泄露轻则引发非法调查等不法行为，重则导致金融诈骗、电信诈骗、入户盗窃等财产型犯罪，甚至成为敲诈勒索、绑架人身犯罪的"帮凶"。

（七）拒付、盗刷引发的诈骗风险

由于第三方支付监管不严，收单门槛低，导致市场上 POS 机的数量几乎可以做到人手一台且鱼龙混杂，为盗刷与拒付等诈骗风险提供了极大的便利与可能。一方面由于持卡人或由密码等信息泄露或者因为卡片遗失，导致支付后资金去向经过多层转账后难以追踪产生财产损失；另一方面，也有不法者通过非本地区域的"二清"POS 机刷自己的银行卡后，到银行申报遗失申请拒付进行诈骗，造成银行或第三方公司及其代理商因承担民事赔偿责任带来财产损失。

**四、第三方支付刑事规制暨新规评析**

（一）第三方支付新规及其评析

2016 年 12 月开始执行的《中国人民银行关于加强支付结算管理防范电信网络新型违法犯罪有关事项的通知》（下文简称《通知》）（银发〔2016〕261 号）被誉为"第三方支付新规"。

1. 强化身份审核。

对支付机构的开户身份审核作出了接近于银行的严格要求，并明确要求支付机构"应当加强对使用个人支付账户开展经营性活动的资金交易监测和持续性客户管理"和"应当加强账户交易活动监测，对开户之日起 6 个月内无交易记录的账户，银行应当暂停其非柜面业务，支付机构应当暂停其所有业务，银行和支付机构向单位和个人重新核实身份后，可以恢复其业务"。此举将会大大加强对第三方网络支付和第三方支付 POS 机的监管水平，有效保障第三方网络支付平台的资金流向追踪能力。

2. 加强资金结算管理。

"加强特约商户资金结算管理。银行和支付机构为特约商户提供 T + 0 资金结算服务的，应当对特约商户加强交易监测和风险管理，不得为入网不满 90 日或者入网后连续正常交易不满 30 日的特约商户提供 T + 0 资金结算服务。"此举有力阻击和控制了预授权的犯罪风险。

3. 有效控制资金流量。

《通知》规定：自 2016 年 12 月 1 日起，银行业金融机构（以下简称银行）为个人开立银行结算账户的，同一个人在同一家银行（以法人为单位，下同）只能开立一个 I 类户，已开立 I 类户，再新开户的，应当开立 II 类户或 III 类户。"支付机构在为单位和个人开立支付账户时，应当与单位和个人签订协议，约定支付账户与支付账户、支付账户与银行账户之间的日累计转账限额和笔数，超出限额和笔数的，不得再办理转账业务"，有效缩减了第三方网络支付账户和银行账户间的资金流量。在账户开立和账户资金流量两方面都遭到压缩的情况下，通过第三方网络支付进行"化整为零"式的资金转移行为在隐蔽性和效率上都会出现明显的下降。

4. 强化第三方支付 POS 机管理。

《通知》规定："严格审核特约商户资质，规范受理终端管理。任何单位和个人不得在网上买卖 POS 机（包括 MPOS）、刷卡器等受理终端。银行和支付机构应当对全部实体特约商户进行现场检查，逐一核对其受理终端的使用地点。对于违规移机使用、无法确认实际使用地点的受理终端一律停止其业务功能。银行和支付机构应当于 2016 年 11 月 30 日前形成检查报告备查"。这将会从根本上打击互联网黑产化的第三方支付 POS 机网络，断绝 POS 机的"云套现"黑产模式，彻底消除通过 POS 机小额套现规避资金流跟踪的可行性。

不可否认，新规对抑制第三方支付带来的犯罪风险具有重要意义，但同时应该看到，其是针对特定的防范电信网络新型违法犯罪而不是针对第三方支付犯罪风险防范本身而出台，远远不能规范前述梳理出的七种甚至更多的犯罪风险，因此其局限性也显而易见。今后，吸收新规的合理成分出台专门针对第三方支付的管制法律法规当属抑制该领域犯罪风险的理性选择。

（二）刑事规制路径

新规大幅收紧了金融账户信息审查管理要求，同时针对第三方支付机构设立了针对性监管条款，在制度上将会有效阻断金融犯罪对第三方支付渠道的利用。但再完备的制度也依赖执行，即使是管理条例相对严密、管理机制较为成熟的银行系统，也时常有规定解读错误、执行不严乃至恶意违规和犯罪的情况发生，而非银行的第三方支付机构在这方面更是难以期待。新规要发挥预期作用，不但需要行业的自查自律，也需要来自外部的监督和强制力。对于人为因素导致制度失灵、构成犯罪的情况，刑事司法需要及时发现、积极介入、准确定罪、充分刑罚,才能起到充足的警示和震慑作用,确保制度的有效运行,沉重打击犯罪。

针对第三方支付领域犯罪行为的刑事规制,应该包括两个层面的内容:一是利用第三方支付平台实施的犯罪行为,包括但不限于前述梳理出的七种犯罪风险,则应按照所涉的相应罪名追究其刑事责任;二是第三方支付机构本身存在的犯罪行为。从前述犯罪梳理中可以清楚看出,第三方支付领域之所以成为滋生犯罪的新兴版块,都无一不与第三方支付平台本身违反相关法律规定在先有关。平台的角色非常关键,但是平台的责任往往模糊不清。因此,强化对平台本身的刑事规制是抑制利用第三方支付违法犯罪的重要路径。现行法律框架下,针对第三方支付机构违反相关法律规定的刑事规制大致有下列几种:

第一,第三方支付机构故意违反有关管理规定,直接参与金融犯罪行为,则直接以相应罪名追究其刑事责任;

第二,第三方支付机构员工收受贿赂,故意违反有关规定纵容金融犯罪,造成金融风险,应以非国家工作人员受贿罪论处;

第三,第三方支付机构明知行为人利用平台实施金融违法犯罪,却故意违反有关规定放任违法犯罪行为的发生,行为人构成犯罪的,则平台应以金融犯罪共犯论处。行为人尚不足以犯罪追究的,对平台则应以非法经营罪论处;

第四,第三方支付机构监管部门,则可能存在因玩忽职守、徇私枉法、收受贿赂而降低监管要求甚至不监管的情况,对此,职务案件侦查部门应当对相关线索充分注意、积极进行侦查。

除此之外,必须充分认识到,第三方支付领域作为互联网金融的表现形式之一,跟现代信息技术发展与金融创新之间息息相关。一方面,呼唤管理者在保护发展、鼓励创新与有效管治之间取得平衡;另一方面,传统的刑法理论和现有的法律框架可能无法充分应对抑制此类犯罪的需求,因此,有必要重新梳理、审视,发展出诸如刑法司法中允许适用推定、刑事立法中特别规定过失经济犯罪的刑法理论,以资应对。再者,对于新兴领域的犯罪,公安经侦部门和检察机关的金融检察部门应与监管部门积极合作,充分研判,积极开展第三方支付领域的犯罪预防和案件侦破工作。最后,再全能的刑事规制手段也有其力所不能及的边界,因此,面临平台时代的到来[1],对平台责任的规制也应由法律责任的追究向社会责任的引导逐步转变。

**五、结语**

第三方支付的快速发展在提供线上支付服务、拓展金融业务范围、扩大金融

---

[1] 据统计,目前全球市值排名前十的公司中平台型公司已经超过半数,第四次工业革命很多技术是平台性技术,毋庸讳言,我们已经进入平台时代。

市场领域的同时，也不可避免地为金融犯罪提供了新手段、新渠道、新平台。由于历史因素，第三方支付存在长期的监管缺位，同时其作为互联网原生产物，又具有与互联网黑产模式的高度亲和性，因而无可避免地成为洗钱等多种金融犯罪的渠道型工具。如何在鼓励创新与净化市场、打击犯罪之间取得合理平衡，跳出创新悖论的怪圈，鼓励"创造性毁灭"力戒"毁灭性创造",〔1〕第三方支付成为考验行政管理和刑事司法智慧的新兴考场。一要加强社会预见的理论研究。平台时代，一切创新都与信息技术深度结盟，应该鼓励技术创新型企业把对社会影响的思考渗入技术选择。二要引入同步治理原理。从创新源头即注入社会治理思维。之前的先创新后治理导致了诸多问题，今后应该使治理观念和创新同步。三要提倡适应性治理，实现创新推进与创新治理的有机平衡，既要合理规制减少创新的负面影响，也要在规制创新的同时减少潜在掣肘，确保创新蓬勃发展。这是刑事治理等社会管理领域对中国步入创新时代的应有贡献。

---

〔1〕 面对第四次工业革命给人类经济活动和经济增长带来的挑战。政治经济学家熊彼得提出过一个概念叫创造性毁灭，是指大的技术创新带来更大的社会收益，但同时也会让旧产业消亡，通过这种毁灭使社会不断进步。例如电力汽车代替蒸汽汽车，数码相机代替胶卷相机，都是创造性毁灭。但是荷兰学者奴克索特近来提出毁灭性创造的可能，也就是指一些创新仅仅对少数企业有利，对整个社会不利，比如金融领域放松监管会导致很多创新只对少数金融企业有很大利益，但可能会给整个金融世界带来危害，甚至带来金融危机。